真理标准问题讨论始末

记录拨乱反正的日日夜夜

再现激烈交锋的理论风云

沈宝祥 著

中共中央党校出版社
The Central Party School Publishing House

图书在版编目（CIP）数据

真理标准问题讨论始末/沈宝祥著.—北京：中共中央党校出版社，2015.6

ISBN 978-7-5035-5338-7

Ⅰ.真… Ⅱ.沈… Ⅲ.真理的标准-讨论-史料-中国 Ⅳ.①B023.3 ②D653

中国版本图书馆CIP数据核字（2014）第063361号

真理标准问题讨论始末

责任编辑 王 君 蔡锐华 任 丽
版式设计 宗 合
责任校对 马 晶
责任印制 王洪霞

出版发行 中共中央党校出版社
（北京市海淀区大有庄100号）
邮 编 100091
网 址 www.dxcbs.net
电 话 （010）62805800（办公室） （010）62805824（发行部）
经 销 新华书店
印 刷 北京四季青印刷厂
字 数 553千字
版 次 2015年6月第1版 2015年6月第1次印刷
开 本 787毫米×1092毫米 1/16
印 张 25.25
定 价 56.00元

邓小平在真理标准问题讨论十周年时题写

邓小平是这场大讨论最有力的支持者和正确引导者；叶剑英一贯主张理论要接受实践检验，他很早就提议开理论工作务虚会，分清是非

胡耀邦在十一届六中全会上。胡耀邦是真理标准问题讨论的发动者和组织者

胡耀邦两次审阅《实践是检验真理的唯一标准》一文，《理论动态》第60期（1978年5月10日）首先刊登了这篇文章，《光明日报》于5月11日公开发表此文，署名：本报特约评论员

在这场大讨论中，秘书陈维仁是胡耀邦的得力助手。此照片摄于1988年春节

在大讨论期间，北京和全国各地出版了大量有关真理标准问题的书籍

解放军报

JIEFANGJUN BAO

邓副主席精辟阐述毛主席关于实事求是的光辉思想

中共中央副主席李先念、汪东兴，中央军委副主席徐向前、聂荣臻出席 韦国清同志主持会议

华主席叶副主席等领导同志再次亲临全军政工会议

对我军政治工作和全军指战员的极大关怀、鼓舞和鞭策

邓副主席在重要讲话中强调指出，马列主义、毛泽东思想的基本原则，我们任何时候都不能违背，但是，一定要实事求是，从实际出发，理论和实践相结合，总结过去的经验，分析新的历史条件，提出新的问题、新的任务、新的方针，这是马列主义、毛泽东思想的根本观点、根本方法。

罗瑞卿指导下的《解放军报》别开生面地报道邓小平在全军政治工作会议上的讲话

在关键时刻，中央军委秘书长罗瑞卿的支持起了关键作用

本书作者和夫人王松筠与李昭、胡德平在胡耀邦像前合影

时任《光明日报》总编辑的杨西光，对这场大讨论作出了重要贡献。这是杨西光在复旦大学工作时的照片

时任中央党校理论研究室主任的吴江，是胡耀邦在理论上的主要助手，对这场大讨论作出了重要的贡献。这是本书作者在2011年12月22日访问吴江（时年94岁）的合影

胡耀邦组建的理论动态组前后有三任组长：王聚武（中）、吴振坤（右）、沈宝祥（左）。他们都参加了“纪念胡耀邦同志诞辰90周年座谈会”

真理标准问题
讨论始末

第四次出版作者说明

本书于1997年12月由中国青年出版社出版，正好赶上真理标准问题讨论二十周年。2005年由江西人民出版社第二次出版，书名改为《胡耀邦与真理标准问题讨论》。2008年5月，中共党史出版社第三次出版，恢复原书名。这次，由中共中央党校出版社出版，也是本书的第四次出版。

从1997年12月到2008年5月，本书在十一年中出版三次，书中内容被广泛引用。这是实践对本书的检验，使我感到欣慰。

本人承担了中央党校的校级科研项目《真理标准问题讨论资料汇编》。这一次出版，基本保持原貌，但补充了新近收集到的一些材料，个别章节有调整，加写了《真理标准问题讨论的深入和发展》一章，作为第十五章，原第十五章作为第十六章，加了一个“结束语”。

沈宝祥
2015年3月

重印序言

本书原名《真理标准问题讨论始末》，全面翔实地记载了真理标准问题大讨论这一历史事件，1997年12月出版，以后又加印，早已销售一空。现决定由江西人民出版社重印，书名改为《胡耀邦与真理标准问题讨论》。

在1998年纪念真理标准问题讨论二十周年的时候，我在北京的一个研讨会上曾说："回顾这场大讨论，要讲五句话：胡耀邦同志是发动者和组织者；邓小平同志是最有力的支持者和最高领导者；罗瑞卿、谭震林、陈云等老一辈革命家在关键时刻坚决有效地给以支持；广大干部特别是省一级和大军区一级主要领导干部的支持和参与，起了举足轻重的作用；广大理论工作者和新闻工作者密切合作，共同努力，作出了重大贡献。"（庞元正、刘维林主编：《让思想冲破牢笼》，中国人民大学出版社1998年7月版，第90页）这场大讨论的成功，是在历史必然性的前提下，大家共同努力的结果。但是，万事开头难。胡耀邦同志作为这场大讨论的发动者和组织者，功不可没。今年是胡耀邦同志诞辰九十周年。特将此书改名为《胡耀邦与真理标准问题讨论》，以此表示对他的纪念。

此次重印，只在个别地方作了修改和补充。

沈宝祥

2005年1月20日

序 言

实践是检验真理的唯一标准，这句话早已为大家所熟知，成为人们观察事物、判断是非的根本标准，这是 1978 年一场全国范围的大讨论的结果。在文献上，这场大讨论被称为“关于真理标准问题的讨论”，或“关于实践是检验真理的唯一标准问题的讨论”。

真理标准问题的讨论发生在中共十一届三中全会以前，结束于十一届三中全会以后。无论从国史、中共党史的角度，还是从其他各种史（中国的社会主义史、经济史、政治史、思想史等等）的角度看，要讲这一段历史，就必然要了解这场大讨论，就必然要从某一特定角度讲这场大讨论。仅此一点，就足以说明这场大讨论在历史上的重要性。也许正是这个原因，这场大讨论结束以来的这些年中，已有不少记述这个历史事件的论著在海内外问世。真理标准问题的讨论已经成为历史研究的一个重要课题。

这些年来，本人很有兴趣地拜读了不少有关真理标准问题讨论的论著。这些论著或者记载了这场大讨论的有关情况，提供了史料，或者对这场大讨论作出了分析评述，提出了学术见解，从而对这个课题的研究做出了贡献。但是，有些论著对这场大讨论的记载和评述，也确实存在不准确不全面的问题。有的是只见其表，不见其里，有的是只知其一、不知其二，恕我不客气地说，也有的是只知有己、不知有人。

历史老人常常给似乎是不相干的人提供某种机遇。在那个特定的历史环境中，本人同真理标准问题讨论居然发生了一点联系，也可以说，在某种程度上参与其事。

大家都知道，《实践是检验真理的唯一标准》那篇著名文章，首先是在中央党校的内部刊物《理论动态》上发表的，在《光明日报》公开发表时，署名是“本报特约评论员”，这都不是偶然的。在真理标准问题讨论的过程中，《理论动态》这个小刊物起了带头和重要的推动作用。

《理论动态》这个小刊物，是胡耀邦到中央党校工作后亲自创办的。创办这个刊物是胡耀邦的主意。刊物的名称、性质、宗旨，以至刊期、形式等等，都是他设计的。在开始的一段时间内，他是实际上的主编，尽管当时没用主编这个职务名称。为了办这个刊物，就需要找几个人，建立一个工作班子。由于别人的推荐，我一开始就参加了这项工作。记得第一次会议是 1977 年 6 月 4 日，那时，一共四个人，外加胡耀邦的秘书陈维仁。以后，陆续增加了一些人，胡耀邦就把我们这一摊子人称为“理论动态组”，或简单地叫做“动态组”。那时他批给我们的大量材料上都是这样写的。胡耀邦组建的这个理论动态组，作为中央党校的一个小机构，在组织系统上开始时属校刊编辑室，后来属于理论研究室，在相当一段时间内，是在胡耀邦直接领导和指导下进行工作的。

由于参加《理论动态》的编辑和撰稿工作，我们这些人便很自然地同真理标准问题的讨论发生了联系，从而在一定程度上成为这场大讨论的参与者和见证人。

胡耀邦曾用“拨乱反正的日日夜夜”这样的语言来表达他的感受和写作期望。的确，那些日子是不平常的。在真理标准问题讨论发动和展开的那些不平常日子里，我们曾一起为取得的进展兴奋不已，也曾经对一些逆历史而行的现象表示愤懑，更为突破某一问题而殚精竭虑、废寝忘食。但是，说实在的，当时我们这些人并没有想过要把这一段经历、一些事情作为历史记载下来，至少对我来说是这样。

现实生活中的种种情况一再提示我，关于真理标准问题讨论这一段历史，有准确全面记载的必要。当我见到那些不准确不全面甚至可以说是不负责任的文字以后，更使我意识到将这一段历史如实地记载下来，是我们对历史、对后人承担的一项责任。我们无权推托这项历史责任。但是，当年在胡耀邦指导下办《理论动态》的几个人，由于各种原因都已离开，只有我一以贯之地在《理论动态》编辑部工作，我觉得自己应当来承担这一责任。于是，我就产生了将自己经历的和知道的有关真理标准问题讨论的情况写下来的念头，并进而形成确立一个科研项目，通过调查研究，比较全面地写出这段历史的想法。尽管我感到干这样一件事有些力不从心，也不大够格，但历史责任感驱使我丢掉过多的顾虑，并增添了几分勇气。

好事多磨。我提出的这个科研项目也经历了一段曲折。我在 1987 年 8 月给中央党校校委领导写报告，要求将真理标准问题讨论确立为中央党校的一个科研项目，在调查和研究的基础上，写出专著。未能顺利通过 1991 年 10 月，我再次给中央党校有关领导写报告，要求确立这样一个科研项目。中央党校科研部给予明确的支持，认为“此题具有重大政治意义和理论意义，是史论结合的研究课题”。分管科研的副校长邢贲思批示：“同意科研组织处意见。项目有意义。”经过这样一个曲折过程，总算确立了这样一个科研项目。但是，那时我担任《党校论坛》和《理论动态》两个刊物的主编，整天为两个刊物和行政事务而疲于奔命，难以集中精力从事这个项目的科研。

随着时间的推移，当年经历的那些事，在自己的记忆中也有逐渐淡漠之感。如荼往事渐成烟，从而产生了干这件事的紧迫感。于是，在 1991 年，我再三向领导提出，希望在 1992 年我 60 岁时及时退下编辑部主任的领导岗位，以便在我的记忆力和精力尚好的情况下，能有一段时间集中主要精力搞科研，了却这桩多年的心愿(促进领导班子年轻化，也是我的一个重要考虑)。1992 年 8 月，下达了免去我编辑部主任职务的通知。从 1993 年起，我才得以有较多的精力搞这一项科研。1994 年可以说是全力以赴的一年，1995 年上半年继续努力，总算搞出了一个东西。顺便说一下，我这个科研课题的名称是《真理标准问题讨论的回顾与总结》。出版时，尊重出版社的意见，书名定为《真理标准问题讨论始末》。

我充分地意识到，搞《真理标准问题讨论的回顾与总结》这样一项科研，有它的复杂性和敏感性。我定的方针是八个字：实事求是，尊重历史。在从事这项科研的时候，我特别注意以下两点。其一，把“实事”搞清楚。凡是涉及的事，都尽可能地找到依据，并进行调查核对，力求准确全面，如实反映。其二，把事情放到当时特定的历史条件和历史环境中去观察和叙述。历史是一个不断发展变化的过程，人们的思想认识甚至用语，都有历史的痕迹，在历史活动中的人更是不断发展变化的。对于这些，都要尊重历史，力求反映出它的本来面貌和特点。

中国是一个文明古国，历来有治史的传统。秉笔直书，写信史，这是中国史学的优良传统。但是，在中国史学传统中，也有糟粕，比如“讳”，就是一个突出的表现。什么为尊者讳，为亲者讳，为贤者讳，而且讳莫如深。所谓讳，用老百姓能懂的话来说，就是隐瞒。还有一个“颂”，就是颂扬，就是歌功颂德。当然，有功有德，历史是应当记载的，加以颂扬也是很自然的。但一味地颂扬，就必然走向反面。在中国史学中，这种例子是不难找的。其实，讳和颂，是密切联系的，简直可以说是一个双面人。《真理标准问题讨论的回顾与总结》这个课题，无疑是个历史课题。在真理标准问题大讨论的历史进程中，每个人在这历史的一幕中所扮演的角色、所起的作用是不同的。简单地说，有站在正面的，也有站在对立面的，有起积极推进作用的，也有起阻碍作用甚至很大的阻碍作用的。我努力发扬中国史学的秉笔直书的优良传统，力求按照历史的本来面貌来记载和述评，而杜绝讳、颂之类的不良学风，以求达到实事求是、尊重历史的要求。我知道，这样做就要得罪人，很可能会引起非议。但我坚信，历史老人会是公道的。当然，如果仅仅依据在真理标准问题讨论这一特定时期的表现，就对某一个人作出全面的评价，那也未免太片面了。

在这个课题中所作的回顾，当然有我个人的回忆在内，有些事情，就是采取回忆的方式撰写的。但是，主要的不是我个人的回忆，是大家一起回忆。我访问了当年真理标准问题讨论的一些重要当事人，他们都作了认真的回忆，有的还花时间查找资料，为我提供了许多重要的情况和资料。我向 100 多位当年在中央党校学习的领导干部发函，请他们回忆在中央党校学习时讨论真理标准问题的情况、回去贯彻的情况。许多同志给我写来了很详细的材料，有的还将当年的学习笔记复印给我，其中，有些同志已是七八十岁高龄。他们的热情鼓励、支持和帮助，使我很感动，也很受鼓舞。中央党校图书馆等单位的同志以及其他有关同志、地方党校的同志，都给我许多帮助，有的是主动地给我提供资料。所以，这个回顾是名副其实的集体回顾。这个成果，是在大家的帮助下搞成的，我内心对这些同志充满感激之情。在这里，还应当提一下的是我的夫人王松筠。在这十年中，她给予我全力的支持。收进本书的一些照片，就凝结了她的劳动。

从 1987 年开始酝酿，收集资料，到 1997 年，历经十个寒暑，总算搞出了这样一部近四十万字的书稿。认真的学术工作者常说，“十年磨一剑”。人们称道范文澜老先生是“板凳要坐十年冷”。我这一本东西说不上是什么剑，但磨了十年，坐了十年冷板凳，倒是真的。这话不是牢骚，而是一点感慨。

真理标准问题讨论前后历时三年多，中央各部门、各地区，都开展了这场讨论，是全党全国的一件大事。我这里所回顾的，只是其中很少一部分情况。限于自己的水平，总结就更差了。我知道，不少地方已采取不同方式总结记载这一史实。有理由相信，一定会有更好的这类论著问世。

最后要说的是，我的研究中一定有材料的疏漏和不准确，或评说的不恰当，诚恳地欢迎大家指教和帮助！

从我自己来说，今后还要就这个课题继续进行调查，积累资料，如有机会，将补充到这个稿子中去，恳切希望得到大家更多的帮助。

沈宝祥

1997 年 4 月

目 录

第一章

拨乱反正呼唤实践标准

从 1978 年 5 月开始，在我们全党和全国范围内，展开了一场真理标准问题的大讨论。这是发生在我国社会主义伟大历史转折时期的一件大事。对于这件具有深远历史意义的大事，党的十一届三中全会的公报和党的其他重要文献，都给予充分的肯定和很高的评价。

历史是按照自己的逻辑向前发展的。在粉碎“四人帮”以后，必然地要有一个全面拨乱反正的过程。对于拨乱反正，邓小平在 1980 年 10 月 25 日的一次谈话中，作了定义性的阐明。他说，拨乱反正，“就是拨林彪、‘四人帮’破坏之乱，批评毛泽东同志晚年的错误，回到毛泽东思想的正确轨道上来”①。拨乱反正是全面的，而全面拨乱反正是从思想理论上的拨乱反正开始的，关键就是真理标准问题的讨论。

邓小平一开始就旗帜鲜明地反对“两个凡是”

全面拨乱反正是一个曲折的充满矛盾和斗争的过程。真理标准问题讨论是拨乱反正逐步发展的必然要求。下面简要地叙述一下这个历史过程。

一、邓小平：从提出“准确、完整”到支持实践检验

1976 年 10 月粉碎了“四人帮”（以后《历史问题决议》等文件叫做粉碎“江青反革命集团”），这是大快人心的事。这件事得到全党和全国最广大人民群众的最热烈的拥护。但是，随着形势的发展，问题很快就出现了，或者说，矛盾很快就显露了。

粉碎“四人帮”以后，我们面临的形势、要解决的历史课题，可以说是既很紧迫，又很艰巨。有林彪、“四人帮”横行造成的严重破坏，又有毛泽东晚年错误造成的严重后果，而且，在党员和人民群众中，又是思想僵化、迷信盛行。这几方面的情况错综复杂地交织在一起，从而使拨乱反正异常艰难。

① 《邓小平文选》第二卷，人民出版社 1983 年版，第 300 页。

粉碎“四人帮”以后，在全国范围内迅速地掀起了揭批“四人帮”、摧垮“四人帮”帮派体系的斗争高潮。在这个斗争中，当时党中央负责人坚守的口径是，毛泽东是完全正确的，“毛主席的无产阶级革命路线”是完全正确的，“毛主席发动和领导的无产阶级文化大革命”取得了伟大的胜利，毛主席创立的“无产阶级专政下继续革命的伟大理论”是完全正确的。要求大家在这样的口径下揭批林彪、“四人帮”。这是他们固守的不准逾越的界限。

揭批林彪、“四人帮”，必须同解决当前最迫切的实际问题相结合。当时，全党和全国人民最强烈的愿望是实现四个现代化。对此，大家没有什么不同意见。1975年周恩来总理在四届人大一次会议的报告中提出实现四个现代化的目标，是经毛泽东同意了的。

但是，人们更迫切地要求解决“文化大革命”遗留下来的问题。广大人民群众十分关心天安门事件。对 1976 年 4 月将广大干部群众到天安门广场悼念周总理、声讨“四人帮”的活动定为反革命事件，大家想不通，要求重新作出评价。我们党内的老一辈革命家和广大干部群众最关心的另一个问题，是要求让邓小平出来工作，参与中央的领导。这就要对邓小平重新作出结论。实际上，这两件事是紧密地联系在一起的。把天安门事件定为反革命事件，撤销邓小平党内外一切职务，开展“批邓、反击右倾翻案风”，这两件事都是毛泽东批准的或是他亲自提出的。要解决这样两个大家关心的重大问题，就无法回避毛泽东的错误，就要冲破当时党中央负责人定的揭批林彪、“四人帮”的口径和框框。矛盾就这样尖锐地发生了。这个矛盾既尖锐又敏感，双方对此都很清楚，态度也不含糊。

早在 1976 年 10 月 26 日，作为中共中央主席的华国锋就对中央宣传部门负责人布置：当前，一、要集中批“四人帮”，连带批邓；二、“四人帮”的路线是极右路线；三、凡是毛主席讲过的、点过头的，都不要批评；四、“天安门事件”，要避开不说。① 以后，他一再重申这些规定。作为中共中央副主席的汪东兴，分管宣传工作，他与华国锋持相同的态度和立场。在汪东兴直接指导下，由李鑫②具体负责，为《人民日报》、《红旗》杂志和《解放军报》撰写了一篇社论，题目是《学好文件抓住纲》。这篇社论由汪东兴定稿，经华国锋批准，于 1977 年 2 月 7 日在上述两报一刊发表（前一天晚上就广播了）。经历过“文化大革命”的人都知道，那时，叫得最响的文章，是以《人民日报》、《解放军报》和《红旗》杂志联合的名义发表的所谓“两报一刊”社论，具有代表党中央和中央文革的特殊分量。这次，又用这种方式，显得很不寻常，当然也很不新鲜。《学好文件抓住纲》这篇社论，将华国锋的思想和态度，作了规范性的表述。社论说：“凡是毛主席作出的决策，我们都坚决维护，凡是毛主席的指示，我们都始终不渝地遵循。”这就是著名的“两个凡是”。据说，当时中央宣传口的负责人耿飚看了这篇社论以后认为：“登这篇文章，

① 《中共党史大事年表》，人民出版社 1987 年版，第 405 页。

② 李鑫，长期担任康生秘书的李鑫，粉碎“四人帮”以后被任命为中共中央办公厅副主任、中央办公厅理论组组长等职，实际上成了华国锋、汪东兴在理论和文字等方面的主要帮手。

等于‘四人帮’没有粉碎。如果按照这篇文章的两个‘凡是’，什么事情也办不成了。”这是一针见血地指出了这篇社论的实质。

1977 年 3 月 10 日至 22 日，中共中央召开了中央工作会议。在这次会议上，陈云、王震在小组会上发言，要求为天安门事件平反，要求尽快让邓小平出来工作。陈云说，我认为当时绝大多数群众到天安门去是为悼念周恩来总理。需要查一查“四人帮”在天安门事件上是否插手，是否有诡计。邓小平与天安门事件是无关的。为了中国革命和党的事业的需要，让邓小平重新参加中央领导工作是完全正确的、必要的。王震说，邓小平政治思想强，人才难得，这是毛主席讲的，周总理传达的。1975 年，他主持中共中央和国务院工作，取得了巨大成绩。他是同“四人帮”作斗争的先锋，“四人帮”千方百计地、卑鄙地陷害他。天安门事件是广大人民群众反对“四人帮”的强大抗议运动，是我们民族的骄傲。谁不承认天安门事件的本质和主流，实际上就是替“四人帮”辩护。[①] 陈云、王震的发言鲜明、尖锐，有说服力，是对“两个凡是”的一次有力冲击。华国锋、汪东兴不让这些重要的发言登会议简报，但这些发言却迅速传出，得到与会的大多数同志的热烈赞同。面对会议的这种形势，华国锋在讲话中坚持“两个凡是”的立场和态度。他说：“批邓、反击右倾翻案风，是伟大领袖毛主席决定的，批是必要的。”但他又说：要“在适当的时机让邓小平同志出来工作”。对于天安门事件，他认为，“确有极少数反革命分子制造了天安门广场反革命事件”。但他又说，“群众在清明节到天安门去表示自己对周总理的悼念之情，是合乎情理的”。从华国锋的这些讲话可以看出，坚持“两个凡是”，已显捉襟见肘之状。

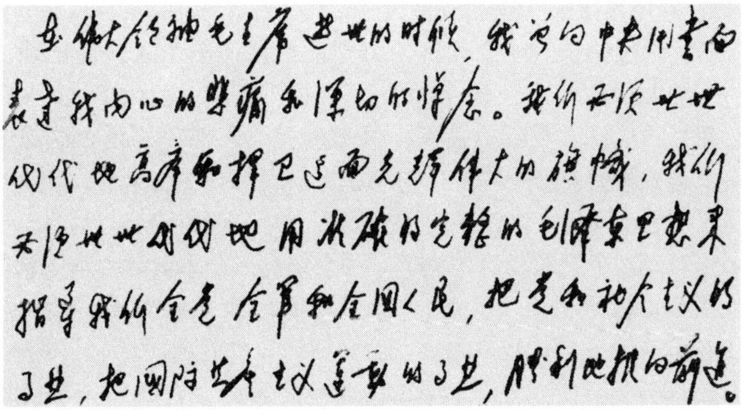
在伟大领袖毛主席逝世的时候，我曾向中央用书面
表达我内心的深痛和深切的悼念。我们必须世世
代代地高举和捍卫这面光辉伟大的旗帜，我们
必须世世代代地用准确的完整的毛泽东思想来
指导我们全党全军和全国人民，把党和社会主义的
事业，把国际共产主义运动的事业，胜利地推向前进。

邓小平给党中央写信，针对“两个凡是”，提出用“准确的完整的毛泽东思想”来指导

1977 年 4 月 10 日，邓小平给党中央写信提出：“我们必须世世代代地用准确的完整的毛泽东思想来指导我们全党全军和全国人民，把党和社会主义事业，把国际共产主义运动的事业，胜利地推向前进。”[②] 邓小平建议中央将他的这封信连同

---

① 王洪模等著：《改革开放的历程》，河南人民出版社 1989 年版，第 52 页。
② 《邓小平年谱》（上），中央文献出版社 2004 年版，第 157 页。

1976 年 10 月 10 日他给中央的信“转发党内”。应当说，这封信是邓小平恢复工作以前采取的一个重要政治行动。邓小平在以后几次讲到，这是经过反复考虑的，是针对“两个凡是”的。

对于“两个凡是”，邓小平肯定从一开始就是反对的，但他没有立即公开表态。这可能是他还要冷静地观察一下形势的发展，同时也可能抱有某种期待。1977 年 3 月的中央工作会议表明，“两个凡是”既不会自动收回，也不可能轻易地被推倒，而广大干部和群众要求推倒“两个凡是”的情绪却越来越强烈。邓小平的信就是在这样的背景之下写的。这封信是写给“华国锋同志、叶剑英同志、党中央的”。① 1977 年 5 月 3 日，中共中央向全党转发了邓小平写给党中央的信，肯定了邓小平的正确意见。中共中央所以转发这封信，与邓小平这封信的写法不是没有关系的。如果信只写给华国锋，他不给叶剑英看，不同叶剑英商量而将信压下，也不是不可能的，而叶剑英是支持邓小平的。从另一方面看，4 月 10 日写的信到 5 月 3 日才转发，这中间也肯定是有周折的。

如果说，陈云、王震在中央工作会议上的发言，是从当时最迫切的重大政治问题上同“两个凡是”对立和斗争，那么，邓小平的信则是从思想理论上，从对马列主义、毛泽东思想的根本态度上，反对“两个凡是”。邓小平提出了“准确的完整的毛泽东思想”这样一个概念。他指出，“毛泽东思想是个思想体系。高举旗帜，就是要学习和运用这个思想体系”。他对汪东兴、李鑫说，“两个凡是”不行。“把毛泽东同志在这个问题上讲的移到另外的问题上，在这个地点讲的移到另外的地点，在这个时间讲的移到另外的时间，在这个条件下讲的移到另外的条件下，这样做，不行嘛！”邓小平进而指出：一个人只要做工作，没有不犯错误的。“毛泽东同志说，他自己也犯过错误。一个人讲的每句话都对，一个人绝对正确，没有这回事。他说：一个人能够‘三七开’就很好了，很不错了；我死了，如果后人能够给我以‘三七开’的估计，我就很高兴、很满意了。”② 邓小平说，这是个重要的理论问题，是个是否坚持历史唯物主义的问题。彻底的唯物主义者，应该像毛泽东同志说的那样对待这个问题。这就把问题提到了应有的理论高度，而且，要他们像毛泽东说的那样对待这个问题。这是将了“两个凡是”一军。针对华国锋的态度，邓小平具体地指出，按照“两个凡是”，就说不通为他平反的问题，也说不通肯定 1976 年广大群众在天安门广场的活动“合乎情理”的问题。

邓小平在 1977 年 7 月 21 日十届三中全会闭幕会上，针对华国坚持“两个凡是”的讲话，又作了进一步的阐释。他说：“我说要用准确的完整的毛泽东思想作指导的意思是，要对毛泽东思想有一个完整的准确的认识，要善于学习、掌握和运用毛泽东思想的体系来指导我们各项工作。”他说：“只有这样，才不至于割裂、歪曲毛泽东思想，损害毛泽东思想。我们可以看到，毛泽东同志在这一个时间，这一个条件，对某一个问题所讲的话是正确的，在另外一个时间，另外一个条件，对同

---

① 《邓小平文选》第二卷，人民出版社 1983 年版，第 300 页。

② 《邓小平文选》第二卷，人民出版社 1983 年版，第 300 页。

样的问题讲的话也是正确的；但是在不同的时间、条件对同样的问题讲的话，有时分寸不同，着重点不同，甚至一些提法也不同。所以我们不能够只从个别词句来理解毛泽东思想，而必须从毛泽东思想的整个思想体系去获得正确的结论。"①

邓小平 1977 年 4 月 10 日给中央写的信，1977 年 5 月 24 日、7 月 21 日两次反对"两个凡是"，提倡准确地完整地理解毛泽东思想的重要谈话，是全党解放思想的先导。1977 年 7 月，党的十届三中全会作出了恢复邓小平领导职务的决定，即恢复邓小平的中共中央委员、中共中央政治局委员、政治局常委、中共中央副主席、中共中央军委副主席、国务院副总理、中国人民解放军总参谋长职务。尽管华国锋等人还在坚守"两个凡是"，但是，形势的发展，特别是邓小平重新恢复领导职务，意味着彻底推倒"两个凡是"，实现思想大解放，已经临近了。当然，这还要经过艰巨复杂的斗争。

邓小平反对"两个凡是"的两次讲话，既讲了要准确完整地学习和掌握毛泽东思想体系，也说到了毛泽东"有些话讲错了"，"他自己也犯过错误"，阐述是全面的。他还指出，这是个重要的理论问题，是个是否坚持历史唯物主义的问题，并且把问题提到如何理解"高举旗帜"的高度。但是，邓小平着重阐明的，还是如何把毛泽东思想作为一个体系来理解和掌握的问题。

1977 年 7 月 21 日，邓小平在党的十届三中全会上的讲话，着重讲了如何准确地完整地理解和掌握毛泽东思想的问题。他从总体上讲了这个问题后，进一步说："就一个领域、一个方面的问题来说，也要准确地完整地理解毛泽东思想。比如说，关于知识分子问题，这是一个领域的问题。毛泽东同志历来重视知识分子的作用，同时也非常注意知识分子要好好地改造世界观。这是从爱护出发，是为了更好地调动他们的积极性，发挥他们的作用，使他们能够好好地为社会主义事业服务。'四人帮'把知识分子一概称为'臭老九'，并且还说这是毛主席说的。应该承认，毛泽东同志曾经把他们看作是资产阶级的一部分。这样的话我们现在不能继续讲。但是从整个革命和建设过程来看，毛泽东同志是重视知识分子的作用的。他在一九七五年，还针对'四人帮'的诬蔑，提出'老九不能走'。我们要准确地完整地理解毛泽东同志关于知识分子问题的思想和政策。"其实，毛泽东曾经重视知识分子的作用，讲了不少正确的话，但他确实存在歧视知识分子的思想观念，讲了不正确的话。邓小平讲的把知识分子"看作是资产阶级的一部分"，就是一例。他不但这样讲了，而且在实践中，把广大知识分子当作革命的对象，造成严重后果。在这样的问题上，就不是如何完整地准确地理解的问题，而是要指出其错误并加以纠正。

"准确的完整的毛泽东思想"这个概念，是邓小平针对"两个凡是"而提出的，是对"两个凡是"的有力冲击。

邓小平提出的"准确的完整的毛泽东思想"的概念，以及他对这一概念的阐释，从世界观方法论上，从对马克思主义的根本态度上反对了"两个凡是"。随着形势的发展，要求更加明确地提出毛泽东晚年错误的问题，要从根本上纠正"文化

---

① 《邓小平文选》第二卷，人民出版社 1983 年版，第 300 页。

大革命”的错误，这就要从理论上肯定领袖人物也可能犯错误，要有一个检验思想理论的科学标准。在当时来说，就是要有一个有效的思想武器，彻底推倒“两个凡是”的错误方针，使人们的思想和精神得到彻底的解放。

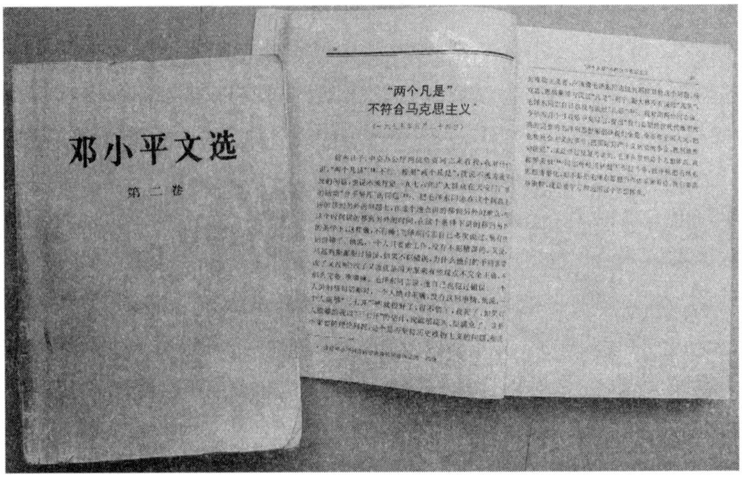

邓小平对汪东兴等人明确指出：“两个凡是”不行

“准确、完整”的提法，对于那种对毛泽东思想搞片言只语，甚至对其曲解、篡改的反马克思主义行径，是一个有力的揭露和批判。但“准确、完整”这个提法，并未正面触及理论本身是否正确的问题，还没有击中“两个凡是”的要害。而且，人们还可以从自己的某种需要出发，对“准确、完整”作出自己的解释。所以，在当时，坚持“两个凡是”立场的人，并未对这个提法提出异议，更没有表示强烈的反对，相反，他们还接过了这个提法，纳入了“两个凡是”的思想体系。这种情况典型地体现在十一大政治报告中。这个报告坚持“两个凡是”的立场，全面肯定并复述了所谓“无产阶级专政下继续革命的理论”，并说“文化大革命这种性质的政治大革命今后还要进行多次”。报告说，毛泽东“完整地创立了无产阶级专政下继续革命的伟大理论”，要求全党“完整地、准确地领会和掌握”继续革命的理论，在这次代表大会之后，“对毛主席关于无产阶级专政下继续革命的伟大理论，来一个全党的学习竞赛”。① 这样，他们就把“完整、准确”统一、融合到了“两个凡是”之中了。很明显，形势的发展，拨乱反正的发展，都要求从“准确、完整”继续前进，也就是要有一个检验思想和理论是否正确的科学标准。

1978 年 5 月，当《实践是检验真理的唯一标准》一文发表后，邓小平立即加以肯定，并明确给予支持，这决不是偶然的。

二、胡耀邦：从“一个问题、一个问题”澄清到提出实践标准

作为真理标准问题讨论的发动者，胡耀邦在粉碎“四人帮”以后，有什么想

① 《中国共产党第十一次全国代表大会文件汇编》，人民出版社 1977 年版，第 19、52 页。

法？他对当时面临的形势和应当采取的举措，有什么考虑？他为什么能够成为真理标准问题讨论的发动者？

1978 年的胡耀邦

在我们党的领导干部中，胡耀邦的经历颇有些特点。胡耀邦对毛泽东的左倾路线觉醒较早，并在自己的工作实践中加以抵制，也因此而一再遭遇麻烦。从上世纪六十年代到七十年代，胡耀邦曾两次因抵制和纠正左倾路线而遭到排斥打击。一次是 1964 年 11 月去陕西任省委第一书记后，因抵制和纠正“四清”运动中的左倾错误，大力抓农业生产，而备受批判打击，因叶剑英的挽救而能离开陕西。他在陕西二百多天，却有一百多天挨批判，实际工作只有一百多天，是百日反“左”。另一次是“文化大革命”后期，邓小平复出主持中央工作。1975 年 7 月，胡耀邦被任命为中国科学院党的核心小组第一副组长，主持科学院的工作。他搞了“汇报提纲”，概括出“科学技术是生产力”的著名论断。他力顶极左，落实知识分子政策，为科学家们解决票子、妻子、孩子、房子、炉子等实际问题，人称“五子登科”，深得人心。但随着毛泽东发动的“批邓、反击右倾翻案风”运动，他又被打倒了。胡耀邦这次在中国科学院工作也只有一百多天，他自称是“百日维新”。

在“左”祸越来越严重的政治环境下，胡耀邦这两次短暂的经历，较充分地展示了他的思想倾向和行为方式的特点。

“批邓、反击右倾翻案风”运动以后，胡耀邦窝居家中。但他时刻关注着人民的疾苦、党和国家的命运，并有自己的思考。

粉碎“四人帮”后的第二天，叶剑英即派他的儿子叶选宁登门看望胡耀邦，告诉他粉碎“四人帮”的消息，要他养好身体，准备接受党将要分配给他的工作。叶剑英特别提出，要胡耀邦提出当前治国的建议。胡耀邦思考了两天，向叶剑英提出三条治国建议。他说，国家面临中兴。中兴伟业，人心为上。什么是人心呢？第一，停止批邓，人心大顺；第二，冤狱一理，人心大喜；第三，生产狠狠抓，人心乐开花。这三条，抓住了党和国家面临的最重大而迫切的问题，是党心所向，人心所向。这三条，体现了否定“文化大革命”，否定阶级斗争为纲，否定所谓“无产阶级专政下继续革命”，一句话，从最关键的问题上否定了“左”的一套。这三条，是胡耀邦深思熟虑的结果，被人们称为新“隆中三策”，实际上，这就是拨乱反正的政治纲领。

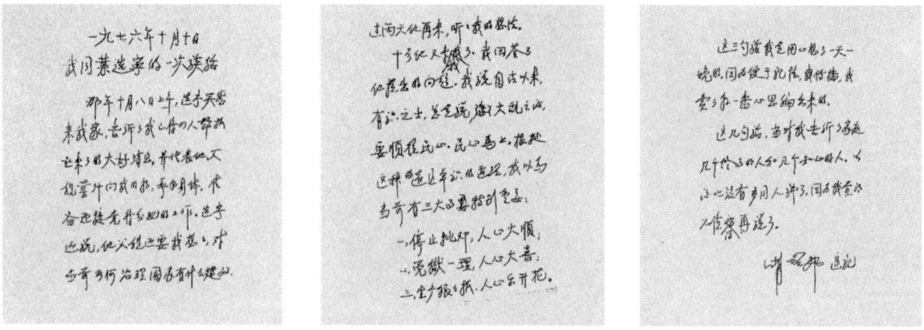
一九七六年十月十日
我同叶选宁的一次谈话

一、停止批邓，人心大顺；
二、冤狱一理，人心大喜；
三、生产狠狠抓，人心乐开花。

胡耀邦 追记

粉碎“四人帮”以后第六天，胡耀邦就向党中央提出三条治国建议：一、停止批邓，人心大顺；二、冤狱一理，人心大喜；三、生产狠狠抓，人心乐开花。这三条治国建议的实质是否定“文化大革命”，否定以阶级斗争为纲，集中力量搞经济建设，反映了人民的意愿，堪称拨乱反正纲领，也体现了胡耀邦敢于从实际出发，实事求是的精神。这是胡耀邦1987年初有关此事的追记

胡耀邦的思想和主张，必然要顺着这个思路发展。历史恰恰给胡耀邦提供了一个绝好的机遇。

1977年3月，党中央决定恢复中央党校，并任命胡耀邦为中央党校副校长，主持工作。为什么说这是历史给胡耀邦提供的绝好机遇呢?

毛泽东将“文化大革命”定性为政治大革命。事实上，他也是这样做的。拨乱反正，纠正“文化大革命”的错误，解决“文化大革命”遗留问题，也必然是激烈的政治斗争。但是，要分清政治上的是非，首先要分清思想理论上的是非，解决思想路线问题。中央党校是党的思想理论阵地，胡耀邦到中央党校任职，就使他能够集中精力思考思想理论问题，找到拨乱反正的突破口，并采取有效的措施。

1977年3月25日，胡耀邦到中央党校上班。4月7日，他就主持召开中央党校党的骨干分子整风会议，揭批“四人帮”，揭露中央党校与“四人帮”有牵连的人和事。在整风会议上，与会者揭露了大量与“四人帮”篡党夺权有关的问题。这些问题大都属于思想理论方面。这使胡耀邦比较充分地认识到思想理论问题的重要性。大约在五月间的一次会议上，胡耀邦响亮提出：“把被林彪、‘四人帮’颠倒了的思想是非、理论是非、路线是非颠倒过来”。笔者是这个整风会议的参加者，当时听了胡耀邦讲的这个话，留下了深刻的印象。

怎样将“颠倒了的思想是非、理论是非、路线是非颠倒过来”呢?胡耀邦提出要一个问题、一个问题地搞。为此，他决定办一个刊物。经过紧张的筹备，这个刊物于1977年7月15日创刊，取名为《理论动态》。笔者从一开始就在胡耀邦的具体指导下参与办这个刊物。

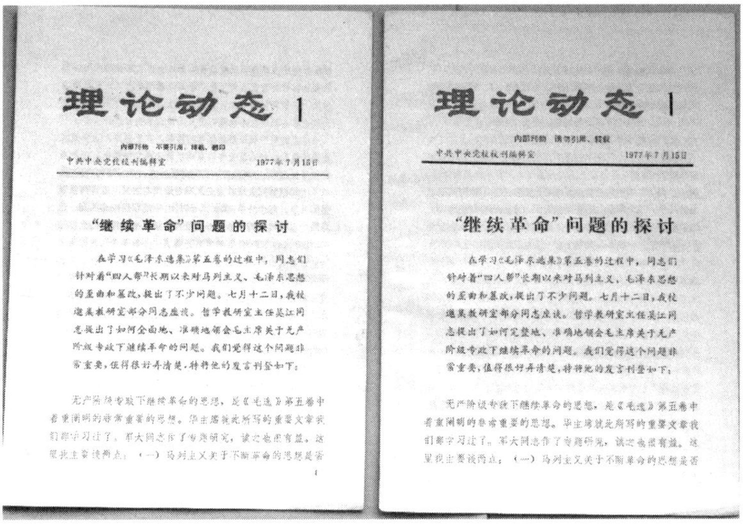
理论动态 1

内部刊物 不要引用、转载、翻印

中共中央党校校刊编辑室 1977年7月15日

“继续革命”问题的探讨

在学习《毛泽东选集》第五卷的过程中，同志们针对着“四人帮”长期以来对马列主义、毛泽东思想的歪曲和篡改，提出了不少问题。七月十二日，我校邀集教研室部分同志座谈。哲学教研室主任吴江同志提出了如何全面地、准确地领会毛主席关于无产阶级专政下继续革命的问题。我们觉得这个问题非常重要，值得很好弄清楚，特将他的发言刊登如下：

无产阶级专政下继续革命的思想，是《毛选》第五卷中着重阐明的非常重要的思想。华主席就此所写的重要文章我们都学习过了。……这里我主要谈两点：（一）马列主义关于不断革命的思想是否

为了推进拨乱反正，胡耀邦创办了《理论动态》，第1期就对毛泽东的“继续革命理论”提出质疑。刊物很快发完，又加印，版面有所变化

《理论动态》创办后，就大家关心的现实问题，发表文章，一个问题、一个问题地进行拨乱反正。下面是《理论动态》初期的文章篇名：《“四人帮”关于民主派问题的谬论必须深入批判》（第5期）、《按劳分配是否必然产生资产阶级分子的探讨》（第6期）、《马列主义的反潮流原则不容篡改》（第8期）、《要准确地理解毛主席对待民族资产阶级的思想》（第10期）、《关于社会主义企业利润的几个问题》（第18期）、《斯大林关于假左派的论述》（第22期）、《农村集市贸易是资本主义的自由市场吗?》（第36期）。从这些题目可以看出，胡耀邦确实是按他原来的设想，一个问题、一个问题地将被颠倒了的是非颠倒过来。在当时，这些文章很受欢迎，也很起作用。但是，思维活跃的胡耀邦对此并不满足。

我记得大约是在1977年秋，有一次，我在他的办公室，他向我提出，能不能找到一个一通百通的东西。到这一年的12月，他就找到了这个“一通百通”的东西。他提出，要用实践标准检验十年“文革”。

1977年12月2日，胡耀邦在中央党校党委会上提出，要用实践来检验“文化大革命”，并指导撰写文件。这就找到了拨乱反正，把被颠倒了的思想是非、理论是非、路线是非的关键，也就是后来有的人讲的“总开关”。

从一个问题、一个问题地解决，到提出实践标准，这是胡耀邦拨乱反正思想的一个飞跃。

邓小平从提出“准确、完整”到支持实践检验，胡耀邦从“一个问题、一个问题”解决到提出实践标准，两人的思想聚焦到一点上。这决不是偶然的。这反映了中国历史发展的要求，是拨乱反正的必然逻辑。

下面讲这个历史发展和逻辑推进的曲折过程。

三、实践标准的酝酿和真理标准问题大讨论的前奏

在揭批林彪、“四人帮”的斗争过程中，不少干部和群众从不同角度不同程度上逐步认识到，“文化大革命”本身就有问题，而这些问题都同毛泽东有这样那样的联系。也就是说，有一个毛泽东晚年错误的问题。这是一个绕不过、又十分敏感而尖锐的问题，当时还很少有人敢公开地明确地讲这个问题。

那些坚持“两个凡是”的人，则小心翼翼地注视着这种动向，紧紧地把着他们的关，守着他们的线。比如，1977 年初，一些报刊开始批判“四人帮”理论家张春桥的《论对资产阶级的全面专政》、姚文元的《论林彪反党集团的社会基础》两篇文章。这是揭批斗争深入的要求。因为张春桥、姚文元是“四人帮”的理论灵魂，这两篇文章是全面阐述“四人帮”的理论观点和政治纲领的代表作。张春桥的文章提出了“全面专政”的反马克思主义口号。姚文元的文章则竭力为“全面专政”找根据。实际上，这两篇文章都是为打倒、镇压他们所说的“林彪一类”，即以邓小平为代表的老一辈革命家和老干部制造舆论。这两篇文章的影响极为恶劣，也是张春桥、姚文元作为所谓理论家的画皮。在揭批“四人帮”的斗争中，理应对这两篇反动文章进行深刻的揭露、剖析和批判。1977 年初，《人民日报》及其他一些报刊，开始批判张春桥、姚文元的这两篇文章。《红旗》杂志社的一些人见到这个动向以后，即以《红旗》杂志社名义打报告向当时在党中央分工主管宣传工作的汪东兴请示：对张春桥、姚文元的这两篇文章，是否可以点出篇名进行批判。2 月 4 日，汪东兴作了如下批示：“这两篇文章是经过中央和伟大领袖和导师毛主席看过”，只能“不点名”地批判文内的错误观点。这个批示，印发给了中央各宣传单位，实际上是压制大家对“四人帮”的批判。类似这样的问题，不断出现。坚守“两个凡是”和广大干部群众反对“两个凡是”的斗争，在有些地方、有些事情上，达到了短兵相接的程度。

1977 年 8 月，召开了党的十一大。这次代表大会有它积极的方面。大会宣告“文化大革命”已经结束，提出要在本世纪内把我国建设成为伟大的社会主义的现代化强国。这些都反映了人民的愿望和历史的要求。邓小平在十一大致的闭幕词，提出要恢复和发扬我们党的优良传统和优良作风，恢复和发扬群众路线、实事求是、批评和自我批评、谦虚谨慎、戒骄戒躁、民主集中制的优良传统和作风，很有现实针对性。但是，党的十一大的基调是坚持“两个凡是”，全盘肯定“文化大革命”，肯定“无产阶级专政下继续革命”的理论和路线，在反倾向的问题上，坚持反右。就在十一大会上，一些代表对华国锋作的政治报告中的一些理论观点和提法及工作中的一些问题，提出了批评意见。但是，这些意见没有被接受。

十一大以后，一些老革命家为纪念毛泽东逝世一周年而撰写和发表了重要的文章，其中有聂荣臻的《恢复和发扬党的优良作风》（《人民日报》1977 年 9 月 5 日）、徐向前的《永远坚持党指挥枪的原则》（《人民日报》9 月 19 日）、张鼎丞的《整风在延安中央党校》（《人民日报》9 月 20 日）、陈云的《坚持实事求是的革命

作风》(《人民日报》9 月 28 日)。这些重要文章有针对性地阐述了实事求是的优良党风。聂荣臻在文章中指出:“我们的一切正确思想,归根结底,只能从实践中来,从实际经验中来,并且必须回到实践中去,通过实际经验的检验。”他还指出:“我们学习和运用马克思列宁主义、毛泽东思想,一定要掌握精神实质,学习它的立场、观点和方法,把基本原理当作行动指南。坚持反对把马克思列宁主义、毛泽东思想的一些词句当作脱离时间、地点和条件的教条。”他说,毛主席从来没有说过我们党的工作不要一分为二。不承认困难、缺点、错误、损失,不承认反面经验,那就不是唯物主义,不是辩证法,那就是搞唯心主义和形而上学。徐向前的文章强调要恢复和发扬理论联系实际的革命学风,完整地、准确地领会和掌握马克思列宁主义、毛泽东思想,识别正确路线和错误路线。张鼎丞的文章着重阐述了在延安整风中,树立和发扬马克思列宁主义普遍原理同中国革命具体实践相结合的、调查研究、实事求是的思想和作风。他特别提到了延安整风中分清是非的标准问题,提出是以客观实践的效果为标准,而不是以自己主观的片面的框框乱套,顺我者是,逆我者非,自己说了算。陈云的文章指出,实事求是不是一个普通的作风问题,而是马克思主义唯物主义的根本思想路线问题。他尖锐地批评,由于“四人帮”的影响,还有这样一些领导机关,这样一些党员干部,在他们中间,主观主义、形式主义的作风,不是少了而是多了,毛主席长期倡导的那种深入群众进行调查研究、根据实际情况解决具体问题的实事求是精神,却不是多了而是少了。以上这些,都是对“两个凡是”的有力批评,而且,已经提出了实践检验的问题,对大家是很好的启发和教育。胡耀邦也从中得到启发。

在筹备中央党校复校开学的过程中,胡耀邦对教学人员不止一次地提到聂荣臻的那篇文章。1977 年 9 月 22 日,他在有各教研室主任、副主任参加的教学会议上讲话,在讲到如何搞好教学工作、理论工作时说:“我们的聂老总写的《恢复和发扬党的优良作风》才是真正研究了、传播了毛主席长期培养的我们党的优良作风的一些主要问题,研究主席倡导的作风,又结合当前的实际,写了这么一篇文章,这才真正叫忠于毛泽东思想,也叫真正做理论工作,也是教学工作。”这说明,胡耀邦是认真地读了这些文章并进行了思考的,是从中得到了启发的。

党的十一大以后,广大干部和人民群众要求恢复实事求是的优良传统、解决“文化大革命”遗留问题的呼声,越来越强烈。

1977 年 10 月 7 日,《人民日报》发表了一篇文章,题目是:《把“四人帮”颠倒了的干部路线是非纠正过来》。这篇文章是根据胡耀邦的意见,并在他的具体指导下,由中央党校的杨逢春、叶扬、陈钟三位同志撰写的。这篇文章揭露了“文化大革命”中对干部进行诬陷迫害、残酷打击的种种表现,鲜明地提出:“我们要敢字当头,敢干冲破阻力,敢于推翻‘四人帮’一伙在审查干部中所作的错误结论。一切强加给干部的诬蔑不实之词一定要推翻。颠倒的干部路线是非一定要纠正。”文章着重揭露了“四人帮”诬陷迫害担负各级领导职务的老干部的罪行。平反冤假错案,落实干部政策,这是当时大家最关心、要求最迫切的一个重大问题。华国锋在十一大所作的政治报告提到,“对过去审查干部中遗留的一些问题,应当严肃认真地尽快妥善处理”。这样讲，分量显然是很不够的，在实践上更是行动缓慢，而且制造借口，设置障碍。特别是对一些德高望重的老干部的问题，坚持“两个凡是”的人更是不愿给予解决。他们的借口是，这是中央定的案、毛主席定的案，抬出了“两个凡是”。实际上，许多老干部的错案，是他们参与或经手定的。胡耀邦组织的文章说出了广大干部特别是受迫害的干部的心里话，也击中了“两个凡是”的要害。汪东兴看了这篇文章以后，认为这是一篇错误文章，并说现在不批，将来也要批。他以威胁的口气说，你们知道专案工作是谁领导的吗？在这个问题上，分歧表现得很尖锐。

在实际工作中，如何看待农村的生产资料所有制，特别是如何看待刚刚兴起的农村家庭联产承包责任制，如何看待农村集市贸易、自留地，还有，如何看待利润、价值规律问题，在这一系列问题上，都存在分歧，存在截然相反的两种思想认识和对立观点。也就是说，有一系列的路线是非、思想是非、理论是非需要澄清。“两个凡是”由华国锋、汪东兴这些人作为一个战略方针而提出，但这绝不是个别人的观点，它实际上是一种思潮。这种思潮主要反映了在“文化大革命”中同毛泽东的错误有这样那样联系的那些人的心态和政治态度，以及他们的利益。

“两个凡是”也是个人迷信的产物。由于个人迷信盛行多年，确实存在把领袖人物神化的问题。经过十年内乱，我们的国家，我们的事业，我们的党，遭到严重的破坏和损失，经过了一场浩劫。尽管这样，在揭批林彪、“四人帮”的过程中，许多人宁愿把这一切都归之于林彪、“四人帮”，不愿意也不希望说毛泽东有错误。对于那些善良的人们来说，这既是思想认识问题，更是感情问题。这是“两个凡是”所以得到不少人同情和支持的社会历史原因。

还有一些人是心有余悸。在 1967 年 1 月 13 日，以中共中央、国务院名义颁布了一个文件，叫做《关于在无产阶级文化大革命中加强公安工作的若干规定》，简称《公安六条》。这个文件规定，凡是“攻击诬蔑伟大领袖毛主席和他的亲密战友林彪同志的，都是现行反革命行为，都应当依法惩办”。这个《公安六条》，在“文化大革命”期间得到最充分的实施。在“文化大革命”期间，对毛泽东的任何不恭不敬行为，任何不同意见（或被认定是这样），都可能被认为是对伟大领袖的诬蔑攻击，都可能被认定为现行反革命，而遭到最严厉的惩处。这样的实例不少。因此，人们在这个问题上是处处倍加小心，唯恐有疏。再看看“两个凡是”的具体内容：“凡是毛主席的指示，我们都坚决维护，凡是毛主席的指示，我们都始终不渝地遵循。”一个是“坚决维护”，一个是“始终不渝”，口气都是很硬的。再加上在粉碎“四人帮”以后，仍然有所谓诬蔑攻击伟大领袖的罪名而遭惩处的实例，人们心有余悸，这是很自然的。

由于在十年“文化大革命”中个人迷信盛行，毛泽东在人们心目中已经成了至高无上的神，而十年“文化大革命”恰恰是毛泽东晚年的严重错误，而且，在“文化大革命”前他也有错误，这就使拨乱反正十分复杂和艰难。拨林彪、“四人帮”破坏之乱，对广大群众和干部来说，不存在思想障碍，而要纠正毛泽东晚年的错误，则完全是另一种情况。在当时形势下，提出这个问题，指出毛泽东有错误，不少人的思想感情就接受不了，感到困惑，甚至痛苦，再加上“两个凡是”的枷锁，更使人们疑虑重重。因此，破除迷信，解放思想，既很迫切，又不能不是一个渐进的艰难的过程。粉碎“四人帮”以后，开始是揭露和批判林彪、“四人帮”歪曲和篡改毛泽东的指示。以后，有些文件是毛泽东圈阅同意了的，有些文章是他审阅同意的，就不点名地加以批判。还有一种情况，有些话，有些事，虽然是毛泽东同意干的，也讲过的，但林彪、“四人帮”也讲过，就挂在林彪、“四人帮”的账上。一个时期中，就是这样一步一步推进拨乱反正的。但是，再前进一步就难办了。有些理论观点，有些话，确实是毛泽东的，不可能作其他解释。比如，所谓“无产阶级专政下继续革命的理论”，究竟能不能成立？“文化大革命”究竟对不对？等等。这样关系到全党和全国人民命运的重大问题，不搞清楚是不行的，在内部悄悄地讲也不可能，回避更不应当。这就是说，形势发展到一定阶段，就必须正面触及毛泽东的错误，必须公开地严肃地提出和解决这个问题，需要提出一个判断是非的科学标准。

应当说，“两个凡是”本身也就是一种标准。这是“文化大革命”期间盛行的语录标准、“最高指示”标准在新的历史条件下的直接继续。当然，这种判断思想、理论、路线的标准是不科学的、错误的、违背理论本性的，违背唯物主义认识论原理的，但在当时又是很有影响力的、人们所习惯了的。

中国的政治形势发展到这一步，提出实践标准已经成了迫切的需要。实际上，实践标准也已经呼之欲出。

在同“两个凡是”的斗争中，有些人已经很自然地提出了实践标准。1976 年 10 月 16 日，以吴德为第一书记的中共北京市委，派人到北京大学传达市委《关于当前运动的意见》(即《六条》)。这个文件开头就讲：“向广大群众讲清楚，清华、北大是伟大领袖毛主席抓的点。几年来，在毛主席的无产阶级革命路线指引下，两校的广大干部、宣传队员和师生员工贯彻执行毛主席的指示，取得了很大的成绩，对全市学校的斗批改、教育革命和上层建筑领域的革命，起了有力的推动作用。”很明显，这个《六条》的基本精神，是维护“文化大革命”中搞的一套，阻挠压制师生揭批林彪、“四人帮”，阻挠纠正“文化大革命”的错误，因而遭到北大师生的反对。中共北京市委制定的那个《六条》，是“两个凡是”的一个标本。师生们要推倒这个《六条》，就必须在理论上驳倒它，驳倒他们打的“毛主席抓的点”这个旗号。经过一年多的思索，在 1977 年 10 月，北大青年教师王贯秀等人写的一张《评市委〈六条〉》的大字报，实现了突破。这张大字报指出：“市委的《六条》不符合客观实际，经不起实践的检验。真理的标准是实践。不管权力多大、嗓门多高，都不可能强迫实践通过错误的意见；犯了错误，不管态度多滑、手法多妙，也不可能逃脱实践对错误的判决。”① 当时，从本本上是不可能找到批驳这个被称为《六条》的错误文件的根据的，只能求助于实践，只能用实践标准。像北京大学这样一个单位，师生们拿起实践标准这个武器，进行揭批林彪、“四人帮”的斗争，反对当时北京市委的错误文件，反对“两个凡是”，比较典型地反映了拨乱反正的

① 于光远、胡绩伟等著：《猛醒的时刻》，中外文化出版公司 1989 年版，第 286 页。

必然逻辑。

中央党校的《理论动态》这个内部刊物也经历了这样一个必然的过程。

当时，胡耀邦明确提出，办《理论动态》这个刊物，就是要把被林彪、“四人帮”颠倒了的路线是非、理论是非、思想是非再颠倒过来，一个问题一篇文章，从理论上加以说明。以后，有了“拨乱反正、正本清源”这个提法，更准确了，而含义是一样的。把被颠倒了的一系列是非再颠倒过来，就有一个判断是非的标准问题。而明确地认识和提出这个问题，有一个过程。

开始时，我们的认识是，这是一个如何完整地、准确地理解马列主义、毛泽东思想原理的问题。《理论动态》第 3 期（1977 年 7 月 25 日）的编者按语就是这样说的。这一期重印了列宁 1916 年 11 月 30 日写的一封信。在这封信中，列宁说：“马克思主义的全部精神，它的整个体系要求人们对每一个原理只是（a）历史地（b）只是同其他原理联系起来（c）只是同具体历史经验联系起来加以考察。”《理论动态》在按语中强调：“我们应当历史地、全面地、具体地、准确地理解它的每一个原理，绝不可忘记原理之间的联系。”编者按批评了将马列主义、毛泽东思想个别原理孤立起来加以运用的错误态度和错误方法。当时，读者对这一期《理论动态》很赞赏。《人民日报》转载了这一期的内容，引起了很大的反响。这反映了当时人们的认识水平。

随着问题的展开和深入，就自然地提出了实践标准。《理论动态》的文章也逐渐地有了这方面的内容。《理论动态》第 9 期（1977 年 8 月 25 日），发表了《理论工作必须恢复和发扬实事求是的作风》一文，这是理论动态组同志撰写的。在这篇文章中，批评了一些人的错误的是非标准：“他们对待是非，不是以客观实际为准，而是以‘小道消息’为准，以某些‘权威’的意见为准，以报纸刊物上的提法为准。一句话，以‘风’为准。”这里，实际上已经提出了检验真理的标准问题，但用语还不明确。

1977 年 12 月 15 日出刊的《理论动态》第 31 期，发表了邵华泽撰写的《文风和认识路线》一文。这篇文章的三个小标题是：

（1）客观事实是第一性的，还是人的主观认识是第一性的？

（2）用一般指导具体，还是用一般代替具体？

（3）检验工作好坏、水平高低的标准是看实践，还是看别的什么东西？

这篇文章的第三部分一开头就引了毛泽东的话：“真理的标准只能是社会的实践。”接着，文章提出了三个问题，并作了回答。

判断一个干部能力强不强看什么？看实践，看他工作的实际效果，看他的行动是否给人民带来了好处以及这种好处的大小，绝不是根据他说得多么好听，多么头头是道。

判断一个总结、一篇报道水平高不高看什么？看实践，看它是否深刻地反映了群众的实践，是否经得起客观实践的检验。

判断一个单位工作好坏看什么？也是看实践，而不是看他们写出了多少经验，发表了多少报道。

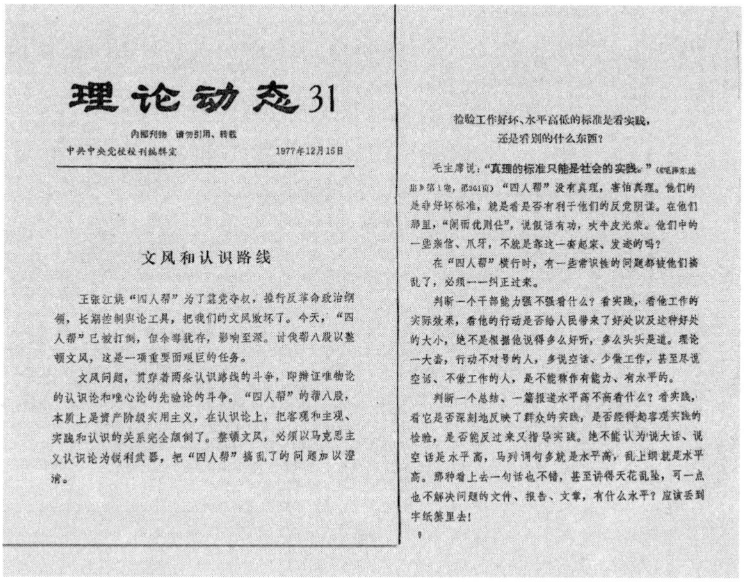

理论动态31

内部刊物 请勿引用、转载

中央中央党校校刊编辑室 1977年12月15日

文风和认识路线

王张江姚“四人帮”为了篡党夺权，推行反革命政治纲领，长期控制舆论工具，把我们的文风败坏了。今天，“四人帮”已被打倒，但余毒犹存，影响至深。讨伐帮八股以整顿文风，这是一项重要而艰巨的任务。

文风问题，贯穿着两条认识路线的斗争，即辩证唯物论的认识论和唯心论的先验论的斗争。“四人帮”的帮八股，本质上是资产阶级实用主义，在认识论上，把客观和主观、实践和认识的关系完全颠倒了。整顿文风，必须以马克思主义认识论为锐利武器，把“四人帮”搞乱了的问题加以澄清。

检验工作好坏、水平高低的标准是看实践，还是看别的什么东西？

毛主席说：“真理的标准只能是社会的实践。”（《毛泽东选集》第1卷，第261页）“四人帮”没有真理，害怕真理。他们的是非好坏标准，就是看是否有利于他们的反党阴谋。在他们那里，“闹而优则仕”，说假话有功，吹牛皮光荣。他们中的一些亲信、爪牙，不就是靠这一套起家、发迹的吗？

在“四人帮”横行时，有一些常识性的问题都被他们搞乱了，必须一一纠正过来。

判断一个干部能力强不强看什么？看实践，看他工作的实际效果，看他的行动是否给人民带来了好处以及这种好处的大小，绝不是根据他说得多么好听，多么头头是道。理论一大套，行动不对号的人，多说空话、少做工作，甚至尽说空话、不做工作的人，是不能称作有能力、有水平的。

判断一个总结、一篇报道水平高不高看什么？看实践，看它是否深刻地反映了群众的实践，是否经得起客观实践的检验，是否能反过来又指导实践。绝不能认为说大话、说空话是水平高，马列词句多就是水平高，乱上纲就是水平高。那种看上去一句话也不错，甚至讲得天花乱坠，可一点也不解决问题的文件、报告、文章，有什么水平？应该丢到字纸篓里去！

9

《理论动态》第31期（1977年12月15日）邵华泽的文章就提出实践标准，但当时还没有引起人们的注意

这篇文章明确提出了实践标准，并联系实际作了说明。这是我看到的在拨乱反正中明确提出和阐述实践标准最早的一篇文章。但这篇文章的主题是讲文风问题，没有从哲学上正面展开论述实践是检验真理的唯一标准问题，所联系的实际也是比较具体的问题，因而显得分量不够。《人民日报》于1978年1月9日公开发表了这篇文章，但没有引起大的反响，可能就是这个原因。

《人民日报》理论部的同志，也经历了与《理论动态》相类似的过程。在1978年7月间北京的理论与实践问题讨论会上，《人民日报》理论部的汪子嵩生动地讲述了这一过程。

汪子嵩说，粉碎“四人帮”以后，他们在编辑工作中，首先在按劳分配问题上遇到了矛盾。有些同志主张，按劳分配有两重性，既有积极的一面，也有消极的一面。消极的一面就是它会产生两极分化，会产生资产阶级。许多同志不赞成这个意见，并加以批驳。认为按劳分配有消极作用的同志虽然提不出任何事实根据来证明按劳分配产生资产阶级，但他们说，他们的论点是有理论根据的。他们的根据就是毛主席说的按劳分配、八级工资制和旧社会差不多。这样，就从经济学的讨论中，引出了一个哲学问题，即究竟什么是检验真理的标准？汪子嵩说，当时，其他问题的争论，最后几乎也都发生同样的情况。只要我们纠正一个错误观点，总有人出来反对，而他们的理由往往就是“毛主席不是这样说的”。只要报纸上发表一篇文章，把被“四人帮”颠倒了的理论问题纠正过来，我们总要收到许多信，表示反对。他们反对的根据大多是引用毛主席的某一句话。今年初（1978年），我们初步感觉到这个问题，便写了一篇思想评论，题目是《标准只有一个》，只有一千多字，发表在3月26日的《人民日报》上。

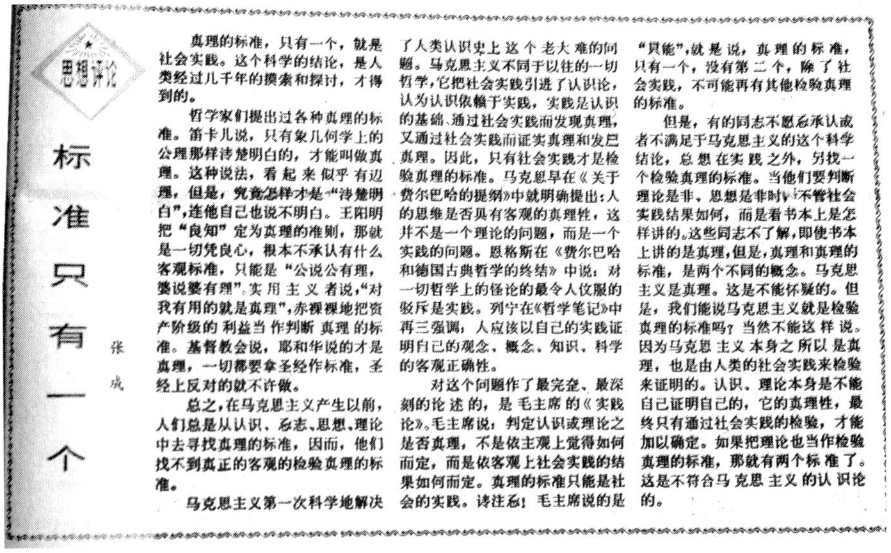

思想评论

标准只有一个

张成

真理的标准，只有一个，就是社会实践。这个科学的结论，是人类经过几千年的摸索和探讨，才得到的。

哲学家们提出过各种真理的标准。笛卡儿说，只有象几何学上的公理那样清楚明白的，才能叫做真理。这种说法，看起来似乎有边理，但是，究竟怎样才是“清楚明白”，连他自己也说不明白。王阳明把“良知”定为真理的准则，那就是一切凭良心，根本不承认有什么客观标准，只能是“公说公有理，婆说婆有理”。实用主义者说，“对我有用的就是真理”，赤裸裸地把资产阶级的利益当作判断真理的标准。基督教会说，耶和华说的才是真理，一切都要拿圣经作标准，圣经上反对的就不许做。

总之，在马克思主义产生以前，人们总是从认识、意志、思想、理论中去寻找真理的标准，因而，他们找不到真正的客观的检验真理的标准。

马克思主义第一次科学地解决了人类认识史上这个老大难的问题。马克思主义不同于以往的一切哲学，它把社会实践引进了认识论，认为认识依赖于实践，实践是认识的基础。通过社会实践而发现真理，又通过社会实践而证实真理和发展真理。因此，只有社会实践才是检验真理的标准。马克思早在《关于费尔巴哈的提纲》中就明确提出：人的思维是否具有客观的真理性，这并不是一个理论的问题，而是一个实践的问题。恩格斯在《费尔巴哈和德国古典哲学的终结》中说：对一切哲学上的怪论的最令人信服的驳斥是实践。列宁在《哲学笔记》中再三强调，人应该以自己的实践证明自己的观念、概念、知识、科学的客观正确性。

对这个问题作了最完全、最深刻的论述的，是毛主席的《实践论》。毛主席说：判定认识或理论之是否真理，不是依主观上觉得如何而定，而是依客观上社会实践的结果如何而定。真理的标准只能是社会的实践。请注意！毛主席说的是“只能”，就是说，真理的标准，只有一个，没有第二个，除了社会实践，不可能再有其他检验真理的标准。

但是，有的同志不愿意承认或者不满足于马克思主义的这个科学结论，总想在实践之外，另找一个检验真理的标准。当他们要判断理论是非、思想是非时，不管社会实践结果如何，而是看书本上是怎样讲的。这些同志不了解，即使书本上讲的是真理，但是，真理和真理的标准，是两个不同的概念。马克思主义是真理。这是不能怀疑的。但是，我们能说马克思主义就是检验真理的标准吗？当然不能这样说。因为马克思主义本身之所以是真理，也是由人类的社会实践来检验来证明的。认识、理论本身是不能自己证明自己的，它的真理性，最终只有通过社会实践的检验，才能加以确定。如果把理论也当作检验真理的标准，那就有两个标准了。这是不符合马克思主义的认识论的。

《人民日报》于 1978 年 3 月 26 日发表张成撰写的“思想评论”《标准只有一个》。文章明确提出：“真理的标准，只有一个，就是社会实践”

由《人民日报》理论部张德成（署名张成）撰写的这篇短文，一开头就说：“真理的标准，只有一个，就是社会实践。”文章还说，真理和检验真理的标准，是两个不同的概念。马克思主义是真理，但不是检验真理的标准。真理的标准只有一个，没有第二个。如果把理论也当作检验真理的标准，那就有两个标准了。这就不符合马克思主义的认识论了。这篇文章很短，对问题没有展开论述，但观点是阐述得很明确的。这篇文章发表以后，引起了一些人的注意，一些人表示反对。《人民日报》收到二十几封反对的信。反对者认为，马克思主义应该是检验真理的标准，说马克思主义不是检验真理的标准，就是贬低马克思主义的理论。针对这种情况，《人民日报》理论部的同志觉得有进一步讲清这个问题的必要。他们决定组织一篇较有分量的文章。于是，他们就将这些读者来信转给中国社会科学院哲学研究所副所长邢贲思，请他针对这些读者来信暴露的思想认识问题，撰写一篇论述真理标准问题的文章。[①] 邢贲思在自己的理论研究中，实际上也已经触及这个问题。1978 年 4 月 8 日，《人民日报》发表了他的《哲学和宗教》那篇文章。文章很明确地说，不能把哲学当作宗教，实际上是说，不能把毛泽东思想当作神学教条。文章还指出，不能搞信仰主义、愚昧主义，不能提倡盲目迷信和偶像崇拜；提倡要认真思索，鉴别真伪。这是明显地针对“两个凡是”的。这篇文章讲的就是如何对待马列主义、毛泽东思想的问题。《人民日报》约他撰写论述真理标准问题的文章，他欣然接受，不是偶然的。

《人民日报》在 1978 年 4 月 3 日，发表了吴江的《批判林彪、“四人帮”实用主义哲学》一文。这篇长文中有一段，是阐述真理标准问题。文章说：“按照马克

---

① 《哲学研究》编辑部编：《实践是检验真理的唯一标准问题讨论集》第一集，中国社会科学出版社 1979 年版，第 99—100 页。

思列宁主义，路线的正确与否，不是一个理论问题，而是一个实践问题，它不能在理论范围解决，而要从实践的结果来证明。”这篇文章明确否定了权力标准。

南京大学哲学系的胡福明曾经讲过他思考和提出实践标准，并写出文稿的经过，情况同上面讲的大致相似。他说，他撰写《实践是检验真理的标准》一文，主题是在拨乱反正的实践中提炼出来的，是在揭批“四人帮”的斗争中产生的。十一届三中全会以后，新华社记者张行端就此采访了胡福明，后撰写了《实践之树常青》的专访文章，《人民日报》、《光明日报》1979 年 3 月 21 日刊登了这篇文章。下面是这篇采访文章的摘录。

这年的十一月初，有关部门召开了一个座谈会，分析粉碎“四人帮”以后教育战线的形势。胡福明在发言中愤怒地指出：“教育战线是遭受‘四人帮’破坏最严重的部门之一。这几年，教学质量大大下降，简直是糟蹋了一代人！”话没有讲完，有关部门的一个负责人便指责说：你这种说法违背了过去上级指示的精神，是“否定文化大革命！”胡福明激动了，他说：“我讲的是事实。不信的话，请你到南大来辩论！”有人打圆场说，双方各自讲各自的吧！

胡福明想：“难道这就没有是非标准了吗？”

时隔不久，在一次哲学系师生揭批“四人帮”罪行的大会上，胡福明和其他一些教师在发言中列举大量事实，提出教育战线的所谓“黑线专政”、“两个估计”是错误的，应予推倒。讲话一结束，就有人当面责问：“两个估计”的提法是中央文件上讲过的，你们这是批到谁头上来了？

在另一次讨论会上，胡福明又旗帜鲜明地指出，生产力决定生产关系，决定整个社会的发展，这是历史唯物主义的基本原则。“四人帮”批判所谓“唯生产力论”，就是反对历史唯物论，造成了国民经济面临崩溃的严重的恶果。话音刚落，又有同志批驳说，批判“唯生产力论”，这是在党内一次大会的历史性文件上记载了的，谁反对批“唯生产力论”，谁就是为修正主义观点辩护。

拨乱反正，为什么处处有禁区？南京大学哲学系是个政治空气活跃的地方，教师们的思想比较解放。胡福明和他的同事们联系这些现象，展开了讨论。大家摆出了这方面的许多问题，譬如，有的同志主张在工厂、农村认真落实按劳分配政策，有人却说这同过去的“精神”有抵触；广大群众强烈要求给天安门事件、南京事件平反，有人又宣称这是“铁案”，不能改。大家说，林彪、“四人帮”把制造迷信当作搞阴谋的手段，利用片言只语给他们的反革命阴谋镀上一层金色。如果我们不从真理的标准问题上，把思想解放出来，揭批“四人帮”的斗争就寸步难行，拨乱反正就将是一句空话！

从现实生活的激烈斗争中，从同事们的发人深思的议论中，胡福明越来越感觉到，林彪、“四人帮”在理论问题上制造了许多混乱，使各条战线的许多问题不能分清是非，拨乱反正的任务十分艰巨。作为一个从事马克思主义哲学研究的理论工作者，必须从人们认识路线的根本上来解决问题，回答什么是区分正确路线和错误路线、是和非、正和乱的标准，回答什么是对待马列主义、毛泽东思想的正确态度。这个念头时时咬啮着他的心。1977 年五六月间，他在繁忙的教学和行政工作中，挤时间读了马克思和毛主席的有关哲学著作。理论和实际的结合，使他的思想开始升华，问题的关键终于明确了：鉴别任何思想、理论、法令的标准，只能是马克思主义认识论的基本出发点——实践。这棵永不凋零的常青树，它既能开出色彩缤纷的真理之花，又是最严峻的历史裁判者。令人痛心的是，这个马克思主义的常识，被林彪、“四人帮”搞得混乱不堪。胡福明决定立即动手写一篇文章，宣传这个认识论的基本原理，恢复马列主义、毛泽东思想的本来面目，给揭批“四人帮”的斗争提供锐利的哲学武器。在这样认识的基础上，他终于写出了《实践是检验真理的标准》那篇文稿。

以上《理论动态》、《人民日报》和胡福明遇到的情况和提出实践标准的情况很相似。正是“英雄所见略同”。这说明了事物发展的必然性。提出实践标准是当时形势发展提出的客观要求，是拨乱反正的必然逻辑，简直已经是水到渠成的事了。

把实践标准作为检验“文化大革命”的标准，作为评判路线是非、理论是非、思想是非的标准，在党的领导干部中大范围地严肃地提出来，认真地进行讨论，是中央党校，是胡耀邦主持下的中共中央党校。

《光明日报》的同志在有关材料中写了这样一段：“1977 年 12 月，中共中央党校在研究编写一个党史问题材料时，当时主持党校工作的胡耀邦同志提出了编写要求：一个是完整地、准确地运用毛泽东思想，一个是实践是检验真理的标准。”是不是这样呢？应当说，确有此事，但这样说实在是太简单了。下面我就具体地讲一下这件事的来龙去脉。

事情要从党的十一大讲起。华国锋代表党中央向十一大作的政治报告中提出：“要认真组织力量研究党史，学习和总结党的历史经验，特别是第九次、第十次、第十一次路线斗争的经验。”胡耀邦是参加十一大的代表，又正在筹备中央党校的复校开学。中央党校有一个党史教研室。中共党史是中央党校的一门重要课程。而且，在 1977 年 5 月，党中央就正式批准中央党校建立党史研究室，承担编写中共党史的任务（以后中央另有安排，这个机构没有正式组建）。胡耀邦很自然地要具体考虑这个问题。

1977 年 9 月 22 日上午，胡耀邦听取中央党校党史教研室、党建教研室负责人汇报（教务办公室、校办公室和各教研室负责人参加）。在听取汇报过程中，胡耀邦明确提出，党史“就是着重讨论九、十、十一次路线斗争的一些问题”，“最好能写出个稿子来，当文章发表也可以”。他还说，“把这个主题抓住了，华主席交的任务就基本上完成了。应该抓这个主题”。当时，华国锋兼任中央党校校长，从讲话的口气看，很可能华国锋给胡耀邦作过布置，提出过要求。需要指出的是，胡耀邦对“文化大革命”的评价同华国锋等人当时就有重大差别，我在下面要具体讲。9 月 22 日下午，召开教学工作会议，胡耀邦发表了《关于教学问题的几点意见》的长篇讲话。这个讲话共讲了八个问题，其中第三个问题是：“我们党史教学怎么搞法？”他重申了上午听取汇报时讲的那些话。

研究第九次、第十次、第十一次路线斗争，这是当时的用语。毛泽东把“文化大革命”开始时打倒刘少奇、邓小平称之为第九次路线斗争，把反对林彪、陈伯达称之为第十次路线斗争。后来，把 1976 年 10 月粉碎“四人帮”称之为第十一次路线斗争。所以，研究这三次路线斗争，实际上，就是要研究“文化大革命”，对十年“文化大革命”作出评价。那么，胡耀邦当时对“文化大革命”是怎么看的呢？记得就在那个时候的一天，我们理论动态组的几个人，在他办公室谈完问题以后，就海阔天空地聊了起来。有人提出：耀邦同志，你对“文化大革命”是怎么看法？他回答：“思想是光辉的，实践是错误的。”他说，老人家发动“文化大革命”是为了反修防修，这个思想还是光辉的嘛！但是，“文化大革命”的实践是错误的。他列举了许多事实来说明“文化大革命”的实践是错误的。他的回答脱口而出，语言又是那样明确，说明他对这个问题早有考虑。他的回答使我们感到很新鲜，也很受启发。除了动机以外，他对“文化大革命”本身是持否定态度的。他对“文化大革命”的这种评价，主要是根据事实。

中央党校党史教研室的同志依照胡耀邦和校党委的布置，即着手制定党史教学的计划。

正在这时，1977 年 10 月 9 日，中央党校举行了隆重的开学典礼，中央的主要领导人都来了。除华国锋外，叶剑英也在会上讲了话。叶剑英的讲话中讲到理论要密切联系实际时指出：“一定要从实际出发。如果理论不能指导实际，不受实际检验，那算什么理论！绝不能把理论同空谈、吹牛甚至撒谎混为一谈。”叶剑英在讲话结束时提出：“我希望在党校工作的同志，来党校学习的同志，都来用心研究我们党的历史，特别是第九次、第十次、第十一次路线斗争的历史。”这样，中央党校要承担研究党史的任务就更明确了。在此，我要讲一个情况。大约在开学典礼前两三天，胡耀邦把我叫到他的办公室，谈一篇稿子的事。谈完后，我起身要走，他却让我在沙发上坐下，跟我聊了起来。由于中央党校复校开学典礼的事都已就绪，他的心情很好。他对我说，叶帅的讲话稿，我叫几个人搞了一下，他们的思想上不去，我就自己动手改写了（时任中央党校团委书记的黄晓河，最近出版了一本书，书名是《总能成功》。在这本书中作者回忆了当年胡耀邦让他参与起草叶帅讲稿的情况。黄晓河说，胡耀邦让吴江、陈维仁、黄晓河老中青三人各写一个稿。胡耀邦对他们三个人写的稿都不满意，决定自己来写。“十月一日国庆节晚上，耀邦参加天安门广场焰火晚会后回到家中已凌晨两点，就索性自己动手为叶帅起草讲稿，写到清晨七时一气呵成。接着，已六十多岁又一夜未合眼的耀邦也顾不上休息，径直坐车来到中央党校上班，一方面让校印刷厂将叶帅讲话稿排印出来，同时通知原先三稿的起草者来修改他起草的讲稿。由于耀邦亲自撰写的讲稿高屋建瓴、深刻流畅，很快就被大家确认定稿”。见黄晓河著：《总能成功》，学林出版社 2011 年 7 月版，第 164—165 页）。从他的神情可以看出，他对这个讲话稿是很满意的。可以肯定，上面引的讲话稿中的那些话，包括理论要受实际检验的话，胡耀邦都是认真斟酌过的（以后，他在多次讲话中引用过这句话）。胡耀邦还踱着方步，兴致勃勃地背诵了他自己在开学典礼上的讲话稿中关于我们党三代干部的那一段话，并问我怎么样。我说，太好了！那时，胡耀邦在各种会议上、各种场合，反复强调联系实际、接触实际的问题。

1977 年 12 月 2 日上午，中央党校党委会开会（当时中央党校的领导体制是党委制，以后才改为校委制，设立机关党委），审议党史教学计划。副教育长冯文彬主持会议（当时党中央任命的中央党校的校级领导干部就是胡耀邦和冯文彬二人），胡耀邦参加这个党史教学方案提出，研究九、十、十一次路线斗争的基本方法是延安整风的方法，编文献交给学员自己学习研究。当时，党史党建教研室一些同志的思想还很不解放，不敢越出文件的框框思考研究问题。他们拟定的方案的基本思路是，在肯定“文化大革命”的前提下，着重揭露批判林彪、“四人帮”对“文化大革命”的干扰破坏。在听取汇报和讨论的过程中，胡耀邦多次讲话和插话，讲了许多重要的意见，现摘抄如下：

“因为是中央文件就是正确的，这是什么论啊！”

“这十几年的历史，不要根据哪个文件、哪个同志讲话……还要看实践吗（嘛）。”

“当然要跳出框子。”（有的同志提出，有些问题要跳出框子，耀邦插话）

“你们的整个体系都是抄来的，要用真正的毛主席思想，通过实践来检验分析。”

“以哪个讲话、哪个文件为根据，不是科学态度，那就不是研究了。”

主持会议的冯文彬也发表了重要的意见。他说：“要研究党史就要恢复党的传统，敢于实事求是。实践是检验真理的标准。如果脑子里还有旧的框子、精神枷锁，就研究不好。”

据我的考证，胡耀邦最早提出用实践标准检验“文化大革命”，就是在这次会议上。因此，中央党校的这次党委会议具有特殊的意义。

胡耀邦提出实践标准，不是一般地讲哲学原理，而是有着明确的针对性，是排他性地讲实践标准。他是在排除多年来，特别是在十年“文革”中盛行的判断是非的标准讲实践标准的。

多年来，许多重要决策和举措，都是采取“中共中央文件”的形式下达的。因为“中共中央文件”六个字是套红印制的，人们称之为“红头文件”。“中共中央文件”具有绝对的权威性。久而久之，人们便形成“中共中央文件”总是正确的这样的观念，“中共中央文件”实际上成了判断是非的标准。在十年“文革”期间，中共中央文件上都用红字印了“毛主席圈阅”五个字。这样，中央文件就更具有权威性。胡耀邦提出：“因为是中央文件就是正确的，这是什么论啊！”他从理论高度推翻了认为中央文件总是正确的这个传统观念。实际上，“文革”期间下发的中共中央文件，其内容都是贯彻“文革”左倾路线，错误的多，正确的少。胡耀邦明确提出不能以中央文件为检验真理的标准，这是对“两个凡是”的有力冲击。

从上世纪五十年代中期起，个人迷信日益盛行，人们把毛泽东的话当作判断是非的标准。十年“文革”开始，林彪提出，毛泽东的话是“最高指示”。大家都接受了。“最高指示”也就是最高标准，而且具有绝对的权威性，谁反对谁就遭殃。胡耀邦在个人迷信还盛行的1977年12月，就在中央党校的党委会上提出，总结十年“文革”，“不要根据哪个同志讲话”。在十年“文革”中，最权威的讲话，就是毛泽东的讲话。胡耀邦的这句话针对性是很明确的。这表明了他的勇气和魄力。胡耀邦讲的实践标准，就是唯一标准，而且是排除了“最高指示”讲唯一标准。

在这次党委会议最后，胡耀邦布置：“由吴江同志牵头，缪（楚黄），周（逸）参加，下周到我处研究，冯（文彬）也参加，一个月搞出方案。完全按科学态度研

究清楚了，提交党委讨论。吴江任组长，你们二位任副组长，还要什么人参加，下个礼拜讨论。”（录自党委会议记录）

1977 年 12 月 10 日，在胡耀邦同志处开会，讨论方案。胡耀邦对于研究方法，有一段重要的讲话。他说：“怎么研究，抱什么态度，是方法论。方法不对头研究党史也要迷失方向。要完整的准确的马列主义、毛泽东思想，注意思想体系，历史唯物主义地研究，科学的态度，严肃的严密的科学的态度，从事实出发，尊重历史，尊重事实，严格的历史唯物主义。脱离实际，断章取义……都是反马列主义、毛泽东思想的。特别是因为主席不在了，我们毛主席的后代子孙、学生们不用毛主席的方法、科学态度，就是直接地反对了毛泽东思想，以毛主席片断的话为依据就是反马列主义。”胡耀邦提出，搞一个研究讨论九、十、十一次路线斗争的提要，搞这么一个文件。他设计了框架。他特别交代，文件名字就用“讨论提要”，二万五到三万字。这是一个大事，明年 1 月中拿个初稿。冯文彬提出，可同一部的学员开座谈会，听听他们的意见。

以上这些材料来自会议参加者的记录，虽比较简略，但意思清楚明确。胡耀邦反复强调，研究三次路线斗争，评价“文化大革命”，要看事实，要由实践检验，不能依据文件，不能依据哪个人的讲话。要完整准确地运用马列主义、毛泽东思想的思想体系。他尖锐地批评了那种照抄文件、讲话，依据片言只语进行研究的方法，是反马列主义、反毛泽东思想的。这些，同“两个凡是”是尖锐对立的，也可以说，是直接反对“两个凡是”的。

胡耀邦能够提出用实践标准检验十年“文革”，不是偶然的。他坚持学习马克思主义哲学，掌握了马克思主义哲学的精髓，特别是实践标准，并在实际生活中坚持运用。下面举几个例子。

1. 1964 年 11 月，党中央任命胡耀邦为中共中央西北局第三书记兼陕西省委第一书记。胡耀邦到陕西上任后，敏锐地发现，“四清”运动搞得很过火，打击面过宽，抓人多，开除党籍多，开除公职多，被整死的有六七百人，基层干部人心惶惶，人人自危，气氛紧张。生产形势十分严峻。粮食总产量由 1956 年的 108 亿斤下降到 87 亿斤，八百里秦川富庶之地的社员们生活过得比河北、山西的农民还苦。胡耀邦针对这样的情况明确提出：“生产好不好，是检验各项工作好不好的最主要的标志。”胡耀邦主持起草了省委通知，特别指出：“这样成绩，那样成绩，生产搞上去了就是最大的成绩；这样错误，那样错误，生产搞不上去就是最大的错误。”发展生产力是农村的基本实践。胡耀邦鲜明地把“生产好不好”，作为检验各项工作好不好的最主要标志，这就是生产力标准，就是在实际工作中坚持实践标准，就是以实践标准作为检验、判断党的路线方针政策和各项具体措施的标准。

2. 1975 年 7 月，胡耀邦被派往中国科学院主持工作。在“文化大革命”中，中国科学院又是重灾区，仅北京地区，170 多位著名科学家中就有 130 多位被打成“反动学术权威”，被关在“牛棚”里。胡耀邦到科学院上任后，立即着手恢复中国科学院的工作秩序，让这个庞大的学术研究机构迅速运转起来。

针对中国科学院一片荒漠、无人敢搞科研的惨象，胡耀邦响亮提出："科研工作搞不上去，没有成绩，那才是最大的错误。"这句话，在今天看来，十分平常，但在那个年代，却是很不寻常。这是在科学研究领域坚持实践标准，同"文化大革命"的思想，是尖锐对立的。

3. 1973 年，在党的十大召开之前，毛泽东看中了王洪文，要他做自己的接班人。对此，虽也有人表示拥护，但许多人都想不通。毛泽东要周恩来一个一个去做说服工作。一位被"说服"之后的同志到耀邦家来，问他赞成不赞成这件事。胡耀邦明确说："我不赞成。"来人提醒说："这可是毛主席的意思啊！"胡耀邦说："毛主席的意思，我也不赞成。不能个人说了算，这是我们在党章上已经写清楚了的。谁能当接班人，要有实践的检验，要有全党和人民的拥护。"在用人上，在挑选重要干部上，特别是在挑选领袖接班人上，坚持实践标准，非常重要，但在人治的环境下，也非常不容易，而且有风险。胡耀邦却不顾个人的得失安危，面对最高权威，鲜明地提出，"谁能当接班人，要有实践的检验"。

在吴江主持下，这个小组的同志们依据胡耀邦提出的指导思想和设计的框架，紧张地工作，到 1978 年 1 月中旬，就搞出了这个文件第一稿。1978 年 1 月 18 日，吴江将这个文件（打印稿）报送胡耀邦。

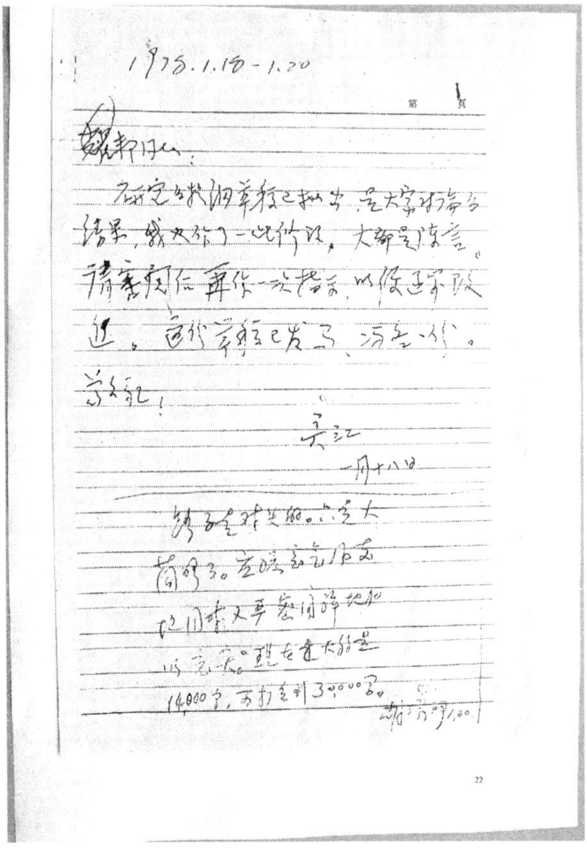
1978.1.18-1.20

第 1 页

吴江

一月十八日

22

吴江报送研究"三次路线斗争"文件初稿给胡耀邦的信和胡耀邦的批语

在这个文件上，署了“中央党校第九次、第十次、第十一次路线斗争研究小组”或“中央党校‘路线斗争’研究小组”的名。这是一个临时性的组织。

这个文件的第二部分是：“怎样进行研究?”提出了两条指导原则，现全文抄录如下：

(1) 应当以马克思列宁主义、毛泽东思想的完整体系和毛主席关于社会主义革命以及无产阶级文化大革命的一系列指示的精神实质为指导，去进行研究。坚决反对像林彪、“四人帮”那样抛弃原著的精神实质，摘取片言只语，实用主义地加以运用，以及不顾时间、地点和条件，将马列和毛主席针对某些具体情况作出的指示搬用于根本不同的情况等做法。毛主席说得好：“如果每句话，包括马克思的话，都要照搬，那就不得了。”

(2)“只有千百万人民的革命实践，才是检验真理的尺度。”路线的正确与否，不是理论问题，而是实践问题，要由实践的结果来证明。我们应当在马克思列宁主义、毛泽东思想的基本原理的指导下，以路线斗争的实际总结果为标准，也就是以社会实践为标准，来研究第九次、第十次、第十一次路线斗争中的是非。毛主席曾经指出，“我们对客观世界的认识，要有一个过程，先是不认识或者不完全认识。经过反复的实践，在实践里面得到成绩，有了胜利，又翻过筋斗，碰了钉子，有了成功和失败的比较，然后才有可能逐步地发展成为完全的或者比较完全的认识。”党的第十一次全国代表大会，在毛泽东思想的伟大旗帜下，根据多年的反复实践，总结了文化大革命以来特别是第十一次路线斗争中成功和失败的基本经验，为我们以实践为标准来研究第九次、第十次、第十一次路线斗争，指明了正确的方向。

这个文件紧接着写了下面这样一段话：“过去，林彪、‘四人帮’长期控制舆论工具，大量进行歪曲历史真相、混淆路线是非的宣传，确实把人们的思想搞乱了。今天，我们取得了粉碎‘四人帮’反党集团的伟大胜利，并且有党的十一大文件为指导，已经有条件坚持以实践为检验真理的标准，辨明这几次路线斗争的是非，把歪曲了的历史真相恢复过来。这样地研究路线斗争的历史，是当前正在进行的打碎‘四人帮’的精神枷锁、实现思想大解放的重要环节之一。”

这个文件还强调：“我们应当用毛主席一向提倡的延安整风精神和科学态度，摆脱有关个人利害得失的种种考虑，敢于触及林彪、‘四人帮’设置的种种思想禁区和一切被实践证明为谬误和片面的东西，拨乱反正，正本清源，如实地总结第九次、第十次、第十一次路线斗争中的经验教训（包括个人的经验教训在内)。”

以上两条指导原则和提出的要求，突出了实践标准，体现了胡耀邦在前述两个会议上讲的意思，但是，第一条中加了毛主席关于“无产阶级文化大革命的一系列指示”的内容。这是撰写者加上去的。这既反映了撰写者的思想认识水平，也与十一大的基调直接有关。

1977 年 12 月 10 日，党中央决定调胡耀邦任中央组织部部长，但仍兼任中央党校副校长，对中央党校的重要事情，他仍然过问。1978 年 1 月 20 日，胡耀邦审阅了这个文件并写了如下批语：“路子是对头的。只是太简略了。应该意气风发地同时又严密周详地加以充实。现在大约是 14000 字，可扩充到 30000 字。”

根据胡耀邦的批示，研究小组的同志进一步修改充实这个文件。这时，中央党校已经开学，又有了一个稿子。根据冯文彬在 1977 年 12 月 2 日党委会上提的建议，由吴江主持，于 1978 年 3 月 6 日邀请一部的学员进行座谈，听取意见。一部学员都是高级干部，被邀参加座谈会的共六人，四个支部都有人。第三支部来参加座谈会的，就是以后任《光明日报》总编辑的杨西光。关于杨西光在这个座谈会上的发言和在中央党校的有关情况，将在本书第三章作具体介绍。

在胡耀邦指导下撰写的这个学习文件明确提出：
"应当以实践为检验真理、辨别路线是非的标准"

经过研究小组同志们的修改和充实，1978 年 4 月，形成了第二稿。这个稿的名称是：《关于研究第九次、第十次、第十一次路线斗争的若干问题》。在这一稿中，研究应当遵循的原则已由两条变成三条，现将第一、三条的导语和第二条的全文抄录如下：

第一，应当完整地准确地运用马列主义、毛泽东思想的基本原理（包括毛主席关于无产阶级文化大革命的全面论述和一系列指示）的精神实质，来进行研究。

第二，应当以实践为检验真理、辨别路线是非的标准，实事求是地进行研究。毛主席指出："只有千百万人民的革命实践，才是检验真理的尺度。"路线的正确与否，不是一个理论问题，而是一个实践问题，要由实践的结果来证明，由路线斗争的实际总结果来检验。要尊重历史事实，"掌握与所研究问题有关的事实的全部总和"（列宁）。绝不能像林彪、"四人帮"那样玩弄个别实例，来"替卑鄙的勾当作辩护"，搞所谓"事实为政治服务"。离开实践或者闭眼不看历史事实，来争论路线是否正确，除了徒劳无益或者受骗上当以外，是不可能得到任何结果的。

第三，应当以研究总结第十一次路线斗争为基础，对第九次、第十次、第十一次路线斗争进行综合研究。

我们可以看出，在这一稿中，实践标准写得更准确也更明确了。在 1978 年 4 月上中旬，即党的学说课程的十天中，将这个文件发给了全体学员阅读、讨论、征求意见。这就是一些文章中所说的中央党校一千多中高级干部的讨论。我查阅了当时的学员名单，准确地说，应是 800 人（中央党校复校后第一期学员共 807 人），包括高级干部读书班、中级干部读书班、理论宣传干部训练班。这期高级干部班的对象是：中央、国家机关各部委的党组成员，省、市、自治区党委常委以上干部；部队军以上干部及相当上述职务的干部。其中有些人是中央委员或候补中央委员。

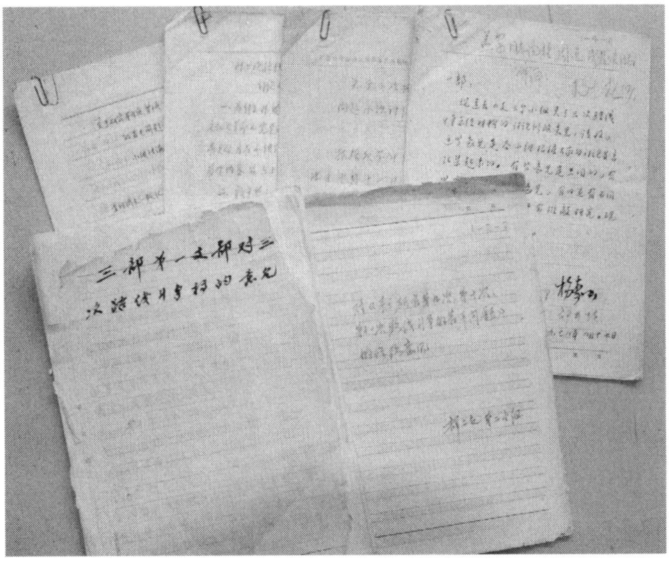

中央党校八百学员热烈讨论了“三次路线斗争”学习文件，提出了许多意见和疑问，各个学员小组都写了意见

在胡耀邦主持下，中央党校实行“四不主义”，即不抓辫子，不戴帽子，不打棍子，不装袋子，学员思想相当活跃。

笔者在 1993 年找到了当年下班教员的工作记录本，2012 年又找到了一部和三部学员小组在讨论后写的总结性意见（一部五个支部 14 个小组 14 份，三部四个支部 15 个小组 15 份，共 29 份）。还有一些毕业学员给我写来了他们在中央党校学习讨论的回忆录。从这些第一手材料中可以看出，学员们对这个文件的讨论是认真的、热烈的，大多数人没有什么顾虑。学员们认为，这个文件提出的“关于研究这三次路线斗争的一些指导思想和原则，比较明确，对于引导大家正确地研究党内的路线斗争是很必要的”。这表明，大家对研究党史的三条指导原则，包括实践标准，都注意到了，而且接受了。

不少学员已经以实践作为标准，思考“文化大革命”中一些重大问题的是非了。他们提出质疑的问题很多，以下摘录的是一部分：

为什么非发动文化大革命不可？

《十六条》中的一些问题怎么看？当时对敌情的估计是不是有点高了？

什么是走资派？什么是路线错误？

对第一张马列主义大字报如何评价？

对武汉“七二〇事件”如何评价？

对杨余傅事件如何评价？

对“一月风暴”，多数同志持否定态度。

对普遍夺权到底如何看待？

为什么九大会把林彪当接班人写进了党章，教训在哪里？

对九大、十大的政治报告如何看？

林彪“四人帮”夺取了这样大的权力，有那么大的反革命能量，而且延续十年之久，主要教训是什么？

三次大会对三次路线斗争的总结是否还是正确的？

这么大的党，被林彪、“四人帮”几个人搞到崩溃的边缘，是什么原因，我们的路线上有没有问题？

在“文革”中，所有党组织都停止了活动，在当时是否对？

所谓“反击右倾翻案风”问题，现在该怎么看？

大跃进、反右倾，发生的问题很多，教训不少，对这些教训应作充分的估计。

天安门事件不是反革命事件。

在群众中组织战斗队，划线，对不对？

有的学员提出，什么叫损害旗帜，应划几条杠杠。

文件说要研究禁区，但稿子本身回避了一系列问题，如海瑞罢官、二月提纲、“五一六”通知、红卫兵大串联等等。

一些学员还提出，写党史应从事实出发，体现两条路线斗争，尊重客观事实，不能剪接。

在中央党校学习结业后任内蒙古自治区党委常务书记的王铎同志，给我写来回忆材料，说他们在学习讨论中，联系实际，提出了一系列重大的理论路线是非问题。他说，我记得的有：进行“文化大革命”是否有必要，什么是修正主义，什么是社会主义，应怎样估计我党的基本情况，我党内是否存在着一条反马克思主义的修正主义路线和刘少奇反党集团，党的八大一次会议确定的国内主要矛盾和党的全部工作转入以社会主义生产建设为中心和 1962 年夏北戴河会议提出以阶级斗争为纲的方针，究竟哪一个方针是正确的、符合实际的，等等。据这位同志回忆，在学习讨论过程中，胡耀邦几次到支部会和各学习小组会上，鼓励大家要解放思想、实事求是、畅所欲言，要求把讨论的问题更集中些，更深入些。

在讨论中，有些学员则从另一个角度提出问题。比如，这个文件在讲到第九次路线斗争时，没有再写“叛徒、内奸、工贼”。对此，有好几个小组尖锐提出，为什么摘掉三顶帽子？这是原则问题。有的学员提出，天安门事件目前还是要按华主席（十届）三中全会讲话的精神写。有的学员提出，要以九大、十大、十一次大会的文件为依据。有的学员认为，文件中有些提法过分，如说党的优良传统彻底破坏了。还有的学员说，中央不讲话，我们没法讲。

中央党校进行“三次路线斗争”大讨论，提出了以实践为检验真理、辨别路线是非的标准，实行“四不主义”，充分发扬民主，使中央党校学员最先受到了一次思想解放的洗礼。

在讨论中，大家开始学习用实践标准分析“文革”的是非。一些过去不敢想的问题，敢于去想了；一些长期埋在心里的困惑，敢于提出来了。虽然人们对“文革”的认识有深有浅，观点各异，甚至相互对立，但是经过交流碰撞，大多数人能够认真地思考“文革”错误的问题了。这正是这场讨论最大的成功之处，即以实践为标准、事实为依据，突破了毛泽东“文化大革命”应“三七开”的框框，敢于质疑“文化大革命”的合理性了。由此打开了思想解放的闸门。许多一期学员回忆说：尽管这次讨论还没有完全否定“文革”，但对他们思想解放推动极大。

中央党校学员在讨论中提出的这些观点，基本可以反映出当时党内的思想认识。校党委将《提要》征求意见稿连同整理出的学员意见，报送给了华国锋等中央领导人。

当时，从全党和全国总的情况看，个人迷信还没有打破，思想还处在很僵化的状态，而中央党校的空气确实比较活跃，不少同志对“文化大革命”中充分肯定、大加宣扬的事提出了疑问，有些人则从根本上对“文化大革命”提出了疑问。他们不是根据文件，而是从实际出发，从实践的结果出发，观察、思考和研究问题。他们已初步地摆脱了“两个凡是”的禁锢，掌握了实践标准。

中央党校在撰写研究三次路线斗争的提要这个文件中，根据胡耀邦提出的要求，将实践标准作为指导原则之一，并在全体学员中进行讨论，这确是一个大胆的举措。中央党校的这八百名学员，都是党的中高级干部和理论宣传战线的骨干，是从全党范围抽调来的。他们的讨论意义非同一般。这是真理标准问题大讨论的酝酿，也可以说是前奏，其积极意义应当充分肯定。这里仅指出两点。

其一，通过讨论，中央党校的学员初步掌握了实践标准，推动了思想解放。在中央党校第一期理论宣传干部训练班结业的三位校友来信说，在党史学习中讨论了对“第九、十、十一次路线斗争”的认识，尽管那次讨论还未全否定“文化大革命”，但对他们思想解放推动极大。有的同志提出对“文化大革命”应倒“三七开”，有的人开始怀疑“无产阶级专政下继续革命”的口号是否正确。当时中央党校在胡耀邦直接领导下，思想解放，实事求是，有一个很好的学风。

这些学习，为这些干部后来认识真理标准问题打下了很好的思想基础。另一方面，学员这种思想认识的提高，必然对他们的工作实践起指导作用。高级班学员杨西光，在中央党校学习结业以后，到《光明日报》任总编辑，他能把胡福明论实践标准的文稿作为重要文章特殊处理，就是一个很好的例证。

其二，这次学员的讨论也反映出，大家对这个问题存在不同的认识，暴露出不少糊涂观念。这就促使中央党校理论工作者进一步思考对领导干部进行实践标准教育的问题，最终导致《实践是检验真理的唯一标准》这篇文章的形成和发表。

第二章

一个起了历史作用的小刊物

1977 年 3 月 3 日，中共中央政治局作出决定，正式恢复中央党校。党中央决定由华国锋兼任中央党校校长，汪东兴兼任中共中央党校第一副校长；调胡耀邦任中央党校副校长，主持中央党校工作。

在筹备复校开学的过程中，胡耀邦就创办了一个内部刊物，叫做《理论动态》。《实践是检验真理的唯一标准》那篇著名文章，就是首先在《理论动态》上发表的。这篇文章在《光明日报》公开发表时，署名是“本报特约评论员”。这个“特约评论员”是何许人？就是《理论动态》，就是由胡耀邦亲手创办、直接领导、具体指导的《理论动态》。在真理标准问题讨论过程中，这个小刊物起了很大的作用。因此，在讲这个大讨论开展之前，我要先介绍一下这个刊物。

一、《理论动态》的创办

我先从自己经历的事谈起。

1977 年 6 月 4 日上午，从 4 月 7 日开始的中央党校整风会议继续在第一教室举行。所谓整风会议，是经中央批准的中央党校党的骨干分子会议。这个会议的任务是集中力量揭批“四人帮”，进一步弄清中央党校内同“四人帮”有牵连的人和事，为迎接开学奠定一个较好的基础。参加这个会议的共 70 人，其中有当时在职的校领导小组成员（正式名称是“中央党校五七学校领导小组”），各单位正副组长（相当于正副主任）、正副支部书记，中央任命的原正副主任以上党员干部 45 人，全校 25 个党支部各推选代表一人，共 25 人。以后，会议参加者逐渐扩大到 100 多人。我是作为中央党校文史教研室支部代表出席这个会议的。这天会议开始时，胡耀邦就宣布，今天会议提早散会，开到 11 点，一部分同志要讨论教学问题，出一个简报性的东西，出一个《理论动态》。会前，胡耀邦的秘书陈维仁通知我，留下参加这个会。

这天上午 11 点，整风会议结束后，胡耀邦留下 10 个人，在第一教室一角，开了一个小会。他谈了四件事，第一件事是一部分人拟的教学计划，他大体上同意；第二件事是，要拟定教学计划的同志开一个征求意见的名单，向这些人请教；第三件事是理论班的教学和学《毛选》五卷的辅导问题；第四件事是编一批教材和编一批书。讲完上述四件事以后，他说，最后讲一个问题，好几个礼拜脑子里在酝酿这个问题，我们党校内部的简报和刊物，是否搞三个东西，一是中央党校简报；二是一个校刊；三是搞一个理论动态性的东西。

对于《理论动态》，他具体说，先搞几个人，有人提出孟凡、沈宝祥同志，还有几个人，先搭一个班子。我们已经有几个题目了（秘书陈维仁同志插话，至少已有三四期了），要有三五期才能付印，不然到时候就没有早饭米下锅了，主要找党校和各省市的材料，主要不搞《人民日报》的材料。创刊的两个月内，篇篇我都要定稿，至少我负责参加搞两个月再说。今天题目不议了，后天上午到我那里开会。他强调说，总而言之，我们自己造一个环境，自己压迫自己。

在这个会上，胡耀邦说：“我注意的是，三五年把科学态度搞好。这个搞不好，我们党还可能走弯路。主席在修改宪法的讲话中，就是搞科学态度。”他所说的科学态度，就是实事求是。从耀邦的话可以看出，他对这个问题的重要性早就有充分的认识。这也是他创办《理论动态》的初衷。

以上材料是从我当时的笔记本上摘抄下来的。这里要说明的是，参加这个小会的10个人中，有4个人是被推荐来搞《理论动态》的，除孟凡和我以外，还有吴振坤和刘立中。关于孟凡，这里要作一些介绍。他原是华东野战军的一位比较老的同志，是马列学院一班的学员，毕业后留校工作，“文化大革命”前任中央高级党校校刊编辑室副主任。他与杨西光是老战友。他们的这种关系与以后事情的发展有某种联系。

6月4日会议的情况就是这样，时间很短。

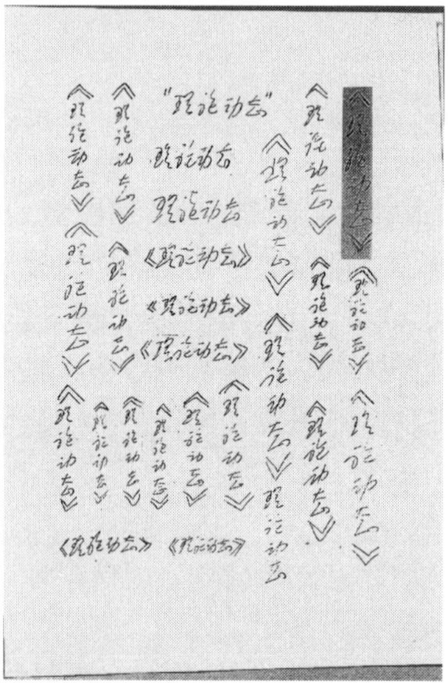

胡耀邦对《理论动态》这个刊物倾注了很多心力，也深有感情。有一次，他在同我们理论动态组同志谈话时，情不自禁地说：我死后，要写上一笔，生前办过《理论动态》。他给理论动态组的许多批件上，都写有“理论动态”字样

香港港龙出版社出版的《短暂的春秋》这本书中，对这次会议也是比较重视的。这本书中对胡耀邦召开的这次会议写了一大段，现抄录如下：

六月四日，他亲自挑选了几个笔杆子组成“理论动态组”，决定创办《理论动态》。经过一番讨论后，他总结说：“我看就这样定吧，《理论动态》是一个面向党的理论干部和领导干部的思想性质的内部刊物。每一期也不要多登文章，一篇就足够了。文章要切中时弊，集中阐明和提出一个问题，顶多两个。现在正是从哲学、政治经济学及其理论上揭批‘四人帮’的时候，要回答的问题很多。我们就五天出一期吧！”

这人说话风风火火，没费多大的劲就把许多问题决定下来了。

散会后，他把沈宝祥留下来，脸上挂着笑容问：“怎么样，有信心吗？”

“看来得冒点风险，这年头要想有点新见解不准备好挨批不行。”

胡耀邦哈哈大笑："挨批怕什么，共产党员死都不怕还怕批评！我不挨了几次批了吗？也没见他们把我批倒，倒是那些一贯整人的家伙一个一个自己倒下去了。"

"这点得向你学习！"

"我看我们都得向小平同志学习。"

胡耀邦激动地说："他们那么起劲地整小平同志，小平同志还是那么乐观，还是那么信心十足地坚持自己的观点。很快小平同志就会官复原职，官复原职呀！历史是最好的见证人。小平同志复出这件事，本身就标志着那一套的破产。你看吧，全党全国都会震动的。"接着，他向这位中年理论工作者讲述了他最近这次见到邓小平时的情形。可以看得出来，他是把自己今后的政治命运同那个人紧紧联系在一起的。

信心，是政治家的支柱。

看上去，胡耀邦整日开会、出题目、让别人写文章，好像他已钻进理论圈子里了，实际上他和许多中央的老人们都保持着密切的联系，关注着华国锋的一言一行。他对理论动态组的人员讲："我们要把《理论动态》作为反击教条主义、思想僵化的一块阵地。要把这项工作提高到扭转乾坤的高度来认识，要明确自己的历史使命，做一个思想战线上的前卫战士和思想勇士。你们有这个信心吗?"

回答当然是肯定的。但是，在场的人没有一个能真正理解他的根本用意。①

《短暂的春秋》的"出版前言"中说，这本书是"以大量翔实的史料为依据的"，但"用艺术的语言和文学塑造的笔锋"写的纪实文学。看来，以上一大段文字的依据可能就是我写的《耀邦同志与〈理论动态〉》那篇短文。这篇短文发表于 1989 年 5 月 11 日的《人民日报》。关于那个会议，文中讲了这么一句："在 1977 年 6 月 4 日，他召集我们几个人开会，具体研究创办《理论动态》。以后，他组建了一个人数很少的'理论动态组'，在他直接指导下办刊。"这篇短文还讲道："耀邦同志充分意识到办这个刊物的重要意义和艰巨性。他不止一次地对理论动态组同志讲，要把自己的工作提高到扭转乾坤的高度来认识，要明确认识自己的历史责任和理论工作的历史使命。他鼓励大家，要做一个思想战线上的前卫战士和思想勇士。"以上这些，恐怕就是作为纪实文学的《短暂的春秋》中那一大段的史料依据。作者竟能据此编撰出那么一大段有声有色的文字！什么叫"纪实"，这确是一个疑问。

过了两天，即 6 月 6 日上午，在胡耀邦办公处，开了具体筹办《理论动态》的第一次会议，参加者共 5 人，我们 4 个人加秘书陈维仁。胡耀邦讲了他对《理论动态》这个刊物的具体设想。他说，内容宁可少一些，一期一篇，最多两篇，要及时，给人们头脑里装一个问题，不要装几个问题。一般一期就是一篇东西。我们只搞理论问题。政策问题可牵涉一点，带理论性的政策问题牵涉一点。两天到三天一次，如果一个礼拜两期，四个礼拜就是 9 期，一个月 9 期到 13 期，不要多于 13 期，不要少于 9 期。他以大部分时间讲了他想到的 11 个选题（有的是讲思路）。他对我们提出，要经常出题目，经常想，有的请人写，有的自己写。他说，我亲自审

① 师东兵：《短暂的春秋》，香港港龙出版社 1993 年版，第 113—114 页。

阅，搞两个月你们自己就可以搞了。搞这东西并不难。两个月后我看到什么东西，再批给你们。他要求我们在6月15日前搞好几篇稿。他提出，发行范围除中央外，各部委、军种兵种，各省两份（其中一份给党校），名义是中央党校教务办公室（以后出刊时用的是“中共中央党校校刊编辑室”名义）。他说，刊物的名称就叫《理论动态》。关于发行数量，胡耀邦提出，地方100份左右，中央100份左右，专业（指理论宣传单位）100份，中央党校自己100份左右。这样，共400份。最后，胡耀邦对我们提出，写批判的东西不容易，要加紧看书，掌握资料。这就是胡耀邦召集的筹办《理论动态》的第一次会议。实际上，这也是胡耀邦组建的“理论动态组”的开端。大约是6月下旬或7月上旬，又来了王聚武。以后正式建立机构，王聚武任“理论动态组”的组长，吴振坤任副组长。孟凡于6月15日由党中央批准任命为中央党校校刊编辑室副主任。还来了其他一些人。

虽然胡耀邦说搞这个刊物并不难，但我们几个搞具体工作的人却觉得很难。我们几次议论，两三天出一期不行。我们具体提出，十天出一期。孟凡将我们的想法报告耀邦，他不同意，认为十天一期间隔太长了。我们又提出一星期出一期，他还是不同意。这样议来议去，一下就过去了好多天。6月22日上午，胡耀邦又召集我们几个人开会，研究创办《理论动态》的问题。有同志提出，希望进一步明确刊物名称、发行范围、刊期、字数。胡耀邦系统地讲了7条意见。他首先明确，刊物名称还是叫《理论动态》，是个内部刊物。发行范围是，给中央同志，给自己，也给下面，省以上的干部，搞理论工作的部门。作用主要是两个：第一，给这些领导同志掌握理论研究上的基本动向；第二，查明和澄清有关马列主义一些重大理论问题和同这些重大理论问题有关的一些观点、出处、原意，它的发展等情况。但又不是泛泛地搞，要针对当前的争论、弄不清楚的问题，有针对性，根据当前理论斗争的需要。稿子怎么搞？能自己搞当然更好，或主要靠我们自己搞。篇幅尽量2000字左右，两页，特别情况下，可以搞3页、4页，4000字以内，无论如何不要超过4000字。他说根据我的经验，领导同志，包括省委书记，文章长了不能看，篇幅一多，就要走向反面。还是要搞成期刊，二天三天一期不行，但不能超过5天，暂定5天一期，准备好了再出。他在会议开始时就说，现在办这种东西没有经验，试办，要实践，如事前没有大体规划，就是盲目实践，要有一个大体规划，不会完满的，要在实践中不断完满，不断修改。经过这次会议，我们的思想比较明确了。

胡耀邦要求尽快地将这个刊物办起来，虽然已经有了几篇稿，但作为创刊第一期的文章还没有找到。所以，一时还出不了刊。

这时，胡耀邦在中央党校举办了一种理论活动，叫做理论座谈会。就是召集一小部分同志，有准备地座谈一些重要的理论问题。7月12日上午开了第一次理论座谈会。这次座谈会由胡耀邦主持，主题是如何搞好学习《毛泽东选集》第5卷的辅导。我和理论动态组的另一些同志也参加了这个会。在这个座谈会上，吴江发言，讲如何理解继续革命的问题，提出一些自己的看法。在吴江发言以后，耀邦即予以肯定。这个座谈会结束以后，耀邦就对吴江提出，将他的发言整理一下，作为《理论动态》的第1期内容。吴江也同意。这样，就决定《理论动态》在7月15日创刊出第 1 期。当时，耀邦转身对我们说，我现在先给你们出了第 1 期，以后就得 5 天一期出下去，风雨无阻，逢五逢十出刊，不管礼拜天还是国庆、春节，都要按期出。他又一次说，我们自己创造一个环境，压迫自己（以后，这句话他讲过多次）。

1977 年 7 月 15 日，《理论动态》第 1 期按时印出，正式出刊，印了 300 份。

据我们理论动态组的组长王聚武回忆，这第 1 期的《理论动态》，是他从党校印刷厂取回的，由于印数少，只打了一捆，就在自行车后架上运回的。

我的流水账式的日记 1977 年 7 月 15 日这一天是这样记的：

上午，发行第一期理论动态。

下午，与吴振坤一起去胡耀邦同志处反映对第一期理论动态的意见。

第 1 期《理论动态》发行的对象是由胡耀邦亲自开的名单。上午发到中央党校内部有关同志的手中，立即就有比较强烈的反映。我们将这些情况向胡耀邦同志反映后，他和我们一样很高兴。

吴江在他的《十年的路》一书中，对《理论动态》第 1 期《“继续革命”问题的探讨》一文的形成和发表过程，作了说明。据我所知，大体符合当时的实际情况。但有一个重要情况，尚需进一步考证。

吴江说：“胡耀邦之所以敢于发创刊号的文章，原来是经邓小平的认可。”这就是说，《“继续革命”问题的探讨》一文在《理论动态》刊出前，胡耀邦送邓小平看过并得到认可。

我查看了《理论动态》第 1 期的原稿，吴江的手稿用的是文艺研究院的稿纸，胡耀邦的秘书在手稿上写了如下一句：“下午三时打清样五份。14/7。”在排出的铅字清样上，胡耀邦作了一些修改，秘书在稿上写了：“照此定稿。刊动态第一期，十五日发出。陈 14/7。”这都是 1977 年 7 月 14 日一天之内的事。这些稿上没有送邓小平审阅的任何痕迹。我们过去也从未听说送邓小平审阅的事。

从时间上看，7 月 12 日上午，吴江发言；7 月 12 日晚，胡耀邦又找吴江，让他将发言撰写成文；7 月 13 日，吴江写成五千字的稿；7 月 14 日上班后，吴江将稿送耀邦同志处，未经耀邦审阅，秘书即将稿送印厂排清样；7 月 14 日下午，排出清样即送胡耀邦，他当即审阅定稿，并即送印厂正式付印（稿上写有“300 份”字样）；7 月 15 日上午，发行。从上述时间表看，胡耀邦没有可能在事前将此稿送邓小平阅看。

吴江在他的书中抄录了 1982 年 10 月 16 日上午胡耀邦同他谈话的记录。其中说：我把这篇文章送小平同志看了，小平同志表示完全同意。这是我和小平同志在理论问题上第一次接触，那时乔木同志还没有恢复工作。这篇短文当时就作为《理论动态》创刊第一期发表。（引自该书第 21 页）

我们且不说这个记录是否那么准确，即使照此而说，也很难作出此文在发表前送邓小平阅看的论断。从当时的工作关系来说，胡耀邦也不大可能采取这种做法。

当时的理论研究室副主任、分管理论动态组工作的孟凡，1978 年 1 月向中央党校校党委领导汇报工作情况，写有一个《汇报提纲》（这个《汇报提纲》原件尚在），其中第三点是讲对已出刊的第 1—38 期《理论动态》的反映，有这样一句：

"邓副主席亲自看过动态第一期，基本上同意提出的问题。"孟凡讲，这是中央办公厅一位同志打电话告知的。确是这样。当时，正好我在场。在我们的大办公室，只有我们二人在，突然电话铃响了，孟凡拿起电话，接听后，他放下电话，很高兴地对我说，老沈，这是中央办公厅一位同志来的电话，说邓副主席看了理论动态后说，基本同意文章提出的问题。邓小平阅看的是《理论动态》第 1 期，而不是这一期文章的初稿。

若干年来，许多文章书籍都讲到《理论动态》这个刊物的创办。《短暂的春秋》一书中说，《理论动态》"第一期发出的时间，正是中共中央召开十届三中全会的前一天"。党的十届三中全会是 1977 年 7 月 16 日开始的，但《理论动态》在 7 月 15 日创刊，并没有特殊的考虑，已如前述。如果没有 7 月 12 日理论座谈会上吴江的那篇发言，7 月 15 日就出不了刊，很可能推迟到 7 月 20 日出刊。

二、《理论动态》的办刊方针

上一节讲到，胡耀邦在 1978 年 6 月 4 日的会上说，办一个刊物，脑子里已酝酿了好几个礼拜了。

胡耀邦很早就意识到，反对"四人帮"，思想理论斗争是极为重要的一方面。据在他身边工作的一位同志对我说，1975 年，胡耀邦主持中国科学院的工作，搞《汇报提纲》，为了阐明和坚持科学技术是生产力这个重要观点，他强调，一定要找马克思的原意，要找到原话，同他们斗。到中央党校以后，胡耀邦向大家讲了这一段斗争经历。他说，许多问题，要查明马、恩、列、毛的原意，要有较多的原话，查明和澄清嘛！他说，想当年我们查明科技是生产力，问了好多老师，都说有这个意思。问在哪里？都说大概在哪里。经过一年半，查出了许多，证明这一年中还是有成绩的。许多问题，我们全党都不熟悉。到中央党校工作以后，胡耀邦更重视从思想上理论上澄清被"四人帮"搞乱了的重要理论观点。

关于创办《理论动态》和《理论动态》的办刊方针，当时任胡耀邦的秘书的陈维仁，有一段回忆。

1986 年 6 月 11 日，他在庐山召开的全国党校刊物工作座谈会上的讲话中说，"当时，耀邦同志考虑到，学校仅让干部读马列主义经典著作还不够，有些是非要颠倒过来，必须写文章，用评论去提高人们的思想认识。所以，他就有了还要办一个刊物的设想。开学前不久，时间很可能是 1977 年 5 月，耀邦同志找了十来个人座谈，他专门讲了一次按劳分配的问题，一共讲了十条，讲得很有新意，实际是针对当时社会上的一些议论而发的。讲完以后整理了记录，经过他自己修改后，题为《谈谈按劳分配》，先送给几位老同志征求意见。他是基于这样考虑，大批干部进入中央党校以后，你光让他们读那个经典著作选读本还不行，还要给他们讲讲对一些现实问题的看法。当时，社会上正在争论要不要搞奖金、发奖金符合不符合马克思主义这样的问题，这本来是工厂里面的一个实际问题，但同时又是一个理论问题"。"中央党校历来都是讲理论联系实际的，但明确地提出要重视研究现实问题的，是耀邦同志。他发表了那篇《谈谈按劳分配》的讲话以后，就同我们议论，是不是找几个人来办一个刊物，一期登一篇文章，不要凑好多篇才来发，三天就出一期。他说，现在新问题多得很，需要我们用马列主义的立场、观点和方法来加以回答。当时我们都赞成他的倡议。”“当时，耀邦同志觉得社会上有些刊物过于脱离实际，对现实问题不感兴趣，特别是一些政治理论刊物，号称宣传马克思主义的刊物，实际上书卷气很重。他说，我们办《理论动态》就是要对现实问题发表意见。”① 这些意思胡耀邦也对我们反复讲过。

以上是胡耀邦创办《理论动态》最初的一些想法。有几点是明确的，就是这个刊物要有针对性，要适应当前理论斗争的需要，要查明马、恩对一些基本原理、重要观点的原意和原话，来澄清被“四人帮”搞乱了颠倒了的理论问题。总之，要用马克思主义的立场、观点和方法说明现实生活中出现的新问题。刊物要适应领导干部的需要，每期一篇，文章要精短，主要由自己搞。

但是，正如胡耀邦所说，办这样一个刊物没有经验，还是试办，要在实践中不断完满起来。《理论动态》的办刊方针是在实践中逐步完善和明确的。

我依据自己的笔记本粗略统计，从 1977 年 6 月 4 日开第一次会议，宣布创办《理论动态》的决定起，到 1978 年 4 月底这一段时间，共 11 个月，胡耀邦在此期间召集理论动态组同志开会 19 次。此外，有时他还派秘书到理论动态组传达他的意见，他召集的一些其他会议也让理论动态组同志参加，在这些会议上，他也常常讲到《理论动态》。

在上述这些会议上，除了研究选题外，胡耀邦和大家一起，不断地研究读者的反映，包括某些冷嘲热讽，总结办刊经验。他反复地向我们阐述办刊的方针和要求。

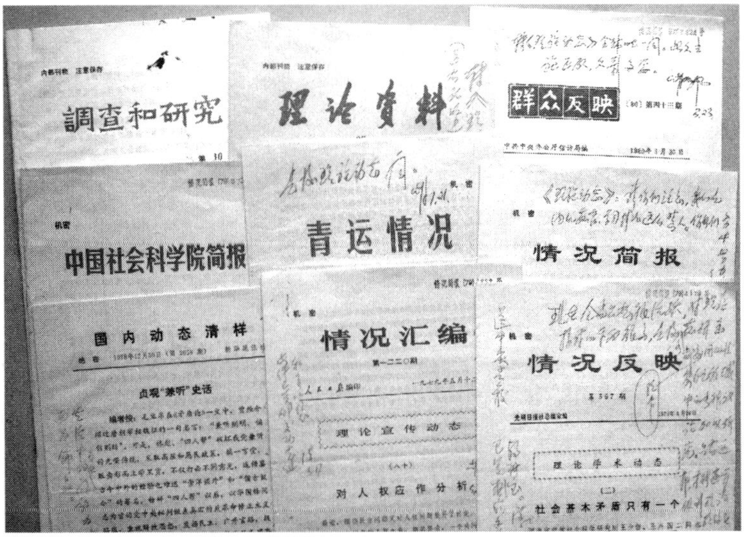

胡耀邦经常给理论动态组批转参阅资料

① 《中央党校通讯》第 185 期第 3 版。

1977年9月10日，胡耀邦召集理论动态组全体同志开会，并吸收有关同志参加。他对《理论动态》创办两个月作了小结，讲了四条重要的意见。第一，对两个月的刊物作估计。他说，办了两个月了，我们要有一个正确的看法。“我们没有犯原则上的错误，有这样那样的缺点。”有了一定的影响，要有信心。第二，这个刊物有一定的目的，一定的篇幅、作用、编法，有它自己的特点，主要在理论上，又牵涉到一些思想问题，用短小精悍的篇幅发表一点看法，发表一点意见，不要在预定的目的、作用、篇幅以外去寻求什么。他要求大家坚持办刊方针。他还要求大家努力提高质量。他说，只要两期质量一般，威信马上就会降下来。不要炒冷饭，搞一般化的东西。怎样保证质量呢？就是要对当前重大的思想理论问题，以马克思主义观点加以解释介绍。第三，要熟悉马克思主义观点，又要观察当前思想理论动态，把这两者高度结合起来。一方面，要经常翻阅马列著作，另一方面，要经常观察当前有什么重大的思想理论动向，还是理论和实践的统一。第四，文风要注意摆事实，讲道理。

1977年10月12日下午，胡耀邦在理论动态组会议（吸收有关同志参加）上，总结了10月7日在《人民日报》发表的《把“四人帮”颠倒了的干部路线是非纠正过来》那篇文章的经验。他说，这篇东西的优点、最大的特点，就是敢于接触实际，阐述了毛主席的干部路线，用一种彻底唯物主义精神，用马列主义的观点、毛泽东思想的观点，谈了党的一个重要问题，就是敢于接触几千万人的问题，还是恢复到叶帅讲的理论越敢接触实际，就越彻底，越能掌握群众，越能变成物质力量，不是绕开问题走，不是模棱两可。他指出，这篇文章接触了一个很大的实际问题，给了我们搞马克思主义的信心，不要怕，形势不同了。他提出，《理论动态》是华主席表扬过的，文章要短小精悍，是匕首、投枪、手榴弹，要办好，要精雕细刻。

1977年12月10日，党中央任命胡耀邦任中共中央组织部部长（仍然兼任中央党校的领导职务）。12月17日上午，胡耀邦在他办公室召集“理论动态组”同志开了一次会。他说，我后天到组织部上班，你们要满怀信心地提高、前进，我还和大家共命运，继续管《理论动态》，由吴江同志具体抓。1978年2月26日，中央党校组建了理论研究室，吴江任主任，“理论动态组”成为理论研究室的一个下属机构。在《理论动态》刚创办时，胡耀邦说他管两个月。现在，已经5个月过去了，他还是要继续管。这说明，他对这个刊物有了感情，而且，充分认识到这个小刊物所起的重要作用、所发生的影响。他向大家明确提出，《理论动态》“应该继续前进，不要后退；应该提高，不能降低”。他还提出，要做思想战线上的前卫战士，每天用这个要求来激励自己。鉴于他的工作重点要转向中央组织部，大家有一种惜别的感情。他讲了一段意味深长的话。他说，人总要依附，依附于自己的领导者、熟人、老朋友、首长、老同事。我不这样。不要把自己轻易地依附于什么人，不要把自己轻易地绑在一个什么车上。主席讲得很深刻，跟正确的走，跟科学走，依附于人民，归根到底，还是个人民，还是个人心的问题。大小干部都是这样。他郑重地说，这是我易地闹革命要对大家讲的最重要的一段话。胡耀邦的这段话深深地印在我们的头脑中，多少年后，大家还记得这段话。

胡耀邦最后一次召集“理论动态组”同志开会，是1981年9月29日上午。这时，他已在党的十一届六中全会当选为中共中央主席。这次会是在中南海勤政殿中央书记处会议室开的。胡耀邦作了长篇讲话。他提出，还是要抓住当前人们关心的一些实际问题加以阐述，加以思想的、理论的阐述。抓住人们脑子里有怀疑的、没弄清楚的、模糊的、急需要解决的问题，加以条理的、理论性的、有说服力的说明。他要求大家密切地注意实际情况，注意思想动向。在文风上，他提出要反对假、大、空、套、长。他认为，写文章的根本方法，要从个别到一般、从具体到抽象、从地上到天上，而不应从抽象到抽象、从概念到概念、从天上到天上。胡耀邦的这次讲话，实际是对《理论动态》创办四年来的总结，同时也对以后进一步办好这个刊物寄予希望。

1978年5月以后，胡耀邦多次召集理论动态组同志开会讲的意见，这里不一一介绍了。其中有些内容在介绍真理标准问题讨论的情况时将会涉及。

胡耀邦到中央组织部上班以后，直至到党中央工作后，同“理论动态组”联系的一个重要方式，就是写批语。他为《理论动态》写了许多批语，有的是针对某一文稿的，有的是讲《理论动态》办刊方针的。现选抄一些如下。

在同一主题的第四篇文稿上，他指出：

“为什么我们往往留意老题目呢？这里，可能有多种原因。接触实际不够，或者不敢接触许多实际问题，或者没有想许多没有解决的重大实践问题，都可能是原因。当然也还有个思想上的习惯势力原因。”

这个批语的精神是要求大家大胆地接触实际，研究实践中出现的新的重大问题。

在一篇文稿上，胡耀邦写了如下批语：

这是一篇研究新问题的理论文章，也是个标兵文章。

在更多的理论工作者还没有下最大的决心，做最大的努力转到这条轨道上来的时候，我们必须大力提倡这种理论研究风气。

在“理论动态组”送去的一份材料上，胡耀邦写了如下尖锐的批语：

“为什么老是在同理论问题没有什么姻缘的问题上打主意呢？就是对当前实际没有什么指导意义的思想理论文章，也要扣住不发。请用心地坚决地端正对理论动态性质和方向的态度。这样才能做到朱子讲的：问渠哪得清如许，为有源头活水来。”

在一篇送审稿上，胡耀邦批示：

《理论动态》切不可绕开当前全党性的重大思想理论问题的矛盾走。如果绕开，质量要立即降低。这一点，请你们千万注意警惕。

在另一篇稿上，他批示：

中央决心搞经济改革。为了改革，必须首先破除思想僵化。因此，我支持一切改革的积极言论。

在一个材料上，胡耀邦批示：

现在在一小部分人中资产阶级自由化思想泛滥，要进行教育（不提批判），这是一个大事。要努力写出一系列有说服力的论文来。

有好几次，胡耀邦对不符合《理论动态》方针要求的文稿，写了尖锐批评的批语，从前面的一些批语中已可看出。在送审的一篇哲学论文稿上，他写了这样的一条批语：

文字庞杂，学究气太重。我对这篇东西估价不高。

胡耀邦对"理论动态组"同志反复讲，要把被林彪、"四人帮"搞颠倒了的路线是非、理论是非、思想是非再颠倒过来。他的另一个说法是，把颠倒了的东西再颠倒过来，把弄偏了的东西纠正过来，把混淆的东西加以澄清。这是当时我们研究选题、讨论稿件时的一个基本要求。

我在前面讲到，在编写研究第九、十、十一次路线斗争提要时，胡耀邦提出了两条原则，一是要完整准确地运用马列主义、毛泽东思想，二是要以实践作为检验真理、辨别路线是非的标准。实际上，这也是他指导办《理论动态》的两条原则。

以上这些，成了理论动态组同志的共识，虽然我们对有些问题思想认识跟不上，但对胡耀邦阐明的《理论动态》的性质、办刊方针和要求，是认识一致并努力贯彻执行的。正因为有这样的思想基础，《实践是检验真理的唯一标准》这篇文章在《理论动态》上发表，不但没有产生任何不同意见，而且，大家都采取积极支持的态度，开会认真讨论，主动地做好编辑发行工作。事实上，从《理论动态》创刊到发表《实践是检验真理的唯一标准》一文这一段时间内，《理论动态》的内容既突出了要完整准确地运用马列主义、毛泽东思想的要求，也触及了实践标准问题。从《理论动态》本身来说，撰写和发表论实践标准的文章，原已安排在自己的发稿计划中了。

三、《理论动态》的特点和影响

《理论动态》是以领导干部为对象的思想理论性的内部刊物，除了形式上一期一篇、文章精短、文风犀利、五天一期外，最主要的特点是理论紧密联系实际，敢于接触当前全党重大的实际问题，不绕开矛盾走。

我在前一节摘引的胡耀邦关于《理论动态》办刊方针的讲话和批语，从今天来看，可能感到没有什么新意，平平淡淡的，如果放到当年的历史背景下，那时，“两个凡是”还紧紧地束缚着大家的思想和手脚，个人迷信还远没有打破，人们的思想还很不解放，许多人心有余悸，同时，社会思潮又比较复杂。在这样的具体条件下，胡耀邦的这些讲话和批示是具有开拓性的，也是体现了理论勇气的。由于贯彻了这样的办刊方针，就使《理论动态》这个小刊物在拨乱反正中起了带头的作用，成了引人注目（至少在党内领导干部中）的一个刊物，影响不断扩大。

《理论动态》第 1 期的文章题目是《“继续革命”问题的探讨》。这个题目本身在当时就是使人震惊的。在长达十年的“文化大革命”中，把所谓“无产阶级专政下继续革命的理论”，看作是马克思主义发展史上的第三个里程碑，九大、十大、直到 1977 年 8 月召开的十一大，都充分肯定、高度评价这个理论，作为全党的指导思想而要大家反复学习。对这个理论是不容有任何怀疑的。还在 1977 年 7 月，《理论动态》就居然提出要对这个理论进行“探讨”，实质是质疑，确实是够大胆的。从这篇文章的具体内容来看，虽然还没有（在当时也不可能）从根本上否定这个理论，但对某些重要观点，提出了不同意见。比如，文章不认为继续革命的对象总是“走资派”，内容都是阶级斗争。文章还认为，无产阶级专政下继续革命就是不断反右的观点，不是毛泽东思想等等。这是接触了当时一个最大的实际问题，确实使人耳目一新，甚至大吃一惊。

《理论动态》创办后，从各个方面一个问题、一个问题地撰写和发表文章，阐述马克思主义的观点，批判林彪、“四人帮”的谬论，同时也勇敢地触及了多年来的“左”的一套，特别是敢于碰那些属于禁区的使人畏而却步的问题。

《理论动态》第 6 期发表了《按劳分配是否必然产生资产阶级分子问题的探讨》一文。针对“文化大革命”中批判资产阶级法权（实际上，在“文化大革命”以前很久就开始了）的情况，文章指出，按劳分配是反对剥削的，按劳分配是在社会主义公有制基础上产生的，如果认为按劳分配产生资产阶级分子，实际上就是认为社会主义公有制是产生资产阶级分子的经济基础，所谓按劳分配必然产生资产阶级分子，在理论上讲不通，在实际生活中也不存在。这篇文章有力地批驳了认为今后还要搞多次“文化大革命”的一个重要理论依据。

第 18 期刊登了《关于社会主义企业利润的几个问题》一文。这篇文章充分肯定并阐明了社会主义企业利润的必要性和合理性，提出要理直气壮地抓利润。以后，陆续发表了《关于我国社会主义货币的若干问题》、《利用价值规律为社会主义计划经济服务》、《社会主义银行的利息是剥削吗?》、《驳斥“四人帮”诋毁社会主义商品生产的反动谬论》等文章，对在“文化大革命”中当作所谓“反革命修正主义路线”批判的所谓“物质刺激”、“利润挂帅”等各个主要观点，一一进行拨乱反正。

《理论动态》第 36 期（1978 年 1 月 5 日）发表了《农村集市贸易是资本主义的自由市场吗?》一文，第 55 期（1978 年 4 月 15 日）又发表了《怎样看待正当的家庭副业?》的文章。这两篇文章有力地批驳了多年来流行的所谓“资本主义自发倾向”的说法。文章指出，“社员经营的自留地和正当的家庭副业不是资本主义的东西，那么以这种从属性的经济为其存在的主要基础的集市贸易，当然也不是资本主义的东西”。文章阐明，现阶段保留社员的家庭副业仍然具有客观必然性，它对人民公社集体经济仍然起着积极的补充作用和助手作用。把社员家庭副业当作“资本主义尾巴”割掉，就是实行一种愚蠢的政策，自杀的政策。这两篇文章在《人民日报》公开发表后，引起了强烈的反响，也遭到了那些长期搞“左”的一套而尚未觉悟的人的强烈反对。据说，山西就有人指责这些文章是“宣传资本主义”，是“同学大寨对着干”。

1977 年 12 月 5 日出刊的第 29 期《理论动态》，刊登了《揭穿“四人帮”对生产力在历史发展中起决定作用原理的篡改》一文。这篇文章阐明，在社会主义社会，生产力起决定作用的原理并没有过时，生产力仍然是社会发展的决定性因素。文章系统揭露批判了“文化大革命”中批“唯生产力论”，实行停工停产的观点和做法。文章引用了毛泽东说的“我们既然热心于共产主义事业，就必须首先热心发展我们的生产力”这句话，表达了反对以阶级斗争为纲、主张以经济建设为中心的愿望。

解放思想，反对“两个凡是”，就要破除迷信。《理论动态》大胆地触及了这个最敏感的问题。在第 9 期（1977 年 8 月 25 日）就引用了毛泽东关于要破除迷信的一段话：“我们除了科学以外，什么都不要相信，就是说，不要迷信。中国人也好，外国人也好，死人也好，活人也好，对的就是对的，不对的就是不对的，不然就叫做迷信。要破除迷信。不论古代的也好，现代的也好，正确的就信，不正确的就不信，不仅不信而且还要批评。这才是科学的态度。”引用这段话的针对性是很明显的。《理论动态》第 33 期（1977 年 12 月 25 日）以《无产阶级革命导师反对对自己的不科学评价》为题，编发了马克思、恩格斯、列宁、斯大林和毛泽东的几条语录，并加了编者按语。这一期发行出去以后，其反响之强烈是可想而知的，不少人叫好，也有一些人表示愤怒。我记得，中央党校一个教研单位的同志给我打电话，叫我去一下。我去了以后，他们拿出这一期《理论动态》责问：你们要干什么？你们的矛头是针对谁的？当时，不少人的思想还没有从“左”的框子中跳出来，个人迷信的历史重负还没有卸下，发生这种情况是完全可以理解的。他们不好对别人提出责问，就把我找去了。这充分说明拨乱反正之艰难！

《理论动态》是当时全国唯一的一家内部性的思想理论性质的刊物，大家都知道它是胡耀邦主持办的一个刊物，特别是这个刊物的内容和文风的特点，很快在党内在社会上发生了影响。那时，胡耀邦曾对我们讲过这样的情况。他说，我出去碰到熟人，主要是两句话，一句是你当组织部长，大家欢迎，还有一句是《理论动态》办得好。胡耀邦也深深懂得办这个刊物的重要意义。他说：“这个刊物你别看它小，办好以后，等于我们办了另外一个党校。”[①] 这句话他对我们党校其他同志不止一次地讲过。他还对“理论动态组”同志多次讲过这样的话：要把自己的工作提高到扭转乾坤的高度来认识，要明确认识自己的历史责任和理论工作的历史使

---

① 转引自《中央党校通讯》第 185 期第 2 版。

命。他鼓励大家做一个思想战线上的前卫战士和思想勇士。

四、“特约评论员”的由来

新闻界是很敏锐的。《理论动态》这个小刊物很快引起了一些报纸的关注，要求转载其中的某些文章。

1977 年 11 月 30 日，胡耀邦布置“理论动态组”写一篇文章，题目是《以怎样的精神状态跨进新的一年》。这篇文章发表在《理论动态》第 34 期（1977 年 12 月 30 日），提前印出。《人民日报》的同志看到提前发出的这一期《理论动态》后，立即打电话来要求转载。胡耀邦同意了。

人民日报
RENMIN RIBAO

全世界会看到，用马克思主义、列宁主义、毛泽东思想武装起来的中国共产党和中国人民，在无产阶级专政下继续革命的征途上，不但善于战胜国内外阶级敌人，保卫无产阶级专政，而且还将善于建设一个具有现代农业、现代工业、现代国防、现代科学技术的伟大的社会主义强国，对人类作出较大的贡献。

华主席在中国共产党第十一次全国代表大会上的政治报告

以怎样的精神状态跨进新的一年

理论动态 34

内部刊物 请勿引用、转载

中共中央党校校刊编辑室 1977年12月30日

以怎样的精神状态跨进新的一年

粉碎“四人帮”以后的第一年胜利结束了。一九七八年是抓纲治国三年大见成效重要的一年。我们应当以怎样的精神状态跨进这新的一年？

新的课题

全国解放前夕，面临历史的伟大转折，毛主席曾经向全党提出：“夺取全国胜利，这只是万里长征走完了第一步。”“中国的革命是伟大的，但革命以后的路程更长，工作更伟大，更艰苦。”（《毛泽东选集》第四卷，第1439—1440页）现在，打倒了“四人帮”，我们面临在本世纪末建成社会主义现代化强国的新起点，这是又一个伟大的历史转折。我国这样一个人口占

四川举行五届人大、四届政协首

华国锋总理电唁萨巴赫·萨利姆·萨巴赫埃米尔逝世

这是《人民日报》第一次要求发表《理论动态》的文章，胡耀邦同意并提议在发表时用“特约评论员”的署名。《人民日报》在 1978 年 1 月 2 日发表时用了“岳平”的署名，这是“特约评论员”的最初形态

有一天，我去胡耀邦办公室，就站在秘书陈维仁一旁。陈维仁接了一个电话，说《人民日报》问，这篇文章发表时怎样署名？我转过身对耀邦转述这个电话。他正埋头在看材料，听我转达电话后，他抬起头想了一下说：他们报纸发社论，写评论，有些问题，大家都可以评论嘛！报纸要依靠大家办嘛！我们也可以参加评论嘛！我们可以当特约评论员嘛！我们感到“特约评论员”这个名称很好，都一致赞同。随即由

陈维仁给《人民日报》的同志打电话说了这个想法。《人民日报》的同志也认为这个署名很好，当即表示同意。可是，在1978年1月2日《人民日报》第1版发表的这篇文章，署名却是“岳平”。而不是“特约评论员”。“岳平”显然是“特约评论员”中“约评”的谐音（此后，“岳平”就成了《理论动态》的一个笔名）。“岳平”，这是“特约评论员”的最早形态。这说明，当时《人民日报》的同志对这个署名还是有点犹豫（他们内部经过了怎样的过程，没有看到这方面的材料）。直到1978年2月19日，《人民日报》在第1版上发表的《老干部的光荣责任》一文，才用了“本报特约评论员”的署名。这篇文章是胡耀邦指导的中央组织部《组工通讯》撰写的。此后，《理论动态》的文章就连续以“特约评论员”的署名在《人民日报》发表了。1978年3月11日《人民日报》发表的《认真肃清“四人帮”的流毒》（《理论动态》第46期），3月23日发表的《提高执行十一大路线的自觉性》（《理论动态》第48期），3月28日发表的《开展一个新的持久的学习运动》（《理论动态》第51期，原题为《要大兴学习之风》），这些文章发表时的署名都是“本报特约评论员”。

在当时，“特约评论员”文章很有特点，很引人注目。香港等地的报纸纷纷报道，并发表文章揣摩和评论“特约评论员”，认为是中共高层的一位权威人士搞的，但他们终究没有能搞清“特约评论员”的庐山真面目。当时，一些报纸的同志也乐意用“特约评论员”这个署名。据说，报纸发社论要送审，从当时的具体情况来说，党中央分管宣传工作的人坚持“两个凡是”的立场，那些有棱有角的拨乱反正文章送审的结果，是可想而知的。如果用“本报评论员”的署名，就不那么引人注目。“特约评论员”文章既不必送审，又引人注目，其影响甚至超过一般的评论。那时还出现这样的情况，有的本来打算作为社论的文稿，报社同志宁可先给《理论动态》刊登，然后作为“特约评论员”文章在自己报纸上发表。《夺取揭批“四人帮”斗争的全胜》这篇文稿就是这样的。这篇由人民日报社同志提供的文稿，原拟作社论，但又怕送审通不过，就送给《理论动态》，希望给予支持，先在《理论动态》刊登。《理论动态》第88期（1978年9月30日）刊登以后，《人民日报》作为“特约评论员”文章在10月4日公开发表（粉碎“四人帮”二周年），并由新华社转发，全国各报都转载了。“特约评论员”这个署名本身就闪烁着智慧。在真理标准问题讨论和全面拨乱反正过程中，一篇一篇的“特约评论员”文章，起着冲锋陷阵的作用，功不可没。胡耀邦将“特约评论员”文章作为推进拨乱反正的一种有效方式。《理论动态》第119期（1979年3月5日）刊登的《实践标准与科学预见》一文，在《人民日报》公开发表时，署的是作者邵华泽个人的名。胡耀邦在1979年3月20日给“理论动态组”写的批语指出：“不管是谁执笔的，我意报刊发表时还是用特约评论员好。实践标准和科学预见，用的个人名义而没有用特约评论员名义，效果可能小点，实在是个憾事。”杨西光所以要将论述真理标准的文章送《理论动态》发表，就是为了使它成为“特约评论员”文章，以扩大影响。以后，“特约评论员”文章很快成为各报刊采用的一种形式。一些重要的特约评论员文章，《人民日报》、《光明日报》和《解放军报》都是互通声息，主动支持，进行转载，而且，互相商量好处理办法，安排在头版，作通栏标题。另一方面，也出现了各报刊都竞相发表“特约评论员”文章，而文章分量又不够的情况。

《人民日报》原总编辑李庄写的《人民日报风雨四十年》书中，有一章的题目就是《本报特约评论员》。他从自己工作的角度介绍了有关“特约评论员”的一些情况。他说，从1978年2月开始，到1981年5月，“本报特约评论员”这个名称用了三年多时间。十一届三中全会以前，新闻界瞄准“两个凡是”的重型炮弹，几乎都是“特约评论员”文章，各报分别刊登，互相转载。这些“特约评论员”文章，针对当前国家政治生活中最紧迫的问题立论，但不是就事论事，而有较多的理论色彩，能引发读者深思和回味。许多文章由于主题重大，内容深广，逻辑严密，能够透彻地解决一个方面的问题，超过某些社论的影响。他们在编辑过程中，都尽可能作突出、醒目的安排，重要版面，大字标题，全文排楷体字。这也是一种导向。李庄认为，对于“特约评论员”文章，“在我国新闻史上应该记上一笔”。[①] 这里，我想补充一句，如果撰写中国的拨乱反正史，“特约评论员”文章也是应当写上一笔的。

以上我详述了“特约评论员”文章的来历，是为了客观地准确地记载历史。但是，有些论著关于“特约评论员”有另一种说法，我在这里不得加以澄清。

作为《实践是检验真理的唯一标准》一文的作者之一，胡福明在一些文章中说：杨西光还跟我谈，这篇文章我们要用“本报特约评论员”的名义，而不以个人名义发表，并当即聘请我为特约评论员。我立即赞同，我写文章的目的就是要批判“两个凡是”，只要文章能起更大的作用，我都同意。他还强调说：“我想，聘请《光明日报》的特约评论员应该是总编辑杨西光同志职权范围内的事。”杨西光已经去世。当年杨西光究竟是怎样同胡福明谈的，别人不得而知。《光明日报》也没有任何人谈起此事，恐怕他们也是不知道的。

《实践是检验真理的唯一标准》这篇文章在《光明日报》发表时，署名为“本报特约评论员”。这也是《光明日报》的第一篇“特约评论员”文章。

“特约评论员”的署名，出之于胡耀邦。我在前面已经作了介绍。

那时，以“特约评论员”署名的文章还很少。《人民日报》在1978年2月19日刊登第一篇“特约评论员”文章，至5月5日，共刊登了六篇署名“特约评论员”的文章。在1978年2、3、4、5月，用“特约评论员”署名的文章，就是胡耀邦指导的中组部《组工通讯》的文章和中央党校的《理论动态》的文章。这两个刊物，都是胡耀邦直接领导和具体指导的，首都新闻单位的负责人都知道。因此，新华社才将《人民日报》的“特约评论员”文章向全国转发。那时，以任何一个个人作为首都一家大报的“特约评论员”文章，并由新华社转发，还是不可设想的。

以上情况，《光明日报》总编辑杨西光是清楚的。所以，他坚持要《理论动态》先刊登《实践是检验真理的唯一标准》，因为，只有这样，此文才能作为《光明日报》的“特约评论员”文章公开发表。

在当时，“特约评论员”的署名有特定的含义。坚持“两个凡是”的人责问：

---

① 李庄：《人民日报风雨四十年》，人民日报出版社1993年版，第331、330—331页。

"特约评论员"代表哪个中央？这就充分说明了问题的性质。因为"特约评论员"的署名，胡耀邦几次被点名，他承担了很大的政治责任和政治风险。杨西光深知这一点。他对他在理论动态组的老战友孟凡说，这篇文章要发，有政治风险，我们《光明日报》太小，承担不了。

"特约评论员"署名的较广泛使用，那是以后的事了。

在当时，"特约评论员"不可能是北京或某地的一位普通人士。

当时北京的一些情况，特别是像"特约评论员"文章这样的微妙情况，胡福明可能知之不多。

《理论动态》的一些比较有分量的文章，大都作为《人民日报》、《光明日报》的特约评论员文章发表，有的作为《解放军报》和新华社的特约评论员文章发表，还有的作为《红旗》杂志和《北京日报》的特约评论员文章发表。此外，还有一些文章，是作为社论、本报评论员、观察家文章公开发表的。粗略统计，这样的文章，从1978年3月到1985年12月，7年多时间，共有70多篇。在这70多篇文章中，有23篇是我撰写的。现不揣冒昧，将这23篇文章向读者开列一个篇名。

1.《要大兴学习之风》，《理论动态》第51期（1978年3月25日）。《人民日报》于3月28日在头版头条作为"特约评论员"文章发表，题目改为《开展一个新的持久的学习运动》。

2.《平反冤案的历史借鉴》，《理论动态》第98期（1978年11月20日）。《人民日报》于11月22日作为"特约评论员"文章发表。

3.《打开理论工作的广阔天地》，《理论动态》第104期（1978年12月20日）。《人民日报》于12月22日作为"特约评论员"文章发表。

4.《坚持少宣传个人的方针》，《理论动态》第118期（1979年2月28日）。《光明日报》于3月11日作为"特约评论员"文章发表。

5.《要重温马克思主义的战争理论》，《理论动态》第122期（1979年3月20日）。《解放军报》于3月30日作为"特约评论员"文章发表。

6.《略谈人权问题》，《理论动态》第141期（1979年6月25日）。《光明日报》于10月27日作为"评论员"文章发表。

7.《理论工作唯一正确的方针》，《理论动态》第145期（1979年7月15日）。《人民日报》于7月28日作为社论在一版上部发表。

8.《干部要学会做群众工作》，《理论动态》第168期（1979年11月10日）。《人民日报》于11月21日作为"特约评论员"文章头版头条发表。

9.《正确认识个人在历史上的作用》，《理论动态》第212期（1980年6月20日）。《人民日报》于7月4日作为"特约评论员"文章发表。

10.《认真实行社会主义民主制》，《理论动态》第226期（1980年8月30日）。《人民日报》于9月9日作为"特约评论员"文章发表。

11.《党和国家领导制度的一项重要改革》，《理论动态》第236期（1980年10月20日）。《人民日报》于10月28日作为"特约评论员"文章发表。

12.《努力把党的形象搞好》，《理论动态》第242期（1980年11月20日）。

《北京日报》于 12 月 24 日作为“特约评论员”文章发表，《人民日报》于 12 月 31 日全文转载。

13.《纠正不正之风要从领导做起》，《理论动态》第 247 期（1980 年 12 月 25 日）。《人民日报》于 1981 年 3 月 16 日作为“特约评论员”文章发表，题目改为《一定要纠正不正之风》。

14.《社会主义国家一定要有高度的精神文明》，《理论动态》第 259 期（1981 年 2 月 15 日）。《光明日报》于 2 月 18 日作为“特约评论员”文章以第一版整版发表。

15.《用批评与自我批评的方法清理“左”的思想》，《理论动态》第 263 期（1981 年 3 月 5 日）。《人民日报》作为社论于 3 月 10 日在一版上部发表。

16.《评“左”比右好》，《理论动态》第 271 期（1981 年 4 月 15 日）。《人民日报》于 5 月 27 日作为“特约评论员”文章发表。

17.《要卓有成效地为党为人民工作》，《理论动态》第 294 期（1981 年 8 月 10 日）。《人民日报》于 8 月 21 日作为“评论员”文章发表，题目改为《要卓有成效地工作》。

18.《思想理论战线坚持马克思主义的一个重要问题》，《理论动态》第 452 期（1983 年 10 月 5 日）。《光明日报》于 10 月 8 日作为“特约评论员”文章发表。

19.《“文革”的理论是根本错误的》，《理论动态》第 520 期（1984 年 9 月 20 日）。《经济日报》于 10 月 11 日作为观察家文章发表。

20.《对社会主义的一次深刻的再认识》，《理论动态》第 528 期（1984 年 10 月 30 日）。《经济日报》于 11 月 14 日作为观察家文章发表。

21.《革命者要善于科学地估量和分析形势》，《理论动态》第 564 期（1985 年 4 月 30 日）。《光明日报》于 5 月 6 日作为“特约评论员”文章在一版上部发表。

22.《人事工作要进一步破除陈腐的老观念老框框》，这是我为《理论动态》第 570 期写的按语（1985 年 5 月 30 日）。《中国劳动人事报》7 月 17 日作为“特约评论员”文章发表。

23.《在新形势下要多做群众工作》，《理论动态》第 607 期（1985 年 12 月 5 日）。《光明日报》于 12 月 12 日作为“特约评论员”文章发表。

以上 23 篇文章中，有 12 篇是由胡耀邦审阅修改定稿的，多数也是他出的题。都由新华社转发，各地报纸广泛转载。撰写这些文章，从我自己来说，是学习做理论工作。这些文章涉及的面也相当广，因此，撰写起来是相当紧张和艰苦的。

《理论动态》这个小刊物，从一开始就引起最高层领导人的注意。华国锋和邓小平都给予肯定。

我在前面讲到，胡耀邦 1977 年 10 月 12 日对“理论动态组”同志的讲话提到，《理论动态》是华主席表扬过的。1978 年 1 月 31 日，胡耀邦在中央组织部的秘书梁金泉打电话来说：“华主席说这篇文章好。新时期，新任务，新要求，多谋善断，提法很好。叫起草《政府工作报告》的组参考。”1977 年 12 月 30 日出刊的《理论动态》第 34 期，刊登了《以怎样的精神状态跨进新的一年》，当天送到华国锋手里，他看后很赞赏。据《政府工作报告》起草组[①]的同志讲，华国锋在 12 月 30 日晚上，拿了创刊以来的所有 34 期《理论动态》问起草组的同志，这三十几期你们都看过没有？这一期看过没有？这一期写得很好，观点也是好的，提出的问题和观点都是好的。华国锋把这篇文章中的三个问题讲了一遍后说，现在就是新时期新形势新课题，我们全党同志面临着一个重新学习的问题。怎么学习呢？多谋善断特别重要。他对文章的第三段“多谋善断”，反复地讲了，要大家好好看一看，学一学。这个事实说明，华国锋对《理论动态》是肯定的、赞赏的，曾有多次表示。

前面已经讲到，邓小平对《理论动态》第 1 期就给予肯定。据当时中央办公厅同志来电话说，邓小平看了第 1 期后说，基本上同意提出的问题。在真理标准讨论展开以后，他表扬了《理论动态》，明确地给予支持，我在下一章中再具体讲。

我在前面讲，《理论动态》这个刊物在第 60 期发表《实践是检验真理的唯一标准》这篇文章前，就贯彻了胡耀邦提出的研究党史的那两条原则的精神，就触及了实践标准问题。现再具体举两个例子。其一，《理论动态》第 13 期（1977 年 9 月 15 日）发表的《群众路线也是我党理论工作的根本路线》一文。这篇文章的第一段就指出：“头脑中形成的思想、理论究竟正确不正确、会用不会用，还得交由群众的实践去考验。”其二，第 19 期（1977 年 10 月 15 日）发表的《列宁关于完整地准确地理解和运用马克思主义的论述》，有一个小标题就是：“必须使理论符合于一定社会经济关系的现实和历史，必须从生动的实际生活出发，做出经得起客观检验的最确切的分析。”在这一材料中，编进了列宁这样的语录：“马克思主义者在评判自己对社会关系的估计时，完全不是以抽象公式之类的胡说为标准，而是以这种估计本身的正确性及其与现实的相符合为标准的。”

从《理论动态》的思想路线和基本思路的发展来看，从《理论动态》的地位和影响来看，《实践是检验真理的唯一标准》这篇文章，由《理论动态》首先发表，并作为某一大报的“特约评论员”文章公开发表，是顺理成章的，也可以说是必然的事情。

---

① 1978 年 2 月 26 日至 3 月 5 日召开了第五届全国人民代表大会第一次会议，华国锋作为国务院总理，要在这个会上作《政府工作报告》。

第三章

一篇文章引发了一场大讨论

真理标准问题的大讨论，是由《实践是检验真理的唯一标准》这篇文章的发表而引发的。关于这篇重要文章的撰写、修改、定稿等有关情况，为大家所关注，也应当有一个客观的全面的交代。我将努力这样做。为了叙述方便，以下将这篇文章简称《实》文。

第一章第二节中讲到，1977 年下半年到 1978 年初，有三个地方互不联系地在撰写同一主题的三篇文章。

一是南京大学哲学系教师胡福明。他从 1977 年 8 月起，撰写《实践是检验真理的标准》一文。

本书作者同《实践是检验真理的唯一标准》一文作者之一胡福明合影（1995 年在江苏省吴江市）

本书作者同《实践是检验真理的唯一标准》一文作者之一孙长江在参加“首都理论界纪念真理标准讨论 30 周年座谈会”时合影

另一位是中央党校理论研究室的孙长江。他从 1978 年二、三月起，依据中央党校起草研究党史的文件及在学员中进行讨论暴露出来的问题，按照吴江的布置，撰写《实践是检验真理的唯一标准》一文。

还有一位是中国社会科学院哲学研究所的邢贲思。他接受《人民日报》理论部的委托，针对读者提出的问题，撰写《关于真理的标准问题》的文章。

对于《实》文的撰写、修改和定稿过程，有关的人士都在自己的论著中作了说明，但在几个关节点上，说法很不一致。为便于大家研究判断，我将他们的说法分别作客观介绍，然后指出问题的焦点。同时，也将我掌握的情况作一介绍，对有些问题作出我自己的判断。当然，读者完全可以作出自己的判断。

首先要说明的是，从《理论动态》来说，当时并不很重视文章的作者。在很长时期中，理论动态组自己撰写的文稿，在刊出时不署名。那时，思想上没有著作权的概念，更没有《著作权法》，甚至连稿酬也没有。用当时流行的用语来说，大家就是为了干革命，没有什么名、利、权的考虑。因此，对于《实》文的作者问题，理论动态组也没有很认真地考虑，更没有在会议上讨论，这在当时是很自然的。时隔二十来年，又不是每人手头都有原始资料，自然出现说法的不一致（当然还可能有其他的原因）。这就造成了问题的复杂性。因此，我不得不以较大的篇幅来叙述这个问题。

下面我就来分别介绍有关的说法。

一、胡福明讲述撰写《实》文的情况

胡福明通过学术研讨会、接受采访和发表文章，从 1978 年《实》文发表以后，到 2008 年，多次讲过他撰写《实践是检验真理的标准》一文的情况。为了尽可能全面地反映他的讲述，这里摘录他在三个时间点讲述的内容。

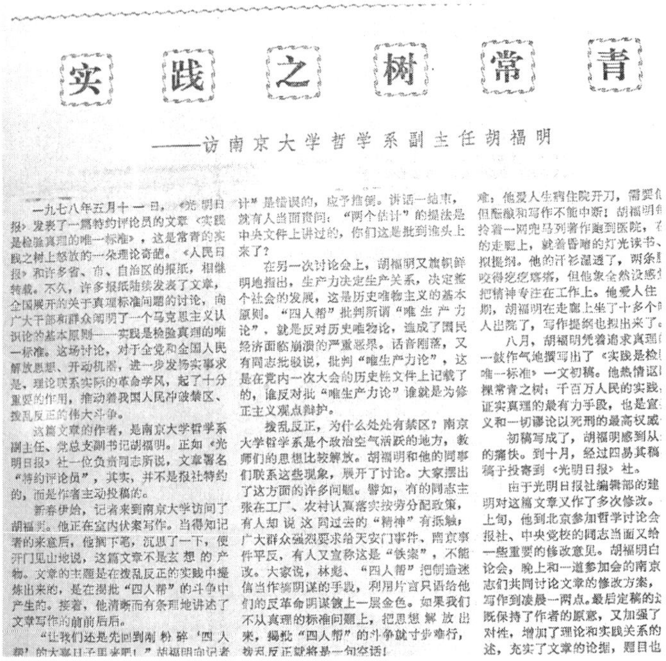

实践之树常青

——访南京大学哲学系副主任胡福明

一九七八年五月十一日，《光明日报》发表了一篇特约评论员的文章《实践是检验真理的唯一标准》，这是常青的实践之树上怒放的一朵理论奇葩。《人民日报》和许多省、市、自治区的报纸，相继转载。不久，许多报纸陆续发表了文章，全国展开的关于真理标准问题的讨论，向广大干部和群众阐明了一个马克思主义认识论的基本原则——实践是检验真理的唯一标准。这场讨论，对于全党和全国人民解放思想、开动机器，进一步发扬实事求是、理论联系实际的革命学风，起了十分重要的作用，推动着我国人民冲破禁区、拨乱反正的伟大斗争。

这篇文章的作者，是南京大学哲学系副主任、党总支副书记胡福明。正如《光明日报》社一位负责同志所说，文章署名"特约评论员"，其实，并不是报社特约的，而是作者主动投稿的。

新春伊始，记者来到南京大学访问了胡福明。他正在室内伏案写作。当得知记者的来意后，他搁下笔，沉思了一下，便开门见山地说，这篇文章不是玄想的产物。文章的主题是在拨乱反正的实践中提炼出来的，是在揭批"四人帮"的斗争中产生的。接着，他清晰而有条理地讲述了文章写作的前前后后。

"让我们还是先回到刚粉碎'四人帮'的大喜日子里来吧！"胡福明向记者……计"是错误的，应予推倒。讲话一结束，就有人当面责问："两个估计"的提法是中央文件上讲过的，你们这是批到谁头上来了？

在另一次讨论会上，胡福明又旗帜鲜明地指出，生产力决定生产关系，决定整个社会的发展，这是历史唯物主义的基本原则。"四人帮"批判所谓"唯生产力论"，就是反对历史唯物论，造成了国民经济面临崩溃的严重恶果。话音刚落，又有同志批驳说，批判"唯生产力论"，这是在党内一次大会的历史性文件上记载了的，谁反对批"唯生产力论"谁就是为修正主义观点辩护。

拨乱反正，为什么处处有禁区？南京大学哲学系是个政治空气活跃的地方，教师们的思想比较解放。胡福明和他的同事们联系这些现象，展开了讨论。大家摆出了这方面的许多问题。譬如，有的同志主张在工厂、农村认真落实按劳分配政策，有人却说这同过去的"精神"有抵触；广大群众强烈要求给天安门事件、南京事件平反，有人又宣称这是"铁案"，不能改。大家说，林彪、"四人帮"把制造迷信当作搞阴谋的手段，利用片言只语给他们的反革命阴谋镀上一层金色。如果我们不从真理的标准问题上，把思想解放出来，揭批"四人帮"的斗争就寸步难行，拨乱反正就将是一句空话！

难；他爱人生病住院开刀，需要……但酝酿和写作不能中断！胡福明……拎着一网兜马列著作跑到医院，在……的走廊上，就着昏暗的灯光读书、……拟提纲。他的汗衫湿透了，两条……咬得疙疙瘩瘩，但他象全然没感……把精神专注在工作上。他爱人住……期，胡福明在走廊上坐了十多个……人出院了，写作提纲也拟出来了。

八月，胡福明凭着追求真理……一鼓作气地撰写出了《实践是检……唯一标准》一文初稿。他热情讴……棵常青之树：千百万人民的实践，……证实真理的最有力手段，也是宣……义和一切谬论以死刑的最高权威……

初稿写成了，胡福明感到从……的痛快。到十月，经过四易其稿……稿子投寄到《光明日报》社。

由于光明日报社编辑部的建……明对这篇文章又作了多次修改。……上旬，他到北京参加哲学讨论会……报社、中央党校的同志当面又给……一些重要的修改意见。胡福明白……论会，晚上和一道参加会的南京……志们共同讨论文章的修改方案，……写作到凌晨一两点。最后定稿的……既保持了作者的原意，又加强了……对性，增加了理论和实践关系的……述，充实了文章的论据，题目也……

1979 年 3 月 23 日，《光明日报》刊登了新华社记者采访胡福明的文章，记述了胡福明所述论实践标准文章的写作情况。这篇专访文章说："文章的主题是在拨乱反正的实践中提炼出来的，是在揭批'四人帮'的斗争中产生的"

一是 1979 年。

1979 年 3 月 21 日，《光明日报》发表了新华社记者张行端采访胡福明的专访《实践之树常青》。在这篇专访中，报道胡福明讲述撰写《实践是检验真理的标准》一文的经过，本书第一章第三节已经详细摘录了这篇专访文章，这里不再重复。

胡福明说：这篇文章的“主题是在拨乱反正的实践中提炼出来的，是在揭批‘四人帮’的斗争中产生的”。

从现实生活的激烈斗争中，从同事们的发人深思的议论中，胡福明越来越感觉到，林彪、“四人帮”在理论问题上制造了许多混乱，使各条战线的许多问题不能分清是非，拨乱反正的任务十分艰巨。作为一个从事马克思主义哲学研究的理论工作者，必须从人们认识路线的根本上来解决问题，回答什么是区分正确路线和错误路线、是和非、正和乱的标准，回答什么是对待马列主义、毛泽东思想的正确态度。1977 年五、六月间，他在繁忙的教学和行政工作中，挤时间读了马克思和毛主席的有关哲学著作。理论和实际的结合，使他的思想开始升华，问题的关键终于明确了：鉴别任何思想、理论、法令的标准，只能是马克思主义认识论的基本出发点——实践。胡福明决定立即动手写一篇文章，宣传这个认识论的基本原理，恢复马列主义、毛泽东思想的本来面目，给揭批“四人帮”的斗争提供锐利的哲学武器。在这样认识的基础上，他终于写出了《实践是检验真理的标准》那篇文稿。

二是 1996 年。

过了十七年，即 1996 年，胡福明在广州市社会科学院主办的《开放时代》杂志第 1、2 月号和第 3、4 月号，发表《真理标准大讨论的序曲》一文，讲《实》文的写作、修改和发表过程。全文有 33000 字，叙述颇详。限于篇幅，在此只能摘录若干内容如下：

到 1977 年 7 月上旬，文章的主题、观点、布局已基本形成。写成初稿，已是 7 月底了。经三次修改后，于 9 月初寄给《光明日报》哲学组王强华同志。

这篇文章，是我在揭批“四人帮”的斗争中，自己选定的题目，自己形成的主题，自己提出的观点，自己寻找的材料，自己拟定的提纲，自己撰写的文章。我于 1977 年夏天写作实践标准的文章，有什么特点呢？第一，我于 1977 年 6 月间抓住了阻挠拨乱反正的主要障碍——“两个凡是”；第二，我找到了实践是检验真理的标准这个马克思主义基本观点与“两个凡是”针锋相对，批判“两个凡是”；第三，我以马克思恩格斯自觉运用实践标准检验自己的理论，证实、修改自己的某些观点作典范，来证明马克思主义的导师也不是“句句是真理”，以此批判、否定“两个凡是”；第四，我阐明一切理论，都必须经过实践检验证明是正确的，才成为真理，马克思主义也是如此；第五，我认真对待这个问题，抓住这个问题，于 1977 年 6 月到 8 月，写成了七八千字的文章，并于同年 9 月及时寄给《光明日报》；第六，我力图通过这篇文章，把实践标准作为人民群众参加拨乱反正的理论武器。时间，是个严肃的问题，写新闻首先写明时间、事件是何时发生的。国际上评诺贝尔奖，也要审查某项发现或发明的时间，何时何人首先取得某项发现或发明。把时间搞错了，把时间抹掉了，历史就弄不清了，不应模糊"时间"。

文章寄出后四个月没有消息。1978 年 1 月 14 日，王强华同志给我一信。随信寄来两份《实践是检验真理的标准》的小样。他信中说，《实践是检验真理的标准》一文"已粗粗编了一下，主要是把原稿第一部分压缩了，突出后两部分，但似觉得长了一些。是否请你看看再删一些，有些地方，文字的意思有些重复，可否精练一些。另外，这篇文章提的问题比较尖锐，分寸上请仔细掌握一下，不要使人有马列主义'过时'论之感的副作用。"我认真地、反复地研究了文章，自认坚持马列主义，没有错误，没有片面性，不会产生副作用。我对文章修改得很少。在 2 月、3 月、4 月，强华同志都给我寄文章的小样，让我修改，然后寄去。我都照办了。这几次修改，改动不大。

3 月 13 日，王强华同志又给我一信。他说，"您的文章，基本上已定稿，但现在看来，联系实际方面的内容较少，原想等您来京时面商，可老等也不见您来，只好再把小样寄给您，请抓紧补充，以便早日刊出！"于是，我在文章最后加了一大段话。但是，在《光明日报》4 月 2 日的大样上，还是删掉了最尖锐的几句话："判断是非，不以实践为标准，不拿事实作根据，而以片言只语作准则，总之，心有余悸。"

4 月，《光明日报》对《实践是检验真理的标准》一文，态度有了重大变化，主导者是新任总编辑杨西光同志。4 月中下旬，我与南大哲学系两位同志到北京参加全国哲学讨论会。当晚，《光明日报》把我接去。在《光明日报》总编辑办公室，我见到了杨西光同志、马沛文同志、孙长江同志，在座的还有王强华等同志。杨西光同志说明了意图：《实践是检验一切真理的标准》这篇文章，我把它从哲学版上拿下来，要作为重要文章放到第一版发表，因此，要进行修改，请大家提修改意见，他说，已同中央党校理论研究室联系，理论研究室也在研究这个题目，因此请孙长江同志来参加讨论，帮助修改。当时，大家提了一些修改意见。我白天参加哲学讨论会，晚上则修改《实践是检验一切真理的标准》这篇文章。按照杨西光同志的嘱咐，我去中央党校看望吴江同志。吴江同志充分肯定了文章，向我谈了修改意见，他的基本观点是：加强理论联系实际，论证充分一些，文章写得周密一些，以增强战斗力。在他桌子上，放着杨西光同志给他送去的《实践是检验一切真理的标准》的一份小样，吴江同志在上面写了几句话，我随即在《光明日报》的稿纸上记了下来：

"杨西光同志：

写得不错，是一篇有力的说理文章。

吴江　四月二十二日"

五一节快到了，我到北京已十多天了，学校工作很多，想节前回校，我向西光同志谈了想法。杨西光同志与我作了一次长谈。他说："文章已改得差不多了，你要回去也可以，下面就交给中央党校的同志帮助作点修改了。"杨西光同志接着说：

“这篇文章，要请胡耀邦同志审定。他站得高。他在中央党校成立了理论研究室，办了个内部刊物，叫《理论动态》。发表在《理论动态》的文章，都要经过胡耀邦同志审阅批准。所以，我们这篇文章要交给中央党校理论研究室修改，请胡耀邦同志审阅，先在《理论动态》发表，《光明日报》第二天就公开发表。《理论动态》是逢五逢十出版，他们五日刊出，我们六日见报。他们十日刊出，我们十一日发表。”杨西光同志还同我商量了一个问题，他说：“福明同志，我要跟你商量一个问题。这篇文章发表在第一版，不以你的名义发表，而以‘本报特约评论员’的名义发表，这样可以加重文章的分量。我们没有约你写这篇文章，但是现在我们聘请你做《光明日报》的特约评论员，你就是《光明日报》的特约评论员。你看行不行?”我爽快地表示：“行。”我说：“我写这篇文章，是为了批判‘两个凡是’，为了拨乱反正。文章发表后，能起更大作用就好。”当时，我只考虑如何批判“两个凡是”，推进拨乱反正。到 4 月底，在文章的小样上，都署我的名字。文章发表时署名“本报特约评论员”，让人觉得这篇文章来头很大，特别引人注目。这正是运用“本报特约评论员”名义所希望达到的效果。我想，聘请《光明日报》的特约评论员应该是总编辑杨西光同志职权范围内的事。杨西光同志还跟我谈了文章发表的计划。他说：“发表这篇文章，已作了安排。先由《理论动态》内部发表，第二天《光明日报》公开发表。然后《人民日报》《解放军报》第二天转载，新华社向全国发稿。我们已经商量好了，要批判‘两个凡是’，推动解放思想、拨乱反正。”这时我才知道，围绕真理标准这篇文章，已经有了一个完整的计划。这已经超出了《光明日报》发表一篇文章的范围。

我是 1978 年 4 月 29 日离开北京的。在这以前，同志们只是对文章提意见，由我修改文章，《光明日报》编辑作过修改，主要是文字修改，其他同志还未动手修改。我离开北京后，才由孙长江老师动手修改（到孙长江老师手里后，理论研究室究竟有几位同志参与讨论、修改，我不清楚）。

孙长江是我的老师。当我在杨西光同志办公室见到他时，很高兴。我仍称他孙老师。此后，我们见了几次。他曾同我一起去中央党校看望吴江同志，还曾邀我到他家坐了一回。孙老师告诉我，他在中央党校理论研究室，与吴江同志在一起。孙老师告诉我胡耀邦同志交给他们一个任务，要写一篇关于真理标准的文章，他们正在研究。他说，现在有了你的这篇文章，就不用再写了。可以肯定，当时中央党校还没有写成关于真理标准的文章，如果已写出真理标准的文章，就会立即送胡耀邦同志审阅，既然是胡耀邦同志出的题目，耀邦同志当然会立即定稿，并在《理论动态》发表，但是没有发生这事。理论研究室写好了文章既不送耀邦同志审阅，又不发表，而要等一篇事先并不知道的、外来的真理标准的文章，再把两篇文章合起来，然后发表，这种事是没有的。但是，由于中央党校理论研究室在研究耀邦同志交给的任务，所以修改我的文章就较顺手。

孙长江老师下了很大力气，修改《实践是检验真理的唯一标准》一文。这里谈谈他作的修改。

第一，把文章梳理了一下。第二，对文章的观点作了分析发挥。第三，孙老师的修改，使文章精练了，去掉了一些重复的词句。《实践是检验真理的唯一标准》一文的理论观点是正确的，社会效果也是好的，经受了时间的考验。但文章也不是十全十美的，修改也不是无可批评的，不但今天看来，有可修改之处，在当时，我对几点修改，也有自己的看法。

整个说来，孙长江老师在修改文章上，花了很大工夫，提高了文章的质量，做出了贡献。这是不容抹杀的。但是，文章的主题、基本观点、主要内容和主要材料，没有变化，没有增加重要论点，没有改正错误观点，因为原文没有错误观点。这个修改，是在原文的基础上的修改，是在原文基础上的提高，所以，1978 年 5 月 10 日，中央党校理论研究室的《理论动态》发表《实践是检验真理的唯一标准》时，后面注明："《光明日报》社供稿，本刊作了些修改。"1978 年底，中央召开全国理论务虚会，于光远、杨西光、胡绩伟、穆青、吴江等 10 位同志有个联合发言（据查，理论务虚会上只有杨西光、曾涛、华楠、王惠德、于光远、胡绩伟等六人作的《关于真理标准讨论的情况》的长篇联合发言——引者注），谈到《实践是检验真理的唯一标准》这篇文章时说，这篇文章是以南京大学哲学系胡福明的稿子为基础修改的。1982 年，中央党校理论研究室编辑了《真理标准问题讨论文集》（中共中央党校出版社出版），在《实践是检验真理的唯一标准》一文之后，也有一个说明："《理论动态》一九七八年五月十日。《光明日报》社供稿。作者：南京大学胡福明。本刊发表时作了较大修改。"这是实事求是的介绍。

在文章修改的问题上，我还要作三点说明：

第一，"唯一"二字，据我所知，是杨西光同志加的。文章题目，经过了几次变动。我最初定的题目是《实践是检验真理的标准》，后来，我改为《实践是检验一切真理的标准》，以后我又把"一切"二字圈去，仍恢复原先的题目。最后，杨西光同志加上"唯一"二字，成为《实践是检验真理的唯一标准》。可以看到，文章题目的基本精神没有变化，而从文章的内容看，自始至终坚持检验真理只有一个实践标准。杨西光同志在题目上点明了这点。

第二，"科学无禁区"这个论断，来自周扬同志。

第三，在我修改文章的过程中还吸收了杨西光、马沛文、王强华、孙长江、吴江等同志提的意见。

《实践是检验真理的唯一标准》一文，能够发表，能起重大反响，《光明日报》哲学组、理论部的重要作用不可抹杀。今天看，发表这篇文章，批判"两个凡是"，理所当然，天经地义，但是 1977 年，多年的教条主义与个人崇拜盛行，"两个凡是"统治，许多同志心有余悸，不少人还模模糊糊，这个问题还未考虑。而《光明日报》哲学组的同志已经意识到这篇文章的针对性、尖锐性，敢于支持，抓住不放，力求发表，做了大量工作。这种胆识，这种精神，是难能可贵的。

杨西光同志在发表这篇文章上面，起了巨大作用。理论部把文章的清样送给他审阅，他没有否定，没有简单地同意发表，而是大做文章，决定把它放到第一版作为重要文章发表。为此，他组织了修改，与中央党校联系，向胡耀邦同志请示，与新华社、《人民日报》《解放军报》合作，研究发表文章的计划，亲自推敲修改文章。这一切都是为了批判“两个凡是”，推动拨乱反正。杨西光同志的政治眼光是很敏锐的，思想理论水平是很高的，以很大的勇气、对党对人民高度负责的精神担当这项任务。

胡耀邦同志在这篇文章的发表上，起了关键作用。他十分重视思想战线上拨乱反正的任务。他主持中央党校工作后，成立了理论研究室，创办了《理论动态》，并亲自审阅在该刊发表的文章。他于 1978 年初首先提出，要使高级干部根据实践研究“文化大革命”，并要中央党校理论研究室撰写真理标准的文章。他挑选杨西光同志去《光明日报》工作，端正《光明日报》的方向，他亲自审定《实践是检验真理的唯一标准》，批准先由内部刊物《理论动态》发表，然后由《光明日报》公开发表，继而由《人民日报》《解放军报》转载，新华社向全国发稿。没有胡耀邦同志的审阅批准，这篇文章可能胎死腹中。

胡福明在 1996 年 5 月 26 日的《大连晚报》上，也发表了内容与此文相同的一篇文章，题目为《真理标准大讨论的前前后后》。

胡福明在这篇文章中讲的情况，同 1979 年 3 月新华社记者张行端采访专文中讲的，有明显的差别。胡福明这篇文章涉及的问题很多，我仅就四个问题作一点辨析。

(1) 关于文章的针对性。

1979 年 3 月新华社记者的采访文章中说，胡福明是在揭批“四人帮”的斗争中，几次有人对他发出责难，促使他思考辨别是非的标准问题，在同志们的议论中，又阅读马克思、毛泽东的哲学著作，终于使他认识到：鉴别任何思想、理论、法令的标准，只能是马克思主义认识论的基本出发点——实践。在 1996 年这一篇文章中，胡福明说：“我于 1977 年 6 月间抓住了阻挠拨乱反正的主要障碍——‘两个凡是’。”这前后两次所讲的，思想境界有很大的差别。人们不禁要问，究竟哪一次讲得比较符合实际呢？对此，光明日报社的王强华有评论。

光明日报出版社 1999 年出版了一本《光明日报与真理标准讨论》的书，书中有当年该报理论部哲学组组长王强华撰写的一篇文章。王强华在这篇文章中有如下一大段：

关于“两个凡是”问题。

胡的原稿和历次改稿中没有出现批判“两个凡是”的字样，不仅没有两个“凡是”，连一个“凡是”也找不到。在我向他约稿时，在以后很长时间内多次当面交谈和信函往来中，我没有向他提出过此文的重点要放在批判“两个凡是”上，他也从来没有向我提出过这个问题。现在有不少论著，介绍他写作此文时的思想和内心活动，说他如何如何酝酿批判“两个凡是”，如何如何力求文章中选择什么角度体现批判“两个凡是”等等，对此我不好妄加评论，也许它们是真的；但我作为此文的约稿者、发排者和责任编辑，我得坦言，当时我感觉不出来，我不知道也从未与他说过。我当了 40 多年编辑、记者，现在仍在做编辑工作，我知道，当年约稿或最初修改稿件时，如果我能认识到批判“两个凡是”的极端重要性，我会把它列为文章写作的重点，明确告诉作者，否则就是失职了。同样，我也认为，如果当年作者能认识到批判“两个凡是”的极端重要性，一般情况下他也会把它列为文章的重点，并明确告诉我，以引起我和报社对它的重视。可是上述这两个情况都没有发生，这只能说明，当时我们并没有这种意识、这个观念。这一点从上引的我当年给他的两封信中，我当年写的那条新闻（这些都是历史记载），以及以后本文还要介绍的情况中，都可以得到印证。

我们必须从当年的实际出发来认识和剖析这种现象。经过改革开放20年的实践证明，今天人们普遍认识到“两个凡是”的严重错误和当年批判“两个凡是”的重要性。可是在22年前即1977年，那时粉碎“四人帮”不到一年。原中央主要领导人提出“两个凡是”是1977年3月（按：实为2月），以他当年的威望，以及人们当年思想解放的程度，那时能有多少人，特别是普通的人们有那么高的觉悟、那么大的胆量，能一眼洞穿并批判“两个凡是”的危害和提出“两个凡是”的原中央领导人的问题？邓小平同志以他那伟大的无产阶级革命家的敏感和马克思主义者的洞察力，最早发现了这个问题，但出于可以理解的原因，他没有也不可能向一般同志作普遍宣传，只是在会见个别党内高级领导干部时指出，因此，当时只有少数党内高级领导干部知道。拿我当年任职的《光明日报》来说，尽管它是中央主要新闻机构之一，我也没听说过在哪怕是小范围内传达过，远离京城的一般人甚至包括领导干部，如果没有特殊的渠道，是很难得知这一高层的绝密信息的（王强华说，当时江苏省委书记许家屯也不知道此文的背景，还通过人向他打听）。

胡福明那时是南京大学政治系（或哲学系）的一位教师。江苏省的“一把手”当年都弄不清楚《光明日报》发表此文的背景，那么江苏省及南京市的干部、群众中能有多少人在真理标准问题讨论尚未展开之前，就那么清醒地认识到批判“两个凡是”的重要和在苦心思索写批判“两个凡是”的文章呢？（该书第100—102页）

王强华在《杨西光与第一篇“真理标准”文章的发表》一文中说，他是在1978年4月13日晚，杨西光召集他们开会时（参加者有孙长江、胡福明、马沛文等），才第一次听到杨说“两个凡是”，感到很新鲜，于是随手在笔记本上写下这四个字。

以上是王强华作为当事人所介绍的情况。

我的判断是，胡福明1979年3月对新华社记者张行端讲的，比较符合情理。

（2）中央党校理论研究室是否写了论实践标准的文章。

胡福明的文章说：“可以肯定，当时中央党校还没有写成关于真理标准的文章，如果已写出真理标准的文章，就会立即送胡耀邦审阅，既然是胡耀邦出的题，耀邦同志当然会立即定稿，并在《理论动态》发表，但是没有发生这事。理论研究室写好了文章既不送耀邦同志审阅，又不发表而要等一篇事先并不知道的、外来的真理标准的文章，再把两篇文章合起来，然后发表，这种事是没有的。”我在本书第一章第三节已经讲了，中央党校在自己的教学过程中，首先由胡耀邦提出用实践标准检验总结十年“文革”，由吴江具体负责起草供学员学习讨论的指导文件，经胡耀邦审定后，将这个文件发给八百学员学习讨论，在学员学习讨论的基础上，吴江决定撰写文章，并定了《实践是检验真理的唯一标准》这个题目，由中央党校理论研究室研究组组长孙长江承担撰写任务。孙长江写出了文章的初稿，理论研究室副主任孟凡、理论动态组组长王聚武都告诉我，他们看过这个初稿。对于初稿来说，当然可以说“还没有写成”，还要加工提高，从最后定稿来说，《光明日报》送来的《实践是检验一切真理的标准》一文，同样是“还没有写成”的文章。所以，都没有“立即送胡耀邦审阅”。从中央党校理论研究室来说，《光明日报》送来的《实践是检验一切真理的标准》一文，是一种巧合。当时的理论动态组，有胡耀邦的指导，有吴江的具体领导，只要是自己确定要写的文章，包括《实践是检验真理的唯一标准》这样的文章，定能写出来，根本不会“等一篇事先并不知道的、外来的文章”。

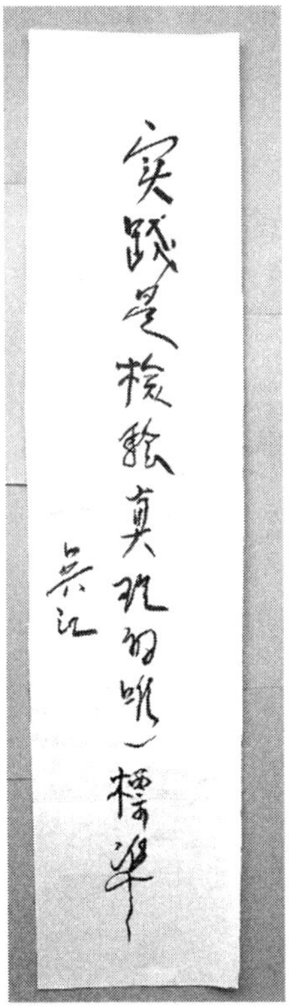

哲学家吴江概括的这句话，准确、简练、鲜明、通俗地表述了马克思主义认识论的基本观点，成为真理标准问题讨论的基本语言。这是吴江的手迹（2012年1月，九十五岁）

(3) 关于“唯一”二字。

胡福明说，文章题目中“唯一”二字，是杨西光加的。实际情况是，中央党校从一开始就将文章的题目定为《实践是检验真理的唯一标准》。《光明日报》于1978年4月21日送给孙长江的文稿题目是《实践是检验一切真理的标准》。4月23日和24日，《光明日报》的同志又对文稿作了修改，在题目上加了“唯一”二字，改成《实践是检验真理的唯一标准》，同中央党校原来的题目一样了。这一时期，杨西光多次到中央党校同吴江等人交换意见，他一定知道，中央党校坚持《实践是检验真理的唯一标准》的题目。《光明日报》有的人说，他们的修改突出了“唯一标准”。令人费解的是，他们在文章结尾却强调：“坚持实践是检验一切真理的标准这一马克思主义的基本原理”，同4月4日、4月13日、4月20日的修改稿一样。这只能说明，他们的修改是匆忙在文稿题目上加了“唯一”二字，对“唯一标准”四个字的含义并没有作深入的思考。

(4) 关于“特约评论员”。

胡福明说：杨西光当面聘请他作《光明日报》的“特约评论员”，言下之意是，《光明日报》发表的《实践是检验真理的唯一标准》一文，署名是“本报特约评论员”，这个“本报特约评论员”不是别的什么人，就是胡福明。

关于“特约评论员”署名的来历和当时的使用情况，我在本书第二章第四节已作了详细介绍。这里不再重复。

在1978年2、3、4、5月的具体情况下，用“特约评论员”署名的文章，就是胡耀邦指导的中组部《组工通讯》的文章和中央党校的《理论动态》的文章。这两个刊物，都是胡耀邦直接领导和具体指导的，首都新闻单位的负责人都知道。因此，新华社才将《人民日报》的“特约评论员”文章向全国转发。那时，以任何一个个人作为首都一家大报的“特约评论员”文章，并由新华社转发，还是不可设想的。

三是2008年。

2008年，是真理标准问题讨论三十周年。报刊发表了不少有关这次大讨论的文章。胡福明也发表文章，又多次接受记者采访，讲述他撰写《实》文的情况。现将他的讲述摘录如下：

“‘两个凡是’的本质是什么？就是要维护‘文革’路线。”胡福明回忆。他认为，“(未来中国）只有两条路可走：要么坚持‘文革’路线，还是搞以阶级斗争为纲，那么人民将陷入苦难深渊，中国真的要万劫不复了；要么改弦易辙，否定‘文革’，平反冤假错案，全面拨乱反正，开拓一条新的道路。”“批判是我的职责所在，‘两个凡是’是唯心主义，是没有道理的，即使为此坐几天牢也不要紧，历史会为我平反的”。

对照当时严峻的社会背景，文章寄出后，胡福明自感：“此生不得安宁了”。

“凡是派”强势反弹，在不少思想较为保守的省市，讨伐之声也隆隆四起。得知上述反馈，胡福明回到家中告诉妻子：“我有思想准备了，要准备坐牢。”（《北京晚报》2008年3月24日第12版，同日《羊城晚报》A6版）

我当时看了（“两报一刊”的社论）很奇怪，很不理解。我觉得“两个凡是”的实质说到底就是维护“文化大革命”的理论路线政策，不准平反冤假错案，不准拨乱反正（引者按：事实上，当时还没有“平反冤假错案”、“拨乱反正”的用语）。天下兴亡，匹夫有责，如果我没有发现“两个凡是”的错误，那不怪我，可我已经发现其错，不做斗争，不批判，就是失职。作为一个共产党员，一个理论工作者，我有义务去批判“两个凡是”。同时我相信当时的人民是反对“两个凡是”，要求拨乱反正，要求搞现代化的。(《北京青年报》2008年4月24日C2版)

“当年中国有这么多理论工作者，但为何提笔写《标准》一文的偏偏是你们?”记者问。

胡福明深吸了一口烟，似乎有点答非所问：“我身体不算好，但我更怕的是不能思考。”

“我当时这样想，我不入地狱谁入地狱。我最欣赏的人物是谭嗣同，他说过，中国要变革，要流血，从我第一个开始。我觉得知识分子活着能干什么，要有自己的脑子，不要人云亦云。”

1977 年 2 月 7 日，两报一刊发表了“二七社论”《学好文件抓住纲》，公开提出了“两个凡是”。对此，胡福明反复思考、仔细研究，深感这个提法不对。

其实，真正激发胡福明提笔的关键因素，或许还是他深感一位普通共产党员的“责任感”与自己身上秉承的中国传统知识分子的“道义感”。

这“两个凡是”就是说“文革”的理论路线政策都要维护，那么人民群众要求为冤假错案平反，要求邓小平同志重新出来工作，这就不可能了啊。难道“文革”还要七八年再来一次，中国人受得了吗?

当时担心再被整，弄不好就要坐牢。很害怕，也很苦恼。大约 1 个多月里，吃不下饭，睡不好觉，但最后还是决定写。第一，我是理论工作者；第二，我是共产党员；第三，“天下兴亡，匹夫有责。”（《解放日报》2008 年 5 月 11 日专 1 版）

确实，“文革”结束后，我们国家面临着拨乱反正的历史转折。拨乱反正的根本问题是什么？当时大家都在寻找。

当时，“两个凡是”出来了。经过对现实的思考，加上读了不少书，似乎逐渐找到了问题的关键所在。不过说老实话，要触及“两个凡是”，当时思想上还是有顾虑的，毕竟“两个凡是”是中央“两报一刊”发表社论提出来的，而且打着高举毛泽东思想伟大旗帜的招牌。

我当时写文章的目的，就是为了推动拨乱反正。文章起到了它自身的历史作用；这是最重要的。当时也谈不上著作权意识，况且当时写作和发表这样的文章还是有风险的，甚至有可能坐牢的。（《文汇报》2008 年 5 月 11 日第 6 版）

1977 年 2 月 7 日，两报一刊（《人民日报》《解放军报》《红旗杂志》）发表社论《学好文件抓住纲》提出了“两个凡是”：“凡是毛主席作出的决策，我们都坚决维护，凡是毛主席的指示，我们都始终不渝地遵循。”按照“两个凡是”，邓小平同志就不能恢复领导职务，“四五”运动就不能平反。“两个凡是”的本质是唯心论，历史唯心论和形而上学，是坚持个人崇拜和教条主义，目的是维护“文革”及其“无产阶级专政下继续革命的理论”、“以阶级斗争为纲”的指导思想，并制造新的个人崇拜。我国到了向何处去的十字路口：继续坚持“文革”的理论、路线政策，中国人民将陷于万劫不复的境地，就要亡党亡国；否定“两个凡是”，恢复辩证唯物主义、历史唯物主义的世界观方法论，推动全面拨乱反正，开辟社会主义现代化建设的新道路，就能复兴中华。经过反复考虑，即使有风险，也要批判“两个凡是”，扫除拨乱反正的主要障碍。“天下兴亡，匹夫有责”，作为共产党员，理论工作者，责无旁贷。于是我决心批判“两个凡是”。（2008 年 5 月 12 日《广州日报》第 12 版）

由于上述胡福明的一些说法，我们在网上可以看到这样的标题：《实践是检验真理的唯一标准》作者写作时已准备坐牢。

胡福明这些讲述中的一些内容，是 1979 年和 1996 年没有讲过的，而且差别很大。他的一些话给人有点悲壮的感觉。他强调：当时就明确认识到“两个凡是”的错误和严重危害，中国到了向何处去的十字路口；他决心冒着坐牢的风险撰写文章批判“两个凡是”。

人们难以理解的是，胡福明的文稿中并没有什么尖锐的话，讲的是马克思的观点，引的是经典著作里的话，批判的是林彪、“四人帮”，更没有点出“两个凡是”。《光明日报》的同志看了他的文稿后，觉得联系实际不够，纯理论的东西太多。不知他为什么会产生会坐牢的想法。他还说，文章发出后，感到“此生不得安宁了”。

胡福明同《光明日报》的王强华只有一面之交，彼此并不很了解，为什么竟会将自己觉得很尖锐有大风险的文稿寄给王强华。如果因为这篇文章而坐牢，那决不是他一个人的问题，首当其冲的是《光明日报》的领导和编辑们。

胡福明在接受采访时说，“凡是派”强势反弹，在不少思想较为保守的省市，“讨伐之声也隆隆四起”。得知上述反馈，他回到家中告诉妻子：“我有思想准备了，要准备坐牢。”

《实》文在《光明日报》公开发表后，很快遭到严厉指责。但这些情况是在上层很小的范围内发生的。当时，我作为理论动态组的成员，也是在 5 月 13 日的理论动态组会上听了胡绩伟的介绍后，才知道有人反对这篇文章。不少省市的领导对《实》文采取支持的态度，也有不少省市的领导在观望，但并没有出现“讨伐之声也隆隆四起”的情况。不知胡福明听到了什么（他没有具体说），为什么又产生“准备坐牢”的想法。要说坐牢，首当其冲的是胡耀邦、杨西光等一大批人。再说，胡福明早就知道，这篇文章已经不仅是他个人的事，北京有多人参加修改，由胡耀邦审阅定稿并决定以特约评论员署名发表，很明显，文章的主要责任者已不是胡福明，不知为什么就是他“要准备坐牢”。老实说，我们也算当事人，但当时并没有产生胡福明那样的感觉。

二、光明日报社同志讲述编发《实》文的情况

十多年来，光明日报社和马沛文、王强华、陶铠等同志，撰写和发表过多篇文章，介绍《实》文的撰写、修改和定稿的情况。为便于有兴趣者查阅和研究，我将这些文章篇目开列如下：

光明日报社撰写的文章有两篇：

1.《关于〈实践是检验真理的唯一标准〉一文写作和发表的经过》。这是光明日报社评论部编的一个资料集，时间是 1985 年 1 月 20 日。主要内容是 5600 字的说明和 13 个附件，即《实》文的历次修改稿和定稿。文末注明：“以上是根据《光明日报》的同志参照留有的小样、笔记进行回忆座谈，并根据现存原始清样，以及目前可能搜集到的写作和发表《实践是检验真理的唯一标准》一文的情况，由光明日报评论部整理的。”现将 13 个附件的目录抄录如下。附件一：1978 年 1 月 14 日发排的胡福明同志文章的小样；附件二：1978 年 1 月 26 日胡文的第一次改样；附件三：1978 年 1 月 30 日胡文的第二次改样；附件四：1978 年 2 月 2 日胡文的第三次改样；附件五：1978 年 3 月 20 日胡文的第四次改样；附件六：1978 年 4 月 4 日胡文的第五次改样；附件七：拟在《光明日报》1978 年 4 月 11 日刊出的哲学专刊

（第 77 期）大样；附件八：王强华同志所记 1978 年 4 月 13 日杨西光同志的谈话记录；附件九：1978 年 4 月 13 日讨论后，胡福明同志初步修改的文章小样；附件十：经过 1978 年 4 月 13 日讨论，由胡福明同志初步修改，又经马沛文、王强华等同志修改的 4 月 20 日的文章的小样；附件十一：1978 年 4 月 23、24 日，杨西光、马沛文和王强华同志再次讨论后修改的文章的小样；附件十二：1978 年 4 月 27 日孙长江同志修改的《实践是检验真理的唯一标准》的定稿；附件十三：1978 年 5 月 10 日的《理论动态》。

2.《编发〈实践是检验真理的唯一标准〉纪实》。发表在《光明日报通讯》1986 年第 6 期（总 97 期），署名辛广民。

马沛文撰写的文章有（马时任光明日报理论部主任）：

1.《〈实践是检验真理的唯一标准〉一文发表的前前后后》（1978 年 7 月 24 日在首都举行的全国哲学讨论会上的发言）。

2.《〈实践是检验真理的唯一标准〉的发表及其影响》（1988 年 5 月 6 日在《光明日报》社召开的纪念真理标准讨论 10 周年座谈会上的发言）。

3.《〈实践是检验真理的唯一标准〉发表的前前后后》（1988 年 5 月 12 日《光明日报》）。

以上第 1、2 篇收进《放言集》上册，香港天马图书有限公司 1996 年 4 月出版；第 3 篇收进《实践是检验真理的唯一标准》一书，光明日报出版社 1988 年 12 月出版。

王强华撰写的文章有：

《杨西光与第一篇“真理标准”文章的发表》，载《炎黄春秋》杂志 1995 年第 5 期。

陶铠等人撰写的文章有：

1.《〈实践是检验真理的唯一标准〉一文发表纪实》，此文为前述《实践是检验真理的唯一标准》书中的一篇。

2.《真理标准讨论始末》，陶铠、张义德合写，《中南海的前前后后》书中的一篇，人民出版社 1993 年 4 月出版。

3.《走出现代迷信——真理标准讨论始末》，陶铠、张义德、戴晴合写，刊登在江苏的文学双月刊《钟山》1988 年第 3 期。后由湖南出版社出版单行本。

以上各篇文章所讲情况有详有略，且大同中有小异。现在我将所列第一篇的一大段摘录如下，因为这是集体撰写的，比较全面准确地反映了有关的情况。同时，我也作一些必要的补白。

（1978 年）4 月初，理论部主任马沛文同志送给杨西光同志一份拟在 4 月 11 日刊出的《哲学》专刊的大样，上面有一篇署名为胡福明、题为《实践是检验一切真理的标准》的文章。此文是报社理论部王强华同志约请南京大学胡福明同志写的有关揭批“四人帮”，拨乱反正的一篇文章。胡的稿子是 1977 年 10 月左右寄到报社的，原题为《实践是检验真理的标准》，后由光明日报理论部同志做了修改，经胡福明同志看过后，于 1978 年 1 月 14 日发排，印出小样，后经过五次修改，第五次修改时题目改为《实践是检验一切真理的标准》。在五次修改过程中，第二和第五稿，是经胡福明同志看过的。其他几稿是理论部的同志修改的。第五、第六稿，是由马沛文、王强华同志修改、定稿的，最后的一段是新写的。这篇初步改定的文章既提出了真理的检验标准，也提出了马克思主义需要发展的观点，批判了“四人帮”，接触到拨乱反正的问题。杨西光同志审阅大样时，认为文章提出的问题很重要，但此文联系当时的实际还不够有力，要进一步触及当时影响拨乱反正的一些思想障碍，要提出冲破禁区这样的现实问题；而且认为真理标准问题不仅是一个理论问题，更重要的是一个思想路线问题。因此，他给马沛文同志提出了两点处理意见：第一，文章要改，要针对在理论和实践关系问题上的一些混乱思想，作比较充分的论证，使文章更有指导意义；第二，这个问题大，和各方面都有关系，文章应当从《哲学》专刊上抽下来，再认真加以修改，改好后在一版上发表。

杨西光同志和《光明日报》其他同志着手改写文章不久，约在 4 月 10 日，得知中央党校理论研究室孙长江同志正在写相同主题的文章。恰好这时胡福明同志也来京参加一个会议。4 月 13 日晚间，杨西光同志邀请孙长江同志、胡福明同志、马沛文同志和王强华同志，共同讨论了这篇文章，认为要保持原稿的长处，并议定了修改意见。

这次讨论后，胡福明同志曾在 4 月 14、15 日改了一次，由于他急于离京，没有来得及把讨论的观点全部反映出来。马沛文、王强华同志后来根据杨西光同志和会议讨论的意见接手修改，才把上述观点基本体现出来了，这就是 4 月 20 日的改稿。这个改稿于 21 日送孙长江同志修改。后约在 4 月 23、24 日，马沛文、王强华和杨西光同志又一次进行讨论，再次进行修改，又一次把改好的稿子送孙长江同志。

20 日和 23、24 日的改稿比前几次的改稿增加了内容，为这篇文章打下了较好的基础：

第一，文章的结构由三大段改为四大段。第二，文章的思想性和针对性前进了一步。第三，文章突出了邓小平同志关于要完整地、全面地理解马列主义、毛泽东思想体系的观点，批判了“两个凡是”的观点。第四，文章阐述了理论与实践的辩证关系。第五，文章的结尾部分分量加重了。

这个期间，杨西光同志还到党校同吴江、孙长江同志交换过意见。大家对文章的基本观点认识是一致的。吴江同志认为，4 月 20 日的稿子写得有勇气，理论逻辑上差些，要理好，并加以提高，杨西光同志提出要突出马克思主义的生命力、要永葆其青春的观点。之后，孙长江同志以原来文章与这次讨论的意见，和党校原拟写的文章草稿为基础（在 3 月间向马文瑞同志汇报过的）修改出稿子，再经吴江同志修改，于 4 月 27 日定稿，送胡耀邦同志审阅。

在此过程中，杨西光和吴江同志商定，为扩大文章影响，先在中央党校的《理论动态》发表，第二天再由《光明日报》以特约评论员名义公开见报。这个考虑，经吴江同志请示耀邦同志，得到耀邦同志批准。

孙长江同志修改的稿子，与 4 月 23、24 日的改稿比较，保持了基本观点，质量上有了提高。

文章对原来的稿子作了不少删削，约一半多段落是重写的，对真理和社会实践作了定义式的简明界说，使逻辑和文字叙述以及定论都更加清楚，更加精确。

文章又加了毛主席在 1958 年修改三年前写的《中国农村社会主义高潮》按语中个别提法的例子，使文章的论据增加了分量。

文章最后一段写得更加有力，提出要反对躺在马列主义、毛泽东思想的现成条文上，并指出共产党人要有责任心和胆略，要研究生动的实际生活，研究新的实践中提出的新问题，这就使现实问题的针对性有了加强。

文章还加了小标题，使主题和表述更加鲜明。文章在公开发表时，对超越实践设置“禁区”的现象又加重了批判，说这不仅造成蒙昧主义，还会变为“唯心主义”、“文化专制主义”。

此文经胡耀邦同志审定后，即在 5 月 10 日《理论动态》第六十期上发表。原来文末注有“光明日报社供稿，作者胡福明，本刊作了些修改”字样，并按此印出一小部分，此时中央党校有同志提出意见，认为文章很多段落已重写，后来改的过程中胡福明同志没有参加，又来不及听取他的意见，而且其中有些观点是领导和其他同志的，因此再署原作者的名字已不恰当。经再三斟酌，中央党校理论研究室决定将原注改为“光明日报社供稿，本刊作了些修改”。综合以上所述，这篇文章是耀邦同志支持并审查同意的。《光明日报》和中央党校上述几个同志主持和参加了撰稿和编发，做了多次重大修改。胡福明同志是初稿的执笔者，孙长江同志最后执笔完稿。

王强华是当时的《光明日报》理论部哲学组组长，是这篇文稿的约稿者和主要的编者，他的回忆是值得重视的。

王强华在《光明日报与真理标准讨论》书中讲了当年约稿的情况。他说：1977 年 7 月，南京地区理论界在南京召开理论研讨会，报社派他去参加。他发现，胡福明发言有勇气，思想比较解放，就约请他为《光明日报》“哲学”专刊写稿。王强华说，实事求是地说，当时我没有出具体的题目，《实践是检验真理的标准》这个题目，完全是他自己定的。胡福明于 1977 年 9 月同时寄给《光明日报》两篇稿件，一篇题为《女人也是生产力吗?》，另一篇就是《实践是检验真理的标准》。当时，王不在报社，编辑部其他人阅看后认为，前一篇无理论可言，不予选用，另一篇（即《实》文）是“纯理论”文章，缺乏与实际的联系，也决定不用。王回报社阅看两篇文稿后，认为《实》文符合“哲学”专刊的基本要求，只要把那些冗长枯燥的大段引证删去，增加联系实际的内容，不失为一篇好文章。王处理后即排出小样。（见该书第 92—94 页）

现在摘录王强华在《杨西光与第一篇“真理标准”文章的发表》中的一大段：

1978 年 4 月 10 日，一张《光明日报》“哲学”专刊（第 77 期）大样，按规定送到了当时的总编辑杨西光的案头。他立刻被“哲学”上的头条署名胡福明的文章《实践是检验一切真理的标准》吸引住了。他在详细审阅了该文后，把我叫去，要求把它从专刊上撤下来。杨西光提出的意见有两条：一、像这样重大主题的文章应放在第一版刊登，在专刊上发表影响小，太可惜了。二、文章要作重大修改，主要是应针对当前理论和实践关系问题上的混乱思想，作比较充分的论证；要进一步触及当前理论上的拨乱反正、冲破禁区的一些现实问题，提到理论和思想路线上来批评、阐述。

胡福明当时是南京大学哲学系的教师。他的这篇文章是我在 1977 年 8 月到南京参加一次理论讨论会时向他约的稿，原题是《实践是检验真理的标准》。这篇稿子寄来后，从 1978 年 1 月 14 日发排到 4 月 10 日经过了 5 次修改，才送到杨西光手中。对杨西光的两条意见，第一条我照办了，当即把文章撤下，换了现在“哲学”第 77 期上刊登的那篇文章。但对第二条却感到为难，因为按杨西光的意见，文章要作很多修改，而作者又远在千里之外的南京，来不及征求意见。作者是一位大学教师，在南京理论界有一定影响，这样做担心他会有意见。杨西光说没关系，改出来可以用你的名义发表。杨是从政治家的角度办报，考虑的是大的问题，只要能够尽快发表，用谁的名义则是次要的。可我作为文章的编者，又是我约来的稿子，就不能不考虑这个问题。

无巧不成书。正当我两难之际，胡福明从天而降。他是从南京到北京来参加国家教委召开的一个哲学教材（或辅导材料）座谈会的，住在朝阳门外的那个招待所里。他一到京就与我联系，我把杨西光的意见告诉了他，同时又立刻向杨西光报告。杨很高兴，说赶快把胡福明找来报社，一起讨论文章的修改。

4 月 13 日是周末。吃罢晚饭，我就乘了杨西光的小车到朝阳门外的一个招待所，把胡福明接到报社。接着，又按照杨西光的意见，到阜成门外把当时中共中央党校教员孙长江请来。孙是党校《理论动态》（内部刊物）的编辑，当时党校副教务长吴江与他也正在撰写一篇主题与胡福明的文章差不多的文章（引者按：当时孙长江是理论研究室研究组组长，不是《理论动态》编辑，吴江是理论研究室主任）。杨西光知道此事，就让我把孙长江请来。

是日晚 7 点多钟，杨西光、胡福明、孙长江，还有当时分管理论宣传的小组成员马沛文和我，就在杨西光的大办公室里开了会。开始时，杨西光说明原委，还说了当时的形势，接着就询问孙、胡二人对写这样主题文章的基本思路和重点。胡福明认为重点应该放在理论上分清是非，而孙长江认为主要应放在思想路线上分清是非。杨西光当场决定，你们二人可以按照各人的思路写，《光明日报》都给你们发表，谁的文章先写好，定了稿，就先发谁的，两篇文章都要发。

接着在杨西光的主持下，对胡福明的文章进行了讨论。大家认为在当时撰写这样的文章，意义重大，要保持原稿的长处，并议定了修改的原则意见。给我印象最深的一点是，文章一定要解放思想，批评“两个凡是”，冲破禁区。这个意见是杨西光提出来的。对“两个凡是”的批评，最早是邓小平同志在 1977 年 5 月 24 日与中央两位同志谈话中提出来的，但一直没有向下传达，许多同志包括我在内，当时都不清楚，所以在胡福明的原稿和我们历次的修改稿中都没有涉及。由于我觉得这个问题重要、新鲜，就在我的笔记本上记下了“两个凡是”这四个字。现在人们对“两个凡是”的危害是非常清楚了，但在当时的历史背景下，杨西光敢于明确提出批评“两个凡是”是一个大胆的意见，画龙点睛，一下子就把文章的要害抓住了，把主题升高了，实在功不可没。后来我们在修改稿子时，就十分注意贯彻这个意见。

《光明日报》的同志的说明强调了以下几点：（1）文章的主题是逐步明确的。1978 年 4 月 13 日晚，杨西光同志在讨论修改方案时指出，文章一定要解放思想，批评“两个凡是”。王强华感到重要、新鲜，当即在自己的笔记本上记下了“两个凡是”四个字，后来在修改稿子时，十分注意贯彻这个意见。(2) 杨西光认为，文章（指胡福明第 5 次改的稿）要作重大修改。当即讨论了修改方案。胡福明修改后，《光明日报》的同志觉得没有“把讨论的观点全部反映出来”(《光明日报》的同志在另一篇文章中的说法是：“未能充分把四月十三日会上的意见反映出来”)。因此，杨西光、马沛文、王强华又对稿子讨论修改了两次。(3)《光明日报》的同志在 1985 年 1 月 20 日的文章中，对这篇文章的作者是这样说的：“《光明日报》和中央党校上述的几个同志主持和参加了撰稿和编发，做了多次重大修改。胡福明同志是初稿的执笔者，孙长江同志最后执笔完稿。”在 1986 年辛广民的文章中，是这样说的：“在写作过程中，由胡福明、孙长江同志执笔，杨西光、吴江、马沛文、王强华同志主持和参加了撰稿和编发，做了多次重大修改。胡福明同志是初稿的写作者，孙长江同志是完稿者。”

上面，我列举了《光明日报》的同志关于《实》文作者所作的明确论断，时间是在 1985 年和 1986 年。现在，需要回过头来讲 1984 年的一件事。

《光明日报》在 1984 年搞了一次优秀理论文章评奖活动，涉及《实》文，更具体地说，涉及《实》文的作者问题。

1984 年 10 月 11 日，《光明日报》在第 1 版发表了 10 月 10 日举行优秀理论文章作者授奖大会的消息，给获奖者发了证书和奖金。该报第 1 版还刊登了“获奖的优秀理论文章篇目及作者名单”：

特别奖（一篇）

实践是检验真理的唯一标准（1978. 5. 11）……胡福明

在这个名单下面有一个注：“《实践是检验真理的唯一标准》一文发表时署名为本报特约评论员”。

杨西光作为《光明日报》的顾问，参加了这个会。优秀理论文章的作者当然也参加会议，但报道中只列举了两个人的名字，第一人即为胡福明。

为此事，光明日报社还给吴江、孙长江同志发了一封信。此信收录在孙长江的《真理的求索》(上海人民出版社 1989 年出版）一书中，全文如下：

吴江、孙长江同志：

本报最近举行了优秀理论文章评奖活动，并于本月十日举行了授奖大会。《实践是检验真理的唯一标准》一文荣获特别奖，奖金一千元，其中七百元奖给作者胡福明同志，三百元奖给参加文章修改的你们二位。现送上奖金，请查收，希今后继续给我们工作以支持。

此致

敬礼

光明日报（盖章）

一九八四年十月十二日

吴江、孙长江认为，光明日报社这样确定《实》文的作者，与事实不符。于是，他们在当时和以后，通过各种方式谈了有关情况和自己的看法。下面就介绍他们讲的情况。

三、吴江、孙长江讲述《实》文形成的情况

吴江在 1979 年 8 月 23 日、9 月 6 日，分别在全国统战工作会议和全国组织工作会议上讲话，介绍真理标准问题讨论的有关情况。以后，将这两次讲话综合搞了一个铅印的记录稿。在这个记录稿中也讲到《实》文的写作情况。他说：

大概在 4 月下旬，《光明日报》总编辑杨西光同志，送给我一篇专讲实践标准问题的文章，作者是南京大学哲学系副主任胡福明同志。杨西光同志在党校第一期毕业，刚分配到《光明日报》工作。他觉得这个问题很重要，需要和我们商量一下，同时报社内部意见也不一致，有人不同意发表。既然如此，我建议这篇文章先在我们的内部小刊物《理论动态》上发表，然后以特约评论员名义在报上登载。文章经过较大的修改，大部分重写了，最后经耀邦同志过目，5 月 10 日登《理论动态》，11 日见报。

吴江同志 1995 年在《“真理标准讨论”追述》一文中，也讲了类似上述的一段。此文刊登在《传记文学》杂志 1995 年第 9 期，读者若有兴趣，可以去查阅，此处只摘引两段：

党校学员在讨论中对实践标准提出一些问题，比如说，各人的实践不同，究竟根据谁的实践来确定哪个是真理呢？诸如此类。我和理论研究室的孙长江同志谈起这个问题，他自告奋勇愿意为《理论动态》写一篇文章，澄清一些糊涂认识，发给学员参考。我同意了，题目就定为《实践是检验真理的唯一标准》，讲“唯一”，是根据列宁所说“理论的符合于现实是理论的唯一标准”而来。这大概是 1978 年二三月间的事。

我将来稿（按：指杨西光送来的《实践是检验一切真理的标准》）交给孙长江一并处理，请他与他正在起草的文章并在一起，题目还是用我们原定的。①

孙长江于 1984 年 10 月 23 日致函光明日报社和杜导正（当时的《光明日报》总编辑），讲了有关情况：

中央党校是在 1977 年 12 月研究一个党史问题时，由当时主持党校工作的胡耀邦同志提出真理标准问题的，随后在校的一千多位高中级干部进行了讨论。1978 年 3 月间，吴江同志根据耀邦同志意见，并向马文瑞同志（当时任中央党校副校长）汇报后，指定我为《理论动态》写一篇文章，以《实践是检验真理的唯一标准》为题。这时候，《光明日报》也想搞这个问题。杨西光同志是参加了党校高干班的讨论的，当他得知上述情况后，请人告诉我，他们有篇同类文章希

---

① 《吴江文稿》上卷《我所经历的实践标准讨论》一文，还有类似的记述，见《吴江文稿》上卷，中央编译出版社 2009 年版，第 210 页。

望帮着搞。4 月中旬，西光同志派人接我到报社，讨论那篇稿子。胡福明同志在场。4 月 21 日，《光明日报》王强华同志把胡福明根据大家意见修改后的文章小样送到我家，同时送吴江同志，题目是《实践是检验一切真理的标准》。吴江同志看完小样后，认为文章写得有勇气，但理论和逻辑性较差，叫我尽量把两个稿子捏在一起，吸收胡文的好意见，题目还是用我们原来的。西光同志在这个过程中，曾两次找我到报社，两次来党校与吴江同志和我讨论这篇文章。我搞出一个稿子，由吴江同志修改、补充，然后送耀邦同志审阅定稿，登在 5 月 10 日的《理论动态》。现将当时付印的影印件送上，其中剪贴的小样，就是经报社修改过的胡文部分。实际上文章吸收胡文原稿的文字恐怕已不及三分之一，基本上是重写了。

署名的经过是这样的：虽然如上所述文章是基本上重写了，但我落款还是写了“光明日报社供稿，作者胡福明，本刊作了修改”。吴江同志考虑到不管怎样总是吸收了外来的稿子，因此同意了这样写法，并照此印出一小部分。后来有同志提出意见，认为文章实际上已重写，整个过程胡福明都没有参加，而且其中有些是领导同志的意见，因此再用外稿作者的名字已不恰当，由孙、胡两人署名也无必要。经再三斟酌，终于决定中途改版，删去“作者胡福明”一句，将原注改为“光明日报社供稿，本刊作了修改”。这期《理论动态》的大部分照此付印（见《理论动态》1978 年 5 月 10 日第 60 期）。《光明日报》公开发表时，同杨西光同志商定，用了特约评论员名义。①

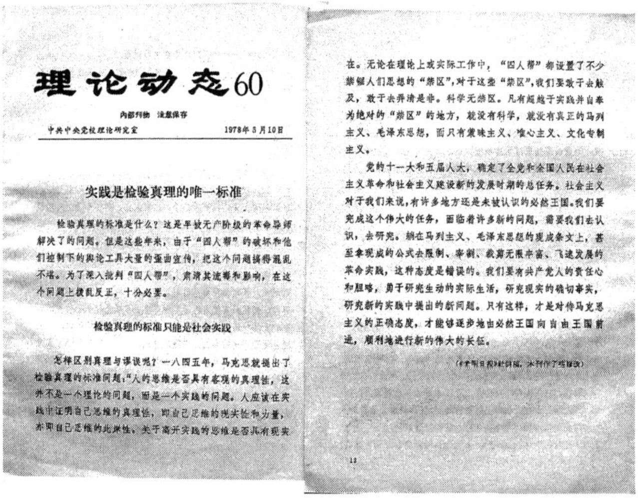
理论动态60

内部刊物 注意保存

中共中央党校理论研究室 1978年5月10日

实践是检验真理的唯一标准

检验真理的标准是什么？这是早被无产阶级的革命导师解决了的问题。但是这些年来，由于“四人帮”的破坏和他们控制下的舆论工具大量的歪曲宣传，把这个问题搞得混乱不堪。为了深入批判“四人帮”，肃清其流毒和影响，在这个问题上拨乱反正，十分必要。

检验真理的标准只能是社会实践

怎样区别真理与谬误呢？一八四五年，马克思就提出了检验真理的标准问题：“人的思维是否具有客观的真理性，这并不是一个理论的问题，而是一个实践的问题。人应该在实践中证明自己思维的真理性，即自己思维的现实性和力量，亦即自己思维的此岸性。关于离开实践的思维是否具有现实

在。无论在理论上或实际工作中，“四人帮”都设置了不少禁锢人们思想的“禁区”，对于这些“禁区”，我们要敢于去触及，敢于去弄清是非。科学无禁区。凡有超越于实践并自奉为绝对的“禁区”的地方，就没有科学，就没有真正的马列主义、毛泽东思想，而只有蒙昧主义、唯心主义、文化专制主义。

党的十一大和五届人大，确定了全党和全国人民在社会主义革命和社会主义建设新的发展时期的总任务。社会主义对于我们来说，有许多地方还是未被认识的必然王国。我们要完成这个伟大的任务，面临着许多新的问题，需要我们去认识，去研究。躺在马列主义、毛泽东思想的现成条文上，甚至拿现成的公式去限制、宰割、裁剪无限丰富、飞速发展的革命实践，这种态度是错误的。我们要有共产党人的责任心和胆略，勇于研究生动的实际生活，研究现实的确切事实，研究新的实践中提出的新问题。只有这样，才是对待马克思主义的正确态度，才能够逐步地由必然王国向自由王国前进，顺利地进行新的伟大的长征。

（《光明日报》社供稿，本刊作了些修改）

12

《理论动态》第 60 期。《实践是检验真理的唯一标准》的“完成稿”、第一次送审稿、第二次送审稿（即定稿）末尾都注明：（《光明日报》社供稿，作者胡福明同志，本刊作了些修改）。在定稿付印前改为：（《光明日报》社供稿，本刊作了些修改）

① 孙长江著：《真理的求索》，上海人民出版社 1989 年版，第 258—259 页。

此信及影印件同时送当时中央党校的领导同志胡耀邦、马文瑞、冯文彬同志，当时参与处理此文的杨西光、胡绩伟同志，以及陈维仁同志，中央文献研究室龚育之同志，并送薄一波同志、陆定一同志、《人民日报》。

吴江和孙长江所讲情况中，值得注意的是：1. 此时，孙长江已经写出了一个《实践是检验真理的唯一标准》的文章初稿；2. 吴江对孙长江提出的指导意见是，尽量把两个稿子捏在一起，吸收胡文的好意见，题目还是用我们原来的；3. 文章写好后，吸收胡文原稿中的文字不及三分之一，基本上是重写了。而且，孙长江将他把两个稿子捏合在一起的原稿复印件附在信后一并发出。

孙长江采取那样严肃的方式写信提出问题，引起了杨西光的重视和思考。他于1984年11月12日写了一个材料，题目是《〈实践是检验真理的唯一标准〉一文写作的思想背景》，全文近1500字，铅印后按孙长江那封信同样的范围发送。杨西光这封信只讲这篇文章写作的历史背景，而未讲文章的写作修改过程。但他在这封信的最后一段提出：

关于写作的具体发展变化过程，建议由中央党校和《光明日报》当时参加写作的同志共同座谈回忆，并尽力搜集原始材料；还要请《人民日报》、新华社、《解放军报》有关同志参加，整理邓小平同志、胡耀邦同志在此前后的有关讲话，以及耀邦同志继续组织推动真理标准问题讨论的情况。这样做的目的是要把中央领导同志指导、组织和推动真理标准的讨论，为重新确立党的马克思主义思想路线做了理论准备的全面情况写出一份较完整的历史资料。

杨西光的这个材料，用委婉的语言提出，《实》文的作者问题要重新研究考虑。《光明日报》评论部1985年1月20日撰写和编印的材料，看来就是根据杨西光的意见解决这个问题的。那个材料在讲了《实》文写作、修改的“具体发展变化过程”以后，作出了如下的判断：“胡福明同志是初稿的执笔者，孙长江同志最后执笔完稿。”这个判断明显不同于光明日报社1984年10月12日给吴江、孙长江信中的说法：“参加文章修改的你们二位。”

四、《实》文的定稿和发表

为了说明《实》文的写作和修改过程，以便作出符合实际的判断，我已经费了那么多的笔墨。但是，到此还不能打住，还要继续讲中央党校理论研究室和理论动态组的有关情况。

《光明日报》为什么要将胡福明撰写的文稿送中央党校理论研究室？这篇文章在中央党校理论研究室又是经历了一个怎样的加工修改过程，最后是怎样定稿的？下面我将依据自己掌握的情况加以说明。

由于《实践是检验真理的唯一标准》这篇文章，使《光明日报》同《理论动态》联系起来了，这里关键的人物是杨西光。因此，在这里需要介绍一下杨西光的有关情况。

当时是中央党校理论研究室副主任的孟凡，一开始就参加《理论动态》的工作，现将他的回忆材料抄录如下：

杨西光同志是我的老战友。1947 年，我从山东军区调到华东野战军，在政治部下的联络部工作，起初在材料科任研究员，后来，杨西光任科长，我任副科长。华东野战军还有一个解放军官总团，专门教育改造团以上的俘虏。杨西光兼军官团的教育长，我兼训练处副处长。杨西光的爱人卢凌，也是在材料科工作。因此，我和杨西光比较接近。他对我的印象也比较好。

1977 年 9 月，中央党校复校开学。杨西光同志到中央党校第一期高中级干部读书班学习。我当时任校刊室副主任，在耀邦同志直接领导下具体负责《理论动态》这个刊物的工作。杨西光同志常来找我，把他写的一些材料给我。我记得的有两篇，一篇是讲民主问题，有自己的见解，比较好；还有一篇，是稍后写的，从认识论讲到实践与真理的关系，是提纲性质的，虽然还不够成熟，但说明西光同志对这一问题早有见地。他想给《理论动态》，想通过我给耀邦同志看看。这篇稿子是否给耀邦同志看过，我记不清了，但没有在《理论动态》发表。不过，当时耀邦同志经常看学员写的东西，有可能送耀邦同志看过。他不认识耀邦同志，我和他一起到耀邦同志那里几次。我也向耀邦同志介绍过他的情况。耀邦同志对他的印象比较好。杨西光思想比较解放，但也比较谨慎。他还没有毕业就派到《光明日报》当总编辑了。

杨西光同志到《光明日报》以后，我同他经常有往来，有时他上我这儿来，有时我到他那儿去，在他家吃饭，就一些理论问题交换意见。有一次，杨西光同志找我，说要同我商量一个问题。他说，最近胡福明同志投来一篇稿子，是讲实践是检验真理的标准的，但不够成熟，需进一步加工。他告诉我，对这篇稿子，在编辑部有两种意见，一种意见认为，这篇稿子要是发表了，会引起震动，不能发表，慎重点好；另外一种意见认为，这稿子很重要，主张发表。主张发表的人中有理论部负责人马沛文同志。相当数量的同志主张发，也有一些同志主张不发。杨说他倾向于发表，而且要在第一版显著位置发表。但考虑到《光明日报》对象主要是知识分子，有一定局限性，政治影响不如《理论动态》大，所以，如能在《理论动态》上发表，然后再在《光明日报》上发表，政治分量和社会效果就大不相同。

至于胡福明文章清样是否给我看了，已记不清楚，但主要内容杨和我说过。他对文章是肯定的，但认为如果发表，要结合实际，从思想路线角度作重大修改。我也认为仅从理论上论述是不够的，要更有针对性。杨表示他可以在报社主持修改，但他也谦虚地表示，我这个人的水平有限，你是知道的，你那里有吴江，他是哲学家，秀才比较多，特别是还有耀邦同志把关。如能得到你们的支持和协办，政治上更有保证。所以他希望此文经修改后先在《理论动态》发表，并问我可否将这个意见先向耀邦同志疏通一下。我表示吴江同志是理研室主任，请杨最好直接找他商量。当然，我也可以有机会问问耀邦同志。

一次散步的时候，碰到耀邦同志。他向我问康生在党校的情况，我顺便就对耀邦同志说，老杨找过我，有一篇文章，什么什么内容（我简单地向耀邦同志介绍了文章的内容和观点），可不可以在《理论动态》发表。（经与孟凡同志共同再回忆，此处情节有误。耀邦同志于 1978 年 12 月即去中央组织部上班。孟凡同志是在另外的场合向耀邦同志报告此事的——本书作者注）耀邦同志说，可以吧，把稿子拿来看一看。这是好事情嘛！应该支持，你们处理吧！我还说，耀邦同志如果您同意的话，我请老杨直接找吴江同志，吴江同志是专家。耀邦同志说，可以。我就把耀邦同志的态度告诉了杨西光同志。

以后，杨西光同志又为此稿给孟凡同志写了一封信。这封信的原件尚在，全文如下：

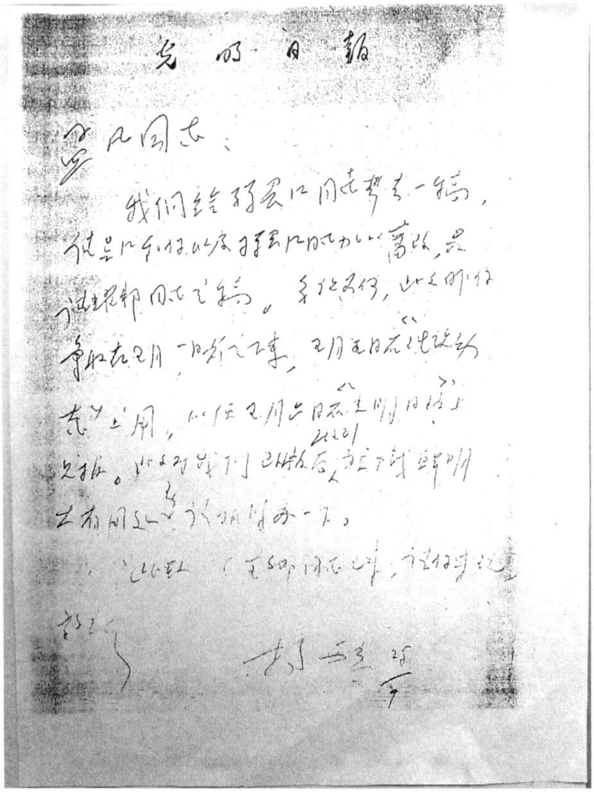
光明日报

杨西光给他的老战友、中央党校理论研究室副主任孟凡的信

孟凡同志：

我们给孙长江同志带去一稿，请吴江和你以及孙长江同志加以审改，最（再）请耀邦同志定稿。务（无）论如何，此文盼你争取五月一日前定下来，五月五日在《理论动态》上用，以便五月六日在《光明日报》上见报。此文对我们改版后做到旗帜鲜明大有用处，务请抓紧办一下。

此致（宝卿同志已来，请你来玩）

敬礼

杨西光 28/4（1978）

孟凡还为这封信写了几点说明，现摘抄如下：

西光曾向我表示，要将此稿的编发作为《光明日报》改革和改版的突破口。据我所知，孙在以前也撰写了同样主题的文稿（原稿我看过，也向杨谈过），孙就是以胡福明文章和他的文章为基础，在杨西光、吴江的指导下，吸收校内外各方面意见进行修改的，至于，是由吴江或是由我推荐他去《光明日报》还是杨要求孙去，我已记不清楚。但我认为，过去有些介绍《实》文发表情况的文章只提胡福明，而不提孙也撰写过同样主题文稿的事实，是不全面的。

纪宝卿同志是西光的夫人，她原在上海工作。

杨西光是中央党校复校后“第一期高级干部读书班”的学员，学习期限是1977年9月到1978年4月。他住中央党校22楼。由于孟凡的关系，我也多次同他接触，有好几篇《理论动态》拟用的稿件都征求过他的意见。1978年3月，中央任命他为《光明日报》的总编辑。据在报社任他秘书的陶铠讲，1978年3月他接到任命后，去了一次报社，正式到职是在中央党校结业以后，即1978年4月。他在中央党校学习期间，参加了关于研究第九次、第十次、第十一次路线斗争问题的讨论，对胡耀邦提出的以实践作为检验真理、辨别路线是非的标准不但有所了解，而且作了较多的考虑。前面孟凡的回忆中说，他写了一篇关于实践与真理的关系的材料，并希望通过孟凡给耀邦看看。作为一名党的高级干部，这样做的时候，一定是经过了认真思考的。

这里，我还要补充一个情况，在本书第一章第三节，我曾经讲到，当时，曾召开了一个一部学员座谈会（参加者6人），听取对研究路线斗争提要那个文件的意见，请他们帮助。杨西光作为一部三支部的学员参加了这个座谈会（1978年3月6日）。在这个座谈会上，杨西光作了系统的发言，共讲了6点。我觉得第3、第4两点最重要，现将记录抄录如下：

(3) 关于“左”的批判问题，我感觉从五八年以来20年对党内“左”的思想不能低估，右的思想比较容易识别，但对“左”的比较难以识别，林、“四人帮”都利用这一点。六四年刘少奇也利用这一点。毛主席曾多次提出反“左”问题，但不能得到贯彻，如两次郑州会议、上海会议、庐山会议前后、农业十二条、高教六十条、农业六十条等，但文化大革命中都批了。为什么不能贯彻？这么多年我们没有认真对待这个问题。同过去对主难（观）唯心论批判不够有关。这次是否能解决一下。

(4) 应该占有材料，现在占有材料不够。延安整风时有三本厚厚的材料汇编，现在文件很多，但有些还不好分辨，缺乏五七年以后的文件，应搜集整理一些，原来的东西那些正确不正确的，用实践检验。

以上是会议参加者随手记的，虽然文字简略，但意思是清楚的。杨西光明确提出，要“用实践检验”。当然，一些问题也反映了当时的认识水平（如对刘少奇的认识）。

我在前面讲到，杨西光到《光明日报》工作后，能自觉地将胡福明撰写的《实》文从“哲学”专刊中抽出来，作为重点文章，加以处理，这同他在中央党校学习中接触了这个问题，思想理论水平得到提高直接有关。

前面我不厌其烦地将有关情况作介绍，目的是想把有关情况尽可能摆出来，让人们更多地了解这篇文章形成的过程及事情的全貌。

其实，如果理一下头绪，事情并不难搞清楚。

第一，胡福明应《光明日报》之约，主动撰写了《实践是检验真理的标准》的文稿；

第二，《光明日报》理论部同志对胡福明的稿作了多次修改，题目改为《实践是检验一切真理的标准》，准备在“哲学”专刊发表；

第三，杨西光在中央党校学习后，认识到实践标准的重要现实意义，并同中央党校《理论动态》建立了联系；

第四，杨西光看了“哲学”专刊《实践是检验一切真理的标准》的大样后，决定对此稿作重大修改加工，作为重点文章在《光明日报》发表；

第五，杨西光请中央党校理论研究室同志帮助修改加工这篇文章（他自己也参加），并要求先在《理论动态》刊出，再作为《光明日报》特约评论员文章公开发表；

第六，中央党校理论研究室的孙长江已为《理论动态》写了《实践是检验真理的唯一标准》的文章初稿，但不成熟（除孟凡外，当时的理论动态组组长王聚武告诉我，他也看过这个稿）；

第七，中央党校理论研究室请示胡耀邦以后，接受了杨西光的要求，最后将《光明日报》送来的稿和理论研究室原已写出的稿，由孙长江“捏在一起”，形成了《实践是检验真理的唯一标准》这个文稿；

第八，文稿送胡耀邦审阅定稿，1978 年 5 月 10 日，在《理论动态》第 60 期发表，5 月 11 日，作为《光明日报》特约评论员文章公开发表。

这里，需要进一步搞清楚的问题是，《光明日报》作了多次修改的文稿，送到中央党校理论研究室以后，是经过了怎样的修改加工过程，最后怎样形成《实践是检验真理的唯一标准》那篇文稿，最后形成的这篇文稿同《光明日报》送来的那篇稿是什么样的关系？

正如《光明日报》的材料所说，1978 年 4 月 13 日，孙长江就到光明日报社同杨西光、胡福明等人一起讨论了对胡福明撰写的那篇文稿的修改问题。以后，杨西光又到中央党校同吴江、孙长江研究了进一步修改的意见。对这篇文章的框架和基本观点，大家的意见是一致的。《光明日报》的材料还说，“孙长江同志以原来文章与这次讨论的意见，和党校原拟写的文章草稿为基础修改出稿子，再经吴江同志修改”。孙长江究竟是怎样“修改出”这个稿子的呢？理论研究室主任吴江对孙长江明确提出了修改的原则要求，这就是前面已经引的：“尽量把两个稿子捏在一起，吸收胡文的好意见，题目还是用我们原来的。”孙长江当然要按照他的领导者吴江的意见办。作为中央党校的理论研究室，在中央党校已经组织八百学员初步讨论了实践标准的基础上，对这个问题已有自己的考虑。吴江那样提出修改这篇文章的原则要求，是很自然的。

孙长江是怎样将两个稿子“捏在一起”的呢？我这里有文稿的复印件，可以一目了然。

孙长江是在大稿纸上重新撰写，将《光明日报》送来的稿（铅印的清样）中可用的段落和长句，剪下贴上。我粗略地统计一下，剪下贴上的共约 2700 字（全文 6600 字），其余的文字都是重新撰写的，当然也吸收了《光明日报》修改稿中的一些思想和语言。文章的框架和基本观点是孙长江和杨西光等人讨论过的。孙长江确实是将两个稿“捏在一起”的，很难说是在哪一个稿的基础上修改的。这个稿同胡福明撰写的初稿（5200 字）和他后来修改的稿（5600 字）相比，说“面目全非”，是过头了，但确是基本上重写了。

孙长江对《实》文的改写，前面所引《光明日报》评论部编印的材料，作了具体分析，概括地说就是：“保持了基本观点，质量上有了提高。”我认为，所谓“质量上有了提高”，主要是以下三个方面。（一）孙长江在将两个稿“捏在一起”时，共剪贴《光明日报》稿 2700 字。《光明日报》送来的文稿有 9000 多字，大部分改写了，浓缩提炼为 6400 字，文章精练了。（二）经过孙长江的改写，文章的主题思想和主线清晰了。如原稿第一部分，就是讲了实践是检验真理的标准的道理。孙改写后，加了“检验真理的标准只能是社会实践”这个鲜明的小标题，文字逻辑清楚，先讲实践是检验真理的标准，再讲是唯一标准，进而讲实践也是检验路线正确与否的唯一标准。同原稿相比，质量的提高是很明显的。总之，经过孙长江的改写，使这篇文稿达到了在《理论动态》发表的要求。（三）孙长江坚持将“实践是检验真理的唯一标准”这句话作为这篇文章的题目。（《光明日报》于 4 月 24 日又送来一份改稿，题目也改为《实践是检验真理的唯一标准》，但文末仍强调“坚持实践是检验一切真理的标准的马克思主义基本原理”）

1979 年 4、5 月间，我到江苏去调查研究，住在南京（省委的一个招待所），就有一些我并不相识的人来访问我，并询问《实践是检验真理的唯一标准》这篇文章的写作修改情况。我意识到这个问题的严肃性，经过认真思考，讲了三条：1. 胡福明同志写过实践标准的文章，这很不容易，要充分肯定；2. 公开发表的那篇文章，实际上是集体劳动的成果；3. 真理标准讨论开展的一些情况，胡福明同志不知道。经过了十多年，我又进一步调查了有关情况，我基本上还是持这种看法。1997 年初开始播出的大型电视文献纪录片《邓小平》第 6 集，有胡福明回忆阐述真理标准问题的讨论的镜头。他也说：“据我知道，为这篇文章做出贡献的有一批同志，这也是集体创作。”

《实践是检验真理的唯一标准》这篇文章，从开始撰写到最后定稿，经过了曲折的过程，经过了多人的努力。归纳起来讲，吴江是这篇文章的定题、策划、指导和主要修改者，胡福明、孙长江是撰写者。《光明日报》在 1984 年评奖时，宣布此文作者是胡福明（见《光明日报》1984 年 10 月 11 日第 1 版）。我注意到，2013 年 11 月 26 日的《光明日报》第 5 版是这样写的：“《实践是检验真理的唯一标准》作者之一胡福明”。这就符合实际了。

解放思想是改革的先导

——《实践是检验真理的唯一标准》作者之一胡福明谈35年巨变

历史会永远铭记这一刻：在邓小平等老一辈革命家解放思想的壮举的感召下，1978年5月11日，《光明日报》以特约评论员名义公开发表《实践是检验真理的唯一标准》一文，揭开了解放思想、实事求是、拨乱反正的序幕。文章的主要撰写者胡福明当时是南京大学哲学系一名青年教师，而今，78岁的胡福明已是满头白发，他坚信：解放思想是改革的先导，解放思想永无止境。近日，记者专访胡福明，谈思想解放，谈改革变化。

从贫穷落后到总体小康

"两次全会时隔35年，但一条主线贯

《光明日报》2013 年 11 月 26 日第 5 版对《实》文作者的表述

下面具体讲《实》文的定稿和发表。

1981 年 9 月 25 日上午，胡耀邦在同文艺界的一些领导同志座谈时，讲了下面这样的一段话："《实践是检验真理的唯一标准》那篇文章，改了好多天。第二篇，《马克思主义的一个根本原则》，罗瑞卿同志磨了四十天，是党校的同志搞的，吴江同志领头的。那个时候的局面也确实是不太明朗。第二篇我没有参加，是我们的罗总长主持定稿的。我在去年的政治局会议上讲，罗瑞卿同志至少同我通了六次电话。"

胡耀邦说，第二篇文章是罗瑞卿同志主持定稿的，实际上也就是说，第一篇文章是他主持定稿的。

据我看到和经历的，《实》文向胡耀邦送审了两次，现将有关情况介绍如下。第一次送审，大约是 1978 年 4 月底或 5 月初。在这个送审稿（铅印）上写了：

送耀邦同志审阅。准备五月十日《动态》用稿。

这是理论动态组已故的刘立中的笔迹。在这一句话后面，没有写日期。胡耀邦用铅笔在他的名字上画了一个圈。再看文章，耀邦在第 3 页上改了一个标点符号，在第 10 页上改了一个错字，他的笔迹很明显，他看得很仔细。

在胡耀邦审阅退回的这个稿上，吴江写了一段话：

> 其中又有些修改，"统"在一起，迅速退改一次。然后送哲学教研室韩树英、吴秉元、马清健三同志各一份。送耿立一份。外送龚育之一份。孙在电话上同龚联系一下，务请他细阅提出意见。请他们拨冗阅读，四号把意见收集起来。
>
> 吴
>
> 四月三日

吴江写了"四月三日"，这是他的笔误，实际时间应为五月三日。在这个稿上，吴江又作了不少修改，特别是第 6 页，删去了 9 行，又改动了好几处。

这个送审的铅印稿就是孙长江依据吴江“尽量把两个稿子捏在一起，吸收胡文的好意见”的指示，在稿纸上重新撰写而成的那个稿。吴江对孙的原改稿作了不少修改，并写了如下一段处理意见：

孟凡同志：

请即排印15份（送胡、杨、作者各一份），五月十日那期用。

吴江

四月二十七日

在“作者”（即胡福明）二字下面，吴江同志还写了“航空发出”四个字。“胡、杨”指胡耀邦、杨西光。这个稿排印出来以后，吴江又作了些修改，并在一份铅印稿上写了：“拟在五月十日刊出”。这就是第一次送胡耀邦审阅的稿。

在这里，我还要补充讲一点自己和理论动态组同志涉及这篇文稿的有关情况。

我记得很清楚，孙长江对我讲过《光明日报》送来的这篇稿，并将稿给我看了。我看了以后，也发表了一些意见，主要是说这个稿针对现实分析还不够，具体说了些什么已无法回忆，但有一点却记得很清楚，就是这篇文章的题目。孙长江给我看的稿的题目是《实践是检验一切真理的标准》，这个题目强调“一切真理”。我看后对孙长江说，“一切真理”这个提法不妥。我主要是从政治上考虑。

胡耀邦规定，《理论动态》刊登的任何人的稿子，都要经过理论动态组的讨论。但是，吴江和孙长江直到排出《理论动态》的清样也没有将《实》文稿交理论动态组讨论，我就向孟凡提出这个问题。孟凡表示应该由“理论动态组”讨论。这样，孙长江就将稿交理论动态组。我的日记在1978年5月5日这一天是这样记的：“上午，讨论《实践是检验真理的唯一标准》稿。”我记得，为了讨论这篇稿，自己还准备了一下，除了看《实》文的文稿外，还翻阅了其他有关材料，能记得起来的是，看了华国锋在1977年5月1日发表的文章，即《把无产阶级专政下的继续革命进行到底——学习〈毛泽东选集〉第五卷》。参加讨论的有孟凡、王聚武、吴振坤和我，孙长江当然也参加了。讨论中大家提出了一些修改补充意见。由于没有记录，这些意见也无从查找了。有一条意见我是记得很清楚的。我估计，这篇文章在《理论动态》发表后，肯定又要遭到非议。为了堵一些人的嘴，我提出，将华国锋上述文章中的一句话加到文章中，大家都同意了。这就是《实》文第三部分第二段开头的那一句：“正如华主席所指出的：‘毛主席从来对思想理论问题采取极其严肃和慎重的态度，他总是要让他的著作经过一段时间的实践的考验以后再来编定他的选集。’”经过理论动态组讨论，孙长江又作了一些修改。这样，就告一段落，只待胡耀邦最后审定了。

下面讲第二次送审的情况。

第二次送审，是在1978年5月6日。具体经办者就是本人。

我将1978年5月6日和7日两天的日记抄录如下：

5.6，上午……

下午，到胡耀邦同志家谈理论动态问题。

5.7，星期日，修改《实践是检验真理的唯一标准》稿（根据耀邦同志的意见）

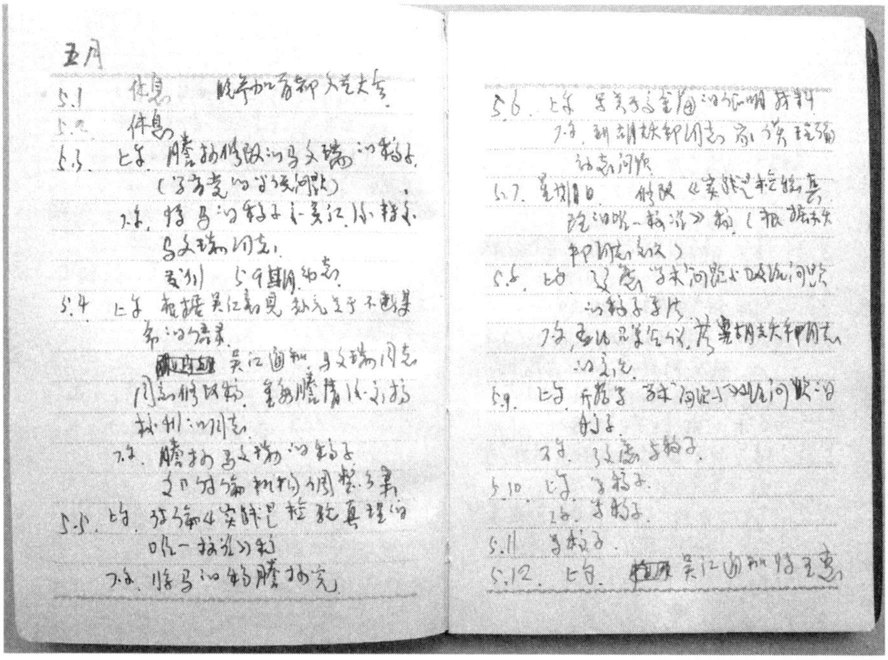

本书作者日记，其中 5、6、7 三天记载了《实》文修改和胡耀邦定稿的情况

1978 年 5 月 6 日下午，胡耀邦把理论动态组叫到他在富强胡同 6 号的家里去开会。耀邦每次召集这样的会总嘱咐，就是理论动态组的人，不要多。去之前，孙长江来找我，让我将《实》文清样带去，请胡耀邦审定。我记得这次去的人中有冯文彬、吴江、孟凡、陈维仁、王聚武、阮铭、吴振坤和我。到了他家坐下以后，我先将稿子送给他，并说，耀邦同志，请你先看一下这个稿。他接过去就埋头看这个稿。大家在一旁静坐。胡耀邦看稿子又快又仔细。过了一会儿，他看完了这个文稿后对大家说，我认为可以了。只是有两处，他提出了修改意见。一处是第 6 页，原稿是："不断提出新的观点和理论"，他说还是不要提"新的理论"，改为"不断作出新的概括，把理论推向前进"。另一处是文章结尾，他提出加"才是对待马克思主义的正确态度"一句。由于大家都在，他提出这些修改意见时，是采取同大家商量的口吻，大家也都表示同意。我坐在他家藤椅上，迅速记下这些修改意见，因字迹不大清楚，所以回来后，在第二天（星期日）又认真地誊写了一份清楚的，星期一上班时交给了孙长江。孙长江又作了个别文字的修改，于 1978 年 5 月 8 日送印刷厂正式付印。这是《理论动态》第 60 期，1978 年 5 月 10 日。这就是大家都很关注的由胡耀邦审阅定稿的具体情况。《实践是检验真理的唯一标准》这篇起了历史性作用的文章的最后定稿，现在存放在中共中央党校档案馆，但那个稿上没能留下胡耀邦的手迹。我当时也没有想到要请他签一个字。这或许使人感到遗憾。但历史事实就是这样。这里需要强调一下的是，那个稿上由我写的字，全是胡耀邦的意思，我不过是个记录者而已。我相信，我已经将这一人们关注和感兴趣的历史事实讲清楚了。

北京东城富强胡同6号，胡耀邦的住宅，《实践是检验真理的唯一标准》这篇文章，就是在这里定稿的

我们对照看一下《实践是检验真理的唯一标准》这篇稿，和《光明日报》的《实践是检验一切真理的标准》稿，就可以发现，这两篇文稿在基本观点上没有什么大的差别，同邢贲思那篇《关于真理的标准问题》文章相对照，情况也是这样。这是不奇怪的。因为这些文章讲的都是马克思主义认识论中的同一重要观点（有不少人说这是基本常识），基本的道理就是那些，不可能有大的差别。这篇文章的特点，不是提出什么新的学术观点和见解，而是在于联系实际，在于对“两个凡是”思潮剖析的深度和尖锐性。从这个角度看，《实践是检验真理的唯一标准》这个文稿确是大进了一步（理论性也大为加强了），同《实践是检验一切真理的标准》文稿相比，这是这篇文章的最主要特点，也正因为如此，发表以后才会引起那么强烈的反响。

下面再讲这篇文章的署名问题。

《理论动态》创办以后，对于每期刊登的文章究竟怎样署名，并没有专门讨论定出具体办法。大部分由理论动态组和理论研究室同志撰写的文章在发表时都没有署名。某些负责同志和知名人士的文章则是署名或是在编者按语中作说明。在报纸上公开发表时，重要的评论性的文章用“特约评论员”的署名，此外，还用“岳平”和“董太”两个署名（都是报纸编辑们给取的）。在吴江看过后的送审稿末尾注明：《光明日报》供稿，作者胡福明同志，本刊作了些修改。《实》文如何署名，理论动态组虽没有讨论，但我记得，在正式发稿前，孙长江跟我商量过此事。当时，理论动态组人手少，工作也没有严格程序，有些事是胡耀邦直接给某一同志布置，有些事往往是大家相互交换一下意见就定了。孙长江拿着文稿对我说，这篇文章从实际情况看，不应再用原来的署名了，但是为了照顾兄弟单位的关系，还是写

“《光明日报》社供稿，作者胡福明同志，本刊作了些修改”。他反复说，其实，不是作了些修改，基本上是重写的。我也从发扬风格出发说，算了，就这样吧。但在付印前还是删去了“作者胡福明”。

光明日报
GUANGMING RIBAO
华主席给金主席的感谢电
满载朝鲜人民对中国人民的深情厚谊
华主席离平壤回国金主席到车站热烈欢送
金主席向华主席赠送礼品
实践是检验真理的唯一标准

1978 年 5 月 11 日，《光明日报》发表《实践是检验真理的唯一标准》一文，署名：本报特约评论员

这里附带说一个情况。中央党校出版社 1982 年印了一本书，书名是《真理标准问题讨论文集》。这本书的第一篇就是《实》文。在文章末尾加了如下一个注：“《理论动态》一九七八年五月十日。《光明日报》社供稿。作者：南京大学胡福明。本刊发表时作了较大修改。”这本书是以理论研究室名义编的，但我作为理论动态组的主要成员，是在看到印出的书后才知道有这本书的，当时对这本书就有些意见。后来，这本书没能发行，销毁了。当然不是由于这个注的原因，也不是这本书的内容有什么问题。

大概就在 1978 年 5 月 8 日、9 日，我接到一个电话，是光明日报社同志打来的。他问《实践是检验真理的唯一标准》这篇文章你们《理论动态》究竟哪一天用？我肯定地说，5 月 10 号。他说，那我们在 5 月 11 号见报。我感到有点突然。以前，报社要刊用《理论动态》的文章，有时也很急，我们都是有意压两三天，以免出现读者还没有收到《理论动态》，文章首先见报的情况。我就说，你们为什么这么急？11 号我们《理论动态》还没有发行出去呢！对方说，杨西光同志讲了，这篇文章必须《理论动态》先刊登。《理论动态》登了，我们马上就见报。后来我知道，打电话的这位同志就是杨西光同志当时的秘书陶铠。对此事我的印象很深。

1978 年 5 月 11 日，《光明日报》在第一版的下半部，以通栏标题、正文楷体字发表了《实践是检验真理的唯一标准》的文章，署名是："本报特约评论员"。在此之前，《光明日报》转载过《人民日报》的"特约评论员"文章，也转载过《红旗》杂志的"特约评论员"文章，但还没有发表过自己的"特约评论员"文章。《实》文是《光明日报》的第一篇"特约评论员"文章。《光明日报》从当年 5 月 1 日改版。《实》文是改版以后的第一篇重头文章。这对《光明日报》来说，是很有意义的一件事，对扩大报纸的影响也很起作用。其明显表现之一，是发行量的上升。据说，4 月份《光明日报》发行 68 万多份，到 7 月份，竟一反暑期订数减少的常规，发行数猛增到 89 万多份，到 1979 年 1 月，发行数到了 140 多万份，创了历史的最高纪录。这篇文章无疑起了很大的作用（见《光明日报通讯》1986 年第 6 期第 13 页）。

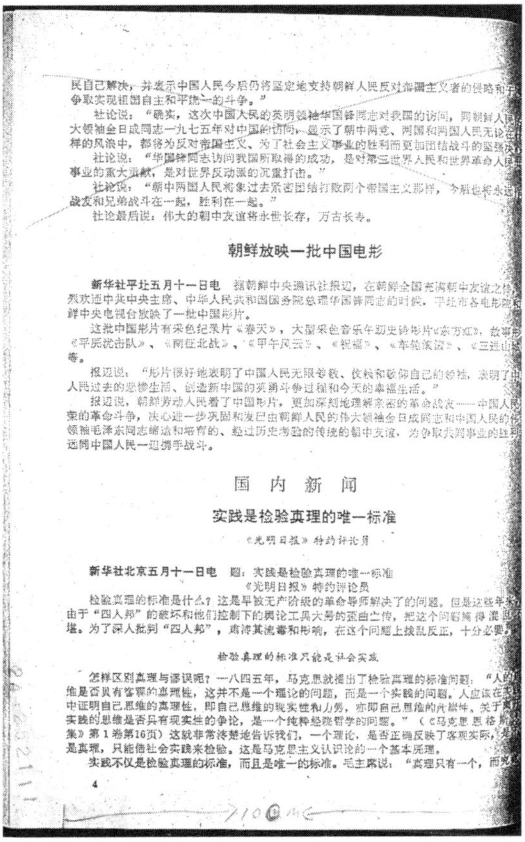
民自己解决，并表示中国人民今后仍将坚定地支持朝鲜人民反对帝国主义者的侵略和干涉、争取实现祖国自主和平统一的斗争。"

社论说："确实，这次中国人民的英明领袖华国锋同志对我国的访问，同朝鲜人民伟大领袖金日成同志一九七五年对中国的访问，显示了朝中两党、两国和两国人民无论在怎样的风浪中，都将为反对帝国主义、为了社会主义事业的胜利而更加团结战斗的坚强决心。

社论说："华国锋同志访问我国所取得的成功，是对第三世界人民和世界革命人民事业的重大贡献，是对世界反动派的沉重打击。"

社论说："朝中两国人民将象过去紧密团结打败两个帝国主义那样，今后也将永远作为战友和兄弟战斗在一起，胜利在一起。"

社论最后说：伟大的朝中友谊将永世长存，万古长青。

朝鲜放映一批中国电影

新华社平壤五月十一日电 据朝鲜中央通讯社报道，在朝鲜全国充满朝中友谊之情，热烈欢迎中共中央主席、中华人民共和国国务院总理华国锋同志的时候，平壤市各电影院和朝鲜中央电视台放映了一批中国影片。

这批中国影片有彩色纪录片《春天》，大型彩色音乐舞蹈史诗影片《东方红》，故事片《平原游击队》、《南征北战》、《甲午风云》、《祝福》、《车轮滚滚》、《三进山城》等。

报道说："影片很好地表明了中国人民无限爱戴、信赖和敬仰自己的领袖，表明了中国人民过去的悲惨生活、创造新中国的英勇斗争过程和今天的幸福生活。"

报道说，朝鲜劳动人民看了中国影片，更加深刻地理解亲密的革命战友——中国人民英勇的革命斗争，决心进一步巩固和发展由朝鲜人民的伟大领袖金日成同志和中国人民的伟大领袖毛泽东同志缔造和培育的、经过历史考验的传统的朝中友谊，为争取共同事业的胜利，永远同中国人民一道携手战斗。

国 内 新 闻

实践是检验真理的唯一标准

《光明日报》特约评论员

新华社北京五月十一日电 题：实践是检验真理的唯一标准
《光明日报》特约评论员

检验真理的标准是什么？这是早被无产阶级的革命导师解决了的问题。但是这些年来，由于"四人帮"的破坏和他们控制下的舆论工具大量的歪曲宣传，把这个问题搞得混乱不堪。为了深入批判"四人帮"，肃清其流毒和影响，在这个问题上拨乱反正，十分必要。

检验真理的标准只能是社会实践

怎样区别真理与谬误呢？一八四五年，马克思就提出了检验真理的标准问题："人的思维是否具有客观的真理性，这并不是一个理论的问题，而是一个实践的问题。人应该在实践中证明自己思维的真理性，即自己思维的现实性和力量，亦即自己思维的此岸性。关于离开实践的思维是否具有现实性的争论，是一个纯粹经院哲学的问题。"（《马克思恩格斯全集》第 1 卷第16页）这就非常清楚地告诉我们，一个理论，是否正确反映了客观实际，是不是真理，只能靠社会实践来检验。这是马克思主义认识论的一个基本原理。

实践不仅是检验真理的标准，而且是唯一的标准。毛主席说："真理只有一个，而究竟

4

《光明日报》发表《实》文后，新华社于当天作为"国内新闻"第一条向全国全文转发

《实》文在《光明日报》第一版下半版刊登了约五分之二，其余在第二版上部刊登。这大概也是一个偶然的原因。这天《光明日报》第一版有两个通栏大标题。头版头条是：《华主席离平壤回国金主席到车站热烈欢送》。如果不是这样的新闻，我相信，《光明日报》是会把《实》文作为头版头条以整个版刊登的。对这样的版

面安排，《短暂的春秋》一书的作者也费了一番心思来研究。该书作者认为，这是政治家们精心安排的，是让“华国锋回国收见面礼”。从本书前面叙述的情况可以知道，这样的论断缺乏事实依据，是作者的想象。事实上，这篇文章原拟 5 月 6 日见报，后推迟到 5 月 11 日见报，并不是有什么政治考虑，邓小平事前也不知道有这样一篇文章。我在后面还要具体讲到这件事。

新华通讯社当天将《实》文转发全国。这既反映了新华社领导同志的鉴别力(他们是同意这篇文章阐述的基本观点的)，也是杨西光事前给他们打了招呼。另一方面，中央党校理论研究室副主任孟凡也跟以上有关单位负责人打了招呼（孟凡工作的一大部分内容就是同各有关单位联络)。

《实》文在《光明日报》公开发表后，立即引起强烈反响。这种强烈反响表现在两个方面。

一方面，首都主要报纸《人民日报》、《解放军报》和不少地方报纸立即转载；另一方面，立即就有了强烈的反对意见。下一节就要具体讲这些情况。

五、最初的争论

1978 年 5 月 12 日，作为中共中央机关报的《人民日报》在第二版全文转载了《实践是检验真理的唯一标准》这篇文章，署名是“《光明日报》特约评论员”。在同一天，影响很大的《解放军报》也全文转载了这篇文章。在 5 月 12 日转载这篇文章的省报有 4 家：上海的《解放日报》、江苏的《新华日报》，还有《福建日报》、《河南日报》，《广州日报》和武汉的《长江日报》也转载了。5 月 13 日，有更多的省报转载这篇文章。计有：《河北日报》、《山西日报》、《陕西日报》、《内蒙古日报》、《辽宁日报》、《大众日报》（山东）、《安徽日报》、《甘肃日报》、《湖北日报》、《江西日报》、《南方日报》（广东）、《贵州日报》、《云南日报》、《四川日报》、《西藏日报》，共 15 家。有人统计，两天之内，全国 35 家省、市以上的大报有 25 家转载了这篇文章。其他一些省报也陆续转载：

《新疆日报》，1978 年 5 月 14 日。
《青海日报》，1978 年 5 月 15 日。
《天津日报》，1978 年 5 月 17 日。
《吉林日报》，1978 年 5 月 18 日。
《湖南日报》，1978 年 5 月 20 日。
《黑龙江日报》，1978 年 5 月 23 日。
《宁夏日报》，1978 年 5 月 27 日。
《浙江日报》，1978 年 6 月 10 日。
《北京日报》，1978 年 6 月 14 日。
《广西日报》，1978 年 8 月 9 日。

实践是检验真理的唯一标准

《光明日报》特约评论员

检验真理的标准只能是社会实践

革命导师是坚持用实践检验真理的榜样

任何理论都要不断接受实践的检验

理论与实践的统一，是马克思主义的一个最基本的原则

批判平均主义倾向　狠抓农村劳动管理

5 月 12 日，《人民日报》全文转载《实》文

解放军报

实践是检验真理的唯一标准

《光明日报》特约评论员

检验真理的标准只能是社会实践

任何理论都要不断接受实践的检验

革命导师是坚持用实践检验真理的榜样

5 月 12 日，《解放军报》全文转载《实》文

《实践是检验真理的唯一标准》这篇文章，主题鲜明突出，题目就精确地概括了全文的基本观点。文章开门见山地提出，检验真理的标准是什么？一下就扣住了读者的心弦，让人们思考。文章从理论上全面而透彻地阐明，检验真理的标准不能是真理本身，而只能是实践，而且，实践是检验真理的唯一标准。文章没有停留在理论问题的分析上，进而指出，检验路线的正确与否，标准也只有一个，就是实践，就是千百万人民的社会实践。文章指出，理论与实践的统一，是马克思主义的一个最基本的原则（这正是第二篇文章的题目）。这篇文章以很大的篇幅，一方面强调，要非常重视革命理论的指导作用，另一方面，又着重指出，人们在实践中对真理的认识永远没有完结，我们的认识不可能一次完成或最终完成。新事物、新问题层出不穷，这就需要在马克思主义一般原理指导下研究新事物、新问题，不断作出新的概括，把理论推向前进。而且，由于不可避免的局限性，我们的认识可能犯错误，需要由实践来检验，凡实践证明错误的或不符合实际的东西，就应当改变，不应再坚持。文章最后指出，躺在马列主义、毛泽东思想的现成条文上，甚至拿现成的公式去限制、宰割、裁剪无限丰富的飞速发展的革命实践，这种态度是错误的。这篇文章自始至终没有点“两个凡是”，但是，文章实际上揭示了“两个凡是”的反马克思主义实质，击中了它的要害。这篇文章说出了广大干部和人民群众心中要说而又不大敢说的话，把不少人隐隐约约感到的问题挑明了，适应了拨乱反正深入发展的迫切需要，从而一下就引起了强烈的反响。

这篇文章的题目是《实践是检验真理的唯一标准》，“唯一标准”四个字，十分鲜明，引人注目。对此，当年《光明日报》理论部主任马沛文在 1978 年 7 月 24 日的一个发言中说：中央党校理论研究室最后改定的标题上加了“唯一”二字。“这个改动也颇为重要。因为，有人并不反对实践是检验真理的标准，但却反对实践是检验真理的唯一标准。”读者如有兴趣，可查看马沛文著《放言集》上册第 3 页。著名学者于光远说：“我特别看重‘唯一’这两个字。我知道马克思讲‘实践标准’时，实际上就含有唯一的意思，但没有使用‘唯一’这两个字。毛泽东的《实践论》中是这么写的：‘判断认识或理论之是否真理，不是依主观上觉得如何而定，而是依客观上社会实践的结果如何而定。真理的标准只能是社会的实践’。在这段表述真理标准的语句中也没有‘唯一’两字。”于光远一再讲这个问题。读者可查看于光远《我亲历的那次历史转折》第 153 页。于光远认为，在 1978 年那场讨论中有针对性地排他地提出实践是“唯一”标准，有很强的现实性，有明确的对立面，问题提得突出、尖锐与彻底。据 1995 年 4 月 17 日《人民日报》报道，陈云“非常赞赏‘实践是检验真理的唯一标准’这个提法”。他多次将这句话写成条幅送人。我在最高人民法院院长杨易辰的办公室里就看到这样的条幅，并拍了照片。“实践是检验真理的唯一标准”这句话作为文章的题目，不但使文章的主题明确了，而且，使文章上升到了新的境界。这句话精确、简练、鲜明、通俗，成为这场大讨论的基本语言。邓小平就将这场讨论称为“关于实践是检验真理的唯一标准问题的讨论”。十一届三中全会的公报也是这样称呼这场大讨论的。这场大讨论已经过去了二十多年，那篇文章的具体内容恐怕一般人都说不出来了，但“实践是检验真理的唯一标准”这句话却被历史留下来了。党的重要文献一再使用这句话，并为广大干部和群众所掌握。“一切真理”与“唯一标准”两个提法，似乎相差不大，但含义不同。“一切真理”的提法，强调的是实践标准的普遍性；“唯一标准”的提法，强调的是实践标准的唯一性。实践是不是检验真理的唯一标准，这正是当时争论的焦点。

《实》文5月11日在《光明日报》公开发表以后，第二天（即5月12日）就有《人民日报》、《解放军报》等9家报纸全文转载，第三天（即5月13日）又有15家地方报纸转载，5月底，先后有30多家报纸转载。这首先反映了舆论界对这篇文章的高度重视，但也有一些报纸迟迟不转载，据说是他们的上级打了招呼。

另一方面，反对意见也来得很迅速、很尖锐。

1978年5月12日晚上11点，正在人民日报社值夜班的总编辑胡绩伟，接到吴冷西的电话。他在电话中对《实》文和《人民日报》转载《实》文提出了尖锐的上纲很高的批评。吴冷西在“文化大革命”前曾任新华社社长，后又兼《人民日报》总编辑，那时，胡绩伟是副总编辑。1978年5月这个时候，吴冷西在粉碎“四人帮”以后新组建的中共中央毛泽东著作编辑委员会办公室工作，办公室主任是汪东兴，李鑫、吴冷西、胡绳、熊复是办公室副主任。关于这个出了名的电话，胡绩伟有一个记录。全文如下：

这篇文章犯了方向性的错误。理论上是错误的，政治上问题更大，很坏很坏。

文章否认真理的相对性，否认马克思主义的普遍真理。文章说马克思主义要经过长期实践证明以后，才是真理。列宁关于帝国主义时代个别国家可以取得革命胜利的学说，只有经过第一次世界大战和十月革命的实践以后，才能证明是真理。就是说列宁提出这个学说时不是真理。按这种说法，那么现在党提出十一大路线就不是真理，一定要等到二十三年以后，实践证明了才是真理。那么，人们怎么会热烈拥护，会为之贯彻执行而奋斗呢？文章是提倡怀疑一切，提倡真理不可信、不可知，相对真理不存在，真理在开初提出时不是真理，要经过实践检验后才是真理。这是原则错误。文章在政治上很坏很坏。作者认为“四人帮”不是修正主义，而是教条主义，不是歪曲篡改毛泽东思想，而是死抱着毛主席的教条不放。因而现在主要不应反“四人帮”，反修正主义，而是应该反教条主义。如文章说的，要粉碎人们的精神枷锁，就是要反对“圣经上说了才是对的”，所谓要冲破禁区，就是要冲破毛泽东思想。文章结尾认为当前要反对的就是“躺在马列主义毛泽东思想的现成条文上，甚至拿现成公式去限制、宰割、裁剪无限丰富的革命实践”，就是要反对所谓教条主义，要向马列主义开战，向毛泽东思想开战。文章用很大篇幅讲马克思、恩格斯如何修改《共产党宣言》，毛主席如何修改自己的文章，作者的意思就是要提倡我们去怀疑毛主席的指示，去修改毛泽东思想，认为毛主席的指示有不正确的地方，认为不能把毛主席指示当僵死的教条，不能当圣经去崇拜。很明显，作者的意图就是要砍旗。文章批判林彪“一句顶一万句”、“句句是真理”，难道一句顶一句也不行？难道句句都不是真理才对吗？毛泽东思想是我们团结的基础，如果去怀疑主席指示有错，认为要修改，大家都去争论哪些错了，哪些要改，我们的党还能团结一致吗？我们的国家还能安定团结吗？所以这篇文章在政治上是要砍倒毛泽东思想这面红旗，是很坏很坏的。

以上是胡绩伟的记录。关于这个电话的内容，早有不少论著加以披露，为了讲清情况，我在这里再次抄录。

这个电话中所说的意见，对《实》文有严重曲解，把理论要经受实践检验的唯物主义认识论重要原理，硬说是提倡怀疑一切，提倡真理不可信、不可知，是要修改毛泽东思想，认为冲破禁区就是要冲破毛泽东思想，反对教条主义就是要向马列主义开战，向毛泽东思想开战。这个电话给坚持实践标准的人横加罪名，扣上了“砍旗”的政治大帽子。当然，反应如此之快，反对如此之烈，也确实说明了《实》文对“两个凡是”触动之深。这预示着以后的争论将是很尖锐的。

吴冷西的电话很快就传出去，也引起了广泛的批评和议论。吴冷西便向胡绩伟索要这个电话记录。胡绩伟在给吴冷西送这个电话记录时写了一封信。全文如下：

冷西同志：你要的电话记录，送上。

社会上流传的是什么样子，我不知道，这是我当时整理的记录。你当时在电话上讲得很清楚，我也听得很清楚。我不会速记，记录中当然有不少不完全是原话，但你的主要话、主要的意思，我没有记错。

此致

敬礼

绩伟

十月十七日（1978 年）

这封信的时间是 1978 年。胡绩伟信中讲的“主要的意思，我没有记错”的话，是符合实际的。这从 1978 年 11 月吴冷西在中央工作会议上的发言，对这个电话的内容所作的四点说明中，可以得到证实。我在后面要作具体的介绍。

吴冷西给胡绩伟的这个电话，应当被看作是实践标准与“两个凡是”争论的开端。邓小平说，关于真理标准问题的争论，是个政治问题。吴冷西这个电话，就是很好的说明。他是从政治上观察问题和提出问题的。

吴冷西在电话中对胡绩伟说，这是他个人的意见，不要外传。胡绩伟当即作了这样的回答：“你既然在政治上提得这么高，我必须和别人讨论你这些意见究竟对不对。”那么，胡绩伟是跟谁讨论这个问题的呢？不是别人，就是胡耀邦和“理论动态组”的同志。

1978 年 5 月 13 日下午，胡耀邦把理论动态组同志召集到他在灯市口富强胡同 6 号的家中开会。参加的人有：冯文彬、吴江、孟凡、陈维仁、王聚武、吴振坤、阮铭和我。那天，刚走进胡耀邦办公的那间屋，我就看到胡绩伟和人民日报社的另一位同志已坐在沙发上了。我当时感到有点奇怪，怎么胡绩伟也来了！大家坐下后，胡耀邦说，先请绩伟同志介绍情况。胡绩伟就讲了昨天晚上吴冷西给他打的电话的内容。胡绩伟讲完以后，大家就你一言、我一语地议论开了。胡耀邦联系自己参加革命的经历，既有些生气又有些激动地说，我怎么会反对他老人家呢！他很有感触地说，把学术争论、理论争论一下上升到政治上，斯大林的时期是这样，我们党十几年来也是这样！大家初步地剖析了吴冷西那个电话中提出的无理指责，认为要进一步加以分析。吴江表示要写文章回答。但这次会上没有作出具体的安排。我想，胡耀邦肯定比我们考虑得更多更深。胡耀邦在讲了一些事情以后就讲《理论动态》的选题。

在这次会上，胡耀邦出了几个选题，第一个也是主要的一个选题是，从真理越辩越明谈起，阐明历史潮流是无法阻挡的，历史潮流滚滚向前。他说，我们的民族经历了这么一场大灾难，反面教训如此之深，在今后几十年，再重复这种灾难，倒退，人民通不过，这不以某些人的意志为转移。他具体地提出，北京的问题不解决，天津的问题不解决，河南的问题也捂不住了。他说，社会往往在倒退以后实现大跃进。他列举世界和中国历史的许多例子，提出必须写一篇文章，说一下这个辩证法，把历史潮流怎么不可阻挡这个问题讲透一点。这实际是从历史发展规律的角度批评“两个凡是”。《理论动态》在第 70 期（1978 年 6 月 30 日）发表了这篇文章。这篇文章说，十年“文化大革命”造成的灾难激发了人民的觉悟和斗志。这种全民族的觉悟和斗志，必将转化为强大的物质力量，带来今后几十年我国社会的飞跃前进。这个滚滚向前的历史潮流是谁也阻挡不了的。文章尖锐地指出，有一些人，不属于林彪、“四人帮”的帮派体系，但是受林彪、“四人帮”流毒很深。这些同志思想上、感情上、路线上、作风上对林彪、“四人帮”那一套很舒服，对人民起来揭批林彪、“四人帮”总是不那么舒服。他们的思想脉搏，同亿万人民跳不到一块，人民高兴的，他们不高兴。他们迈的步子，也就同新的历史条件格格不入，成为前进的阻力。这篇文章还阐明，人民的意志，人民的要求，人民的情绪，人民的呼声，人民的经验，人民的利益，一句话，人心所向，归根到底决定历史前进的方向。滚滚向前的历史潮流的最深厚的基础，存在于人民之中。这是一篇从历史发展趋势的高度对“凡是派”的回答。这篇文章作为《人民日报》的署名文章（岳平）在 1978 年 6 月 30 日第 1 版公开发表，新华社向全国转发。《光明日报》于 7 月 2 日全义转载，许多报纸也转载了。

胡耀邦对《历史潮流滚滚向前》这篇文章是很赞赏的。这篇文章从历史发展潮流的角度论述问题，没有触及敏感的具体问题，同华国锋的思想还能合拍，他也能接受，并且赞赏。1978 年 7 月 9 日，胡耀邦对理论动态组同志谈话时说，这篇文章我看了五遍，华主席看了两遍。

《实》文公开发表后的最初争论，就是很尖锐的。这有它的必然性，但也收到了意外的效果，就是使这场大讨论引人注目，很快展开。有的同志幽默地说，如果没有强烈的反对意见，这篇文章不会一下引起那么大的注意，很可能大家看一看过去了，这场大讨论也许可能推迟。从这个意义上说，反对这篇文章的同志很有功劳。这话不是没有一点道理。

第四章

强大的压力与强有力的支持

《光明日报》公开发表、《人民日报》和《解放军报》转载《实践是检验真理的唯一标准》这篇文章以后，立即引起了争论。开始时，争论在很小的范围内进行，以后就逐渐传开了。这篇文章一发表，这个讨论刚一开始，提出和坚持“两个凡是”的那些人就施加了很大的压力，粗暴地加以压制。看样子，他们很想将这个讨论扼杀在“摇篮”里。这个讨论之所以能够冲破重重阻力，坚持下去，并迅速展开，除了客观形势发展的需要外，主要是得到了邓小平、罗瑞卿等老一辈革命家明确而有力的支持。

一、一段时间内“不明朗”的局面

1981 年，胡耀邦回忆发表《实》文以后的情况时说，“那个时候的局面也确实是不太明朗”。“不太明朗”这个说法比较含蓄，但包含了很具体的内容，下面按时间顺序摆一些情况。

1978 年 5 月 12 日晚，胡绩伟接到了对《实》文横加指责、扣大帽子的电话。

5 月 13 日晚，当时的《红旗》杂志总编辑给刚从外地回京的新华社社长曾涛打电话说，《实践是检验真理的唯一标准》这篇文章，新华社转发了，这是一篇错误的文章。曾涛当即回答，我看没有错。

5 月 17 日，刚被任命为《红旗》总编辑的熊复到《红旗》杂志社工作。他在这天下午同核心小组四位同志第一次见面交谈时，就点了《人民日报》和《光明日报》已发表的两篇文章，即《实践是检验真理的唯一标准》和《贯彻执行按劳分配的社会主义原则》。他说，在这里我表明自己的观点，这些文章是有问题的，我是有不同意见的。有些报纸用一个版两个版发表什么特约评论员文章，认为他们是代表中央讲话的。到底代表不代表还很难说。他还说，现在是要强调坚持马列主义、毛泽东思想的基本原理，不是要强调发展和创新，这里有个维护毛主席旗帜的问题。有些人抓住实践和真理的问题大做文章，到底是要干什么？这位来自毛著编委会办公室的同志所讲的，同那个电话所讲的是一个调子。

5 月 18 日上午，汪东兴找熊复、王殊谈话。关于这次谈话的内容，《红旗》原总编辑王殊在一次发言中作了简要介绍。现在抄录王殊发言中有关的一段如下：“接着，他就批评《实践》一文和其他几篇文章，说这些文章是针对毛主席的，不是中央的想法。后来，他又大谈报刊要‘谨慎’，要有党性，不要以个性代表党性。他说，《红旗》是党中央的刊物，要熊复在理论上要‘谨慎’，没有把握的要及时请示‘中央’，我再忙，也要抽时间来看。”熊复对这次谈话的内容也作过回忆，现抄录如下：“在这次谈话中，汪东兴同志就指责《按劳分配》和《实践是检验真理的唯一标准》两篇特约评论员的文章。”“汪东兴同志说，‘这两篇文章当时看来还可以，现在看来问题很大，是针对着毛主席来的。’还质问说，‘不知这是代表哪个中央的。’他提出‘总结经验，统一认识，下不为例’十二字方针，要中宣部通知各宣传单位执行。他说，‘现在理论界的思想很乱’，在‘理论问题上要谨慎’。他要我到《红旗》后，在理论问题上要把关，而且‘要把关把严’，‘要遵守组织纪律’，‘没有把握的问题要请示’。”

将他们两个人的回忆对照起来看，所说的是一致的，意思是清楚的，重要的话是一样的。

5月18日晚，当时的中央宣传部长召集在京参加教育工作会议的各省市文教书记和宣传部长座谈会，他专门讲了《光明日报》发表的《实》文。他说："我就听到了两种相反的意见，一种意见说文章很好，另一种意见说很不好。我也还没有完全摸透。"他提出，"大家可以看看，小范围可以议论议论，发表不同意见，不要认为《人民日报》登了，新华社发了，就成了定论。有不同意见是好事情，可以活跃思想，展开辩论。""毛主席生前对省市委负责同志讲，不论是从哪里来的东西，包括中央来的，都要拿鼻子嗅一嗅，对不对，不要随风转。"这些话的意思和反映的倾向，是明明白白的，就是告诉大家，这篇文章和其他有些文章的观点，不是定论，不代表中央，大家要用鼻子嗅一嗅，加以辨别，不要随风转地附和，而是要提出"不同意见"，实际上是发动大家对这篇文章进行围攻式的批判。需要提一下的是，5月18日白天，汪东兴找了这位宣传部长。

人民日报
RENMIN RIBAO
理论动态 70
历史潮流滚滚向前
全国财贸"双学"会议举行最后一次大会发言

胡耀邦针对"两个是凡"的思潮提出："历史潮流滚滚向前，不可阻挡。"他指导理论动态组撰写了文章，《人民日报》全文转载

6月15日下午，汪东兴在中宣部和中央直属新闻单位负责人会议上讲话，所谓直属新闻单位，就是新华社、《人民日报》、《光明日报》、《红旗》杂志等单位，参加这次会议的共十多人。汪东兴点了"特约评论员"的名，几次点了胡耀邦的名。杨西光同曾涛等三位同志根据他们的记录，将汪东兴的讲话核对整理，现将有关内容摘抄如下：

党报要有党性。党性个性的关系，是个性要服从党性。《红旗》是党的刊物，《人民日报》是党报，新华社是党的喉舌，广播电台是党的喉舌，《光明日报》也是党报。党性与个性要摆得对，允许个性，但个性要服从党性，个性不能超过党性。

我们要对党、对人民负责。现在我们党性还不够强，路线觉悟不高。有一次会上，我针对一个问题讲过："党性不强，接受教训，下不为例。"（听讲者注：这是指发表《实践是检验真理的唯一标准》那篇文章）

宣传要对党负责，党性第一，个性要服从党性。不能因为在“文化大革命”中受了冲击，就把文化大革命说得一钱不值。最坏的是把矛头对准毛主席。

还有一些特约评论员，写的东西不好。特约，是谁么！不知道。说有的是社会科学院写的，有的是党校写的，有的是组织部写的。这些特约评论员的文章，有问题。

有些特约评论员的文章，对干部问题评得不很对，只讲了一面，凭感情不凭党性。好像有股气，要出气。利用文章出气不对。这要研究，我有意见。《人民日报》对部队政工会议的新闻报道也有问题，对邓副主席讲话标题是精辟阐明了毛主席思想，这对。但对华主席的讲话、叶副主席的讲话为什么就不标“精辟阐明”呢？难道华主席、叶副主席的讲话就没有精辟阐明毛主席思想吗？这样标题不是有意的吗？

特约评论员文章可要注意，有几篇不是那么恰当。不要图一时好过。有篇讲青年的，没讲清楚。有篇讲老干部的，也没说清楚。这些文章不经过宣传部，打着特约评论员的名义在报上那样搞，要注意。四月十日《人民日报》登了一个老干部给青年的信，提法就有问题。报社的按语捧得那么高。文章说青年在错误路线干扰时跟着跑是很难避免的遭遇，说没有什么窍门避免这种遭遇。这就不符合马列主义，对青年起煽动作用，引导青年犯错误。为什么不可避免？《人民日报》是党的机关报，我和胡耀邦谈过，要他在报上写文章要注意。这期《红旗》那篇讲干部政策的文章，有气，不好。《红旗》是理论刊物，这篇文章不是理论文章，没有什么理论，为什么要登第一篇？为什么要带一个头？是谁写的？（有人答：是耀邦同志看过的。）这篇文章马马虎虎可以过去，要推敲也有问题。我对胡耀邦同志说，政治路线犯了错误，我们负不起责任，第一是我，第二是乌兰夫同志，第三是平化。组织路线犯了错误，第一是我负责，第二是你负责。

汪东兴在讲话中还说，“特约评论员”这些事，他向华国锋同志汇报过两次，以表明不仅是他个人的意见。

7月，汪东兴又到山东视察，讲“正确对待”“文化大革命”的问题。他说，现在报纸上只宣传十七年，宣传粉碎“四人帮”以后的两年，而不宣传“文化大革命”。“文化大革命”成绩是主要的！是毛主席肯定的嘛！三七开嘛！又说，批“四人帮”把毛主席也批了。在讲到路线问题时，他说，不要哪面风大就向哪面倒。他还提出，不要砍旗，不要丢刀子，不要一百八十度转弯。汪东兴把“两个凡是”具体到全盘肯定“文化大革命”，在路线上不要一百八十度转弯，也就是坚持以阶级斗争为纲，特别是提出不要哪面风大就向哪面倒，也就是告诉大家还有两面的问题，其含义是很清楚的。

8月初，中共中央宣传部部长张平化到东北，在大庆、吉林、辽宁等地，地方同志请他讲真理标准问题。本来，6月2日，邓小平在全军政工会议发表了重要讲话（6月29日，作为中发38号文件的主要内容之一发出）。7月21日，邓小平又找他谈话打了招呼，要他支持真理标准讨论（详见第二节）。可是，张平化却对地方同志说，学《实践论》吧！这是最好的教材，要完整地、准确地理解它。要材料，你就告诉他学《实践论》，要全面地理解。真理的标准就是毛主席在《实践论》里讲的，《实践论》有个副标题：论认识和实践的关系——知和行的关系，最后结论叫实践和认识、知和行的辩证统一。实践—认识—实践，辩证统一，知和行的辩证统一。实践第一，是检验真理的标准，要强调，也是辩证统一。只讲一条语录，不全面贯彻《实践论》不行，要融会贯通。张平化这些话的意思很清楚。他认为实践是检验真理的唯一标准，只是一条语录，这样提出问题不全面，这样讨论真理标准不行。他还提出高举毛泽东思想旗帜的问题，暗示大家，有人要“砍旗”。

还有一件引人注目的事。1978 年 9 月，中央召开全国信访工作会议。中共中央组织部部长胡耀邦 9 月 25 日在会上讲话。他在这个讲话中指出，落实干部政策的根据是什么？是事实，也就是干部过去的实践。判断对干部的定性和处理是否正确，根本的依据是事实，经过对实际情况的调查核实，分析研究，凡是不实之词，凡是不正确的结论和处理，不管什么时候、什么情况下搞的，不管是哪一级组织、什么人定的、批的，都要实事求是地改正过来。这是在处理干部问题上坚持实践标准。但是，作为中共中央办公厅副主任的一位同志，在 10 月 3 日信访工作会议召集人会议上讲话，对胡耀邦上述讲话进行了批驳，坚持要在文件中把这些话删掉。他说：“现在有人要翻天安门的案，这不是又在压中央嘛！”他还说：“有些文章确实有问题，而且有些问题比较严重，矛头是指向毛主席的。有篇叫《实践是检验真理的唯一标准》，其中有些话有问题。有些人不同意发表，有些人说好得很，一篇篇地登。当然可以百家争鸣，但有的人用主席的话批主席。”“有的不仅是针对毛主席，也是针对华主席。有的逼省委常委表态。黑龙江的杨易辰说五不怕，不对嘛。这股风很大，要顶住是不容易的。我向张平化说，你是宣传部长，你要掌握方向。有人说要全面准确地理解毛泽东思想，但是做起来就不那样了。”这篇讲话对真理标准问题讨论持鲜明的反对态度，而且气势汹汹地批评了中央组织部部长、省委第一书记。

本书作者访问黑龙江省委原第一书记杨易辰（时任最高人民法院院长）

以上所说只是当时的一部分情况。但我们从中可以看出，在当时的北京，毛著编委会办公室、《红旗》杂志社、中央宣传部、中央办公厅这几个单位的主要领导，坚持“两个凡是”，反对实践是检验真理的唯一标准问题的讨论，立场是很明确的，动作也不少不小。他们手中拿着若干顶政治大帽子，其中最大的一顶政治帽子就是说你“砍旗”。特别是汪东兴，他在当时的地位高，身份特殊，他提出的问题也特别尖锐。他不但具体地贬斥特约评论员文章，还直接点了胡耀邦的名。汪东兴和其他几位同志，都用“代表哪个中央”这样的语言提出问题。以上这些谈话，是在小范围内进行的。胡耀邦不在场。我们有理由肯定，这些信息，这些谈话的内容，是会很快地传到胡耀邦那里的。而且，汪东兴自己也讲，他已找胡耀邦谈过（实际是批评过)。

另一方面，胡耀邦作为中共中央组织部部长，正在全力以赴地抓平反冤假错案、解放老干部的工作。这是实践标准与“两个凡是”对立的一个主要焦点。“两个凡是”不推倒，就说不清为邓小平平反、恢复工作的问题。“两个凡是”不推倒，大批冤案、假案、错案，就不可能纠正平反昭雪，或者虽然平反了，也要留一个长长的尾巴，压得人们喘不过气来。胡耀邦一方面组织写文章，为平反冤假错案大声疾呼，另一方面，则采取果断行动，解放干部。这些，都深深触动了坚持“两个凡是”的人。汪东兴 6 月 15 日讲话中，就点了组织部，认为干部问题没讲清楚。在平反冤假错案、落实干部政策中，胡耀邦遇到的阻力和压力同样很大。

特别要说一下的是，那时，汪东兴是中共中央副主席，是中共中央党校的第一副校长，在中央分管宣传工作，直接管中央党校，中央组织部的事他也管。就是说，他是胡耀邦的顶头上司，汪东兴的那些话、那些行动，对胡耀邦来说，确实是巨大的压力。当然，邓小平也是中共中央副主席，6 月 2 日，他在全军政治工作会议上的讲话，是对“两个凡是”的有力批评，也是对真理标准问题讨论的有力支持。但是以下几点也是很重要的：(一）汪东兴直接管胡耀邦的工作。(二）汪东兴自己从谈话中透露出这样的信息，他和作为中共中央主席的华国锋是一致的；汪东兴在 6 月 15 日的讲话中透露，特约评论员这些事，他向华国锋汇报过两次。华国锋在 1978 年 12 月 13 日中央工作会议闭幕会上说，在 6、7 月间，中央常委几位同志先后给他谈过真理标准问题讨论的情况。显然他知道有不同意见。但我们没有看到他有支持这个讨论的任何表示。(三）当时胡耀邦还不清楚中央主席与副主席的具体分工和相互关系状况。胡耀邦不得不谨慎从事。

人们可能会提出这样的问题，5 月 13 日召开的“理论动态组”会议听了胡绩伟传达的那个电话内容后，为什么不具体研究如何撰写反批评的文章？为什么在一段时间之内也没有再开会来作这样的部署？为什么第二篇文章胡耀邦没有定稿？等等。了解了我在前面列举的那些情况，再考虑一下我分析的三条，这些问题就可以得到答案了。当然，谨慎从事，绝不是无所作为，而是要采取稳妥而有效的办法。这一点，我在下面要具体讲。

上述一系列情况也表明，如果得不到强有力的支持，这场刚刚开始的真理标准问题讨论，被勒令停止，被压下去，落得夭折的命运，也不是不可能的。

二、邓小平明确而强有力的支持

在党中央主要领导人中间，邓小平是最早明确表示支持真理标准问题讨论的。

1978 年 5 月，在罗瑞卿的具体指导下，军委总政治部正在筹备全军政治工作会议。在起草会议文件的过程中，发生了尖锐的意见分歧。总政治部宣传部部长李曼村对文件中的两个提法提出了原则上的不同意见。第一，他不同意文件中“现在处在新的历史条件下”这个提法。他说，要提就提华主席说的“新的历史时期”。第二，他不同意“人民解放军是无产阶级性质”的提法。他说，毛主席说人民解放军是“人民军队”。他坚持自己的意见。后来，筹备会议的同志在向邓小平汇报工作时谈到此事。邓小平马上抓住了这个问题。他指出，这反映了一种思潮，是“两个凡是”的思潮。他提出，一定要坚持实事求是的精神。他表示，我一定要讲话。6 月 2 日，邓小平在全军政治工作会议上发表了讲话。

邓小平在全军政治工作会议上的讲话，第一个问题就是讲实事求是，第二个问题是讲新的历史条件，第三个问题讲破和立。这篇重要讲话，针对“两个凡是”的思潮，精辟地阐述了实事求是的思想路线。

邓小平在这个讲话中指出，马列主义、毛泽东思想的基本原则，我们任何时候都不能违背，这是毫无疑义的。但是，一定要和实际相结合，要分析研究实际情况，解决实际问题。按照实际情况决定工作方针，这是一切共产党员所必须牢牢记住的最基本的思想方法、工作方法。实事求是，是毛泽东思想的出发点、根本点。他尖锐地批评了党内存在的一种倾向。他说，我们也有一些同志天天讲毛泽东思想，却往往忘记、抛弃甚至反对毛泽东同志的实事求是、一切从实际出发、理论与实践相结合的这样一个马克思主义的根本观点、根本方法。不但如此，有的人还认为谁要是坚持实事求是，从实际出发，理论和实践相结合，谁就是犯了弥天大罪。他指出，他们的观点，实质上是主张只要照抄马克思、列宁、毛主席的原话，照抄照转照搬就行了。要不然，就说这是违反了马列主义、毛泽东思想，违反了中央精神。邓小平尖锐地指出：他们提出的这个问题不是小问题，而是涉及怎么看待马列主义、毛泽东思想的问题。他说，如果我们只把过去的一些文件逐字逐句照抄一通，那就不能解决任何问题，更谈不到正确地解决什么问题。那样，即使我们口头上大讲拥护毛泽东思想，实际上也只能是违反毛泽东思想。

邓小平强调，我们说的做的究竟能不能解决问题，问题解决得是不是正确，关键在于我们是否能够理论联系实际，是否善于总结经验，针对客观现实，采取实事求是的态度，一切从实际出发。我们只有这样做了，才有可能正确地或者比较正确地解决问题，而这样地解决问题，究竟是否正确或者完全正确，还需要今后的实践来检验。邓小平从怎样对待马列主义、毛泽东思想的原则高度，精辟地阐明了实事求是是毛泽东思想的出发点、根本点。

邓小平在讲话中特别引证毛泽东《人的正确思想是从哪里来的?》一文，明确地指出，人的正确思想，只能从社会实践中来，而由社会实践中产生的思想（包括理论、政策、计划、办法）是否正确地反映了客观外界的规律，还是没有得到证明的，还不能确定是否正确，只有放到社会实践中去，经过实践的检验才能证明它究竟是正确的还是错误的，此外，再无别的检验真理的办法。这段话，明确地肯定了《实践是检验真理的唯一标准》的观点。

邓小平在这个讲话中提出，“我们一定要肃清林彪、‘四人帮’的流毒，拨乱反正，打破精神枷锁，使我们的思想来个大解放，这确实是一个十分严肃的任务。”①

---

① 《邓小平文选》第二卷，人民出版社 1983 年版，第 119 页。

邓小平这个重要讲话，新华社在当天就作了详细报道。6月3日，《人民日报》、《解放军报》和中央其他报纸以及地方的报纸都以头版头条位置作了报道，通栏标题是：《邓副主席精辟阐述毛主席实事求是光辉思想》。6月6日，《人民日报》、《解放军报》又全文发表了邓小平的这个讲话（略作删节）。1978年6月30日，中共中央文件中发〔1978〕38号，将华国锋、叶剑英、邓小平三位同志在全军政治工作会议上的讲话全文正式发出。地方传达到县级干部、军队传达到全体干部的这个文件指出，这三个讲话是指导全军和全国各条战线实现新时期总任务的重要文献，要求大家认真学习贯彻。

华国锋在全军政治工作会议上的讲话基调，仍然是“两个凡是”。华在他的讲话中说，在新的发展时期中，我国国内的主要矛盾仍然是无产阶级和资产阶级之间、社会主义道路和资本主义道路之间的矛盾，仍然要以毛主席关于无产阶级专政下继续革命的理论为基础，以阶级斗争为纲。

邓小平的讲话基调是针对“两个凡是”讲实事求是，讲实践标准。

这样基调不同的讲话作为同一个中央文件下发，要求大家学习贯彻，这是两年徘徊时期的一种奇特现象。政治倾向不同的人肯定会各取所需地侧重学习贯彻这些讲话。但是，有两点是明显的：其一，邓小平的讲话正确地阐述了唯物主义认识论原理，也反映了广大干部和人民群众的强烈愿望，反映了当时中国历史发展的要求，必然得到广大干部群众的拥护和支持；其二，以中央文件的形式发出邓小平的讲话，这对坚持实践标准、反对“两个凡是”的人是一个强有力的支持和鼓舞，也使不少不明底细的干部心中有了底，敢于大胆地站出来支持真理标准的讨论。

邓小平在全军政治工作会议的重要讲话，对真理标准问题讨论是一个强有力的支持和推动，也为这个讨论的发展指明了方向，提出了明确的要求。这就是，要从对待马列主义、毛泽东思想的根本态度这样的高度，反对“两个凡是”，要打破精神枷锁，实现思想的大解放，解决党的思想路线问题。

邓小平的重要讲话，也使阐述真理标准问题的第二篇文章，即《马克思主义的一个最基本的原则》，能以更高的水平写成。这篇文章在邓小平6月2日讲话前已经撰写出初稿，但文章的修改加工直接受到邓小平这个讲话的启发。这篇文章直接引邓小平这篇讲话约有900字。而且，这篇文章的发表同邓小平的讲话更有直接的关系。本章后文将具体讲有关情况。

邓小平后来在讲真理标准问题讨论时，一再提到他在全军政治工作会议上的讲话。1978年8月19日，邓小平在接见文化部核心小组负责人时说：《实践是检验真理的唯一标准》，我说这是马克思主义的文章，是驳不倒的。实际上是强调实事求是，一切从实际出发，理论联系实际。我在全军政治工作会议上讲了，同意这个观点和文章。[①] 1982年9月18日，邓小平与来访的金日成谈话时，又一次提到这次讲话中讲了真理标准问题，支持了这个讨论。

---

① 不少论著都引邓小平的这个讲话，但有的将8月19日误写为5月19日。这里引的文字请有关方面作了核对。这段话收进《邓小平年谱》时，有变化。

1978 年 7 月 21 日，邓小平又找中共中央宣传部部长张平化谈话，向他介绍了围绕实践是检验真理的唯一标准问题争论的经过，并给他打招呼，要他不要再“下禁令”、“设禁区”了，不要“再把刚开始的生动活泼的政治局面拉向后退”了。这是邓小平支持真理标准问题讨论的又一个重要行动。

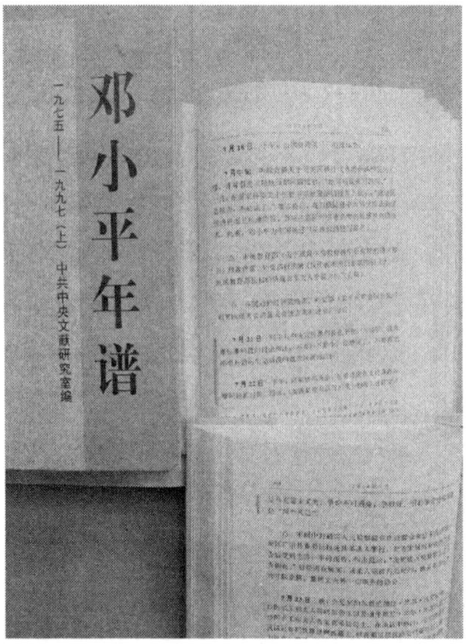

《邓小平年谱》记载了邓小平排除干扰、支持真理标准问题讨论的情况

讲到邓小平对真理标准问题讨论的有力支持，在这里我应当介绍一下邓小平同胡耀邦的一次重要谈话。邓小平这次谈话的时间是在 1978 年 7 月 22 日，即在他同张平化谈话的次日。

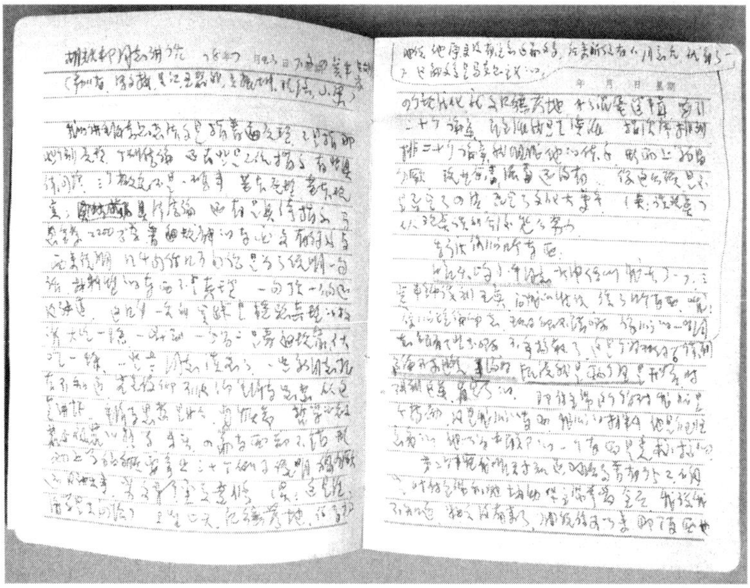

胡耀邦于 1978 年 7 月 23 日向理论动态组同志传达邓小平前一天同他的谈话。这是本书作者的笔记

1978年7月23日，胡耀邦召集理论动态组的同志开会，地点是在他城里的家中，具体时间是下午四点半。我记得那天天气很热，是在耀邦办公的那间房的廊檐下开的会。参加者有冯文彬、吴江、王聚武、吴振坤、阮铭、陈维仁、梁金泉和本人（应当有孟凡，但我笔记本上没有）。胡耀邦的讲话，我作了记录。现将我的记录抄录如下：

告诉你们几个东西：

昨天上（下）午小平同志打电话叫我去了一下，三点半钟谈到五点，问我的情况，谈了几个东西。（小平同志说）哦！你们理论动态，班子很不错啊！你们的一些同志很读了些书啊！不要搞散了，这是个好班子。他说，他原来没有注意这篇文章，后来听说有不同意见，就看了一下，这篇文章是马克思主义的。谈到争论不可避免，争得好，根源就是"两个凡是"。开始时谈到这点，肯定了的。邓副主席这个话对我们是个鼓励。凡是我们的东西，我们的材料，他是很注意看的。

第二个事情，我昨天才知道，政治局曾有个分工，确定叶副主席和他协助华主席掌管全面。我说我不知道，好久没有来了。他说你可以来，那个东西也不要张扬。我说我这下可以大胆些了。今后宣传上三个人也可区别一下。

第三，他说了这个问题。我那个完整地准确的话怎么出来的。本来我想不起这个话，我就是根据"两个凡是"，要完整准确。有一次起草文件，谈到领袖时，我当面问了吴冷西、胡绳、李鑫，你们引"左"派幼稚病，领袖一个词是单数还是多数，他们就解释成一个人。胡绳答不出。不能把集体领袖说成一个人。

第四，还谈了一个，批不下去了，一定要同林彪联系起来批。我问广东一个文件你看到没有，我觉得不错。他说要把林彪、"四人帮"捆在一起批，不然许多问题弄不清楚。他的意思是不要受（一九）七四年的限制、受批林批孔的限制，但是处理上打击面一定要小，这是两个不同的问题，批判要同十一次、十次路线斗争联系起来。他昨天找张平化谈了，说宣传部长不能犯错误，不能下禁令。

以上是我的记录。当时就同其他人对过笔记。在写此材料前，我又同另一位同志的笔记对照了一下，我们两人记的内容是完全一致的，但他的笔记比我简略。我的记录显然有不准确的地方，比如，一开始的"昨天上午"，应当是"昨天下午"。但主要意思是没有错的。顺便说一下，这个材料我提供给了中央文献研究室，已经编进了《邓小平年谱》。

那天，胡耀邦的情绪很高。听了他的传达，我们大家也很高兴，很受鼓舞。

胡耀邦说，我今天主要同大家通通气。

邓小平这次同胡耀邦的谈话，十分重要，是对真理标准问题讨论、对《理论动态》的明确的强有力的支持。胡耀邦在讲到真理标准讨论的第二篇文章时，还感到局面不太明朗，邓小平这次谈话以后，局面就比较明朗了。也就是说，可以大胆地干了（用耀邦给我们传达时的话讲，"可以大胆些了"）。

就在这次会上，胡耀邦就初步地讲了深入开展真理标准讨论的想法。他说，一见到实践是检验真理的标准就大吃一惊，一听到一分为二是普遍现象又大吃一惊，对这些基本道理，一些老同志淡忘了，一些新同志根本不知道。毛泽东思想是什么？要恢复毛泽东思想的本来面目，这就是哲学的启蒙和启蒙的哲学（这是前一天《人民日报》刊登的邢贲思的文章的题目）。几天以后，他又召集理论动态组开会，布置写关于真理标准讨论的第三篇重要文章和其他一系列文章。

8月13日，邓小平又同吴冷西谈话，指出："实践是检验真理的唯一标准，是马克思主义的。实践标准那篇文章是对的，现在的主要问题是要解放思想"。①

邓小平在真理标准讨论遇到强大压力和重重阻挠的时候，旗帜鲜明地肯定和支持这个讨论，指出了实践标准与"两个凡是"对立的实质，提出了开展讨论的要求，从而使这个讨论能够坚持，能够广泛地开展起来，健康地向前发展。

随后，邓小平又在各种场合发表谈话，剖析"两个凡是"的错误，阐述真理标准问题讨论的重要意义，推动这个大讨论的展开。

邓小平1982年9月18日同金日成的谈话，特别讲到他1978年访朝归来视察东北三省时的讲话。他说，在东北三省，沿途讲思想路线问题。邓小平视察吉林时，于9月16日听取了省委常委的工作汇报，并就真理标准问题的讨论发表了很重要的谈话。他说："怎样高举毛泽东思想旗帜，是个大问题。现在党内外、国内外很多人都赞成高举毛泽东思想旗帜。什么叫高举？怎么样高举？大家知道，有一种议论，叫做'两个凡是'，不是很出名吗？凡是毛泽东同志圈阅的文件都不能动，凡是毛泽东同志做过的、说过的都不能动。这是不是叫高举毛泽东思想的旗帜呢？不是！这样搞下去，要损害毛泽东思想。毛泽东思想的基本点就是实事求是，就是把马列主义的普遍原理，同中国革命的具体实践相结合。毛泽东同志在延安为中央党校题了'实事求是'四个大字，毛泽东思想的精髓就是这四个字。"邓小平说："如果只是毛泽东同志讲过的才能做，那我们现在怎么办？马克思主义要发展嘛！毛泽东思想也要发展嘛！否则就会僵化嘛！"他进一步指出："所谓理论要通过实践来检验，也是这样一个问题。现在对这样的问题还要引起争论，可见思想僵化。根本问题还是我前边讲的那个问题，违反毛泽东同志实事求是的思想，违反辩证唯物主义、历史唯物主义的原理，实际上是唯心主义和形而上学的反映。"邓小平把实践标准具体化，他指出："我们是社会主义国家，社会主义制度优越性的表现，就是能够允许社会生产力以旧社会所没有的速度迅速发展，使人民不断增长的物质文化生活需要能够逐步得到满足。按照历史唯物主义的观点来讲，正确的政治领导的成果，归根结底要表现在社会生产力的发展上，人民物质文化生活的改善上。"② 邓小平视察东北的谈话，针对坚持"两个凡是"的那些人的一系列言行，透彻地阐明了什么是真高举、什么是假高举，对真理标准讨论是又一次强有力的推动。从9月下旬到11月，就有21个省、市、自治区党委负责人发表谈话，支持真理标准讨论。这就是最好的说明。

邓小平这次谈话中深刻地指出，政治领导的成果，要表现在社会生产力的发展和人民生活的改善上。这个观点具有重要的理论和实践意义：（1）党的路线、方针、政策、计划、决策，都要接受实践的检验；（2）从领导工作的角度来说，社会主义条件下的实践标准必然要具体化为生产力标准和人民生活改善标准。邓小平的这次重要谈话，是在十一届三中全会前深入开展真理标准的讨论，为确立实事求是的思想路线、实现全党工作重心转移所采取的又一个重要行动。

---

① 《邓小平年谱》上，中央文献出版社2004年版，第357页。

② 《邓小平文选》第二卷，人民出版社1983年版，第128页。

三、在罗瑞卿支持下对“凡是派”的正面回答

当时，在北京流传着一个顺口溜：

有个“凡是派”，
不是都“凡是”，
有的要“凡是”，
有的不“凡是”。

这个顺口溜的另一个版本是：有个“凡是派”，凡事不“凡是”，有利就“凡是”，无利不“凡是”。

平心而论，要彻底实行“两个凡是”，是不可能的。比如，毛泽东既讲过邓小平“人才难得”，又作出了“批邓、反击右倾翻案风”的决策。如果按“人才难得”的话办，就要尊重人才，就要委以重任；如果把邓小平作为所谓右倾翻案风的代表加以批判，那就完全是另一回事了。“凡是派”陷入窘境，是不可避免的。当然，那些坚持“两个凡是”立场的人是明确的，就是要维护毛泽东晚年的错误，就是要维护无产阶级专政下继续革命的理论和“文化大革命”。就是说：哪些要“凡是”，哪些不“凡是”，他们是有取舍标准的。

这里要说明的是，我这里用的“凡是派”这个提法，是借用的。因为虽说人们一般也说党内无派，千奇百怪，而且，毛泽东也多次提出过革命派、反革命派、促进派、促退派之类的概念，现在我们还用“民主党派”这个提法。我在这里用“凡是派”这个提法，是约定俗成，只是为了方便，绝无在政治上去具体地划什么派的意思。

下面介绍在罗瑞卿的支持和具体指导下，撰写和发表《马克思主义的一个最基本的原则》一文的有关情况。

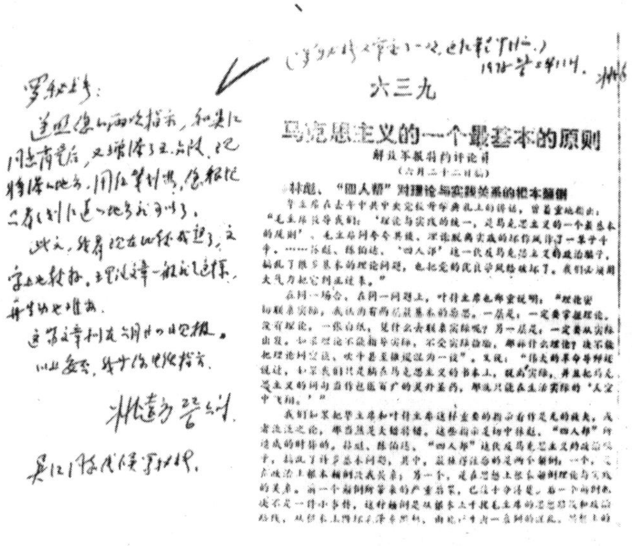

罗瑞卿审定吴江撰写的《马克思主义的一个最基本的原则》，用红笔打钩（复印件）

胡耀邦听到了吴冷西那个电话的内容后，从原则上表明了态度，表明他绝不会反对毛主席，但没有立即组织撰写反驳的文章。前面我讲到，他想得更多更深。他首先要搞清楚的是，这篇文章究竟有没有问题？

1992 年上半年，胡耀邦的大儿子胡德平在中央党校进修部学习。我同他谈起真理标准问题讨论的问题。他回忆出一个情节。当时他父亲对他说过这样的话：我又把这篇文章仔细看了一遍，我也叫吴江同志看了，这篇文章没有问题啊！这说明，胡耀邦不但认真地重看了这篇文章，而且同吴江交换了意见。

《理论动态》创刊十五周年时，本书作者同陈维仁（左）、正在中央党校学习的胡德平（中）在中央党校最早的实事求是碑墙前合影

胡耀邦坚信，由他审阅定稿的《实践是检验真理的唯一标准》这篇文章没有错，但是，在那“不太明朗”的形势下，他确有将这个讨论“冷却一下”的打算。

1992 年，有一次我同吴江同志交谈时，他说，当时耀邦同志要冷却一下，我不同意。吴江说，耀邦同志这个意见，好像是你转达给我的。其实，像这样的话，当时是不会由我转达的。那时也参加《理论动态》撰稿的阮铭，在他的一本书中讲了一个情况。1978 年 6 月 20 日，胡乔木到胡耀邦家，对他说，这场争论是党校挑起来的，我不同意争论下去，要立即停止争论，《理论动态》不能再发可能引起争论的文章了。胡乔木走后，胡耀邦立即打电话把吴江和阮铭找到他家，向他们转达了胡乔木的话，并表示打算冷却一下的想法。吴江他们不同意胡乔木的意见，也不同意冷却一下的主张，继续撰写《马克思主义的一个最基本的原则》那篇文章（孙长江参与，出了不少力）。有人问我，是否有此事？

胡耀邦产生过“冷却一下”的想法，是确实的。我在当时也听说了。那么，这事同胡乔木究竟有没有关系呢？由于主要当事人已不在了，有的同志年事已高，记忆力衰退，也说不清楚。这件事已不大容易搞清楚。不过，有些情况还是可以说明一些问题。

大概就在那时候，胡乔木在中国社会科学院的一次会议上，严肃地对大家说，有人说现在中央在真理标准问题上有不同意见，这是造谣，是要分裂党中央。当时，听他讲这个话的人感到很奇怪，甚至感到不可理解，因此，至今印象很深。我访问时，他们都主动讲到这个情况。

还有一次，在人民大会堂的一次中央机关司局长以上干部大会上，胡乔木又说，我可以负责地讲，中央在这个问题上是一致的，谁说中央内部有不同意见，就是分裂党中央。他这个话也引起与会者议论纷纷。我们单位参加这个会的同志回来就对我讲这件事。

胡乔木当时的这两次讲话，一时传得很广，不是什么秘密。

上面这些情况说明，胡乔木一心维护以华国锋为首的党中央，很担心真理标准问题的讨论会引起党中央内部的意见不一致，引起分裂，因此，他反对进行争论。从这些情况看，他到胡耀邦家去的事，不是不可能的。当时，胡耀邦对胡乔木是很尊重的，很赞赏他的学识和为人。就在 1977 年 6 月 4 日那次中央党校的小会上，胡耀邦在讲到中央党校的教学计划时，特别提出，要有关同志带了他写的介绍信，去找胡乔木，听取他的意见。胡耀邦说，乔木这个人的优点是帮助人具体，诚心诚意的。这样的话我当时听耀邦讲过几次。因此，在当时那个大背景下，胡乔木跑到胡耀邦家郑重其事地讲的那些话，对胡耀邦肯定会有影响的。

胡乔木的讲话，主观上可能是从维护党内团结出发的，是出于好心。但是，至少有以下三个问题需要澄清。

一是，究竟是谁挑起的争论？关于真理标准问题的讨论，确实是由中央党校的《理论动态》的一篇文章的公开发表而引发的。但从当时的历史背景来看，争论的根源是“两个凡是”。粉碎“四人帮”以后，广大干部和人民群众迫切要求平反冤假错案，解决历史遗留问题，彻底纠正“文化大革命”的错误，而“两个凡是”却加以阻挠。这样，才引起争论。具体地说，《实践是检验真理的唯一标准》这篇文章，完全采取了说理的态度，根本没有进行争论的架势，更没有点“两个凡是”。本来，完全可以通过平心静气的讨论，澄清和纠正多年来理论与实践关系上的颠倒（由于林彪、“四人帮”、陈伯达、康生的破坏而使问题更为严重），重新确立实事求是的思想路线。但是，提出和支持“两个凡是”的一些人却采取咄咄逼人的姿态，给人扣大帽子，横加罪名，粗暴地进行阻挠和压制，因而引起大家的不满。因此，争论是由“两个凡是”引起的，是由坚持“两个凡是”的那些人挑起的，不是由中央党校挑起的。

二是，争论该不该停止，能不能停止？问题的实质是，这场争论是好事，还是坏事。在当时形势下，是坚持“两个凡是”，维护“文化大革命”那一套极左的东西，维护毛泽东晚年的错误，还是坚持实践标准，实事求是地解决历史遗留问题，这是对待马列主义、毛泽东思想的根本态度问题，是真正高举毛泽东思想的旗帜，还是假高举的问题。只有争论清楚了，才能真正统一思想，解决思想路线问题，并进而解决政治路线问题。在这样的基础上，才能真正实现全党的统一与团结。显然，在这个问题上，胡乔木的心情是矛盾的。问题在于，“两个凡是”是一种社会思潮，不是轻易就可以统一认识的。对于某些人来说，“两个凡是”

也是政治态度和立场问题，更不是轻易就可以解决问题的。宣布一下党中央在这个问题上“完全一致”，非但无助于解决问题，而且很不利于推进拨乱反正。这个争论是不可避免的，争得好。这个争论不应当停止，也不可能停下来。因为这是历史发展的需要。如果强行将这个讨论停下来，还会以另一种方式进行这个争论。如果那样的话，效果会差得多。正确的态度和做法应当是因势利导，使这个讨论健康地向前发展。

三是，在当时情况下要不要从原则上禁止一切争论？由于长期的“左”倾错误，造成了严重的是非颠倒和思想混乱，大量的思想是非、理论是非、路线是非问题亟待澄清。在这个全面拨乱反正的特殊时期，各种争论是不可避免的。也只有通过争论，才能明辨是非，使大家的思想得到提高。企图仅仅通过自上而下的教育和灌输来解决问题，是不可能的。一潭活水比一潭死水要好得多。在当时形势下，要强调和提倡的是解放思想，开动脑筋，勇于思考，勇于探索，勇于冲破“左”的束缚，勇于打碎精神枷锁，勇于研究新情况、解决新问题。这应当成为各报刊的重要方针。要求报刊不发表引起争论的文章，既不应当，也不可能。万马齐喑的局面打破得越快越彻底越好。

这里要讲一个情况。在 1978 年 8 月，胡耀邦审阅吴江《关于当前的一场讨论》的讲课稿时，写了如下一段话：“支持一切捍卫马列主义、毛泽东思想的畅所欲言、各抒己见的做法。”这段批语表明了胡耀邦对争论的原则态度。

8 月 18 日晚，胡耀邦同中央党校理论研究室一位同志谈话时，讲了一个重要情况。他说，今天同乔木同志谈了一下，实践是检验真理的标准这个问题可大了，现在精神受束缚，这不是一个理论问题，是整个党整个人民的问题，是思想方法问题，对马列主义的根本态度问题，要拨乱反正。他自己介绍同胡乔木谈这个问题的情况，当然是比较简略，也没有讲这次谈话的结果。但这说明了胡耀邦这时在这个问题上的坚定态度。

在这里还要讲一个情况。1993 年 7 月出版的《胡乔木文集》第 2 卷，收进了胡乔木 1979 年 1 月 6 日在中国社会科学院作的传达十一届三中全会精神的报告稿。这个报告的题目是：《十一届三中全会的重大意义》。这篇文稿讲了以下三个问题：“1. 工作着重点的转移。2. 中央工作会议和三中全会总结了我们国家建设社会主义的历史经验。在这两个会议上，大家一致认为，社会主义经济要持久地、高速度地、有计划按比例地发展，必须有这样两个必不可少的条件：(1) 必要的社会政治稳定，(2) 按客观经济规律办事。3. 这两个会议，对党内生活进行了讨论，解决了一大批长期没有解决的问题，总结了历史经验。”

在这篇近 16000 字的报告稿中，没有专讲思想路线问题，但在第三个问题中有一段讲了这个问题。现抄录如下：

在思想路线方面，会议用了很多时间来讨论，充分肯定了“实践是检验真理的唯一标准”的讨论的重大意义。

坚持实践是检验真理的唯一标准的同志在会上被认定是正确的，反对这一观点的同志被认定是错误的。问题还不在于认定哪些同志正确、哪些同志错误，问题在于认定这是一个关系到党和国家命运的根本原则。如果不承认实践是检验真理的唯一标准，我们党就不能前进，就要脱离实际、脱离群众，党就要失掉生机，我们就要亡党亡国。[①]

这不到 200 字的传达和阐释，至今读来，有些地方也不易理解，尤其是"被认定"、"认定"这样的用语，看来是经过了一番斟酌的。

中央党校传达十一届三中全会精神，曾专门安排了一次讲思想路线问题。

吴江说，《马克思主义的一个最基本的原则》这篇文稿，他没有送胡耀邦，是直接送给了《解放军报》的姚远方。胡耀邦后来也说，他"没有参加"。但是，胡耀邦当时的机要秘书梁金泉对此却有回忆。任中共云南省委副书记时的梁金泉，1993 年下半年在中央党校进修一班学习期间，同我谈到以下情况：胡耀邦收到吴江撰写的文稿以后，觉得不好办，在当时的情况下，《人民日报》、《光明日报》都承受不了那种压力，《理论动态》也不好刊登。后来，耀邦对梁金泉说，有办法了，去找大将，找罗大将。梁问：为什么要找他？耀邦说，罗大将说要发，在哪里发，分量就很不一样了。罗大将在党内威信高，影响大，理论上强，现在用我们这个（刊物）不行了。胡耀邦将吴江送来的文稿装进信封口袋，交给梁金泉，说，我已打电话说好了，你送去就行。梁金泉记得很清楚，他将稿送到了罗瑞卿手中。那时，罗住在北京西郊翠微路南的一个招待所的一层。梁金泉的这个回忆应当是可信的。可能的情况应是吴江的稿既给了《解放军报》，又送给了胡耀邦。从当时吴江与胡耀邦的关系状况来说，这个稿送给胡耀邦，是很自然的。

下面我再介绍华楠、姚远方回忆的有关情况。关于《马克思主义的一个最基本的原则》这篇文章，他们二位作过多次介绍。我看到的有：姚远方的《着重研究新情况，解决新问题》（1980 年 5 月 11 日《光明日报》）、《与胡福明教授共忆真理标准的讨论》（1988 年 6 月 7 日《解放军报》）、《磨难虽多心无瑕》（1991 年 6 月 19 日《中国老年报》）；华楠的《师谊友情赤子心》（1988 年 8 月 6 日《解放军报》）。1978 年 8 月 17 日《人民日报》发表的由"解放军报社"署名的文章《教诲永记，风范长存》，也介绍了有关情况。我于 1992 年 6 月 9 日访问了华楠。我还于 1992 年 2 月 22 日访问了吴江。现将从以上这些途径获知的情况综合介绍如下（在这些材料中，某些具体情节略有出入。我根据自己的分析判断加以综合整理，大的出入是没有的，特此说明）。

罗瑞卿于 1977 年春回到北京。1977 年 8 月十一大以后，任军委秘书长。总政治部副主任兼《解放军报》总编辑华楠，50 年代就在他的领导下工作，彼此关系比较密切。姚远方解放战争期间在罗瑞卿领导下随军采访。全国解放后，姚在军报工作，在罗瑞卿任总参谋长期间，时常午夜送军报社论给罗审改，并曾在罗主持下起草文件。1977 年春，邓小平给党中央写信，提出要用准确的完整的毛泽东思想指导工作，实际是反对"两个凡是"。罗瑞卿立即表示赞同和积极支持。有一次，华楠到医院去看望罗瑞卿，他详细询问了提出"两个凡是"那篇社论发表前后的经过情况，并说，对待毛主席的著作和他的指示，都要坚持科学的态度。1978 年春，

---

① 《胡乔木文集》第二卷，人民出版社 1994 年版，第 113 页。

罗瑞卿几次说，林彪、“四人帮”对党的事业的大破坏，一个共同点，就是首先破坏我们党的实事求是的传统。他们造成的危害和恶果，绝不会因为他们的垮台就自动消失。现在的“两个凡是”正是这种流毒。罗瑞卿在 1978 年 3 月的《人民日报》上读到了《标准只有一个》的短文之后，就指出，这篇文章提出了一个重要问题：什么是检验真理的标准？马列主义、毛泽东思想是真理，但不能用来检验自己，只有实践才是检验真理的标准。他很赞赏这个观点，让《解放军报》注意宣传这一思想。后来《光明日报》发表了《实践是检验真理的唯一标准》的文章，他很赞赏。在他的支持和过问下，《解放军报》转载了这篇文章。

大约在 5 月 20 日，华楠、姚远方等人到罗瑞卿处汇报请示全军政治工作会议的宣传问题。罗坐着轮椅出来，一见面就说，真理标准的文章是一篇坚持马列主义、毛泽东思想的好文章，它提出了一个牵一发而动全身的大问题。听说现在有几位秀才还不大赞成，我要去做他们的工作。他明确指出，全军政治工作会议就是要宣传实事求是的思想路线，宣传一切从实际出发，宣传实践是检验真理的唯一标准。不从根本上解决这个问题，我们不从现代迷信中走出来，就一步也前进不了。《解放军报》要注意研究和宣传，要保持这个方向，这是一场重要的斗争。要重视在军队中消除“两个凡是”的影响。

6 月 2 日，邓小平在全军政治工作会议上作了重要讲话，精辟地阐明了实事求是的思想路线。当晚，罗瑞卿就打电话指示，要《解放军报》根据邓小平讲话的精神，很快写一篇有分量的评论文章。

大约在 6 月 7 日（或 8 日），华楠、姚远方等人又到罗瑞卿那里汇报工作。姚远方说，我有个熟人叫吴江，在中央党校工作，他写了一篇文章，不错。姚远方拿出清样给罗，并说，准备用这篇文章。华楠说，那时，罗瑞卿和他几乎一天一个电话，一天去一次。6 月 10 日左右，罗瑞卿说，我认为这是很好的文章，但还需要充实，理论上要加强，特别是要引用毛主席一贯讲的有关思想观点，如《实践论》、《反对本本主义》、《人的正确思想是从哪里来的?》等。他还说，我也要看这些著作，一定要多引这些文章。第二，要引用小平在全军政工会议上的讲话以及其他讲话。这样，这篇文章理论上就充实了。为什么要引呢？他讲了八个字：立论要稳，无懈可击。他还说，现在有个风气，就是抢时间。这篇文章千万不要抢时间，什么时候改好了，就什么时候发表。这样，华楠他们就回去改这篇文稿。

遵照罗瑞卿的意见，吴江对文稿进行了认真修改补充。华楠、姚远方也几次对文稿作了修改加工。在这个过程中，罗瑞卿与华、姚通电话 5 次，与胡耀邦通电话至少 6 次。6 月 19 日前，《解放军报》的同志将修改后的文稿清样送胡耀邦看（姚远方回忆，他们在 6 月 18 日将文稿清样送罗瑞卿审阅修改。送耀邦的稿很可能是罗瑞卿审阅修改的稿）。耀邦看后，口头提了三条意见：第一，同意由军报发表，因为文章中许多地方谈到全军政工会议问题。要改变一下习惯，不一定先由《理论动态》发表，再公开发表。第二，其中，有关砍旗的几句话可以删去，从理论上讲清楚就可以了。第三，这篇文章请同时送韦国清、罗瑞卿同志再看看，我不再看了。他们看后由军报自己定稿就是了。6 月 19 日，姚远方将修改稿再次送罗瑞卿，并写了一封信，报告了胡耀邦的三条意见，文稿也同时送总政治部主任韦国清。罗瑞卿对这个稿又作了两次指示，华、姚对稿再次作些修改。6 月 22 日，又将改了的稿子送罗瑞卿，姚远方特附信一封，信中说，根据您的两次意见，与吴江同志商量，又作了修改，修改的地方，用红笔画上。罗瑞卿审阅以后，于 6 月 23 日上午 11 点退回。根据我的要求，华楠在接受我的调查采访前，特地去查看了这个最后审定稿，罗瑞卿在自己的名字上画了钩，表示同意，没有写批语。

华楠说，罗瑞卿从 6 月 10 日左右看到吴江写的文稿并提出修改意见以后，至少同他和姚远方共谈了 5 次，同他单独谈了 3 次，再加上罗瑞卿与胡耀邦的多次联系，罗瑞卿先后细看了三遍，还自己看书动手查阅毛泽东的哲学著作，指导对文稿的加工修改。他为这篇文章倾注了多大的心力！这足见他对这篇文章的重视程度。

解放军报
JIEFANGJUN BAO
华主席会见阿曼外交国务大臣
马克思主义的一个最基本的原则

1978 年 6 月 24 日，《解放军报》发表了《马克思主义的一个最基本的原则》一文，署名：本报特约评论员

关于《马克思主义的一个最基本的原则》这篇文章的发表，人民日报社的李庄有一段回忆，现抄录如下：“为使《解放军报》、《人民日报》能同日刊登此稿，而且能安排在突出位置，罗瑞卿同志做了令我十分感动的工作。我们两人有师生之谊，他当抗大副校长时，我是抗大学员。他的道德文章，几十年来我衷心仰慕。登一篇文章事情不大，但从 23 日 22 时到翌晨 2 时许，他不顾病痛之身，三次打电话详细指点。第一次问 24 日刊登此稿有无困难？他说，如果没有合适版面，《解放军报》可以等一两天。第二次要我们多找几个同志仔细看看，如有意见马上提出来，他还可以斟酌修改。第三次询问此稿如何安排？我说拟放一版下部，约占五分之二版，通栏题，文排五号楷体。他马上问：一版上面放什么？我说上面登华国锋同志会见阿曼外交大臣的消息和照片，他稍稍沉吟后，同意这样安排，同时谆谆嘱咐，校对同志要细细看，编辑同志也要好好看，无论如何不能出现错字，不能出现错误标点。”① 看了这段回忆，不禁使人想起军事指挥员在一个重大战役即将打响前仔细检查部队战备的情景。

人民日報
RENMIN RIBAO
全国钢铁、化肥生产双告捷
华主席会见扎瓦维大臣
为高速实现「四化」当好「后勤部」
马克思主义的一个最基本的原则

《人民日报》于同日刊登了《解放军报》的《马克思主义的一个最基本的原则》这篇文章

1978 年 7 月 18 日，罗瑞卿乘飞机去联邦德国做治腿手术，临上飞机前，他还对去送行的军报负责人说：“那篇文章，可能有人反对，我负责，打板子打我。”②

① 李庄：《人民日报风雨四十年》，人民日报出版社 1993 年版，第 327、325 页。
② 《中国老年报》1991 年 6 月 19 日姚远方文。

罗瑞卿的这句话，既表明了他高度的责任心和原则性，也说明了当时进行反对“两个凡是”的斗争的尖锐性和复杂性。胡绩伟也说，在罗瑞卿去联邦德国治病之前，还特地给我们打电话，说这篇文章如果要挨打，他愿先挨五大板。[①] 回顾这十多年的历程，每一步都不是那么轻松、那么简单的。

我在访问中发现，华楠同志是一位热情、坦诚而工作又很仔细的人。为了接受我的调查访问，他做了许多准备，除了前面讲的他特地到档案馆看了原件外，他还给我一一列出根据罗瑞卿的意见，在吴江原稿基础上增写的段落和语句，共有十多处。从这些增写的内容看，这篇文稿在罗瑞卿的精心指导下，经过多次加工，确确实实是理论性更强了，针对性也更强了。

1978 年 6 月 24 日，《解放军报》用第一版大半个版、第二版整版、第三版的一部分，通栏标题，正文楷体，发表了《马克思主义的一个最基本的原则》这篇长文，署名是“本报特约评论员”。《人民日报》在同一天全文刊登这篇文章，都是从第一版开始，通栏标题，署名是：“《解放军报》特约评论员”（这样，要以军报的文章为由，或其他理由，阻止《人民日报》转载也不可能了）。首都这两家报纸在同一天用这样的方式，发表这样的长文，确实是一个大动作，很突出，很引人注目，特别是“《解放军报》特约评论员”的署名，显得具有特殊的分量。《光明日报》在 25 日也全文转载了这篇文章。新华社向全国转发，各地方报纸广泛转载。这是继 5 月 11 日公开发表《实践是检验真理的唯一标准》一文以来又一篇重要文章，是第一篇全面批驳实践标准反对者观点的文章。这篇文章在邓小平讲话以后 20 多天发表，也正是时候。

在此之前，即 6 月 16 日，《人民日报》发表了约请邢贲思撰写的文章《关于真理的标准问题》。这也是一篇相当有分量的文章。《光明日报》于 6 月 18 日全文转载了这篇文章。这样，从 5 月到 6 月，首都三家主要报纸《人民日报》、《光明日报》、《解放军报》，各自都发表了一篇论述真理标准问题的重要文章，而且相互转载。这确实是非同寻常的。

还要说一下的是，人民出版社和人民日报出版社这两个出版社，都在 1978 年 7 月间将上述三篇文章汇编成书，出版发行。人民出版社的书名是《实践是检验真理的唯一标准》，人民日报出版社用的书名是《马克思主义的一个最基本的原则》。这是全国关于真理标准问题讨论最早的专集，值得写上一笔。从 1978 年 8 月开始，地方出版社也出版了有关真理标准问题讨论的书籍，据不完全统计，在真理标准问题讨论期间，北京和各地出版社约出版了 40 本书。

还需要写上一笔的是，由中小学通用教材语文编写组编，人民教育出版社于 1979 年 6 月出版的全日制十年制学校高中课本（试用本）《语文》课本第四册，收进了《实践是检验真理的唯一标准》这篇文章。这样，《实》文就成了我国广大的高中学生必读的一篇课文。1985 年 6 月，由人民教育出版社中学语文室编的高级

---

① 《光明日报》1988 年 5 月 7 日胡绩伟文。又见胡绩伟《真理标准讨论的深思》一文，载《新观察》1989 年第 10 期。

中学《语文》课本第四册（在前述试用本的基础上修订），仍然保留了《实践是检验真理的唯一标准》这篇文章。这个课本一直沿用到 1991 年上半年。这样，从 1979 年下半年新学年开始的 12 年中，我国一届又一届的高中学生，都学习了这篇文章，受到了真理标准问题，即思想路线的教育，其意义是很深远的。这也说明，我国教育部门和教育工作者，对真理标准问题是重视的，而且，他们的这种做法是富有远见的。

《马克思主义的一个最基本的原则》这篇文章首先指出，理论与实践的统一，是马克思主义的一个最基本的原则。林彪、陈伯达、“四人帮”根本颠倒了理论与实践的关系，从根本上毁坏了毛泽东思想。因此，思想上的拨乱反正，正本清源，澄清是非，不能不从这里开始。

文章针对坚持“两个凡是”的那些人对《实》文的指责，进一步阐明了实践与理论的关系，特别是理论要受实践检验的道理，强调要恢复《实践论》的权威，实事求是的权威，实践标准的权威，以使毛泽东思想的根本观点重新发扬光大。文章指出，长期以来，林彪、“四人帮”一伙把真理说成是依人的主观思想为转移的东西，把理论本身，或权威人士的言论和看法，或文件上写了的，作为判别真理的标准，而独独讳言客观的实践，对此，直到现在，人们还没有充分认识。文章进一步指出，一些人拘守旧口号，除了思想落后于实践这一点以外，还因为有一部分人的利益或多或少地同这些旧口号联系在一起。文章批驳了那种认为讲实践标准就是散布怀疑论，就是要修改马列主义、毛泽东思想的基本原理，就是要“砍旗”等指责。文章并指出，有些人一听到实践标准，就如临大敌，这是一种很值得注意的思潮。这种思潮同群众中、工作中、在揭批“四人帮”斗争中刚刚恢复和发扬起来的实事求是，凭事实讲话，敢于提出和研究新问题的优良作风，站在对立面。文章阐述了邓小平在全军政治工作会议讲话中提出的实事求是、一切从实际出发、理论与实践相结合的思想，尖锐地提出了是真捍卫毛泽东思想还是假捍卫毛泽东思想的问题。文章指出，有一些同志天天讲毛泽东思想，却往往忘记、抛弃甚至反对毛泽东思想的根本观点、根本方法。文章最后提出，现在一切都在于实践，要尊重实践，尊重科学，破除迷信，解放思想，在实践中学习、学习、再学习，在实践中不断地把马列主义、毛泽东思想推向前进。

这篇文章和《实》文一样，没有具体点“两个凡是”，但文章实际上把坚持“两个凡是”的人的思想和立场作了进一步的揭露和评析，是对“凡是派”对《实》文的指责所作的第一次有力回答。

李庄在《人民日报风雨四十年》中说：“这篇文章篇幅较长，17000 多字，进一步论述马列主义、毛泽东思想关于实践是检验真理的唯一标准的基本道理之后，集中剖析若干糊涂思想，批驳各种谬论，令人拍案叫绝。”他认为，“这篇文章引起轰动效应，相当彻底地解开了绝大多数怀疑论者和不理解者的思想疙瘩，令‘凡是’论者不能应战。”① 这种评论并不过分。《马克思主义的一个最基本的原则》这

① 李庄：《人民日报风雨四十年》，人民日报出版社 1993 年版，第 327、325 页。

篇文章，由于它本身的分量，和由《解放军报》作为特约评论员文章发表这种方式，使它发挥了特殊的作用。

继6月2日邓小平在全军政治工作会议上的重要讲话之后，6月24日又发表了《解放军报》特约评论员的重要文章，这对真理标准问题的讨论是又一个强有力的支持和推动。自此以后，在北京，对实践标准的公开指责就很少了，局面逐渐明朗了，真理标准问题的讨论在各地区、各部门日益广泛地开展起来了，形成了大讨论的局面。当然，这绝不是说，坚持实践标准与坚持“两个凡是”的争论也结束了。

“两个凡是”既然是一种思潮，而且同一些人的利益有联系，它就不可能自然消失，也不是争论几下就能解决问题的。

在7月底，胡绩伟到医院去看望吴冷西。吴冷西还是说：“我看了《解放军报》特约评论员的那篇文章以后，更认为我那天晚上向你提出的意见是正确的。”胡绩伟说，“你可以写文章来进行答辩和批判嘛。”吴说：“我认为这是一个政治问题，根本不应该提出这个问题，根本不应该讨论这个问题。”直到这时，他们还是从根本上反对提出实践标准。因此，争论必然还要继续下去。接着，张平化到东北、汪东兴到山东，发表坚持“两个凡是”、反对提出实践标准的言论。具体情况我在本章第一节已作了介绍。

关于罗瑞卿支持真理标准问题讨论的情况，罗瑞卿夫人郝治平写的纪念罗瑞卿诞辰90周年的文章《春天的思念》中，有一段重要回忆，我照录在这一章的末尾。郝治平在讲到罗瑞卿的性格特点时说，瑞卿虽然不可能不犯错误，但是他确实很少做违心的事。他很不懂得避开锋芒去选择一种既不是不对，也不是对的权宜之计。他认为对党和人民有益的事情，他就努力去做。当他认为不对头的时候他就要明明白白地说出自己的意见。所以，60年代中，当国防部长林彪一手遮天时，瑞卿这个总参谋长却偏偏不肯在他的淫威下低头，苦苦抗争，成为“文化大革命”的第一个受害者。“也正因为如此，‘文化大革命’结束后，在他恢复工作，任军委秘书长的短短一年里，他又冒着风险，积极支持邓小平、胡耀邦等在真理标准讨论中的正确立场。在他临出国治病的时候，还亲自主持修改、定稿，并指示《解放军报》发表了由中央党校吴江同志撰写的《马克思主义的一个最基本的原则》。这篇文章由于当时坚持‘两个凡是’的党中央负责人的错误立场而难以发表。他对当时的《解放军报》总编辑华楠同志说：‘发表这篇文章可能有人反对，准备驳，不要紧，出了问题首先由我负责。要打板子打我的。’虽然瑞卿同志没能看到这场关系党的命运的真理标准讨论的最后胜利，但为了争取这个胜利，为了党的十一届三中全会的召开，为了党的改革事业，瑞卿又一次勇敢无畏地战斗过了。”① 我相信，读者看了以上所述事迹以后，定会对这位老革命家和老将军由衷钦佩、肃然起敬！

① 《人民日报》1996年4月22日。

第五章

理论界、新闻界
密切合作推进讨论

对于理论界和新闻界在真理标准问题讨论中的出色工作和突出贡献，在前面各章已经讲了很多。这里还要从一个特定的角度讲一下。

真理标准问题的讨论，是一次思想解放运动。这既是一个思想路线问题，又是一个政治问题。作为思想路线问题，这个问题的解决，有赖于理论工作者通过撰写文章、讨论、讲演等方式，从理论上思想上提高大家的认识；作为政治问题，需要掌握各级各单位领导权的干部的参与和支持。这些，又都要新闻工作者通过新闻媒介提供阵地，造成强有力的舆论。这个大讨论的性质和特点，当时的特殊形势，要求理论界和新闻界共同努力，要求理论界与新闻界密切合作。

一、理论界和新闻界的密切合作

在真理标准问题讨论 10 周年的时候，《人民日报》原总编辑胡绩伟撰写了一篇文章，回顾这一段重要的历史。这位在这个大讨论中起了重要推动作用的同志说："实践是检验真理的唯一标准的讨论，是理论界和新闻界密切合作，对党和国家做出的一大贡献。"[①] 这个估计和论断是符合实际的。

《人民日报》总编辑胡绩伟为推进真理标准问题讨论作出了重要贡献

我在一开始就讲，从"准确、完整"到实践检验；从一个问题、一个问题解决到提出实践标准，这是拨乱反正的必然逻辑。这就是说，提出真理标准问题，提出实践是检验真理的唯一标准，这是形势发展的客观需要。我们的新闻工作者所处的特殊地位，使他们对这种客观需要感觉很敏锐，而这个问题的提出和解决又需要依靠理论工作者的努力。

① 《新观察》1988 年第 10 期。

《人民日报》在 1978 年 3 月 26 日发表了《标准只有一个》的短文，指出真理的标准只能是社会实践，但是，却收到二十多封来信，反对这篇文章阐述的基本观点。这就说明，需要从理论上来进一步阐明这个问题，需要理论界来参与。于是，《人民日报》理论部的同志就请中国社会科学院哲学研究所的邢贲思撰写文章。

与此同时，《光明日报》总编辑杨西光，也将他们作过几次修改仍不满意的胡福明论真理标准问题的文稿送中央党校，请中央党校理论研究室同志帮助修改加工，并希望先在《理论动态》发表此文。尽管中央党校理论研究室自己也在撰写真理标准问题的文章，而且已经有了一个初稿。应当说，中央党校已在学员中广泛讨论了这个问题，对情况了解得更多更深，更有条件撰写这样的文章。但是，理论研究室仍然痛快热情地接受了《光明日报》同志的要求，并决定将自己已撰写的文稿同《光明日报》送来的文稿合在一起，写成一篇文章。在《理论动态》发表时，又谦让地注明："《光明日报》社供稿，作者胡福明同志，本刊作了些修改。"后来，有人提出意见，认为这样写太不符合实际，改为："《光明日报》社供稿，本刊作了些修改。"这样写仍然是很谦让的。理论界同新闻界的这种合作，成功地向全党和全社会响亮地提出了检验真理的标准问题。

上面讲到"响亮地"提出检验真理的标准问题，这也是协同动作的结果。胡绩伟曾在文章中这样讲："事先商量好，该文用'光明日报特约评论员'的名义在 1978 年 5 月 11 日的《光明日报》发表，第二天由《人民日报》和《解放军报》转载，并由新华社向全国播发全文。"① 由胡耀邦创办并具体指导的《理论动态》作为特约评论员，由首都三家大报《光明日报》与《人民日报》《解放军报》同时发表和转载，权威的新华社转发全国，《实践是检验真理的唯一标准》这篇文章才有那么大的影响力。这是理论界和新闻界密切合作的生动体现和极大成功。从此开始，在真理标准问题的讨论进程中，理论界与新闻界的密切合作就日益发展，从而冲破重重阻力，为这个大讨论的发展做出了贡献。

5 月 13 日，胡绩伟及时地向胡耀邦和理论动态组同志通报了反对者的电话内容。大家在一起进行了议论，一致认为，反对者的电话内容从理论观点上说是错误的，给这篇文章和作者编者扣的政治大帽子是不能成立的。大家的认识是完全一致的。这样，大家的心贴得更近了，从而为今后的紧密合作奠定了更好的思想基础。

论述真理标准问题的第二篇重头文章《马克思主义的一个最基本的原则》，得到了解放军报社同志的大力支持和具体帮助。这篇文稿首先是由《解放军报》副总编姚远方向罗瑞卿汇报和推荐的。在修改加工定稿过程中，《解放军报》的总编辑华楠和副总编辑姚远方，做了许多工作。这篇重要文章的发表，也是几个大的新闻单位协同动作。事前商量，用"《解放军报》特约评论员"的名义在 6 月 24 日《解放军报》发表，《人民日报》在当天同时刊载，由新华社全文播发，第二天，即月 25 日，《光明日报》全文转载。这种情况是很少有的。这反映了当时大家决心之大，几个单位合作之密切程度。

胡耀邦 1979 年 3 月 31 日给理论动态组写的一个批语说："希望新闻界、理论

① 李庄：《人民日报风雨四十年》，人民日报出版社 1993 年版，第 332 页。

界更好地发扬这种互相商讨、互相琢磨的风气。”在真理标准问题大讨论的过程中，理论界与新闻界的合作始终是很好的。这种合作是多方面的，有多种方式，如互通情况，共同研究，共同修改文稿，联合开讨论会，约稿撰稿，协调行动等等。理论界与新闻界密切合作，有效地推进真理标准问题大讨论的生动事例，在中央、在地方都很多，前面已讲了不少，下面在有关章节还要讲到，这里就不再多讲了。

二、新闻界的勇气与机智

真理标准问题讨论刚开始，新闻界就遇到了大麻烦。当时，分管宣传工作、权力很大的党中央副主席汪东兴，以及在他领导下的中央宣传部长和一些颇有影响的人士，对这个讨论持明确的反对态度。《人民日报》在转载《实践是检验真理的唯一标准》文章的当天晚上，就接到了那么明确、那么严厉、那么气势汹汹的反对这篇文章的电话。特别是汪东兴，很快就亲自出马指责《光明日报》、《人民日报》刊登这篇文章，加以压制。在这样的形势下，该怎么办?

《人民日报》、《光明日报》和新华社这些首都主要新闻单位的同志，表现出了可贵的敢于拨乱反正、敢于坚持真理的勇气。

6月15日，汪东兴以分管宣传工作的党中央副主席身份，召开中宣部和中央直属新闻单位负责人会议，《人民日报》、《光明日报》和新华社的负责人胡绩伟、杨西光、曾涛等人都被召去参加这个会议。在这个仅有十几个人参加的小会上，汪东兴严厉批评报纸“把关不够好，把得不严，把得不紧”。这是针对发表《实践是检验真理的唯一标准》那篇文章而言的。他指责这些新闻单位党性不强，提出了“党性不强，接受教训，下不为例”的方针，下了一道禁令。

关于真理的标准问题

学习恩格斯对杜林的批判

1978年6月16日，《人民日报》不顾“下不为例”的禁令，发表邢贲思的这篇文章

就在第二天，即6月16日，《人民日报》却发表了邢责思撰写的《关于真理的标准问题》的文章。新华社全文播发这篇文章。《光明日报》、《解放军报》于6月18日全文转载。这就是这几家新闻单位的同志对汪东兴的批评指责和禁令的回答。同当时不少人还心有余悸、遇事三思的精神状态相比较，他们的这种胆略和精神，确是很令人钦佩的。

在真理标准问题的讨论中，除了要有敢于拨乱反正的精神外，在当时复杂的情况下，策略也很重要。在这方面，新闻界的同志也是很出色的。

前面已经讲到，当时不少重要文章，是用"特约评论员"的署名。对此，胡绩伟讲了他们的考虑。他说，这样重要的好文章本来应该用《人民日报》的社论发表。但是考虑到当时有规定，社论必须送给那位主管宣传的常委审查，肯定送去就会扣压下来，于是想到用"本报评论员"的名义发表。但有规定，重要的评论文章也要送审。汪东兴在6月15日的会上说：宣传口送来的东西我都看，再长，我都要看。耀邦说，用"特约评论员"的文章，表明不是报社写的，而是社外同志个人写的，可以不代表党报，不送审就更有理由。[①] 正如胡绩伟所说，这种做法在党报史上没有先例。这是在特殊的历史条件下一种很高明的策略，已得到实践的充分证明。不少重要文章以"特约评论员"的名义而顺利发表。也正因为署了"特约评论员"的名，而更引世人瞩目，更显得有分量。

将各省、市、自治区党委负责人和各大军区负责人支持真理标准问题讨论的讲话，作为重要新闻，由新华社电讯发出，由《人民日报》、《光明日报》、《解放军报》等中央报纸和地方报纸在显著地位逐一刊登，由中央人民广播电台在新闻节目中播出，这是新闻界在真理标准问题讨论中采取的一个重要举措，也是他们的一大杰作。前面已经讲过，新华社黑龙江分社社长孙铭惠，首先报道了中共黑龙江省委常委扩大会议讨论真理标准问题和民主集中制的情况。这个报道先在新华社《内部参考》刊出，胡耀邦给中央党校学员小组每组发一份，引起了强烈反响。1978年8月3日，新华社又作为电讯稿发出；8月4日，《人民日报》在头版头条位置刊登，首都其他报纸和地方报纸也都在显著地位刊登了这条新闻。接着，新华社又发了新疆维吾尔自治区党委负责人支持真理标准问题讨论的新闻。1978年9月和10月，接连报道了广东、福建、浙江、江西、河北、青海、宁夏、内蒙古、四川、湖北、天津、江苏、广西、贵州等省、市、自治区党委负责人支持真理标准问题讨论的讲话。与此同时，这些新闻媒体又报道了沈阳部队、广州部队、兰州部队等大军区负责人支持真理标准问题讨论的讲话。这些重要新闻报道和其他有关的报道，造成了一种形势，造成了一种坚持实事求是、推倒"两个凡是"势不可当的形势。全国广大干部和人民群众，都在密切注视着这种形势的发展。那些还没有明确表态的省、市、自治区党委负责人，自然就成了人们注目和议论的对象。据说，在长沙街头，有一张大字报，附了一张全国分省地图，把凡是表态支持真理标准问题讨论的省、

---

① 于光远、胡绩伟等著：《猛醒的时刻》，中外文化出版公司1989年版，第261页。

市、区都作了标记，剩下两个空白的省，一是台湾，一是湖南。[①] 这是充满智慧的群众对湖南省委负责人不支持真理标准问题讨论的态度的尖锐批评。

1978 年 9 月和 10 月，真理标准问题讨论的形势加速发展，这同新闻界的出色工作是直接有关的。有人把这种新闻报道指责为“强迫表态”。这种指责是没有道理的。但新闻报道对真理标准问题讨论所起的引导和推动作用，确是很明显的。

地方报纸在真理标准问题讨论中所做的努力和贡献，也是很值得称道的。可惜我掌握的材料很少。这里仅举几个例子，以见一斑。

这里主要讲上海市的《文汇报》和《解放日报》。

那时，中共上海市委主要负责人对真理标准问题的讨论，采取了明确的不支持态度。真理标准问题讨论开始后，有的同志在市委常委会上几次提出建议，上海要发表文章，但均遭拒绝，说什么中央没有文件，《光明日报》一篇文章怎么能算数。不仅如此，还交代市委宣传部负责人要看住上海的几张报纸。作了这样的规定，上海的报纸可以转载其他报纸的文章，不能自己组织文章。《文汇报》有 9 篇文章送审，都被压下了。后来又规定，5000 字以上的文章要送审。《文汇报》的同志想方设法，巧妙地冲破这些禁令。复旦大学党委举办了党员干部读书班，讨论真理标准问题。复旦大学党委书记夏征农作了动员报告。《文汇报》的同志写了报道，并问夏征农，能不能发这个稿？夏说，为什么不能发？《文汇报》总编辑马达认为，这是冲破市委禁令的一个好机会。因为夏征农是一位有影响的老同志，发表后，如果来追问，就可以说是夏征农让发表的，估计他们不敢对夏征农怎么样。这样，《文汇报》就在 1978 年 9 月 16 日的第一版，发表了这篇报道。以后，为了不受 5000 字以上的稿要送审的限制，《文汇报》的同志就把稿都压缩到 5000 字以内发表。[②]

《解放日报》的同志也是想方设法，巧妙地组织文章，参加真理标准问题的讨论。1978 年 10 月间，在一次市委常委的学习会上，赵行志等几位同志发言，明确赞同真理标准问题的讨论。《解放日报》的负责人知道这一信息以后，便立即派人前去约稿，在这位常委的发言稿的基础上，很快形成文稿，但不便署这位姓赵的常委的真实姓名，便署名“赵启”，在 1978 年 11 月 3 日的《解放日报》发表。文章的题目是：《恢复马克思主义实践性的权威》。他们戏称此文的编发，“有点地下工作的味道”。[③]

真理标准问题讨论时任《河南日报》总编辑的刘问世，也是中央党校的校友。他向我提供了《河南日报》在这一讨论中的工作总结材料，比较全面也比较具体。我将这个材料全文抄录如下：

从 1978 年 5 月至 1981 年 6 月，《河南日报》比较集中系统地进行了关于实践是检验真理的唯一标准的讨论。这次讨论是全国规模的，是粉碎“四人帮”以后在基本理论问题上的拨乱反正，具有重大的历史意义。讨论是从 1978 年 5 月 11 日

---

① 学员回忆材料 19。

② 调查访谈材料 16。

③ 见上海《解放日报》创刊 40 周年纪念文集《跨入不惑之年》第 182—183 页，金维新文。

《光明日报》发表的《实践是检验真理的唯一标准》这篇特约评论员文章开始的。5月12日，《河南日报》全文转载了这篇重要文章，在全省引起强烈反响。自此以后至1978年底，《河南日报》连续在显著位置刊登了新华社播发的有关重要文章、评论和消息19篇，发表了中共河南省委党校学员、河南省军区党委、中共郑州市委和各地市委等单位讨论的消息、文章和评论20多篇。1978年11月23日，在一版头条刊登了中共河南省委第一书记段君毅在省委常委扩大会议上的讲话。他强调指出，坚持实践是检验真理的唯一标准，才能解放思想做好各项工作。他要求全省各级党委认真进行讨论，端正思想路线。这个时期，《河南日报》关于真理标准问题讨论的报道，侧重于阐明意义和思想发动。从1979年开始，中共河南省委要求结合贯彻执行中共十一届三中全会精神，把实践是检验真理的唯一标准的讨论深入到实际工作中去，深入到基层群众中去。为了适应讨论深入的需要，帮助基层干部和群众认识讨论的意义，《河南日报》约请河南省哲学社会科学所编写了题为《谈谈真理标准问题》的辅导材料，分载于8月10日、12日和13日的报纸上。辅导材料共分十节：一、为什么要开展真理标准问题的讨论。二、真理和检验真理的标准。三、实践是检验真理的唯一标准。四、怎样用实践检验真理。五、革命理论也要不断接受实践检验。六、实践检验与理论指导。七、实践检验与科学预见。八、有用的不一定都是真理。九、坚持实践第一，恢复和发扬党的优良学风。十、坚持实践标准、继续解放思想。这个辅导材料受到广大干部和群众的欢迎，对深入进行真理标准问题讨论起到了推动作用。从1978年8月25日起，《河南日报》在《学习》专刊（后改名为《理论与实践》）开辟《坚持实践标准，端正思想路线》专栏，连续发表理论联系实际的文章，交流讨论的心得与意见。这个专栏一直办到1981年6月5日，共出刊69期，发表文章78篇和学习问答3篇。在1980年全年发表的47篇专栏文章中，大多数是以实践是检验真理的唯一标准论述农村实行联产承包责任制的正确性，指出实行联系产量的承包责任制深得人心，强调要从实际出发，解放思想，敢于打开治贫致富之门，不要见“包”色变。有的文章还论述了加强思想政治工作的重要性，明确指出不能用奖金代替思想政治工作，丢掉思想政治工作就会走偏方向，“精神万能”与“金钱万能”都是不对的。这些论述对全面贯彻中共十一届三中全会精神，实行农村经济体制改革，起到了积极的引导作用。

在整个讨论中，1979年的发稿量比较大，全年共发表文章26篇，消息36篇，评论员文章6篇，加上其他有关稿件总计84篇，反映了讨论的情况，把讨论逐步引向深入。《河南日报》三年零一个月的讨论，使实践是检验真理的唯一标准这个马克思主义的基本原理为广大干部和群众所掌握，摒弃了一切否认实践的重要性、使认识离开实践的错误理论，为贯彻执行中共十一届三中全会的路线方针政策，推进改革和四个现代化建设扫除了思想障碍，创造了有利条件。

全国有那么多的报纸，在真理标准问题讨论中，都起了很大的作用。这种积极作用，作为党委的机关报，固然是历史的责任，责无旁贷。这里要讲一下的是，有些专业性的报刊，也积极地组织文章，参与真理标准问题的讨论。如《体育报》，在1978年8月16日，就发表了《如何理解实践是检验真理的唯一标准》的文章；

10月25日，又发表评论员文章《打破思想僵化》；10月30日发表了《必须坚持实践是检验真理的唯一标准》的署名文章。这些文章的水平都比较高。《中国青年》和《中国妇女》等杂志；也都发表了论述真理标准问题的文章。

由于各地党委对真理标准问题讨论采取的态度不同，也由于报社同志自身的某些原因，各地报纸对真理标准问题讨论的态度，主要是在十一届三中全会以前这一段时间内，也是有明显差别的。这里讲一下《北京日报》。

《北京日报》是中共北京市委的机关报，尽管它也是省级报纸，但由于地处首都，因而是一张很引人注目的报纸。《北京日报》直到1978年的6月14日，才在该报第二版全文转载了《实践是检验真理的唯一标准》这篇文章。从时间顺序上说，这是全国省级党报转载此文的倒数第二家。从《光明日报》5月11日发表此文到6月14日，已过去了一月有余。在这一段时间内《北京日报》对真理标准问题讨论保持了完全的沉默，不但一文不发，而且可以说是一言不发。该报5月24日第一版的长篇报道很能说明这个情况。在这一天该报第一版下半部的通栏大标题是：《揭批"四人帮"篡改马克思主义政治经济学的罪行》。这是一篇关于北京市委宣传部门召开批判会的报道。这篇报道说："市委宣传部负责同志最后指出，要分清是非，拨乱反正，要从哲学、政治经济学和科学社会主义三个方面批判'四人帮'，就必须提倡认真读马列著作和毛主席著作。只有高举毛泽东思想伟大红旗，才能很好地掌握批判的理论武器。要把批判和学习结合起来，把学习、批判和弄清各条战线的路线、方针、政策的是非界限结合起来，把党的路线、方针、政策提高到理论上来认识。"这篇讲话作为这个会的总结，显然是代表中共北京市委的。这篇讲话绝口不提已在首都议论纷纷的真理标准问题讨论。那位负责人一再提出要分清是非。怎么才能分清是非呢？他的办法是读书和批判。他绝口不提要以实践作为唯一标准进行检验，判别是非。很显然，这是同真理标准问题讨论对着唱的一次讲话。

在1978年的6月和7月，《北京日报》对真理标准问题讨论仍然保持沉默，只是刊登一些新华社的电讯稿和转载一些《人民日报》的文章。到了1978年的8月，《北京日报》终于发表了两篇自己组织的论述真理标准问题的文章。一篇是1978年8月8日，在该报第三版发表了《检验真理的标准只能是社会实践》一文。这篇文章的题目很鲜明，反映了一些编辑人员的态度，但内容是讲哥白尼太阳系学说的确立和发展。另一篇是，8月21日，在该报第三版，刊登了《从"东非人"的遭遇看真理标准》，此文从人类化石的发现讲真理标准问题。这两篇文章所讲的问题，都是同当前的实际不沾边，在当时的首都来说，可以说是奇文。它比较明显地反映了当时北京市委主要负责人对真理标准问题讨论的反对态度，也多少反映了《北京日报》一些人的精神状态吧！

1978年10月18日，《北京日报》在头版头条的重要位置，报道了10月13日该报编辑部召开座谈会，讨论实践是检验真理的唯一标准问题的情况。大标题是：《分清真假高举　促进思想解放》。这篇报道说，发言者一致认为："当前在思想、理论战线就这个问题展开的讨论，意义十分重大。它实际上是一个怎样真正高举毛主席的伟大旗帜，正确对待马列主义、毛泽东思想的问题。这个问题关系到我们的思想路线和政治路线，关系到党和国家的命运和前途。一定要解决好，否则，我们的思想就不能进一步得到解放，党的优良传统就不能得到发扬，各方面的工作就不能做好，加速实现四个现代化就将成为一句空话。”这些话在当时来说，已不新鲜，更没有什么惊人之处，但在《北京日报》上刊登出来，却是有着特殊的意义。它是中国政治形势发展的一个新的信号，它表明，《北京日报》已经明确地站到了坚持实践标准的立场上来了，“两个凡是”在北京市已难有立足藏身之地。

像《北京日报》这样的情况，在全国的大大小小党报中，也有它一定的代表性。当然，前面引的《河南日报》的材料，具有更大的代表性。从《河南日报》可以看出全国大多数报纸在真理标准讨论中的工作情况和所起的重要作用。

三、理论界卓有成效的努力

首先是理论界的同志，科学地分析了粉碎“四人帮”以后拨乱反正的发展形势，适时地提出了检验真理的标准问题，明确了“实践是检验真理的唯一标准”这个重大命题（胡耀邦作为中央党校的负责人，也可以看作是理论界的，《人民日报》理论部的同志则既是新闻界的，又是理论界的，一身二任）。理论界与新闻界密切合作，勇敢地公开地提出了真理标准问题以后，又通过各种方式（包括参加理论务虚会），严肃地批评剖析“两个凡是”，推进这个大讨论。在恢复和重新确立实事求是的思想路线，推进全面拨乱反正，实现历史伟大转折的历史进程中，理论界的努力是卓有成效的，功绩是巨大的。

除了前面已讲的以外，在这一节，再着重讲一下理论界在举办理论讨论会、撰写文章两个方面的出色工作。

先讲理论讨论会。主要介绍一下北京的一个在全国发生了很大影响的理论讨论会。

1978 年 6 月 20 日、21 日，中国社会科学院的《哲学研究》编辑部，邀请首都部分哲学工作者和一些部门做实际工作的同志，召开了真理标准问题座谈会。参加这个座谈会的，有中央党校、中国社会科学院、中国科学院、全国科协、北京大学、中国人民大学、北京师范大学、军事学院、政治学院、广播学院、石油部、冶金部、纺织工业部、轻工业部、新华社、人民日报社、光明日报社、中央人民广播电台等单位的 60 余位同志。大家围绕真理标准问题进行了座谈。发言者指出，检验真理的标准只能是社会实践。实践标准问题，实践第一的观点，是辩证唯物主义的认识论的基本观点。坚持实践观点，就是坚持马克思主义的思想路线；背离实践观点，就是背离马克思主义思想路线。与会者结合实际情况，阐明了重新学习、研究和讨论这个问题的必要性。

从报道材料看，这个讨论会本身并没有什么惊人之处。但联系当时的背景看，这个会就不一般了。

前面已经讲到，在 1978 年的 6 月 15 日，即这个讨论会的前五天，汪东兴召开了中央宣传部和中央直属新闻单位负责人会议，发表了那么一篇气势汹汹的讲话，对真理标准问题的讨论下了禁令。不仅如此，在这个讲话中，汪东兴还点名批评了当时担任中国社会科学院副院长的邓力群，说他的一篇讲话，没有提十一大，没有提毛主席，没有提华主席为首的党中央。这里，已经有几顶政治大帽子快扣到邓力群头上了。《哲学研究》编辑部就是在这样的背景下召开这个座谈会的。这是冒着风险的，是要有勇气的。这是首都理论界召开的第一个真理标准问题座谈会。1978 年 7 月 7 日，《人民日报》和《光明日报》公开报道了这个座谈会的情况。

1978 年 7 月 17 日至 24 日，中国社会科学院哲学研究所和《哲学研究》编辑部又召开了全国性的讨论会。他们邀请了全国 29 个省、市、自治区的哲学理论工作者（包括党校、哲学研究单位、大专院校）和实际工作者，以及中央、国家机关、解放军、新闻出版单位的人员，共 160 多人参加会议。这个讨论会的具体筹办者就是哲学研究所副所长邢贲思和《哲学研究》编辑部主任张岱。

中国社会科学院副院长邓力群参加了会议开幕式，并作了讲话。中国社会科学院顾问周扬参加了会议闭幕式，作了讲话。会议还邀请《人民日报》和《光明日报》等单位的同志，讲了有关真理标准问题讨论的背景和情况。

邓力群的讲话首先指出，这个讨论会是要讨论理论和实践的关系，坚持实事求是，一切从实际出发，以及实践是检验真理的唯一标准等问题。他提出，在讨论中一定要坚持实事求是的根本态度和民主集中制的基本原则。

邓力群在讲话中明确肯定了《光明日报》发表的文章。他说："《光明日报》发表《实践是检验真理的唯一标准》以后，引起了一些议论。后来《解放军报》又发表了长篇文章，对前一篇文章的观点，进行进一步的阐述，对不赞成这篇文章的看法，进行了商讨和批评。我个人是完全同意这两篇文章的。说实在话，第一篇文章见报后，在没有听到不同意见时，我认为是一篇很普通的文章，并没有觉得发表了什么谁也没有讲过的新意见，听到不同意见以后，我才觉得，这篇文章的确起了好作用。理论界、学术界由此展开了热烈的讨论。这个讨论还在继续深入。它对于我们各方面的工作，都会有很好的影响。"①

坚持"两个凡是"的人发出这样的责难，按照实践标准，"那么现在党提出的十一大路线就不是真理，一定要等到二十三年以后实践证明了才是真理，那么，人们怎么会热烈拥护，会为之贯彻执行而奋斗呢?"这种指责，一方面是对《实践是检验真理的唯一标准》一文的曲解，另一方面，也暴露了他们对十一大文件中肯定"文化大革命"的那些"左"的东西的赞赏。邓力群在讲话中不回避这些在当时来说还是很敏感的政治问题，作了明确而有力的回答。他说：反对这篇文章的同志，有一种意见：按照实践是检验真理的唯一标准的说法，现在党提出十一大路线还不是真理，要等到四个现代化实现以后，实践证明了才是真理。这种意见很值得讨论。我的理解，十一大路线是总结了过去正反两方面经验制定出来的，从这个意义

---

① 此处和后面所引材料（包括周扬同志的讲话），引自当时记录，修改后的文字均见《实践是检验真理的唯一标准讨论集》第一集，中国社会科学出版社 1979 年版，第 72—95 页。

上讲，它是经过实践检验的真理。那么，十一大路线是不是还要在今后的实践中接受检验、补充和发展呢？按照上面这种意见，好像就不再需要实践的检验、补充和发展。路线制定了，总任务提出了，但要实现这条路线、这个总任务，还要解决一系列涉及各方面工作的问题。五届人大以后，中央在处理实际工作中间，就发现很多新问题，认为我们的思想还要更解放一点，决心要更大一点，步子要更快一点，办法要更多一点。我们的十年规划还需要补充、丰富和发展。五届人大以后才几个月时间，在中央的工作日程上就提出这样的问题，这就足以证明，十一大路线来自实践，但还要回到实践中去，继续接受检验并且得到补充和发展。不能说我们制定了一条路线，就算达到了真理终点，不要再前进了。

邓力群进一步阐明：过去28年的历史证明，只要路线对头、方针对头、办法对头，就可以把国民经济搞上去。我们有不少好的经验，也有反面教训，现在和今后，还会有许多新的问题，需要理论工作者积极研究和探索，如果我们回避这些问题，研究工作就不能搞好。理论工作者完全可以在实现四个现代化的过程中，发挥聪明才智，做出贡献。

这个问题也证明理论上已经达到了的东西，已经为过去的实践检验过的东西，还需要在新的实践中继续进行检验、修正、补充和发展。……我们必须贯彻毛主席实事求是的原则，在新的历史条件下研究新的问题，解决新的问题。这对搞实际工作的同志和对搞理论工作的同志都极为重要。

邓力群强调：由于面临着前人没有解决的新问题，更加需要容许不同途径的探讨，容许不同意见的争论，也就是贯彻执行毛主席所讲的民主集中制原则。在上次的哲学讨论会上，周扬同志讲，科学无禁区，有禁区的地方就没有科学。讲得很好。新问题的答案，书本上找不到，要靠我们从实际出发，实事求是，从不同的途径来探讨。在探讨过程中，难免犯错误，要允许改正，继续探讨。

针对一些人乱扣帽子、爱打棍子的做法，邓力群说：其实，喜欢打棍子的人，往往不是因为他怎么高明，而是因为他有些空虚，无非是不能以理服人，只好用帽子、棍子压人。这是不懂得马克思主义、不懂调查研究的表现。对这种离开马克思主义、不根据调查研究的做法，我看用不着怕。

这是一篇支持刚刚兴起的真理标准问题讨论，解放思想，鼓舞士气的讲话。

周扬在这个讨论会闭幕会上的长篇讲话共讲了三个问题：

1. 现在讨论真理标准问题的意义何在？

2. 实践是检验真理的唯一标准，是不是还有第二个标准？承认实践是检验真理的唯一标准，是不是否定或削弱马克思列宁主义、毛泽东思想的指导作用？

3. 科学无禁区，这话对不对？

周扬在讲话中一开始就指明了讨论实践是检验真理的唯一标准问题的意义。他说：这个问题不单单是个哲学问题，而且是个思想政治问题。这个问题的讨论，关系到我们的思想路线、政治路线，也关系到我们党和国家的前途。如果我们放弃了实践是检验真理的标准这一马克思主义的基本观点，那么我们就会离开马克思主义的轨道。所以这次讨论很有必要。

周扬明确肯定了《实践是检验真理的唯一标准》这篇文章。他说:“文章的命题、基本观点都是正确的，站得住脚的。但是有人从这篇文章中看出了问题。”“听说他们认为这篇文章理论上是错误的，政治上是有害的，是‘砍旗’的。我没有亲耳听过这话，只是传闻。这样，问题就严重了，这就关系到马克思列宁主义、毛泽东思想的阐述，政治上正确还是反动，对毛泽东思想是举旗还是砍旗的问题。这个事情事关重大，必须要搞清楚。如果不搞清楚，我们这些共产党员也就实在太马虎了。这样重大的问题不搞清楚是不行的。对这个问题必须搞清楚，必须做出明确的回答。”

针对“砍旗”的指责，周扬指出:“如果说砍旗，那是砍林彪、‘四人帮’的旗。这次讨论会就是对着林彪、‘四人帮’的反动思想流毒来的。林彪倒了很久了，‘四人帮’也倒了快两年了，‘四人帮’的帮派体系也已经被摧毁了，但是他们的思想流毒还在，他们的阴魂并没有散，它不仅附着在‘四人帮’的帮派人物身上，也还附在我们某些同志身上，否则，我们就用不着开这个会讨论这个问题了。正因为林彪、‘四人帮’的阴魂不散，需要我们同林彪、‘四人帮’的不散阴魂作斗争。现在我们开这个会就是做驱散林彪、‘四人帮’阴魂的工作。如果人家问，你们写这些文章干什么?我看就是做驱散阴魂的工作，这是个艰苦的工作。”

这些话，是对坚持“两个凡是”的那些人的尖锐而深刻的驳斥。

周扬在阐明了坚持实践标准和坚持马列主义、毛泽东思想指导的一致性后，尖锐地指出:为什么有些人要反对实践是检验真理的标准呢?就是因为他们在运动中办了一些错事，讲了一些错话，又不肯认错，不肯按照实际情况来改正错误。实践和他们的主观意见相违反，他们不愿放弃自己的主观意见，却硬要反对实践这个客观标准。

关于科学不应当有禁区的问题，周扬说:给科学设置禁区，那就是承认某些客观事物的领域是科学所不能接触、不能探索的，那就是否定科学之所以为科学，就是扼杀科学，宣布科学的死亡，那就必然要引导到不可知论、怀疑论、神秘主义、迷信和宗教。所以必须反对禁区。不粉碎“四人帮”人为设置的禁区，我们就不能实现从必然王国向自由王国的转化，就不能有所发现、有所发明、有所创造、有所前进。

“如果我们的社会主义不是空想的感伤的社会主义，而是科学的、现实的社会主义，我们就应把它当作一个头等重要的科学研究的对象，根据国际共产主义运动的历史经验，根据我国无产阶级专政经验，从各方面来加以科学的研究和总结，是不应当设置禁区的。”“政治也好，学术也好，都需要民主。学术特别需要有民主空气，需要有自由讨论的空气。要反对对学术问题采取粗暴态度，要严格区别两类不同性质的矛盾，又考虑到科学艺术的特点和特殊规律，坚决反对乱扣帽子，乱打棍子。”

周扬讲话的重要性在于，他第一次明确地指出了真理标准问题讨论的重大意义和性质，指出这“是个思想政治问题”，“这个问题的讨论，关系到我们的思想路线、政治路线，也关系到我们党和国家的前途”。这一论断取得大家的认同，以后，在讨论中，大家都这样讲。高级领导干部的表态讲话，也都是这样讲的。

哲学研究所和《哲学研究》编辑部召开的这个理论讨论会，是真理标准问题讨论开始以后，第一次全国性的大型讨论会。这个理论讨论会的规模大、规格高，讨论的水平也高，因此，这个讨论会的影响也大，对真理标准问题的讨论起了有力的推动作用。《人民日报》和《光明日报》都在 7 月 30 日报道了这个座谈会的情况。地方上的不少同志将 7 月开的这个会议称为“北京会议”。一些省参加这个会议的同志回去后，是向省委领导直接汇报的。福建省参加会议的三位同志回去后，于 8 月间向省委常委作了汇报，参加者除常委外，还有各部、委、办负责人。9 月 2 日，省委书记廖志高就在省委工作会议闭幕会上的讲话中，肯定了真理标准问题的讨论，要求大家进一步加深对这个问题的认识。浙江省参加会议的两人回去后，也是向省委常委作了汇报。省委研究决定，立即筹备召开全省理论讨论会。这两位同志还向 8 月间召开的全省政治理论教员备课会作了传达，要求依据北京会议的精神，修改和编写政治理论课教材。他们还到十多个单位作了传达讲话。新疆维吾尔自治区党委宣传部召开了三百多人参加的理论宣传干部会传达这个会议的精神。当然，在当时的形势下，不是各地普遍都这么重视、这么做的。

在首都，还有两个座谈会，也需要在这里讲一下。

本书作者访问邢贲思（1995 年）。邢贲思当年作为中国社会科学院哲学研究所副所长参与组织了第一次全国性的讨论会

一个是由中国社会科学院经济研究所、《经济研究》编辑部召开的座谈会。这是一个北京地区部分经济理论工作者、经济工作者座谈会，讨论实践是检验经济理论、经济政策的标准。著名的经济学家孙冶方在发言中说：“检验经济理论、经济政策的标准，只能是人民群众的社会实践。凡是经过实践检验，有利于社会经济发展的经济理论、经济政策，就是正确的；否则就是错误的。实践的标准，是唯一的标准。只有经过实践，才能认识客观规律。”北京师范大学的曹宪章在发言中说，在实践中检验经济理论和经济政策，“最根本的，就是看它能不能促进生产力的发展”。他提出，“对于那些实践证明能促进生产力发展的经济理论和经济政策，就应该充分加以肯定；对于那些实践证明不能促进生产力的发展，甚至阻碍生产力发展的经济理论和经济政策，就要破，就要改。只有这样，才符合广大群众的利益和要求，四个现代化才能早日实现，否则就会违背广大群众的利益和要求，四个现代化就会落空。”中央党校的龚士其在发言中说，我们讲的实践，是一定历史时期广大人民群众的实践，“不能根据某一单位的实践作为检验理论、政策是否正确的标准”。这是针对照搬大寨经验、农业学大寨的做法而言的。中国人民大学的孔生发言说，“坚持不坚持实践是检验真理的标准，是涉及是否高举毛泽东思想伟大旗帜的大事情。我们不论是在社会主义建设还是在理论研究工作中，都必须高举毛泽东思想的伟大红旗，但是高举毛泽东思想旗帜有真高举和假高举的区分”。[①] 这个座谈会上的发言，针对“两个凡是”的思潮和我国经济生活中的实际情况，讲得很有针对性，很有理论深度，也相当尖锐。新华社发了这次会议的电讯稿。《光明日报》于 9 月 3 日刊登了新华社的电讯稿。《人民日报》于 9 月 4 日对这次会议作了报道。

另一个座谈会，就是中国科学院理论组和自然辩证法研究会联合召开的理论讨论会。这个会于 1978 年 7 月 5 日和 10 日举行，参加者有自然科学工作者和哲学工作者三百余人。与会者以科学史和当代科学技术发展的材料，论证了实践是检验真理的唯一标准的基本观点，澄清在理论与实践关系问题上存在的混乱。发言的同志指出，“承认不承认实践是检验真理的唯一标准，对于我们科技事业的高速发展，具有特殊重要的意义。科学就是实事求是的学问，科学不承认任何偶像，而要倾听实践的呼声，接受实践的检验。”“在我们的内部，现在还存在着反对实事求是，反对从实际出发这一根本原则的思潮。如果听任这种思潮泛滥，新鲜活泼的空气将被窒息，科学技术的发展只能停滞，科学技术现代化就不能实现。”大家提出，“在这个历史转折的重要时刻，迫切需要开展一个马克思主义的思想解放运动。”自然科学工作者从科学技术角度讲实践标准，批评“两个凡是”，把问题展开了，这对推进真理标准问题的讨论，无疑又是一个有力的推动。7 月 10 日，《人民日报》和《光明日报》对这个会议作了报道。

召开理论讨论会，是推进真理标准问题讨论的一个重要的和有效的方式。除了前面讲的这几个讨论会外，当时，全国各地开了很多这样的理论讨论会。现在将《哲学研究》编辑部从公开报刊上的报道中抄录的座谈会、讨论会，以及我自己收集的，计算一下，在 1978 年，理论界召开的关于真理标准问题的座谈会、讨论会，就有 70 来个。这是见之于报端的，没有公开报道的这类座谈会、讨论会，一定是更多（见本书附录一）。

1978 年是中国理论界异常活跃的一年。理论界在粉碎“四人帮”以后逐渐苏醒起来并投入拨乱反正的斗争。1978 年，以真理标准问题讨论为中心，理论界的活动达到前所未有的活跃程度。这里所说的前所未有，不止是讲“文化大革命”期间，也包括“文化大革命”以前时期在内。正如前面所讲，1978 年，实际是 1978

---

① 各人发言均见《经济研究》1978 年第 8 期，第 2—7 页。

年下半年，全国从中央到地方，围绕真理标准问题召开的理论讨论会、座谈会，共有 70 多个。在这么短的时间之内，围绕同一主题，开这么多的理论讨论会、座谈会，确是空前的。

这些理论讨论会、座谈会，从不同角度阐述了实践是检验真理的唯一标准的观点，批评剖析了“两个凡是”，也造成了一定的声势。在这些讨论会、座谈会的基础上，又形成了一批理论文章。在真理标准问题讨论过程中，全国的报纸和刊物上，究竟发表了多少篇文章，到目前为止，还没有看到这方面的完整统计数字。从我个人来说，也不可能解决这个问题。

《改革开放的历程》一书中说：“据不完全统计，截至 1978 年底，中央及省级报刊登载关于实践是检验真理的唯一标准的专文 650 余篇。”

《哲学研究》编辑部编的《实践是检验真理的唯一标准问题讨论集》中，有一个 1978 年关于实践是检验真理的唯一标准部分文章目录和报道索引。我依据这个目录索引和该书收进的文章统计，1978 年的文章共 363 篇。这是经过筛选的文章数。从地方报纸来说，最早的文章是 1978 年 6 月，共 2 篇，一篇是《黑龙江日报》的（6 月 19 日），另一篇是《吉林日报》的（6 月 26 日）。7 月份，地方报纸的文章已有 12 篇，是《吉林日报》、《沈阳日报》、《山西日报》、《河北日报》、《哈尔滨日报》、《黑龙江日报》、《辽宁日报》、《甘肃日报》、《长江日报》、《西藏日报》，共包括 8 个省、市、自治区。特别要指出的是，仅《沈阳日报》在 7 月就发表了 3 篇文章。8 月份，地方报纸的文章一下增加到 45 篇。9 月份，为 55 篇。10 月份，为 57 篇。这些数字很不完整，但可以看出大致的发展势头。

真理标准问题的讨论，是一个思想路线问题，更是一个政治问题，但它却是以哲学形式出现的，带有很强的理论性。因此，这个大讨论的展开和深入发展，理论工作者必然要起特殊的重要作用。撰写文章和发表文章，是推进这个讨论的一个基本形式。这些文章紧密联系实际，全面地阐明了马克思主义的认识论，阐明了实践是检验真理的唯一标准，阐明了理论与实践的关系，剖析了“两个凡是”，批判了林彪、“四人帮”把理论与实践相颠倒的种种谬论和做法，解答了人们存在的种种顾虑和疑问，澄清了许多糊涂观念和混乱思想，阐明了这个讨论的重大意义。这些文章，也是我国理论工作者参加真理标准问题讨论的真实记录，有它的历史价值。

我国理论界对真理标准问题讨论的贡献，是多方面的。在这一节，只是讲了两个侧面。

四、若干地方党委宣传部门的积极行动

讲了新闻界和理论界同志在开展真理标准问题大讨论中的突出贡献以后，还应当讲一下若干地方党委宣传部门的同志主动投入，为这场大讨论的开展做出了自己的贡献的情况。

真理标准问题的讨论，本来是党委宣传部门责无旁贷的事。但是，当时中央宣传部的部长不但不支持这个讨论，而且站在“两个凡是”的立场，同这个大讨论唱

反调，对着干。他亲自召集参加全国教育工作会议的各省、市、自治区党委书记和宣传部长开会，要他们对《实践是检验真理的唯一标准》一文“发表不同意见”，实际上是要大家来批判这篇文章。以后，他又到东北地区对党委宣传部门的同志泼冷水。他还对某些省委负责人打招呼，叫他们不要搞这个讨论。他支持《红旗》杂志负责人的“不卷入”方针。以上这些，就是当时的中央宣传部部长在 1978 年真理标准问题讨论中的主要作为。这种情况，不能不对全国各地党委宣传部门产生消极影响。尽管这样，还是有不少地方党委宣传部门的同志主动投入这场大讨论。

首先要讲的，是中共甘肃省委宣传部的情况。早在 1978 年 6 月 27 日，甘肃省委宣传部就与《甘肃日报》编辑部联合召开座谈会，座谈《光明日报》、《人民日报》、《解放军报》发表的几篇阐述真理标准问题的文章，讨论关于检验真理的标准问题。参加这个座谈会的，有兰州大专院校、省委党校、兰州市委党校、部分厂矿企事业单位、兰州市委宣传部的有关负责同志。大家一致肯定“实践是检验真理的唯一标准”的基本观点。大家一致认为，这些重要文章正确地阐明了理论与实践的关系，对从思想上理论上深入揭批林彪、“四人帮”有十分重要的意义，要下定决心，彻底清除林彪、“四人帮”的流毒。与会者指出，这是关系到我们高举和捍卫毛主席的旗帜，坚持马克思列宁主义，恢复和发扬毛主席一手培育的党的优良作风，胜利地进行新的长征的大事。

新疆维吾尔自治区党委宣传部一连有几个大的动作，来发动和推进真理标准问题的讨论。

1978 年 8 月 23 日，新疆维吾尔自治区党委宣传部召开乌鲁木齐地区理论工作者和宣传干部会议，传达中国社会科学院哲学研究所和《哲学研究》编辑部讨论会的精神。中共新疆维吾尔自治区党委常委、宣传部长韩劲草出席会议，并发表了旗帜鲜明的讲话。他说，当前全国思想理论战线很活跃，关于社会实践是检验真理的唯一标准问题的讨论，是一场带有原则意义的讨论，既有理论上的意义，也有实践的意义，不仅值得理论战线上的同志注意，也值得所有干部注意。他指出，关于这个问题的争论的实质，涉及如何看待马列主义、毛泽东思想。对待马列主义、毛泽东思想，有两种根本不同的态度。一种是把它看作是革命的科学，行动的指南；另一种是把马列主义、毛泽东思想看成教条。这后一种态度，看来好像是很忠于马列主义、毛泽东思想，而实际上这种态度本身就是违反马列主义、毛泽东思想的。这个会议的规模很大，参加者有乌鲁木齐地区各高等院校、干校，自治区各部、委、办、局，新疆部队和乌鲁木齐市有关单位的同志三百多人。

由韩劲草提议并经他审定，新疆维吾尔自治区党委宣传部又编印了《实践是检验真理的唯一标准》的小册子，根据这个讨论的性质和新疆维吾尔自治区的实际情况，收编了 7 篇重要文章（包括《哲学与宗教》一文），于 1978 年 8 月出版，先后印刷三次，印数近 50 万册，并在 10 月份出版了维文，印数 3 万册。由宣传部理论处赵振明起草，经韩劲草审定的“编者的话”，简明地阐述了真理标准问题讨论的实质和意义，坚持实践标准与坚持以马列主义、毛泽东思想为指导的关系，受到各方面的重视。新华社为此发了电讯，《人民日报》于 1978 年 9 月 27 日摘要刊登这篇《编者的话》，在全国产生了积极的影响。

1978年10月，新疆维吾尔自治区党委宣传部又召开了真理标准问题的大型理论讨论会。参加会议的有自治区党委、革委会各部、委、办、局政工部门和宣传部门的负责同志，乌鲁木齐地区各大专院校马列主义教研室的同志，出席自治区宣传工作座谈会的各地、州、市委宣传部门负责同志和部分县委宣传部门负责同志。自治区宣传部长韩劲草主持会议，并作了总结性发言。14位发言者从不同角度阐述了真理标准问题讨论的重大意义，真高举与假高举的区别，发扬实事求是、一切从实际出发的优良传统等问题。《新疆日报》对此作了详细报道。这个会议对新疆地区的讨论，无疑是一个强有力的推动。

中共辽宁省委宣传部也是很早就积极地抓真理标准问题的讨论。1978年7月25日到8月1日，辽宁省委宣传部召开了理论与实践关系问题讨论会，出席会议的有各市、地、盟委宣传部负责人和专业理论工作者60多人。这个讨论会贯彻了理论联系实际的原则和百家争鸣的方针，充分发扬民主，思想活跃，畅所欲言，收获很大。辽宁省委书记张树德，省委常委、宣传部长刘异云分别在会上讲了话。这个会对辽宁的真理标准问题讨论，是一次有力的推动。

中共云南省委宣传部于1978年8月召开了理论和实践问题讨论会，由参加北京讨论会的同志传达了会议精神，与会者敞开思想，各抒己见，联系实际，畅所欲言，进行了热烈的讨论。省委宣传部长梁文英主持会议并作了讲话。这个讨论会之后，云南各地的讨论就逐步开展起来，红河、临沧、保山等地、州党委宣传部，组织地、州、县级机关部分干部和党校、中学的专职理论干部，学习和讨论实践是检验真理的唯一标准问题。昆明市所属的机械、轻工、化工、电信、邮政、物资等六个局和冶金公司，在组织座谈和讨论的基础上，都举行了专题讨论会。云南工学院从9月下旬开始，组织全院教师和干部，进行了两次讨论。通过各地的学习讨论，使真理标准问题讨论的意义和主要内容，逐步为广大干部所理解。中共云南省委宣传部及早地抓了这个讨论，效果是很明显的。

山西省的真理标准问题讨论，从全国范围来看，是滞后的省区之一，直到十一届三中全会以后，才真正地开展起来。但是，中共吕梁地委宣传部却能及早地组织这个问题的讨论。吕梁地委宣传部于1978年8月下旬（或9月上旬），召集理论宣传工作干部座谈了真理标准问题。在座谈讨论中，许多同志指出，时至今日，还有人拿“四人帮”断章取义、歪曲篡改了的马列主义、毛泽东思想的只言片语，去品评党的路线、方针、政策，因而得出了错误的结论，采取了错误的行动。因此，恢复和发扬马列主义、毛泽东思想的理论和实际相结合这一最基本的原则，是真捍卫还是假捍卫马列主义、毛泽东思想的一个重要界限。《山西日报》和《人民日报》对这个座谈会都作了报道。

中共湖北省委宣传部在省委领导下，对真理标准问题的讨论抓得及时，也抓得很有成效。早在1978年7月，湖北省委宣传部就组织理论工作者座谈了真理标准问题，听取了他们的意见，又在干部和群众中作了调查研究，摸清了思想动态。省委宣传部根据省委指示，召开了省直机关学习委员会（省直各部、办、委、局负责同志参加），向会议通报了宣传部掌握的情况，确定在全省干部和群众中开展理论与实践问题的学习讨论。早在 1978 年 6 月，中共湖北省委常委就认真学习了全军政治工作会议的文件，特别是邓小平在这个会议上的重要讲话，结合报纸上的有关文章，热烈讨论了真理标准问题。湖北省委常委责成省委宣传部抓这件事。省委宣传部召开了上述会议，安排第三季度全省着重学习讨论真理标准问题，通过学习，在思想上来个大解放，在领导方法和思想作风上来一个大改进和大转变，推动 7、8、9 三个月抗旱夺丰收的斗争，促进各项工作大干快上。省委宣传部要求省直机关和地、市、县委，要有计划地举办小型多样的理论讨论会、座谈会、学习班，开展切实的讨论。

1978 年 8 月下旬，中共武汉市委宣传部也召开了理论与实践关系问题讨论会。市委书记和市委宣传部负责人都在会上讲了话，要求大家高度重视真理标准问题的讨论。

从上面所列举的一些情况，就可以看出，许多地方党委宣传部门的同志，在真理标准问题讨论前期（十一届三中全会和中央工作会议之前），就起了积极的组织推动作用。他们所以能起这样的作用，同党委的领导和支持是直接有关的，但他们自身的敏锐性和积极性、主动性，也是十分明显的。

第六章

《理论动态》发表的一系列文章

在邓小平、罗瑞卿等同志强有力的支持下，很快出现了真理标准问题大讨论的局面。这个大讨论的局面，大致是由以下几方面力量的配合和会合而形成的：一是各省、市、自治区党委负责人和各大军区负责人的明确表态和参与；二是广大理论工作者的参与；三是中央党校和地方各级党校在培训干部中进行真理标准问题的教育，广大干部在党校学习中的热烈讨论以及这些干部回去后对讨论的推进。四是中央和地方的报纸、新华社、广播电台，成为真理标准问题讨论的主要舆论阵地。在胡耀邦直接指导下的《理论动态》，则大胆地组织了一系列有关真理标准问题的文章，作为“特约评论员”文章公开发表，对这个大讨论起了引导和重要的推动作用。

参加十一届三中全会时的胡耀邦

以下各章，我将就这几个方面分别叙述真理标准问题大讨论的情况。首先介绍《理论动态》撰写和发表的若干篇重要文章。

一、阐述真理标准问题的第三篇主要文章

在罗瑞卿支持下，《马克思主义的一个最基本的原则》一文公开发表。邓小平6月2日在全军政治工作会议上发表了支持真理标准问题讨论的重要讲话，又于7月22日同胡耀邦谈话，明确地肯定《实践是检验真理的唯一标准》这篇文章，旗帜鲜明地支持真理标准问题的讨论。在这种形势下，坚持“两个凡是”的那些人已不敢公开坚持自己的观点了，实际上是无力应战。对于胡耀邦来说，“不太明朗”的局面已告结束，他指导理论动态组同志大胆地撰写文章和组稿。

阐述真理标准问题的文章主要是以下三篇：

《实践是检验真理的唯一标准》，作为《光明日报》特约评论员文章公开发表；

《马克思主义的一个最基本的原则》，作为《解放军报》特约评论员文章发表；

《一切主观世界的东西都要经受实践检验》，作为《人民日报》特约评论员文章公开发表。

以上三篇文章，分别作为首都三家主要报纸的特约评论员文章发表，这是一件很有意义的事。

三篇文章中的第一、二篇文章的撰写、修改、定稿、发表情况，前面已作了详细介绍。这里着重介绍第三篇文章的撰写和发表情况。

阐述真理标准问题的三篇文章，其内容各有侧重，反映了这个大讨论的逐步扩展和深入。

第一篇文章明确提出了实践标准，针对“两个凡是”，阐明了检验真理的唯一标准只能是实践，不能是理论本身，阐明了对待马列主义、毛泽东思想的正确态度，并初步剖析了“两个凡是”。这是真理标准问题讨论的开篇文章。

第二篇文章是针对坚持“两个凡是”的人对第一篇文章的指责所作的正面回答。这篇文章对“两个凡是”的思潮，特别是所谓“砍旗”的大帽子，一一作了剖析，进行了有说服力的批驳，从而更深入地阐明了马克思主义的认识论。

撰写第三篇文章的要求，是根据当时讨论的情况，将真理标准问题加以扩展，引导党的干部在自己的实际工作中坚持实践标准，坚持马克思主义的思想路线，从而推动各条战线的拨乱反正，推动各项迫切任务的完成。

第三篇文章的酝酿、撰写和定稿，同样经过了反复的讨论斟酌，费了好多心思。

胡耀邦提出要写这样一篇文章，是在 1978 年 8 月 3 日的理论动态组会议上。这一天下午，他把理论动态组的一些同志找到他家，研究选题。他提出，已经写了一篇检验真理的标准的文章，现在要谈的是，一切都要经过实践的检验，然后罗列出若干条来展开论述。他具体提到的有，政治路线、先进单位和先进人物，评价干部。这些，都是多年来在人们思想上搞得很混乱的问题，很需要通过真理标准问题的讨论，找到一个科学的评价尺度，进行拨乱反正，作出正确的评价。这篇文章的撰写任务，是由理论动态组组长王聚武承担的。

8 月 18 日晚，胡耀邦又进一步讲了这篇文章的撰写问题。他说，当前突出的问题，一个是思想路线问题，要强调实事求是、实践是检验真理的唯一标准，一个是组织路线问题。这两者相辅相成。他还讲到，在一次看电影的时候，将这个问题对叶帅讲了。他对叶帅说，（真理标准）这个问题，我现在要准备把它扩大，不光讲真理问题。这个问题不搞清楚，要影响各条战线的工作。我那天给他们（指理论动态组）出了个题，一切都要经过实践的检验。胡耀邦没有具体讲叶帅说了什么，但我们可以作出这样的判断，叶帅是赞同支持的。胡耀邦又将这个命题进一步发挥。他说，你说是先进、正确，我就要看实际，不管纲领、宣言、指示、检讨、声明、政策、措施，通通都要经过实践检验。他说，现在有些县委书记说，你们这个问题跟我无关，其实，这个问题早就在他的工作中发生影响了，他还不知道。这样，这篇文章的主旨和主要内容，就更明确了。

根据胡耀邦的意见，王聚武认真地撰写了这篇重要文稿。在撰写过程中，理论动态组同志几次进行讨论和交换意见。9月初写出了第一稿，即打印送胡耀邦审阅。耀邦于9月4日审阅并写了如下批语："总的说，很不错，改了一点，还要加一段，长点没有关系。"对这篇文稿的内容，他具体提出加以下一段内容："对犯了错误的，不能光看检讨，还要看实践中（是否）真正改正了。即不轻信诺言，而要相信实践。谁是好干部，谁有能力，也要看实践。看干部不能一成不变，要不断看实践。"文章初稿的结尾是这样的："林彪、'四人帮'早已垮台，但是他们的阴魂不散。'顶峰'、'绝对权威'、'句句是真理'之类的东西，还在一些人身上起作用。他们设置的重重禁区，还像紧箍咒一样束缚着一些人的头脑。端正思想路线，驱散阴魂，砸掉紧箍咒，这是我们各条战线的同志一个共同的战斗任务。"对这个结尾，胡耀邦批了一句："这一段还可以改换另外的话。"

根据胡耀邦的批语和修改，王聚武连夜对文稿进行修改。我的日记上在9月5日的这一天有这样的记载："上午，讨论通过《一切主观的东西都要经受实践检验》稿子。"1978年9月5日上午理论动态组讨论通过后，立即送印厂发排，又将铅印稿送胡耀邦审阅。胡耀邦同志在9月6日审阅后写了如下批语："改了一点点。我认为是近一个多月来最好的一篇。请再斟酌一下。"这样，这一篇文章就定稿了。

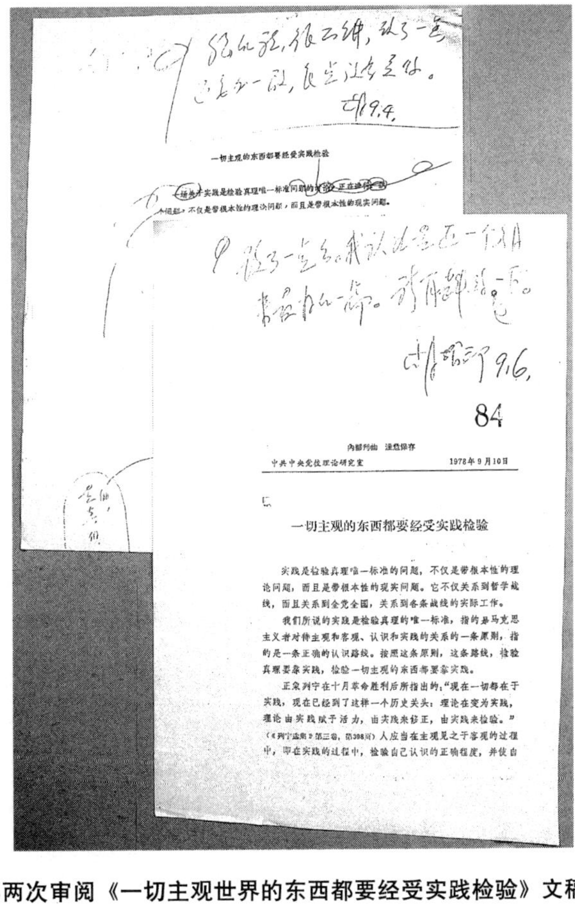
84

内部刊物 注意保存

中共中央党校理论研究室　　1978年9月10日

一切主观的东西都要经受实践检验

实践是检验真理唯一标准的问题，不仅是带根本性的理论问题，而且是带根本性的现实问题。它不仅关系到哲学战线，而且关系到全党全国，关系到各条战线的实际工作。

我们所说的实践是检验真理的唯一标准，指的是马克思主义者对待主观和客观、认识和实践的关系的一条原则，指的是一条正确的认识路线。按照这条原则，这条路线，检验真理要靠实践，检验一切主观的东西都要靠实践。

正象列宁在十月革命胜利后所指出的："现在一切都在于实践，现在已经到了这样一个历史关头：理论在变为实践，理论由实践赋于活力，由实践来修正，由实践来检验。"（《列宁选集》第三卷，第398页）人应当在主观见之于客观的过程中，即在实践的过程中，检验自己认识的正确程度，并使自

胡耀邦两次审阅《一切主观世界的东西都要经受实践检验》文稿的批语

这里，对于第三篇文章的题目，要作一些说明。胡耀邦最初出的题目是：《一切都要经过实践的检验》。大家感到这个题目还不够清楚、不精确。吴江提出，“一切”只能是指理论、意见等等，实践就不好用实践来检验。耀邦说，我就是这个意思。这样就有了第二个题目：《一切主观的东西都要经受实践检验》。向耀邦送的两个稿都是这样的标题。9月9日，在胡耀邦家里召开的理论动态组会议上，又讨论了这篇文稿的题目。大家觉得，“一切主观的东西”这样的提法，还是不清楚、不精确。经过议论，最后确定的题目是：《一切主观世界的东西都要经受实践检验》。在文稿付印前，才把题目改了过来。

《一切主观世界的东西都要经受实践检验》这篇文章，从8月3日向理论动态组布置，8月9日、9月5日，理论动态组两次讨论，还有若干次交换意见，9月4日、9月6日最后讨论确定题目，经历了一个多月时间才写成。《理论动态》第84期（1978年9月10日）发表了这篇文章。《人民日报》于9月25日作为“特约评论员”文章公开发表，标题改为《一切主观世界的东西都要受实践的检验》。《光明日报》和《解放军报》于9月26日全文转载。新华社向全国转发，许多地方报纸也转载了这篇文章。

这篇文章开宗明义地指出：“实践是检验真理唯一标准的问题，不仅是带根本性的理论问题，而且是带根本性的现实问题。它不仅关系到哲学战线，而且关系到各条战线的实际工作。”当时，不少人，特别是处在第一线的干部认为，实践是检验真理的唯一标准的讨论，是一个理论问题，是一个学术问题，跟自己没什么关系。这篇文章一开始就把真理标准问题同各条战线的实际工作挂上了钩。

接着，文章以主要篇幅阐述了以下六个问题：真高举还是假高举，要看实践；对人的处理是否正确，要受实践的检验；谁是好干部，谁有能力，也要靠实践来检验；看待先进，要坚持实践第一的观点；对生产的领导，要靠实践检验；检验文艺作品，也要靠实践。这六个方面的问题，都是长期以来被搞得很混乱而当时又迫切需要拨乱反正的问题。这篇文章对这些问题上长期存在的是非颠倒和各种糊涂观念，一一作了剖析。当然，这篇文章不限于这六个方面的问题，而是希望通过这六个方面问题上的拨乱反正，使大家得到进一步的启发，更好地掌握实践标准，解决思想路线问题。所以，这篇文章在分析了六个方面的具体问题以后，又进一步升华，写了一段总结性的话。

文章说：“四十多年前，毛主席专门写文章，反对那种遇事‘拿本本来’的本本主义。今天，还有这么一种人，他们自己不从实际出发，不坚持理论联系实际的原则，也不允许别人从实际出发，不允许别人坚持理论联系实际的原则，只准照搬照抄照转。他们的座右铭是：‘过去的一切不许动，今后的一切都照搬。’否则，就是大逆不道、罪该万死。过去，一切都是对的，不看事实如何，都神圣不可侵犯，都不可更改。今后，一切都只能照搬，不论实践怎么发展，只有上了书的才是对的。这种观点，恰好是丢掉了理论和实践相结合的原则，丢掉了毛泽东思想的根本。”这段话，对“两个凡是”作了透彻的揭露。

“过去的一切不许动，今后的一切都照搬。”这是胡耀邦对“两个凡是”这种思想方法的特点所作的概括，在这篇文章中，是提神之笔。李庄在他的书中说：“此文篇幅不长，作用不小，把‘砍旗’、‘丢刀子’的指责还给了它们的发明者。”这篇文章把真理标准问题的讨论同各条战线的实际工作联系起来，起了重要的引导和推动作用。

一切主观世界的东西都要经受实践的检验，这是胡耀邦为了把真理标准问题的讨论引向深入，同实际工作和从事实际工作的领导干部挂起钩来而提出的一个重要论题。1978 年 12 月 31 日，新任中央宣传部部长的胡耀邦，在政协礼堂召开的宣传口干部大会上讲话，在谈到当前的宣传工作时提出，实践是检验真理的唯一标准还要继续讨论，但必须要有新东西新道理可讲，结合实际工作解决问题。他强调的是，一切主观世界的东西都要经受实践的检验，1978 年也好，1979 年也好，70 年代也好，80 年代也好，90 年代也好，对的要坚持，错的要改，一切人的东西都要经受实践的检验，包括这两年没有犯过错误的人，今后也有可能犯错误，都要以实践判明是非，判明功过，坚定不移地按实践论办事。他还指出，一切人，一切主观世界的东西，都逃不脱实践的检验。每个人对任何人任何事的判断，都要不断经受历史的检验，检验证明你错了，自己改正。胡耀邦多次批评，有些刊物的文章，同实际不挂钩，书卷气很浓，像真理标准问题的讨论，如不注意，有些人很可能将这个问题作为一个纯学术问题，从哲学史、哲学原理、哲学概念上进行争论。胡耀邦也发现，有些干部认为这个讨论同自己没有什么关系，因而不关心这个讨论。当然，也有另一种情况，有的领导干部以这个问题是学术问题为理由，而拒绝在本地区开展真理标准问题讨论。因此，提出一切主观世界的东西都要经受实践的检验，从真理扩展到一切主观世界的东西，扩展到党的路线、方针、政策、指示、决议等等，这对于真理标准问题讨论的健康发展，确是很重要的。对《一切主观世界的东西都要经受实践检验》这篇文章的重要性，不能低估。

二、其他若干篇重要文章的撰写和发表

除了《实践是检验真理的唯一标准》这篇文章以外，胡耀邦还精心指导理论动态组撰写了一系列文章，也选用了一些有分量的文章，在《理论动态》刊登。统计一下，共有 11 篇。现将这 11 篇文章开列如下。

《历史潮流滚滚向前》，第 70 期，1978 年 6 月 30 日。

《“一分为二”是普遍现象》，第 73 期，1978 年 7 月 15 日。

《谈谈“抽象肯定，具体否定”的问题》，第 82 期，1978 年 8 月 30 日。

《一切主观世界的东西都要经受实践检验》，第 84 期，1978 年 9 月 10 日。

一切主观世界的东西都要受实践的检验

本报特约评论员

理论动态84

内部刊物 注意保存

中共中央党校理论研究室　1978年9月10日

一切主观世界的东西都要经受实践检验

倾听消费者意见　抓好产品质量

此文是胡耀邦指导撰写的第三篇关于实践标准的重要文章，意在引导做实际工作的领导干部参与讨论

《理论由实践赋予活力》，第 95 期，1978 年 11 月 5 日。

《平反冤案的历史借鉴》，第 98 期，1978 年 11 月 20 日。

《伟大转变和重新学习》，第 103 期，1978 年 12 月 15 日。

《打开理论工作的广阔天地》，第 104 期，1978 年 12 月 20 日。

《伟大的实践论指引我们夺取现代化建设的胜利》，第 105 期，1978 年 12 月 25 日。

《实践标准和科学预见》，第 119 期，1979 年 3 月 5 日。

《分清两条思想路线　坚持四项基本原则》，第 132 期，1979 年 5 月 10 日。

以上共 11 篇文章，其中 9 篇是在十一届三中全会以前和会议期间发表的，最后两篇是十一届三中全会以后发表的。这些文章都是从不同侧面针对人们思想认识和实际工作中存在的问题，摆事实，讲道理，比较有说服力，能启发人们的思想，产生了较大的影响。下面，我有选择地向大家作些介绍。

《“一分为二”是普遍现象》这篇文章，是由中央党校哲学教研室副主任、哲学家韩树英的讲课稿提炼加工成文。这篇文章从真理论的高度阐明，真理既有绝对性，又有相对性，既有绝对真理，又有相对真理，都离不开实践。文章指出：“承认马列主义、毛泽东思想是绝对真理又是相对真理，就是既要坚持马列主义、毛泽东思想的普遍真理、基本原理，又要根据实践的发展和客观实际的需要，向前发展理论。世界在变，新的问题层出不穷，在社会主义的前进道路上，在反对社会帝国主义、帝国主义和反动派的斗争中，还有许多未被认识的事物和问题。革命导师教导我们，不能躺在马列主义、毛泽东思想的现成结论上，应该从实际出发，把马列主义、毛泽东思想的普遍真理与具体实践相结合，对这些新问题作出马克思主义的新的回答。承认真理是相对的又是绝对的，这和承认实践是检验真理的唯一标准是一致的，凡是实践表明是不再符合实际的原有的个别论点、结论，就不能不加以改变。”这篇文章对坚持“两个凡是”的那些人的一些错误观点，针对他们认为提出实践标准就是“提倡真理不可信，不可知，相对真理不存在”的无理指责，从真理论的高度进行了剖析，作了有力的驳斥，同时，也进一步肯定了《实践是检验真理的唯一标准》那篇文章中阐述的基本观点。这是一篇理论水平比较高的讨论真理标准问题的文章。胡耀邦于 1978 年 7 月 3 日审阅修改并写了批语：“我觉得这篇东西写得很不错。”这篇文章 7 月 15 日在《理论动态》刊出后，又在 7 月 25 日的《光明日报》公开发表，刊登在该报第一版下半部，用的是楷体字，虽然是个人署名，但从报纸的安排来说，同“特约评论员”文章是一样的规格。

《谈谈“抽象肯定，具体否定”的问题》一文，是《人民日报》理论部同志撰写的。1978 年 7 月 23 日理论动态组会议上，耀邦讲到这篇文章的由来。他说，前天（7 月 21 日），《人民日报》理论部四个同志来，讲抽象的肯定、具体的否定。我说，要好好搞一篇，谈所谓抽象的肯定、具体的否定。当时，坚持“两个凡是”的人指责讲实践标准是抽象肯定毛泽东思想是真理，而通过实践标准具体地否定了毛泽东思想。他们通过这样的逻辑给讲实践标准的人扣上“砍旗”的大帽子。这是坚持“两个凡是”的人反对实践标准的一个新论点，也是这场讨论的一个新动向。很明显，他们把毛泽东思想与毛泽东晚年的错误混为一谈，用这样的手法来混淆视听。在当时人们还没有完全从个人迷信中解脱出来的情况下，坚持“两个凡是”的人这种逻辑和手法虽然蹩脚，却很有迷惑作用。所以，对这种指责必须写文章加以剖析，进行有力的反驳，以澄清思想混乱，推进真理标准问题的讨论。

《谈谈“抽象肯定，具体否定”的问题》这篇文章的撰写、修改和定稿的过程，大致是这样。

1978 年 7 月 21 日，《人民日报》理论部主任何匡和汪子嵩等四位同志访问胡耀邦，谈了有关情况，胡耀邦请他们撰写这篇文章。

8 月 17 日，《人民日报》理论部将文稿（印小样）送胡耀邦审阅，并写了如下一封信：

胡耀邦同志：

关于“抽象肯定，具体否定”问题，根据你谈的意思，我们起草了一篇文章，送上请你审阅、指导。

人民日报理论部

八月十七日

这封信说明，文章的基本思想是依据胡耀邦讲的意见写的。

8月18日，胡耀邦将文稿批给中央组织部研究室同志，写了如下批语："请研究室仔细看看并提出修改意见。"

8月23日，中央组织部研究室主任曹志将意见报胡耀邦，曹志写了如下一封信：

耀邦同志：

研究室几位同志讨论了这篇文章，总的感觉很好，提出点修改意见，可否转作者修改时参考。

曹志　8月23日

中组部研究室同志的意见一开始是这样写的："这篇短文，有针对性，有锋芒，有说服力，基本上是一篇好文章。"他们也提了具体的修改建议，共有5页之多。

胡耀邦又将中组部研究室同志的意见转给了理论动态组（8月23日上午，胡耀邦在中组部同理论动态组同志谈话，这些材料很可能是秘书当场交给我们的）。回党校后，我们立即将文稿送中央党校印刷厂排字。我的日记上1978年8月24日下午是这样记载的："到印刷所取82期清样，《谈谈'抽象肯定，具体否定'的问题》。"

8月25日上午，我的日记是："与孙长江、王聚武讨论《谈谈'抽象肯定，具体否定'的问题》一稿，觉得要请作者修改。同孙、孟一起去人民日报社理论部。"这说明，理论动态组讨论时间不长，于当日上午就立即去人民日报理论部了。孟凡还给理论部同志写了一封信：

何匡、子嵩同志：

耀邦同志转来组织部政策室对此文的意见，请你们参考。特寄上，请查收，原件请退回。

敬礼

孟　凡

八月二十五日

《人民日报》理论部同志立即着手修改文稿，并将修改稿连同转给他们的意见送理论动态组。

8月26日，我的日记是这样的："下午，同王、吴最后讨论82期稿子，交陈维仁送耀邦同志。"我同王聚武、吴振坤三人最后讨论了一次。吴江又作了不少修改补充。8月26日讨论修改的稿，立即送给了胡耀邦。

8月27日是星期日。8月28日，上午上班后，陈维仁即通知理论动态组，耀邦同志审阅同意这篇稿。

8月28日，由我在清样上作了修改并签发印刷厂付印。《谈谈"抽象肯定，具体否定”的问题》这篇稿，作为《理论动态》第82期，于1978年8月30日出刊。这就是大致过程。这个过程说明，在胡耀邦直接参与和指导下，撰写、修改、审定这篇稿，是采取了很慎重的态度，同时，工作也抓得很紧，效率很高，体现出一种战斗风格。

1978年9月22日，《谈谈“抽象肯定，具体否定”的问题》这篇文章，作为《人民日报》“特约评论员”文章，在该报第2版上半部公开发表。《光明日报》于同一天在同样版面刊载。这显然是事前约定的。《解放军报》于9月23日以同样版面全文转载。

《谈谈“抽象肯定，具体否定”的问题》这篇文章，针对坚持“两个凡是”的人的指责，从理论上阐明，坚持实践标准，把被“四人帮”颠倒了的理论是非纠正过来，正本清源，“这才是对马列主义、毛泽东思想的真正肯定”。文章指出，对马列主义、毛泽东思想的科学体系，要区分基本原理和个别结论，还有分析性的话和材料，对某些具体结论，要着重研究革命导师分析问题的立场、观点和方法，而不能简单照搬。文章说，“以为只有句句照办，才算是‘肯定’马列主义、毛泽东思想，我们说：这实在是对马列主义、毛泽东思想的糟蹋”。从而进一步揭示了“两个凡是”的反马列主义、反毛泽东思想的实质。

这篇文章还讲了如何看待先进单位的问题（实际上主要是针对推行多年的农业学大寨中存在的问题）。这是当时大家讨论较多的一个问题。从更高的角度看，这个问题同样涉及如何对待马列主义、毛泽东思想的问题，而且，当时有些人把这个问题同真理标准问题的讨论联系起来，气势汹汹地指责提出和坚持实践标准的人。当时，山西和大寨有些人，动不动就指责别人对大寨红旗、对大寨的先进经验，态度有问题，甚至指责人家否定大寨大队的先进经验，实际是要求别人机械照搬大寨的具体做法。特别是，他们习惯地将这些具体问题上升到对待毛泽东思想的态度的高度，给人乱扣政治大帽子。他们自觉不自觉地站到了坚持“两个凡是”的立场上。胡耀邦早就注意到了这个问题。在1978年5月6日的理论动态组会上，他就讲到了这个问题。他说，先进与一般是什么样的关系，先进是比一般的好一些，走在前面一点，这是比较而言。后进也可以赶先进。学先进一定要结合自己的实际。先进事物本身也有不足的地方，一般的地方也有某些先进的东西。先进单位否认自己有落后的东西就不是先进的观点。有些先进单位想在一切方面都超过别人，不可能。现在连文艺方面的会也到那里去开，这是错误的。从整体讲是先进，具体分析也有先进部分、中间部分、落后部分。不承认这个，必然要弄虚作假。在7月中旬的一次谈话中，胡耀邦又提到这个问题。他提出，对先进单位也要有两点论，先进单位鼓舞人，也容易看不到自己的缺点，背包袱。但是，在当时条件下，对这个问题不宜专门写文章讨论，所以，在这一篇文章从侧面触及一下这个问题。

文章将笔锋一转，提出了学先进的问题。文章概括地指出这样的情况：“在学习先进单位的经验时，也遇到类似的问题。有人认为，先进单位的经验是具体的，不是抽象的；要学先进，就得具体地学；先进单位怎么做的，你就得一项一项都照着做。如果不这样，就是对先进单位的‘抽象肯定，具体否定’。”文章以山西省的大寨大队为例，指出主要应当学习大寨坚持无产阶级政治挂帅、毛泽东思想领先的原则，自力更生、艰苦奋斗的精神，爱国家、爱集体的共产主义风格（这是当时条件下的提法）。文章说，这样地肯定大寨的经验，是很具体的肯定，绝不是什么“抽象肯定”。文章进而指出，先进单位的许多具体经验，总是同一定的具体条件联系在一起的，绝不能不顾时间、地点和条件，照抄照搬。文章还很尖锐地指出，有些人把具体经验充当根本经验，硬要别人完全照搬，人家不愿意，就说别人是“抽象肯定，具体否定”，是“反对学红旗”，这当然是完全错误的。这篇文章在当时大家关心讨论的一个重要问题上进行拨乱反正，有重要的现实意义，对于把真理标准问题的讨论引向深入，也是很有作用的。

《理论由实践赋予活力》这一篇，是《理论动态》有关真理标准问题转载的唯一的一篇文章，当然也是有意识地这样做的。上海复旦大学 1978 年第 1 期《复旦学报》（社会科学版），发表了几篇论述真理标准问题的文章。胡耀邦看了这个刊物后给予很高的评价，给理论动态组写了如下一段批语：

今天收到这本刊物，翻了一下，觉得敢于接触实际问题，内容多彩，文风也较好。现在，意识形态领域的空气仍很沉闷，哼哼哈哈的东西很多，相比之下，就更感到这个刊物可爱。你们赞不赞成以“介绍复旦学报和它的一篇论文”为题，搞一期《理论动态》？介绍的话，有十来句就够了。论文是选“理论由实践赋予活力”，还是选“论真理没有阶级性”为好，我拿不太准，看来各有千秋，请你们斟酌。如果可行，提议下期就发。

1978 年 10 月 27 日《复旦学报》（社会科学版）在“文化大革命”期间被迫停刊十年。1978 年 10 月复刊出第 1 期。复刊词中说，学报要多刊登理论联系实际的，有材料、有分析、有作者自己观点的文章。在该刊第 1 期，开设了“关于真理标准问题的讨论”专栏，刊登了七篇笔谈短文，还有两篇论文。在当时来说，《复旦学报》确实是“敢于接触实际问题”的、很有生气的学术理论刊物。胡耀邦对北京的不少学术理论刊物不大满意，认为联系实际、接触实际太少，书卷气太浓。他对复旦大学这份学报很赞赏，要求《理论动态》转载其中的一篇文章，并要加编者按语，显然是希望起一种导向作用。理论动态组同志研究后，主张转载《理论由实践赋予活力》这一篇。

《理论由实践赋予活力》这篇论文的作者林永民，当时是复旦大学哲学系一位比较年轻的教师。这篇文章针对性强，有理论深度。坚持“两个凡是”的人武断地认为，提出实践标准，就是否定理论的指导作用；主张在实践检验中修正补充理论，就是“要砍旗”。这篇文章针对这些指责，也针对当时一些人存在的某些模糊观念，有理有据地作了反驳、剖析和论述。文章指出，革命导师十分重视理论的作用，也是最尊重实践的。文章着重阐述了尊重实践与重视理论的一致性。文章说，理论在指导实践、应用于实践的同时，实践也在显示和衡量着理论作用的好坏、大小，鉴别着理论本身的正确与错误。实践对理论的检验，不是在理论指导实践的过程之外，而是在同一的认识过程之中，是同一认识过程中互相区别、又互相统一的两个方面。文章指出，混淆两者的区别或割裂两者的统一，都是错误的。这就从认识论原理的高度驳倒了坚持“两个凡是”的人对实践检验真理的曲解，驳倒了他们对坚持实践标准的人的指责，甩掉了他们给人扣的“砍旗”这顶吓人的大帽子。文章进而指出，实践无止境，认识也无止境。真理是没有顶峰的。马列主义、毛泽东思想每时每刻都在指导着千百万革命群众的实践，同时，它本身也受着实践的不断检验，因而不断得到丰富和发展，显示着它的强大生命力。文章的这些论述是精辟的，也是很有说服力的。

《平反冤案的历史借鉴》这一篇，是由本人撰写的。平反冤假错案，这是粉碎“四人帮”以后，大家十分关注、希望尽快解决的重大问题。胡耀邦很早就高度重视并尽力设法解决这个重大问题。1977 年 9 月，他就指导中央党校的三位同志撰写了一篇很有分量的文章，题目是：《把“四人帮”颠倒了的干部路线是非纠正过来》。这篇文章在 1977 年 10 月 7 日（即粉碎“四人帮”一周年时）在《人民日报》发表。这是粉碎“四人帮”以后，第一次公开提出平反冤假错案问题（这篇文章的提法是“落实干部政策”），在全国引起了很大的反响。以后，他不断地指导理论动态组和中央组织部的同志撰写有关这个问题的文章。但是，情况表明，解决这个问题不那么简单。这就促使胡耀邦更深地思考问题。他从苏联的肃反扩大化和这一过程中一些人的所作所为中，联想到“文化大革命”以来在我们党内发生的一些情况，决定写一篇文章，来论述这个问题。理论动态组于 1978 年 10 月 10 日研究决定由我来撰写这一篇文章。我当即开始做准备，收集有关参考书籍和材料。几天以后，我接到北京市西城区二龙路肛门科医院的通知，要我于 10 月 17 日住院做手术。我就带了这些书籍材料进了医院。在手术后情况稍有好转的时候，我就在医院翻阅书籍材料，并开始撰写文稿。这个医院物质条件很差，是旧式房屋，病房是一个大厅，四周围隔了一些小间，有好几十个病人住在这个大厅里。所以，我在大厅中间一张旧的方桌上写撰写文稿时，许多人都看得见。我记得在我旁边一张床上睡的是一位清华大学的老师，他问我写什么，我说，写一篇稿，急着要用。他还好奇地看了我的稿，知道我写的是什么题目。初稿写好以后，孟凡等人到医院探视时取走。这个稿他们略作修改后，即报送胡耀邦。胡耀邦很快审阅并同意发表。耀邦的秘书陈维仁于 11 月 15 日在稿上写了如下一句：“耀邦同志让此稿提前到二十号发。现就可以印了。”这样，这篇文稿就在 11 月 20 日出刊的《理论动态》第 98 期发表了。《人民日报》于同一天作为“特约评论员”文章在第一版全文发表，这有点异乎寻常。新华社全文转发。《光明日报》于 11 月 21 日在第一版转载此文。这是由于当时形势的迫切需要。于 11 月 10 日开幕的中央工作会议，此时正在讨论解决几个重大的政治历史问题，也就是平反冤假错案。这里讲一个插曲。《人民日报》发表此文时，我还在医院住着。那天早晨的中央人民电台广播中，摘要播发了这篇特约评论员文章，清华大学那位老师一听，就知道就是我写的那篇文稿，他惊喜地立即向全室病员大声讲，刚才广播的“特约评论员”文章就是老沈写的，引起他们的惊异。从此，大夫和病友都称呼我为“特约评论员”。我于 11 月 24 日出院。这时，中央工作会议正在北京召开。接我出院的汽车拐到开会的地方去接另一位同志回中央党校。他们告诉我，《平反冤案的历史借鉴》那篇文章在与会者中反响很强烈，好几位省委书记都说这篇文章好。这对我当然是一个鼓舞。

这篇文章是在真理标准问题讨论已取得决定性胜利，而要求平反冤假错案的呼声又很高的形势下撰写和发表的。文章从一个特定的角度，从长治久安的高度来阐述这个问题，更引人注目和深思。文章把平反冤案同实践标准相联系，尖锐地指出："我们必须坚持以客观事实为根据，而不以某些人的主观意志为转移，对冤案、错案、假案进行平反昭雪。凡是不实之词，凡是不正确的结论和处理，不管是什么案件，不管是在什么时候、在什么情况下搞的，也不管是什么人批的，都要实事求是地改正过来。全错的全改，部分错的部分改。事实是最顽强的东西。一切不实之词和错误处理，都经不起实践的检验，都经不起时间的考验，最终都是站不住的。对冤案、错案、假案，如果今天不坚决纠正，明天还是要纠正的。自己不主动纠正，我们的后人、我们的子孙也是要纠正的。"应当说，这些话是很坚定的，也是很彻底的，反映了人们的心愿。这里我要交代一下，这些话都是胡耀邦在不同场合讲的。我稍作加工写进了这篇文章。这篇文章还指出，"有些人怕平反冤案否定了'文化大革命'，摆出一副杞人忧天的样子。其实他们真正担忧的是怕否定了自己。因为他们过去在林彪、'四人帮'的反革命修正主义路线影响下，主持或参与了一些错案，欠了债，现在又缺乏纠正错误的决心。"这样触及一下某些人的灵魂，也是很必要的。

1978 年 11 月 22 日的理论动态组会议上，胡耀邦讲到这篇文章。他说，平反冤案的文章，中央工作会议上反应很好，陈丕显、万里都说好。过了十多年以后，当时的《人民日报》领导李庄对这篇文章还有印象。他在自己的回忆录中说："此文反应强烈，对平反冤假错案起了有力的推动作用。"①

《伟大转变和重新学习》这一篇，是配合十一届三中全会而撰写的一篇重要文章。撰写者是王聚武。

为十一届三中全会做准备的中央工作会议，是 1978 年 11 月 10 日开始的。11 月 12 日，胡耀邦召集理论动态组一些同志开会，讲了中央工作会议的一些情况。他说，到今年为止，作为一个运动来说，揭批"四人帮"的斗争结束。从明年起，我们全党工作的着重点转移到社会主义现代化建设上来。他在这次讲话中提出，着重点转移，干部中很多南郭先生就要暴露了，可以写些东西。这就是《伟大转变和重新学习》这篇文章的由来。理论动态组讨论决定由王聚武承担撰写任务。11 月 28 日，胡耀邦在中央党校三部第一期学员结业会上讲话中，进一步讲了把全党工作重点转移到实现四个现代化的社会主义建设上面来的问题。他说，这个转变对于我们许多人来说，在某种意义上说是一个新问题。过去二十几年搞的是阶级斗争，现在我们要来搞建设，搞四个现代化，老实说，不懂。他提出，我们要重新学习，如何重新学习我讲不清楚。我建议《理论动态》写一篇"谈重新学习"，总结一下历史经验。这样，就使这篇文章的要求更为明确了。

王聚武很快写出了初稿，题目是《论新的重新学习》。12 月 9 日，理论动态组开会进行了讨论。讨论后，王聚武又作了一些修改，于 12 月 12 日送胡耀邦审阅（油印稿）。

胡耀邦将《论新的重新学习》这个题目改为《伟大转变和重新学习》，并写了如下的批语（未写日期）：

我觉得可以，请好好走走群众路线，请问问××，邓副主席的讲话要提到这个

① 李庄：《人民日报风雨四十年》，人民日报出版社 1993 年版，第 328 页。

问题。

这个批语中提到的邓副主席的讲话，应当是指 12 月 13 日在中央工作会议闭幕会上的讲话，即《解放思想，实事求是，团结一致向前看》的讲话。现在看《邓小平文选》(1975 — 1982) 中，确有“善于重新学习”的提法。这说明，胡耀邦是很注意宣传贯彻邓小平的讲话精神的。从胡耀邦的口气看，当时这个讲话还没有讲，而这个稿是 12 月 12 日送去的，说明他在 12 月 12 日收到这个稿就看了，写批语的时间应是 12 月 12 日。

王聚武在听取了一些人的意见后，又将稿修改了一下，并排成铅字稿送胡耀邦再次审阅。胡耀邦审阅后，写了如下批语：

这篇东西可发（如果还有稿子就迟发一期)。但要同各报刊打个招呼，暂不要转载，要等三中全会公报发了后，才能转。

另外，我改了一个地方。请特别注意。凡属根本理论的地方，望千万不要出漏子，或者忘记了。

这个批语也没有写日期，很可能是 12 月 14 日。因为上一稿是 12 日批回的，经修改排成铅字，肯定是在 13 日了。而这个稿是 12 月 15 日在《理论动态》刊登的，因此，胡耀邦 14 日批回的可能性较大。

原稿第二部分讲“重新学习，学什么?”根据邓小平《解放思想，实事求是，团结一致向前看》讲话中提出的要求，讲要学习经济理论、科学技术、管理。胡耀邦在此之前加写了以下一句：

总的来说，我们要好好学习马列主义、毛泽东思想，学习放之四海而皆准的马克思主义的基本原理，并且把马列主义、毛泽东思想同四个现代化的具体实践结合起来。在学习马列主义、毛泽东思想的同时，对我们更多的干部来说，（要抓三个方面的学习)。

对于这一个重要的补充，胡耀邦要求我们“特别注意”。这确实是很重要的。

这篇文稿经过了胡耀邦几次审阅，撰写者又征求了其他同志的意见，作了几次修改，才定了稿，在《理论动态》第 104 期刊登。但在《人民日报》公开发表，却在第 104 期那篇文章公开发表之后，这是耀邦的安排，是为了同十一届三中全会合拍。

《伟大转变和重新学习》这篇文章，及时阐述了党中央实现工作着重点转移的重大决策，并指出，实现四个现代化是崭新的课题，全党同志都要重新学习。文章提出，重新学习，必须有一条正确的思想路线。马列主义、毛泽东思想，是实现四个现代化的指导思想。我们要打倒保守主义和本本主义这两个学习的敌人。凡是经过长期社会实践，证明是符合客观规律、符合大多数人利益的事，就坚决地办，坚持到底，不允许任何人改变和取消。凡是不符合客观规律，不符合大多数人利益的事，就坚决抛弃，坚决改正，不允许任何人袒护和包庇。这样，这篇文章就将重新学习同实践标准联系起来了。文章最后以中国的成语故事南郭先生作比喻，阐明我们的干部必须老老实实地学习，切忌不懂装懂。否则，长此下去实践会将你的军，群众会将你的军，终将在新的长征途上落下伍来。这篇文章在 1978 年 12 月 15 日出刊的第 103 期《理论动态》刊出。《人民日报》于 12 月 24 日同十一届三中全会公报同时在该报刊载

(刊在第二版下半部，署名是“本报特约评论员”)，因而使这篇文章具有了特殊的意义。《光明日报》也在同一天的第二版下半部发表，署名“《人民日报》特约评论员”。

这篇文章讲南郭先生故事的那一部分，同《实践是检验真理的唯一标准》一起，被收进了高中语文课本。这样，《理论动态》这个刊物的文章，就有两篇收进了高中语文课本。

《打开理论工作的广阔天地》这一篇，也是由本人撰写的。

关于学风问题，这是胡耀邦很早就深有感触并十分关注的另一个重要问题。当时所说的学风，实质上就是思想路线问题。他在理论动态组和其他有关场合多次讲这个问题。1978年7月9日，他在理论动态组会议上提出，要写一篇《学习做理论工作的一年》的文章，在《理论动态》创刊一周年（1978年7月15日）时发表。这篇文章要按照毛泽东同志《整顿党的作风》中的基本观点，阐明什么是理论、什么是理论工作、什么是理论家，结合我们的实践，加以发挥。由于时间太紧，人手又少，理论动态组没有及时安排，这篇文章没有写成。在1978年7月15日，《理论动态》一周年时，发表的是韩树英的《“一分为二”是普遍现象》的文章。

1978年11月28日，胡耀邦在中央党校三部第一期学员结业会上讲话。这个班是理论班，学员都是思想理论战线上来的干部。胡耀邦的讲话很大一部分是介绍正在召开的中央工作会议的情况，特别是讲了为天安门事件平反、推倒上海的“一月风暴”、为彭德怀和陶铸同志平反等十件拨乱反正的大事。在这个讲话的最后部分，胡耀邦讲了理论工作问题。他结合实际简要地讲了什么叫理论、什么叫理论工作、什么叫理论家。他在讲完这些问题后说：“我提议了好多次，说理论工作要讲这三条ABC，提议我们《理论动态》写这个问题，没写出来。”① 这实际上是对我们没有及时写出这篇文章的批评。理论动态组立即开会研究撰写这样一篇文章的问题，决定由我来承担这一项任务。我将手头的事尽快办完，于12月4日开始考虑撰写这篇文章。12月12日写出了初稿，题目是：《理论工作的ABC》，立即打印，13日下午印出，于12月14日将打印稿送胡耀邦审阅，同时送理论研究室主任吴江和其他有关同志。吴江立即阅看后写了如下评语：

写得清楚。一个问题不求写深，写得清楚也不容易。是分析式而不是下结论式。略有修改。

吴江十四日

胡耀邦于15日批回初稿，将题目改为《打开理论工作的广阔天地》，在文字上作了多处修改，并给秘书陈维仁写了如下批语：

老陈：

这篇东西，写得很好。我用心地加一点工。请即排出印出来，多请几个人看

---

① 《中央党校校刊》第2期，第17页。

看。20号发表。并同报社先联系一下，请他们及时转载。并可说是我的意见。

胡　12月15日

胡耀邦在此稿开头一段的末尾加了如下一段话：

有的同志往往对基本道理或基本常识不太注意，甚至认为不值得多说。其实，我们有些同志恰恰是在一些普通常识上犯了错误。这一点，毛主席对我们的教导是非常之多的。

在文章中间，耀邦作了多处修改，并加写了如下一句：

四个现代化是一场伟大的革命，在实现四个现代化的进程中，将要冒出来的新问题、新课题是非常之多的，需要我们去研究、解决。

对这篇文章，胡耀邦倾注了很多心血。下面，将我这几天的日记抄录如下，从中可见其情形。

12月15日

耀邦同志批回稿件，连夜修改（下午同王、力平——理论动态组成员，后调中央文献研究室工作。讨论修改了一遍）。

12月16日

一早送印刷所排清样，上午取回清样。即送耀邦同志。

12月17日　星期日

耀邦电话通知提了修改意见，继续改动了一下。

12月18日

又来意见，作了修改。

12月19日

上午参加×××追悼会，后到京西宾馆，耀邦定了稿（经王若水修改）。

下午与陈维仁、王聚武又通了一遍即送印刷所。（最后定稿）排出清样正式付印，并送人民日报。

从我的日记可以看出，1978年12月14日到19日（党的十一届三中全会是12月18日到22日），胡耀邦每天都过问《打开理论工作的广阔天地》这篇文稿，不断提出修改意见。同时，我们也将稿送请《人民日报》副总编辑王若水，理论部何匡、汪子嵩，以及其他有关同志，请他们阅改提出意见。12月19日上午，我和陈维仁一起，去八宝山参加了一个追悼会后，即赴京西宾馆耀邦的房间。我们进去时，耀邦正伏在墙角的一张桌子上（开着台灯）戴着老花眼镜，专心致志地审阅修改那篇稿件。见我们进来，他招手示意我们坐下，一句话也没说。王若水比我们先到，也坐在一旁静候。我们三个人坐在那里，一句话也没有讲，房间里有一种宁静而紧张工作的气氛。过了一会儿，耀邦已将稿看完，他摘下眼镜，转过身来，说了几句肯定这篇文稿的话后，又提出一些问题，同我们商量，王若水也讲了一些意见。最后耀邦说，这个稿大体上就这样定了，你们回去再根据刚才讲的意见，仔细抠一遍。我和陈维仁回党校以后，如日记上写的那样，下午和王聚武一起，三个人认真抠了一遍，最后定了稿，送印厂正式付印。同时，将定稿送人民日报社的同志。

《打开理论工作的广阔天地》这篇文章，在《理论动态》第 104 期刊出，时间是 1978 年 12 月 20 日。《人民日报》于 12 月 22 日在第一版下部以本报特约评论员的署名公开发表。《光明日报》也在这一天的第一版下部以《人民日报》"特约评论员"的署名，同时刊登。这是两报的又一次协同行动。新华社全文转发。

这篇文章以毛泽东《整顿党的作风》中关于理论问题的精辟论述为武器，揭露了林彪、"四人帮"破坏我们党的学风的种种表现，也剖析了一些人在什么是理论、什么是理论工作、什么是理论家这样一些问题上存在的模糊观念和不良习气。文章指出：有些人由于中林彪、"四人帮"的"句句是真理"等一套谬论的毒太深，习惯性地照抄照搬，并以此衡量一切。谁要是从实际出发研究问题，他就说你越了轨。还有个别的人，摆出一副教师爷的架势，今天批评这个是否定"文化大革命"，明天又指责那个是"砍旗帜"。他们还大言不惭地宣称，这是维护旗帜。其实，这种做法的本身，离毛泽东思想何止十万八千里！经过了"文化大革命"和揭批"四人帮"的伟大运动，特别是经过最近有关实践是检验真理的唯一标准的讨论，这一套货色已经没有什么市场了。紧接这些话，胡耀邦加了一句："这实在是激励我们理论工作者奋发有为的一件大好事。"这篇文章在最后一部分强调，"以马列主义、毛泽东思想的立场、观点、方法，研究四个现代化实践中的各种新问题，逐步地克服盲目性，认识客观规律，到达四个现代化的自由王国，这就是历史新时期理论工作的总的方向和根本任务。"文章再次提出，绝不能躺在马克思主义书本上，搞现成的条文和片言只语。马列主义、毛泽东思想的基本原理不能违背，但是我们也要有所前进，有所创造。理论工作者要敢于接触实际，不要回避问题，要旗帜鲜明，不能含混不清。这篇文章的基本观点都是毛泽东《整顿党的作风》等文章中阐明了的，但由于紧密结合了实际，针对性强，因而显得有分量。

在十一届三中全会以后，胡耀邦被任命为中共中央宣传部长。在当时来说，这是最合适的人选，甚至可说是众望所归。

1978 年 12 月 31 日上午，在政协礼堂召开了宣传口干部大会。胡耀邦作为新任中宣部长同大家见面并作了讲话。在这个讲话中他特别提到这篇文章。他说，前几天《人民日报》上发表一篇叫《打开理论工作的广阔天地》的文章，很不客气地讲了一点马列主义的常识。有些同志恰恰是在常识问题上犯了错误。几十年中，我们党在常识问题上犯错误的高级干部有的是。这两年又有人在马列主义的常识上犯错误。这些话是有明确的针对性的，是针对真理标准问题讨论以来的情况而讲的，是针对刚刚结束的中央工作会议上发生的情况而讲的。有关情况我将在后面讲。

《伟大的实践论指引我们夺取现代化建设的胜利》这篇文章，也是理论动态组撰写的。这篇文章是怎么具体提出的，我没有查找到材料。

根据我的日记记载，12 月 22 日，“讨论修改 105 期动态稿”。第 105 期《理论动态》就是这一篇。

在胡耀邦的精心指导下，《理论动态》发表一系列论述真理标准问题的文章

这篇纪念毛泽东诞辰 85 周年的文章，从毛泽东的主要哲学著作《实践论》，自然地联系到真理标准问题的讨论。文章总结了半年多来关于实践是检验真理唯一标准问题的讨论，指出这是一次新的马克思主义的思想教育运动，“它的重大意义，就是解放了全党和全国人民的思想，从根本上端正了辩证唯物论的思想路线，把我们的一切事业重新引导到毛泽东思想的轨道上来，为实现历史性的伟大转变奠定了思想理论基础”。文章进一步剖析了思想路线不端正的若干种表现及其原因。文章强调，在实现四个现代化的过程中，“我们必须在马列主义、毛泽东思想指引下，实事求是地研究新情况，解决新问题，集中人民群众在新的实践中提供的大量、丰富的经验，加以科学的总结，提升到理论的高度，再经过实践的反复检验，在思想理论上有所创造，有所前进”。文章进一步指出，四个现代化是亿万人民的伟大实践，必须依靠人民的智慧和力量，因此，必须发扬民主。没有人民民主，人民就不可能解放思想，开动脑筋。要强调民主集中制，在发扬民主的基础上开动机器，集思广益，总结经验，提高思想，统一意志，统一步伐。这样，就一定能够把马列主义、毛泽东思想的基本原理同四个现代化的伟大实践日益密切地结合起来，从而使我们的伟大事业从胜利走向新的胜利。

这篇文章在《理论动态》刊登以后（12 月 25 日），《人民日报》于 12 月 26 日在第 2 版全文转载，署名是“本报评论员”。

《伟大的实践论指引我们夺取现代化建设的胜利》这篇文章，从题目到基本思想，都是胡耀邦提出的。他 11 月 28 日在中央党校三部第一期学员结业会上的讲话中，就明确提出今后我们的工作怎么搞的问题。他的回答是：“我们要尊重实践论。”[①] 他说，有些人不尊重实践，总说毛主席没有说过呀！他提出，大家都尊重

---

① 《中央党校校刊》第 2 期，第 17 页。

实践，一切靠实践检验。在这个讲话中，他对真理标准问题的讨论作了总结。他说："实践是检验真理的唯一标准这个讨论，我觉得起了很好的作用，起了解放思想、起了面向实际、起了真正地按毛泽东思想办事的巨大作用。"他还提出，尊重实践论，就不要搞天才论，不要搞特殊论。他尖锐地指出，有的人是"天才论加特权论"。以上这些重要观点和论断，文章都较好地作了阐述发挥。

为了慎重起见，这篇文章也请一些同志提了意见。现在查找到的稿是王若水的修改稿，时间是12月23日，上面有胡耀邦的批语：

我在若水同志的修改的基础上，又作了较大的修改，主要是把第二部分作了较大的修改，主要是把第二部分改缓和了。请排印出。送人民日报和我再仔细斟酌一下。

胡

从这个批语可以看出，他对这篇文章的重视程度和慎重态度。

值得一提的是，差不多在同一时间，在中国，在北京，有两篇阐述《实践论》的重头文章同时在撰写。除了《理论动态》的这一篇外，当时的《红旗》杂志在中宣部部长（胡耀邦的前任）的关怀支持下，在《红旗》总编辑熊复的直接指导下，也在撰写这样一篇文章，题目是：《重温〈实践论〉》。这篇文章可能在8月份就开始酝酿撰写了，一直到12月上旬几易其稿，但终究没有能够发表。这是真理标准问题讨论过程中一件颇具典型意义的事。关于《重温〈实践论〉》一文的有关情况，我将在后面"《红旗》杂志的'一花独放'"一章中详加叙述。

以上，我将《理论动态》从1978年6月30日到12月25日这半年时间内，发表的有关真理标准问题的文章的撰写、定稿和发表情况，一一作了介绍。《历史潮流滚滚向前》这一篇（6月30日发表），在第三章已作了介绍。在这里介绍的实际是7篇。1979年发表的两篇，就不在这里介绍了。以上这些文章紧密结合实际，从不同角度阐述了真理标准问题，针对性强，又有理论深度，对真理标准的讨论，起到了引导和有力的推动作用。

三、呕心沥血，精心组织

1989年4月15日，胡耀邦逝世，我们中央党校《理论动态》编辑部的同志都很悲痛。我们自己制作了花圈。花圈上是这样写的："《理论动态》的创办者、真理标准讨论的组织者胡耀邦同志永垂不朽！"该年4月30日出刊的第836期《理论动态》的第1页，也印了这句话。这是根据我们自己的切身体会而写出来的。直到今天，我觉得这句话还是符合实际的。

胡耀邦适应拨乱反正的需要，在中央党校创办了《理论动态》这个刊物。为了实事求是地研究评价"文化大革命"（当时叫做研究"三次路线斗争"），他提出了实践标准，撰写了文件，让在中央党校学习的八百多名党的中高级干部和理论干部讨论。接着，他又修改审定了《实践是检验真理的唯一标准》的文章，以特约评论员的署名公开发表，从而引发了真理标准问题的大讨论。从此，他同真理标准问题讨论这件大事就紧紧地联系在一起了。他承受着巨大的政治压力，坚定地但又机智地前进，使这个讨论一步步地深入、扩展。邓小平、罗瑞卿等同志的支持，起了巨大的作用，但他自己确实是呕心沥血，担当起了这个讨论的具体组织者的角色。打个比喻，在真理标准问题大讨论中，胡耀邦是出色的总指挥。

胡耀邦密切注视着这一具有重大意义又有极大尖锐性的大讨论的进展情况。他要求孟凡（他有长期搞社会科学情报资料工作的经历，当时任中央党校理论研究室副主任）及时提供有关真理标准问题讨论的情况，包括报刊上的文章，各种材料，各省的情况，公开的和内部的。孟凡认真地做了这一方面的工作，经常向耀邦提供各种资料。据孟凡回忆，胡耀邦对这些材料很注意阅读，有时还写批语，有的批语就写在报纸上。孟凡说，耀邦还表扬过他，说他提供了不少材料。

在真理标准问题讨论过程中，胡耀邦以很大一部分精力抓文章的撰写。

以上各章，我已将阐述真理标准问题的重要文章，一一作了介绍。将这些文章连贯起来看一下，就可以大致地看出真理标准问题讨论的发展过程和涉及的方方面面。

第一篇文章，《实践是检验真理的唯一标准》，明确地提出了检验真理的标准问题，肯定实践是检验真理的唯一标准，是真理标准讨论的开篇文章。

《马克思主义的一个最基本的原则》，这篇文章全面地有力地批驳了“凡是”论者的责难，是对“凡是”论者的指责作的正面回答，也是对真理标准问题作进一步的全面论述。

《历史潮流滚滚向前》，从历史观的高度阐明，在粉碎“四人帮”以后，我们的党，我们的国家，我们的民族，要飞跃前进。这个滚滚向前的历史潮流是不可阻挡的。我们要关心人民群众的利益，倾听人民群众的呼声，努力走在历史潮流的前头，不能徘徊于这个历史潮流之外，更不能逆历史潮流而动。那些受林彪、“四人帮”流毒很深的人，应当转变思想立场，跟上历史前进的步伐。这篇文章从历史观的高度，对坚持“两个凡是”、反对实践标准的那些人作出了有力的回答，也是对他们的忠告。

《一切主观世界的东西都要经受实践检验》一文，是将真理标准问题的讨论引导到解决实际问题，同干部的实际工作联系起来，从而使这一讨论的政治意义更加明显。

以后的各篇文章，则各有侧重。《“一分为二”是普遍现象》一文，从真理论的角度指出，相对真理与绝对真理都离不开实践，都要经受实践的检验，批驳了认为提出实践标准就是否定相对真理，就是要“砍旗帜”的错误观点和无理指责。《谈谈“抽象肯定，具体否定”的问题》一文则阐明，坚持实践标准是对马列主义、毛泽东思想的真正肯定。文章又指出，对马列主义、毛泽东思想不能采取“句句照办”的态度，从而有力地批驳了认为提出实践标准就是具体否定马列主义、毛泽东思想的指责。《理论由实践赋予活力》一文，阐明了尊重实践与重视理论的一致性，批驳了认为提出实践标准就是否定理论指导作用的指责。以上这几篇文章反映了真理标准问题讨论的开端和逐步向深度和广度发展的情况。

中央工作会议和十一届三中全会期间，胡耀邦同时抓了四篇文章。这就是：《平反冤案的历史借鉴》、《伟大转变和重新学习》、《打开理论工作的广阔天地》、《伟大的实践论指引我们夺取现代化建设的胜利》。在这历史伟大转折的关键时刻，胡耀邦的繁忙紧张，是可以想象的。但他却具体地抓了这样四篇文章的写作，从定题到设计框架，作多次修改，到定稿，到发表的时间与方式，他付出了很多心血。这四篇文章，《平反冤案的历史借鉴》一文论述了当时的一个最紧迫的问题，实际上是组织路线问题，其他三篇文章讲的是端正思想路线的问题。这两个问题，都是实现历史伟大转折的重大问题，关系到历史新时期党的政治路线能否确立和顺利贯彻的大问题。胡耀邦对这些文章抓得准，抓得及时，抓得细致，也抓得很紧。可以看出，他是从实现历史伟大转折的高度来抓这些文章的，也是卓有成效的。

党的十一届三中全会充分肯定并高度评价了真理标准问题的讨论。当然，这绝不是说这个讨论可以结束了。从贯彻十一届三中全会精神的要求来说，从当时干部和群众的思想状况和精神状态来说，要求把这个讨论继续下去。胡耀邦 1978 年 11 月 28 日在中央党校三部第一期学员结业会上的讲话就说：“这个讨论还没有完，还要深入，因为我们不少同志的思想方法不对头。”① 他确实认真地思考了这个问题，并采取了措施。我这里有胡耀邦手写的一张题目单，是给理论动态组写的。现抄录如下：

新题目

思想路线

1. 每个干部都要有个正确的思想路线（参考邓副主席讲话）

2. 怎样把真理标准讨论引向深入？

3. 脱离群众和思想僵化

阶级斗争

（请多想几个题目分开写）

这个题目单没有注明日期。从其中“参考邓副主席讲话”的话看，当是邓小平 1978 年 12 月 13 日在中央工作会议闭幕会上的重要讲话前后（胡耀邦主持了这个讲话稿的起草）。正是这个讲话，指出了实践是检验真理的唯一标准的讨论“越看越重要”，讲了思想路线，分析了思想僵化半僵化状态。这个题目单中的题目明显地出自这个讲话。因此，这个题目单无疑是在邓小平这个讲话前后拟出来的，就是为了贯彻这个讲话的精神。在中央工作会议和十一届三中全会期间，胡耀邦同时抓了上面列举的那四篇文章的撰写、修改、定稿。这个题目单是在这四

① 《中央党校校刊》第 2 期，第 18 页。

篇文章完成以后，即十一届三中全会结束以后，为了将真理标准问题讨论继续推向前进而拟定的。从这个题目单也可以看出，胡耀邦对真理标准问题讨论的重视与周密的考虑。

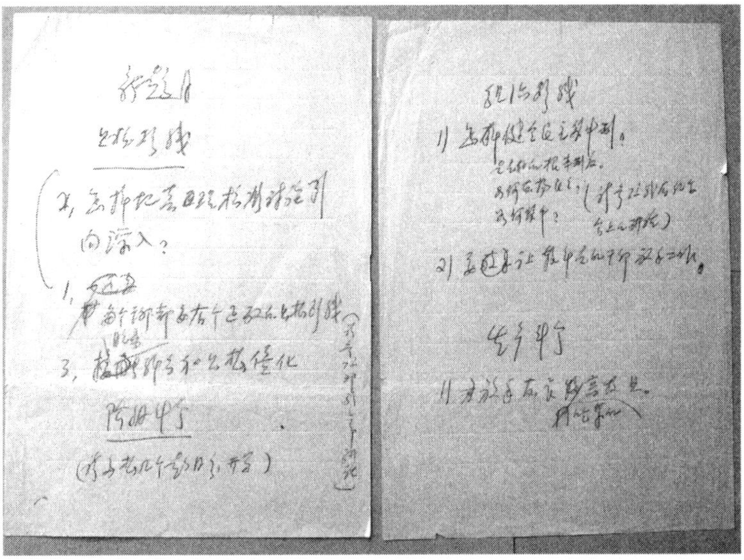

胡耀邦经常给理论动态组出题目。这是在十一届三中全会前召开的中央工作会议期间写的一组选题。他特别提醒："请参考邓副主席的讲话"

我们在前面着重介绍了胡耀邦组织撰写文章，办《理论动态》这个刊物的情况。他是从拨乱反正的需要这个高度来创办和坚持办这个刊物的。在拨乱反正中，特别是在真理标准问题的讨论中，《理论动态》确实起了重要的作用。胡耀邦对理论动态组同志多次讲，《理论动态》起了历史作用，在思想理论方面，《理论动态》是一家。胡耀邦逝世后，我于 1989 年 5 月 11 日在《人民日报》发表一篇文章，题目是：《耀邦同志与〈理论动态〉》。在这篇文章的开头，是这样写的："记得在 1978 年下半年，真理标准讨论已经初步开展起来的时候，耀邦同志在同理论动态组同志的一次谈话中，曾经深情地说，我死后，要写上一笔，生前办过《理论动态》。耀邦同志一生为党为人民做出了多方面的重要贡献。他在主持中央党校工作时亲自创办《理论动态》这个内部刊物，是他的重要贡献之一。"从 1989 年 5 月到我正在撰写此稿的 1994 年 3 月，又过去了五年时间，但我对他的这句话和当时的情景记忆犹新，对我所写的这个评价，觉得符合实际。

胡耀邦对真理标准问题讨论所起的作用，当然不仅仅是上面讲的那些文章。他为了在某些省、市、自治区打开讨论的局面而调兵遣将。他对中央党校的教学中如何贯彻真理标准问题的讨论，也倾注了心血。这些，我将在以后有关章节中记述。

第七章

“诸侯”的支持和参与

毛泽东常用“诸侯”这个词幽默地称呼地方的高级领导人。这当然也是一种比喻。我在这里说的“诸侯”，也是这个意思。

真理标准问题的讨论既然是个思想路线问题，是个政治问题，如果没有这些地方“诸侯”们的支持和参与，是不可能真正解决问题的。

既然真理标准问题的讨论是思想路线问题，是政治问题，具有这样敏感而严重的性质，“诸侯”们就必然要持慎重态度。这个问题的讨论从 5 月份开始，到 7 月底，终于有一些省委特别是省委第一书记旗帜鲜明地参加进来了。

1978 年 7 月下旬，中共黑龙江省委在第一书记杨易辰主持下，开会讨论真理标准问题。新华社将此事作为重要新闻在 8 月初加以公开报道。《人民日报》在显著位置加以刊登。

从新华社和《人民日报》的报道看，在 8 月份，中共新疆维吾尔自治区党委也参加进来了。

在 9 月份，有福建、广东、浙江、江西 4 个省委的负责人，在省委会议上讲真理标准问题的讨论，特别是讲了这个讨论的重大意义。

在 10 月份，新华社报道了河北、青海、内蒙古、宁夏、四川、湖北、天津、江苏、广西、贵州 10 个省、市、自治区的省市委、自治区委积极参加真理标准问题讨论的情况。

这样，到 1978 年 11 月 10 日中央工作会议开始前，已有 20 个省、市、自治区党委负责人公开表示支持真理标准问题讨论。这对真理标准问题讨论的发展并取得成功，具有决定性作用。

一、黑龙江省委的龙头作用

1978 年 8 月 4 日，作为中共中央机关报、在当时影响很大的《人民日报》，以头版头条的显著位置，刊登了新华社发的中共黑龙江省委开会讨论真理标准和民主集中制问题的新闻。这条新闻报道有 2300 多字，在当时来说，是一条影响很大的新闻。把真理标准问题的讨论提到省委的议事日程，又作为重要新闻加以报道，这都是突破性的进展。

我先介绍一下 1978 年 8 月 4 日《人民日报》的版面。这天《人民日报》第 1 版头条位置上竖排的两行标题是：

黑龙江省委召开常委扩大会议联系实际敞开思想畅所欲言

讨论真理标准和民主集中制问题

这个标题十分醒目。

这篇报道中说，前不久，杨易辰同志在一次动员报告中谈到，无产阶级“文化大革命”前的黑龙江省委不是黑的，而是红的，那时省委虽然有缺点、错误，但不是主流。

这在当时来说，是一个很大胆的论断。

“文化大革命”以前的黑龙江省委不是黑的，不是黑省委，而是红的，是红省委。红与黑，是当时的特定用语。黑就是所谓修正主义，是错误的，甚至是反动的；红，就是正确的，革命的。他们的论断，是依据实践是检验真理的唯一标准这个原理，全面分析了“文化大革命”前省委的情况，否定了“文化大革命”中对省委作出的不符合实际的判断和结论以后，而作出来的。

人民日報
RENMIN RIBAO
增了产才算数
黑龙江省委召开常委扩大会议联系实际展开思想解放运动
讨论真理标准和民主集中制问题
认真调查研究　坚持群众路线　纠正指挥生产上的“一刀切”
礼泉县委实事求是制定增产措施
不结盟国家的一次重要会议

中共黑龙江省委率先公开表态支持真理标准问题讨论。这是 1978 年 8 月 4 日的《人民日报》

1967 年 1 月 31 日，以黑龙江省红色造反者、中国人民解放军黑龙江省驻军部队指战员名义，召开了所谓“黑龙江省红色造反者大联合大夺权誓师大会”，给毛泽东发致敬电。在这个致敬电中说，“今天我们成立了黑龙江省红色造反者革命委员会，从一小撮反革命修正主义分子手里，把黑龙江省的党、政、财、文一切大权夺回到无产阶级造反派手中来”。1967 年 2 月 2 日，《人民日报》发表《东北的新曙光》的社论，热烈欢呼黑龙江省无产阶级革命派的伟大胜利！热烈祝贺“黑龙江省红色造反者革命委员会”的诞生！大家知道，由革命派向“走资派”夺权，是毛泽东总结上海的所谓“一月风暴”的经验而加以推广的。夺权是根据当时的“最高指示”进行的，又由《人民日报》发表社论，代表中央给予充分的肯定。这也就是说，“文化大革命”前黑龙江省委是黑的，不是红的，这个结论不仅仅是下面的造反派作出来的，更是中央最高层领导肯定了的。在上面引的两个文件中，并没有“黑省委”的提法，但在造反派们那里，“黑省委”已成了口头禅。

当时的实际情况是，“文化大革命”前的省委主要领导人，全部作为走资派或反革命修正主义分子打倒了。这当然是严重的不符合实际，是敌我关系的大颠倒。“文化大革命”以后，党中央改组了中共黑龙江省委的领导班子，由杨易辰任第一书记，其他一些原省委的领导干部也恢复了工作，安排了相应的领导职务。但是，拨乱反正，调整领导班子，都是逐步进行的，有一个过程。调整后的省委领导班子中，还保留了“文化大革命”中上升的一些人。

红与黑的争论是怎么引起的呢？对此，我特意访问了当时的省委书记杨易辰和当时的省委副书记、以后任第一书记的李力安。李力安告诉我，他们当时在省委开会议论工作时，用了“原省委”这样的提法，是指“文化大革命”以前的省委。“文化大革命”中进省委的一些人听到“原省委”的提法就很反感，有的就起来责问，什么原省委，是黑省委！这明显是冲着恢复领导职务的这些人来的。那些曾被打倒的领导干部本来就想不通，根本就不承认自己是黑的！这样，就引起了争论。当然，这是严肃的原则争论。在省委的讨论过程中，就提出过去的省委究竟是黑的还是红的这样的问题。大多数人认为，应该明确，原来的省委是红的，不是黑的。问题就是这样提出的。可是，作出这样的结论却是很不容易的。只有经过真理标准问题的讨论，才敢于推翻“文化大革命”中作出的错误结论，作出原省委不是黑的，是红的，这样的结论。

我访问杨易辰时提出，1978 年 7、8 月间，局势还不是那么明朗，不少领导干部对真理标准问题的讨论还心存疑虑，采取观望态度，你们怎么敢于支持并组织这个讨论，并在报纸上公开报道？你们同党中央的有关领导人是否有联系？他说，没有什么人引路，主要是黑龙江省有一个特殊的环境、特殊的条件。“文化大革命”中不是说“东北的新曙光”吗？潘复生搞得很厉害，还搞了一个柳河“五七”干校，斗争很尖锐。但原来省委中跟他干的人数有限。我们搞真理标准讨论，走这条路，也是省委的处境决定的。那时，原省委第一书记欧阳钦同志逝世了，中央对他作了很高的评价。我就提出，像欧阳钦同志这样的省委书记，他的作风，是否影响到整个省委。另外，当时中央决定由我任省委第一书记，又把我们省委的书记任仲夷同志调到辽宁当省委第一书记，一个省出了两个省委书记。这比谁说话都有力量。杨易辰强调说：实践检验，这是历史的必然。杨易辰讲了最重要的历史背景。当时形势的发展要求明辨“文化大革命”以来的重大是非，实践标准的提出正是适应了形势发展的这种需要。当然，当时党中央对黑龙江重大问题的态度，特别是对干部的任用，也使他们心中有了底，正如杨易辰所说，这比谁说话都有力量。

黑龙江原省委不是黑的、是红的这个结论，就表明，“文化大革命”中夺权是没有根据的、错误的，作为黑龙江省“文化大革命”最主要成果的夺权斗争，及在此基础上建立的革命委员会，就失去了基本的依据。这实际上也就否定了“文化大革命”。据说，当时有的人确有疑虑：难道毛主席发动“文化大革命”错了吗？而且，黑龙江在“文化大革命”前的省委书记，是毛主席在中央工作会议的讲话中批评过的。正是实践是检验真理的唯一标准的讨论，提高了人们分清是非的能力，增加了否定错误结论的勇气。人们理直气壮地说，实践检验，不管谁说的。这样一句简明而朴素的话，给了人们勇气，也给人们提供了方法。《人民日报》刊登的报道介绍了黑龙江省委常委扩大会议的情况。报道说：“中共黑龙江省委最近召开常委扩大会议，学习毛主席《在扩大的中央工作会议上的讲话》，学习华主席、叶副主席、邓副主席在全军政治工作会议上的讲话，学习《人民日报》、《光明日报》、《解放军报》相继发表的《实践是检验真理的唯一标准》《关于真理的标准问题》《马克思主义的一个最基本的原则》等文章，认真地讨论了真理的标准和民主集中制两大问题。大家联系实际，敞开思想，畅所欲言，会议体现了党内生动活泼的民主生活。”报道还说：“会议开始时，省委第一书记杨易辰同志宣布，要解放思想，畅所欲言，不抓辫子，不戴帽子，不打棍子。”这里要做些分析。这个会议，实际上主要是学习讨论了邓小平在全军政治工作会议上的讲话和报纸上关于阐述真理标准问题的文章，因为在全军政治工作会议上，其他人的讲话不是这个内容，但按照党内的老规矩，必须那样写。另外，学习毛泽东的那个讲话，实际也只是学习讲民主集中制的内容，从理论上说，他的论说有许多值得研究思考的问题，但其中有“民主就是要让人讲话”这样的内容。这在当时来说，是很切中时弊的，很有利于讨论真理标准问题的，这就很够了。

当时许多人的精神状态是，虽然粉碎“四人帮”已一年多了，虽然省委第一书记杨易辰已经宣布，“文化大革命”以前的黑龙江省委不是黑的，是红的，作出了这样明确的论断。但是，心有余悸的情况仍然严重存在，成为前进道路上的一大障碍。参加黑龙江省委常委扩大会的同志分析，人们存在这样那样的怕，归纳起来有“五怕”，怕别人给自己扣上“反毛泽东思想”、“否定文化大革命”、“否定群众运动”、“否定解放军支左”、“否定新生事物”这样五顶帽子。因此，解放思想仍然是一个现实问题。

那么，人们为什么还是心有余悸，怕这怕那呢？根本原因是，林彪、“四人帮”搞乱了理论，搞乱了路线，搞乱了人们的思想，又在党内外搞法西斯专政，搞白色恐怖，把人们整怕了。以上这种分析和用语，是当时参加会议的人们在特定历史条件下的理解和表达方式。按照历史的本来面目，就应当说，首先是毛泽东在理论与实践的关系上搞颠倒了产生的影响，他搞的阶级斗争为纲造成的恶果。

《人民日报》的这个报道说，参加会议的同志经过讨论，思想上得到了很大的提高，认识到：

坚持实践是检验真理的唯一标准，就可以辨别真伪，分清是非，找出林彪、“四人帮”对马列主义、毛泽东思想的篡改、歪曲和伪造，完整地准确地掌握毛主席的思想体系。

坚持实践是检验真理的唯一标准，不仅不会贬低毛主席和毛泽东思想，而恰恰是继承毛主席的革命精神，捍卫毛泽东思想，使毛主席的伟大旗帜在中国高高飘扬。

现在我们国家进入了新的发展时期，有许多新情况、新问题需要我们去认真研究解决。这些新情况、新问题，如果因为本本上没有，就不去研究解决，那我们的革命和建设不就停滞了吗？我们可怎么为实现新时期的总任务而斗争呢？真理是在实践中发展的，我们只有坚持实践第一的观点，在实践中检验真理、发展真理，才能使马列主义、毛泽东思想永葆革命之青春。

以上这三条体会，是会议的总结，也是与会者的共识。这三条内容，既涉及如何解决历史遗留问题，拨乱反正，更涉及研究新情况，解决新问题；既涉及纠正错误，更涉及发展真理，是比较全面的。

黑龙江省委常委扩大会议还作出决定，组织全省县团级以上干部，学习上述文章，要求大家在学习的基础上，联系实际，认真开展大讨论。这就是说，要在全省范围内，广泛地学习讨论真理标准问题。这也是《人民日报》这个报道中的一个重要的内容。

以上简要介绍了《人民日报》刊登的报道，介绍了黑龙江省委在第一书记杨易辰主持下，开展真理标准问题讨论的简要情况。

由新华社发布、《人民日报》刊登这样一条重要的新闻报道，当然是引人注目的。地方报纸如何处理，也是必然要认真考虑的。如果把 1978 年 8 月 5 日的各省、市、自治区党委的机关报普遍地查看一下，一定会有所发现。我由于力量有限，办不到，仅从个别的例子，就可以看到差别。

我查看了 1978 年 8 月 5 日的《北京日报》，该报在第一版同《人民日报》一样的位置、版式、字号，全文刊登了这一条新闻。

我又查看了 1978 年 8 月 4 日的《湖南日报》。这家报纸比《北京日报》早一天刊登这一条新闻。但不是刊在第一版，而是第四版。再看一下内容，只有 1700 多字，将新华社发的 2300 多字的新闻稿删去 600 多字。再仔细看一下，究竟删去了什么内容。最主要的，是将杨易辰讲的"文化大革命"前的黑龙江省委不是黑的、是红的这些话删去了。现在看来，这也是不难理解的。正如我在前面讲的，这个论断涉及对毛泽东亲自发动和领导的"文化大革命"的评价问题，涉及肯定还是否定"文化大革命"这个十分敏感的问题，因此，人们自然要采取谨慎态度。当然，这也反映了人们的思想解放程度的差别。

需要进一步说明的是，由孙铭惠撰写的这篇重要的新闻报道，在新华社公开发表以前，于 1978 年 7 月 22 日出刊的第 79 期《内部参考》上就刊登出来了。由于是供高级领导干部阅读的内部材料，所以，内容也放得比较开，问题也提得很尖锐。其中提到：既然原省委是红的，那么当时造省委的反，夺省委的权，是不是搞错了？如果说错了，那么对毛主席关于夺权的指示、关于成立黑龙江省革委会的指示，又怎样理解？等等。这里已经触及了对"文化大革命"的根本评价，触及了毛泽东晚年的错误。可以想像，高级领导干部（尤其是曾经被打倒的各省、市、自治区负责人）阅看了这样的材料，思想上会产生怎样的影响。胡耀邦看到这期《内部参考》以后，即提出，给中央党校学员每个小组发一份。当年在中央党校学习的一些领导干部，至今还记得这件事，而且印象很深，对他们解放思想，起了很重要的作用。

拨乱反正必须解放思想

1978 年 8 月 23 日，《人民日报》发表中共黑龙江省委第一书记杨易辰阐述真理标准问题的文章

1978 年 8 月 23 日，杨易辰又在《人民日报》发表《拨乱反正必须解放思想》的文章。这篇五千多字的长文，依据邓小平在全军政治工作会议上重要讲话的基本精神，贯穿了实践是检验真理的唯一标准的原理，介绍了黑龙江省进行真理标准问题讨论，解放思想、拨乱反正的情况和经验，文章实际上是针对“两个凡是”的。这篇文章指出，是完整地、准确地领会和掌握毛泽东思想，还是“句句是真理”、“句句照办”，这是两种根本对立的观点。文章阐明，马列主义、毛泽东思想之所以有力量，正因为它是经过实践检验的客观真理，是因为它高度概括了实践经验，并用来指导实践的。因此，任何时候都必须坚持实事求是，一切从实际出发，理论同实践相结合这样一个根本原则。不然，就不能解决实际问题。这篇文章再一次讲了对黑龙江省原省委的评价问题。杨易辰在文章中说：过去我省只要谁说一句“原省委”，就被认为是大逆不道，是“复旧”、“复辟”、“翻文化大革命的案”，只能违心地说“黑省委”、“旧省委”。最近，我们根据党中央对欧阳钦同志的评价，明确地肯定了在欧阳钦同志主持下的原省委，是高举毛主席伟大旗帜的，是执行毛主席革命路线的，是红的，而不是黑的，虽然也有缺点错误，但这并不是主流而是支流。这样实事求是的评价，得到了群众的欢呼和拥护，这使多年来压在党员、干部身上的石头搬掉了，思想解放了。杨易辰说，这个问题解决了，“文化大革命”以来发生的一些重大事件和路线是非等问题，就会得出正确的结论。这就含蓄地告诉人们，问题的关键是要否定“文化大革命”。这是一篇支持实践标准的有分量的文章。

从新华社和《人民日报》的报道，从新华社《内部参考》的报道，可以明显看出，中共黑龙江省委对真理标准问题讨论的鲜明支持态度，他们在省委内部和全省范围内展开讨论的做法，都起了带头的作用，起了龙头的作用。

其实，地方“诸侯”中，首先公开讲到真理标准问题的，当推中共甘肃省委第一书记宋平。早在 1978 年 6 月，宋平在甘肃省委召开的全省理论工作座谈会上讲话，就讲到了这个问题。他在回顾了马克思主义发展的历史后说：“革命是发展的，马克思主义也是发展的。我们进入了新的时期，有许多新的事物、新的课题，需要我们遵照马列主义的基本原则，学习和运用马列主义的立场、观点和方法去研究，去解决。特别是在社会经济生活中提出了很多的问题需要我们去研究，去解决。”他提出，“对于重大的理论问题，要敢于研究，在马列主义、毛泽东思想的基础上，敢于提出自己的见解。要有勇气，敢于探索，要破除清规戒律，做思想上的前卫战士，不要这个是禁区，那个也是禁区，不敢去研究。”宋平明确地说：“路线是非是可知的。实践是检验真理的唯一标准。有些问题已经有了实践，有些问题还有待继续实践，真正通过实践有把握了，心里也就踏实了。”① 据我所知，宋平是中央党校的《理论动态》的热心读者。记得就是在 1978 年年底的一天，宋平的秘书给理论动态组打电话说，宋平对《理论动态》很喜爱，看过之后，要保存起来，现在有几期找不到了，能否补发给他。后来，我们给他寄去了 1978 年的《理论动态》合订本。他收到后，又让秘书打电话来表示感谢。前面所引的宋平讲的要“做思想上的前卫战士”一语，就出自《理论动态》。这是胡耀邦对理论动态组同志一再提出的希望和要求，后来，在一篇文稿中写上了。

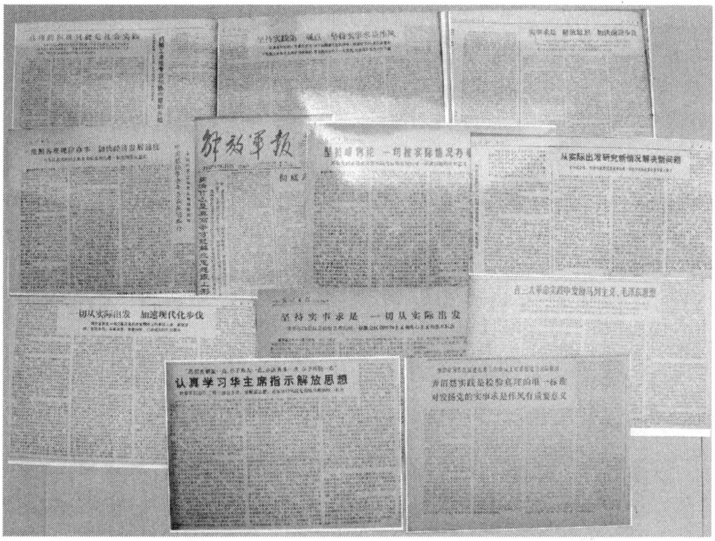

1978 年 8 月开始，各省、市、自治区和人民解放军各大军区主要负责人纷纷发表讲话，支持实践标准

宋平的这篇讲话，反映了当时人们的思想尚处在转变的过程中。在这个讲话中，他也提出，要以无产阶级专政下继续革命的伟大理论为指导，而且，对实践是检验真理的唯一标准没有展开论述，只是提了一下。因此，这篇讲话在当时没有引起大的反响。新华社在 1978 年 11 月 5 日，发了宋平在甘肃省委常委扩大会上支持真理标准问题讨论的讲话的电讯稿，《光明日报》于 11 月 7 日、《人民日报》于 11 月 10 日刊登。

---

① 《甘肃日报》1978 年 6 月 28 日。

二、1978年秋季的中国政治形势

从1978年8月4日到12月8日，《人民日报》先后报道了全国27个省、市、自治区党委第一书记（有几个省、市、区是第二书记）关于支持真理标准问题讨论的讲话和开展这一讨论的情况。这些报道都是新华社的电讯。为了全面反映这个重要情况，下面按时间顺序将这些报道抄录如下，只抄标题和导语，并注明省、市、区名，新华社电讯日期，《人民日报》刊登的日期、版面、位置。

1. 黑龙江省

《人民日报》1978年8月4日（新华社哈尔滨8月3日电）第一版，头条：

黑龙江省委召开常委扩大会议联系实际敞开思想畅所欲言

讨论真理标准和民主集中制问题

2. 新疆维吾尔自治区

《人民日报》1978年8月28日（新华社乌鲁木齐8月27日电）第二版，头条：

真理的标准只能是社会的实践

汪锋同志在新疆党委工作会议上讲话

3. 福建省

《人民日报》1978年9月11日（新华社福州9月10日电）第二版，廖志高同志在福建省委工作会议上联系福建的实际指出：

弄清楚实践是检验真理的唯一标准

对发扬党的实事求是作风有重要意义

4. 广东省

《人民日报》1978年9月20日（新华社广州9月19日电）第二版：

实事求是解放思想加快前进步伐

广东召开省委常委和省革委会副主任学习会，联系实际讨论真理的标准问题，省委第二书记习仲勋指出，实践是检验真理的唯一标准，这绝不是一个单纯的理论问题，而是一个有重要实践意义的问题。

5. 浙江省

《人民日报》1978年9月26日（新华社杭州9月24日电）第四版，头条：

浙江省委常委深入讨论检验真理的标准问题

以实践第一的观点总结经验解决问题

6. 江西省

《人民日报》1978年9月29日（新华社南昌9月27日电）第二版，头条：

进行一次辩证唯物主义认识论的再教育

江渭清在江西省委党校干部读书班开学典礼上说，关于实践是检验真理的唯一标准的讨论，是关系到能不能真正高举毛主席的伟大旗帜，贯彻执行党的十一大路线，加快实现四个现代化的问题。

7. 河北省

《人民日报》1978 年 10 月 5 日（新华社石家庄 10 月 3 日电）第三版：

实践证明是正确的才算是真理

刘子厚同志要求参加全省农田基本建设会议的同志联系实际，解决问题。

8. 青海省

《人民日报》1978 年 10 月 7 日（新华社西宁 10 月 5 日电）第三版，头条：

在三大革命实践中发展马列主义、毛泽东思想

谭启龙同志在青海省召开的州、市、县委宣传部长会议上对检验真理的标准问题作专题发言。

9. 内蒙古自治区

《人民日报》1978 年 10 月 9 日（新华社呼和浩特 10 月 8 日电）第二版：

从实际出发研究新情况解决新问题

王铎同志说，坚持实践是检验真理的唯一标准对大治内蒙古具有重大意义。

10. 宁夏回族自治区

《人民日报》1978 年 10 月 12 日（新华社银川 10 月 11 日电）第二版：

解放思想冲破禁区大干快变

宁夏回族自治区党委召开地、县委书记会议联系实际开展讨论，加深对实践是检验真理唯一标准的理解。

11. 四川省

《人民日报》1978 年 10 月 13 日（新华社成都 10 月 12 日电）第一版：

认真学习华主席指示解放思想

赵紫阳同志在三级干部会上说

要解放思想，必须坚持实践是检验真理的唯一标准

12. 湖北省

《人民日报》1978 年 10 月 15 日（新华社武汉 10 月 14 日电）第二版：

一切从实际出发，加速现代化步伐

湖北省委第一书记陈丕显在全省理论工作会议上说，解放思想，破除迷信，尊重科学，已经成为时代的要求。

13. 天津市

《人民日报》1978 年 10 月 18 日（新华社天津 10 月 17 日电）第二版，头条：

陈伟达同志联系天津实际谈坚持实践是检验真理的唯一标准的重要性

思想解放胆子大　加快步子搞四化

14. 江苏省

《人民日报》1978 年 10 月 23 日（新华社南京 10 月 21 日电）第二版，头条：

解放思想冲破框框加快四个现代化步伐

许家屯谈检验真理的标准问题

15. 广西壮族自治区

《人民日报》1978 年 10 月 26 日（新华社南宁 10 月 23 日电）第二版，头条：

办事情要坚持实践第一的观点
乔晓光在广西区党委常委会上谈实践是检验真理的唯一标准
16. 贵州省
《人民日报》1978 年 10 月 30 日（新华社贵阳 10 月 26 日电）第二版：
马力同志指出
必须坚持实践第一的观点，打破精神枷锁
要敢于研究新情况解决新问题
17. 山东省
《人民日报》1978 年 11 月 2 日（新华社济南 11 月 1 日电）第二版：
发扬实事求是精神坚持群众路线
白如冰同志在山东省委党校谈实践是检验真理的唯一标准
18. 山西省
《人民日报》1978 年 11 月 6 日（新华社太原 11 月 3 日电）第二版：
王谦同志说
要用实践第一的观点总结经验教训
去掉盲目性增强自觉性
19. 上海市
《人民日报》1978 年 11 月 9 日（新华社上海 11 月 7 日电）第一版：
坚持理论联系实际　扫除障碍解放思想
彭冲同志说马列主义、毛泽东思想体系是指导我们思想的理论基础
20. 甘肃省
《人民日报》1978 年 11 月 10 日（新华社兰州 11 月 5 日电）第二版：
解放思想大胆实践加快步伐实现四化
宋平同志强调必须坚持实践是检验真理的唯一标准，一切从实际出发
21. 吉林省
《人民日报》1978 年 11 月 14 日（新华社长春 11 月 13 日电）第二版，头条：
坚持实事求是是高举毛主席伟大旗帜的关键
王恩茂同志强调坚持实践是检验真理的唯一标准，解放思想做好工作，加速实现四个现代化
22. 云南省
《人民日报》1978 年 11 月 16 日（新华社昆明 11 月 15 日电）第二版：
安平生同志说
要用实践来检验一切工作
正确的就坚持错误的就改正
23. 西藏自治区
《人民日报》1978 年 11 月 16 日（新华社拉萨 11 月 15 日电）第二版：
解放思想大干快上建设现代化新西藏
任荣同志说，要发扬实事求是精神，雷厉风行搞好工作

24. 河南省

《人民日报》1978 年 11 月 24 日（新华社郑州 11 月 22 日电）第二版，头条：

段君毅同志谈实践是检验真理的唯一标准的问题时说：

思想要赶上加快实现“四化”的新形势

25. 陕西省

《人民日报》1978 年 12 月 2 日（新华社西安 12 月 1 日电）第二版，头条：

对干部进行实事求是、群众路线再教育

陕西省委第二书记王任重同志说，必须对干部作风来一次大整顿，努力搞好陕北革命老根据地建设，切实改善人民生活。

这个报道中引王任重同志的话说：我完全赞成实践是检验真理的唯一标准，这是马克思主义的一个基本原理。

26. 湖南省

《人民日报》1978 年 12 月 8 日（新华社长沙 12 月 6 日电）第二版：

解放思想转变作风跟上中央部署

毛致用同志要求省直机关干部摆脱烦琐的事务，去掉漫无边际的、不解决问题的会议，努力学政治、学业务、学科学技术、学管理。

理论上根本的拨乱反正

实事求是　解放思想　加快前进步伐

辽宁省委第一书记任仲夷阅看《实践是检验真理的唯一标准》文章后，即着手撰写这篇文章，发表于辽宁《理论与实践》第 8、9 期，《人民日报》于 9 月 20 日全文转载

此外，《光明日报》于 1978 年 9 月 9 日全文转载了中共辽宁省委第一书记任仲夷的文章《理论上根本的拨乱反正》（原载辽宁《理论与实践》杂志 1978 年第 8、9 期）。《人民日报》于 1978 年 9 月 20 日也全文转载了这篇文章。任仲夷的文章明确指出，中央报刊大力宣传实践是检验真理的唯一标准，是理论上最根本的拨乱反正。文章阐明，实事求是这个问题，确实太重要了；支持实事求是，必须承认实践高于认识，实践是检验真理的唯一标准；强调实践高于认识，实践是检验真理的唯一标准，不是贬低了马列主义、毛泽东思想，正是捍卫了马列主义、毛泽东思想的根本观点。

以上列举了全国 26 个省、市、自治区党委主要负责人（绝大多数是第一书记）关于支持真理标准问题讨论的讲话，还有辽宁省委负责人的文章，一共是 27 个省、市、自治区。这些报道和文章，大都是很有分量的，突出了以下几点。

1. 明确表示了支持真理标准问题讨论的立场和态度，充分肯定了开展这个讨论的重大意义。大家一致指出，这不仅是一个学术问题、理论问题，而且是关系到党的思想路线、政治路线的大问题，是关系到党和国家前途命运的大问题。有的同志则指出，这是一个有着重大现实意义、针对性很强的实践问题。有的同志把问题点得更明白，指出这个大讨论是一场两种思想、两条路线的激烈斗争。省委书记们的讲话，一下就把问题提到了应有的政治高度，因而显示出这些讲话的分量。

2. 联系实际，有针对性地阐述了实践是检验真理的唯一标准的原理，揭露了林彪、“四人帮”对理论与实践关系的大颠倒。几乎每一位省委书记都揭露批判了林彪、“四人帮”提出和鼓吹的“顶峰论”、“句句是真理”、“一句顶一万句”等谬论。大家还列举剖析了广泛存在于党内的那种一切从文件出发、从概念出发，对上了书、上了报、上了文件的，一概照搬照办，而不是结合实际情况研究和贯彻执行的现象。省委书记们的讲话都指出，开展真理标准问题的讨论，弄清理论与实践的关系，是肃清林彪、“四人帮”流毒，把被他们搞乱了的思想、理论、路线是非纠正过来的一件大事。有的省委书记明确指出，这个根本问题不解决，拨乱反正就缺乏一个客观标准，就不能真正做到正本清源。

省委书记们的讲话进一步指出，究竟实践是检验正确与错误的标准，还是领导指示、个人权威是检验正确与错误的标准？不管谁作出的决定，都要从实际出发，都必须实事求是，正确的就要坚持，错误的就改正，实践证明是正确的才算是真理。

省委书记们在讲话中明确提出，要用实践是检验真理的唯一标准的原理，来总结二十多年的正反两方面的经验，纠正冤、假、错案，解决大量积重难返的问题。

省委书记们在讲话中都指出，坚持还是反对实践是检验真理的唯一标准，这是对马列主义、毛泽东思想的根本态度问题，是关系到能不能高举毛主席伟大旗帜的问题。大家一致认为，坚持实践第一的观点，完整准确地掌握马列主义、毛泽东思想的科学体系，在新的实践中，不断发展这个理论，就是真正高举了毛泽东思想的伟大旗帜。

3. 提出要解放思想，用实践第一的观点研究新情况，解决新问题，推进四个现代化建设。

省委书记们明确提出，要解放思想、就必须坚持实践是检验真理的唯一标准，完整准确地掌握毛泽东思想。对一切工作，都必须坚持实践第一的观点，要用实践来检验我们的理论、路线、方针、政策，要善于发现新问题，研究新情况，总结新经验，提出新办法，创造新事物，促进四个现代化的实现。

省委书记们都强调，坚持实践是检验真理的唯一标准，对搞好本地区的工作，具有重要意义。内蒙古自治区常务党委书记王铎说，认真学习实践是检验真理的唯一标准问题，对于拨乱反正，大治内蒙古，具有极为重大的意义。四川省委第一书记赵紫阳在省委召开的三级干部会议上说，两年来，凡是坚持了实践是检验真理的唯一标准，坚持理论与实践相结合的原则，敢于实事求是，从本地区、本单位的实际情况出发，肃清林彪、"四人帮"的流毒和影响，认真落实党的各项政策，因地制宜地采取一些趋利避害的增产措施，那里形势发展就快，生产就能大上快上，就能出现一个安定团结、生动活泼的局面。相反，如果不是采取这种态度，形势发展就慢，生产也就上不去。他对四川的各级干部提出，为了加快实现四个现代化，我们要敢于实事求是，解放思想，开动脑筋，去探讨、摸索、研究、试验，看什么办法、政策、措施，能够促进生产力发展得更快些。贵州省委第一书记马力提出，要用实践是检验真理的唯一标准这个原则，来分析贵州的一些重大问题。河南省委第一书记段君毅针对河南一些干部思想上束缚太多的状况提出，只有坚持实践是检验真理的唯一标准这一马克思主义的基本原则，才能解放思想。他提出，县委的思想要解放，地委、市委的思想要解放，省委的思想更需要解放。许多省委书记都联系地区的实际工作论述了真理标准问题。

黑龙江省委作出了决定，要求组织全省县团级以上干部认真学习和讨论真理标准问题。其他许多省委书记也提出，所有干部特别是领导干部都要加强理论学习，坚持实践是检验真理的唯一标准，完整准确地掌握毛泽东思想体系的要求。

以上三点，是对省、市、自治区党委书记们关于真理标准问题谈话内容的大致归纳。从中可以看出，这些谈话不仅明确支持关于真理标准问题的讨论，而且，具有很强的针对性，指出了多年来在理论与实践关系上存在的问题，尖锐地批评了坚持"两个凡是"的那些人反对实践标准的论点，涉及了当时党和国家政治生活中的主要分歧点。

在 1978 年，海南还是隶属于广东省管辖的一个行政区，尚未建省。全国共有 29 个省、市、自治区（台湾未计算在内）。在十一届三中全会以前，共有 27 个省、市、自治区党委负责人发表讲话或文章，明确支持真理标准问题的讨论，不赞成"两个凡是"。可以说，这是 1978 年秋季中国政治形势的一个重大转折，一个重要特点。①

省委书记们一个接一个地发表讲话，支持真理标准问题的讨论，而且，新华通讯社作为重要新闻发出，《人民日报》、《光明日报》和《解放军报》等中央和地方报纸，在显著位置加以刊登，其影响是很大的。这对于坚持"两个凡是"的人来说，是一种明确的也是严重的信号，表明他们那一套正在日益失去支持，变得越来越不得人心。当然，他们也不会善罢甘休。据当时的浙江省委第一书记铁瑛对我讲，有这么一件事：1978 年 10 月，铁瑛和陈丕显率领中国共产党党的工作者代表团去南斯拉夫、罗马尼亚访问。到北京后，汪东兴找铁瑛去人民大会堂。在谈话中汪东兴提出：铁瑛同志，你们怎么在《人民日报》发表文章？是什么意思？有没有布置？② 铁瑛回答：我们是从实际情况中感觉到这个问题，没有什么人布置。汪东

① 8月上旬立秋，11 月上旬立冬，大部分省、市、区党委书记的讲话是在秋季。

② 这里所说的文章，是指《人民日报》9 月 26 日报道的铁瑛关于真理标准问题讨论的讲话。

兴对铁瑛说：你们省委第一书记，在报上发表文章，要慎重啊！汪东兴这种行动，既是追查，也是警告。在《实践是检验真理的唯一标准》这篇文章发表后，汪东兴气势汹汹地提出，是哪个中央同意的，要查一下。过了五个月，他又找铁瑛谈话，问他有没有人布置。很明显，汪东兴的思路，他的做法，还是那一套。

此外，“凡是派”还有一种说法，说这是《人民日报》、新华社硬逼省委表态。上面列举的26个省、市、自治区党委负责人关于支持真理标准讨论的讲话报道，是怎样撰写出来的，我没有可能也没有必要一一做调查。根据我接触的一些省、市的情况来看，是各不相同的。

黑龙江的情况前面已经讲了，这里再说一下浙江省的情况。

新华社1978年9月24日杭州电，《人民日报》1978年9月26日刊登的报道，是怎样撰写出来的呢？我访问了当时的浙江省委宣传部副部长程炳卿。他说，当时，省委常委在学习中讨论了真理标准问题。主管新闻工作的一位宣传部副部长（原系《浙江日报》总编辑）提出，要不要发一个报道。省委书记同意了。于是，便让他（程炳卿）拟了一个稿，先在《浙江日报》登了，后来又作为新华社电讯，《人民日报》也刊登了。铁瑛对此也作了回忆。1978年9月，省委中心学习组在浙江宾馆集中学习。大家感到，粉碎“四人帮”一年多了，但十年“文化大革命”期间留下很多问题，界限不清楚，不知到底应当怎么看；在实际工作中遇到这样的问题，比如，当时批“左”也成了罪状，粉碎“四人帮”以后批了一段“左”，又说是右得不能再右了。界限不清楚，是非不清。“两个凡是”说毛主席说过的不能动。我们当时学《实践论》，还学（华、叶、邓）在全军政治工作会议上的讲话，还学费尔巴哈论。在学《实践论》的时候，觉得实际工作中有些问题，但是，还不很明确。后来，看到《人民日报》有实践标准的讨论，正好就结合起来了。铁瑛的回忆生动地反映了真理标准问题的讨论是实践发展的需要，是历史的必然。他说，他当时不知道中央的意图。宣传部的同志说，其他省在报纸上表了态，我们省委也要表个态。我们同意了。这样，就写了一个报道。① 从浙江的情况来看，也根本不存在“硬逼省委表态”的情况。

上海市的情况是这样的：上海市委党校的第二期干部读书班，将于1978年11月3日举行开学典礼。开学典礼由市委第三书记彭冲来讲话（第一期开学典礼也是彭冲讲话），要市委党校为彭冲起草讲话稿。10月18日，市委党校领导开会研究彭冲讲话稿的内容。大家提出建议，要讲一下林彪、“四人帮”怎么搞乱理论与实践的关系，讲真理标准的重要性，对学员提出一些要求。执笔起草这个讲话稿的同志将这些内容写上了。稿子送到彭冲那里。11月3日，彭冲到党校讲话，基本上是按照这个稿子讲的。彭冲在上海市委党校讲了真理标准讨论问题，新华社上海分

---

① 铁瑛同志在《我所知道的邓小平》一文中说到1978年的某些情况。文中说：“当中央征求我们省对‘两个凡是’的看法时，我立即代表省委向中央明确表示，支持‘实践是检验真理的唯一标准’。”（见《中华儿女》杂志1995年第4期第9页）这里讲的与我访问他时讲的情况有明显差异。到目前为止，还没有发现中央向省委征求对“两个凡是”的意见的材料。从当时党内政治生活的情况看，也不大可能采取这样的做法。经与铁瑛同志进一步核对，我访问他时向我谈的上述情况，是准确的。

社写了一个报道，即 11 月 7 日上海电。11 月 8 日，上海《解放日报》在头版头条位置刊登了新华社的报道。11 月 9 日，《人民日报》也刊登了这个报道。这里，也看不出“硬逼省委表态”的情况。

湖南的情况是这样的。新华社 1978 年 12 月 6 日电报道了湖南省委负责人关于真理标准问题的讲话，《人民日报》于 12 月 8 日刊登。按时间先后说，这是 27 个省、市、自治区中最后一个。这个报道说，湖南省委第一书记在省直属机关负责干部会议上说，“实践是检验真理的唯一标准。凡是经过长期社会实践证明是符合客观规律、符合大多数人利益的事，我们就坚决地办，坚持到底。”这是这篇报道中明确讲到实践标准的唯一的一句话。看了这个报道，有一点是很明显的，就是湖南省委第一书记的这个讲话，没有对真理标准问题的讨论明确表示支持的态度，没有阐述这个讨论的重要意义，甚至也没有提到这个讨论。还有一点也是明显的，这个讲话强调重点是，“凡是经过长期社会实践证明是符合客观规律，符合大多数人利益的事”，“就坚决地办，坚持到底”，而没有提到凡是实践证明是不正确的事，就要坚决改正。显然，这样的表述是经过仔细斟酌的。所以，严格说来，这个讲话不能说是对真理标准问题讨论的明确支持。据说即使是这样几句话，也是在撰写这个报道时加上去的，在讲话时并没有讲这些内容。这恐怕也不能说是“硬逼省委表态”。如果硬要说“被逼”，那是被全国拨乱反正形势发展所逼，而绝不是哪一个单位、哪一些人“逼”他们那样做。湖南的实际情况是，即使在北京参加了中央工作会议和十一届三中全会，省委主要领导人对真理标准问题讨论的态度也没有从根本上转变过来。他们当时考虑，一个农业生产责任制，一个真理标准讨论，这两个问题湖南不急于先搞，先看一看，后一步再说。直到 1979 年 5 月，即湖南的同志到北京参加了理论工作务虚会，回到湖南向省委领导传达了邓小平的重要讲话，才开始在湖南组织真理标准问题的讨论。据了解，类似这样的情况，不止湖南省一个。

人们会注意到，当时，全国共有 29 个省、市、自治区，而上面列举的只有 27 个，没有安徽省和北京市。这里作一些说明。

先说安徽省。当时的省委第一书记是万里。大家知道，安徽省是农村家庭联产承包责任制的发祥地。在全国农村中，率先解放思想，冲破人民公社的僵化体制。万里是坚决支持农民的改革实践的。这个改革本身，就是坚持实践是检验真理的唯一标准的生动体现。据报道，当安徽凤阳县的家庭联产承包责任制刚刚出现遭到指责时，万里就明确地表示：“大包干不要再动了，让实践来检验，要能增产明年还要搞。”[①]但是，新华社和《人民日报》当时没有发关于安徽的报道。这是令人遗憾的。

当年随万里采访的新华社记者张广友，在他的《改革风云中的万里》一书中说，当时，他曾收到新华社总社的宣传报道要求，要求报道各省省委及其主要领导人对实践是检验真理的唯一标准的表态。但万里对此有自己的看法。他说：“我们的实际行动就是对真理标准讨论的表态，口头表态是个形式，重要的是实际行动。我们实事求是，从实际出发，认真贯彻落实农村经济政策，就是对真理标准讨论的

① 引自《文汇报》1994 年 1 月 3 日第 5 版。

态度。赞成拥护不能停留在口头上，要见诸实际行动。”（见该书第 164—165 页）当事记者的这个说明，应当是可信的。

下面讲讲北京市的有关情况。当时的北京市委主要领导人，同制造“天安门事件”有直接的牵连，因此，在粉碎“四人帮”以后的一年多时间中，对揭、批、查态度不积极，而“两个凡是”倒是符合他们的意愿的。当时市委第一书记吴德在 1976 年 11 月底的一次发言中就说：“凡是毛主席指示的，毛主席肯定的，我们要努力去做，努力做好。”对于“四人帮”的罪行，他说：“天安门事件中，反‘四人帮’是错的，那时他们还是中央领导，那是分裂中央。”他还提出，要把批“四人帮”和批邓结合起来。这些话，同“两个凡是”如出一辙。因此，他们对真理标准问题的讨论不可能采取积极支持的态度，当然也不可能有北京市委负责人支持真理标准问题讨论的新闻报道了。以后，党中央改组了中共北京市委的领导班子。但是，我在报纸上没有找到有关新任北京市委负责人支持真理标准问题讨论的新闻报道。

真理标准问题的提出，这个大讨论的展开，是拨乱反正的需要，是当时中国历史发展的必然。但是，作为处在特定历史环境、特定地位的人，对历史必然性的理解和采取的态度，不可能是一模一样的。有的人理解得快一些、深一些；有的人则理解得慢一些、浅一些。特别是像真理标准问题的讨论这样的事，由于特殊的历史背景，由于各人的处境不尽相同，即使是作为省、市、自治区党委负责人这样的高级领导干部，态度也不可能一样。有不少人比较快地适应了并抓住了这种历史的必然性，有些人则理解得比较慢，有的人甚至有抵触，所以态度就不那么明确，行动也不那么积极。但是，当历史的必然形成了历史潮流的时候，不太自觉的那一部分人也不得不顺着历史的轨道前进。在真理标准问题讨论过程中，有些省、市、自治区的负责人，在开始时采取了观望的态度，在大势所趋的形势下，就发表讲话，表示支持。从某种意义上说，这也是“被逼表态”，但绝不是《人民日报》和新华社记者逼他们表态，而是形势迫使（确切地说是促使）他们这样做。

当然，也还有这样一种情况。有的领导干部从内心说是赞成真理标准问题讨论的，但鉴于这个问题的政治敏锐性，对中央的情况又不太了解，多年的政治经验促使他们采取谨慎态度。华楠说，他当时曾经问过一些尚未表态支持真理标准问题讨论的省委书记，为什么不表态。回答是：我们吃过“文化大革命”的亏，所以，中央有了文件，就表态，没有文件，就不表态，其实，对真理标准问题的讨论，心里是拥护的。因此，对这个问题，要从当时特定的历史条件出发，作具体的分析。

我们统计一下各省、市、自治区党委负责人支持真理标准问题讨论报道的情况。1978 年 8 月和 9 月两个月，共 6 个省、市、区，从 10 月起，特别是从 10 月中旬起，就呈急剧增加的趋势，10 月达到 10 个，11 月 8 个。从这里也可以看到形势发展的趋势和特点。

在 1978 年 8 月、9 月、10 月、11 月，有这么多省、市、自治区党委书记（有的是第二、第三书记）发表讲话，加上下一节要具体讲的人民解放军各大军区、大单位负责人发表讲话，再加上中央一些部委负责人发表讲话，支持真理标准问题讨论，不同意“两个凡是”，这清楚地表明，在 1978 年秋季，中国的政治形势发生了重大的变化。这就是，支持真理标准问题讨论的力量，要求彻底进行拨乱反正，抛弃“左”的一套的政治力量，迅速发展壮大，取得了明显的优势。提出和坚持“两个凡是”方针的人，以他们为代表的政治力量，日益不得人心，陷于空前的孤立，而且，他们本身发生了分化，他们的力量大为削弱，已无招架之力。中国政治形势的这种发展变化，是十一届三中全会实现历史转折的基本条件。

中国政治形势的这种积极变化，是以邓小平、罗瑞卿为代表的老一辈革命家支持下，各级党组织、广大的干部、理论工作者、新闻工作者等各方面人士共同努力的结果。但从根本上说，是人民的意愿和意志的体现，是中国历史发展的必然趋势。正如胡耀邦在党的十二大报告中所总结的那样：“在粉碎江青反革命集团之后，人民对党寄予很高的希望。人民要求拨乱反正，要求安定团结，要求集中力量进行社会主义现代化建设，要求社会主义物质文明和精神文明的提高。”① 正是人民的愿望和意志，形成了滚滚向前的历史潮流，顺之者昌，逆之者亡。

1976 年 10 月粉碎“四人帮”，扫除了当时中国历史向前发展的一个主要政治障碍，是历史伟大转折的开始。但是，粉碎了“四人帮”，中国还存在着一股相当强大的“左”的政治力量。他们企图坚持“文化大革命”的理论和路线，提出并推行“两个凡是”的方针，对中国历史的发展起了一定程度的干扰阻碍作用。但是，广大的共产党员已经觉醒，各级领导干部已经觉醒，人民已经觉醒。在人民觉醒基础上形成的历史潮流不可阻挡。从 1976 年 10 月粉碎“四人帮”到 1978 年 12 月党的十一届三中全会，这两年中，中国的历史是在不断排除“左”的干扰阻碍中前进，是上述两种政治力量消长的过程。1978 年秋季真理标准问题大讨论局面的形成，大多数省、市、自治区党委和人民解放军各大军区、大单位以及中央不少部委的负责人，采取支持真理标准问题讨论的立场，这就预示着，中国历史发展将由量的积累到质的飞跃，推倒“两个凡是”，实现历史伟大转折的思想、政治和组织方面的条件已经基本具备。

三、人民解放军各部队领导同志的鲜明态度

由于革命的传统，人民解放军在国家政治生活中一向具有特殊的地位和作用。由于“文化大革命”期间的支“左”和军管，军队的地位与作用更突出了。在粉碎“四人帮”以后的一段时间之内，情况基本上还是那样。

要比较全面地观察分析 1978 年秋季中国政治形势的变化，还必须讲一下解放军各部队、各大单位领导干部对真理标准问题讨论的支持和参与。

我主要依据《解放军报》的报道来讲这方面情况。当然，这样做，也有充分的理由。

当时的《解放军报》，得到中央军委秘书长罗瑞卿的直接关怀和具体指导。在真理标准问题的讨论这件事上，更是这样。

《实践是检验真理的唯一标准》这篇文章刚发表，罗瑞卿就敏锐地看出了它的重要性。他对军报负责人说：这篇文章很好，意义很大，《解放军报》要注意研究和宣传，

① 《中国共产党第十二次全国代表大会文件汇编》，人民出版社 1982 年版，第 14—15 页。

要保持这个方向。这是一场很重要的斗争。① 当时的总政治部主任韦国清为此曾写信向邓小平请示，总政准备发一个通知，让全军展开关于真理标准问题的讨论。邓小平的意见是：你们先干起来，通知慢点发。在这种情况下，《解放军报》的作用就更重要了。

《解放军报》对真理标准问题的讨论，从一开始就采取了明确支持的立场和态度。

《解放军报》在 6 月 3 日刊登邓小平在全军政治工作会议上重要讲话的报道时，在前面用红字印了这样一条导语：

邓副主席在重要讲话中强调指出，马列主义、毛泽东思想的基本原则，我们任何时候都不能违背。但是，一定要实事求是、从实际出发、理论和实践相结合，总结过去的经验，分析新的历史条件，提出新的问题、新的任务、新的方法。这是马列主义、毛泽东思想的根本观点、根本方法。

这样的报道，在当时的各大报来说，是独特的。

在 1978 年的“八一”社论《发扬政治工作的实事求是传统》中，又进一步明确了这次会议的精神。社论说：不久之前中央军委召开的全军政治工作会议的基本精神是什么呢?

如果要用简要的话来概括，也就是四个字：实事求是。

从 1978 年 10 月开始，《解放军报》开始报道军队领导干部支持真理标准问题讨论的情况。这些报道，基本上都是“本报讯”。现在按时间顺序，将这些报道的标题和导语抄录如下。

10 月 10 日（新华社沈阳 10 月 9 日电），头版头条：

搞清什么是真高举才能解放思想跟上形势

沈阳部队党委会全体会议传达学习中央领导同志最近的重要指示，李德生、甘渭汉同志在会上发言，强调要真正高举毛主席的伟大旗帜，就要坚持实事求是，一切从实际出发，理论和实际相结合。

这个报道中明确肯定实践是检验真理的唯一标准，要求各级党委重视讨论真理标准问题。

10 月 13 日在第二版头条刊登“本报讯”：

打碎精神枷锁，跟上新的形势

福州部队政委李志民号召所属部队积极参加真理标准问题的讨论。

10 月 14 日，在第二版发了两篇“本报讯”：

其一：**弄清真理标准问题　从根本上拨乱反正**

北京部队党委中心学习组和机关部门负责同志学习讨论真理标准问题。

北京部队党委发出通知，团以上党委和机关要充分认识弄清实践是检验真理的唯一标准的重大意义。

其二：聂凤智同志在驻宁部队干部大会上强调

把关于真理标准问题的讨论

作为揭批“四人帮”的重要内容

---

① 《解放军报》1988 年 8 月 6 日华楠文。

10 月 16 日在第一版刊登“本报讯”：

用科学态度对待马列主义毛泽东思想

昆明部队党委常委扩大会讨论真理标准问题

这个报道指出，由党委书记刘志坚同志主持讨论会。会议决定，整个部队，特别是团以上党委和机关，要开展实践是检验真理的唯一标准问题的学习和讨论。

10 月 18 日在第一版刊登“本报讯”：

敢于实事求是大胆拨乱反正

许世友、向仲华同志在广州部队党委常委扩大会上，强调必须反对本本主义，坚持实践是检验真理的唯一标准。

10 月 20 日在第一版刊登“本报讯”：

恢复实事求是的群众路线优良传统

韩先楚、肖华同志在兰州部队党委常委扩大会上谈真理标准问题，强调进行马克思主义认识论的再教育。

10 月 26 日，在第二版刊登两篇“本报讯”：

其一：**搞清真理的标准思想解放胆子大**

武汉部队党委常委认真学习华主席指示，对真理标准问题开展讨论。

其二：**解放思想大干快上**

努力攀登国防尖端科学技术高峰

国防科委党委中心组举行真理标准问题学习讨论会

10 月 30 日在第二版刊登“本报讯”：

要敢想敢说敢干敢闯

李水清同志在二炮召开的一个会议上指出，坚持实践是检验真理的唯一标准，对加强特种技术部队建设有着十分重要的意义。

11 月 3 日在第二版刊登“本报讯”：

解放思想做实现四个现代化的促进派

工程兵党委召开常委扩大会，讨论真理标准问题，并就部队如何开展这一学习做了研究部署。这个报道中说，工程兵党委第二书记、政委王六生主持会议。党委常委、副政委兼政治部主任向机关各部门负责同志和驻京部队团以上领导干部作了动员，要求认真开展真理标准问题讨论。

11 月 6 日在第三版发表两条“本报讯”：

其一：成都部队党委常委扩大会专题讨论真理的标准

认真研究解决部队建设中的新问题

这个报道中说，司令员吴克华同志带头发言谈了自己的体会

其二：**大胆实践加速装甲兵部队建设**

装甲兵党委召开常委扩大会联系实际讨论真理标准问题

这个报道中说，装甲兵领导人钟汉华、黄新廷、莫文骅都参加并讲了话。

11 月 13 日，刊出两条“本报讯”：

其一，头版头条：

解放思想大干快上加速部队建设步伐

新疆部队党委召开常委扩大会议进行整风

这个报道说，新疆部队党委第一书记、第一政委汪锋，第二书记、司令员刘震，第三书记、第二政委郭林祥参加并讲话。会议提出要解放思想，大干快上，首先必须坚持实践是检验真理的唯一标准，真正高举毛主席的伟大旗帜。要求各级党委继续深入学习实践是检验真理的唯一标准问题。

其二，第二版：

领导干部要带头解放思想转变作风

张震、王平同志在总后勤部党委扩大会上联系实际谈真理标准问题

11 月 15 日在第二版刊登“本报讯”：

破除迷信解放思想大干快上

铁道兵党委常委就真理标准问题展开讨论

这个报道说，铁道兵政治委员吕正操在会上发了言，铁道兵司令员陈再道在外地视察作了书面发言。

11 月 16 日第二版刊登“本报讯”：

济南部队党委常委扩大会议讨论检验真理的标准问题

解放思想勇于实践加快部队建设步伐

这个报道中说，济南部队党委第一书记、司令员曾思玉，党委第三书记、政治委员萧望东在会上讲话。

11 月 26 日第二版刊登“本报讯”：

解放思想拨乱反正加速炮兵院校建设

炮兵党委联系院校实际学习讨论检验真理的标准问题

这个报道中说，炮兵党委第一书记金如柏、第二书记宋承志在会上发言。

以上材料表明，在 1978 年 10 月和 11 月，人民解放军 11 个大军区的部队领导干部、5 个兵种和军委的 3 个直属大单位的领导干部，都通过报纸公开表明了自己支持真理标准问题讨论的立场和态度。除了《解放军报》外，新华社也连续发了 11 个大军区部队领导干部支持真理标准问题讨论的电讯，《人民日报》、《光明日报》都刊登了，中央和地方的许多报纸也刊登了。这就清楚地表明，在党和国家政治生活中具有重要影响的军队高级领导干部，拥护实践标准，同“两个凡是”划清了界限。

总之，从 1978 年 5 月开始提出实践标准，到十一届三中全会前，全国各省、市、自治区党委的主要领导干部，人民解放军各大军区和兵种、各直属单位的主要领导干部，都公开表明了支持真理标准问题讨论的立场和态度。实际上，中央和国家机关各部、委、办的主要领导干部，也大都支持真理标准问题的讨论，只是没有一一公开加以报道。真理标准问题的讨论，为党的十一届三中全会做了思想准备。所谓思想准备，具有决定意义的是，上述这一大批党政军高级领导干部，通过这个问题的讨论，摆脱了“两个凡是”和老的新的个人迷信的束缚，接受了实践标准。这就为十一届三中全会的成功奠定了坚实的思想基础。

第八章

《红旗》杂志的“一花独放”

在党政军高级领导干部和广大干部群众热烈拥护和积极参与真理标准问题讨论的形势下，作为党中央理论刊物的《红旗》杂志，却对这个重大问题保持沉默。从1978年5月到11月1日出刊的第11期《红旗》杂志，没有发表一篇论述真理标准问题的文章，同整个形势形成了强烈的反差，因而引人注目，并引起国际舆论的关注。当然，这绝不是偶然的。

《红旗》杂志于1958年6月1日创刊。这个诞生于“大跃进”和“反右倾”年代的理论刊物，似乎带有“左”的“原罪”。它在历次“左”的浪潮中，都有“左”的突出表现。在“文化大革命”期间，《红旗》杂志是全国权威性最高的理论刊物。“文化大革命”的有些重要部署，就是通过《红旗》杂志的评论员文章发布的。《红旗》对真理标准问题讨论的沉默态度，成为这场讨论中的一个重要动向。因此，有必要将有关情况记一笔。

诞生于“大跃进”和“反右倾”年代的《红旗》杂志

一、所谓“不卷入”的背后

《红旗》杂志在很长时间中对真理标准问题讨论不置一词，摆出了“不卷入”的姿态。对这种现象应当怎样理解呢？当时新上任的《红旗》总编辑熊复曾对编辑部同志说：“关于《红旗》没登文章，这里头就有文章。”① 这真是绝妙的回答！

《红旗》杂志社的广大编辑和干部对真理标准问题的讨论，是采取支持态度的。

① 据《中共党史大事年表》第417页记载（人民出版社1987年版），华国锋曾指示中央宣传部门的某些负责人，对真理标准问题的讨论“不表态”、“不卷入”。但笔者无法查明进一步的情况。

"没登文章的文章"，是《红旗》的领导者做出来的。

1978年5月15日，在毛著编委会办公室任副主任、党委常委的熊复（毛著编委会办公室主任就是汪东兴），接到调他任《红旗》总编辑的调令。5月17日下午熊复就到《红旗》杂志社去工作了。在那天下午同核心小组四个同志第一次见面时，熊复就谈到了《实践是检验真理的唯一标准》和《贯彻执行按劳分配的社会主义原则》两篇文章。他说："在这里我表明自己的观点，这些文章是有问题的，我是有不同意见的。有些报纸用一个版、两个版发表什么特约评论员文章，好像是代表中央讲话的，到底是否代表中央，还很难说。"他还说："现在是要强调马列主义、毛泽东思想的基本理论，不是要强调发展和创新，这里有个维护毛主席旗帜的问题。有些人抓住实践和理论问题大做文章，到底是要干什么?"这几句话很有特点，一是旗帜鲜明，反对关于真理标准问题的讨论；二是政治性强，拿起了"砍旗"的大帽子。

5月18日，分管宣传工作的中共中央副主席汪东兴召集熊复和《红旗》原总编辑王殊谈话，乌兰夫和中宣部长张平化在座。在谈话中，汪东兴指责《实践是检验真理的唯一标准》和《贯彻执行按劳分配的社会主义原则》两篇文章。他说，这两篇文章当时看来还可以，现在看来问题很大，是针对着毛主席来的。汪东兴还责问，不知这是代表哪个中央的。他提出要"总结经验，统一认识，下不为例"，要中宣部通知各单位执行。这实际上是汪东兴定的方针，下的禁令。汪东兴说，现在理论界的思想很乱。他提出，在理论问题上要谨慎。他要求熊复到《红旗》以后，在理论问题上要把关，而且要把关把严，要遵守组织纪律，没有把握的问题要请示。

熊复在5月17日对《红旗》核心小组同志讲的话，态度就很明确。汪东兴的这些话，不仅说得更明白，而且明确地交代了责任。6月15日，熊复又参加了汪东兴召集的中央宣传部和中央直属新闻单位负责人会议，再次听到汪东兴类似的更加严厉的讲话。这些，就成了熊复在《红旗》工作的指导方针。看来，他是坚决地加以贯彻的。

5月19日，熊复向《红旗》杂志社的干部传达了汪东兴对《红旗》的指示。有的同志记录了如下一些要点：

《红旗》的任务是完整地准确地宣传马列主义，着重从理论上完整地准确地宣传毛泽东思想，捍卫毛泽东思想，同各种离开毛泽东思想的倾向作斗争。理论问题要慎重，这点特别要注意。王殊同志在理论问题上比较谨慎，这个态度是好的。在理论问题上，是捍卫毛主席的思想、路线呢，还是没有捍卫，这个问题是要很好考虑的。

要注意党内外的思想动向与理论动态。思想理论战线很活跃，需要了解这方面的情况，有些什么倾向，离开毛泽东思想的倾向。

汪副主席很关心《红旗》的工作，要我在理论方面很好把关，有什么问题多向中宣部平化同志请示，也可以向汪副主席报告。

以上这些话，体现了汪东兴的思想，当然也有熊复自己的思想和意见。这些话的倾向和含义，是明明白白的。所谓捍卫毛泽东思想，同各种离开毛泽东思想的倾向作斗争，要把关，都是有明确的针对性的。这些针对性已由他们在其他场合的讲话挑明了。他们认为，提出实践标准，开展真理标准问题的讨论，是最严重的“离开毛泽东思想的倾向”。

据熊复自己讲，《红旗》在真理标准问题讨论后五个月之久没有表态，采取了所谓“不卷入”或“不介入”的态度，是他接受了和执行了汪东兴的错误方针的结果。那么，他究竟接受了汪东兴的哪些错误方针呢？除了前面讲到的几次以外，熊复在理论工作务虚会的发言中，作了比较系统的回忆。

他说：我从6月份起接过《红旗》的编辑工作后（5月的一期已由原总编辑编好），从第7期到第11期，每期的编辑方针和选题计划，都是在汪东兴那里定下来的。7月间在他那里谈第8期内容的时候，还没有谈到要不要发表真理标准的文章。可是，8月间，在他那里谈第9期内容的时候，当我向他汇报我们正在准备写一篇讨论真理标准的文章，就是后来题为《重温〈实践论〉》这篇文章，他就明确指示，“《红旗》不要参加这场讨论”。9月间，在他那里谈第10期内容的时候，他又说“《红旗》不参加这场讨论”，还决定不发表《重温〈实践论〉》这篇文章。一直到10月间，在他那里谈第11期内容的时候，他还是对我说，“《红旗》要一花独放”，“就是不表态”。当我向他反映《红旗》因为不表态而受到党内外广大干部和群众纷纷责难时，他鼓励我说，“你不要怕孤立，怕什么？不要怕”。熊复说，这些，实际上就是“不卷入”或“不介入”。

熊复讲的上述情况，应当是可信的。

所谓“不卷入”的方针，在《红旗》得到了认真的贯彻。在很大程度上，是领导人瞒着大家，也违背了编辑部大多数人的意志贯彻的。归纳一下，大致有以下几个方面的情况。一是对广大编辑人员要求《红旗》参加真理标准问题讨论的建议进行压制，二是组织撰写重头文章《重温〈实践论〉》，对真理标准问题讨论进行批判，三是删去作者文章中有关真理标准问题的内容，四是继续发表有“左”的内容的文章，五是歪曲地向中央反映情况。有两件事比较突出，一件是撰写《重温〈实践论〉》的文章，另一件是要删去谭震林文章中关于真理标准问题的内容。这两件事将分别在本章第二节和第三节中讲。

首先要讲的一个情况是，上面讲到的汪东兴从1978年5月18日找熊复、王殊谈话，和以后对《红旗》的一系列指示，都是对熊复讲的，或是由熊复去参加的，但熊复没有向《红旗》的同志，包括副总编辑传达。因此，大家都不知道。直到1979年1月6日，即十一届三中全会以后，熊复才不得不在《红旗》杂志社全社同志的会议上将汪东兴对《红旗》的一系列指示说出来。他自己说：“他对我讲的那些话，我都没有向编辑部同志传达过，连方克同志也没有讲过。我觉得不好讲，也就没有传达。”对于作为中共中央副主席、分管宣传口、直接管《红旗》的汪东兴的那些很有重要性的话，为什么不好对编辑部的同志，包括副总编辑讲，这是颇令人费解的。不如实传达，又要认真贯彻，这是有矛盾的。怎样解决这个矛盾呢？看来熊复是采取了以下两个办法。一是将汪东兴的话说成是党中央的指示。1978年9月23日的编辑部各组召集人会议上，大家谈到《红旗》不刊登真理标准问题的文章，社会上反应很强烈，熊复就是按上述口径对大家作解释的。一位参加那次会议的同志对熊复的讲话作了笔记。笔记上是这样记的："我可以负责地向同志们说明：中央领导同志对讨论的意见是一致的。9月22日华主席找我们四人谈起草文件的问题，我反映《红旗》很被动，华主席都知道了。邓副主席在全军政工会议上的讲话是针对李曼村的，他当时还不知道吴冷西同志打电话的事，后来胡乔木同志将电话记录稿给他看了才知道的。邓副主席找吴冷西同志谈过话，没有一句是批评吴冷西的，内容我不知道。吴冷西打电话我不知道，现在也不知道内容。现在外面传说很多，什么'凡是'派、'风'派，我们要维护团结。"参加会议的同志作的记录，只是要点，遗漏不可避免，但凭空添加是不会的。熊复讲的这些内容，是很不符合实际的，一方面，他说中央领导同志对真理标准问题讨论的意见是一致的，这完全不符合事实，是向编辑部同志隐瞒事实真相，另一方面又说，华国锋对《红旗》的被动状况是知道的，似乎《红旗》的做法是符合中央精神的，不存在什么问题。他还不顾邓小平的反对"两个凡是"、支持真理标准问题讨论的鲜明态度，说邓小平同吴冷西的谈话"没有一句批评吴冷西的"，但又说"内容我不知道"。

熊复采取的第二个办法，就是对要求《红旗》发表论述真理标准问题文章的同志进行压制。

为了说明《红旗》执行"不卷入"方针的情况，这里列举一些事实。

事实之一，1978年6月20日左右的一天上午，编辑部三位同志到熊复家中讨论稿件。熊复说，大家有没有注意，《解放军报》在版面处理上有严重问题。他把报纸找来，加以评论说，"精辟阐明毛主席关于实事求是的光辉思想"的标题太突出了（指《解放军报》在报道邓小平在全军政治工作会议上讲话用的标题）。熊复说，各报的标题都是一样的，是照军报标的，问题主要在军报。本书前面讲到，汪东兴在6月15日的中央宣传部和中央直属新闻单位负责人会上已经批评了这个标题。看来，熊复是接受了汪东兴的观点，并认真加以贯彻。在熊复主持下，《红旗》1978年第7期的"评论员"文章，是阐述全军政治工作会议精神的。在这篇题为《全党都要加强政治思想工作》的评论员文章中，就"纠正"了军报的做法，突出的重点果然改变了。在介绍中央三位领导人在这个会上的讲话的三大段，开头分别是这样写的：

"华主席在讲话中，极其精辟地阐述了加强思想政治工作以实现新时期总任务的问题。"

"叶副主席在讲话中指示我们，……"

"邓副主席在讲话中强调指出，……"

这就是按熊复的标准所作的分级对待。

据《红旗》的一位编辑说，这篇文章的原稿中有这么一段："有一些同志口头上常常讲毛泽东思想，实际却经常反对毛主席关于实事求是，一切从实际出发，理论与实践相结合的根本观点。他们否定对历史条件和实际情况作具体分析的必要，热衷于搞本本主义，照搬照抄，这是十分错误的。”这是邓小平尖锐批评“两个凡是”思潮的一段话。熊复对此十分不满，说那是教条主义的表现，不是当前的主要危险。他不听编辑部同志的意见，把这一段话砍掉了。

事实之二，《光明日报》的特约评论员文章发表不久，编辑部哲史组全体同志一致同意实践是检验真理的唯一标准的观点，他们主张《红旗》参加这个讨论，两次向熊复请示：“对于真理的标准问题，我们要不要约文章?”他的回答是：“没有精神。”

中国社会科学院哲学研究所和《哲学研究》编辑部召开讨论会，讨论理论与实践问题。第一次于 6 月 20 日至 21 日召开，北京地区的同志参加。第二次于 7 月 17 日至 24 日召开，邀请全国各省、市、自治区的同志，和中央、国家机关、解放军、新闻出版单位 160 多人参加。第一次讨论会《红旗》没有派人参加，引起各方面的关注。第二次派牛欣芳去参加。牛欣芳请示：本着什么精神参加这次会？回答是：“我们正在搞运动，对这个问题没有研究，不要发言。”牛欣芳感到为难，以搞运动为借口不在大会上发言还可以应付过去，但是，小组讨论会怎么办呢？只好再次请示，得到回答是：“小组会不一定参加!”于是，遇到小组讨论，就只好躲开。

事实之三，1978 年 11 月 8 日上午，编辑部哲史、文教组开座谈会。会前，在走廊上，副总编辑方克遇到熊复，方向他反映一位编辑的意见，认为《红旗》现在处境很孤立、很被动，应设法表个态，改变这种局面。熊复很激动地说，你们感到被动，我才不被动呢！在哲史、文教组座谈会上，有的同志谈到《红旗》没有刊登关于真理标准问题的文章，群众意见大，很被动。熊复说，我不感到被动，我是能见华主席的人嘛！有什么被动的。现在中央就是不让《红旗》表态。他又说，不要怕这种人，这种跳得高的人，他自己就在十一次路线斗争中犯了很多错误，我暂时不点他的名，他做了些什么中央很清楚。这明显是以中央的名义压人，而且，带着浓重的火药味。

11 月 8 日下午，在经济组座谈会上，有人又谈到《红旗》很被动。熊复又说，你被动什么，我一点也不被动。关于《红旗》没登文章，这里头就有文章。《红旗》是党中央的理论刊物，我们是执行中央的方针。中央对这场讨论的动向正在观察。这些话不仅仅是以中央的名义压人，确实也反映了一点动向。因为这时已是中央工作会议前夕。

事实之四，中央工作会议前一天，《红旗》副总编辑方克和牛欣芳等同志去京西宾馆组稿，遇到熊复。熊复再三叮嘱，回去告诉大家，要镇静、镇静！

事实之五，1978 年 11 月 11 日上午，《红旗》编辑部哲史组同志去约请任仲夷写文章。熊复说，要明确告诉任仲夷同志，华主席说的思想再解放一点，是要提高毛泽东思想的地位，没有别的意思。因此，文章不要介入当前真理标准问题的讨论。

事实之六，利用《简报》反映情况，实际是反对并诬陷真理标准问题的讨论。

中央各单位采用《简报》的形式，向党中央反映情况，这本来是很正常的也是习惯的一种上下联系的形式和渠道。但是，《简报》反映什么，怎样反映，却大有名堂。《红旗》杂志在1978年11月，连续向中央上送的几期《简报》却是很不寻常的。从这些《简报》的编者按语就看得很清楚。

有一期《简报》的题目是：《反对毛主席的三份匿名传单》。其中之一，是提出“毛泽东思想是绝对真理吗?”的问题。简报的编者按语说：“这些传单，借口当前在报纸上进行关于实践是检验真理的标准的讨论，声言要对毛主席和毛泽东思想作历史的科学的评价”，“他的否定毛泽东思想和否定无产阶级‘文化大革命’的观点也是有代表性的。这是值得注意的一个动向。”

另有两期《简报》，题目分别是：《××铁道第三设计院几位工人来信攻击文化大革命》、《又一封匿名来信反对文化大革命》。简报的编者按语说，这也是“借口实践是检验真理的唯一标准，攻击文化大革命、攻击伟大领袖毛主席的来信”，“是值得十分注意的一种新动向”。按语还说：“现在看来，随着报刊揭批林彪、‘四人帮’的罪行材料的增多，这种错误的思想情绪在一部分人中间还可能增长。”还有一期《简报》的题目是：《读者提出七个问题要求向中央反映》。《简报》列出的问题有：“实践是检验真理的唯一标准”这一批文章是中央批准的不是？为何《人民日报》和《红旗》的口径不一样？到底是谁代表党？难道又有两个中央?《人民日报》字里行间的意思，是否是这样两条，“毛泽东思想要一分为二”、“文化大革命搞错了”。一句话，就是“否认毛主席的后半生”。这期简报开头说：“有一封未署名的北京读者来信，提出七个问题要求向中央反映，他们说，我们看了这几个月以来的报纸，听了有关人的讲话，有些问题搞不清。”接着就列举上述的一些问题。

另有一期《简报》的题目是：《读者来信对报刊上宣传的某些问题提出不同观点》。所谓不同观点，包括不同意“实事求是是毛泽东思想的根本点”。这正是邓小平在全军政治工作会议讲话中精辟阐述的基本思想。

这些《简报》，明确地站在维护“文化大革命”的立场上，利用读者的某些反映（其实，有些意见和看法明显是正确的），制造真理标准问题的讨论引起了群众否定毛泽东思想、反对毛主席的舆论，给坚持实践标准的人加“砍旗”的罪名，还提出到底谁代表党、有两个中央这样的政治问题，借读者来信明确表示不同意邓小平在全军政治工作会议上的讲话。当时，党中央正在召开工作会议，解决历史遗留问题，分清一些领导人的是非功过。在这样的背景下，向党中央连续报送这样的简报，显然是经过考虑，希望能起某种作用的。

从以上列举的若干事实可以看出，所谓“不卷入”，只是表面现象，实际上，《红旗》不但一开始就卷入了真理标准问题的讨论，而且，卷入得越来越自觉，越来越深。

《红旗》杂志的大多数编辑同志，对他们的领导人执行“不卷入”的方针，实际是同真理标准问题讨论唱反调，同拨乱反正的形势背道而驰的种种表现，是不同意、不满意的。随着形势的迅速发展，《红旗》越来越被动，一些编辑人员忍无可忍，终于出来说话了。

1978 年 11 月 23 日，王忠明、邢雁二人在《红旗》杂志社院内贴出了一张大字报，提出了对《红旗》杂志社一些问题的看法，揭露并尖锐地批评了熊复的错误，要求迅速改变《红旗》的面貌。

这张大字报中有关真理标准问题的内容如下：

作为党中央理论刊物的《红旗》杂志，理所当然的要大力参加这一讨论。但是《红旗》杂志至今没有发表过一篇文章，保持沉默。为什么会出现这种状况？我们从熊复对这个问题的态度可以找到答案。熊复同志不止一次地表白，他并不反对实践是检验真理的标准，没发表过文章，也没有作过讲谈。事实并不如此。他刚来《红旗》不久，就在一次会上针对《光明日报》发表的《实践是检验真理的唯一标准》的特约评论员文章说：“我是有不同意见的，在这里表明我自己的观点，这些文章是有问题的。”最近熊复在召集一些同志座谈宣传问题的会上，当有的同志提到《红旗》没有刊登实践是检验真理的唯一标准的文章，很被动时，熊复同志很激动地说：“你被动什么，我并不感到被动”，“这没有什么关系，不要怕这种人”，“有人跳得很高，其实，他做了些什么，中央很清楚，我今天不点他的名”。我们要问熊复同志，这难道不是反对吗？

熊复同志还表白说，他授意一位同志写过文章。我们看看写的这篇《重温〈实践论〉》是一篇什么样的文章呢？这篇文章全文两万多字，除教科书式的毫不联系实际地讲了理论和实践的关系外，很大篇幅反驳所谓“怀疑论”、“不可知论”和“海外奇谈”（请同志们读一读这篇文章，看是不是讲的实践是检验真理标准问题）。这种文章实质上是同实践是检验真理的唯一标准的讨论唱反调的。

发生在 1976 年清明节的“天安门事件”是悼念敬爱的周总理，愤怒声讨“四人帮”，完全是革命行动，反映了亿万人民的心愿。熊复同志对这个事件抱什么态度呢？今年第十期《红旗》登载的《评姚文元》一文中的第二部分，“用笔杆子杀人”，原来上海写作组同志写的全部内容是揭露“四人帮”怎样歪曲“天安门事件”的事实真相，制造白色恐怖，经过熊复同志的手，把它砍掉了，这是为什么？现在华主席、党中央为“天安门事件”完全彻底平反了，这是我国人民政治生活中的一件大喜事，但是，至今没有看到熊复同志的态度，他既不传达中央的指示，也不组织机关同志学习，这又是为什么？从这里可以看到熊复同志对敬爱的周总理是什么感情！前一个时期，机关批判姚文元和他的亲信利用《红旗》反对周总理的罪行，同志们要求曾在总理身边工作过的熊复同志讲一讲周总理的丰功伟绩，但他一再推托，根本不讲。

6 月中旬，在一次揭批“四人帮”的核心小组扩大会上，熊复同志用嘲讽的口吻说：“有人竟用老干部的名义，发表给青年的复信，说过去上当受骗是难免的，这是什么话，这不是明目张胆地鼓吹投降主义，鼓吹投降有理吗？”说：“那封信是错误的”，是“根本违背毛泽东思想的”。大家知道，4 月 10 日《人民日报》发表的一位老干部给青年的复信，是胡耀邦同志写的，熊复同志对这样一封信竟破口大骂，其用意何在？在这次会上，熊复同志还耸人听闻地说：“现在思想理论界很混乱，有些人不是不懂理论，为什么提出一些怪问题？”还说：“这样严重的情况，不应当引起我们的深思吗？”熊复同志在这里这样提出问题，不知为什么？

熊复同志还多次在会上说：“现在文章中为什么不提走资派呢？不是有死不改悔的走资派吗？”在 7 月 3 日的全社大会上，他竟然号召全社同志要对付可能出现的死不改悔的走资派。在目前情况下，提出这样的问题，其用意何在？①

这张大字报贴出以后，很快在《红旗》杂志社院内引起轰动，也引起社外人们的注意。特别是《红旗》杂志社的人们，都感到很舒心，因为这张大字报表达了大家的意见。

11 月 25 日，即大字报贴出以后的第三天，熊复在大字报旁边贴出了一张小字报，内容如下：

读了王忠明、邢雁同志的大字报，我非常高兴，为这张大字报欢呼。王、邢两同志对我的工作提出了尖锐的批评。总括起来就是，《红旗》的运动和工作落后于当前的形势，而这是同我的领导思想和工作作风分不开的，我要负完全的责任。我认为，这样的批评是中肯的。我诚恳地接受王、邢二同志的批评。

可以看出，王、邢二同志的批评是善意的。因为，他们提出的问题，是要迅速改变《红旗》的落后面貌，紧紧跟上新长征的步伐。这是一个摆在我们面前的尚未解决的大问题。我希望全社同志都来思考这个问题，研究解决这个问题的办法。

至于我，从王、邢二同志的大字报得到很大的启发。我这个人缺点是很多的，几个月工作中这样那样的错误也是有的。由于大家都知道的原因，我现在还来不及总结我在这个时期的工作，而在适当的时候是应该作出总结，取得教训的。错了就改，我有决心改正工作中的错误。希望同志们在这方面帮助我，督促我，有以教我！

熊复

一九七八年十一月二十五日

下面，对熊复的小字报作点分析。熊复摆出了高姿态，既表示欢迎对他的批评，也表示对《红旗》的运动和工作落后于形势，自己要负全部的责任，决心改正工作中的错误。但是，他完全避开了真理标准讨论的问题。要知道，所谓“运动和工作落后于当前的形势”，是一句很不确定的话。而且，他还认为，大字报给他提出的问题，是如何紧紧跟上新长征的步伐。这就明白地告诉大家，《红旗》的问题不是没有发表论述真理标准的文章。这样，他就把大字报对他批评的实质问题巧妙地挡回去了。这从熊复在中央工作会议上坚持“两个凡是”的立场，对与会者对他的批评采取抵制的态度，是完全一致的。

---

① 这张大字报和熊复答复这张大字报的小字报，转引自江苏《钟山》1988 年第 3 期，第 37—39 页。人民出版社出版的《中南海的前前后后》一书第 364—365 页也有此材料，但文字略有差异。

二、"一花独放"放出了什么

在这里，不可能也没有必要全面评述 1978 年 5 月到 12 月《红旗》发表的文章，只是从真理标准问题的讨论、拨乱反正的角度，有重点地评述几篇文章，以此看一下《红旗》在这一时期坚持"两个凡是"的政治倾向。

从 1978 年的第 7 期开始，《红旗》杂志的编辑工作由熊复主持，而每一期的编辑工作都是他和汪东兴定调。《红旗》1978 年第 7 期的《实现新时期总任务的强大思想武器》(社论)、第 8 期的《认真学习毛主席关于人民公社的理论》（署名黎石)、第 9 期的《"四人帮"是毛泽东思想的凶恶敌人》(署名靳榀)、第 10 期的《无产阶级专政和社会主义民主》(本刊特约评论员文章)、第 11 期原拟刊用的《篡党夺权的一个大阴谋》，都是重点文章。现在我们就来看一看这些属于"独放"的花，究竟放了什么?

（一）坚持以阶级斗争为纲

第 7 期的社论中说："在新时期中，我国国内的主要矛盾，仍然是无产阶级和资产阶级之间、社会主义道路和资本主义道路之间的矛盾。"这就是要继续搞以阶级斗争为纲。这篇社论是介绍毛泽东 1962 年初的一篇著作，即《在扩大的中央工作会议上的讲话》。社论把毛泽东的这一篇著作完全纳入了以阶级斗争为纲的框子，竟说什么"文化大革命"是这篇著作中光辉思想的"新证实和新发展"。在第 8 期的《认真学习毛主席关于人民公社的理论》这一篇中，则说什么"人民公社是在两个阶级和两条路线斗争中巩固和发展起来的"。因此，人民公社的"整顿必须抓住阶级斗争这个纲，抓住社会主义和资本主义两条道路斗争这个纲"。在第 10 期和第 11 期拟刊用的文稿中，也都有这方面的内容。

（二）一再提出要反"死不改悔的走资派"

在《红旗》1978 年第 9、10 期和拟于第 11 期刊用而未成的那篇文稿中，连续出现这方面的内容。在第 9 期的那篇文章中说："社会上的阶级斗争必然要反映到党内来，这就会产生党内走资本主义道路的当权派。""少数死不改悔的走资派属于敌我矛盾，是复辟资本主义的主要危险。"① 第 10 期的文章说："执政的无产阶级不仅要和社会上的资产阶级和其他一切剥削阶级作斗争，而且要和党内走资本主义道路的当权派作斗争。社会上的资产阶级和其他一切剥削阶级把复辟资本主义的希望寄托在党内走资派身上。但是，只要党和国家的领导权掌握在马克思列宁主义路线的领导核心的手中，一小撮死不改悔的走资派就会被不断揭露和清除。"② 在原拟第 11 期刊出的那篇文稿（定稿）中，又提出了反对修正主义的问题。这篇文稿说："无产阶级在进行社会主义革命和建设的过程中，必须同时常表现为主要危险倾向的修正主义作坚决的斗争，否则就根本谈不上什么巩固无产阶级专政。"这篇文稿还特意引用毛泽东关于中央出修正主义的两句话：其一是"要警惕出修正主

---

① 《红旗》杂志 1978 年第 9 期，第 67 页。
② 《红旗》杂志 1978 年第 10 期，第 18 页。

义，特别是要警惕在中央出修正主义”。其二是“中央出了修正主义，你们怎么办?很可能出，这是最危险的”。以上这些话，是要提醒人们同死不改悔的走资派，同中央的修正主义作斗争。时间是1978年10月。

（三）影射有人篡改毛泽东思想的基本原理

在第9期署名“靳楫”的文章中（有人指出，“靳楫”乃“进击”之谐音），第二个小标题是：“借口所谓‘新变动’，篡改毛泽东思想的基本原理。”文章说，“四人帮”这种借口“新变动”篡改毛泽东思想的基本原理的把戏，人们并不生疏。新老修正主义者“修正”马列主义的惯用手法，就是借口“新情况”、“新材料”篡改它的基本原理。这篇文章举出社会主义阶级关系新变动为例，列举了毛泽东的一些话，然后说，毛泽东同志已经从理论上系统地解决了。文章是借这个问题证明，只能照搬毛泽东的话，如果因为情况变了而要讲新的话，那就是篡改毛泽东思想的基本原理。大家知道，林彪、“四人帮”背离毛泽东思想，要害不在这里。但这篇文章恰恰想出这么一个问题来大加挞伐，这是为什么? 在当时的形势下，显然是有它的针对性和目的的。1978年6月2日，邓小平在全军政治工作会议上讲话的第二个问题，就是讲的“新的历史条件”。邓小平说，我们是历史唯物主义者，研究和解决任何问题都离不开一定的历史条件。他从部队政治工作的角度阐明，我们政治工作的根本任务，根本的内容没有变，我们的优良传统也还是那一些。但是，时间不同了，条件不同了，对象不同了，因此解决问题的方法也不同。他详细地阐明了部队在新的历史条件下出现的新情况和新问题。他批评说，那种否定新的历史条件的观点，就是割断历史，脱离实际，搞形而上学，就是违反辩证法。邓小平的这些话，体现了实践第一的观点。这个讲话作为中央文件发到全党，并在报纸上全文公布，得到军内军外和全党广大党员干部的支持。这些，作者和《红旗》的负责人当然是很清楚的。可是，他们在9月份的《红旗》杂志上，却大力批判借口新情况篡改毛泽东思想的基本原理，并说这是新老修正主义者的“惯用手法”。他们只字未讲“新时期”中的新条件、新情况，这恐怕不是疏忽，而是显示了作者和编者的某种意图。

（四）反复批判所谓“彭德怀反党集团”

1959年庐山会议批判彭德怀，定了所谓彭德怀反党集团，这是党内一大冤案。从一开始，许多人就想不通。在1978年，讨论真理标准问题，拨乱反正的呼声日高。彭德怀的问题，是大家很关注的问题之一。可是，在1978年的《红旗》杂志的文章中，却一而再、再而三地批判彭德怀。在第8期关于人民公社的文章中，说什么“1959年彭德怀反党集团跳了出来，从右的方面吹来一股冷风”，诬陷彭德怀向伟大的党和伟大的人民事业猖狂进攻。[①] 第9期的文章中，又说什么“在庐山会议上，彭德怀反党集团向着我们党，向着总路线、大跃进、人民公社猖狂进攻”。还说，“当时不批判彭德怀主观唯心主义的世界观、方法论，就不能保卫党的总路线、大跃进、人民公社”[②]。在原拟第11期刊用的那篇文稿中，多处提到“彭德怀

---

① 《红旗》杂志1978年第8期，第81页。

② 《红旗》杂志1978年第9期，第69页。

反党集团”，说什么“彭德怀在政治上搞右倾机会主义即修正主义”、“彭德怀推行右倾机会主义路线，大反总路线、大跃进和人民公社”。他们这样大反彭德怀，同他们坚持反修正主义、反走资派的立场是一致的，用意也是相同的。

上述5篇文章，都是毛泽东著作编委会办公室的人撰写的。熊复原就是这个机构的党委常委。对《篡党夺权的一个大阴谋》的文稿，这里稍多讲几句。

熊复调到《红旗》工作以后，毛著办公室党委常委曾要大家积极为《红旗》写稿。选集室曾在一段时间中放下工作，集中力量为《红旗》写稿。据说，毛著编委会办公室的人写的稿，一般都直接交给熊复，由熊复直接处理。

《篡党夺权的一个大阴谋》一稿，是1978年11月3日经熊复签发排印，11月23日又印出一稿。11月24日，作者看后给《红旗》编辑部写了如下一封信：

这篇文章，我们又作了一点文字上的修改，请你们酌定。文中引用的马列和毛主席的语录，我们校对过，加引号的请你们再校对一下。请署名“靳楫”。

致礼

×××

1978年11月24日

从上面的情况可以看出，直到1978年11月23日，《红旗》还是打算发表《篡党夺权的一个大阴谋》这篇文章的。因为在11月23日又将修改稿付印，并送给了作者，作者则在11月24日还郑重其事地将修改后的定稿退给《红旗》编辑部，并决定要以“靳楫”的署名发表这篇文章。我在前面引的关于诬陷彭德怀的一些话，就是这个定稿中的。

从1978年11月10日开幕的中央工作会议，已经有重大进展。11月12日，陈云就在东北组发言，提出了当时党内外比较关注的几个重大问题。问题之一，就是彭德怀同志的问题。陈云提出，彭德怀同志是担任过党和军队重要工作的共产党员，对党的贡献很大，过去说他犯过错误，但没有被开除出党，他的骨灰应该放到八宝山革命公墓。陈云这个意见肯定了彭德怀对党的贡献很大，实际是要为他平反昭雪。陈云的发言涉及的问题，归根结底是要纠正“文化大革命”的错误，是要纠正“文化大革命”前的“左”倾错误，立即得到与会同志的热烈响应，中南组、西南组、西北组、华东组、华北组都有人发言，同意陈云的意见，并提出了其他一些需要纠正的重要问题，会议的气氛一下活跃起来了。大家以实践为标准，来思考问题，出现了拨乱反正的好形势。这些，参加会议的熊复都是知道的。毛著编委会办公室和《红旗》杂志社这两个信息很灵通的单位，也是会很快知道的。可是，在陈云11月12日发言以后11天，即11月23日，《红旗》还将诬陷彭德怀的文稿重新印出清样，送作者定稿，就是说，仍然准备刊用。这就最清楚不过地表明了他们坚持“两个凡是”的立场的顽固性了，作任何其他解释都是难以令人信服的。

《红旗》在真理标准问题讨论过程中的“一花独放”，究竟放出了什么？从上面一些很不完全的材料，就可以得到回答。所谓“一花独放”，实际上就是与拨乱反正的形势背道而驰，就是顽固地坚持以阶级斗争为纲，就是反对实践标准，坚持“两个凡是”的立场。

三、《重温〈实践论〉》重温了什么

1978年7月底，熊复布置副总编辑方克撰写一篇有关真理标准问题的文章。他对起草者提出，文章要强调讲马列主义、毛泽东思想的指导作用，要像列宁写《唯批》(即《唯物主义和经验批判主义》) 那样批一些错误观点。这就是写作意图。熊复布置撰写的这篇论述真理标准问题的文章，不是根据当时真理标准讨论迅速发展的形势，进一步阐述实践标准，从而引导人们进行拨乱反正，而是要着重讲马列主义、毛泽东思想的“指导作用”，而且要像列宁写《唯批》那样批判错误观点，应当说，这也是一种针对性。就是针对他们认为的已经出现的偏差，即认为提出实践标准就是否认马列主义、毛泽东思想的指导作用的偏差。显然，这就是要写一篇同真理标准问题讨论对着干的文章。这篇文章是《红旗》“一花独放”中主要的一篇。

撰写者很快起草了文章初稿。在熊复主持下进行了几次修改，于9月19日印出第三稿。初稿的题目是:《实践标准是马克思主义认识论的基础》。这样的题目同“实践是检验真理的唯一标准”的论断相比，已经后退了一大步。但是，即使如此，还得不到认可。据熊复说，汪东兴同意写这篇文章，但只讲一般的认识论原理，不专门讲实践标准问题，标题要改，叫《〈实践论〉的认识论》。撰写者不同意这个题目，后来改成《重温〈实践论〉》，加一个副标题:实践标准是马克思主义认识论的基础。看了这篇文章的题目，我们就自然地想到，中央宣传部部长8月间在东北讲的话。这位宣传部长在东北说，“实践是检验真理的唯一标准”只是一句话，学《实践论》吧，这是最好的教材，要融会贯通。《重温〈实践论〉》的文稿同这个讲话的调子是完全一致的。这大概不会是偶然的巧合吧!

9月19日印出第三稿后即送审。熊复在送审时写的信中说:“此文是根据全国对于实践是检验真理的唯一标准这个问题的讨论材料写成的，我们想努力做到以毛主席《实践论》为依据，对理论与实践的关系作比较全面的解释，特别是说明马列主义、毛泽东思想对实践的指导作用。”摆出了一副纠真理标准问题讨论之偏的架势。本来，提出实践标准，是为了更好地发挥马列主义、毛泽东思想的指导作用。他们提出这个问题完全是无的放矢，实际是唱对台戏。

据熊复说，对这篇文稿，是由汪兴东主持，乌兰夫、张平化两同志参加，约熊复在人民大会堂集体审查的，可见对这篇文稿的重视程度。张平化说，他看了两遍，有两部分写得还好。总的意见是太长，要压缩一些，基本上可以，还要作些修改。第10期不登，准备在第12期作为纪念毛主席诞辰八十五周年的文章发表。但是否登载，还得送审以后决定。

熊复在这个稿上写了批语:“一、把讨论放在一起了，好像是总结;二、涉及一些争论;三、正面阐述，不涉及争论，不卷入讨论;四、‘三部曲’不确切，‘高举’、‘紧跟’的提法要考虑；五、姚的‘阶级标准’，真理的阶级性，说得不清楚；六、‘晚年’不提。”熊复写的这些批语，有的比较具体，其中第三条，看来是方针性的，“不卷入”的方针，写得很明确。

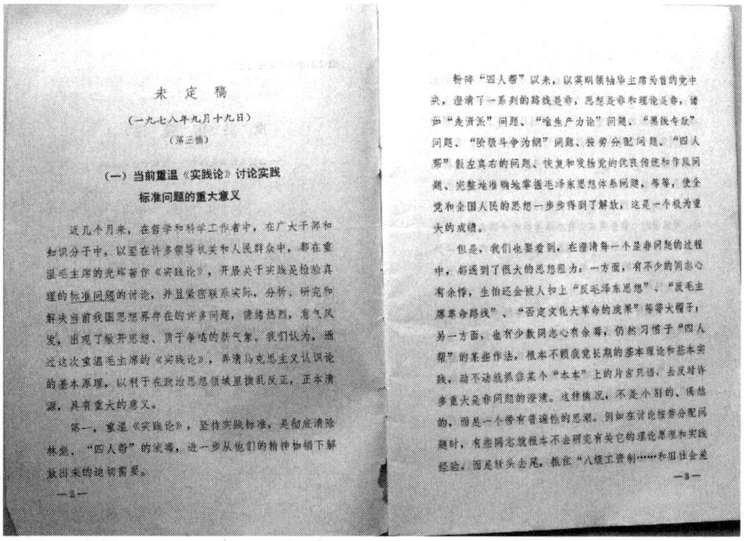

未定稿

（一九七八年九月十九日）

（第三稿）

（一）当前重温《实践论》讨论实践标准问题的重大意义

近几个月来，在哲学和科学工作者中，在广大干部和知识分子中，以至在许多领导机关和人民群众中，都在重温毛主席的光辉著作《实践论》，开展关于实践是检验真理的标准问题的讨论，并且紧密联系实际，分析、研究和解决当前我国思想界存在的许多问题，情绪热烈，意气风发，出现了解开思想、勇于争鸣的新气象。我们认为，通过这次重温毛主席的《实践论》，弄清马克思主义认识论的基本原理，以利于在政治思想领域里拨乱反正，正本清源，具有重大的意义。

第一，重温《实践论》，坚持实践标准，是彻底清除林彪、“四人帮”的流毒，进一步从他们的精神枷锁下解放出来的迫切需要。

—2—

粉碎“四人帮”以来，以英明领袖华主席为首的党中央，澄清了一系列的路线是非，思想是非和理论是非，诸如“走资派”问题、“唯生产力论”问题、“黑线专政”问题、“阶级斗争为纲”问题、按劳分配问题、“四人帮”假左真右的问题、恢复和发扬党的优良传统和作风问题、完整地准确地掌握毛泽东思想体系问题，等等，使全党和全国人民的思想一步步得到了解放，这是一个极为重大的成绩。

但是，我们也要看到，在澄清每一个是非问题的过程中，都遇到了很大的思想阻力：一方面，有不少的同志心有余悸，生怕还会被人扣上“反毛泽东思想”、“反毛主席革命路线”、“否定文化大革命的成果”等等大帽子；另一方面，也有少数同志心有余毒，仍然习惯于“四人帮”的某些作法，根本不顾我党长期的基本理论和基本实践，动不动就抓住某个“本本”上的片言只语，去反对许多重大是非问题的澄清。这种情况，不是个别的、偶然的，而是一个带有普遍性的思潮。例如在讨论按劳分配问题时，有些同志就根本不去研究有关它的理论原理和实践经验，而是掐头去尾，抓住“八级工资制……和旧社会差

—3—

《红旗》杂志负责人组织撰写的《重温〈实践论〉》第三稿

1978年12月9日，又印出第六稿。

《重温〈实践论〉》第三稿印出后，《红旗》以杂志社党委的名义，于9月20日写信请（中国社会科学院）哲学研究所提出意见。哲学研究所党总支于1978年9月24日写信答复《红旗》杂志社党委，提出六条不同意见。哲学研究所的意见指出，文章的题目是好的，但从文章所阐述的具体内容上看，从整篇文章所阐述的着重点看，对于实践是“第一的和基本的”这个根本观点的阐述，是不够的。与此相联系，对于毛主席所一贯倡导的一切从实际出发，实事求是这个根本观点，也讲得很不够。我们认为，这是文稿的一个根本缺陷。此外，哲学研究所党总支的意见还提出，文稿中提出的“怀疑论”、“不可知论”的“普遍思潮”要重新研究、考虑，对片言只语“应采取具体分析”的说法是极不合适的，等等。总之，哲学所含蓄地也是尖锐地提出了批评意见，表示了不同意这篇文稿的态度。

这个文稿也送给了中央党校理论研究室。我记得我也看到了这个文稿。觉得文章冗长，不得要领，再加上实在太忙，没有能坐下来议论，也没提什么意见。

《重温〈实践论〉》的第六稿同第三稿相比，作了许多删改。第三稿有23000多字，第六稿只有12000多字了，将第三稿中对“怀疑论”、“不可知论”的批判这一部分全删除，但文章的架子和基本思想没有改变。现在我对第六稿作一些分析。

这篇文稿在一般地讲了《实践论》中的一些重要观点后，大加发挥的一些观点很值得注意。

1. 文稿提出了“实践标准的二重性”这样的观点。所谓“实践标准的二重

性”，文稿说，就是“绝对性和相对性的统一，确定性和‘不确定性’的统一”。文稿从三个方面讲述了实践标准的相对性和“不确定”性。这显然是冲着“实践是检验真理的唯一标准”而来的。当时的主要问题是，由于在“文化大革命”及以前很长的时间中，出现了理论与实践关系的大颠倒，语录标准、权力标准等把人们的思想搞得很乱，迫切需要恢复实践标准，从根本上纠正理论与实践关系的大颠倒。这也是论述实践标准的文章受到大家欢迎的原因。《重温〈实践论〉》却大讲实践标准的相对性，“不确定”性，实际就是要否定实践是检验真理的唯一标准，叫大家不要相信这个“唯一标准”，这是想从根本上否定和动摇真理标准问题的讨论。

2. 林彪、“四人帮”是怎样搞乱真理标准的。文稿第二部分的小标题是：“彻底批判林彪、‘四人帮’搞乱真理标准的罪行”。在这一部分，文稿说，唯心主义者的“是非标准”主要是两种，一种是以“上帝”的是非为是非，与此相关联的是以“本本”的是非为是非；另一种是“以吾心之是非为是非”。文稿说，林彪、“四人帮”在真理标准上所散布的谬论，就是上述唯心主义主观标准的翻版。接着，文稿对林彪、“四人帮”的真理标准作了剖析，但举不出真正要害的材料，只好拿尼采、杜威、希特勒来同林彪、“四人帮”作类比。到最后，文稿做出结论，林彪、“四人帮”的真理标准论，“是彻头彻尾的权力实用主义的真理论”。其实，林彪、“四人帮”在真理标准问题上的要害，就是颠倒理论与实践的关系。林彪提出的“顶峰论”、“句句是真理”论、“最高指示”论，张春桥的“理论—实践—理论”的公式，姚文元批判物质第一性、意识第二性，等等，都是这个问题。他们颠倒理论与实践的关系，有许多表现，影响很坏也很广，正是需要着重揭露和批判的，可是，文稿却避开了这个要害。

3. 提出对革命导师著作中的词句，应该采取分析态度。在第三稿中，问题的提法是，“对片言只语，应该采取具体分析的态度”。在第六稿中，将“片言只语”改为“词句”。这一改动，并未改变问题的实质。这个命题是很奇怪也让人感到吃惊的。大家知道，学马列主义是学习掌握它的精神实质，掌握它的立场、观点和方法，还是只背诵若干词句，以片言只语去吓唬人，或到处乱套，这是两种根本对立的态度和方法，这是毛泽东在延安整风时期反复阐明了的。毛泽东尖锐地指出：“直到现在，还有不少的人，把马克思列宁主义书本上的某些个别字句看作现成的灵丹圣药，似乎只要得了它，就可以不费气力地包医百病。这是一种幼稚者的蒙昧，我们对这些人应该作启蒙运动。”[①] 在《中国共产党在民族战争中的地位》这篇论文中，毛泽东明确地指出：“不应当只是学习马克思列宁主义的词句，而应当把它当成革命的科学来学习。”[②] 想不到毛泽东这些重要的大家熟知的教导，参加毛泽东著作编选工作的熊复竟然还要发挥一番，提出对片言只语、对词句要具体分析这样的怪论。毛泽东批判的“片言只语”、“个别词句”，就是教条主义的代名词，其含义是很明确的。搞“片言只语”、背诵“个别词句”，就意味着不重视立场、观

① 《毛泽东选集》第二版第三卷，人民出版社 1991 年版，第 820 页。
② 《毛泽东选集》第二版第二卷，人民出版社 1991 年版，第 533 页。

点、方法的掌握，就意味着对马列主义著作精神实质的阉割和歪曲、篡改。当年，毛泽东说，这些是幼稚者的蒙昧，要做启蒙工作。20 世纪六七十年代，林彪搞语录，说什么"句句是真理"，是为了搞阴谋，毛泽东已经揭穿了他们的阴谋。在拨乱反正中，应当进一步揭露林彪、"四人帮"的这种手法，进一步揭露他们的阴谋，以教育干部和群众。而《重温〈实践论〉》却偏偏要提出对片言只语、对个别词句要"具体分析"。文稿说："我们应该肯定，革命导师著作中的词句是重要的，有的时候个别词句甚至是关系重大的，我们只有通过认真钻研他们著作中的词句，才能领会其精神实质，这是不言而喻的。"这又是一个发明，也是怪论。学马列主义著作，不是在掌握精神实质的基础上，去理解某些结论和论断，而是要通过钻研词句才能领会其精神实质。这实际上是为搞语录辩护。当然，文稿这样写是为"两个凡是"作辩护，但作者忽视了如何同林彪、"四人帮"划清界限的问题。事实上，这种界限也是很难划清的，因为"两个凡是"同林彪、"四人帮"的思想体系本来就是很难划清界限的。

我觉得没有必要在这里详细剖析《重温〈实践论〉》的文稿，从以上三点足以说明这篇文稿的基本倾向。一篇阐述真理标准问题的重头文章，不大力阐述实践是检验真理的唯一标准，不大力阐述实事求是，一切从实际出发，理论与实践相统一的原理，不阐述要完整地准确地掌握马列主义、毛泽东思想，而挖空心思地提出实践标准的相对性和"不确定"性，对片言只语要具体分析，这完全是同真理标准问题的讨论对着干，也同《实践论》的基本思想背道而驰。从这里也可以看出，所谓"正面阐述，不涉及争论，不卷入讨论"，究竟是怎么回事。

我在第五章第二节中说，差不多在同一时间，在中国，在北京，有两篇阐述《实践论》的重头文章在撰写。除了《理论动态》那一篇外，另一篇就是这一篇。《理论动态》的那一篇，总结了半年来关于真理标准问题的讨论，肯定了这个讨论的重大意义，正面提出并阐明了党的思想路线，明确提出，必须在马列主义、毛泽东思想指引下，实事求是地研究新情况，解决新问题，夺取现代化建设的胜利。这是真正地尊重《实践论》。《红旗》的《重温〈实践论〉》，则明显地背离了《实践论》这一光辉著作的基本思想，重温的是"两个凡是"。两篇同一主题的文章，是这样的截然不同，反映了两条思想路线的对立。

四、谭震林的文章中止了《红旗》的"不卷入"方针

谭震林是一位著名的老革命家，他对真理标准问题的讨论采取了坚决支持的立场和态度。这种支持突出地反映在他为《红旗》撰写的一篇文章上。那篇文章的题目是：《井冈山斗争的实践与毛泽东思想的发展》。这篇贯串了实践标准的文章，在撰写过程中遇到了很大的阻力。谭震林坚持原则，不让改变文章的基本思想。

谭震林于 1983 年 9 月 30 日逝世。由浙江人民出版社于 1992 年出版的《谭震林传》，讲到了这篇重要文章的有关情况。谭震林在去世前，还详细讲述了这篇文章的有关情况。他说，此文原是应《红旗》杂志社之约，为纪念毛泽东诞辰 85 周

年，批判“两个凡是”而写的。初稿曾被当时主管宣传工作的负责人以《红旗》不能介入这种争论，文章要重新修改为理由扣发。他坚持原则，说文字上可以改，但基本观点不能动。① 这篇文稿经邓小平、李先念阅看肯定，才在《红旗》杂志发表。谭震林在去世前还要讲这篇文章，这是意味深长的。

谭震林的文章终止了《红旗》“不卷入”真理标准问题讨论的方针

有关这篇文章的撰写、修改和发表情况如下。

1978 年 8 月，《红旗》编辑部决定请谭震林写一篇回忆毛主席领导井冈山斗争的文章，以纪念毛泽东逝世两周年。谭震林在接受约稿时就说，要我写，我就要写实践是检验真理的唯一标准，阐明毛泽东思想是从实践中来，又经过革命实践检验的科学真理。写文章不能光讲历史，要从现实着眼。在《红旗》编辑部同志协助下，写出了初稿。在初稿的第四部分，讲了实践标准问题。熊复看了初稿后，对副总编辑方克说，文章第四部分都是讲实践是检验真理的唯一标准，应该删去。但协助谭震林写作的同志认为，未经谭老同意，不能删去。谭震林在修改这个文稿时。在文章开头又加了一段话，开宗明义，强调毛泽东思想的形成和发展，是总结实践经验，并不断接受实践检验的结果。谭震林在给《红旗》编辑部的信中说：“文章只作了一点小的修改，主要是实践是检验真理的唯一标准问题，这一点原文上是有的，只是不够突出，不够明确，我把它加强了。”“如果你们认为还有什么修改，请想好后，到我家来当面商量。”熊复看后，很不以为然，他说，井冈山的斗争怎么也联系到实践标准上去了。11 月 14 日，他在给方克的便条中说，“谭震林同志这篇文章，我的意见作如下处理：一、先派人去同他谈，说明中央给《红旗》的方针

① 《谭震林传》，浙江人民出版社 1992 年版，第 381 页。

是不介入讨论，请他考虑删去有关段落。二、如谭不同意删，就照他的意见印出送中央常委审查。送审报告，请送我一阅”。方克同三位协助谭震林写稿的编辑商量以后，便于11月14日一起去见谭震林。谭震林很热情地说，《红旗》很被动，我来帮个忙，把真理标准问题写到这篇文章中去了。方克向他转达了熊复的意见。谭震林说，文章中的材料可以动，观点不能动。实践标准的讨论是全党的大事。告诉熊复同志，叫他不要怕，至多吵一架嘛！丢不了乌纱帽，住不了牛棚的！谁有意见找我好了。当然啰，这篇文章是要送华主席看的。他还说，这篇文章我想了两个月，也提出了两个“凡是”。我这两个“凡是”，就是针对那两个“凡是”的。谭震林同志坚持了他的基本观点。

熊复于11月16日给汪东兴送审这篇文稿，并写了如下报告：“汪副主席并华主席：我们约请谭震林同志写一篇纪念毛主席诞辰85周年的文章，准备在第12期发表。谭震林同志强调要把实践是检验真理的唯一标准作为这篇文章的指导思想，这就是要使《红旗》卷入这场讨论。我们建议他修改，他表示不同意，说要请中央主席审查。现送上这篇文章，请审查。”

中央几位领导人都看了这篇文稿。

邓小平看后写了如下批语：

我看这篇文章好，至少没有错误。改了一点，如《红旗》不愿登，可转《人民日报》登。为什么《红旗》不卷入？应该卷入。可以发表不同观点的文章。看来不卷入的本身，可能就是卷入。

李先念在11月19日写了如下批语：

文章确长，没有时间看，反映对《红旗》意见不小。

11月21日，李先念又写了批语：

我看了这篇文章，谭震林同志讲的是历史事实，应当登，不登《红旗》太被动了，《红旗》已经很被动了。

华国锋、叶剑英也看了这篇文稿，并画了圈。这种画圈，按党内的习惯，只能理解为表示同意。

汪东兴也只好批：“退熊复同志办。”熊复看了这些批示后，又一次请示汪东兴，汪说：“只好如此。”

经过上述这些周折，谭震林的文章才在《红旗》1978年第12期，作为“纪念毛主席诞辰85周年”的文章发表。

谭震林的文章旗帜鲜明、开门见山地说：“以实践作为检验真理的标准呢？还是以思想、意识等精神方面的东西作为检验真理的标准呢？这是马克思主义辩证唯物主义同形形色色的唯心主义、形而上学之间的一条根本分界线，也是是否真正高举毛泽东思想旗帜的根本标志。”这篇文章以认识与实践的关系为线索，回顾总结井冈山时期的斗争，说明毛泽东思想在总结实践经验的基础上，开始形成和逐步发展。他讲了回顾这段斗争历史得到的总的体会是，强调理论对实践的依赖关系，源于实践，指导实践，又在实践的检验中不断地丰富和发展，这个毛泽东思想的鲜明特点，在井冈山的斗争中，给我的感受是很深的。文章最后指出，当前，我们正处在一个为实现四个现代化而奋斗的新的历史时期，无数新的事物、新的课题，摆在我们面前，需要我们从实际出发，运用马列主义、毛泽东思想的立场、观点、方法去研究、去解决。他说：“凡是实践证明是正确的，就要敢于坚持，凡是实践证明是错误的，就要敢于纠正。”这是同“两个凡是”针锋相对的两句话。

由于邓小平、李先念的直接过问和严肃批评，也由于当时形势的发展，《红旗》终于发表了谭震林的文章，从而中止了对真理标准问题的讨论“不卷入”的方针。这是一个重要标志。

作为中共中央副主席之一的老革命家李先念，对真理标准问题的讨论，从一开始就采取了支持的态度。1978 年 7 月底到 9 月初，国务院召开务虚会，李先念在会上先后问到和谈到报纸上开展的关于真理标准讨论的情况，肯定《实践是检验真理的唯一标准》这篇文章的观点。在 9 月 9 日的总结发言中，李先念特别讲了如下一段话：“我们有计划按比例地、持久地、高速度地建设社会主义的经验还不多，搞四个现代化的经验更少。我们要在今后的实践中继续去调查它，去研究它，从其中找出它固有的规律，尽量避免盲目性，尽量少走弯路。实践是检验真理的唯一标准。凡是经过长期社会实践证明是符合客观规律、符合大多数人利益的事，就坚决地办，坚持到底，不允许任何人轻易改变和取消。”虽然他强调的重点是要肯定实践证明是正确的东西，同当时展开这一讨论要解决的重大现实问题不很合拍，但他对实践标准采取了肯定的态度。他就谭震林文章写的批语，不是偶然的，而是符合他的思想逻辑的。

《红旗》杂志 1978 年最后一期（第 12 期），是 12 月 2 日出刊的。中央工作会议是 12 月 5 日闭幕。这一期《红旗》如果仅仅刊登谭震林那篇文章（不是专论真理标准问题，而是贯串了这个精神），显然是说不过去了。在这一期《红旗》上，还发表了另一篇文章。上海的一位领导干部 1978 年 11 月 3 日在中共上海市委党校第二期干部培训班开学典礼上的讲话。《红旗》发表这篇讲话时，用的题目是《发扬理论联系实际的学风》。文章只是平平地讲了一下真理标准讨论的意义，而且，这篇文章回避了重大的现实问题，举一些琐碎小事来讲思想解放问题。比如，文章在讲到上海一些人思想不解放时，举例说，“用过的水泥袋，过去到处丢，现在每个发了两三分钱的回收费，百分之九十以上都收回来了。但是有的领导就是不敢点头”①。用这样的例子来讲思想解放，实在有点叫人啼笑皆非，不知要把人们的思

---

① 《红旗》杂志 1978 年第 12 期，第 19 页。据说，这些内容不是上海市委党校起草的同志写的，是后加进去的。

想引向何处！时至 1978 年 12 月，这样的题目和内容，已显得过于一般了。当然，这样的一篇文章，也正符合当时《红旗》杂志负责人的精神状态。

据说，在上海市委党校，一些学员对这个讲话有两点评价，一是，从不表态到表态，是好的，但表态是迟了；二是，表态是没有力的。我看，这两条，同样适用于当时的《红旗》杂志负责人。

作为党中央理论刊物的《红旗》杂志，由于对大家关注的真理标准问题的讨论长期不表态，坚持"两个凡是"的立场，很不得人心，威望降到了最低点。而作为党中央机关报的《人民日报》，由于敢于反映群众的声音，表达人民愿望，所以，一改"四人帮"横行时令人讨厌的形象，受到大家的欢迎。当时有"《人民》上天，《红旗》落地"的舆论。

《红旗》对真理标准讨论实行"不卷入"方针，绝不是偶然的。这是它长期实行"左"的一套的必然表现。因此，要纠正"左"的错误，改变刊物面貌，也不是那么容易的。尽管 1978 年 12 月的《红旗》开始刊登阐述真理标准问题的文章，但办刊的指导思想并没有很快就根本转变。直到 1979 年 9 月 2 日出刊的 1979 年第 9 期《红旗》，在《认真补好真理标准讨论这一课》的"本刊评论员"文章中，才作了一点自我批评。《红旗》负责人在这篇文章中说："在这场具有重大意义的讨论中，本刊是有严重错误的。由于领导思想路线不端正，从本本出发，严重脱离实际，在去年长达半年的时间里，没有发表讨论真理标准的文章，造成了极为不良的影响。广大读者对本刊这种错误态度的严厉批评，是完全正确的。我们一定认真总结经验教训，进一步解放思想，同广大干部和群众一道补好真理标准讨论这一课。"实际情况是，在 1979 年，《红旗》虽然发表了几篇论述真理标准问题的文章，但总的说来，这些文章的分量都不重，没有产生什么大的影响，同党中央理论刊物的地位很不相称。

正因为《红旗》负责人的指导思想没有从根本上转变，因而这种转变也是不巩固的。这种不巩固，表现在 1979 年的真理标准讨论补课中，《红旗》作为党中央的理论刊物，没有发挥应有的作用。而且，在一定条件下，出现反复。1987 年 4 月 1 日出刊的第 4 期《红旗》（已由月刊改为半月刊），在反对资产阶级自由化的背景下，提出了第二次拨乱反正的错误说法。在这一期《红旗》的"本刊评论员"文章《坚决健康持久地反对资产阶级自由化》中说："'文化大革命'以后，我们进行拨乱反正，那是拨'文化大革命'及其以前的'左'的错误之乱。这次是要拨资产阶级自由化之乱。这两次拨乱反正，在性质上是不同的，一个是反'左'，一个是反右；在广度和深度上也不一样，前者远远超过后者。'文化大革命'及其以前的'左'的错误，时间长，涉及经济、政治、思想、文化等多个领域。这次，主要是在政治思想领域，就是邓小平同志讲的，理论、思想、文化这些部门。但是，在这个领域里，要把资产阶级自由化之乱拨正过来，其难度却不亚于上一次。因为，在'文化大革命'中，广大干部和群众都身受其害，切身地体验到它给我们的国家、民族和人民带来了多么大的危害，所以，党的十一届三中全会以后，拨乱反正就进行得比较顺利。而这一次资产阶级自由化的危害，相当多的人现在还没有看清楚。

因此，这次的任务很艰巨，难度相当大。”人们将有些文章称为奇文。那么，这一大段文字似可称为奇论。当然，在 1987 年的《红旗》出现这样的奇论，倒是可以理解的。

对《红旗》的这一大段奇论，我只想提出两点。首先，所谓“两次拨乱反正”，说轻一点，是过于轻率的论断。大家知道，“拨乱反正”这个用语，不是表达一般的纠正错误、克服某种错误倾向这种情况，而是有特定含义的。我在一开始就说到，拨乱反正，是我国在粉碎“四人帮”以后，主要是十一届三中全会以后到 1981 年 6 月这一段历史，其含义就是拨林彪、“四人帮”破坏之乱，纠正毛泽东晚年的错误，回到毛泽东思想的正确轨道上来。拨乱反正的实际内容就是纠“左”和极左，解决历史遗留问题，实行全党工作重点的转移。反对资产阶级自由化，在某些时候着重反对资产阶级自由化，其重要性是无可置疑的。但这同那一段特定历史时间的全面拨乱反正，无论是性质上、分量上、难度上，都是不应相提并论的。其次。《红旗》的评论员文章认为，十一届三中全会以后的拨乱反正进行得比较顺利，而反资产阶级自由化的拨乱反正“任务很艰巨”。实际上是说，所谓第二次拨乱反正，比第一次真正的拨乱反正难度还要大。这种说法也是不符合实际的。在我国，“左”的根子很深，影响极广，人们又存在“左”比右好的观念，因此，纠“左”历来很难，这是一条基本的历史经验。十一届三中全会以来，在邓小平等老一辈革命家的有力领导和指导下，我们党领导拨乱反正，是很成功的。拨乱反正的发展也是健康的。从这个意义上说，可以说进行得比较顺利，但这绝不意味着这项任务是那么轻而易举。别的不说，就拿作为这次拨乱反正的重要内容和思想先导的真理标准问题讨论来说，就被扣了那么大的帽子，遭到那么强烈的反对和抵制。胡耀邦用“惊心动魄的拨乱反正”这样的语言来表达他对拨乱反正的感受。对此，《红旗》杂志的负责人也许体会不那么深。其实，拨乱反正的每一步，都是经过艰巨的努力的，都是克服了重重阻力的。

第九章

实践标准同“两个凡是”的决战和胜利

1978 年 12 月召开的党的十一届三中全会，和为这个会议做准备的中央工作会议，是实现历史伟大转折的会议。实践标准的确立和“两个凡是”的被推倒，也就是党的思想路线的重新确立，是实现历史转折的思想前提，也是这两个会议取得的重要成果。这是从 1978 年 5 月开始、经过半年多时间的关于真理标准问题争论的必然结果。

人民日报
RENMIN RIBAO
中国共产党第十一届中央委员会
第三次全体会议公报
（一九七八年十二月二十二日通过）

十一届三中全会实现了建国以来历史的伟大转折

半年多时间关于真理标准问题的争论，给这两个会议做了很好的思想准备，但是，在这两个会议上，特别是中央工作会议上，实践标准并不是自然而然地取得胜利的，而是经过了较量的。这两个会议是实践标准同“两个凡是”决战并取得胜利的会议。

一、以实践标准推倒“两个凡是”的重大举措

先讲中央工作会议的总的情况。

十一届三中全会之前，从 1978 年 11 月 10 日到 12 月 15 日，召开了中央工作会议，这个会议在北京京西宾馆召开，历时 36 天（闭幕之前 34 天，闭幕式以后又开 2 天），比原定 20 天的会期延长了好多天。参加会议的有各省、市、自治区和各大军区的主要负责人，中央党、政、军各部门和群众团体的主要负责人，应出席 218 人，实际参加 212 人。会议分 6 个组进行讨论。

当时的中央党校副校长马文瑞参加了会议（他也是十一大选出的中央委员）。1978年12月28日，胡耀邦在中央党校大礼堂向党校工作人员作了十一届三中全会精神的传达报告。1979年1月3日，马文瑞又作了补充传达，专讲实践是检验真理的标准、高举毛主席伟大旗帜的问题。根据我当时的笔记，将马文瑞讲的有关内容抄录两大段如下：

在这次会议上，不论是中央全会还是工作会议，同志们都十分关心实践是检验真理的唯一标准的问题。半年多来，这个问题上有争论。同志们很关心。这不仅是理论上的争论，而且是关系到新时期的思想路线、四个现代化的前途的大问题。思想路线有两条，一是“两个凡是”，一是按实践来检验。这也是真正高举毛泽东思想旗帜的问题，是一场思想上政治上的重要斗争。由于坚持“两个凡是”、反对实践是检验真理标准的几个同志在会上挑起了争论，大家认为收获很大。我们认为有错误的同志，他们自己说不反对实践是检验真理的标准，实际上是反对的。

这次会上，许多同志指出，《红旗》、中宣部不表示态度，引起了国内思想混乱，外国人对局势也猜测。要他们表示态度，他们迟迟不表态。11月25日，去年中央工作会议期间，华主席、几位副主席在听取北京市委林乎加同志、团中央韩英、胡启立同志汇报时，作了重要指示：对毛主席的具体指示要按实践是检验真理的唯一标准的原则去解决。现在报纸上讨论很活跃，不能说这些文章是对着毛主席的。那样，人家就不好讲话了。就在这个时候，胡绳同志在中央工作会议东北组发表意见（说），毛主席主张平等，对少数同志的意见也要尊重。我读了报刊上发表的许多文章，包括各省各大军区负责人的文章，……（这里漏记）我只想指出一点，有的同志公开讲话，说党内在这个问题上存在分歧，不仅是思想问题，而且是政治问题、路线问题，关系到前途和命运，显然是八股老调，是不轻率的（这里的“不”字应去掉），我不赞成，旁敲侧击，引导我们去反对毛主席。许多省委书记说，这一棒子把我们都打了。《红旗》的熊复也在12月2日说，有些文章引导人们去批毛主席，这是不好的。国外说我们在实行非毛化，这不是《红旗》能够负责的。我们要清除一切不利于安定团结的因素。吴冷西同志一方面坚持他的观点，对同志们的批评表示想不通，又说他的电话内容胡绩伟篡改了。中宣部同志始终不表态，推卸责任，说中央没有发表一个统一的意见。参加会议的同志对这些同志的态度进行了严肃的批评，指出他们代表了一股思潮，理论上根本错误的还是他们自己，根本违背了毛主席实事求是的教导。……（这里漏记了一些）如果那样，就不会有十月革命的胜利，也不会有中国革命的胜利。坚持“两个凡是”，就是阻挠我们肃清林彪、“四人帮”的流毒，要害就是不让小平同志出来工作，提出“两个凡是”，就是要整人的，实际是损害毛主席的威望。他们说人砍旗，其实是他们在砍旗。至于非毛化问题，早在粉碎“四人帮”后，国际上就有人这样说，并不是这篇文章发表后才有的。曾涛同志举了好多例子。这实际上是国际上阶级斗争的反映，硬加在写文章的人身上，是居心不良的。大家愤慨地指出，有人叫嚷，中央现在采取放的方针，有人跳得很高，他干了什么，中央很清楚，还说有死不改悔的走资派。这是严重的政治问题。将来是不是还要从上到下打倒一大批负责干部。中央很清楚，是谁知道，要搞清楚。大家还提出，李鑫、吴冷西、熊复，还有宣传部的，鉴于这种情况，对他们不放心，对李鑫更不放心，他是康生的秘书，现在还是在捂，不揭，在编毛选中，一直打击胡乔木同志，现在还担任中央办公厅副主任、毛选编委会办公室副主任，不适当。同志们指出，讨论实践是检验真理的唯一标准，很有现实意义。中央工作会议解决了这么多问题，揭批林彪、"四人帮"，这篇文章起了很大的作用。

我自己笔记本上的这两大段记录，有些地方明显的有漏记和误记，但总的说还是清楚的。从这两大段记录中，可以看出中央工作会议和十一届三中全会上，坚持实践标准的同志和坚持"两个凡是"的同志进行争论并推倒"两个凡是"的大致情况。

中央工作会议始终贯穿了实践标准与"两个凡是"的争论。这种争论大致可分作三个阶段。第一，从会议开始到 11 月 25 日，与会同志用实践标准冲破"两个凡是"，提出了一系列"文化大革命"中和"文化大革命"前的重大案件、一些领导人的功过是非问题，进行了"天安门事件"等重大案件的平反；第二，在以后的会议进程中，与会同志对反对实践标准、坚持"两个凡是"立场的同志进行了严肃的批评和帮助；第三，12 月 13 日，邓小平的重要讲话对真理标准问题的讨论给予高度评价，并做出了结论，以后又进行讨论，进一步统一了思想。下面，分别就这三个阶段的情况作些介绍。

首先讲会议第一阶段。与会同志以实践标准冲破了"两个凡是"，提出了一系列重大案件和一些领导干部的功过是非问题。首先提出问题的是陈云。

陈云的发言是以实践标准分清是非的重大突破，改变了会议原定的进程和方向，起了决定性作用。

1978 年 11 月 10 日下午，中央工作会议开幕，由华国锋主持和讲话。他首先宣布这次会议的议题，共三项：（一）讨论如何进一步贯彻执行以农业为基础的方针，尽快把农业生产搞上去的问题。（二）商定 1979 年、1980 年两年国民经济计划的安排。（三）讨论李先念副主席在国务院务虚会上的讲话。很明显，按照这三项议题，这次会议是讨论经济问题为主。接着，华国锋说，中央政治局决定，在讨论上面这些议题之前，先讨论一个问题，这就是：要在新时期总路线和总任务的指引下，从明年 1 月起，把全党工作的着重点转移到社会主义现代化建设上来。他说，这是一个关系全局的问题，是我们这次会议的中心思想。对于全党工作着重点转移的理由，华国锋讲话中有一个概括的说法。他说：我们提出全党工作着重点转移的问题，是鉴于揭批"四人帮"的群众运动到了胜利结束的时候，同时又是鉴于社会主义现代化建设的严重任务摆在我们面前，迫切要求我们把全党全军全国各族人民的注意力集中到这上面来。

从当时的现实情况来说，要为全党工作重心转移创造必要的政治条件。

实行全党工作着重点的转移，确是一个关系全局的大问题。但是，要实现这个转移，有两方面的问题必须明确地解决。一是还要不要以阶级斗争为纲。二是要解决"文化大革命"中遗留的重大问题，包括刘少奇的功过是非问题在内。在当时，这些问题又同真理标准问题讨论直接相联系。也就是说，是以实践作为检验真理的唯一标准，分清是非、解决问题呢，还是以“两个凡是”为方针，继续过去“左”的一套?

作为会议主持者的党中央主席华国锋，他是怎样的态度呢?

这里，我介绍胡耀邦 1978 年 11 月 22 日给理论动态组的谈话。胡耀邦说：华主席最近给我讲，我是下了决心叫大家讲话，既然把大家请来了，就要让大家讲话，集思广益。胡耀邦又说：实践是检验真理的唯一标准，华主席在会上不准备讲了。华主席有两点不赞成：一是不赞成某些做法，强迫人表态，理论问题思想问题不能强制，再一个是不能上纲太高。

中央工作会议是 11 月 10 日开始的，胡耀邦同理论动态组的谈话是 11 月 22 日，正是中央工作会议开始不久。由此可以判断，华国锋的这些话都是在中央工作会议开始前或开始时对胡耀邦讲的，也可以说是交心。这些谈话表明，华国锋对这次会议有相当的思想准备，他下决心让大家讲话，正是这种民主作风，使与会者能够畅所欲言，提出了许多重大问题，华国锋都能虚心听取，没有压制，这是这次中央工作会议能够取得成功的重要条件。另一方面，这些讲话也表明，华国锋的讲话对持续了半年多、许多党政军高级领导干部已经表了态、广大干部和人民群众都很关心的真理标准问题讨论，还缺乏认识。实际上，他仍然站在“两个凡是”的立场上。但是，他既然下决心让大家讲话，虚心听取大家的意见，他就不会像其他某些人那样，顽固地坚持“两个凡是”的立场。

1978 年 11 月 12 日，陈云参加中央工作会议东北组的会议。这个组的召集人是黑龙江省委第一书记杨易辰和吉林省委第一书记王恩茂。据杨易辰回忆，那一天，陈云来参加他们的会，问他们，你们敢不敢将我的发言一字不落地上简报?他们回答说，当然可以。陈云就作了《坚持有错必纠的方针》的发言。陈云说，对有些遗留的问题，影响大或者涉及面很广的问题，是需要由中央考虑和作出决定的。对此，中央应该给予考虑和决定。陈云提出了迫切需要解决的六个大问题。这六个问题是：薄一波等 61 人所谓叛徒集团一案，陶铸同志的问题，彭德怀同志的问题，“天安门事件”问题，康生的问题，等等。陈云提出的六个问题，都是大家关心的重要问题。有两点很明显：一是，陈云完全是按照实际情况依据实践标准来提出问题，来论功过是非的。因为他提出的问题，特别是一些重大案件，都是经过毛泽东同意、支持或批准的。二是，陈云提出的问题都是“文化大革命”中发生的或“文化大革命”前遗留下来的重大历史问题。这六个问题的解决涉及对“文化大革命”的评价和对“文化大革命”前的指导思想、指导方针的评价，必然触及以阶级斗争为纲对不对的问题。

大家都知道，陈云早就有“不唯书，不唯上，要唯实”的名言。粉碎“四人帮”以后，在 1977 年 9 月 28 日，陈云就在《人民日报》发表《坚持实事求是的革命作风》的文章。在真理标准问题讨论中，他非常赞赏“实践是检验真理的唯一标准”这个提法，他一再将这句话写成条幅，赠送友人。我在杨易辰办公室就看到，墙上挂着陈云写的这样的条幅。他在中央工作会议东北组的这个发言有力地表明，在以实践标准推倒“两个凡是”、打破思想禁锢方面，他起了重大的作用。

陈云在东北组的发言，在会议简报全文刊登。这个发言冲破了中央工作会议原定的议程，博得了与会同志的热烈响应。

这方面的情况，《改革开放的历程》一书有较详细的记载，现加以摘引。

11 月 13 日，东北组的同志在发言中表示，搞社会主义现代化需要有一个安定团结的政治局面，陈云同志 12 日在会议上提出的几件事是有关安定团结的问题，也是落实政策的问题，有必要加快解决。萧克在发言中还要求为“二月逆流”的冤案平反。

同日，中南组的同志在发言中说，陈云同志所提的这些问题是当前干部群众议论较多、关系全局的问题，在宣布工作重点转移的时候，中央最好能给予解决。这对调动广大干部群众的积极性，加强团结，是有好处的。

西南组的同志也发言表示，陈云同志提出的几个遗留问题影响较大，希望中央明确一下。这样有利于实现四个现代化和调动一切积极因素。

西北组的同志也认为，这些重大的政治问题中央不正式表态，干部群众有抵触情绪，最好能在党的工作着重点转移到现代化建设上来之前，把这些问题讲清楚。胡耀邦在西北组发言说，我赞成把“文化大革命”中遗留的一些大是大非问题搞清楚。这些大是大非的解决，关系到安定团结，关系到实事求是作风，关系到维护毛主席的旗帜。

11 月 16 日，万里在华东组发言说，陈云同志提出的六个问题要解决，不然人们心里不舒畅。

11 月 17 日，杨得志、李成芳在中南组提出：联系“天安门事件”，我们认为武汉“七二〇”事件也到彻底平反的时候了。陈丕显提出，上海的“一月风暴”问题也应该弄清楚。

11 月 22 日，聂荣臻在华北组发言说。关于案件问题，陈云同志在这次会上首先提出来，我很同意。这类问题相当大，各省都有一些，如武汉的“百万雄师”、四川的“产业军”等等。陈云紧接着插话：这些问题不解决，党内党外很不得人心。

王首道发言说，只有把遗留问题解决好，才能真正达到全党、全军、全国各族人民的团结，把党的工作着重点转到实现社会主义现代化建设上来。

康克清在华北组的书面发言中说，我完全同意陈云同志 11 月 12 日提出的六点意见。我建议，凡是林彪、“四人帮”强加于人的一切诬蔑不实之词，都应予以推倒。

与会同志还提出，邓小平 1975 年主持的全面整顿工作是完全正确的，中央应给予充分的肯定，正式为所谓“右倾翻案风”问题平反。

此外，许多同志还对康生、谢富治在“文化大革命”期间的罪行进行了揭发、批判。①

---

① 见王洪模等著：《改革开放的历程》，河南人民出版社 1989 年版，第 124—125 页。读者还可参阅于光远著：《我亲历的那次历史转折》，中央编译出版社 1998 年版，第 77—79 页。

以上情况说明，东北组、中南组、西南组、西北组、华东组、华北组都有人发言，支持陈云的发言。这包括中央工作会议所有的组。

以上这些发言不仅都体现了实践标准，而且，将他们在前一时期讲的真理标准问题讨论的重要意义具体化了。实际上，真理标准问题讨论，批评“两个凡是”，“天安门事件”，冤假错案等政治问题，成了与会者集中的话题，这就使会议脱开了原定的讨论经济问题的轨道。这些发言提出的深层问题，是要重新评价“文化大革命”，是要从根本上纠正长期存在的“左”。这些发言表明，“两个凡是”很不得人心，已经没有什么市场了，被彻底推倒已是顺理成章的事。

中央政治局常委研究了各组同志提出的意见，并作出了相应的决定。

11月25日，华国锋代表中央政治局向会议宣布对一些重大政治事件、一些重要领导干部平反的决定，其中包括为所谓“天安门事件”平反、撤销中央过去关于“批邓、反击右倾翻案风”的文件、为薄一波等所谓“六十一人叛徒集团”平反、为所谓“二月逆流”一案平反，纠正过去对彭德怀、陶铸、杨尚昆等同志所作的错误结论等等。这些决定得到与会同志的热烈拥护。

就在11月25日这一天，中央常委接见北京市委和团中央主要负责同志，听取他们汇报“天安门事件”平反后群众的反应和北京市街头大字报的情况。华国锋代表中央常委对真理标准问题表了态：对一些具体问题，要实事求是地、按照实践是检验真理的唯一标准这个原则去解决。现在报上讨论真理的标准问题，讨论得很好，思想很活泼，不能说那些文章是对着毛主席的，那样人家就不好讲话了。但讲问题，要注意恰如其分，要注意后果。有些事情，不能提毛主席，也不宜提，提了不利。报纸要十分慎重，迈过一步，真理就变成谬误了。这实际上是对中央工作会议第一阶段的小结。如果联系到几个月来直到中央工作会议期间，搞“两个凡是”的那些人的活动，就更可以看出其意义之重要。

自从实践是检验真理的唯一标准这个问题提出并开展讨论以来，坚持“两个凡是”的那些人虽持坚决反对的立场和态度，但他们没有发表过一篇文章来阐明自己的观点（有一篇《重温〈实践论〉》的大文章，但没能正式发表），但他们反对这个讨论的活动没有中断，而且越来越加紧。在前面已讲了一些，现在再进一步理一下他们这些活动的线索。

前面讲到，1978年5月18日上午，汪东兴在同熊复、王殊谈话时就提出，《论按劳分配》和《实践是检验真理的唯一标准》这两篇文章，“不知这是代表哪个中央的”。这说明，他们一开始就把这个讨论作为重大政治问题来看待，就认为存在另一个中央这样的重大政治问题。从以后的一系列情况来看，他们是坚持了这个观点并认真地对待的。

1978年7月3日，熊复在《红旗》杂志社全社工作人员大会上讲话说：我们要跟着华主席随时准备用无产阶级文化大革命大民主方法，对付可能重新出现的像刘少奇、林彪、“四人帮”那样的死不改悔的走资派，跟着华主席造他们的反。这句话的意思很明确，一是不是指一般的情况，是要反“像刘少奇、林彪、‘四人帮’那样死不改悔的走资派”，也就是“文化大革命”中常讲的最大的走资派，二是语言中充满杀气腾腾的气势。

在从 1978 年 8 月起的《红旗》文章中，一再提出要反对"死不改悔的走资派"。我在第七章第二节已详细摘引了《红旗》1978 年第 9、10 期文章中的材料。这里特别要指出的是，《红旗》负责人组织毛著编委会办公室一位负责人撰写的准备在 1978 年第 11 期刊出的那篇文稿，题目是《篡党夺权的一个大阴谋》。在《红旗》第 8、9 期的文章中一再批判所谓彭德怀反党集团以后，在这一篇文稿中，又以更高的调门批判"彭德怀反党集团"。文章的题目就很鲜明地提出"篡党夺权的一个大阴谋"，在文稿中又引毛泽东的话："中央出了修正主义，你们怎么办？很可能出，这是最危险的。"看了这篇文稿，再联系到我们前面引述的"哪个中央"，随时准备对付可能重新出现的像刘少奇、林彪、"四人帮"那样的死不改悔的走资派这些说法，这些话的严重含义是很明显的。特别是，1978 年 11 月 12 日，陈云在中央工作会议东北组发言，明确提出彭德怀是担负过党和军队重要工作的共产党员，对党贡献很大，他的骨灰应当放到八宝山革命公墓，实际就是要推倒"彭德怀反党集团"的诬陷性结论，为彭德怀等平反。陈云的这个发言登了简报，《红旗》的负责人、文稿的作者都是知道的。但是，他们全然不顾这些，直到 1978 年 11 月 23 日的定稿，还是这样写。11 月 23 日，也就是陈云 11 月 12 日在中央工作会议提出为彭德怀平反后的第十二天、华国锋 11 月 25 日正式宣布为彭德怀平反的前两天，在这样的时候，他们坚持提醒人们要反对经验主义（很明显，他们是把主张实践检验诬为经验主义），警惕中央出修正主义，确是不寻常的。但是，他们对党心、民心的了解也太少了一些。中央工作会议一开始就坚持以实践标准为武器，提出了一系列重大历史问题，推倒了"两个凡是"。这大概是搞"两个凡是"的那些人始料不及的。看来，我们这一章的题目用"实践标准同'两个凡是'的决战和胜利"，还是比较符合当时的实际情况的。

从中央工作会议一开始，就充分显示了前一段关于真理标准问题讨论的重大作用。参加会议的同志坚持实践标准，全然不顾"两个凡是"的那一套，提出了一系列重大政治问题，从而改变了原定的讨论经济问题的会议方向，使这个会议成为一个拨乱反正、纠正"左"的错误的会议。这些情况表明，实践标准已经取得决定性胜利，"两个凡是"已经被推倒。

二、对"两个凡是"的严肃批评

在中央工作会议前一段讨论一些重要案件和领导人的功过是非问题时，许多同志都讲了真理标准问题的争论，进一步阐述这一争论的实质和重大意义。在这一过程中，没有人发表相反的意见。

11 月 27 日，中央工作会议开始讨论经济问题。就在这一天，当时的毛著编委会办公室副主任胡绳在东北组会议上突然就真理标准问题发表了不同意见。他说：有的同志在公开的讲演中宣布（也就不能不反映到报刊上），现在党内在这样的问题上存在着分歧，这种分歧不仅是思想问题，而且是政治问题，是路线问题，是关系国家前途命运的问题。我认为，这种宣布是过于轻率的，虽然其用语不过是种八股老调，但在国内和国际引起了人们对安定团结的局面的疑虑，其影响是不好的。接着，吴冷西、熊复也起来发言，坚持“两个凡是”的立场，而且有点气势汹汹。

11月29日，吴冷西在会上发言说，他并不反对实践是检验真理的唯一标准这个观点，胡绩伟的电话记录歪曲了他的意思。他说：胡绩伟同志整理的记录，不是我的原话，而且对我的主要意思也写得很不准确。这个记录中开头的三句话，是他自己概括的。[①] 与会同志要吴冷西讲一讲，他在电话中究竟讲了些什么。

12月3日，吴冷西再次发言，介绍了他在电话中对《实践是检验真理的唯一标准》一文讲的四点意见的主要内容：（一）这篇文章提出“实践是检验真理的唯一标准”这个原则，是马克思主义认识论的常识，这是没有疑问的。但是，文章中既然提出“理论与实践的统一，是马克思主义的一个最基本的原则”，就应当全面地阐述理论和实践的辩证关系，可是文章只强调了理论来源于实践并受实践检验，而没有充分说明理论是实践的概括和理论对实践的指导作用，这就割裂了《实践论》中关于理论与实践相互关系的学说的完整性。文章的这种观点是片面的，因而在理论上是错误的。（二）这篇文章片面地说列宁关于帝国主义时代个别国家或少数国家可以取得社会主义革命胜利的学说，只有在第一次世界大战和十月革命的实践之后，才证明是真理。按照文章的这个观点，一个科学理论，只有实现了才是真理，还没有实现就不是真理。那么读者会提出这样的疑问：现在全世界还没有一个国家实现共产主义，马克思主义关于共产主义的科学理论是不是真理呢？一百多年来无数先烈和亿万人民为什么要为之英勇奋斗呢？全世界的共产党的存在和它们进行的斗争，岂不是没有根据、没有必要了吗？党的十一大提出的新时期的总路线和总任务，是不是要等到23年后实现了四个现代化之后才是真理呢？按照作者的逻辑，全国人民热烈拥护四个现代化是不可理解的，我们党动员群众为之实现而奋斗也是没有根据的。文章的这种观点，实际上是提倡怀疑一切，提倡不可知论，提倡相对主义，否认相对真理，这是严重的理论错误。（三）这篇文章的基本内容，不是用实践标准来检验“四人帮”的反革命修正主义，而是要检验和修改马列主义、毛泽东思想。文章用很大的篇幅讲马克思、恩格斯和毛主席如何犯了错误和修正错误，接着就提出，不仅革命导师的个别论断要修改，而且他们的理论都可以修改，也就是说要修改马列主义、毛泽东思想的基本原理。虽然文章提了一下马克思主义的基本原理必须坚持，但这并不能掩盖文章的基本倾向是要修改马列主义、毛泽东思想。文章提出这样的观点，会引起思想混乱，读者会提出：这究竟是要举旗还是要砍旗？像这篇文章那样公开在报纸上号召修改毛泽东思想，把干部和群众引到去争论毛泽东思想哪些是对的，哪些是错的，哪些要修改，那么我们党还能团结一致吗？全国能安定团结吗？按照这篇文章的这些错误观点去宣传，会在国内引起很坏的反应，在国际上也会引起很坏的反应（我还特别请胡绩伟同志注意读者来信、内

---

① 1978年10月17日，胡绩伟在给吴冷西送这个电话记录时，已经声明：记录中有不少不完全是原话，但主要的话、主要的意思，没有记错。详见本书第三章第三节。

部参考、港台报刊和外国报刊的反应）。（四）这篇文章把“四人帮”强加在人们身上的精神枷锁，同毛主席过去批判过的“圣经上载了的才是对的”倾向相提并论，这就混淆了修正主义和教条主义的界限。文章认为，现在主要是批判教条主义，批判那些“躺在马列主义、毛泽东思想的现成条文上，甚至拿现成的公式去限制、宰割、裁剪无限丰富的飞速发展的革命实践”的错误倾向。这就颠倒主次，错了方向，是不符合党的十一大提出的批判“四人帮”的反革命修正主义谬论的任务的。

吴冷西的这个说明，坚持了他反对《实践是检验真理的唯一标准》这篇文章的立场。从他的一些基本观点也可以看出，同胡绩伟作的电话记录没有大的出入，说明那个电话记录基本上反映了吴冷西的观点。

熊复也在 12 月 3 日发言，就真理标准问题讨论讲了自己的观点。他说：在关于实践标准问题的讨论中，有的文章的内容，直接间接提到毛主席，有一种诱导人们去议论毛主席的错误倾向，我以为是不恰当的，后果是不好的。他认为，检验真理的实践标准，作为理论问题，是可以从容讨论，允许发表不同意见的。如果在理论问题上，不允许有不同意见的争论，甚至根本容不得有不同意见，那就无法正确解决理论问题。熊复说，《红旗》在这个问题上表态确是太迟了。不过，我在这里要说，国外引起的对于我国局势的猜测，《红旗》迟迟没有表态固然有一定的影响，但从国外猜测的内容来看，主要的猜测是说我们在实行什么“非毛化”，在批判毛主席的错误，在重新评价毛主席，这却不是《红旗》能够负责的。

熊复的这个发言无非是说，真理标准问题讨论是诱导人们去议论毛泽东的错误，后果不好。这实际上是说，提出实践标准就是“砍旗”；这个讨论引起国外对我国局势的猜测，说中国在搞“非毛化”，这是搞这场讨论的人要负责的；这是一个理论问题，应当从容讨论，允许发表不同意见。

在吴冷西、熊复上述发言之前，当时的中央宣传部长于 11 月 30 日发言。他说，对实践问题的讨论没有公开表态，这有两方面的原因，一是自己理论水平低，实事求是的勇气不足，这是主观方面的原因。二是我到中央机关不久，对于中央领导活动的过程不了解，我感到像这样涉及全局性的重大问题，应该有中央的指示才好办，我希望中央能够有个正式的文件，总觉得这样大的问题，没有中央文件不放心，这也是我迟迟没有表态的重要原因。

这位宣传部长的发言主要是解释性的。他的解释是两条，一条是自己理论水平低，另一条是中央没有正式文件指示。关于这位同志对真理标准问题讨论的态度，我在前面已经列举了以下几件事：（1）1978 年 5 月 18 日，他召集在北京参加全国教育工作会议的各省、市、自治区代表团团长（分管文教的书记或宣传部长）座谈会，专门讲《实践是检验真理的唯一标准》这篇文章，不要以为《人民日报》登了，新华社发了，就成了定论。他提出，小范围可以发表不同意见。（2）7 月 21 日，邓小平找他谈话，向他介绍了围绕实践是检验真理的唯一标准问题争论的经过，要他不要再“下禁令”、“设禁区”。（3）8 月初，这位同志去东北，当地干部要他讲讲真理标准问题，他说，只讲一条语录，不全面贯彻《实践论》不行。我们将以上三点同这位同志的发言对照一下，就能作出比较全面的评价。

汪东兴在他的书面发言中说，关于真理标准问题的讨论。开始我对这个问题没有引起重视，当听到有些不同的看法以后，我对开展这一讨论，对于解放思想，恢复和发扬党的实事求是、一切从实际出发、理论联系实际的优良传统，彻底肃清林彪、“四人帮”的流毒和影响的积极意义估计不足。相反，在思想上存在着一些顾虑，主要是怕因此对捍卫和高举毛主席的伟大旗帜产生不利影响。汪东兴的发言讲得很轻松，说他开始时对这个问题“没有引起重视”，对这个讨论的“积极意义估计不足”，“在思想上存在着一些顾虑”。当时，汪东兴还兼任毛著编委办公室主任的职务（这个职务在当时的具体条件下具有特殊的重要性）。作为该办公室副主任之一的吴冷西，在5月12日晚就给胡绩伟打电话，尖锐批评《实践是检验真理的唯一标准》的文章。汪东兴是否及时知道这些情况，不好妄加猜测。但是，5月17日，他在《红旗》总编辑交接工作的小会上，就明确指出，这篇文章“是针对着毛主席来的”，而且提出了“不知是代表哪个中央”这样的问题。紧接着，他针对这篇文章，又有一系列讲话和动作。这些，很难说是“没有引起重视”，相反，倒是“很重视”。至于对“积极意义估计不足”，特别是“存在一些顾虑”，在一定程度上，恐怕也是实际情况，但主要的还是“两个凡是”的立场在起作用。这种立场，正如某些外国人所讲的，同他们这些人是“文化革命的受益者”有很大关系。

参加中央工作会议的同志对上述这些人的发言很不满意，对他们进行了严肃的批评和帮助。

与会同志指出，给在实践问题上发过言的同志扣上“过于轻率”和“八股老调”的帽子，不仅是批评各省的第一书记，很明显是批评小平同志。同志们说，他们在会议开始时不表态，现在会议转入讨论经济问题时，他们又都出来讲话了，他们倒不“轻率”，是很“慎重”的。

11月28日，当时的四川省委第一书记赵紫阳，在西南组会议的发言讲了真理标准问题讨论。他说：现在外国人猜测我们党内有分歧，有争论。其中很大一个问题就是实践是检验真理的标准问题。前一段，《人民日报》、《解放军报》、《光明日报》都发表了这方面的文章，而《红旗》没有登。《红旗》是我们党中央的唯一理论刊物，过去许多重要文章都刊登，这次不登，一下子把分歧公开出来了。中央宣传部也闭口不说话。下面问我们是怎么一回事，我们也无可奉告。我认为这个问题很需要解决。因为它不仅是个理论常识问题，而且是一个现实问题。我们要搞现代化建设，要解放思想，要解决问题，你究竟是根据多年实践检验的结果呢，还是先查一查毛主席对这个问题有没有说过、批示过，没有说过的就不能干，批示了的就不能改？赵紫阳当时是一位很有影响的省委书记，他的发言。其中对《红旗》和中宣部的批评，也是具有代表性的。

参加中央工作会议的《光明日报》总编辑杨西光和《人民日报》总编辑胡绩伟，针对吴冷西的上述说明发言，系统地有理有据地批驳了吴冷西的一些观点和他给人扣的政治大帽子。他们二人都指出，吴冷西复述的他给胡绩伟打电话的四点内容，恰恰证明了胡的电话记录基本上是正确的。

杨西光、胡绩伟二人的发言指出，吴冷西指责《实》文割裂了《实践论》中关于理论与实践关系的完整性，只讲实践，不讲理论的指导作用，是毫无根据的。这篇文章明确地肯定马列主义、毛泽东思想的指导作用。但这篇文章的中心是批判林彪、"四人帮"颠倒理论与实践的关系，他们只讲所谓的理论"指导"，不讲实践标准，把人们的思想搞得很乱。这篇文章强调实践标准，是为了肃清林彪、"四人帮"的流毒，更好地进行拨乱反正。吴冷西对此这样反感，很值得注意。

杨、胡二人的发言针对吴冷西提出的《实》文"提倡怀疑一切，提倡不可知论，提倡相对主义，否认相对真理"的指责，作了具体剖析，并指出，恩格斯说，驳斥不可知论的最有力的东西就是实践。强调实践标准，怎么反而成了不可知论呢？这是很有力的驳斥。

针对吴冷西认为《实》文是要修改马列主义、毛泽东思想的基本原理，是要"砍旗"的指责，杨、胡二人阐明，《实》文说，任何思想、理论，即便是已经在一定的实践阶段上证明为真理，在其发展过程中还要接受新的实践的检验而得到补充、丰富或者纠正。这里所讲要补充、丰富，又讲了"或者纠正"，这正是马列主义的基本原则。吴冷西的发言是轻率地罗织罪名，也是故意煽动，同时表明，他还是在重弹"句句是真理"的老调。

吴冷西等人指责《实》文引起了国际上的不良反应。杨、胡二人指出，实践标准的讨论，国内的反应很好。国际上的反应，有好有坏，这要分析。国际上许多人说，这表示中国领导人是实事求是的，是发扬民主的。这些反应很好，可惜引不起吴冷西同志的注意。

杨西光、胡绩伟对吴冷西的批评，摆事实，讲道理，同时又有相当的尖锐性。

与会同志对熊复的发言，特别是对他所说的"非毛化"问题，进行了批评和驳斥。

在大家的批评帮助下，吴冷西于 12 月 11 日又作了一次书面发言，说他在电话中讲的四点意见，没有肯定文章的正确方向，只说到这个原则没有疑问，而对文章中不同意见的某些论点加以引申和推理，是主观武断。这种自我批评表明，他的认识和态度已有转变。

这里，需要讲一下对汪东兴的指名批评。先将当事人于光远的回忆摘录如下：

(11 月) 25 日大会开过，当天晚上，我到江一真的房间，同他商量应否指名道姓地批评汪东兴。

我们认为汪东兴在粉碎"四人帮"中起了很重要的作用。这本来是一件应该做的事，但是还是应该承认他立了大功。没有他的积极参与，不动用归他直接指挥的八三四一部队，1976 年 10 月一举粉碎"四人帮"的事就办不成。但是要讲"两个凡是"的提法和对它的坚持、对真理标准问题讨论的抵制、对平反"天安门事件"和邓小平出来领导我们党和国家的工作的阻挠、对解决"文革"中的冤假错案和康生问题的消极态度，等等，汪东兴欠的账就很多很多。他在立场上的的确确非常错误，态度上非常不好，在坚持"两个凡是"的事情上他起着大后台的作用——本人出面说了许多不像样子的话，又是别的坚持"两个凡是"的人的后台老板。不把他的名字点出来，许多事情就讲不透彻，许多问题就说不明白。

在十一届三中全会前的中央工作会议上，实践标准同“两个凡是”进行了一场鏖战，取得了决定性的胜利。与会者于光远亲历了这场鏖战，他的著作对此作了翔实的记载

在前十几天的分组会上，发言中涉及汪东兴负责的事情，还都避开说出他的大名。在看简报上的报道时，我们总觉得这种藏头露尾的做法，同充分发扬民主的精神不符。民主不是恩赐的，只有自己来采取积极行动。而且汪东兴就在这个会上，他虽然不到我们的分组会上来，但我们的批评他会从简报上看得到，如果他认为我们的批评与事实不相符合或有不符之处，他可以声明。如果他认为我们讲的道理不对，他也可以反驳，双方可以进行讨论争论。我们有民主的权利，他是党中央的副主席，当然也有自己的民主权利。左思右想，我们认为会议开到这样一个阶段，是到了该指名道姓批评汪东兴的时候了，觉得这样做对会议有好处。

当然我们也不是没有顾虑。我们知道，我们想做的事是在一个规模相当大的会议上直截了当地批评党中央副主席、中央政治局常委。做这样的事在党章上是完全允许的，一个党员看到不论什么人有重大的错误和缺点，本来就有责任去进行严厉的批评。我们也相信我们的批评是看准之后才采取的行动，不是没有看准就干的莽撞行为，而且可以收到积极的效果。但是这毕竟是一件大事，而且不知道党的历史上有那样的先例，不能不反复考虑。我们也想过最好请示领导得到同意后才做这样的事，但又觉得不便做这样的事。因此就决心由我们来担当这个责任了。

于是两人决定立即行动，26 日上午江一真就开第一炮。江一真是我们西北组、也是整个会议第一个指名道姓批评汪东兴的人。江一真在他的发言中说，在长征途中他和汪东兴在一路，同汪东兴一起到延安，并同汪东兴在一起工作过。说自己对汪东兴本来有好感，接着很客气地肯定多年来汪东兴对保卫毛泽东的安全和粉碎“四人帮”立下的功劳。然后他提出一连串问题：责问汪东兴对待周总理和邓小平同志的态度，揭露他在 1976 年 12 月说过的“邓小平的那两下子，不是（在 1975 年）试过了嘛？就是不行嘛！”江一真还批评了在“实践是检验真理的唯一标准问题”讨论上汪东兴的态度。江一真说自己在卫生部平反冤假错案中，受到汪东兴的阻挠。他揭露汪东兴在北京医院揭批“四人帮”时庇护刘湘屏等事情。

江一真发言后，在西北组，我和杨西光作了联合发言，与江一真的发言相呼应(这个发言杨西光主讲)。在发言中我们着重批评汪东兴在粉碎“四人帮”后坚持“两个凡是”阻挠邓小平出来工作、阻挠真理标准讨论等事情。杨西光知道汪东兴的事比较多，讲得也比较具体，比如他能准确地转述汪东兴某一次讲话的具体内容，并把汪讲话的时间、地点交代得清清楚楚，还举出当时在场可以作证的人名。杨西光讲的事情，组内不少人当时还都不太了解，因此大家很感兴趣。

江一真和杨西光在西北组发言时，组里的同志们当然注意到我们指名道姓地批评了汪东兴，但是在会上一直没有人对这一点发表什么评论，仿佛并不认为有什么特别的地方。只是在 26 日晚餐和早餐时，有人对我说：“你们该这么做！”

我当然关心我们采取这样的行动之后，会议领导会有什么反应。首先我注意简报，江一真和杨西光、于光远在西北组发言，在简报中如实地登了出来。编简报的工作人员并不因为点了中央常委的名而采取措施，进行删节。而且从简报登出的速度来看，完全不像请示过什么人的样子。因为如果经过请示，总会影响简报发出的时间。在会议上我也关心我们这样做了之后，其他五个分组对指名道姓批评汪东兴这件事情上的反应。我注意到和我们的发言相呼应的发言，虽然不是立刻就有，但慢慢地都出现了。各组的情况我记不清楚，我只记得西南组指名道姓地批评汪东兴的第一人是胡绩伟。两天之后他在一个长篇发言中讲了不少有关汪东兴的事。他发言中举的材料更具体，对汪东兴批评得也更加集中，更有力量。以后各分组对汪东兴的指名道姓就很多了，不少老同志揭露了许多汪东兴的错误言行，有的发言用的语言还很尖锐。

总之，整个会议的进展，没有发生因为在大会上公开批评了这样一位副主席，而受到任何指责。这表明这次会议的确做到了充分发扬民主，使我们原先的顾虑成为多余的了。①

通过与会者的揭露，通过争论，参加中央工作会议的同志也了解了“两个凡是”提出的经过和真理标准问题讨论的由来。大家对主张“两个凡是”、阻碍真理标准问题讨论的同志，提出尖锐的批评。正如马文瑞在中央党校传达时所讲的那样，由于坚持“两个凡是”、反对实践是检验真理标准的几个同志在会上挑起了争论，大家认为收获很大。

中央工作会议于 12 月 15 日结束后，胡耀邦于 12 月 16 日找熊复等同志谈了次话，进一步批评了他们的错误。

胡耀邦指出，这是思想路线、思想方法的争论。在这个争论中，你们错了，你们起了很大的阻碍作用。胡耀邦从思想上分析了他们的错误。他说，你们过去在思想上受到马列主义的影响，受到优秀人物的影响，也受到反马克思主义的影响，例如康生、陈伯达、江青的影响。胡耀邦指出，你们犯错误的思想原因有三条：(1)脱离实际。康生、林彪的思想是天马行空，靠所谓的天才脑袋。你们把自己放在小笼子里，不与人来往，不搞集体创作，只看两种东西，马列著作，还有什么材料。

① 于光远：《我亲历的那次历史转折》，中央编译出版社 1998 年版，第 115—118 页。

(2) 你们中了康生、汪东兴做公安工作的职业特点的坏的方面的毒，疑心特别重，看文章不看整个倾向性，搞什么“看背学”，总是从字里行间去找什么东西，坏极了。(3) 知识分子的孤傲、自我欣赏。自以为自己马列主义多，别人家不行。理论工作听不到反对意见，听不到群众呼声，就没有希望。你们的检讨也写不好，为什么不找人商量，就那么自信。中央党校搞集体创作，广泛征求意见，听取几十人的意见。最后，胡耀邦还指出，你们犯错误，还有一个原因，就是势利眼。

胡耀邦对熊复等同志的批评，是比较深刻甚至是尖锐的，但也是中肯的。对他们的思想有所触动。但是，真正要从思想上解决问题，弄清是非，吸取教训，不是那么容易的。十一届三中全会以后召开的理论工作务虚会，就说明了这一点。

三、对实践标准的明确肯定

1978 年 12 月 13 日，中央工作会议举行闭幕会。邓小平、叶剑英、华国锋都在闭幕会上讲话。这些讲话都讲了真理标准问题的讨论。

华国锋在讲话中说：对于这个问题，到会同志都很重视，都很关心，讨论得很热烈，摆出了许多情况，提出了不少问题。同志们希望这次会议对于这个问题，能够分清是非，以利于统一思想，加强团结，巩固和发展安定团结的大好局面。华国锋这段话概括地反映了这次会议对这个问题进行争论的情况，在这里先引一下。

邓小平在闭幕会上首先发表讲话。他说：今天，我主要讲一个问题，就是解放思想，开动机器，实事求是，团结一致向前看。以后，这篇重要讲话正式发表时，就以《解放思想，实事求是，团结一致向前看》为题目。

邓小平指出，解放思想，开动机器，实事求是，团结一致向前看，首先是解放思想。他说：“只有思想解放了，我们才能正确地以马列主义、毛泽东思想为指导，解决过去遗留的问题，解决新出现的一系列问题，解决实现四个现代化的具体道路、方针、方法和措施，正确地改革同生产力迅速发展不相适应的生产关系和上层建筑。”他分析了干部的精神状态，“在我们的干部特别是领导干部中间，解放思想这个问题并没有完全解决。不少同志的思想还很不解放，机器还没有开动起来，也可以说，还处在僵化或半僵化的状态。这并不是因为他们不是好同志。这种状态是在一定历史条件下形成的。”

邓小平对于真理标准问题的争论，给予了高度评价，并作了深刻的阐述。他说：“目前进行的关于实践是检验真理的唯一标准问题的讨论，实际上也是要不要解放思想的争论。大家认为进行这个争论很有必要，意义很大。从争论的情况来看，越看越重要。一个党，一个国家，一个民族，如果一切从本本出发，思想僵化，迷信盛行，那它就不能前进，它的生机就停止了，就要亡党亡国。这是毛泽东同志在整风运动中反复讲过的。只有解放思想，坚持实事求是，一切从实际出发，理论联系实际，我们的社会主义现代化建设才能顺利发展，我们党的马列主义、毛泽东思想的理论也才能顺利发展。从这个意义上说，关于真理标准问题的争论，的确是个思想路线问题，是个政治问题，是个关系到党和国家的前途和命运的问题。”[①] 这是对历时半年多（包括中央工作会议在内）的真理标准问题讨论所作的最好的总结。

邓小平的这个讲话，明确肯定了真理标准问题讨论的性质，是思想路线问题，是个政治问题，是关系到党和国家前途命运的问题。这绝不是“过于轻率”的话，也不是“八股老调”，而是抓住了问题的实质，是一个很郑重的论断。他充分肯定了这一争论（邓小平着重指出，真理标准问题讨论是一场争论），认为很有必要，意义很大，越看越重要。邓小平提出了“思想路线”这个概念，并初步地表述了党的思想路线。特别重要的是，邓小平精辟地阐明了思想路线的极端重要性。

毛泽东在延安整风时曾经深刻地指出：“这种反科学的反马克思列宁主义的主观主义的方法，是共产党的大敌，是工人阶级的大敌，是人民的大敌，是民族的大敌，是党性不纯的一种表现。大敌当前，我们有打倒它的必要。只有打倒了主观主义，马克思列宁主义的真理才会抬头，党性才会巩固，革命才会胜利。”[②] 在当时，这是振聋发聩之言。邓小平关于思想路线的这一段话，则是新的历史条件下的醒世恒言。

叶剑英在中央工作会议闭幕会上的讲话首先表示，他“完全同意”邓小平的讲话。他说：实践是检验真理的唯一标准，这是一条马列主义的基本原理，是不容置疑的。

华国锋作为中共中央主席，在闭幕会最后讲话，当然是对这次会议的全面总结。他已经无法再回避真理标准问题的争论了。他在讲话一开始就讲“两个凡是”和真理标准讨论问题。

关于“两个凡是”，华国锋讲了有关情况，表示要承担责任。他说：我在去年3月中央工作会议上的讲话中，从当时刚刚粉碎“四人帮”的复杂情况出发，从国际共产主义运动历史上捍卫革命领袖旗帜的正反两方面的经验出发，专门讲了在同“四人帮”的斗争中，我们全党，尤其是党的高级干部，需要特别注意坚决捍卫毛主席的伟大旗帜的问题。在这一思想指导下，我讲了“凡是毛主席作出的决策，都必须维护；凡是损害毛主席形象的言行，都必须制止”。当时的意图是，在放手发动群众，开展揭批“四人帮”的伟大斗争中，绝不能损害毛主席的伟大形象。这是刚粉碎“四人帮”的时候，我思想上一直考虑的一个重要问题。后来发现，第一句话，说得绝对了，第二句话，确实是必须注意的，但如何制止也没有讲清楚。当时对这两句话考虑得不够周全。现在看来，不提“两个凡是”就好了。在这之前，2月7日中央两报一刊还发表过一篇题为《学好文件抓住纲》的社论。这篇文章的主题，是要动员全党全军全国各族人民认真学好有关文件，掌握思想武器，深入揭批“四人帮”。但在我的上述思想指导下，这篇社论中也讲了“两个凡是”，即“凡是毛主席作出的决策，我们都坚决维护，凡是毛主席的指示，我们都始终不渝地遵

① 所引三段文字在收进《邓小平文选》时略有改动。这里是讲历史，保持原貌。

② 《毛泽东选集》第二版第三卷，人民出版社1991年版，第800页。

循”。这“两个凡是”的提法就更加绝对，更为不妥。以上两处关于“两个凡是”的提法虽不尽相同，但在不同程度上束缚了大家的思想，不利于实事求是地落实党的政策，不利于活跃党内的思想。我的讲话和那篇社论，虽然分别经过政治局讨论和传阅同意，但责任应该主要由我承担。在这个问题上，我应该作自我批评，也欢迎同志们批评。

华国锋作为中共中央主席，在中央工作会议的总结讲话中，对“两个凡是”表示要承担责任。这说明他还是能够听取意见的。我们也不能要求他以作检查那样的口气来讲话。

关于真理标准问题的讨论，华国锋在他的总结讲话中摆了一些情况。他说：对于这个问题，我想先简要地讲一些有关情况。今年 5 月 11 日《光明日报》发表、5 月 12 日《人民日报》和《解放军报》转载的《实践是检验真理的唯一标准》这篇文章，由于我当时刚访问朝鲜回来，有许多事情亟待处理，没有顾上看。6、7 月间，中央常委几位同志先后给我谈过他们听到的有关这方面的一些情况，这个时候，我才知道对这篇文章有些不同的看法。中央政治局常委开会时，议过这个问题，认为这篇文章的主题是好的，但没有专门去研究。后来，报纸上登这方面的文章多了，国内外反映也多了，叶帅考虑到国务院务虚会议开得很好，提议把搞理论工作的同志召集到一起，也开个务虚会，大家把不同意见摆出来，在充分民主讨论的基础上，统一认识，把这个问题解决一下。中央常委同志都赞成这样办。由于我想等常委都在家时开会解决这个问题，因小平同志出访，在这次中央工作会议之前这个会没有来得及开。今年 11 月 25 日，中央常委接见北京市委和团中央主要负责同志，听取他们汇报“天安门事件”平反后群众的反应和北京市街头大字报的情况，联系谈到这个问题时说：“对一些具体问题，要实事求是地、按照实践是检验真理的唯一标准这个原则去解决。现在报上讨论真理的标准问题，讨论得很好，思想很活泼，不能说那些文章是对着毛主席的，那样人家就不好讲话了。但讲问题，要注意恰如其分，要注意后果。有些事情，不能提毛主席，也不宜提，提了不利。报纸要十分慎重。迈过一步，真理就变成谬误了。”这是中央常委的意见。

在这里，华国锋重申了中央常委 11 月 25 日对北京市委和团中央负责人的谈话，肯定了实践是检验真理的唯一标准，并要求对一些具体问题，要实事求是地按这个原则去解决。他明确地讲，这是中央常委的意见。

华国锋关于“两个凡是”和真理标准问题讨论的讲话，主要是回避了问题的实质。

关于“两个凡是”，他说是考虑“不够周全”，而不讲错在哪里。问题不在提不提“两个凡是”，而是承认不承认“左”的错误，有没有决心纠“左”。他根本不提“思想路线”，也不讲真理标准问题讨论的重要意义。他在讲话中说，中央常委几位同志曾先后给他谈过真理标准问题争论的情况，中央常委在开会时，也议过这个问题。这说明，中央常委曾不止一次地提到和议论过真理标准问题的讨论，甚至在常委会议上也议过这个问题。几个月来，《人民日报》等报刊刊登了大量关于真理标准问题的文章，引起社会舆论的广泛注意。特别是，各省各大军区的主要负责人都发表了讲话或文章。这次中央工作会议进行了激烈的争论。对于这个问题，华国锋有足够的机会来深入地研究思考，而且，也不可能不进行思考。但是，他在中央工作会议的总结讲话中却避而不谈这个问题的严重性质，只是说，“对一些具体问题”，可以按这个原则去解决。这就大大降低了真理标准问题讨论的意义。

四、党的思想路线的重新确立和发展

高度评价实践是检验真理的唯一标准问题的讨论，重新确立党的思想路线，这是党的十一届三中全会的一个重要功绩。

十一届三中全会是实现历史伟大转折的一次重要会议。有人将这个会议同遵义会议相比拟，从党的历史发展来看，很有道理。三中全会共开了 5 天，从 1978 年 12 月 18 日到 22 日，时间不长。但在这之前，从 11 月 10 日到 12 月 15 日，开了中央工作会议。这个会议实际上是三中全会的预备会议，应当将这两个会议联系起来叙述。这里，仅从真理标准问题讨论，确立党的思想路线的角度，讲一下三中全会的情况。

1981 年 6 月党的十一届六中全会通过的《历史问题决议》，对十一届三中全会作了全面的评价，其中讲到：“这次全会坚决批判了‘两个凡是’的错误方针，充分肯定了必须完整地、准确地掌握毛泽东思想的科学体系；高度评价了关于真理标准问题讨论，确定了解放思想、开动脑筋、实事求是、团结一致向前看的指导方针；果断地停止使用‘以阶级斗争为纲’这个不适宜于社会主义社会的口号，做出了把工作重点转移到社会主义现代化的建设上来的战略决策。”这标志着党的思想路线的重新确立，和在这条思想路线基础上新时期政治路线的形成。

京西宾馆，坐落在北京复兴门外大街。十一届三中全会和此前的中央工作会议在这里召开。在这里，实践标准同“两个凡是”进行了一场鏖战，取得了决定性的胜利

十一届三中全会公报专门写了如下一段话：

"会议高度评价了关于实践是检验真理的唯一标准问题的讨论，认为这对于促进全党同志和全国人民解放思想，端正思想路线，具有深远的历史意义。一个党，一个国家，一个民族，如果一切从本本出发，思想僵化，那它就不能前进，它的生机就停止了，就要亡党亡国。"

公报的这一段话有力地表明，十一届三中全会根本否定了"两个凡是"，充分肯定了实践标准。

十一届三中全会运用实践标准，在中央工作会议的基础上，认真地讨论和审查了"文化大革命"中发生的一些重大政治事件，也讨论和审查了"文化大革命"前遗留下来的某些重要历史问题，重新评价了一些领导人的功过是非。会议肯定了邓小平 1975 年主持中央工作、在各方面取得的很大成绩，否定了所谓的"右倾翻案风"。会议认定，1976 年 4 月的"天安门事件"完全是革命行动。会议决定撤销中央发出的有关"反击右倾翻案风"运动和"天安门事件"的错误文件。会议肯定了彭德怀、陶铸、薄一波、杨尚昆等同志对党和人民做出的贡献，纠正了过去对他们所作的错误结论，并且要求按照实事求是、有错必纠的方针，解决历史遗留问题，平反假案，纠正错案，昭雪冤案，认为这正是高举毛主席旗帜的表现。这是对"两个凡是"的有力批判和否定。

十一届三中全会加强了中央领导机构，在全会以后的中央政治局会议上，又作了重要的人事安排。全会增选邓颖超、胡耀邦、王震三人为中央政治局委员，选举陈云为中共中央政治局常委、中央副主席。全会决定建立中央纪律检查委员会，选举陈云为纪委第一书记、邓颖超为第二书记、胡耀邦为第三书记、黄克诚为常务书记。中央政治局会议决定胡耀邦任新设的中共中央秘书长兼中央宣传部部长，免去汪东兴兼任的中共中央办公厅主任、毛著编委会办公室主任等各项兼职。以上这些组织措施，在一定意义上说，也是真理标准问题讨论取得的重要成果。

十一届三中全会深入讨论了思想路线问题，在高度评价真理标准问题讨论的同时，向全党和全国人民提出，要解放思想，努力钻研新情况、新事物、新问题，坚持实事求是，一切从实际出发，理论联系实际的原则。这实际上就是党的思想路线。

从上面所讲的情况可以看出，中央工作会议和三中全会，接受了邓小平在《解放思想，实事求是，团结一致向前看》这个讲话中的基本思想、主要观点和重要提法，集中地体现在十一届三中全会的公报中。

华国锋 1978 年 12 月 22 日在十一届三中全会闭幕会上的讲话中，也讲到了真理标准问题。他说：为了顺利地实现党的工作着重点的转移，我们一定要坚持马克思主义的思想路线。当前，我们迫切希望加速社会主义四个现代化的建设，但什么是现代化？怎样实现现代化？对我们大多数同志来说，还比较陌生，既缺乏知识，又很少经验。怎么解决这个矛盾？我看办法就是两条：一叫学习，二叫实践。边学边干，边干边学，在实践中增长才智。前一个时期，全国报刊上开展的关于"实践是检验真理的唯一标准"的讨论，对于全党和全国人民解放思想，开动机器，砸碎林彪、"四人帮"的精神枷锁，进一步发扬党的实事求是，一切从实际出发，理论联系实际的革命学风，起了十分积极的作用。从这段话可以看出，华国锋对真理标准问题的讨论，认识有进步。这个态度应当说也是比较鲜明的。

十一届三中全会明确提出并解决了党的思想路线。但党的思想路线的准确文字表述和最后确定，仍然需要经历一个过程。首先是，1980 年 2 月，党的十一届五中全会，讨论通过了《关于党内政治生活的若干准则》。这个文件共 12 条，其中第一条就是："坚持党的政治路线和思想路线。"第一条说："我们党一贯倡导的辩证唯物主义的思想方法和工作方法，其根本点就是一切从实际出发，理论联系实际，实事求是。"这一句话，应当看作是对思想路线的表述，但是，既没有明确地讲思想路线，文字也不规范。

1982 年 9 月，党的十二大通过的党章中，对思想路线作了规范的表述。党章总纲中说："党的思想路线是一切从实际出发，理论联系实际，实事求是，在实践中检验真理和发展真理。"这样，我们党的思想路线就由党的全国代表大会，以党章的形式，最终确定下来了。实践标准成为我们党的思想路线的一个重要内容，很明显，这是真理标准问题大讨论，实践标准推倒"两个凡是"的结果和表现。

最后，要说明一下。著名学者于光远在他的《我亲历的那次历史转折》一书中，对本书特别是对这一章作了评价。他书中说："这本《真理标准问题讨论始末》对中央工作会议和紧接着的三中全会的讨论写了一个专门的第九章，而且用了实践标准同'两个凡是'的决战和胜利这样的一个题目。我认为这种做法很好。这个决战和取得胜利，的确是在 1978 年 11 月 10 日开始的中央工作会议和随后召开的三中全会上取得的。在那些日子中，在叶剑英、邓小平的积极支持下，在大多数与会者的赞同下，由胡耀邦同志提出的、首都和外地好多哲学工作者、新闻工作者引发的这场真理标准的讨论，在这个中央工作会议上进行了一场鏖战，取得决定性的胜利，并在三中全会上作了正式的宣布。"① 光远是著名学者，又是中央工作会议的参加者，而且在会上起了重要作用，他对我这本书特别是这一章所作结论的肯定，对我是一个鼓励。同时，光远也指出了这一章的不足，"由于从沈宝祥的书中所写的内容来看，他对中央工作会议的情况似乎知道得很少"，② 确实是这样。光远希望我能增补这方面的内容，这个意见很中肯。我在这次再版时，尽量这样做了，包括吸收光远书中的材料。但我要坦率地讲，光远指出的缺憾仍然存在。因为有关这两次会议的档案材料至今未公布，我无法依据第一手的材料进行研究。

---

① 于光远：《我亲历的那次历史转折》，中央编译出版社 1998 年版，第 141、144 页。
② 于光远：《我亲历的那次历史转折》，中央编译出版社 1998 年版，第 141、144 页。

第十章

理论工作务虚会
进一步分清是非(上)

十一届三中全会以后，召开了理论工作务虚会，这是真理标准问题讨论的继续和深入发展。理论工作务虚会由新任中央宣传部部长胡耀邦主持。

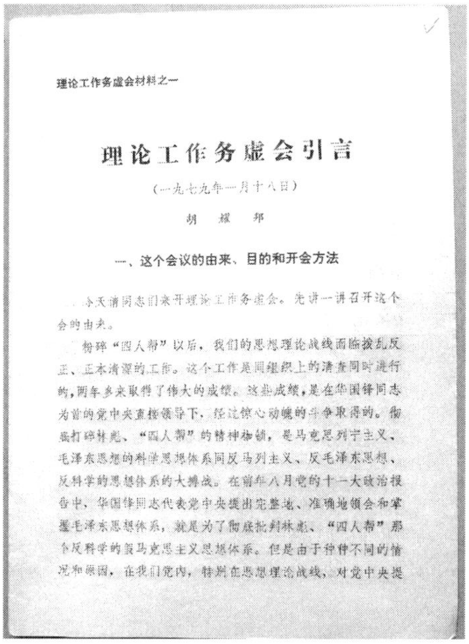

理论工作务虚会材料之一

理论工作务虚会引言

（一九七九年一月十八日）

胡 耀 邦

一、这个会议的由来、目的和开会方法

今天请同志们来开理论工作务虚会。先讲一讲召开这个会的由来。

粉碎“四人帮”以后，我们的思想理论战线面临拨乱反正、正本清源的工作。这个工作是同组织上的清查同时进行的，两年多来取得了伟大的成绩。这些成绩，是在华国锋同志为首的党中央直接领导下，经过惊心动魄的斗争取得的。彻底打碎林彪、“四人帮”的精神枷锁，是马克思列宁主义、毛泽东思想的科学思想体系同反马列主义、反毛泽东思想、反科学的思想体系的大搏战。在前年八月党的十一大政治报告中，华国锋同志代表党中央提出完整地、准确地领会和掌握毛泽东思想体系，就是为了彻底批判林彪、“四人帮”那个反科学的假马克思主义思想体系。但是由于种种不同的情况和原因，在我们党内，特别在思想理论战线，对党中央提

十一届三中全会以后，胡耀邦主持召开了理论工作务虚会。这是他发给与会者的《引言》

在酝酿这个会议时，称之为“理论务虚会”，以后，经过斟酌，将这个会议的名称确定为“理论工作务虚会”。

一、理论工作务虚会的由来和目的

召开理论工作务虚会，是当时的中共中央主席华国锋在 1978 年 12 月 13 日中央工作会议闭幕会上的讲话中正式提出的。华国锋在这个讲话中是这样说的：

三、关于召开理论务虚会的问题。我在前边讲了，在这次会议上，同志们对“实践是检验真理的唯一标准”问题，摆出了许多情况，提出了不少问题，对一些同志提出了不少批评意见，为召开理论务虚会创造了有利条件。由于这次中央工作会议的议题多，时间有限，这方面的问题不可能花很多的时间来解决。中央政治局同志意见，还是按照叶帅的提议，在党的十一届三中全会之后，专门召开一次理论务虚会，进一步把这个问题解决好。中央相信，有这一次中央工作会议和党的十一届三中全会的精神作指导，这个问题一定能够解决好。中央希望，理论战线和宣传部门的同志，在分清是非、统一思想的基础上，进一步团结起来，紧跟党中央的战略部署，为把党的工作着重点转移到社会主义现代化建设上来，努力做好宣传理论工作，发挥更大的作用。

理论工作务虚会于 1979 年 1 月 18 日开始。

主持会议的胡耀邦将他事前准备好并经中央常委同意的《理论工作务虚会引

言》发给与会者。这个《引言》的第一个问题，就是“这个会议的由来、目的和开会方法”。现将这一部分内容全部抄录如下：

今天请同志们来开理论工作务虚会。先讲一讲召开这个会的由来。

粉碎“四人帮”以后，我们的思想理论战线面临拨乱反正、正本清源的工作。这个工作是同组织上的清查同时进行的。两年多来取得了伟大的成绩。这些成绩，是在以华国锋同志为首的党中央直接领导下，经过惊心动魄的斗争取得的。彻底打碎林彪、“四人帮”的精神枷锁，是马克思列宁主义、毛泽东思想的科学思想体系同反马列主义、反毛泽东思想、反科学的思想体系的大搏战。在前年八月党的十一大政治报告中，华国锋同志代表党中央提出完整地、准确地领会和掌握毛泽东思想体系，就是为了彻底批判林彪、“四人帮”那个反科学的假马克思主义思想体系。但是由于种种不同的情况和原因，在我们党内，特别在思想理论战线，对党中央提出的这个重大理论原则问题认识上参差不齐。有些同志虽然赞成中央关于“完整、准确”的提法，但认识并不深刻，甚至存在着这样或那样的错误观点。

到了去年五月，思想理论战线的一个重要发展，就是开始了关于实践是检验真理的唯一标准的讨论。这场讨论的重要意义，是使全党和全国人民的思想重新统一到毛泽东同志的实践论的基础上来，重申毛泽东同志一贯强调的社会实践在辩证唯物论的认识论中的第一的观点，重申只有千百万人民的革命实践，才是检验真理的尺度。这虽然是马克思主义的普通常识，但多年来被遗忘了，甚至被搞反了。这个问题的重新提出，的确打中了林彪、“四人帮”那个反科学的思想体系的要害，推进了对林彪、“四人帮”的假马克思主义理论的总清算。同时，也从最深处触动了人们对马克思主义的根本态度问题。这就引起了我国思想理论战线上的一场风波。有些同志给《实践是检验真理的唯一标准》那篇文章以及参加讨论的其他文章和发言扣了很大的帽子，甚至说那是“丢刀子”，是“非毛化”，是“砍旗”。

去年六月二日，小平同志在全军政治工作会议上精辟阐述了毛泽东同志的实事求是、一切从实际出发、理论与实践相结合这样一个马克思主义的根本观点、根本方法，批评了那股反对实事求是、反对实践是检验真理的唯一标准的思潮，使这场讨论提高到新的水平。许多省、市、自治区和军队的领导同志和理论工作者都积极地参加了这场讨论。我们党内和人民群众对这样一个马克思主义的根本观点的讨论，发生了极大的兴趣。这一场理论讨论，已经对我们的实际工作起了巨大的促进作用。去年九月，红旗杂志社写出了一篇题为《重温〈实践论〉——论实践标准是马克思主义认识论的基础》的长文，文章送到了中央常委。叶剑英同志建议中央召开一次理论务虚会，大家把不同意见摆出来，在充分民主讨论的基础上，统一认识，把这个问题解决一下。

最近举行的中央工作会议和三中全会，对这场理论讨论摆出了许多情况，提出了不少问题，对一些同志提出了不少批评意见，为召开理论务虚会创造了有利条件。华国锋同志在中央工作会议闭幕会上指出：“由于这次中央工作会议的议题多，时间有限，这方面的问题不可能花很多时间来解决。中央政治局同志意见，还是按照叶帅的提议，在党的十一届三中全会之后，专门召开一次理论务虚会，进一步把这个问题解决好。”

我们召开这样一次理论工作务虚会，要达到什么目的呢？第一，要总结两年来理论宣传战线的基本经验教训，把思想理论上的重大原则问题讨论清楚，统一到马克思列宁主义、毛泽东思想的基础上来。第二，要研究全党工作重心转移之后理论宣传工作的根本任务。这两个目的是互相联系的。总结过去的经验教训，也是为了向前看，把我们今后的工作做得更好。

这次会议的开法，应当推广三中全会和中央工作会议的那种会风，大家解放思想，开动脑筋，畅所欲言，充分恢复和发扬党内民主和党的实事求是、群众路线、批评和自我批评的优良传统，达到弄清是非，增强整个理论宣传队伍的团结。

十一届三中全会以后，胡耀邦以很大精力抓理论工作务虚会的准备工作。对这个“引言”，他花了很大工夫。

以上所引的两个材料，对理论工作务虚会的来龙去脉，已经说得比较清楚。现在对有些情况再略作说明。

一是关于这个会议的缘起和由来。召开这个会议，是 1978 年下半年由叶剑英倡议的。当时，鉴于真理标准问题讨论的分歧情况，叶剑英依据 1978 年 8 月国务院务虚会的经验，提议召开一个理论务虚会，把不同意见摆出来，用民主的方法统一认识，把问题解决一下。但当时未能召开这个会议。在中央工作会议进程中，在真理标准问题讨论上的分歧进一步暴露出来，中央政治局对此进行了议论，决定接受叶剑英的提议，在十一届三中全会以后，召开理论务虚会。

二是关于这个会议的具体决策。胡耀邦的“引言”，在会前送中央常委审阅，在送审时，写了一封信。“引言”初稿和这封信也送给了当时的《人民日报》总编辑胡绩伟等人，征求他们的意见。这封信说：

理论务虚会的开法，我考虑了一个初步设想，先请在京的理论工作者二百人左右，一月下旬或二月初开会，开二十天左右。然后休整几天，向中央汇报。再请各地的理论工作者二百人左右来，共四百人左右，再开十天左右。第一段会，主要是大家讨论，小组座谈和大会发言相结合，让大家把思想敞开，畅所欲言。

第二段会，想请国锋同志、剑英同志、小平同志讲话，引导大家集中讨论解决思想理论战线迫切需要解决的一些重要问题。先民主，后集中，把思想统一起来，促进全党工作重心转移之后的理论工作做得更好。

我们准备了一个引言，算是开场白，现将初稿送上，请提意见。

胡耀邦的“引言”稿和信于 1979 年 1 月 7 日发出，很快得到中央常委的同意。据说，华国锋首先表示赞同。他于 1 月 9 日找胡耀邦说，“引言”看过了，很好。

这里讲一个插曲。理论工作务虚会上有人揭发此事，李鑫也承认有此事，并讲了有关的一些情况。1978 年 9 月，叶剑英提议开一次理论务虚会，分清是非，中央常委表示同意。此后不久（9 月间），汪东兴召集李鑫等四位同志，到中南海中办西楼开会。汪说，政治局常委开了会，谈了实践是检验真理的唯一标准的问题。叶帅提出，国务院开的经济工作务虚会开得很好，建议开一个理论务虚会，把做理论工作的同志找到一起，务务虚，统一大家的认识。汪说，中央委托我找你们谈一谈，征求你们对召开这个会的意见。李鑫说，实践是检验真理的唯一标准，这是马克思主义的普通常识，我们谁也不反对。《光明日报》评论员的文章，原是可以讨论的。但是，现在报上已经批评了，有些省的负责同志也表了态，那还怎么讨论呢。所以，我的意见是，现在开理论务虚会，恐怕不容易统一认识。这个会还是不开为好。据说，其他三位同志当时也是认为还是不开为好。以上情况说明，他们是一致反对召开理论务虚会的。汪东兴是怎么样去对中央常委讲他们的意见的，现在不得而知（中央常委是否委托他召集这样一个会，现在也无法得到证实）。但有一点是确凿无疑的，理论工作务虚会照原定的计划召开了。不过，这也提供了一个重要信息。他们曾企图阻止理论工作务虚会的召开。他们的理由是，报纸上已经批评了，有些省的负责同志已经表了态，就不好讨论了，开这个会也不容易统一认识，这些理由看起来有些奇怪，但也不是不可以理解。就是在当时那种形势下，他们不好公开坚持"两个凡是"、反对实践标准了，那就叫"不好讨论"。而他们又不准备改变自己的态度和立场，所以说，即使开这个会，也不容易统一认识。以上这些情况，对我们理解这几位同志在中央工作会议、十一届三中全会和理论工作务虚会上的态度，无疑是有帮助的。

在中央常委的支持下，理论工作务虚会第一段会议于 1979 年 1 月 18 日在北京召开。参加会议的实际是 160 多人，包括了中央理论宣传单位的负责人和首都理论宣传方面的有关人士。其中有熊复、吴冷西、胡绳、李鑫、王殊、方克等人。多年从事理论宣传领导工作和关心理论宣传工作的 20 位老同志，被特邀参加。他们中有冯文彬、陆定一、成仿吾、吕正操、李一氓、李卓然、吴亮平、许涤新、莫文骅、蒋南翔、薛暮桥。各省、市、自治区也都有一人参加（多数是省、市、区委宣传部的）。会议共分五个组，每组有三位召集人。五个组的主要召集人分别是：胡绩伟、童大林、周扬、于光远、吴江。这五个人都是坚持实践标准，坚决反对"两个凡是"的。中央党校参加会议的有张平化、冯文彬、范若愚、孟凡、江流、叶方、韩树英、龚士其、吴江、孙长江等，共 11 人，人数是比较多的。作为《理论动态》的举办单位，中央党校理论研究室有吴江、孟凡等 4 人参加会议，人数也是比较多的。这同中央党校和理论研究室在真理标准问题讨论中起了重要作用，是直接有关的。

二、对"两个凡是"的全面揭露和尖锐批评

理论工作务虚会分两段开。按原定计划，第一段于 1979 年 1 月 18 日开始，开到 26 日，即春节前，春节休息，2 月 1 日继续开，开到 2 月 12 日左右。第一段开完后，休会一星期到十天，向中央汇报；第二段拟再开十天左右。第一段会议以中共中央宣传部和中国社会科学院名义联合召开，以小组会为主；第二段会议以党中央名义召开，请党中央主席、副主席讲话，进行大会发言。在北京的理论工作务虚会同时，会议希望各省、市、自治区也都召开理论工作务虚会，以收上下呼应的效果。理论工作务虚会第一段会议是按原定计划进行的，第二段会议因发生新情况，同原来的设想有较大的变化。

胡耀邦的“引言”和讲话，实际上成了理论工作务虚会的具体指导方针。

从1月19日开始，理论工作务虚会各小组开会。分组讨论从一开始就很热烈。

胡绩伟（《人民日报》总编辑）、杨西光（《光明日报》总编辑）、曾涛（新华通讯社社长）、华楠（《解放军报》总编辑）、王惠德（中央编译局负责人）、于光远（中国社会科学院副院长）六位同志联合发言，揭露了“两个凡是”反对真理标准问题讨论的真相。

1979年1月19日上午，理论工作务虚会五个组都开会。胡绩伟在第一组的会议上宣读了他们六人的联合发言。王惠德在第三组宣读了这个联合发言。第四组也宣读了这个发言。第二组则在20日的会议上宣读了这个联合发言。胡绩伟等六人的联合发言的题目是：《关于真理标准讨论的情况》，全文2万字。[①] 这篇发言系统地列举事实，说明了真理标准问题讨论的由来和发展过程，指出了争论的政治实质。

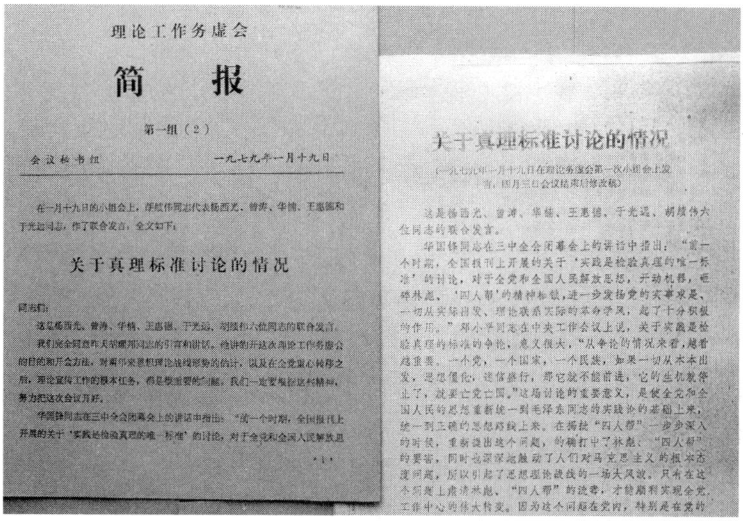

胡绩伟、杨西光、曾涛、华楠、王惠德、于光远六人
在理论工作务虚会上联合发言，揭露和批判“两个凡是”

这几位同志的联合发言首先揭露，1977年初，李鑫（当时的中央办公厅理论学习组负责人）主持起草《学好文件抓住纲》的社论，依据汪东兴的要求，提出“凡是毛主席作出的决策，我们都坚决维护，凡是毛主席的指示，我们都始终不渝地遵循”。这一句话以后被大家通称为“两个凡是”。这篇社论由汪东兴审阅同意并决定作为《人民日报》、《红旗》杂志、《解放军报》的社论（通称“两报一刊”），2月6日广播，7日见报。这个发言引用当时中央宣传口负责人耿飚的话说，登这篇文章，等于“四人帮”没有粉碎，如果按照这篇文章的“两个凡是”，什么事情也办不成了。这个发言特别指出，“两报一刊”社论在1977年2月7日发表，这正是在1977年3月中央工作会议前夕，当时大家普遍希望邓小平同志出来工作，这篇社论的“两个凡是”，

① 1979年4月3日理论工作务虚会结束后，作了补充修改，共27000字。

被认为是不让邓小平同志出来工作的讯号。[①] 实际情况是，1977 年 3 月的中央工作会议上，陈云、王震等同志郑重提出，让邓小平出来工作。但这个提议不让上会议简报，未获结果。胡绩伟等人的联合发言列举了当时出现的在悼念周恩来总理，为“天安门事件”平反，要不要点名批判张春桥、姚文元的两篇文章等一系列问题上的争论，并明确地指出，“两个凡是”的错误思想是产生这一系列争论的总根源。这个发言列举《实践是检验真理的唯一标准》这篇文章发表后，吴冷西打电话扣大帽子，横加指责，汪东兴等同志采取各种方式加以压制的大量事实，以及在邓小平、罗瑞卿等老一辈革命家的有力支持下，这个争论逐步展开，并得到广大干部（包括大多数省、市、自治区党委负责人）和理论工作者支持的情况。这个发言还揭露了《红旗》杂志负责人反对真理标准问题讨论，坚持不在《红旗》杂志发表论述真理标准问题的文章的情况。这个发言比较全面地介绍了在中央工作会议上关于真理标准问题争论的情况，着重介绍了胡绳、吴冷西、熊复、张平化、李鑫等同志的发言情况。

胡绩伟等人的联合发言共分两个部分。以上介绍的是第一部分的主要内容。在这个发言的第二部分，着重阐述了这场争论的政治意义，揭露了坚持“两个凡是”、反对实践标准的政治目的。发言指出，坚持“两个凡是”、反对实践标准，是阻碍揭批“四人帮”，阻碍拨乱反正，阻碍实现四个现代化，有害于党和国家的前途。对此，这个发言共列举了以下十条：

第一，阻碍邓小平同志出来工作；

第二，阻碍广大群众要求悼念周恩来同志；

第三，阻碍天安门事件平反；

第四，阻碍陈云同志等老一辈革命家参加中央工作；

第五，阻碍悼念朱德、陈毅、贺龙等同志；

第六，阻碍大量冤案、假案、错案的平反；

第七，利用起草文件，制造错误理论；

第八，保护康生；

第九，阻碍揭批“四人帮”；

第十，多次不同意中央的大政方针。

这个联合发言指出，这场关于实践是检验真理的唯一标准问题的争论，是个政治问题，是个关系到党和国家的前途和命运的问题。

这是理论务虚会上最有分量的一个发言。这个联合发言主要是摆事实，以事实说话，很说明问题，很有说服力。其中列举的许多严重事实，对许多人来说，是第一次听说，因而有触目惊心之感。

这个联合发言，提高了理论工作务虚会与会者对真理标准问题讨论的严重意义的认识。正如有的同志所说，这个发言打开了我们的眼界，很受启发，也为讨论提供了比较系统的丰富的材料。

---

① 1976 年 4 月 8 日在《人民日报》第一版公布的中共中央决议中说：“根据伟大领袖毛主席的提议，政治局一致通过，撤销邓小平党内外一切职务。”

胡绩伟在会上提出：这次会议就是要在充分发扬民主的基础上，实事求是，畅所欲言，把意见都拿出来，经过讨论，达到统一认识。他说：我们不勉强谁作检讨，我们的会不是要谁一次再次作检讨，不是要谁在会上过关。不能把理论务虚会开成检讨会、批判会、斗争会。但是，在理论的是非上，要分清，要讨论清楚，要争论清楚，要是非分明，旗帜鲜明，不能含糊不清。他强调，开展理论是非讨论所依据的事实，不能歪曲，不能扯谎。假的不能说成真的，真的不能说成假的。有的不能说成没有，没有的不能说成有。我们都要实事求是，尊重事实。

听了和看了胡绩伟等人的联合发言后，与会者反应强烈，纷纷发言，对开好理论工作务虚会提出了希望和要求。有的同志说，听了六位同志的联合发言，更加感到真理标准问题讨论的极大重要性和斗争的尖锐性，这确是关系到在思想理论上能不能拨乱反正、四个现代化能不能实现，关系到党和国家命运的大问题。大家提出，为把讨论引向深入，希望尽快把持有不同观点的同志的文章、讲话、发言等材料印出来，发给大家，或者请这些同志及早在会上讲一讲，以便展开讨论。同志们还诚恳地提出，希望持不同观点的同志在这次会上把自己的看法系统地摆出来，讲真话，讲心里话。一些同志提出，要在六位同志联合发言的基础上，把这个问题搞得清楚一点，从思想上挖得深一点。大家所提要求和希望，归结起来讲，主要是三点，一是希望多公布一些材料，把情况进一步搞清楚；二是希望持不同观点的同志坦诚地讲自己的观点，讲讲心里话；三是希望犯错误的同志在思想上挖深一点，以便真正提高认识，吸取教训。

1 月 19 日，杨西光在第五组的会议上发言，将他和胡绩伟、曾涛同志一起核对整理的一份材料，即汪东兴 1978 年 6 月 15 日召集中宣部和中央直属新闻单位负责人会议的讲话记录，公布出来。召开这样一个会，发表这样一篇讲话，是汪东兴压制真理标准问题讨论的一个重要举动。杨西光在发言中指出：汪东兴同志在粉碎"四人帮"以后，主管党的宣传工作，本来应该带领宣传战线的同志冲破林彪、"四人帮"所设置的"禁区"、"禁令"，完整地、准确地掌握马列主义、毛泽东思想体系，推动党的事业前进，但他却顽固地坚持和推行"两个凡是"，设置新的"禁区"，束缚人们的思想。在真理标准问题的讨论中，所谓"砍旗"、"丢刀子"、"非毛化"等错误论调，来源于汪东兴同志。杨西光提出，汪东兴同志一直坚持"两个凡是"，不作自我批评。他在中央工作会议和三中全会上的所谓检查，大家是很不满意的。这个是非问题是一定要搞清楚的。1 月 22 日，胡绩伟和杨西光同志又作联合发言，公布了关于真理标准问题同吴冷西争论的四个材料：

1. 吴冷西同志给胡绩伟同志打电话的记录；
2. 吴冷西同志在中央工作会议上关于他给胡绩伟同志打电话的内容的说明；
3. 胡绩伟同志在中央工作会议上的发言——答复吴冷西同志；
4. 杨西光同志在中央工作会议上的发言。

这四份材料的公布，有助于大家进一步了解"两个凡是"同实践标准对立的情况，也有助于人们进一步了解持不同观点的同志的态度。

其他一些同志也在会议开头的几天发言，讲了他们各自所了解的有关真理标准问题争论的情况。其中有红旗杂志社的同志、毛著编委会办公室的同志、人民日报社和光明日报社的同志，还有中宣部的同志。这些发言提供的情况，也有助于人们了解“两个凡是”的面目和它的实质。

三、几位同志的发言和与会者的评论

这次理论工作务虚会的主要要求，是要弄清实践标准和“两个凡是”的孰是孰非。如果不是从理论问题、政治问题的角度，而是从人的角度看，弄清是非的主要人物，就是提出和推行“两个凡是”的人和在争论中持不同观点的几位同志，即吴冷西、熊复、李鑫、胡绳。吴冷西第一个指责《实践是检验真理的唯一标准》文章，并给扣“砍旗”大帽子；熊复坚守《红旗》阵地抵制讨论；李鑫是“两个凡是”的炮制者；胡绳在中央工作会议发言指责真理标准问题讨论。因此，他们都是理论工作务虚会上引人注目的人物。作为会议参加者，这四位同志都分别在各自的组发了言。

这几位同志的发言都讲了有关的事实情况和自己的思想认识，作了自我批评。与会者对他们的发言作了认真的评论，开展了批评。

这里将几位同志的发言和与会者的评论情况作一简要介绍。需要强调一下的是，理论工作务虚会上的批评与自我批评，虽然涉及一些人，但我们应当从当时中国社会存在的两种思潮的角度去理解这种争论和思想交锋，而不应过多地着眼于个人。

熊复的发言和与会者的评论

关于熊复在真理标准问题讨论中的情况，已有不少论著作了论说。在这里，还需要再讲一讲。

1979 年 1 月 22 日，《红旗》杂志总编辑熊复在第一组会议上发言。他说，我是一个思想没有解放的人，在关于实践是检验真理的唯一标准的讨论上犯了思想路线不端正的错误。我非常希望，通过这次会议，使自己受到教育，把自己从思想僵化的精神状态里解放出来，以便做好党的理论宣传工作。他告诉大家，在这里，我先就《红旗》在真理标准问题的讨论上长时间不表态的错误，向大家摆一摆情况，也讲一讲自己的思想状况，请同志们帮助分析，指出错误。他的长篇发言讲了三个问题：

1. 关于《红旗》不表态的由来；
2. 关于《重温〈实践论〉》的写作情况；
3. 关于两年来我的观点。

熊复的发言整理成文字有 11500 字。关于《红旗》不表态的由来，他摆了从 1978 年 5 月 15 日接到中央调令，5 月 17 日到《红旗》任总编辑之职，5 月 18 日汪东兴找他和前任总编辑王殊谈交接工作开始，直到 1978 年 12 月邓小平和李先念批评《红旗》这样一大串情况。对《红旗》在真理标准问题讨论中的表现，他用“不表态”、“不卷入”、“不介入”来表述，并说，这个错误方针，是从汪东兴那里来的。他在《红旗》“坚决执行”了汪东兴的错误方针，具体表现就是从 7 月到 11 月的五个月中，五期刊物没有发表一篇论述实践是检验真理的唯一标准问题的文章。他还说，在执行这一错误方针当中，他也并不是没有某些犹疑，没有某些有所作为的想法。

关于《重温〈实践论〉》这篇文章，熊复说，这是他提出要写的。写这篇文章的动机和目的，就是根据全国讨论真理标准问题的情况，想比较全面地论述理论和实践的辩证关系，特别是强调马列主义、毛泽东思想对于实践的指导作用。他说，我觉得，在真理标准问题讨论中，在理论和实践的辩证关系上，理论对实践的指导作用讲得不够充分。熊复说，他的这个动机和目的同汪东兴谈过。熊复说，这篇文章代表我在真理标准问题上的全部观点。他承认，现在看来，这篇文章是有错误的。

熊复在发言的第三部分，也是最后一部分，讲了他在粉碎“四人帮”以后两年来的观点。他说，他完全接受了无产阶级专政下继续革命理论的提法和重要观点（如“全面专政”、“唯生产力论”等）。但他又说，我不认为毛泽东同志是没有缺点、错误的人，也不认为他讲的每一句话都正确。但他认为，有关毛泽东同志的错误可以在党内讲清楚，害怕公开议论有损于毛主席的伟大形象。熊复说，正是在对待毛主席的缺点和错误的问题上，集中表现了我思想僵化，思想没有解放，背离了党的唯物主义的思想路线。他还说，在对待毛泽东思想的态度上，我也是这样。

熊复在发言的最后说，总之，我在对待毛主席和毛泽东思想的态度问题上，集中表现了我是一个思想没有解放的人，是一个思想僵化和半僵化的人，是一个犯了思想路线方面的错误的人。他对自己在中央工作会议上的表现，也表明了态度。他说，我在中央工作会议上的第一次发言，还没有认识到自己的错误，所以讲了“非毛化”的错误，推脱我的责任，把这个帽子扣在别人头上。这是一个严重的错误。熊复表示，我有决心，改正自己的错误，端正思想路线，解放思想，打破禁区，改正自己思想僵化和半僵化的精神状态。

据说，熊复的发言讲了四个小时，他的发言涉及的问题很多，有几点是明显的：1. 他把《红旗》在真理标准问题讨论中的表现定为“不表态”、“不卷入”、“不介入”，而不从正面讲《红旗》采取了什么样的立场和态度，起了什么样的作用；2. 对于他自己的错误，限定为“思想路线方面的错误”、“思想路线不端正的错误”，而不涉及政治性质；3. 他的错误是执行了汪东兴的错误方针，而不涉及自己的思想和立场，强调他的动机是为了维护毛主席的伟大形象。

在理论工作务虚会上，熊复是引人注目的人物之一。因为《红旗》杂志在半年多来的真理标准问题讨论中，表现很特别。大家都想知道，作为《红旗》总编辑的熊复，对此是怎么看的，现在的态度又怎样。熊复发言以后，很自然地引起了大家的热烈议论和评论。

有的同志公正地指出，熊复在理论工作务虚会的发言同他在中央工作会议上的发言相比，有进步，具体表现，一是在中央工作会议上，他不认为自己有什么错误，也不认为《红旗》杂志有什么错误，而是说坚持实践是检验真理的唯一标准的同志有错误，是搞“非毛化”。现在，他说自己错了。二是在中央工作会议上，他一直说《红旗》采取“不卷入”的方针没有任何上级的指示，也没有和任何人商量过，连《红旗》领导核心之间都没有商讨。这次发言中，他承认“不卷入”的方针是汪东兴的指示。以上两点，比过去有进步。但是，总的说来，大家对熊复的发言很不满意，许多人在发言中对他提出了尖锐而中肯的批评，还有一些同志则摆出事实，以补充和纠正熊复讲的某些情况，进一步揭露和阐明问题。

一些同志痛心地指出，《红旗》办得不得人心，威望每况愈下，不看就知道它是什么，看了失望、生气。大家说，“人民”上天，“红旗”落地，这话反映了客观现实。《人民》为什么威望这么高？因为它反映了群众的声音，“四人帮”时，大家连《人民日报》的题目都不看，现在每篇文章都看。《红旗》落地，情况比“四人帮”时好不了多少，因为它离群众的要求太远了。实践是检验真理的唯一标准问题，《红旗》长期不表态，能不落地吗！群众通不过。有的同志批评熊复说，你把《红旗》办成党内外没有人要看的刊物，党的中央理论刊物和群众这么大的距离，大家讨厌它、骂它，简直是威信扫地，我们实在搞不清楚，这到底是为什么？一些在地方工作的同志，结合本地情况，讲了《红旗》在真理标准问题讨论中所起的消极阻碍作用。黑龙江省委宣传部的同志说，实践是检验真理标准的问题讨论展开以后，我们的省委是立场坚定、旗帜鲜明的，广大干部和群众是拥护的。但是，《红旗》长期不表态，对我们的一些单位和一些同志的影响是很不好的。有的说，中宣部没态度，《红旗》没文章，这是怎么回事？这就增加了一些人的思想顾虑。新疆维吾尔自治区党委宣传部的同志说，《红旗》长期不刊登实践是检验真理的唯一标准问题的文章，对下面干部和群众的确有很大影响。新疆在真理标准问题这场讨论中，态度是明朗的。这年8月自治区党委工作会议上，区党委书记汪锋同志就已旗帜鲜明地讲了实践是检验真理的唯一标准问题。随后，区党委宣传部汇编出版了有关这个问题的小册子，深受干部、群众的欢迎，许多单位都进行了热烈的讨论。但是，即使在这种情况下，也还有一些单位没有动起来。一条重要的原因，就是《红旗》没表态。有些同志说，这么大的事情，几个月来《红旗》为什么没有一篇文章？党报党刊不一样，这里面有什么背景？搞不清会不会又犯错误？还是谨慎点，看看再说。可见，《红旗》不表态，本身就是一种态度。这个不表态的态度就阻碍着这场讨论的开展。

《红旗》杂志编辑部的同志发言说，《红旗》的广大编辑和干部是赞同实践是检验真理的唯一标准的，是支持这一讨论的。但熊复同志却站在错误的立场上，诬指这个讨论是“砍旗”。《红旗》编辑部同志结合自己在工作中的切身感受，列举大量事实证明，在这场讨论中《红旗》完全站在错误立场上，声称“不卷入”，而实际上是反对的。直到中央工作会议前夕，熊复还讲“要观察讨论的动向”。《红旗》的这种态度，在群众中造成了思想混乱，引起了国内外的各种猜测，给党的事业造成了极为严重的损失。编辑部同志深感痛心，意见很大。但是，他们采用各种方式，提了许多意见，都没有被接受。

《红旗》杂志社的有关同志，向理论务虚会提供了《熊复同志在思想理论问题上犯错误的材料》《熊复同志的思想路线》等材料。这些材料系统地摆出了熊复在汪东兴的指示和支持下，坚持“两个凡是”、反对真理标准问题讨论的事实，以及他同毛著编委会办公室一些人的特殊关系，很说明问题。

理论工作务虚会各组都议论了熊复的发言和上述有关材料。一些同志明确指出，这场争论绝不是一个纯理论问题的争论，它不仅是思想路线斗争，也是政治路线斗争，而且斗争是相当激烈的。提出和坚持“两个凡是”，要害是反对和阻拦邓小平同志重新出来工作。大家从这样的高度评论了熊复的发言，感到很失望，认为他既没有将有关事实讲清楚，也没有讲自己的真实思想，没有讲心里话，而且讲话中打下了埋伏。《红旗》副总编辑方克在发言中讲了一件事。他说，鉴于《红旗》的情况越来越被动，心里很焦急，就于 1978 年 10 月 29 日（星期日）主动到胡耀邦同志家，向他汇报并请教。胡耀邦同志说，有人问，这次讨论有什么更深的背景没有？我说，我不知道有什么更深的背景，就是拨乱反正嘛！他还说，讨论真理标准的文章，已经写了几篇，再写没有什么新的东西好写了，不一定从正面写了，可以从别的方面、别的角度去写，要把问题引向深入。方克回去后，向熊复作了汇报。但在中央工作会议上，熊复却说，由于《红旗》处境比较困难，今年 10 月，我请方克同志请教胡耀邦同志。其实，在 11 月 8 日，即中央工作会议开幕前夕，他还严厉地对编辑部同志说，有的同志感到被动，我并不感到被动。这没有什么关系，不要怕这种人。有人跳得很高，其实他做了什么，中央很清楚，我今天不点他的名。在这一天的另一次会议上，当有人提到《红旗》被动时，熊复又说，你被动什么，我一点也不被动。与会同志从思想路线和政治的高度，对熊复的发言和他在真理标准问题讨论中的表现，从理论、思想、政治、品格等方面，作了中肯且比较深入的剖析。

吴冷西的发言和与会者的评论

吴冷西 1978 年 5 月 12 日晚给胡绩伟打电话的记录稿，早就广为流传，不少论著作了评析，所以，吴冷西早就成了在真理标准问题讨论中最引人注目的人物了。特别是中央工作会议上，大家对他作了较多的评论。理论工作务虚会又通过会议简报，印发了他那个出了名的电话记录和他在中央工作会议上的发言，大家都希望他在理论工作务虚会上认真地讲一下有关情况和自己的思想认识。

吴冷西是理论工作务虚会领导小组九名成员之一。在会议上，他编在第二组。

1 月 24 日，吴冷西在第二组会议上作系统发言。他的发言，共讲了 7 个问题，整理成文字，有 8000 字。现将他发言中有关思想路线问题的这一部分内容摘录如下：

我在这个问题上的错误，集中表现在我去年 5 月 12 日给胡绩伟同志打的电话中。

我在电话中没有肯定《实践是检验真理的唯一标准》这篇文章的主题是正确的，反而武断地说，这篇文章割裂了毛主席关于理论与实践相互关系学说的完整性，提倡怀疑一切、不可知论和相对主义，在理论上是错误的；又说这篇文章的基本倾向是要检验和修改马列主义、毛泽东思想，这会引起思想混乱，会使读者提出究竟是举旗还是砍旗，会在国内国外引起很坏的反应；还说文章主要是批教条主义而不是修正主义，方向错了。

我这个电话的基本内容，是从那篇文章中的个别段落和语句中加以引申和推理出来的。我这样断章取义，危言耸听，这本身就是轻率的、错误的。虽然我当时曾对胡绩伟同志说，为着引起他注意，我说得可能重了一些，但实际上是抓辫子、戴帽子、打棍子，不是正常的交换意见、讨论问题的正确态度。从理论上说，我没有充分肯定那篇文章的主题，没有充分肯定"实践是检验真理的唯一标准"这个根本原则的重大理论意义和现实意义，却去把文章中这句话或那句话加以引申推理，并且提高到理论高度加以指责，我的那些观点在理论上是站不住脚的。从政治上说，我对保持安定团结和维护毛主席威信看得绝对化，对实际工作中存在的许多严重问题认识不深，对广大干部和群众的政治思想觉悟估计不足，因而看到文章中提出根据实践的标准来检验和改变马列主义、毛泽东思想，并修改那些已被实践证明是错误的理论，就担心会引起思想混乱，担心会影响安定团结和毛主席的威信。这种看法，实际上不但严重脱离实际和脱离群众，而且也不利于维护安定团结和毛主席的威信，不利于深入批判林彪、"四人帮"，这在政治上是有害的。

他说，我在5月12日电话中表现出来的错误，不是偶然的，是有相当长时间的思想渊源的。

自从粉碎"四人帮"以后，我思想中一直考虑在揭批"四人帮"斗争中如何维护毛主席威信的问题。因为我觉得，"四人帮"以及林彪之所以如此猖狂，他们给我们党和国家为害之所以如此之大，这固然有他们本身的原因，但是，这同毛主席在一些问题上的失策和错误有关。所以对于中央既要解决问题、又要稳定局势的方针，我长期存在着矛盾的心情，既想解决问题，又怕引起混乱。特别是对于有些涉及毛主席的问题，我总是顾虑较多，生怕影响毛主席的威信。我对于在揭批林彪、"四人帮"的斗争中高举毛主席旗帜的问题，理解得不正确。

吴冷西在说了自己给胡绩伟的电话的错误以后，还进一步讲了自己在参加中央领导人的讲话、十一大政治报告、五届人大政府工作报告这些文件的起草过程中，对"两个凡是"的态度，对全面专政、唯生产力论、资产阶级法权、知识分子等问题的认识，作了一些自我批评。他对这些错误，作了总的归纳。他说：上面所说的我的错误，归结起来都是"犯了思想路线方面的错误"。他在阐释了党的思想路线以后说，我在过去一段时间内之所以犯错误，正是由于违背了这条马克思主义的思想路线，思想不解放，从本本出发，犯了唯心主义和形而上学的错误。邓小平同志在中央工作会议上的讲话中说：在我们的干部特别是领导干部中间，解放思想问题并没有完全解决。不少同志的思想还很不解放，机器还没有开动起来，也可以说，正处在僵化或半僵化状态中。吴冷西发言中引了这一段话后说：我就是属于这样思想僵化的人。他进一步分析自己说：小平同志分析的几种历史情况所造成的恶果，在我思想中特别严重的是不从实际出发的本本主义。我之所以在粉碎"四人帮"后一再犯这样那样的错误，我之所以在真理标准问题上犯了错误而长时间内不觉悟，其根本原因也在这里。

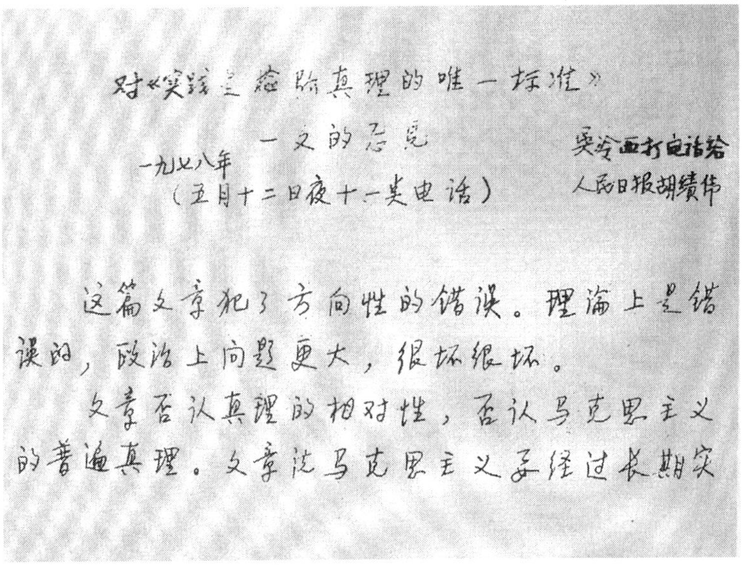
对《实践是检验真理的唯一标准》

一文的意见

一九七八年

（五月十二日夜十一点电话）

吴冷西打电话给

人民日报胡绩伟

这篇文章犯了方向性的错误。理论上是错误的，政治上问题更大，很坏很坏。

文章否认真理的相对性，否认马克思主义的普遍真理。文章说马克思主义要经过长期实

1979 年 5 月 12 日，《人民日报》全文转载了《光明日报》发表的《实践是检验真理的唯一标准》一文。当天晚上，人民日报总编辑胡绩伟就接到严厉指责这篇文章的电话

吴冷西的“检讨发言”说，他的错误“集中表现在”他给胡绩伟同志打的电话中。为此，人们有理由希望他能比较具体全面深入地讲一下表现在那个著名的电话中的错误。但是，仅从字数上看，他的 8000 字的发言稿中，讲这个电话的错误总共才 700 来字，而他却以将近 4500 字的篇幅讲他犯“本本主义”错误的“相当长时间的思想渊源”。就是在那 700 来字的检讨中，还存在不能使人谅解的语句。比如，他说，自己“看到文章中提出根据实践的标准来检验和改变马列主义、毛泽东思想，并修改那些已被实践证明是错误的理论，就担心会引起思想混乱”。在这一句话中，吴冷西讲了两种情况，一种是“修改那些已被实践证明是错误的理论”，另一种是“改变马列主义、毛泽东思想”。如果真是这样，那确实会引起思想混乱，吴冷西也不必作“检讨发言”了。问题在于，吴冷西讲的那两种情况，《实践是检验真理的唯一标准》那篇文章中都没有，或者说，不是那样讲的。那篇文章强调，“毫无疑义，马克思主义的基本原理，马克思主义的立场、观点和方法，必须坚持，决不能动摇”。那篇文章根本没有讲要“改变马列主义、毛泽东思想”。那篇文章也没有笼统地讲“修改那些已被实践证明是错误的理论”，而是说要“抛弃那些不再适合新情况的个别旧观点、旧结论”。尽管在今天，人们对这样一些问题的理解和认识已大大前进了，但在 1978 年、1979 年时的情况，不同于今天。吴冷西那样的讲法，在当时的情况下，人们完全可以得出对坚持实践标准的人很不利的政治结论。我们看一下吴冷西的“检讨发言”稿就可以发现，文字是经过推敲的，同老粗出身的人写的东西，是很不一样的。因此，必须认真体会这个“检讨发言”中的一些提法。

与会者对吴冷西的“检讨发言”进行了严肃的评论。有的同志说，看到吴冷西那个电话记录稿，“大吃一惊”，真是“帽子工厂”，讲的理论也很荒谬。有些同志逐条批驳了吴冷西电话中的观点。不少同志指出，吴冷西的“检讨发言”态度不端正。

毛著编委会办公室的几位同志揭露，1978 年 8 月 23 日，吴冷西到邓小平那里去，邓小平向他指出，实践是检验真理的唯一标准，是马克思主义的，“实践标准”那篇文章是对的。现在主要问题是解放思想，不要从“两个凡是”出发，要鼓励破除框框，不要设禁区。这是极为明确重要的指示意见。但是，吴冷西回来后，只在毛著编委会办公室党委常委扩大会上作了传达。他们议定，向大家只传达如下三句话，一是关于这个问题中央已经解决了，中央的意见是一致的。二是有关情况吴冷西已向邓小平同志说清楚了。三是社会上流传的电话稿与吴的原话有很大出入。这三句话显然是不符合实际情况的。不少同志提意见要求传达邓小平谈话的内容，但他们就是不传达。而汪东兴有什么讲话，特别是关于反对真理标准讨论的谈话，吴冷西和熊复等同志却立即向全体人员作传达，这是鲜明的对照。毛著编委会办公室的同志还指出，这次中央工作会议和中央全会以后，吴冷西传达会议公报时，抽象地号召大家联系实际，向他们提意见，仍然不讲自己的错误。在大家强烈要求下，他们才向全体工作人员介绍了自己在中央工作会议上的发言。对于与会者对他们的批评，只是很概括地说了一下。同志们讲以上情况，是希望吴冷西能够认真总结经验教训。

2 月 15 日上午，即春节以后的理论工作务虚会，吴冷西给第二组送来了一个书面发言。他在这个书面发言的开头说，这次务虚会，是解放思想的会议，对我来说，尤其是这样。许多同志的发言，不论是批判林彪、康生、“四人帮”的谬论，批判以汪东兴同志为代表的错误思想路线，分析毛泽东同志的理论和实践，还是探索一些重大的理论问题，对我都很有启发，很有收获。他还说，这次会议，对我的思想僵化是一个有力的冲击。我从同志们的发言中学习到很多东西。在这个发言的最后，吴冷西说，我现在还处于一个“过渡时期”，我希望能尽早结束我的思想僵化的状态，向先进的同志们学习，跟上新时期的前进步伐，为实现四个现代化贡献自己微薄的力量。吴冷西说，毛泽东同志同一切伟大人物一样，不是没有缺点错误的。对毛泽东同志一生的实践和理论，对他的正确方面和错误方面进行分析，作出科学的评价，是我们党的庄严任务。

李鑫的发言和与会者的评论

李鑫原是康生的秘书，康生于 1975 年去世以后，李即在汪东兴领导下工作。1978 年真理标准问题讨论时，他担任中共中央办公厅副主任、中共中央毛泽东著作编委会办公室第一副主任、党委常委、第一副书记。这两个机构的主任都是汪东兴。此外，李鑫还是中央理论学习组负责人。这个机构的主要任务是起草中央文件和华国锋的讲话稿。大家都知道，1977 年 2 月 7 日的“两报一刊”社论《学好文件抓住纲》，提出了“两个凡是”。这篇社论就是李鑫主持起草的。1977 年 2 月 4 日，汪东兴在这篇社论文稿上写了这样的批语：“这篇文章，经过李鑫同志和理论学习组同志多次讨论修改，我看可以用。”正是由汪东兴决定，作为“两报一刊”社论，2 月 6 日广播，7 日见报。所以，李鑫是“两个凡是”的炮制者。这一点，早已是人所共知的事实了。因此，参加理论工作务虚会的同志都希望并要求李鑫能够把有关事实说清楚，很好地吸取教训。

1979年1月28日是春节。2月2日上午，李鑫在春节以后继续进行的理论工作务虚会第四组会议上发言。他的发言整理成文字只有3500字。主要内容有以下一些：

我犯了思想路线的严重错误。在中央工作会议和这次会议上，同志们对我提出了许多批评，我表示热烈的欢迎。我愿意承认错误，决心改正错误。但是，现在我的精神状态是不振作的，思想是混乱的。打破精神枷锁，肃清康生的影响，真正做到解放思想，开动机器，端正思想路线，赶上时代的步伐，对我来说，困难比别的同志多。思想是长期形成的，要改变这种思想，也不是一时的事。我面临着一个改造世界观，赶上时代步伐的严重任务。

我今天主要讲一讲“两个凡是”的社论的错误问题。

1977年2月7日“两报一刊”的社论，是我主持起草的，出现“两个凡是”的错误，主要应由我负责任。

粉碎“四人帮”以后，中央的方针是既要稳定局势，又要解决问题。对小平同志出来工作的问题，我记得1976年12月中央就议过，要有步骤地解决小平同志出来工作的问题，到1977年1月时，中央已决定请小平同志出来工作。当时中央准备召开一个中央党政军机关负责人的会议，交一个底，要我们为华国锋同志起草一个讲话提纲。我记得，我向参加起草讲话提纲的同志传达了中央的指示，传达了中央已决定请小平同志出来工作。在起草的过程中，最难处理的就是，在当时的情况下，要稳定局势，就要高举毛主席的旗帜，不能讲毛主席有错误，不能讲“批邓、反击右倾翻案风”是错误的；同时，又要讲请小平同志出来工作是正确的、必需的。这样，起草工作就十分为难，怎么说也说不圆满。由于我强调了高举毛主席的旗帜，稳定局势，在讲话提纲第二稿中出现了“两个凡是”的提法。这两句话是怎样编写出来的，我已记不起来了，但总之是反映了我的思想，在讨论中也没有不同意见。后来，中央又说，中央党政军机关负责人的会议不开了，要开中央工作会议，要我们草拟华国锋同志在中央工作会议上的讲话。“两报一刊”的社论可以先发，把人们的注意力引导到深入揭批“四人帮”上来。我想，小平同志出来工作的问题中央已经决定了，社论就从稳定局势出发，强调了要学好文件抓住纲，深入揭批“四人帮”。这篇社论的前几稿没有出现“两个凡是”的提法，后来是我让具体起草的同志把讲话提纲中关于“高举”、“维护”的意思加到社论里去时才出现的。我当时虽然没有具体讲要加上“两个凡是”这几句话，但加上的责任还是在我，是我的错误思想造成的。我当时确是从稳定局势着想，不是为了阻碍小平同志出来工作。我认为局势稳定，小平同志顺利地出来工作，对党对国家有利。这篇社论第六稿改出以后，我觉得已讨论过多次，就没有再开会讨论，也没有同“两报一刊”的负责同志商量，就送汪东兴同志审批了。我自己思想理论水平低，当时没有认识到“两个凡是”提法是错误的，又没有走群众路线，同起草的同志仔细商量，特别是没有同宣传口和“两报一刊”的负责同志商量，就送汪东兴同志审批，以致产生这样重大的原则性的错误。社论发表后，群众反映讲“两个凡是”就是不让小平同志出来工作。我当时的思想是，群众不了解内情，自会有这种反映，我也没在意。

这是我回想当时情况的大致经过。我也迫切希望能把这个问题查清楚。第一，我当时向参加起草工作的同志所作的传达，或我自己讲的意见，当时在座的多数同志作了记录，可以查核；第二，讲话提纲和《学好文件抓住纲》的历次修改稿都在，可供查阅；第三，参与起草工作的同志都在，可以召集在一起，把情况核对清楚。对于“两个凡是”的错误，我有一个认识的过程。在这篇社论发表前，我没有听到不同的意见。社论发表后，听到一些反映，没有引起我的重视。中央工作会议后，十届三中全会前，汪东兴同志和我去看望小平同志，小平同志对“两个凡是”提出了批评，我当时还作了解释，说是为了稳定局势才那样写的。从小平同志那里回来以后，我又查看了这篇社论，觉得话讲得绝对了，提得不对，以后要改过来，在小平同志提出完整地准确地理解和掌握毛泽东思想以后，起草文件时就改用小平同志的提法。但是我长期没有觉悟到“两个凡是”是一个思想路线错误，造成了如此严重的恶果。直到经过中央工作会议、十一届三中全会，我才逐步有所觉悟，开始认识到自己确实犯了思想路线错误，犯了本本主义、教条主义的错误，不仅害了自己，而且害了同志，害了人民，危害了党的事业。

我回过头来想，在许多重大问题上，我是按照“两个凡是”的思想办事的。譬如，在起草 1977 年 3 月中央工作会议的讲话稿的时候，对“天安门事件”，还是写上了“反革命事件”，其原因，主要是有毛主席的指示，汪东兴同志坚持“天安门事件”的性质不能变。至于我个人，中央可以审查，在“天安门事件”上，我没有欠账。又如，在起草十一大政治报告草稿时，我曾提出要驳“四人帮”炮制的老干部是民主派，民主派就是走资派的反革命政治纲领，还要在“全面专政”、“唯生产力论”、“资产阶级法权”、民主集中制等几个问题上批驳“四人帮”。因为我认为这几个问题被“四人帮”搅得很混乱，应当加以批驳，作出我自认为正确的解释，而没有从根本上怀疑这些命题本身是否正确。十一大政治报告征求意见稿上，反映了我对这些理论问题的看法。

对待实践是检验真理的标准的讨论，我的态度也是错误的。我于 1977 年 12 月 30 日患心肌梗死住院，1978 年 5 月 5 日出院，出院后又患结膜炎，眼红得厉害，不能看东西，在家休息，没有去办公室。5 月 19 日到医院复查，发现心脏病有反复，又留院治疗。因此，5 月 11 日《光明日报》发表的《实践是检验真理的唯一标准》的文章，我当时没有看，吴冷西同志给胡绩伟同志打电话的事和他在毛著编委会办公室常委会上讲的意见，我当时都不知道。对《红旗》杂志约办公室的工作同志写稿，毛著编委会党委常委讨论过，明确宣布过“文责自负，稿费自理”。《红旗》第 9 期《“四人帮”是毛泽东思想的凶恶敌人》、第 10 期的特约评论员文章以及《篡党夺权的大阴谋》的文章，我都不知道。《重温〈实践论〉》一文，我也没有看过。我没有干预过《红旗》的事。但是，对待实践是检验真理的标准这场争论，我的观点和态度也是错误的。这实质上是“两个凡是”的错误观点的继续。

小平同志在十一届三中全会的讲话，对干部思想僵化的原因作了分析。对于我来说，这次犯思想路线错误，除了小平同志分析的几个原因之外，还有我个人的特殊原因：一是长期在康生领导下工作，受他假马克思主义的思想禁锢很深；二是从粉碎“四人帮”以后，我在汪东兴同志的直接领导下工作，他是坚持按“两个凡是”的错误观点办事的，我受到他的影响；三是马克思列宁主义没有学通，又严重地脱离群众，脱离实际。我，是一个三门干部，没有实际工作经验，长期做机关工作，接触的干部和群众很少，生活圈子十分狭窄，不同群众通呼吸，不了解群众的意见和要求，更说不上运用马列主义研究新情况，解决新问题。这就必然要犯教条主义、本本主义的错误。

李鑫在他发言的结尾说：由于清理思想、认识和检查错误需要一个时间，兼因身体有病，以上只是初步检讨。他表示欢迎同志们继续对他进行批评和帮助。

大家知道，李鑫按照汪东兴的旨意，主持起草了“两报一刊”社论《学好文件抓住纲》，也就是说，“两个凡是”是出于李鑫之手。因此，李鑫对“两个凡是”形成过程的说明，无论怎么说，都有它的特殊价值。

李鑫的发言既没有说清楚一件重要情况，对自己的错误又缺乏起码的认识，只是空讲自己有错误，要负主要责任。他的发言，理所当然地引起与会同志的强烈不满。

大家最不满意的一个问题，是关于“两个凡是”的问题。李鑫是“两个凡是”的炮制者，理应将这一重要问题向理论工作务虚会讲清楚。这是分清是非的一个关键。可是，李鑫却说，“两个凡是”在他主持为华国锋起草的讲话稿中第一次出现，“这两句话是怎样编写出来的，我已记不起来了”。在“两报一刊”社论《学好文件抓住纲》中是怎样写上“两个凡是”的，李鑫也说，这篇社论的前几稿没有出现“两个凡是”的提法，后来是我让具体起草的同志把讲话提纲中关于“高举”、“维护”的意思加到社论里去时才出现的。我当时虽没有具体讲要加上“两个凡是”这几句话，但“加上的责任还是在我”。李鑫这些话，是在 1979 年 2 月 2 日，即“两个凡是”的社论发表以后两年只差 5 天的时候讲的。正如李鑫所讲，社论发表后，就“听到一些反映”（实际是尖锐批评）。要指出的是，1977 年 4 月 10 日，邓小平就给中央写信，提出“准确的、完整的毛泽东思想”的概念，这是针对“两个凡是”而讲的。5 月 3 日，中共中央转发此信，肯定了邓小平正确的意见。对此，李鑫作为中共中央办公厅的副主任，不可能不知道。特别是，1977 年十届三中全会前，汪东兴和李鑫二人去看邓小平同志时，邓小平当着他们的面，批评了“两个凡是”。1978 年的真理标准问题的讨论，就是针对“两个凡是”的。这么大规模的讨论，有这么多党政军高级领导干部支持并参与这个讨论，都必然深深触动了李鑫等人。1978 年底的中央工作会议和十一届三中全会，更是正面批评了李鑫炮制并坚持“两个凡是”的错误。在这两年的时间中，李鑫有足够多的时间进行回忆、思考，搞清楚自己炮制“两个凡是”的经过情况。可是，直到理论工作务虚会，他还是不讲具体情况。这种态度，正如与会者指出的，是很不像样的。

李鑫同志把自己的问题限定为“犯了思想路线的严重错误”，因此，竭力避开政治性质的问题。关于提出“两个凡是”的目的，他说：“我当时确是从稳定局势着想，不是为了阻碍小平同志出来工作。我认为局势稳定，小平同志顺利地出来工作，对党对国家有利。”这里，李鑫提出了一个奇怪的逻辑。按照他的这个逻辑，提出“两个凡是”是为了稳定局势，让邓小平顺利地出来工作。如果真是这样，“两个凡是”不但无错，而且有功！发言者指出，李鑫连起码的逻辑都不顾。与会者指出，谁都知道，撤销邓小平党内外一切职务的决议是怎样作出来的。按照“两个凡是”，即：“凡是毛主席作出的决策，我们都坚决维护，凡是毛主席的指示，我们都始终不渝地遵循。”联系到这个决议，“坚决维护”，就是坚决不让邓小平出来工作；“始终不渝”，就是始终不让邓小平出来工作。发言者指出，1977 年 1 月，中央就做出了在适当时候让邓小平出来工作，但有些人是反对的。1977 年 3 月，要开中央工作会议。于是，就匆匆忙忙地在 2 月 7 日发表两报一刊社论，抛出“两个凡是”，其目的很明显，就是制造舆论，阻挠邓小平出来工作。这就是问题的要害。

有的同志严肃指出，李鑫在康生那里将近二十年，是他的政治秘书，他干的坏事你知道得不少，许多重要文件、文章你是过目的，有的是你起草和修改的。中央工作会议时，大家揭发康生，你什么也不讲，后来不得已才讲了一点。发言者说，李鑫提出“两个凡是”，不是为“高举”，是要保康生。因为康生做的坏事中，包括有些文章、社论或他改过的东西，确有主席圈阅过的。按照“两个凡是”，康生干的好多坏事以及许多反马克思主义的谬论就不能揭，不能批。对李鑫来说，要害问题是认真地对待康生的问题，揭发康生。

2 月 15 日上午，李鑫在第四组会议上又发言。他说：这次理论工作务虚会，对我个人来说，是一次批判会、教育会、学习会。通过这次会议，使我进一步认识到关于实践是检验真理的唯一标准这场争论的重大政治意义，认识到解放思想对于实现四个现代化的重大政治意义。通过同志们的揭发批判，使我受到一次深刻的思想路线教育。揭发康生的罪行，揭发汪东兴同志的错误，说清楚自己的问题，这是同志们对我提出的严正要求，也是我义不容辞的责任。他表示，这次会后，我将加紧努力。这是李鑫对若干天来与会者对他的发言进行评论、对他提出希望所作的回答。我们可以看出，他表示出比较虚心诚恳的态度，但是，对问题的认识基本上还是原来那样，是“受到一次深刻的思想路线教育”。他并没有联系自己的思想认识具体地讲受到了哪些教育，思想认识有哪些转变和提高，只是空洞地讲认识到真理标准问题讨论和解放思想的“重大政治意义”。对于同志们要他说清楚提出“两个凡是”的经过等问题，仍然没有回答，只是表示，要在会后再作努力。李鑫发言后，大家再一次提出，希望李鑫面对事实，采取实事求是的态度，既然认为自己过去错了，就用行动表示你受到的启发和教育，多讲点情况。应当说，大家的态度是诚恳的，与人为善的。

胡绳的发言和与会者的评论

胡绳也在理论工作务虚会的小组会上发了言，作了自我批评。

胡绳在中央工作会议开到 11 月 27 日，转入讨论经济问题时，在东北组发言，他把许多同志阐述真理标准问题讨论的重要意义的那些话，指责为“八股老调”，是“过于轻率”的，表示了他反对真理标准问题讨论的立场和态度，而且矛头直指那些已经公开表态支持这场讨论的省委书记们，因而引起中央工作会议与会者的愤怒，大家对他提出了严肃的批评。这样，在理论工作务虚会上，他也成了大家注目的人物之一。大家当然希望他在会上讲一讲自己的思想认识和态度。

1月22日下午，胡绳在他所在的第五组会议上作了发言。现摘录若干段落如下：

实践是检验真理的唯一标准，虽然是一个马克思主义理论的基本命题，但在这时突出地提出来，的确不是偶然的。它是为了反对“两个凡是”的观点及其具体表现而提出来的。如果按照汪东兴同志批准的社论中“两个凡是”办，小平同志不能出来工作，涉及广大干部和群众的许多冤错假案不能平反，许多重大是非不能澄清。如果按照“两个凡是”办，揭批“四人帮”的斗争就不能深入进行下去，也不能在马列主义指导下从实际出发解决新时期的许多新的问题。在这两种对立的思潮中，我基本上是站在错误方面。这突出地表现在我对实践是检验真理的唯一标准的讨论的态度上。我曾不赞成《光明日报》5月11日发表的那篇文章，不赞成把这一问题当作思想理论的中心问题来讨论。我在中央工作会议的发言反映了我的这种站在错误立场上的态度。

坚持唯物主义的认识论，一般来说，对我们党是一个重大问题。在现在这个历史时期尤其是这样。实践标准问题的提出，从在实际生活中存在着两个思潮对立的情况来看，更加是关系到思想路线、政治路线，关系到党和国家前途的问题。但我在最初从周扬同志的讲话记录中看到这样的提法时，很不以为然，甚至认为这是一种八股老调的说法。其实问题在于这种说法是否合乎实际，如果合乎实际，当然无可非议。我在反对这种说法时，自己陷于矛盾。我也认为这里不是纯理论的问题，而是个政治问题。我自以为也是从实际、从政治出发来看问题的。当时在我看来，实际情况是，经过若干年的政治动乱，群众中存在着很大的思想纷乱，以为马列主义不灵了，毛泽东思想不灵了，社会主义不灵了；现在在报刊上片面（当时我认为有片面性）强调实践的权威，同时说，马列也有错误，毛泽东也有错误，闸门一开，是值得担心的。现在看来，我的这种担心是错误的。这种思想状况在群众中可能是有的，其所以产生根本上是因为林彪、“四人帮”的极“左”的错误观念和马克思列宁主义、毛泽东思想的基本观念混淆在一起的缘故。如果不去分清是非，打破林彪、“四人帮”对人们的思想禁锢，不能和实践相结合，运用马克思列宁主义、毛泽东思想的基本原则去正确地解决许多新的问题，怎么能使人真正信服马列主义、毛泽东思想呢？党内外广大群众要求拨乱反正，清除林彪、“四人帮”的流毒，在理论和实际相结合的基础上走马克思主义的路、社会主义的路，这是主流。我看不见这个主流，自以为是从政治上看问题，其实是政治上脱离实际，脱离群众，是思想路线上的错误，也是政治上的错误。按照这种思想来维护马列主义、毛泽东思想，只能是本本主义，也维护不了。

打倒“四人帮”后，中央宣布进入社会主义革命与社会主义建设的新时期。我对进入新时期的意义认识不足，这和我在思想路线上犯错误是有关系的。“文化大革命”及其以前一段时间的历史固然还有待认真地加以总结，但不可否认的是，在此期间，我们的社会主义革命和社会主义建设走了弯路，有不少失误，以致林彪、“四人帮”篡夺部分权力，造成严重危害。我对于林彪、“四人帮”的思想政治路线造成的危害认识不足，因而对拨乱反正的意义认识不足。我虽然对那十多年间的许多事有许多带根本性的疑问，并且努力加以解答，而我却担心在群众的思想里造成混乱。这是一种不信任群众的表现。实际生活中存在着许多矛盾，要求从思想理论上加以解决，不解决这些矛盾就不能前进，而我的基本态度是掩盖这些矛盾。

在中央工作会议上有些同志批评我的错误时提到“四人帮”的遗毒。开始我不能接受这种说法，仔细想来，不能不承认我在思想上是有“四人帮”的遗毒的。因此对我自己来说，也还有一个清除“四人帮”的遗毒的问题。

我们阅读一下胡绳的这个发言，特别是将这个发言与其他有关同志的发言对比一下，就会产生一个明显的感觉，他的发言是真诚的，他比较具体地讲了自己的思想认识。他首先坦诚地说，在实践标准和“两个凡是”两种对立的思潮中，自己基本上是站在错误方面。对于错误的性质，他认识到“是思想路线上的错误”，也是“政治上的错误”。在讲到犯错误的原因时，他说，我不能不承认我在思想上是有“四人帮”的遗毒的。这说明，这位同志是在认真地虚心地思考同志们的意见，而且，认识是在逐步提高。他还表示，对自己来说，也还有一个清除“四人帮”的遗毒的问题。

春节以后，理论工作务虚会继续开会。2 月 8 日，胡绳又作了一次发言。现摘录若干内容如下：

从参加会议，阅读简报，我受到很多教育，在不少思想理论问题上得到启发。从同志们提出的许多事实和材料中，比较深切地看到了近两年来“两个凡是”的思潮的危害性和反对这种思潮的现实政治意义。

许多材料说明，汪东兴同志在“文化大革命”期间的所作所为，许多是同“四人帮”一致的，在粉碎“四人帮”后，他又对于处理冤假错案，落实干部政策，澄清“四人帮”所搞乱了的是非，总之对于拨乱反正，起了严重的阻挠作用。他打出的招牌就是“凡是”。这次会议刊出了汪在 1978 年 6 月 16（15）日在中宣部和中央直属新闻单位负责人会议上的讲话和同年 9 月 14 日为《中国青年》杂志创刊号问题的谈话，这确是两篇可以共欣赏的奇文。作为党中央宣传工作的负责人，如果不同意别人发表的某个有关“文化大革命”的意见，至少总要说出点道理来，没有任何道理，就只是：“毛主席说过的”，“是毛主席的观点”，“有中央文件”。他对周恩来同志“是什么感情”，这是有许多事实就可以说明的。我就听到过他在一次谈话中说，“现在报刊上是用周总理来压毛主席”。这样把周总理和毛主席对立起来是非常荒谬的。他在邓小平同志出来工作前就已在公开讲演中说他的坏话，到了 1978 年 6 月对于报纸上用了“精辟阐明”的字样就生那么大气，他对小平同志的态度上是很明显的。这不只是对周恩来同志和邓小平同志个人的态度问题。汪东兴同志确是以“凡是”为招牌实行着没有林彪、“四人帮”的林彪、“四人帮”路线。向全党和全国人民着重提出一切从实际出发，实事求是，实践是检验真理的唯一标准这样一条辩证唯物主义的思想路线，破除以汪东兴同志为主要代表的错误的思想路线，是一个十分迫切的现实政治问题。这点过去我是没有认识到的。我们党能够用正常的批评与自我批评的方法揭发了这条思想路线，这是党的生活、国家生活中的一件大好事。当然，这方面还有很多工作要做。我愿意积极地参加这个斗争，在斗争中继续清理自己的思想，改正自己的错误。

从这个发言可以看出，胡绳是采取认真虚心的态度参加理论工作务虚会的。他从与会者的发言和会议简报中进行学习。他说："从同志们提出的许多事实和材料中比较深切地看到了近两年多来'两个凡是'的思潮的危害性和反对这种思潮的现实政治意义。"特别是，使他看到了汪东兴"对于拨乱反正，起了严重的阻挠作用"，而"他打出的招牌就是'凡是'"。

对胡绳的发言，与会者表示欢迎，同时也希望他进一步清理自己的思想，以便今后在理论战线上发挥作用。

以上是理论工作务虚会上几位提出和坚持"两个凡是"、反对实践标准的同志的发言和与会者评论的大致情况。尽管与会者对有些同志的"检讨发言"不满意，甚至很不满意，但有一点情况是重要的，就是他们都承认自己在这个问题上犯了错误。这也就是说，明确了在这场大争论中究竟谁是谁非这样的大界限。这无疑是具有重要意义的。

理论工作务虚会的与会者在批评"两个凡是"和上述几位同志的错误时，都联系到了汪东兴，对他的严重错误进行了揭露和尖锐批评。（胡绳发言中称"以汪东兴同志为主要代表的错误的思想路线"。于光远认为汪东兴"在坚持'两个凡是'的事情上他起着大后台的作用"。）有些同志对十一届三中全会前的中共中央宣传部长在真理标准问题讨论中的错误，提出了批评。这些，对于分清是非，当然是很有必要的。

四、进一步分清了思想路线的是非

从 1978 年 5 月开始的真理标准问题讨论，就是为了反对"两个凡是"，但是，在报刊上并没有明确点出"两个凡是"。所以，尽管这个讨论影响很大，对于大多数人来说，并不具体了解"两个凡是"是怎么回事，更不了解提出和推行"两个凡是"的那些人是怎样竭力反对真理标准问题讨论的。中央工作会议和十一届三中全会上，与会者对这场讨论摆出了许多情况，提出了不少问题，对一些同志提出了不少批评意见，但由于时间限制，也不可能具体深入地进行分析，明确地解决问题。理论工作务虚会把有关人员集中到一起，使大家可以敞开思想，充分发表意见。胡绩伟等 6 位同志的发言，其他不少同志的发言，摆出了许多鲜为人知的情况，把"两个凡是"曝了光，使大家比较清楚地认识了提出"两个凡是"的政治背景，"两个凡是"的要害，一些人坚持"两个凡是"、反对真理标准问题讨论的情况，从而进一步认清了两条思想路线对立和斗争的实质和尖锐性。

同志们一方面揭露和批评了"两个凡是"的错误，同时，联系实际，总结经验，比较深入地阐述了真理标准问题讨论的重大意义，阐述了十一届三中全会确立的党的思想路线。

有的同志说，“四人帮”被粉碎以来两年多的历史证明，“四人帮”的阴魂并没有散，“四人帮”的那一条思想路线并没有随着其覆灭而退出历史舞台。这一条思想路线的实质，就是反对实事求是，反对一切从实际出发，反对把马列主义、毛泽东思想的一般原理同具体的革命实践结合起来，而主张一切从本本出发，把语录标准当作检验真理的唯一标准。它的典型表现就是“两个凡是”。“两个凡是”同林彪、“四人帮”所宣扬的“句句是真理”、“理解的要执行，不理解的也要执行”，如出一辙，宣扬对毛泽东和毛泽东思想的宗教迷信态度，妄图以蒙昧主义来冒充马克思主义。这一条思想路线不仅在理论上背弃了马克思主义的基本原则，败坏了马克思主义这面旗帜，而且在实际工作中，起着维护林彪、“四人帮”那一条极右路线和一整套极“左”政策的作用。[①] 按照“两个凡是”的提法，不但毛泽东本人在理论上和政策上的某些错误不能得到纠正，而且连“四人帮”在毛泽东名义下塞进的大量修正主义私货，也要人们当做金科玉律全盘接受下来。

有的同志在发言中说，我们同“凡是”派的争论，不是要不要理论指导，而是要什么样的理论来指导，是用真正的马列主义、科学的理论来指导，还是用林彪、“四人帮”的蒙昧主义的东西来指导？坚持“两个凡是”的同志，实际上是主张用林彪、“四人帮”那套蒙昧主义的东西来指导。十几年的实践已经证明，再搞蒙昧主义那一套，后果真不堪设想。我们强调实践标准并不排除理论对实践的能动作用、指导作用，只排除理论的神化作用。从本本主义出发的理论，解决不了实际问题。在新的历史时期中，有许多新的问题要解决，只有同实践相结合的理论才能说明和解决新的问题。

关于真理标准问题的讨论为什么引起那么强烈的反响，一些同志也作了分析。

有的同志说，这场争论引起的强烈反响，可以说是建党以来历史上少有的。原因何在？是不是因为有几个同志写了几篇文章呢？当然这些文章起了很大作用，但不仅仅是这个原因。根本原因是，林彪、“四人帮”横行这十几年，把国家推到了崩溃的边缘，而他们的理论就是“句句是真理”。再这么搞下去就要亡党亡国了，广大群众对这一点感受很深。一些做实际工作的同志，尽管对理论并不很熟悉，但是，他们从实际工作中深深感到，林彪、“四人帮”的唯心主义思想路线，搞宗教迷信、蒙昧主义，搞得人们思想僵化，这一套不破，工作寸步难行，“四化”更谈不上。《光明日报》特约评论员的文章，不但击中了林彪、“四人帮”的要害，也符合了广大群众的心愿，所以反应非常强烈。

有的同志说，实践检验真理，实践要检验一切主观的东西，这就触动了社会生活的各个领域，所以反应必然很强烈。按照林彪、“四人帮”那一套，是用“凡是”来判决一切，现在我们要用实践来检验一切，包括检验“凡是”，这是很大的马克思主义的思想革命。

不少同志在发言中批驳了坚持“两个凡是”的那些人的错误观点，比如，认为坚持实践标准就是否认相对真理，就是提倡怀疑论、不可知论，是搞“非毛化”，

---

① 《党校论坛》1990 年第 9 期，第 5—6 页。

是“砍旗”、“丢刀子”、不要理论指导等等。新华社的同志列举大量材料，批驳了坚持“两个凡是”的人所说的，提出实践标准引起国际舆论说我们搞“非毛化”这样的指责。

新华社的同志首先指出，所谓“非毛化”的提法，是从西方舆论界一度流行的“非斯大林化”脱胎出来的。1956 年赫鲁晓夫大反斯大林，从那时起，西方舆论就说赫鲁晓夫搞“非斯大林化”。熊复在中央工作会议上发言说，国外主要的猜测是说我们在实行什么“非毛化”，在批判毛主席的错误，在重新评价毛主席，这却不是《红旗》能够负责的。熊复实际是说，提出和宣传“实践是检验真理的唯一标准”的人，在搞“非毛化”，在学赫鲁晓夫。发言者严正指出，这种攻击是颠倒是非，毫无道理。宣传和讨论实践是检验真理的唯一标准，完整地、准确地掌握毛泽东思想体系，才是真正的高举毛泽东思想伟大旗帜。

发言者摆了大量事实说明，在我们刚粉碎“四人帮”不久，国外就议论“非毛化”的问题了。这种议论不是在真理标准问题讨论以后才有的。这是国际阶级斗争的反映，有的是误解。发言者阐明，国际舆论比较普遍地认为，我们不是搞“非毛化”，而是澄清被林彪、“四人帮”歪曲了的毛泽东思想，是搞“非神化”、“正常化”。中国的情况与斯大林逝世后的情况不一样。在中国，毛主席仍然是一个受尊敬的人物。中国人民指出毛主席的错误，敢于批评毛主席的错误，毫不削减毛主席的光辉，也不降低毛主席在中国历史上的崇高的地位，更不是脱离毛泽东思想的范畴。以上一类反映和评论，在国际上是大量存在的。熊复同志却不加注意。发言者还指出，真理标准问题讨论开展以来，国外评论猜测的，主要是说党中央领导层有分歧。一个主要根据就是，《红旗》对此长期没有表态。发言者还指出，我们讨论实践是检验真理的唯一标准这一马克思主义的基本原则，在国际上也起了完整地、准确地宣传毛泽东思想的作用，有助于消除林彪、“四人帮”在国际共产主义运动中那种极“左”的流毒，在国际共产主义运动中进行拨乱反正。

新华社的同志说，国际上有敌我友，国际舆论对我们的路线政策，什么时候都会有反对的、怀疑的、同情的、赞成的。我们对国际舆论，必须作具体分析。可是，汪东兴、熊复等同志搞实用主义，抓住一点“海外奇谈”大做文章。这是借“洋棍子”打人。

以上摘录的只是与会者发言的某些片段，从现在看来，可能觉得讲得还不够深刻，有些提法也反映了当时的政治背景和认识水平。但这些发言总的看，是进一步揭示剖析了“两个凡是”的错误思想路线及其实质，帮助在这个问题上犯错误的同志认清问题，转变态度和立场，进一步阐明了实践是检验真理的唯一标准讨论的必然性和重大意义，进一步阐明了十一届三中全会重新确立的马克思主义的思想路线。

第十一章

理论工作务虚会进一步分清是非(下)

理论工作务虚会的与会者一方面深入揭露和判析“两个凡是”，另一方面，对一系列重大的理论问题拨乱反正，提出了富有新意的见解。

一、对一系列重大问题的拨乱反正

多年来的“左”，特别是十年“文化大革命”的极左，造成天下大乱，满目疮痍，冤假错案遍天下，许多人横遭惨祸，人亡家破。经过了半年多的真理标准问题大讨论，很自然地引起人们深深的思考。理论工作者是“思想者”（恩格斯语），他们有着敏感而深邃的头脑，对许多问题的思考都有超前性的特点。

会议第三组副组长王惠德说：“现在全党面临着一个重新认识的问题。建国快要 30 年了，现在还有 2 亿人吃不饱饭。面对这种情况，全党、全民都在思考：我们一定是在哪里出了毛病。这个重新认识的要求是阻挡不住的。在这种情况下，我们搞理论工作的同志麻木不仁不思考不去研究是不行的。”

会议第三组组长周扬接着说：“首先有个对‘文化大革命’的定性问题。结论当然要由中央来作，但在理论上，我们必须弄清楚。究竟是出了林彪、‘四人帮’几个野心家、阴谋家造成的，还是在路线、理论上有问题？‘无产阶级专政下继续革命’的理论是否存在着问题？这个问题不搞清楚，‘两个凡是’的问题也就搞不清楚。如果这个理论站得住，在这方面讲‘凡是’也许还可以；如果这个理论有问题，那就更不能‘凡是’了。过去，我们很多人都是‘凡是派’，现在‘凡是’不下去了。‘无产阶级专政下继续革命’是个根本问题，这个问题涉及到毛泽东同志，只有这个问题解决了，‘文化大革命’的定性问题才能解决。随着，‘两个凡是’的问题也不必争论就可以得到解决。”

他们的话反映了许多与会者的心声。与会者就一系列迫切的重要问题发表意见，提出了许多见解，下面作一个大体介绍。

（一）关于“无产阶级专政下继续革命的理论”问题

在十年“文革”中，搞出了一个所谓“无产阶级专政下继续革命的理论”，并抬高到马克思主义发展史上第三个里程碑的高度，写进了九大党章，作为党的指导思想，反复要大家学习。这个理论，就是“文化大革命”的依据和行动指南，造成极坏的影响。粉碎“四人帮”后，提出和坚持“两个凡是”的人又竭力维护这个理论。因此，究竟怎样看待这个理论，是拨乱反正中需要弄清楚的最大的理论是非。因此，这也是理论工作务虚会的与会者议论最多的一个理论问题。

有多位与会者作了系统发言，批判“无产阶级专政下继续革命的理论”。一些同志对这个“理论”的形成和内容作了系统的调查，列举材料说明，这个“理论”是我们党内长期存在的“左”倾情绪和“左”倾思潮发展的产物。许多同志指出，这个“理论”从它的前提到革命对象、动力和领导等问题的具体规定，是不科学的，“没有一项是站得住脚的”。这个理论是由一堆错误的教条构筑起来的，与马克思主义实在相去甚远。

许多发言者引用马克思、恩格斯、列宁关于阶级和阶级斗争的科学论述，并联系我国社会的实际指出，在整个社会主义历史阶段始终存在阶级和阶级斗争的观点，既背离了马克思主义，也完全不符合我国的实际，实践已经证明，是错误的。这样，就从根本上否定了“无产阶级专政下继续革命的理论”。

有的同志发言指出：实践证明，所谓“无产阶级专政下继续革命的理论”，就是在无产阶级取得政权和社会主义经济制度已经建立的条件下，通过“全面的阶级斗争”搞政治大革命，向无产阶级进行反夺权，就是对无产阶级和广大人民实行“全面专政”。

许多同志提出，对于这个错误“理论”必须加以纠正，纠正得越快越彻底越好。

有的同志进一步指出，以“无产阶级专政下继续革命的理论”的指导制定的社会主义历史阶段的基本路线，是完全不适合我国社会主义建设新时期基本情况的阶级斗争扩大化的路线，是一条“左”倾错误路线。

（二）关于“文化大革命”的评价问题

不少发言都涉及这个重大问题。

有些同志认为，搞“文化大革命”，无论从经济上、政治上、文化上看，都是不必要的，甚至是不应该的。

有的同志说，原来说“文化大革命”的最大成绩是粉碎了三个资产阶级司令部，现在看，林彪、“四人帮”是“文化大革命”中上台的，不是“文化大革命”的成绩，恰恰相反，是“文化大革命”的问题。刘少奇这一个司令部肯定要平反。这些成绩都不能成立。有的同志列举“文化大革命”在各方面造成的严重破坏，认为“文化大革命”造成了那么大的灾难，不能“三七开”，没有什么可肯定的。

不少同志对发动“文化大革命”的纲领性文件《五一六通知》作了剖析，指出《五一六通知》是“文化大革命”的纲领性文件，实际上是发动这场运动的一道总动员令。但“文化大革命”的历史实践已经充分证明，这个文件是根本错误的，不符合当时的历史实际。发言者还指出，《五一六通知》违反党的组织原则，宣布建立一个凌驾于全党之上的“中央文革小组”，开创了“踢开党委”的恶劣先例。根据这个文件搞的“文化大革命”，打乱了我国历史发展的正常进程，违反了人民的意愿，违背了社会发展的客观规律，造成了严重恶果。

有的同志发言指出，“走资派”是个不科学的概念。“走资本主义道路”涵义很不明确，应当抛弃“走资派”这个不科学的概念。

（三）关于评价毛泽东的功过是非问题

在推倒“两个凡是”以后，很自然地会提出这个问题。与会者指出，毛泽东同志作为一位伟大的马列主义者，一位历史人物，是可以评价的，是应该评价的。一些同志在发言中说，关于真理标准的争论，实质上也是对毛泽东同志的评价问题。毛泽东思想是真理，就不怕检验，就不怕怀疑。但是，错误的东西也逃不过实践的检验。批评毛泽东同志的错误和反对毛泽东思想绝不能混为一谈。我们评价毛泽东同志的功过，不是“非毛化”，而是“非神化”。毛主席存在错误，无损于他的伟大。但是，只有不隐讳错误，才能维护他的伟大形象。有的同志指出，理论上的拨乱反正、正本清源，现在是进一步地深入了。就是说，不仅要拨敌人之乱，而且要纠正毛主席的一些错误而引起的混乱。正“本”清“源”，就是要用实践来检验一切，要把一切不符合客观实际、客观规律的东西，包括毛主席的一些观点、指示，加以清理。发言者也指出，正确评价毛主席及其思想，确实是一件非常严肃和相当艰巨的工作，必须以对党、对中国人民、对世界人民、对我们的子孙后代高度负责的精神，采取严肃的战斗的科学的态度。

发言者也指出，实事求是地评价毛泽东同志，阻力相当大。阻力首先来自“凡是派”。这股阻力确实不小，但已越来越不得人心。除此之外，我们同志中的迷信思想也是一个思想障碍。为此，一些发言者对个人迷信作了比较详尽深入的分析。

（四）反对个人迷信

这也是理论工作务虚会与会者议论较多的一个问题。他们指出，“文化大革命”的重要教训是必须反对个人迷信。有几位同志就此作了系统发言。

他们指出，“文化大革命”之所以能发动起来，是靠毛主席的无上权威，即个人迷信。在“文化大革命”中，对毛主席的迷信又进一步发展到了登峰造极的地步。林彪、“四人帮”、康生搞个人迷信，毛主席鼓励个人迷信，但是广大党员和群众也接受了个人迷信，甚至也参与了制造个人迷信。发言者指出，总结“文化大革命”，重要教训之一，就是决不能搞个人迷信。不仅不能搞个人迷信，也不能搞对个人的不适当的颂扬。

发言者也指出，个人迷信在我国有深刻的社会历史根源。我国是一个小生产长期占优势的国家，小生产的习惯势力是根深蒂固的，这种社会经济条件产生皇权思想，也产生个人迷信。

有的同志针对长期个人迷信现象，讲了领袖与人民的关系，指出：领袖是党组织的一员，不是在党组织之上的特殊人物；领袖也是人，不是神，说的话和做的事也是有错误的；领袖有了缺点错误也应当进行批评和自我批评，应当改正；领袖并不因此丧失威信，反而能提高威信，可以得到人们的真正拥护。

与会者批评了宣传工作中广泛存在的突出个人的现象。有的同志提出，三中全会提出少宣传个人，很重要。解决这个问题，应从制度上想些办法。要解决权力过分集中的问题，对党和国家领导人的监督制度也要建立起来，还要健全人民代表大会制度。

还有同志提出，应当永远废除对党的领袖喊“万岁！”这个封建迷信口号。充分发扬民主，彻底改革领导人的选举任期制度，加强集体领导。

（五）关于民主与法制问题

这也是与会者议论较多的一个问题。许多与会者从理论和实践方面分析了民主不足、民主遭到严重破坏的问题。

他们指出，民主是社会主义国家没有解决好的一个重大问题。在我国，可以明显看到，我们党和国家的民主生活还很不健全，我国的社会主义民主制度还很不完备。长期以来，没有把对敌人的专政和人民内部的民主密切结合起来，有很大的片面性，专政多而打击不准，民主少而不落实，没有不断扩大民主的范围，提高民主的程度，完善民主的制度，封建主义残余严重存在于我们的政治生活和社会生活中。

有的同志指出，我们二十多年来，在政权的民主建设方面可以说是没有多大的进展，这同把民主只看作手段有关。

大家指出，“文化大革命”中的大民主，实际是对民主的大破坏。与会者在发言中提出，重要的问题在于扩大民主。

大家对民主的制度化和法律化进行了议论，提出了许多建议。有的同志提出，必须废除领袖终身制、领导职务终身制，认为在社会主义社会，如果是终身制，人民群众永远不会有充分的民主。

（六）关于社会主义的发展阶段问题

冯兰瑞等人发言认为：我国解放前是一个半殖民地半封建社会，小生产占绝对优势，生产力很落后，生产社会化的程度、人民的文化水平很低，生产资料所有制的社会主义改造基本完成以后，并没有进入马克思和列宁所设想的共产主义的初级阶段（社会主义社会），还处在不发达的社会主义社会。他们指出，过去由于对发展阶段估计过高，便把下一阶段才能办的事，提前来办，如过早地消灭个体经济，取消自留地和家庭副业，取消按劳分配、商品生产等等，造成严重后果，严重地破坏了生产力。

这些观点，是社会主义初级阶段论的最早酝酿。

（七）关于党的建设问题

有的同志在发言中指出，毛泽东同志提出的“五十字建党大纲”，虽然写进了九大通过的党章“总纲”，但这个“建党大纲”把党的任务缩减为“对阶级敌人进行战斗”，这同列宁的观点不一致，也同毛泽东同志历来讲的正确观点不一致，“是一种阶级斗争扩大化、敌我矛盾扩大化的纲领和路线，是有害的，错误的”。实践已经证明，这个建党纲领完全不适合于社会主义建设新时期的实际情况，今后不应当再执行。有的同志提出，要全面地科学地研究有关党的建设的重大问题。不少同志提出，要认真总结党为什么犯这么严重的长时期的错误的教训。

（八）关于反“左”的问题

推行“左”的一套，往往都是打着反右的旗号。历史上是这样，建国以后，特别是十年“文革”中更是如此。毛泽东说刘少奇是“形‘左’实右”，后来又说，林彪一伙右得不能再右了，是极右。

粉碎“四人帮”以后，仍然提出批判林彪、“四人帮”的极右路线。究竟是反右还是应当反“左”？这是关系到拨乱反正究竟是拨“左”的乱，还是拨右的乱问题，十分需要弄清楚。

在理论工作务虚会上，有近二十位同志发言剖析“左”的错误。他们指出，过去的错误是“左”，而不是右。有的同志明确地讲，确实存在着一条左倾路线，有的同志具体列举“左”的表现，有的同志剖析了“左”的根源。

此外，一些同志还就经济、文艺等方面的理论和政策问题，提出了重要的拨乱反正的意见。

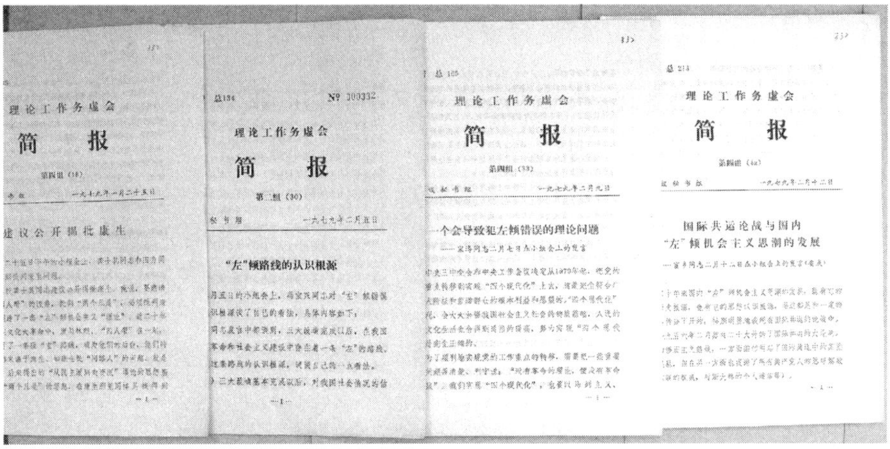

理论工作务虚会的与会者明确提出反“左”

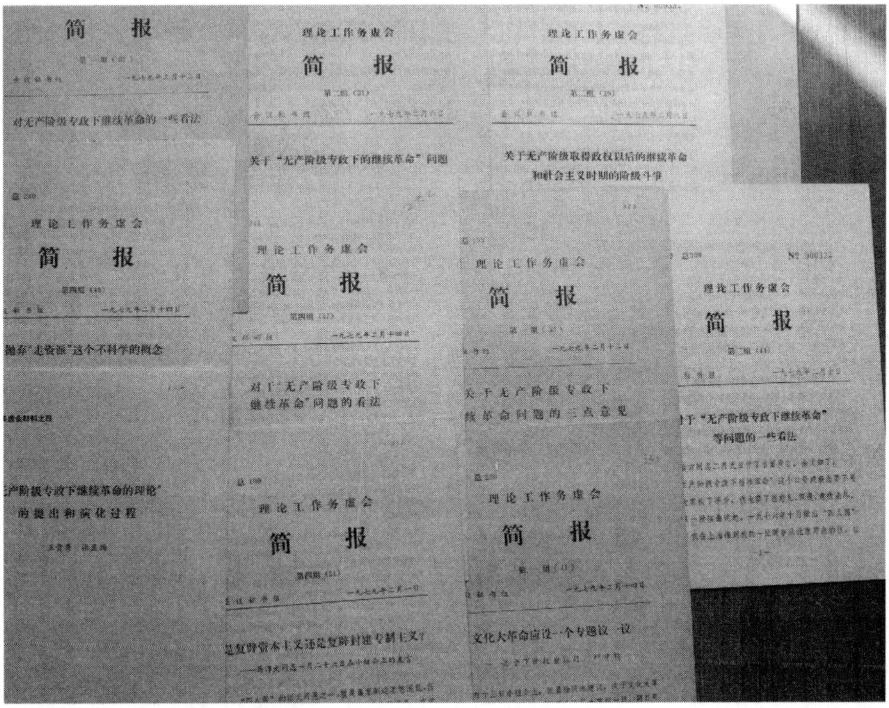

理论工作务虚会的与会者就一系列重大问题进行拨乱反正

以上这些问题，同现实密切联系，关系重大。提出这些问题的，大都是有较深研究的专家学者，有不少是有关方面的领导干部，也有一些是思想解放、很有生气的年轻理论工作者。他们的这些发言和议论，有事实，有分析，有深度，比较有说服力。上述有些问题，在当时来说，还是禁区，一般人还不敢触及。从当时的历史背景和广大干部群众的思想状况来看，也不宜公开提出和议论这些问题。但是，在党的理论工作务虚会上，提出和议论一下，却是很有必要、很有益处的。对党的领导来说，有重要的参考价值。对思想理论的拨乱反正来说，起了先行和推动的作用。这些重要建议，包括有些当时被认为出了格的建议，以后都付诸实践。这是理论工作务虚会取得的重要成果。这也是在推倒“两个凡是”，确立了实践标准的条件下才能取得的成果。

在北京召开理论工作务虚会的同时，不少省、市、自治区也召开了理论工作务虚会，沟通情况，上下呼应。浙江省在2月5日至15日召开了理论工作务虚会第一段会议。议题是：(一) 总结三十年来宣传理论工作的主要经验教训，搞清一些重大理论原则问题；(二) 研究全党工作重点转移后宣传理论工作的根本任务。这个议题同北京会议的议题是完全一致的，就是胡耀邦同志在《理论工作务虚会引言》中提出的。4月，浙江参加全国理论工作务虚会的七名代表返杭后，开了第二段会议，传达和学习邓小平同志在全国理论工作务虚会上的讲话。青海省也于2月5日开始，召开理论工作务虚会。会前，省委第一书记谭启龙、第二书记梁步庭同志听取了汇报。会议开始，先由一位省委副书记讲话，然后传达胡耀邦同志的《理论工作务虚会引言》和全国宣传工作座谈会上的讲话。与会者充分肯定了真理标准问题讨论的重大意义和作用，同时，畅所欲言，提出了不少重大的理论和路线的是非问题。

由于笔者掌握的材料有限，不能更多更详细地介绍各省、市、自治区理论工作务虚会的情况，当然，也没有这种必要。从浙江、青海两个省的情况，也就可以推知一般情况了。

正如理论工作务虚会的参加者吴江所说：理论工作务虚会引起大家注意是在另一方面，即总结了以往二三十年思想理论战线上的经验教训，以及在一些问题上提出较为尖锐的意见。这些在目前看来并没有什么了不起，但在当时却被一些人认为惊世骇俗，非同小可，甚至被认为是搞“非毛化”。

二、理论工作务虚会第二阶段会议

理论工作务虚会第一阶段会议从1979年1月18日开始，开到2月15日（春节休会）。1月27日，邓小平听取了汇报。听取汇报后，他提出，要讲清民主问题，要邀集人研究这个问题，写大文章。这时，中越关系出现紧张形势。如何反击越南的挑衅，成了一个紧迫的突出的问题。邓小平于1月28日到2月5日访美，又从美国到日本访问，于2月8日回到北京。2月17日对越南进行自卫反击，3月16日，我国部队主动全部撤回境内。由于这些情况，理论工作务虚会第一段与第二段之间的间隔时间，也大大拉长了。第二段会议于3月底开始。参加者扩大到400余人。3月30日下午，邓小平代表党中央在人民大会堂向会议作了《坚持四项基本原则》的重要讲话。听讲者除参加理论工作务虚会人员外，还有中央各机关和北京市的干部。我也去听了。我记得那天人民大会堂盛况空前，挤得满满的。我是在楼上的一个大会议室听报告的。那个大会议室也是坐得满满的。参加理论工作务虚会的400人，只占听讲者一小部分。

邓小平首先说，根据党的十一届三中全会决定召开的理论工作务虚会上，“大家敞开思想，各抒己见，提出了不少值得注意、需要研究的问题，总的说来开得是有成绩的”。

邓小平在讲话中着重提出并阐明了坚持四项基本原则，即：

第一，必须坚持社会主义道路；

第二，必须坚持无产阶级专政；

第三，必须坚持共产党的领导；

第四，必须坚持马列主义、毛泽东思想。

邓小平说，他这个讲话是着重对从右面来怀疑或反对四项基本原则的思潮进行一些批判。

这个会由中共中央副主席李先念主持。邓小平讲完以后，李先念只说了一句：“小平同志这个报告非常非常重要，大家回去要讨论，认真地讨论。”

邓小平同志的讲话，是理论工作务虚会第二段会议的主要内容。

北京的理论工作务虚会在 3 月 30 日听了邓小平同志的《坚持四项基本原则》的讲话后，进行了讨论，于 4 月 3 日结束。

按照原来的设想，第二阶段的会议还是要进行大会发言，但后来取消了。吴江在他的回忆文章中讲到当时他同胡耀邦接触的情况：

当时的问题是怎样召开大会。为准备大会发言，我请本组三位同志起草一个发言稿，准备讲一讲两条思想路线和坚持四项基本原则的关系：一方面，解放思想固然不能脱离开四项基本原则，但另一方面，运用四项原则绝不能不遵循马克思主义的思想路线、思想方法、研究方法，否则，“原则”本身就不可避免地会变成教条主义、学理主义，或变成像马克思所说的“刻板的正统观念”。我们需要的是在实践中、群众斗争中实际发生作用的活的马克思主义，发展的马克思主义，不是书本上的马克思主义，刻板僵化的马克思主义；社会主义也一样，我们目前亟须检讨我们在运用社会主义原则方面究竟发生了什么毛病，以致出现了目前这样的严重问题。一句话，讲四项原则绝不意味着不批判教条主义和“凡是”主张。

准备讲这样的问题，自然不能不事前同胡耀邦打招呼。胡不在会议场所，当时是在他家里。晚上我给他打电话，他要我到他家去一谈。时间大概在 4 月初。刚好安子文也在座，安这时已到中央党校工作，是主持日常工作的副校长，他是有名的“六十一人冤案”中的重要人物，“文革”前任中央组织部部长，我们见过面。耀邦问我小组会情况，我据实以告。我问大会究竟何时开，小组会已经开不下去了。趁他暂时沉默之际，我向他汇报我们准备的发言内容。他反过来问我：“你觉得大会是开好还是不开好？”我有些愕然。不等我回答，他说：“大家究竟会讲些什么呢？你们的发言内容自然可以。小平的报告有重要意义，但确实要把解放思想、坚持反对教条主义和坚持四项原则统一起来。今后我们的工作出问题，很可能出在这上面，出在将思想路线和四项原则割裂开来，弄成两张皮。反对教条主义当然同样不能动摇。但是，你们准备的东西是否拿到大会上去讲，还要考虑一下。”然后他站起来在屋子里来回走动，这是他的习惯。这时安子文向我说了一句话：“你们发起的实践标准讨论很重要，没有这场讨论，也许我们的案子还不可能这样快解决。”

我记得这句话薄一波在刘澜涛家里碰到我时也这样说过，“六十一人冤案”确是在实践标准讨论后完全彻底平反的。薄一波和刘澜涛都是第一届中共中央华北局的领导人，我当时在那里工作。当我正与安子文说话时，胡耀邦突然站住，用坚定的语气说：“大会不开了，我也不讲话了。我明天就去宣布。”

党的历史上少有的这样一次理论工作会议，就这样结束了。[1]

我不知道读者看了吴江的这一段话，有什么感受。理论工作务虚会改变原定计划匆匆结束时，与会者的心情是复杂的。

1979 年 4 月 3 日，胡耀邦在会议结束时讲话，题目就是《理论工作务虚会结束语》。

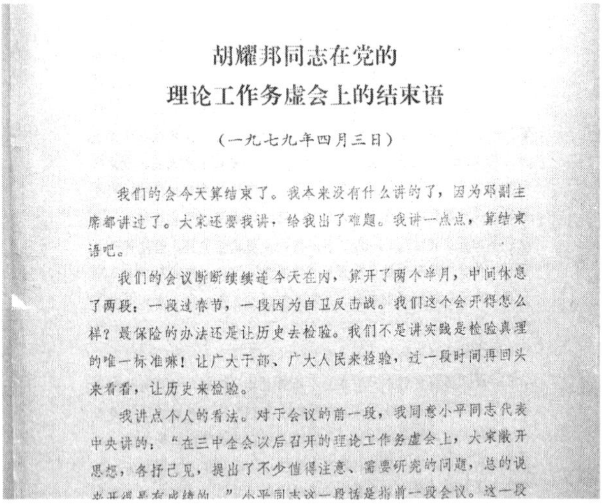

胡耀邦同志在党的
理论工作务虚会上的结束语

（一九七九年四月三日）

我们的会今天算结束了。我本来没有什么讲的了，因为邓副主席都讲过了。大家还要我讲，给我出了难题。我讲一点点，算结束语吧。

我们的会议断断续续连今天在内，算开了两个半月，中间休息了两段：一段过春节，一段因为自卫反击战。我们这个会开得怎么样？最保险的办法还是让历史去检验。我们不是讲实践是检验真理的唯一标准嘛！让广大干部、广大人民来检验，过一段时间再回头来看看，让历史来检验。

我讲点个人的看法。对于会议的前一段，我同意小平同志代表中央讲的：“在三中全会以后召开的理论工作务虚会上，大家敞开思想，各抒己见，提出了不少值得注意、需要研究的问题，总的说

胡耀邦在理论工作务虚会的结束语中说：我们这个会开得怎么样？还是让历史去检验

胡耀邦在《结束语》开头就说：“我们这个会开得怎么样？最保险的办法还是让历史去检验。我们不是讲实践是检验真理的唯一标准嘛！让广大干部、广大人民来检验，过一段时间再回头来看看，让历史来检验。”我们读这一段话，有点无奈的感觉，其实，恰恰表明了胡耀邦的自信，也是有力度的回答。

这个结束语共讲了六点。看来，他作这一篇讲话，颇费心思。现将第四点全文抄录如下：

小平同志在报告上讲了对两年半来我们理论战线工作的评价。请同志们认真考虑一下，小平同志对理论战线这种评价公道不公道？我个人看是公道的。小平同志讲：“两年多来，理论战线的同志在揭批林彪、‘四人帮’的反马克思主义谬论，捍卫和宣传马列主义、毛泽东思想的斗争中，做了大量工作，取得了很大的成绩、很大的胜利，对全党的工作是很有贡献的。”这里讲了一“大”三“很”。下面接着说：“三中全会以来，理论战线的同志进一步解放思想，也做了许多工作，提出了或者解决了不少重要问题。”（《讲话》未定稿第二十六至二十七页）三中全会到现在四个月，这一段评价得低一点。如果我们冷静地想一想，这也是公道的。成绩比

① 《炎黄春秋》2001 年第 11 期。

起来不是那么大，责任首先在谁？恰恰这几个月我在作宣传部长，这个担子由我挑起来。我觉得小平同志讲成绩讲够了。再讲多点好不好？啊哟，我个人看，帽子戴高了有危险性。小平同志讲到成绩时，还讲："我们党的思想理论队伍在粉碎'四人帮'以后已经作出了巨大的成绩，在三中全会以后也作出了重要的成绩，对这些成绩任何估计不足都是错误的。"（《讲话》未定稿第三十六页）前面是"巨大的成绩"；后面是"重要的成绩"。有同志问：为什么说三中全会后是"重要的成绩"，而不是"巨大的成绩"？三中全会开完才四个月，如果今年夏天我们工作做得好，到秋天还可以改为作出了"更巨大的成绩"嘛。我觉得小平同志代表党中央充分肯定了理论战线上的成绩，已经够了。

小平同志是不是对理论工作上有点意见？从他的报告看来是有的。可不可以算是批评性的意见呢？我看也可以算。但是，与其说是批评性的意见，还不如说是勉励性的意见。与其说是批评性的意见，不如说对我们这条战线充满着希望，提出了很严格的、高标准的要求。这方面有好些话："但是由于三中全会的内容很丰富，三中全会以后全党面临的新任务异常繁重，同时也出现了一些必须及时正确对待的新情况，相比之下，思想理论工作显得还有些不能紧紧跟上党的要求和形势的发展。"（《讲话》未定稿第二十七页）你说这是批评性的话也可以，你说是高标准的要求也可以。下面还有："三中全会以后，许多思想理论工作的同志在实现工作着重点的转移方面步子迈得不够快，也就是说，在团结全党和全国人民一致向前看方面的努力有些不够。"（《讲话》未定稿第二十七至二十八页）我们的步子小了，不如三中全会步子大。还有下面那段话："三中全会明确指出，对于一些重要的历史问题要留待适当的时候去解决，要采取十分慎重的态度，不可匆忙，不要纠缠不休，因为这并不妨碍我们在实际工作中纠正过去的错误，更不妨碍我们解决当前最中心的任务即实现四个现代化，也不妨碍党在适当的时机对于过去若干历史问题经过深思熟虑集思广益作出客观的、科学的评价。应该说，三中全会的这个方针，在一部分思想理论工作同志中间没有得到坚决的充分的贯彻执行。"（《讲话》未定稿第二十八页）不是说我们党内不可以发表不同意见，但是一部分思想理论工作者对一些重要历史问题有不同看法，一下子往下传了，甚至就在报上发表。这有什么不利呢？小平同志指出有两个不利："第一，它在团结全党和动员全国人民实现工作着重点的转移方面没有发挥应有的强大的威力"；"第二，它还给少数对我们前面说的四条基本原则心怀不满的各种各样的分子客观上造成一种他们可以利用的空气或空隙。"小平同志接着说："中央坦率地指出这些同志在这一段工作中的缺点，不是为了抹煞同志们这一段工作中的巨大成绩，而是为了希望同志们及时总结教训。"这是讲得非常亲切的。请同志们注意小平同志这里只讲"缺点"。中央现在有个好风气，不乱扣帽子、乱打棍子、乱抓辫子。小平同志还讲"党在工作转变的过程中，出现这种那种问题都是难免的，也是正常的，重要的是不要只看到自己的成绩，而不同时看到自己的某些不足，以便尽可能避免那些可以避免、应该避免的缺点。从事思想理论工作的同志，在过去一段时间里提出的许多问题是很值得考虑的，不少是很认真、很有价值的，你们的劳动没有白费。"（《讲话》未定稿第二十九页）我觉得这些话，你说是批评也可以，你说是勉励也可以，你说是高标准、严要求也可以。

小平同志这段话对我们是非常爱护、非常亲切的。如果把这段话的精神扩大起来，我们可以同样用在对待党内外的同志身上。那就是要尽量保护人们的积极性，在批评缺点、错误的时候，采取一种引导的方法，引导他们向前看。要做过细的思想教育工作，不要动不动就戴帽子、打棍子、上纲上线。因为十几年来我们评论是非、看问题很容易上纲上线、简单化。这是习惯势力。我们能不能再花两三年时间，使全党自上而下好好把这股风改变过来。要经常看到人家的成绩，充分肯定人家的成绩，对人家的缺点、不足，要满腔热情，循循善诱。要严格区分党员、干部中那种违法乱纪的错误和工作中的一般错误。要按毛主席历来的教导办事。

胡耀邦既要肯定邓小平的讲话，又要保护与会者和广大理论工作者的积极性，看来，他这个“结束语”确实是很费了一番心思的。

邓小平在报告中说，一方面，党内有一部分同志还深受林彪、“四人帮”极左思潮的毒害，有极少数人甚至散布流言蜚语，攻击中央在粉碎“四人帮”以来特别是三中全会以来所实行的一系列方针政策违反马列主义、毛泽东思想；另一方面，社会上有极少数人正在散布怀疑或反对四项基本原则的思潮，而党内也有个别同志不但不承认这种思潮的危险，甚至直接间接地加以某种程度的支持。邓小平说，现在，我想着重对从右面来怀疑或反对四项基本原则的思潮进行一些批判。这样，既提出了解放思想，又提出了反对右的思潮，当然是比较全面了。但是，对于参加了一个多月理论工作务虚会，着重揭露剖析“左”的思潮和错误的与会者来说，就有一个如何全面地理解和掌握既反“左”又反右的精神问题。这可以说是进入历史新时期以后，思想政治领域遇到的第一个难题。

十一届三中全会以后，全党要实现工作重心的转移，适应这种需要，真理标准问题讨论应当普遍地深入地开展，另一方面，又要反对右的思潮，坚定不移地进行坚持四项基本原则的教育。当时，一些人认为，这二者是矛盾的。在一个时期内，开展真理标准问题讨论的劲头确也有所减弱。

包括吴江在内的理论工作务虚会的与会者必然深思这样的问题。

《理论动态》在第 132 期（1979 年 5 月 10 日）发表了《分清两条思想路线坚持四项基本原则》的文章。这篇文章原是吴江准备在理论工作务虚会上的发言稿，主要论点向胡耀邦报告过并得到他的同意，后来加工成文章。这篇文章就是要阐明坚持党的思想路线和坚持四项基本原则的关系。文章一开头就说，为了顺利实现四个现代化，我们必须坚定不移地贯彻执行三中全会提出的解放思想、开动机器、实事求是、团结一致向前看的方针，坚定不移地坚持四项基本原则。文章强调，只有坚持实践的观点，坚持正确的思想路线，才能更自觉地坚持四项基本原则。否则，一般地讲老道理，不能达到真正坚持四项基本原则的目的。这样，就把二者较好地统一起来了。这篇文章作为《光明日报》特约评论员文章在 5 月 11 日的该报第一版头条位置开始（大部分在第二版）发表。《人民日报》在同一天在同样版面登载。当然，对这样一篇文章的作用不能估计过高。真理标准问题的讨论不久又更广泛深入地开展起来，主要是客观形势发展的需要，具体地讲，是全面拨乱反正和研究新情况、解决新问题的迫切需要。

三、对理论工作务虚会的评价和再评价

对理论工作务虚会应当怎样估价？这是直到今天仍然为人们所关注的一个问题，也是治史者不可回避的一个问题。

差不多从理论工作务虚会一开始，就产生了对这个会议的看法问题，也就是评价问题。

参加理论工作务虚会的绝大多数同志，充分肯定这次会议，给予高度评价。

理论工作务虚会的各个小组都谈了对这个会议的看法，做出了自己的估价。

会议第一组的同志认为：“务虚会开得好。会议始终贯彻了三中全会精神。在马列主义、毛泽东思想原则指导下，解放思想，拨乱反正，澄清了许多被林彪、‘四人帮’搞乱的理论问题，对发扬党内民主作风，研究和讨论哲学、政治经济学和科学社会主义所面临的实际问题，总结党的历史经验和教训，都起着不可低估的作用。”

“这次理论务虚会是真正高举马列主义、毛泽东思想旗帜的。建国三十年，理论界出现这样理论联系实际的生气勃勃的气象还是第一次。这次会议研究的问题几乎涉及马列主义三个组成部分的各个方面。同志们研究问题的态度是严肃的、科学的。有许多发言是对问题进行了长期研究的成果，绝不是心血来潮。”

第二组的同志认为：“这次务虚会学习中央工作会议和三中全会的榜样，开得很好，大家很有收获，很受教育。说实在话，对于长期以来未能触及而又影响很大的理论问题和实际问题敢于发表意见，这是多年来未曾有过的现象，也是理论工作开始富有生气的实际体现。”

“这次会议对汪东兴同志及其他犯错误的同志的批评，是对党负责的，是实事求是的，是讲道理的。大家对他们的批评既是严肃、尖锐的，又是和风细雨、与人为善的。我们这样做，真正坚持了‘惩前毖后，治病救人’的方针，从根本上区别于林彪、‘四人帮’一棍子把人打死的恶劣做法，也不同于汪东兴同志动辄给人扣上‘砍旗子’、‘丢刀子’的大帽子的错误做法。”

第四组的同志认为：“理论务虚会是在三中全会精神的指导下召开的，是贯彻了三中全会精神的。它体现了我们党的民主传统，体现了毛泽东同志提倡的‘百家争鸣’的方针。它不仅像邓小平讲话中说的‘提出了不少值得注意、需要研究的问题’，而且像胡耀邦不止一次讲到的‘有很多很好的见解’。这次会议也是维护毛泽东旗帜的，并没有损害这面旗帜，在会议的发言中，没有看到有哪一篇发言是否定毛主席的，只是对毛泽东同志的缺点和错误作了一些议论和评价，这对破除林彪、‘四人帮’制造的现代迷信，对打破人们思想僵化、半僵化状态，对我们党以后全面地、实事求是地评价毛泽东同志很有好处。”

“至于在三中全会之后，在理论务虚会之后，社会上出现的一些值得注意的偏向，需要我们努力去纠正，那完全是正确的和必要的。但是，绝不能说这是理论务虚会造成的，正如不能把这些偏向说成是中央工作会议和十一届三中全会造成的一样。”

“务虚会的指导思想是贯彻了三中全会精神的，讨论的问题也是全党实现工作重点转移要涉及的一些理论问题。讨论这些问题同社会上出现的一些闹事，没有直接的因果关系。务虚会和闹事，不是种子和芽子的关系。阳光春雨，为培育香花创造了条件，但毒草杂草也会冒出来的。”

第五组的同志认为：“我们的会议按照党的三中全会创造的好的会风，对一些重大理论是非，用民主讨论和科学态度分析问题的方法，使持各种不同见解的同志都能畅所欲言。这种民主学风，是多年来所没有的，它必将导致思想理论的昌盛，必将在实现四个现代化的伟大实践中不断丰富和发展马列主义、毛泽东思想。”

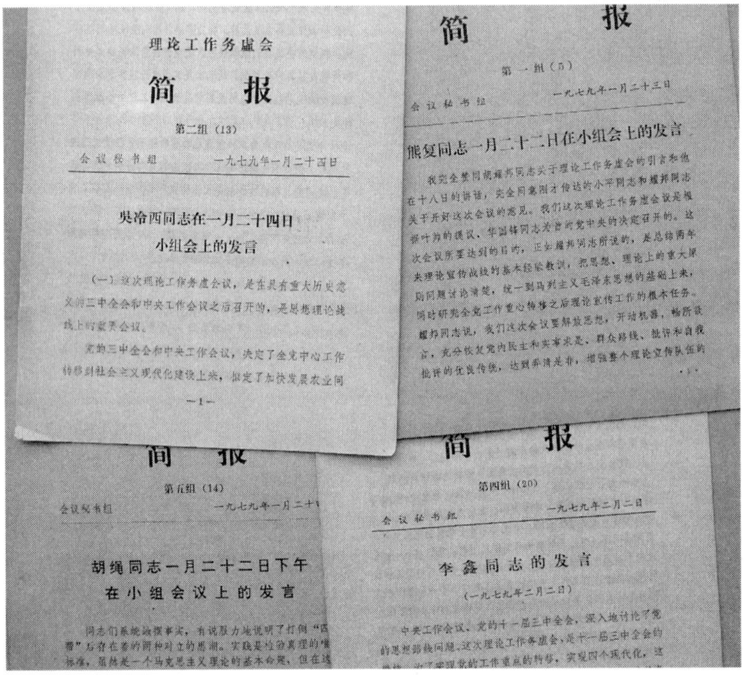

吴冷西、李鑫、熊复、胡绳四人在理论工作务虚会上发言作自我批评

各省来参加理论工作务虚会的同志也从他们的角度，谈了对这个会议的看法和评价。

河北、浙江、贵州、青海、广东五个省委宣传部的领导同志，在他们写的一个材料中说：“这次中宣部和社会科学院召开的全国理论工作务虚会，是在全党工作重心转移的情况下召开的，是思想理论战线上拨乱反正的一次重要会议。这次会议解放思想，畅所欲言，摆出了我们党内十几年来特别是近两年来两条思想路线斗争的情况，揭发批评了汪东兴、李鑫同志坚持‘两个凡是’的唯心主义思想路线的严重错误。这对于我们进一步肃清林彪、‘四人帮’的流毒和影响，端正思想路线，把马列主义、毛泽东思想的普遍真理同实现四个现代化的伟大实践密切结合起来，必将起到重大的推动作用。”云南省委宣传部的一位领导同志说：

"这次理论工作务虚会，越开越看出它的重要意义。会上揭露的大量事实，充分说明了实践是检验真理的唯一标准和'两个凡是'之间这场争论的尖锐的政治性质。会上讨论的一系列重大理论问题，实事求是、坚持真理的科学态度，各抒己见、畅所欲言的民主空气，一定会对我们党的思想理论工作产生深远的重大影响。"

在当时，参加理论工作务虚会的绝大多数同志，对这个会作了肯定的而且很高的评价。他们主要肯定了以下几点。

1. 这个会议贯彻了三中全会的精神，是以中央工作会议和三中全会为榜样召开的；

2. 这个会议高举了马列主义、毛泽东思想的旗帜；

3. 这个会议贯彻了解放思想、实事求是的精神，像这样畅所欲言、生动活泼的会议，是新中国成立以来的第一次；

4. 会议摆出了两条思想路线斗争的情况，深入地实事求是地批评了"两个凡是"，对肃清林彪、"四人帮"的流毒，打破思想僵化、半僵化状态，端正思想路线，起了很好的作用；

5. 会议对许多重大的理论问题和实际问题进行拨乱反正，提出了很好的见解；

6. 理论工作务虚会是在全党工作重心转移的情况下召开的，是思想理论上拨乱反正的一次重要会议。这个会议对把马列主义、毛泽东思想的普遍真理同现代化建设的实践相结合，起到重大的推动作用，必将产生深远的影响。

在当时形势下，对这样的一个会议，看法和评价是不可能完全一致的。在与会者中间，就有人发言，对这个会议做出截然不同的评价。这个发言的内容如下：

前面概括成"两个凡是"派，就有点不实事求是，有点形而上学，难道以后就不能说凡是了吗？对于说某某思想僵化、半僵化，我也有点想法，我认为，考虑大局，考虑有些问题，什么时候该讲，什么时候不该讲，不叫思想僵化、半僵化。不到外面贴大字报，也不叫思想不解放。如果一些大的问题不弄清楚就批这批那是不行的。有些东西是写在党章宪法上的。不要党章、不要宪法的任凭怎么彻底的理论，我还是不敢苟同。现在理论上还有多少禁区？没有多少了，连主席问题等都可以议论了，难道还算有禁区吗？①

这是参加理论工作务虚会的北京大学党委副书记的发言，是对理论工作务虚会作不同评价的唯一一篇发言。

从这篇发言可以看出，这位同志对批评"两个凡是"是不同意的，对当时存在的思想僵化、半僵化状态是不承认的。他认为思想理论的禁区已不存在，而且大大过了头，已经到了"不要党章、不要宪法"的地步，而且他还把思想解放同到外面贴大字报混为一谈。这篇发言对坚持实践标准的同志所扣的帽子，不亚于"砍旗"、"丢刀子"那些帽子。特别值得注意的是，这篇发言所表露的对拨乱反正的反感情绪。正如一位与会者发言评析这篇发言时所说，这篇发言"就是思想僵化的代表作"。

---

① 转引自于光远、胡绩伟等著：《猛醒的时刻》，中外文化出版公司 1989 年版，第 61—62 页。

在理论工作务虚会上，像北京大学党委副书记这样的发言是唯一的一篇，但这绝不是孤立的现象。理论工作务虚会的简报传到许多单位，人们争相阅看，这个会议的情况很快就传开了。一时间，出现了上下左右对理论工作务虚会议论纷纷的现象。其实，这在很大程度上也是指桑骂槐，对理论工作务虚会的指责，实际上是对三中全会的指责。对当时的各种指责，人们概括为“四过头”：

“思想解放过了头，引起思想混乱。”

“发扬民主过了头，引起社会秩序混乱。”

“落实政策过了头，引起阶级阵线混乱。”

“重点转移过了头，丢了纲和线。”（指丢了“以阶级斗争为纲”和九大制定、十一大继续的那一条“基本路线”）

还有所谓“胡说，胡写，胡编”的指责：

胡耀邦“胡说”，

胡乔木“胡写”，

胡绩伟“胡编”。

就这样，为进一步分清是非而召开的理论工作务虚会本身，也发生了是与非的问题。这是人们始料不及的。

大家关心的是，党中央领导对理论工作务虚会是怎么看的，做出怎样的评价。

作为理论工作务虚会主持者的胡耀邦，直接承担着这个会议的责任，对这个会议如何评价，是更为关心的。针对当时党内和社会上对理论工作务虚会议论纷纷的情况，1979 年 3 月 17 日，胡耀邦在中央党校第三期开学大会的讲话中，谈了对这个会的看法。这一段话是：

我们开了理论工作务虚会议，现在外面在传，说理论务虚会议开得很不错，破了许多问题，我说对。但是，对理论务虚会我三次打招呼，必须注意两条：第一条，理论务虚会议上批评的一些人，材料都没有核实，你们千万不要传。第二条，就是理论务虚会议提出来的观点，都是个人的，不是中央的意见，你们也不要传。可是，有些参加务虚会议的同志不管。不到十天，恐怕也有一千万人知道这个事了。我觉得这个不好，这样做对抓紧解决我们当前的问题不利，讲得不好听一点的话，这样做造成思想混乱。我是理论务虚会议的主持者，我的心情也不好受啊！我们同志之间，我们相互之间搞点信义嘛。同志们不要误会，不要说理论务虚会议拿出来的观点是中央的观点，是中央宣传部领导的观点，不是的。而且有些话我觉得不合适，有些话是不利于团结的。①

胡耀邦讲这个话时，理论工作务虚会第二段会还没有开始。这是目前见到的胡耀邦第一次在较大范围的讲话中对理论务虚会作出的评价。他同意“这个会开得很不错，破了许多问题”的估价，他讲了有关的情况和自己的不满意之处。现在看来，他当时也需要那样讲一下。胡耀邦给参加理论务虚会的同志打招呼，叫他们不要把会议情况往外传。这作为会议主持者，是应当这样讲一下的。但在当时情况

① 《中央党校校刊》第 3 期，第 26 页。

下，这确实是难以办到的。“满园春色关不住”啊！从实际情况看，其作用积极方面是主要的。至于“造成思想混乱”，“不利于团结”，在拨乱反正刚开始的时候，也是需要具体分析的。

邓小平 3 月 30 日在《坚持四项基本原则》的讲话一开始，就对这个会议作了评价。他说：“这次会议是根据党的十一届三中全会的决定举行的。”“在三中全会以后召开的这次理论工作务虚会上，大家敞开思想，各抒己见，提出了不少值得注意、需要研究的问题，总的说来开得是有成绩的。”对邓小平的这些话，参加理论务虚会的同志肯定是很注意的，是很认真地咀嚼了一番的。这里有两点会引起人们的思考，一是说这个会议“提出了不少值得注意、需要研究的问题”。这是一个中性的提法，而且是从领导角度讲的；二是“总的说来开得是有成绩的”，仅仅是“有成绩”，没有说很有成绩、有很大成绩之类的话，是最低限度的肯定，更没有用当时人们评价政治问题不可少的用语，即是否高举了旗帜，还有是“总的说来”有成绩，那么，具体说来怎么样呢？

当时，有一种舆论，认为理论工作务虚会放出了不少违背四项基本原则的东西，同社会上那股否定四项基本原则的思潮相呼应、相联系，邓小平的这个讲话是对这个会议的批评。

再看邓小平这篇讲话，通篇讲坚持四项基本原则，是批评错误思潮。这篇讲话同他 108 天以前作的《解放思想，实事求是，团结一致向前看》的讲话相对照，重点完全不同。这既可以说是相互补充，也会有人理解为是两个调子。客观地讲，这两篇讲话的文字衔接确实不够紧密。《坚持四项基本原则》的讲话是对理论工作务虚会讲的，但这个讲话在全面回顾粉碎“四人帮”以来特别是三中全会以来的形势时，都没有提及实践是检验真理的唯一标准的大讨论，在讲到思想理论战线的任务时，也没有提出要进一步开展这个讨论，继续解决思想僵化、半僵化的问题。① 听了这个讲话以后，参加理论工作务虚会的不少同志感到不理解，而且心情沉重。

有一位理论工作务虚会的参加者认为，对务虚会是肯定，还是否定，是评价得高，还是评价得低，实质上是考验思想解放还是思想僵化、半僵化的试金石。这也是一种看法。

在当时的形势下，对理论工作务虚会的评价确有其复杂性。

但不管怎么说，对理论工作务虚会的评价问题确实存在。因此，就不断有人提出这个问题，发表自己的见解。

1989 年，在理论工作务虚会召开 10 周年的时候，有些同志写文章，对这个会议作出评价。有的人认为：“如果说，十一届三中全会标志着我党路线的大转折，

① 邓小平这个讲话第三部分讲了三点，第一点是：“对目前思想理论工作的估计”。其中说：“全国规模的关于实践是检验真理的标准的讨论，对全党的解放思想，破除迷信，研究新情况，解决新问题，对全党的统一思想，团结全党同志和全国人民实现工作着重点的转移，起了重要作用。”当时中宣部办公厅印发的记录稿和本人听讲的笔记，都有这一段话，在收进《邓小平文选》时，这一段话删掉了。

那么，务虚会就标志着理论上的大突破。”“务虚会出色地完成了自己的任务，对许多关系到党和国家命运的重大理论问题，一个个作了分析探讨和论证。三中全会在路线上的大转折，启发着、鼓舞着党的大批理论工作者在迷信盛行、禁区林立的理论领域进行这次大突破，而理论上的大突破，提出的许多新问题、新见解，又反过来促进着党的路线、方针、政策的大转折。”“大量事实证明，务虚会提出的新问题，以后在逐步解决，发表的新见解，也被逐步接受。”有的人认为，“十一届三中全会以及在它之前开展的关于真理标准问题的讨论，和在它之后召开的理论工作务虚会，开了解放思想，进行理论探索的先河。”有的人则幽默地说，“当时被有些人认为是洪水猛兽的理论务虚会，早已被实践远远抛在后面了。”

1994 年 3 月，是理论工作务虚会召开 15 周年。有一位理论工作务虚会的参加者撰写了一篇《纪念“理论工作务虚会”15 周年》的文章。他在这篇文章中说：“这次务虚会，应用马克思主义基本理论，批判林彪、‘四人帮’的极左路线，把被颠倒了的理论颠倒过来，进行拨乱反正，也清理和克服以阶级斗争为纲、无产阶级专政下的继续革命的影响，克服个人迷信和现代教条主义；对社会主义的性质、发展阶段、按劳分配和所有制等加以正确认识，初步清除附加到社会主义之中的外来成分；对社会主义经济建设、文化教育、知识分子政策、民主政治和法制建设等进行了广泛的讨论，提出许多很好的意见。会议一致热烈拥护邓小平同志担任党中央重要领导工作，揭露了康生是个阴谋家的面目，等等。这次会议是开得成功的，收获是多方面的。”①

2001 年，即理论工作务虚会召开 23 年以后，这次会议的参加者吴江回忆这次会议作了评价。他说：理论工作务虚会是 20 世纪 70 年代末中国理论界的一件大事。像这样的以实践标准为引言和主题的大规模的理论工作会议，在党的历史上还是仅见，或者像有人所说的是一个“创举”。会议的内容是以实践标准的精神广泛地涉及建国以来的思想理论路线方针各个方面。尽管限于当时的条件，会议在检讨马克思主义的理论与运用方面，在怎样于中国条件下逐步实现社会主义方面，以及在批判“文革”、指出毛泽东晚年错误和批判长期存在的“左”倾危害方面，都还只能说是开了一个头，但会议确实具有多方面的意义：无论对于马克思主义在中国的发展和发展的途径，总结过去思想理论工作的经验教训，还是对于反对危害极其严重的“左”倾教条主义并指名道姓地指出毛泽东所应负的责任，以及批评党内不正常的政治生活等方面，都有重要的意义。它开始引导人们进入思考，或者说，开始重新认识我们已走过的道路。这个会议毫无疑问将载入史册。② 吴江是理论工作务虚会会议领导小组成员之一，又是第五组的召集人，他对这个会议的评价可谓中肯，是值得重视的。

以上就是对理论工作务虚会进行评价和再评价的一些情况。

对于理论工作务虚会的评价，我们还是求助于这句话：实践是检验真理的唯一标准。当然，实践是一个历史过程。那么，在过了整整 15 年的今天（笔者写这个文稿是在 1994 年），实践已经可以对这个问题作比较明确的回答了。

---

① 广东《同舟共进》杂志 1994 年第 3 期，第 6 页。

② 《炎黄春秋》2001 年第 11 期。

对理论工作务虚会评价的分歧，不是由于这个会对“两个凡是”的批评引起的，主要是由于这个会议对一系列重大问题进行拨乱反正，包括对“无产阶级专政下继续革命理论”的否定，对“文化大革命”的否定，指出毛泽东的某些错误，等等。一些人猛烈攻击理论工作务虚会大大出了格。他们所说的格，主要就是这些。这些问题和会议提出的其他一系列问题，在党中央于 1981 年 6 月作出的《关于建国以来党的若干历史问题的决议》中，都做出了明确的结论，证明理论工作务虚会提的意见是对的。在邓小平的一些重要讲话和党中央的重要文件中，又进一步肯定了理论工作务虚会提出的各个建议。历史充分证明，理论工作务虚会对重大问题的拨乱反正是正确的。当时对这个会的种种指责，加给这个会的种种不实之词，都已被历史无情地击碎了。

还有一个情况。当时，在北京出现了“民主墙”。所谓“民主墙”，就是在西单邮电大楼西面马路边的围墙上（现在该地因城市建设已面目全非），贴了一些大字报，很多人去围观，一时很有影响（以后称为“西单墙”）。理论工作务虚会的召开恰恰处在“民主墙”活动后期，而务虚会上有些话题刚好也是“民主墙”上的话题，这一点本来并不奇怪，也不可避免，因为当时大家都面对着、思考着一些共同的问题。但是某些对务虚会怀抱不满的人，却利用“民主墙”的问题做务虚会的文章，说两者“互相串通”、“内外呼应”。当时重新上台掌管意识形态领导权的人也在过分渲染当时的舆论局势和鼓动反右，矛头是对着务虚会的。后来的事实证明，他们的用心并没有完全白费，在当时社会发生一些骚动的情况下，他们把矛头引向务虚会的言论至少产生了一定的影响。

我在修改这篇文稿时，已是 2012 年，离开理论工作务虚会已经整整 34 年了。30 多年的实践进一步证明，从总的方面看，理论工作务虚会是朝着十一届三中全会指出的方向，紧握实践标准的武器，在思想理论领域披荆斩棘，开拓前进的会议。理论工作务虚会贯彻了解放思想、实事求是的精神，对全面拨乱反正起了重要的推动作用。理论工作务虚会有力地证明，我们的理论工作者是忠于党、忠于人民的，有很高的马克思主义水平，是完全可以信赖、可以委以重任的。

毛泽东一再肯定中国知识分子在革命中的先锋作用。理论工作务虚会又一次显示了中国知识分子的这种先锋作用。邓小平在十一届三中全会前的中央工作会议上说：“现在敢出来说话的，还是少数先进分子。我们这次会议先进分子多一点，但就全党、全国来看，许多人还不是那么敢讲话。”[①] 参加理论工作务虚会的，先进分子也比较多，他们比较敢讲话，正面阐述的意见敢讲，揭露批判错误、坏人坏事的话也敢讲。这种精神，在当时来说，特别需要。但从现在来看，在当时僵化、半僵化状态严重存在，全党、全国敢于讲话的人不多的情况下，却有一个先锋队走得太快的问题，快到连某些领导人的思想都跟不上的地步。这是出现对理论工作务虚会纷纷指责的另一个原因。

但我们不能因此而指责理论工作务虚会。这大概是一种难以避免的矛盾，一种历史现象。

---

① 《邓小平文选》第二卷，人民出版社 1983 年版，第 144 页。

第十二章

中央党校结合教学深入进行真理标准问题讨论

中央党校和地方党校，包括省级党校和地市级党校以及一些县级党校在内，在真理标准问题讨论中，开始时起了带头作用，继而起了重要的推动作用。党校的讨论是这场大讨论的重要组成部分之一。

党校在真理标准问题讨论中的带头作用，首先是指，中央党校率先提出了实践标准，率先在学员中组织讨论，又率先撰写和修改形成论述真理标准问题的文章，率先在自己办的内部刊物上发表这篇文章。党校在真理标准问题讨论中的带头作用，还表现在一些地方党校，主要是省级党校，在各地的讨论中，起了带头作用。当时，在胡耀邦主持下，中央党校的思想比较活跃。这对省级党校有直接的影响（那时，有不少省级党校领导同志到中央党校访问）。因此，他们的思想也比较解放，比较活跃。他们对中央党校率先搞起来的真理标准问题讨论，积极响应，率先在自己的党校开展起来。有的省级党校顶着省、市党委领导同志的抵制观望态度，在校内开展讨论。他们在这个讨论中，不但起了带头作用，还起了推动作用。

党校在真理标准问题讨论中的作用，更多的是表现在教学中，在轮训干部中。

中央党校和各级党校在教学中，都突出了真理标准问题。实际上，当时党校的教学本身也就是进行真理标准问题的讨论。大批各级领导干部，正是通过在党校的学习，理解了真理标准问题的含义和进行讨论的意义，提高了认识，转变了思想，回去以后，又成为本地区、本单位真理标准问题讨论的自觉组织者和推动者。

党校在深化真理标准问题讨论、转变干部思想方面的作用，确是巨大的。

中央党校率先提出了实践标准，并开展这一讨论的情况，我在前面各章中，已有详细记述。在这一章中，主要讲中央党校在教学中组织学员进行真理标准问题讨论的情况。

一、毕业学员的生动回忆

为了说清楚中央党校结合教学开展真理标准问题讨论的情况，有必要先介绍一下中央党校复校后轮训培训干部的总的情况。

中央党校于 1977 年 9 月复校开学，招收高级干部、中级干部和理论宣传干部，进行轮训和培训。第一期高级十部读书班学员 147 人，对象是中央和国家机关各部委党组成员，省、市、自治区党委常委以上干部，部队军以上干部。第一期和第二期高级班学员还包括一部分中共中央委员和候补委员。第一期中级干部读书班学员共 496 人，对象为中央和国家机关的司局长，省、市、自治区政府的厅局长、地委常委以上干部，以及一部分优秀县委书记。以上两个班共 643 人。这两个班的学习期限都是从 1977 年 9 月到 1978 年 4 月。第一期宣传工作干部训练班共招收学员 164 人，对象为省、市、自治区党委宣传部干部，党校、中央各部委党校、干校、军事院校的理论教员，学习期限从 1977 年 9 月到 1978 年 11 月。以上中央党校开学时招收的三种班次学员共 807 人。

第二期高级干部读书班招收 223 人，中级干部读书班 985 人，两者合计 1208

人，学习期限都是从 1978 年 6 月到 1979 年 1 月。第二期宣传工作干部训练班招收 350 人，学习期限从 1979 年 3 月到 1980 年 9 月。以上三种班次的学员共 1558 人。

下面集中讲这一段时间内的教学情况。

在这一时期，在中央党校学习的领导干部和宣传理论干部总计 2365 人。在 1980 年以后，主要是 1980 年和 1981 年的教学中，仍然很重视真理标准问题。从全国真理标准讨论的发展情况看，我主要讲前两期在教学中开展讨论的情况。

关于这一时期中央党校结合教学开展真理标准问题讨论的情况，我从两个方面收集材料，一方面，查阅有关文字资料，另一方面，向当时在中央党校学习的干部作调查。使我很感动的是，不少毕业学员给我写来了材料，包括他们回忆当时的学习讨论情况、学习笔记、发言提纲等。

下面，我先将一部分同志的学习感受作些介绍。

第一期轮训班是从 1977 年 9 月到 1978 年 4 月。这一期结业时，还没有开展真理标准问题大讨论，但是，中央党校的教学认真贯彻了实事求是的方针，特别是组织学员认真讨论了《关于研究第九次、第十次、第十一次路线斗争的若干问题》的文件，讨论了这个文件中提出的“以实践为检验真理、辨别路线是非的标准”。也就是说，他们实际上已经初步学习和讨论了真理标准问题。

81 岁高龄（1993 年）的王铎，是中央党校复校后第一期高级干部读书班学员。他给我写了回忆当时学习情况的材料，很能说明问题。我将他写的材料摘录一部分如下。

党校从 1977 年 9 月初开学，高中级班学员按党校制定的教学计划、必读书目，开始学习。要求以读马列原著为主，弄懂弄通哲学、政治经济学、科学社会主义马列原著理论原则，联系实际批判“四人帮”反革命修正主义路线，并解剖自己的思想，提高认识，改造世界观。

这期高级班学员都是省部级干部，有七八十人，有些是过去工作的老熟人。这些学员有的在“文化大革命”中遭到批判斗争，受尽各种折磨，入学前作了组织结论重新分配了工作；有的是解放了，还没有分配工作，先来学习；少数是“文化大革命”中从工农积极分子劳动模范提拔起来参加革委会的；还有极少数是紧跟林彪、“四人帮”，犯过严重错误，不宜在原岗位工作，调党校学习。因为“文化大革命”期间，这几种学员的处境遭遇的不同，学习的心态、要求解决的问题是有所不同的。

在我们入学一个月以后，大家盼望的一天终于来到，即 10 月 9 日举行复校的开学典礼。当时的党中央主席华国锋、副主席叶剑英、邓小平、汪东兴还有其他领导人都来了。大家看到邓小平同志来了以及“文化大革命”后复出的一些老同志也来了，分外高兴。华国锋、叶剑英和胡耀邦都讲了话。会后专门安排了学习讨论。我们的小组（有王甫、阎达开、舒同、葛士英等），对把党校办成为学习、宣传、捍卫马列主义、毛泽东思想的阵地，成为发扬党的优良传统和作风的模范，都表示赞成。对所谓刘少奇反党集团及其修正主义路线是否存在提出了疑问。赞成要发扬党的实事求是、理论联系实际的学风，解决“文化大革命”中被颠倒了的理论路线的是非。称赞叶副主席讲的用马克思主义的立场、观点、方法来分析、处理、解决我们遇到的一切问题。

开学典礼以后半年多时间，大家在读马、列、毛原著的基础上，联系实际提出了一系列重大理论路线是非问题。我记得的有：进行“文化大革命”是否有必要，什么是修正主义，什么是社会主义，应怎样估计我党的基本情况，我党内是否存在着一条反马克思主义的修正主义路线和刘少奇反党集团，党的八大二次会议确定的中国主要矛盾和党的全部工作转入以社会主义生产建设为中心和 1962 年夏北戴河会议提出以阶级斗争为纲的方针，究竟哪一方针是正确的、符合实际的等问题。在学习讨论过程中，胡耀邦同志几次到支部会和各学习小组会上，鼓励大家要解放思想、实事求是、畅所欲言，要求把讨论的问题更集中些，更深入些。

1978 年 3 月，由于学习日益深入，当时，有两种思想针锋相对，争论激烈。一种是认为“凡是毛主席作出的决策，我们都要坚决拥护，凡是毛主席的指示，我们都始终不渝地遵循”，另一种是认为这不符合马克思主义实事求是的原则，不符合毛主席一贯倡导的实践第一的观点，不能使党领导人民沿着正确的道路前进。这时，党校胡耀邦等领导很重视这一争论，教研室、《理论动态》都派人来听讨论。我所在的小组都赞成社会实践是检验真理的唯一标准并结合学习了毛泽东的“认识论”。①

王锋回忆的学习情况以及我在第三章第一节中详细记述的，杨西光在这一期学习和参加真理标准问题讨论的情况，有力地说明了在真理标准问题大讨论开始之前，在中央党校学习的高中级干部（和理论干部），已经初步地进行了这一讨论，对解放思想取得了明显的成效。

从第二期轮训班开始，真理标准问题大讨论已经在全国范围展开。中央党校的教学就突出了真理标准问题，在教学过程中认真组织了对这个问题的学习讨论，不少学员对此印象深刻，感受颇多。现在也摘录一些学员的回忆材料。

参加中央党校第二期中级班（1978 年 6 月至 1979 年 1 月）学习的一位领导干部，在回忆这一段学习生活时说：“在中央党校学习的过程，也是参加真理标准问题讨论的过程。”② 同期一位上海来的学员回忆说：“在中央党校学习 6 个多月，是思想上收获最大的 6 个月，虽然距今 15 年有余，记忆还是鲜明的。当时我们阅读了大约 40 万字经典著作，但主要学习活动是围绕真理标准问题进行的。”③

参加中央党校第二期高级班（时限与中级班相同）学习的一位省委常委回忆说：“我所在的那个班的学员分别来自石油部、交通部、河北省和湖北省，我担任班党支部书记。”“我们入学的时候，关于真理标准问题的讨论已经进入高潮，教学过程实际上也就是真理标准问题讨论的过程。”“回想起来，我们那期关于真理标准问题的讨论大致经历了这样的步骤：正确评价毛泽东同志的功过——冲破个人崇拜

---

① 学员回忆材料 21。

② 学员回忆材料 5。

③ 学员回忆材料 16。

和‘两个凡是’的束缚——重新确立实践是检验真理的标准和解放思想、实事求是的思想路线。”“经过认真的讨论，大家思想统一了，都在原有认识的基础上有了一次新的飞跃。”[①] 来自云南省的一位高级干部对参加这一期学习的情况作了如下的回忆：“广大学员从一开始就十分关心和重视这场讨论。开始时，在我们学员中有不少同志要求学校介绍这场争论的背景，希望说明这场争论的意义，在学员中反映出一种心有余悸的心理。我们还组织学习了《内部参考》上登的黑龙江省委讨论这一问题的消息，学员们反映强烈，认为这对启发大家敞开思想很有帮助。在我们小组学习中讨论到敢不敢敞开思想是个关键问题，以此进一步启发大家敞开思想，冲破禁区。我们党支部在做法上虽不完全一样，但都认真组织学习和讨论，收效显著。”“我们在党校学习中收获最大的就是真理标准的大讨论。”[②] 自江苏的一位高级干部回忆说：“在中央党校学习七个多月，回想起当年参与党校真理标准大讨论那种认真热烈的场面，我很兴奋，也感到很幸运。兴奋的是多年压在心里的话讲出来了，幸运的是一生难得有进中央党校学习的好机会，自感收获不少。学习了四门课程，都以马克思、恩格斯、列宁和毛泽东的哲学理论为指导，突出了实践是检验真理的唯一标准。”[③]

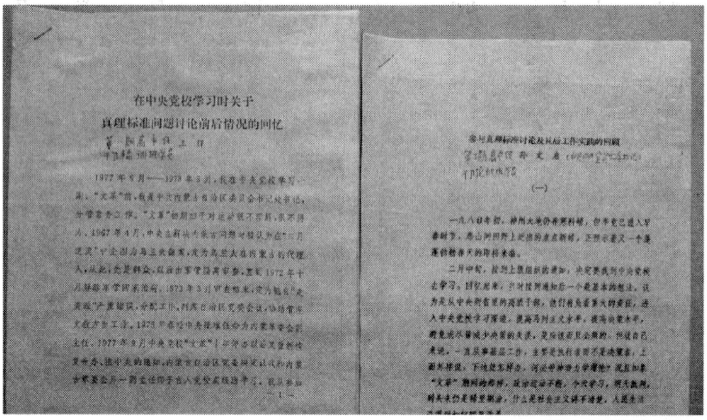

这是两位领导干部回忆在中央党校参加真理标准问题讨论的材料

第一期宣传工作干部训练班共 164 人，对象主要是省、市、自治区党校、干校、军事院校、高等学校的理论教员，省级宣传部门的理论宣传干部。这一期的学习期限从 1977 年 9 月到 1978 年 11 月，共一年多时间。这一期的时间是在真理标准问题讨论的酝酿阶段和真理标准讨论的开展并发展到高潮阶段。因此，他们的感受也很深。我收到一些学员的回忆材料，很生动地反映了这一期学员参加真理标准问题讨论的情况，现摘录如下：

广东的三位毕业学员廖烈坤、陆卓森、谢钟若进行了座谈回忆，写来了回忆材料。在他们撰写的回忆材料中说：“我们这个班是打倒‘四人帮’后三部的第一个

① 学员回忆材料 13。
② 学员回忆材料 12。
③ 学员回忆材料 11。

班，学习时间自1977年9月至1978年11月底。学习分为两个大阶段。第一阶段自1977年9月至1978年5月初，学了马克思主义哲学、政经、科社、党史、党建、科学态度与文风等六个单元。当时中央已提出拨乱反正、正本清源的口号，故学习时极为重视读好原著和批判‘四人帮’对马克思主义理论的歪曲，将被颠倒的理论是非再颠倒过来。特别是学习哲学时，着重学习了物质第一性、实践第一、实事求是等基本观点。在党史学习中讨论了对‘第九、十、十一次路线斗争’的认识，当时党校提出一个对‘文化大革命’若干问题认识的稿子给我们讨论，[①] 中有‘千秋功罪，何人曾与评说’的句子，尽管那次讨论还未全盘否定‘文化大革命’，但对我们思想解放推动极大。有的同志提出对‘文化大革命’应倒三七开，有的人开始怀疑无产阶级专政下继续革命的口号是否正确。当时中央党校在耀邦同志直接领导下，思想解放，实事求是，有一个很好的学风。这些学习，为后来认识真理标准问题打下了很好的基础。”“第二阶段的学习自1978年6月至11月底结束。这一阶段在赴大寨、大庆参观考察之后开始了专业学习。……到我们（考察结束）回到党校时，有的同志悄悄地告诉我们，中央有人来追查发表《实践是检验真理的唯一标准》一文之事，说是有人要‘砍旗’。[②] 我们听后心中很不以为然，但从中感受到中央党校已受到压力，似乎有一股寒流袭来。在一个短时间内校内没那么活跃，那么开朗了，有点冷冷清清。过了一段时间，小平同志在全军政治工作会议上发表了重要讲话，肯定和支持实践是检验真理唯一标准的观点，一下子冲破了那种沉闷的气氛，大家都从心里欢呼，而且有一种‘又解放了’的感觉。在这段时间，部里曾组织几次讨论，但是插进来的，没有作为专门一个单元来学习。绝大多数学员都支持、拥护实践是检验真理的唯一标准。但是，也有些道理还未完全弄通。例如：是不是唯一标准，共产主义理论还未完全经实践检验，是否就不是真理了？等等。”“在讨论真理标准问题时，各省都将之看成一个重大政治事件，在7月以后（邓讲话发表以后），陆续有一些省在《人民日报》表态支持。当时广东省宣传部门的领导同志曾电询我们了解此事背景和应否表态。我们商量后即提供有关信息并作肯定答复。过两天，广东就表了态。这是否与我们提供的情况有关，就不得而知了。”“在7月份去大寨考察时，三部的同志们发现大寨的一些做法和宣传不够实事求是，例如，以大寨只有一百多劳动力是完成不了那么多大规模的工程的，大寨展览馆的对工农业产值的统计与事实似有出入等等。大家在实践是检验真理唯一标准思想的指导下，纷纷提出自己的看法。三部的领导决定将学员的意见向中央反映，殊不知反映后又一次受到某些人追查。”[③]

来自上海华东师范大学的翟作君说：“我是粉碎‘四人帮’之后第一期进入中央党校理论班学习的。当时我担任支部学习委员，负责抓学习。这次学习在我人生

---

① 这个文件当是提出“实践标准”的《关于研究第九次、第十次、第十一次路线斗争的若干问题》。

② 当时，坚持“两个凡是”的一些领导人压制真理标准问题的讨论，一时气氛趋紧，因而出现了中央已派工作组进驻《人民日报》等传言。

③ 学员回忆材料22。

道路上可以说是最难忘的。中央党校实事求是的学风。首先冲破了长期形成的条条、框框，打破了僵化的头脑，解放了思想。这次学习给我印象特别深的有几件事：一是，胡耀邦同志有一天晚上带着他的秘书参加我们的支部委员会，向我们谈了他在'文化大革命'期间和粉碎'四人帮'之后所经历的问题。许多事情是我们不敢说，更不敢想的。例如，他说，过去一直讲'形势大好，一年比一年好'，现在我们全国有两亿多人都吃不饱，还吹什么形势大好。耀邦同志的话，的确是事实，但过去谁也不敢讲这种真话，只是跟着吹形势大好，其实心里又不是这样认为的。他的话对我们震动很大。二是，《人民日报》'内参'，我几乎每天去看，看过之后还做了回忆笔记（不准记录）。我从'内参'了解到'文化大革命'前后党的历史上大量的冤案、假案、错案，甚至伪造材料让毛泽东同志批阅，下发全党，结果很坏。三是，金春明老师经过大量的调查，得出了上海的'一月风暴'是错误的结论。当时上海的领导王一平同志来北京时看望上海学员，我就上海'一月风暴'的问题，谈了我们在党校学习期间的看法。王一平同志听过之后，很吃惊，认为'一月风暴'是毛泽东同志亲自肯定的，怎么可以否定呢？四是，中央党校《理论动态》发表了大量的解放思想，冲破旧的条条框框，恢复实事求是（的文章），文笔犀利，新颖多采，发人深思的好文章，如《实践是检验真理的唯一标准》以及《解放军报》发表的经过罗瑞卿同志修改过的文章，还有《理论动态》发表的一篇关于群众'截领导车子'的报道，看过后感到浑身轻松。[①] 可以说《理论动态》在当时解放思想方面是起了先导的作用。五是，胡耀邦同志为了打破学员解放思想的顾虑，除了重申三不主义（不抓辫子，不扣帽子，不打棍子）之外，又提出了学员结业时'一不作鉴定，二不装袋子'的正确意见，使我们学员抛弃了各种思想顾虑，才敢于发表意见。例如，当时中央党校组织学员参观大寨时，学员对大寨大队反对责任制很有看法，但怕戴上反大寨的帽子，有意见也不敢讲，后来校领导对学员做工作，欢迎大家发表意见，我们就将意见发表出来，并反映到中央。"[②]

在这一期宣传干部训练班学习的新疆维吾尔自治区党校的党育林、朱民回忆说，15 年前在中央党校开展的那场实践是检验真理的唯一标准的大讨论，是终生难忘的一课。他们说，在真理标准问题大讨论开展以前，他们就讨论了胡耀邦同志指导起草的《关于研究第九次、第十次、第十一次路线斗争的若干问题》的文件，对这个文件提出的"应当以实践为检验真理、辨别路线是非的标准"，大家完全赞同。《实践是检验真理的唯一标准》这篇文章公开发表以后，他们在学习中讨论了这个问题，"一时间校院里议论纷纷。同学们不仅在课堂里热烈地讨论，而且在宿舍里，在饭桌上，在林间小道上，在人工湖畔，到处都在争论这个问题"。他们说："从我们所在的支部和小组来看，虽然没有人说'砍旗'，但是，疑虑、困惑、担忧还是存在的。""随着中央党校教师的不断引导和讨论的逐渐深入，我们的认识也开

① 此文即 1978 年 10 月 5 日出刊的《理论动态》第 89 期，题目是《从所谓"截车"谈起》，胡耀邦出的题目，由本人撰写。

② 学员回忆材料 10。

始转变。"①

以上摘引的一部分毕业学员的回忆材料，很能说明问题：

（1）中央党校在1978年5月《实践是检验真理的唯一标准》一文发表之前，就已经在关于研究路线斗争的文件中提出了实践标准，并在全体学员中进行了讨论，使很多学员的思想得到很大的启发。

（2）在《实践是检验真理的唯一标准》的文章发表后，全国开展真理标准问题讨论的形势下，中央党校的教学过程，就是组织学员进行真理标准问题讨论的过程。

（2）高级干部班、中级干部班、理论宣传干部班各个班次的学员都感到，那一段在中央党校学习和讨论真理标准问题，收获很大，印象极深。

二、教学中突出和贯穿了真理标准问题

这一节主要讲中央党校的领导同志和教员，在教学中贯彻真理标准问题，组织学员进行深入学习讨论的情况。

1978年6月30日，中央党校复校后第二期高中级干部轮训班举行开学大会，开始了学习。这一期共1208人，其中高级班223人，中级班985人。第一单元是哲学，重点就是真理标准问题。当时的《黑龙江日报》副总编辑王庆功，是这期中级班学员，担任24支部第5组副组长。他查阅了当时的学习笔记，给我写来了确切的材料。根据王庆功同志提供的材料，学习情况大致如下：

7月6日，韩树英同志（哲学教研室副主任）向学员布置哲学课的学习。他说：理论界正在讨论真理的标准问题，有不同看法。《人民日报》6月24日发表特约评论员文章。这个问题第二阶段讨论。同时还提出把"理论和实践的关系问题"、"真理和实践的关系问题"，作为学习重点。

7月19日，开始哲学课程第二单元学习，主要读列宁的《唯物主义与经验批判主义》。在布置学习时提出，"这个单元的学习，要联系全军政治工作会议精神，围绕三个问题展开讨论；A. 实事求是，理论和实践统一的问题；B. 实践是检验真理的唯一标准的问题；C. 马克思主义认识路线和民主集中制、群众路线的一致性的问题"。

在这次会上，冯文彬同志提出："这个单元要和当前思想实际相结合。学了这个单元，对实践是检验真理的标准问题弄不清就不好了。在批判林彪、'四人帮'中注意清理自己的思想。我们要高举毛主席的伟大旗帜，问题是怎样举法，是用唯心主义方法，还是用唯物主义方法。"②

7月22日，哲学教研室教员张磊同志在作《唯物主义与经验批判主义》辅导时提出两个论点：

A. 从认识论来说，实践是检验真理的唯一标准，不能用真理检验真理。人人都要坚持自己认为是真理的东西，只有实践能戳穿假马克思主义。

① 学员回忆材料24。

② 冯文彬当时任中央党校副教育长。1978年10月16日，由党中央任命为副校长。

B. 承认实践标准，并不否定马列主义、毛泽东思想基本理论为指南。没有革命理论指导的实践是盲目的实践。

7月下旬（或8月初），胡耀邦同志提出，给每个小组发两期新华社《国内参考》，将其中的两个材料作为学习的参考。这两个材料是：[①] 黑龙江省委常委重新评价"文化大革命"的一些问题，提出"文化大革命"前的省委是红的，不是黑的。[②] 黑龙江省委常委讨论真理标准的情况。[③]

有好几位学员的回忆材料中，都提到新华社的两期《内部参考》，对他们很有启发，印象很深。我查了一下，是第79期（1978年7月22日）和第81期（1978年7月28日）。这两期《内部参考》的第一篇文章都是报道黑龙江省委打破禁区，解放思想的情况。尤其是第79期这一篇，题目是《黑龙江省委召开常委扩大会议，认真讨论真理的标准和民主集中制问题》。这就是8月4日《人民日报》头版头条的那条新闻。但《内部参考》刊登的内容要尖锐得多。《内部参考》的报道中说，有些同志提出疑问，既然原省委是红的，那么当时造省委的反、夺省委的权，是不是错了？如果说错了，那么对毛主席关于夺权的指示、关于成立黑龙江省革委会的批示，又怎样理解？有的同志还提出了另外一些问题说：毛主席革命路线在教育战线占统治地位，那么对毛主席提出资产阶级知识分子的一统天下的指示如何看？既然毛主席革命路线在各个领域占主导地位，走资派只是一小撮，"文化大革命"成立造反组织，所有党政机关统统砸烂，这样做法是否必要？说红卫兵由于缺乏经验，往往选错造反目标，那么，对毛主席接见红卫兵又怎样看？问题提出来了，但没有一个单位领导人敢于引导大家深入讨论，从领导到一般干部，都是只提问题，而不表明自己的看法。当时的情况是心有余悸，怕字很多。《内部参考》的报道说，其中核心的问题，是对涉及毛主席指示的有些问题，最怕表态。如，"文化大革命"中，所有党政机关几乎统统被搞瘫痪，统统被夺了权，几乎所有领导干部统统靠边站，停止了党组织的活动。大家认为，这些做法是应该总结的，但是，不敢说。还有，1975年邓副主席工作以来，搞得很好，拨乱反正开始有了成果，但是突然来了反击运动，一下子把大家搞糊涂了，把生产搞了下去。对这些问题是有看法的，但是因为毛主席对此曾有过说法，由于怕涉及毛主席，有话还是不敢公开说。《内部参考》的报道接着指出，大家认为，坚持实践是检验真理的唯一标准，就可以解决这个难题。

在当时来说，以上这些问题具有极大的尖锐性。因为在那时，基调控制在揭批林彪、"四人帮"歪曲篡改毛泽东著作和指示的罪行，肃清其流毒。《内部参考》的报道中提出的问题，已经是如何从根本上评价"文化大革命"。特别是，这些问题已较深地触及了毛泽东晚年的严重错误。这些，也是大家普遍关心而又疑惑的问题，或者是有想法有看法还不敢说的问题。看了《内部参考》，大家必然对真理标准问题讨论的意义和重要性，会有进一步的理解。第81期《内部参考》，主要是讲

① 学员回忆材料21。
② 学员回忆材料5。
③ 学员回忆材料18。其中《国内参考》应是《内部参考》。

如何解放思想，打开“四人帮”设置的禁区。以上这些，对大家起了重要的启发和鼓舞作用。所以，许多人至今对此印象还很深。

为了帮助学员更好地理解真理标准问题，中央党校哲学教研室编印了《马克思恩格斯列宁斯大林毛泽东关于理论和实践统一的部分论述》的学习材料。这个材料共四个部分：

1. 理论和实践的统一；

2. 实践是检验真理的唯一标准；

3. 革命导师坚持用实践检验理论并发展理论；

4. 修正主义、教条主义割裂理论和实践，把马列主义变成死的教条。

这个材料选编了 101 条论述，共 3 万余字，发给学员，人手一册。

在哲学学习中，学员学习和讨论真理标准问题的情况，在下面再具体讲。

当时，在中央党校学习的，除了这两个班 1208 人以外，尚有 1977 年 9 月入学的宣传干部训练班 164 人，近 1400 人。他们对正在全国展开的关于真理标准问题的大讨论十分关心，又不很理解。他们向学校领导提出要求，希望请人给大家讲讲这场争论的背景、意义、性质和主要观点分歧。中央党校领导决定由吴江给大家讲一次真理标准讨论的问题。

1978 年 8 月 5 日上午，吴江对一、二部学员讲了真理标准问题的讨论。[①] 他讲的题目是《关于当前的一场讨论》。在 8 月 27 日，又给刚从大寨、大庆考察回来的宣传干部班学员讲了一次。这是中央党校就真理标准问题讨论给学员上的第一课。所以，校领导对这一课很重视。

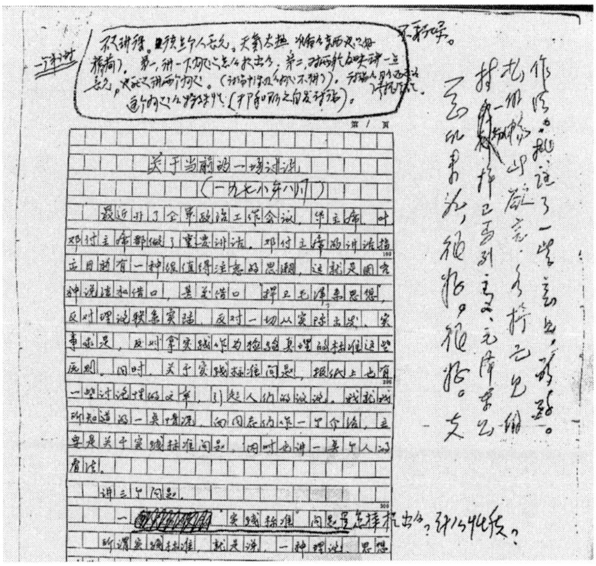
关于当前的一场讨论
（一九七八年八月）
最近开了全军政治工作会议，华主席、叶、邓付主席都做了重要讲话。邓付主席的讲话指出目前有一种很值得注意的思潮，这就是用各种说法和借口，甚至借口"捍卫毛泽东思想"，反对理论联系实际，反对一切从实际出发、实事求是，反对拿实践作为检验真理的标准这些原则。同时，关于实践标准问题，报纸上也有一些讨论理论的文章，引起人们的议论。我就我所知道的一点情况，向同志们作一个介绍，主要是关于实践标准问题，同时也讲一点个人的看法。
讲三个问题。
一 "实践标准"问题是怎样提出的？针对什么？
所谓实践标准，就是说，一种理论、思想

1978 年 8 月 5 日，中央党校首次对学员讲真理标准问题。这是吴江的讲稿和胡耀邦审阅后写的批语

① 吴江当时任中央党校哲学教研室主任、理论研究室主任。

吴江的讲课稿共一万余字。这个经反复修改的讲课稿肯定是在7月份准备的。胡耀邦审阅修改了这个讲课稿。耀邦在审阅后写下这样的评语："总的来说，很好，很好。"耀邦对讲稿作了一些修改，在第一部分的两处增写了重要内容。一处是，在讲分清"第九次、第十次、第十一次这三次路线斗争"是非，"只有一个标准：实践"。在"实践"二字后面加写了"即这十几年来的实际结果"。从而明确了"实践"的具体内容。另一处是，在讲"林彪、'四人帮'把真理说成是依人的主观意志为转移的东西"的地方，加写了一段："这伙骗子首先推倒了马列主义、毛泽东思想的这个根基，挖去了马克思主义的这个灵魂，把马列主义、毛泽东思想当作神，当作宗教，用这个东西来吓人、整人，许多人上了当，或者吓怕了。"

在这个讲课稿结尾处，耀邦加写了以下内容："党校同志，特别是理论班同志，一定要按毛主席的教导办事！靠科学吃饭。科学是老实的，不老实，总要吃大亏。"从审阅修改讲稿这件事，足以说明，胡耀邦作为中央党校的主要领导者，对进行真理标准问题教育的重视。

吴江的这个讲课稿讲了三个问题：

(1)"实践标准"问题是怎样提出的？什么性质？

(2)强调实践标准，会不会减弱理论、思想、党的决议指示等等的指导作用？

(3)什么是毛泽东思想？怎样对待毛泽东思想？

这三个问题，都是当时争论的主要问题，也是大家不大了解而迫切希望得到解答的问题。对这三个问题，讲课稿都作了明确的回答，并批评了一些反对者的错误观点。

在回答提出实践标准的历史背景时，讲稿讲了三条，一是多年来，我们提出的思想、理论、路线、计划、方案等，究竟什么是正确的，什么是错误的或片面的，必须做出恰当的判断，正确地总结经验教训，必须有一个客观标准。二是要分清被林彪、"四人帮"搞乱了的路线是非、理论是非、思想是非，需要一个确定的可靠的标准。三是研究和解决新问题的需要。这样讲，不仅仅是拨林彪、"四人帮"破坏之乱，而是站在历史的高度，视野开阔，包括纠正毛泽东晚年的错误在内了，讲得确实比较深刻。讲稿剖析了在实际生活中存在的检验真理的种种非科学的标准，即"权力标准"、"语录标准"、"风向标准"、"以谁看过、说过的为标准"。

这个讲课稿比较深刻地揭露剖析了"两个凡是"的思潮和政治实质，指出，林彪、"四人帮""他们嘴头上说'句句照办'，实际上是有选择的办，对他们有用的才办，他们是最大的实用主义者"。林彪、"四人帮"的阴魂附在一些人身上，动不动给人打棍子。他们最厉害的一条棍子叫"砍旗帜"。讲课稿指出，有的人口口声声喊"高举"，实际上和真正的毛泽东思想毫不相干。

讲课稿最后指出了这场讨论的严重意义，估计了这一讨论的形势。讲稿说：从各地材料看，实践标准问题的讨论，目前还只是开始。"现在有的省委在报纸上公开表态，有的在内部进行认真讨论，涉及许多重大问题。"讲稿还指出："有的地方的宣传部门还在压制下面的自发讨论，把实践标准问题划为禁区。我看现在这样干，未免有些违背历史潮流。”

这次讲课对学员是一次比较深刻的教育。

这些内容也必然很快地传到全国各地。直到今天，一些毕业学员写来的回忆材料中，还讲到这次讲课对他们的帮助和启发。中共甘肃省委党校常务副校长王文学（当年的宣传干部训练班学员）说，那时，他们听了几个报告，“其中，对我影响大的报告要数吴江作的题为《关于真理标准问题》”。[1]

这一期轮训班的哲学教学共用了两个月的时间。在此期间，根据读原著为主、自学为主的教学方针，学习了列宁的《唯物主义与经验批判主义》、毛泽东的《实践论》，教师作了学习辅导讲课。还学习了 1978 年 6 月华国锋、叶剑英、邓小平在全军政治工作会议上的讲话（由于邓小平的讲话针对性强，思想和理论都很深刻，实际上大家更注意的是邓小平的讲话）。最后，用四天时间，集中讨论了实践是检验真理的标准和如何坚持实事求是、从实际出发、理论和实际相结合的问题。

真理标准问题是马克思主义认识论的一个基本问题，只有比较全面而准确地理解了马克思主义的认识论，才能真正理解和掌握检验真理的标准问题。在我们的中高级领导干部中，系统地学习过马克思主义哲学的人并不很多。在中央党校的哲学学习阶段，学员们认真阅读了马克思主义哲学原著，较好地理解了马克思主义的认识论，分清了唯物主义和唯心主义两条认识路线，又重点学习了马克思主义哲学著作中关于理论与实践的关系的论述，特别是关于真理标准的论述。这样，就有了比较扎实的理论功底，对真理标准问题有了比较深刻的理解，从而为真理标准问题的讨论奠定了较好的理论基础。这同他们在工作岗位上粗粗地看一下报纸上关于论述真理标准问题的文章，是大不一样的。

有好几位毕业学员给我寄来了他们当时在中央党校的学习笔记和他们写的发言提纲和心得体会。我也翻阅了其他的有关资料，其中也有不少学员写的学习体会、小结这类材料。以上这些材料，都生动地反映了这些干部在中央党校学习期间，进行真理标准问题讨论的情况。从中可以看出，这些领导干部是如何认真阅读钻研马克思主义原著并认真思考问题的，他们怎样从理论上从而也在思想上真正比较深刻地理解了真理标准问题的。我想，没有必要将这些材料一一作介绍。但是，为了说明问题，我还是要将当时黑龙江省松花江地委书记王维之寄给我的，他在 1978 年 7—8 月间写的《中央党校真理标准讨论笔记》（之一、之二、之三），向大家简要地介绍一下。

王维之的学习笔记“之一”中，1978 年 7 月 7 日，写的是他学习了马克思的《费尔巴哈论纲》十一条的体会。在第二条下面，他写了这样的认识，“这就是实践是检验真理的标准。离开实践的思维只能是唯心主义”。7 月 8 日，他写了学习马克思的《〈政治经济学批判〉序言》和恩格斯的《路德维希·费尔巴哈和德国古典哲学的终结》的体会。他在精读了恩格斯阐明的黑格尔辩证法后，写下这样一些体会：“四人帮”、林彪之流搞绝对真理，胡说什么“顶峰”、“一句顶一万句”、“句句

① 学员回忆材料 17。

是真理"、"最最最"，使人只能背诵警句，"句句照办"。讲话，写文章，发文件，千篇一律，照抄照转照念，是一堆僵死的教条，毫无革命性战斗性。

王维之的学习笔记"之二"，内容是学习列宁的《唯物主义与经验批判主义》第一、二章的笔记。在这本笔记中，他抄下了列宁关于唯物主义认识论的精辟论述。他对认识的辩证发展、绝对真理和相对真理、认识论中的实践标准等问题，写了不少自己的体会。这些学习笔记写于 1978 年 7 月 24 日至 26 日。他在"认识中的实践标准"的小标题下，写了这样的认识，列宁在马、恩关于实践的观点基础上明确指出："生活、实践的观点，应该是认识论的首要的和基本的观点。"在这本笔记中，他写下了这样的体会：实践是检验真理的标准，实践是认识客观世界的必由之路。通过实践发现真理，发展真理；没有实践也就没有认识，也就没有真理。马克思主义把实践引入认识领域，并作为认识论的基础，这是一个大革命。实践是人们改造客观世界的活动。我们认识世界是为了改造世界。要改造世界就要首先正确认识世界发展变化或叫运动变化的规律，利用这些客观规律能动地改造世界，为人类服务。要认识不断发展变化的客观世界，就要深入到三大革命实际斗争中去，亲自调查研究，亲自体验分析，从群众斗争中集中认识客观的智慧，认识客观真理，掌握客观规律，充分发挥人的主观能动性，改造世界，求得斗争的胜利。两个月不下去工作就没有底，说话就没有力量，工作就限于一般号召。一到火热丰富的实际斗争中去，问题就一目了然，说话有根据，指导有方向，工作有生气，收获就显著。所以，深入实践调查研究，集中群众智慧，不但是做好工作的必由之路，也是思想提高和最好的精神享受。他的这些体会，生动地反映了我们党的一位长期从事第一线实际工作的领导干部，在学习了真理标准问题之后，理论和思想水平的提高，精神境界的积极变化。

王维之同志的学习笔记"之三"，是为小组讨论真理标准问题写的发言提纲，写于 1978 年 7 月 29 日。他的发言提纲主要讲了两个问题。一是剖析了林彪、"四人帮"违背实践标准的思想言论和反动实践，二是讲了自己对坚持实践标准与坚持马列主义指导的关系的认识。他认为，马列主义理论过去是随着实践斗争而发展的，现在和今后也是随着实践而不断发展的，马列主义理论可以是指导无产阶级革命的指南，但不能作为检验真理的标准。检验真理的标准只能是革命的实践。这不但不会贬低马列主义理论的真理意义，相反的，马列主义理论不怕实践的检验，而是在实践中发展、丰富，日益增其光辉。

以上是具体介绍一位有较大代表性的学员，学习和参加真理标准问题讨论的情况。下面将对中央党校在这一时期组织学员进行真理标准问题讨论的总体情况，作一概要介绍。对于这方面的情况，中央党校在当时都作了总结，写了材料。这对我来说，就方便多了。同时，这些写于当时的材料，也比较具体而符合实际。①

一、二部学员在哲学学习阶段，为了加深对马克思主义认识论的理解，用四天时间讨论了认识和实践的关系、实践是检验真理的唯一标准等问题。一、二部 31 个支部，

① 学员回忆材料 23。

有8个支部在小组讨论的基础上开了全支部的讨论会。三部学员也进行了讨论。讨论中，同志们理论联系实际，认真准备，敞开思想，畅所欲言，收到了较好的效果。①

(1) 明辨了是非，进一步认识到必须完整地准确地理解毛泽东思想体系。

明确了理论和实践的关系，提高了对毛泽东思想根本观点的认识。学员们在讨论中，以大量的事实揭发了林彪、“四人帮”在思想上、理论上造成的极大混乱，其中最根本的问题之一，就是颠倒了理论和实践的关系，篡改了真理的标准。②

同志们说，这场讨论首先是拨乱反正的需要。林彪、“四人帮”横行时期，他们搞两个颠倒：在政治路线上颠倒敌我关系，在认识路线上颠倒理论和实践的关系。粉碎“四人帮”以来，在政治路线上的揭批可以说有一定深度，而认识路线上的拨乱反正还要费很大的力气，需要进一步深入地进行下去。这次讨论，从认识路线的根本上来正本清源，具有重大现实意义。

同志们还感到，这场讨论也是实现新时期总任务的需要。只有坚持从实际出发，实事求是，把实践摆在第一位，才能制定出合乎实际的方针、政策；才能把林彪、“四人帮”造成的大量积重难返的问题在正确的、统一的认识基础上加以解决；才能正确地分析在新的历史条件下提出的新问题，从而提高为新时期总任务奋斗的自觉性。

经过讨论，大家认识到，围绕真理标准问题的这场争论，本质上是我们党坚持辩证唯物主义和历史唯物主义的世界观，同林彪、“四人帮”的唯心主义天才论、先验论、权力决定一切和上层建筑决定论等谬论的斗争的继续；是完整准确地领会和应用毛泽东思想，同口喊“句句是真理，一句顶一万句”，实际篡改和歪曲毛泽东思想之间的斗争。一句话，是真“高举”还是假“高举”的斗争。只有恢复马列主义、毛泽东思想的本来面目，掌握其精神实质，我们才能前进。

(2) 弄清理论和实践的关系问题，是真正高举毛主席伟大旗帜的需要。

学员们说，对这次社会上关于真理标准问题的讨论，开始仅仅看成是哲学上的争论问题，经过学习讨论认识到，这个问题不仅是理论问题，同时也是关系到思想政治路线的问题，是一个怎样才能完整地准确地理解毛泽东思想体系，高举毛主席旗帜前进的问题。因此，弄清这个问题，意义十分重大。

通过这场讨论，大家都感到对辩证唯物论认识论的理解，大大深入了一步。主要是搞清了以下两点：

一是弄清楚了不应当把重视革命理论的指导作用和坚持实践是检验真理的标准对立起来或混淆起来，前者是真理的作用，亦即理论对实践的指导作用问题；后者是理论的真理性问题，即理论的正确与否必须受实践检验的问题。这是两个既有区别又有联系的问题。即使是正确的理论，也还必须接受实践的检验，并随着实践的发展不断补充、丰富和发展。只有这样的理论才能起到指导实践向前发展的作用。

---

① 《中央党校教学简报》第17期，1978年8月20日。

② 《中央党校简报》(增刊) 第3期，1978年9月11日。以下材料均引自这两个简报，互为补充，不一一注明。

二是弄清了真理是个过程，它要随着客观事物的发展而不断地充实和发展。真理是认识的相对性和绝对性的统一。对待马列主义、毛泽东思想的真理也必须这样看。把真理看成是僵死的、一成不变的、不发展的，不分时间、地点、条件地一切照搬，永远照搬，绝不是尊重真理，而恰恰是违反了马克思主义认识论，是糟蹋真理。

高级班河北的学员在讨论中，归纳了这样几点认识：马列主义、毛泽东思想的基本原理，是经过实践检验了的普遍真理，不能怀疑、不能违背，但也要随着实践不断丰富发展，个别原理、个别结论，则要随着历史条件的改变而改变。至于革命导师说的个别的一两句话，更要具体对待，他们看过或圈阅过的某些文件，也不能绝对化，而要根据实际情况和变化了的条件加以验证。总之，要把毛泽东思想体系和针对具体问题的个别论断适当加以区别。

学员们说，毛主席对待马列主义和他自己的某些论断，一贯坚持科学态度，随着实践的发展，不断修改、充实、发展自己的看法。我们应该学习的是毛主席的实事求是的科学态度。只有采取这种科学的态度，我们才能真正完整地准确地领会和执行毛主席的思想和指示。

同志们说，这场争论正像邓副主席讲的，根本问题就是如何对待马列主义、毛泽东思想。

（3）提高了认识，初步敞开了思想，根据理论和实践统一的原理，学员们也自然地联系到了第九、十、十一次路线斗争中的一些问题。

在搞清理论问题的基础上，同志们广泛地联系了实际。多数小组、支部本着实事求是、尊重客观实践的精神，很自然地联系讨论了如何正确看待“文化大革命”。上海的“一月风暴”是什么性质，把林彪作为接班人写进党章的教训，对彭罗陆杨问题，对“六十一人叛徒集团”问题，对“反击右倾翻案风”的问题等一系列重大政治问题，不少人提出疑问，有的同志坦诚地谈了自己的看法。对一些省市的运动、工作及落实政策等方面，大家也提出了许多问题。

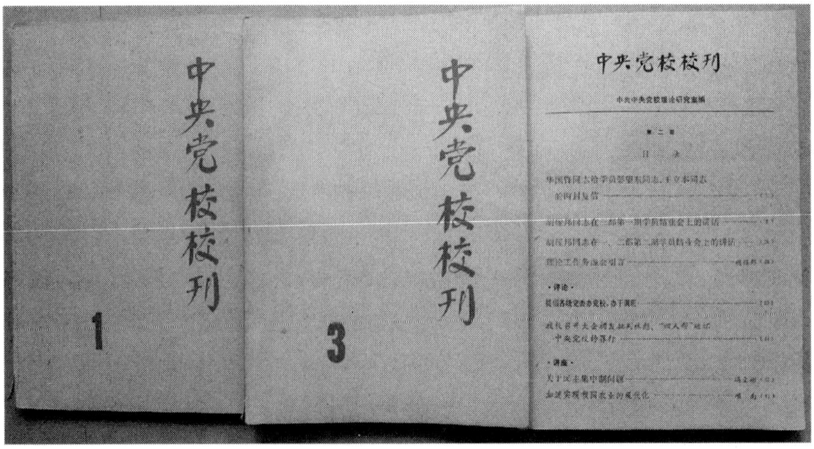

胡耀邦创办的《中央党校校刊》刊登了很多有关真理标准问题讨论的文献和资料

这次学习讨论，不但在理论上提高了认识，明辨了是非，而且思想比较解放，心情比较舒畅，创造了一种良好的讨论问题的空气。但从讨论的情况看，学员们的思想发展还是不平衡的，部分学员对实践是检验真理的标准问题，还没有完全搞通，有些学员思想上还有各种顾虑，有的人还提出不要一种倾向掩盖另一种倾向。

对于以上材料，需要说明两点：

(1) 这些材料着重批判了林彪、“四人帮”的唯心主义思想路线，没有提“两个凡是”。实际上，在学员的学习讨论中，并没有回避这个问题。前面引的高级班河北学员的发言，就是批评“两个凡是”的。但作为中央党校校委，在当时还不宜在向上送的简报中，明确批评“两个凡是”。

(2) 学员所提问题，已经触及了毛泽东晚年的错误。这些材料也没有明确写上。这有一个时机是否成熟的问题。1977 年 11 月，来自成都军区某团的一位参谋长，就在小组发言中明确地指出了毛泽东发动“文化大革命”，重用林彪、江青、张春桥等人的一系列严重错误，在校内引起大家的关注。1978 年 4 月，军委秘书长罗瑞卿还调阅了这位学员的发言。

以上是 1978 年真理标准问题讨论在全国形成高潮时，中央党校在教学中组织学员进行讨论的大致情况。

这里，还需要着重说一下的是，胡耀邦、马文瑞等中央党校的主要负责人，除了布置和指导教学干部结合教学，对学员进行真理标准问题的教育外，还直接对学员阐述这个问题，进行教育，提出要求。

1978 年 11 月 28 日，胡耀邦在三部第一期结业会上讲话，主要是讲了正在召开的中央工作会议的情况。这个讲话贯串了实践标准，体现了拨乱反正的精神，讲了“天安门事件”等十个重大是非问题。他在这个讲话中明确指出：“实践是检验真理的唯一标准这个讨论，我觉得起了很好的作用，起了解放思想，起了面对实际，起了真正地按毛泽东思想办事的巨大作用。这个讨论还没有完，还要深入，因为我们不少同志的思想方法不对头。”① 这个讲话经过整理印出后寄给了毕业学员，在全国各地起了很大的作用。1979 年 1 月 18 日，胡耀邦在一、二部第二期结业会上的讲话，提出要切实解决好存在的各种问题时说，“不要等着找什么文件，不是从去年就争论起吗，实践是检验真理的唯一标准，实践检验证明搞错了，就把它纠正过来嘛！对的就坚持，实事求是，合情合理。”② 这时，已是十一届三中全会以后。三中全会肯定了真理标准问题的讨论，并给以高度评价。胡耀邦这个讲话，是向中高级领导干部提倡用实践标准处理问题，做好工作。我在前面已经讲到，1979 年 1 月 3 日，马文瑞向全体学员和教员、党校的行政领导干部，专门讲了中央工作会议和十一届三中全会上关于实践是检验真理的唯一标准问题的讨论和争论情况，使大家对这个问题的全面情况，有了进一步的了解。

十一届三中全会以后，主要是在 1979 年、1980 年以及此后的教学中，仍然着

① 《中央党校校刊》第 2 期，第 18 页。

② 《中央党校校刊》第 2 期，第 27—28 页。

重抓了真理标准问题的学习和讨论。这在中央党校和各学员部、哲学教研室的总结中，都有充分的反映。这一时期学习讨论真理标准问题有两个明显特点：一是更加明确地批评“两个凡是”。在中央党校校委于 1980 年 2 月写的三年工作基本总结中，就有这样的话：“我们积极进行真理标准问题的讨论，在破除迷信，解放思想，肃清林彪、‘四人帮’的极左流毒，批判‘两个凡是’错误观点上，是旗帜鲜明、坚定不移的。”① 二是学习讨论紧紧围绕正确理解十一届三中全会的精神进行。

这一时期的真理标准问题教学和讨论，在具体内容上，特别是联系实际的重点上，结合了每一个时期的实际情况和干部的思想情况，包括中央重要会议、重要文件的学习贯彻，但基本内容与上面讲的差不多，在这里，没有必要再作具体介绍了。

三、一批撒向全国的“真理种子”

四川省宜宾地委书记孙文启，是中央党校第 4 期高中级干部轮训班的学员，这一期是从 1980 年 3 月到 7 月。从这一期开始，高级干部和中级干部混合编班。他说：“至今回忆起来，中央党校在那段教学时期，无论从教学形式到教学内容，直至学员激烈而生动的讨论发言，都表明其学习过程实际上就是真理标准讨论、从思想上拨乱反正的过程。”“在中央党校学习期间最大的收获，即是关于对理论和实践关系的认识问题，也即真理标准问题。”这些领导干部在中央党校学习以后，回去起了什么作用呢？孙文启有一段绝好的评说：“可以这样说，中央党校在当时确实是通过真理标准的讨论帮助一大批干部从思想上、理论上澄清了迷雾，确立了一切从实际出发，实事求是的思想路线。而这批干部犹如火种，引起了全国思想解放的燎原之火，并成为全党工作重点从过去以路线斗争为纲转移到以‘经济建设为中心’上来的带头人和中坚。”② 孙文启是根据自己的体会来讲这个话的。应当说，孙文启在中央党校的学员中，同前面提到的王维之一样，具有较大的代表性。他的这些话反映了实际情况。受他的启发，我将中央党校的学员在推进全国真理标准问题讨论中的作用，用“真理种子”来比喻。

在这一节，我也是采取列举材料的方法，来说明问题。

讲“真理种子”，当首推杨西光。他是中央党校复校开学后高级干部读书班的学员，1978 年 4 月结业以后，到《光明日报》任总编辑。在中央党校学习期间，他积极参加了《关于研究第九次、第十次、第十一次路线斗争若干问题》这个文件的讨论，还参加了讨论这个问题的小型座谈会。在校学习期间，同胡耀邦有两次单独的接触，理论动态组的同志也经常访问他。正是因为他在中央党校学习期间就初步学习讨论了实践标准问题，思想上得到启发，所以，当他在《光明日报》社工作中看到哲学专刊上《实践是检验一切真理的标准》的文稿时，一下就意识到这篇文

---

① 《中央党校校刊》第 4 期，第 29 页。

② 学员回忆材料 25。

章的重要性，也看出此文联系实际不够、现实针对性不强的主要不足。他当即做出决定，此稿要作为重头文章在报纸第一版发表，不能作为哲学专刊的文章。另一方面，他立即求助于母校，请中央党校的同志帮助修改加工，请求胡耀邦审阅此稿，在《理论动态》上首先发表。在《实践是检验真理的唯一标准》一文公开发表以后，杨西光又多方努力，扩大其影响，从而对真理标准问题的大讨论做出了重要贡献。在中央工作会议和理论务虚会上，他严肃地揭露和批评坚持“两个凡是”的那些人的错误。这些情况，我在前面已作了详细介绍，这里不赘述了。

下面再介绍一些领导干部在中央党校学习了真理标准问题后，回去积极宣传贯彻的情况。

前面提到的王铎，毕业后任内蒙古自治区党委常务书记。他在写给我的材料中说：

我们这期党校学习是1978年5月初结业的，内蒙古在这期高中级班学习的十几名同志，结束学习后，组队去大寨、大庆参观半个多月，于5月下旬返回内蒙古。4月下旬，胡耀邦同志在中组部找我谈话，告诉我中央已经批准我回去任区党委常务书记。1978年5月下旬，我从中央党校学习回来后，自始至终地抓了“实践是检验真理的唯一标准”的学习和大讨论。“文化大革命”十年中，林彪、“四人帮”大搞现代迷信，把毛泽东同志神化，并把毛泽东思想绝对化、教条化、神圣化，提出所谓“句句是真理”、“一句顶一万句”等等。粉碎“四人帮”后，是从实际出发，解放思想，冲破“两个凡是”，拨乱反正，还是从领袖的话出发，思想僵化，让“文化大革命”中及“文化大革命”前一切错的理论、政策等继续下去。当时，这个问题严重困扰着各级领导和广大干部群众。在这场关系党和国家前途命运的大讨论中，内蒙古自治区党委站在前列，积极领导全区广大干部群众，联系内蒙古的实际，对“实践是检验真理的唯一标准”问题展开了学习和讨论。

1978年9月5日，自治区党委宣传部召开了直属机关厅局以上干部学习报告会。我代表区党委讲了话，并强调指出，关于真理与实践的关系问题，是当前全国理论战线上争论的一个重大问题。这既是一个理论问题，又是一个关系到我们党的思想路线和政治路线的问题。这个问题的讨论，关系到对待马列主义、毛泽东思想的根本态度问题，是真举还是假举毛主席的伟大旗帜、能否沿着毛主席开辟的无产阶级革命道路继续前进的重大问题，关系到揭批“四人帮”能否进行到底，能否从思想上、理论上和路线上拨乱反正的大问题，关系到新时期总任务能否实现，能否尽快实现社会主义四个现代化的重大问题。一句话，是关系到党和国家的前途和命运的重大问题。同时，我还重点谈了四个问题：一、必须坚持实践是检验真理的唯一标准这一马克思主义的基本原则；二、坚持实践是检验真理的唯一标准，对于把揭批“四人帮”的伟大斗争进行到底，具有重大的现实意义；三、坚持实践是检验真理的唯一标准，对于实现新时期的总任务，加速实现四个现代化，具有深远的历史意义；四、加强对学习的领导，完整地准确地掌握马列主义、毛泽东思想体系，使我们的思想适应新时期总任务的需要。在对这个问题的讨论过程中，我要求各级领导高度重视、带头学习，并同当前的各项工作紧密地结合起来，推动各项工作沿着党的路线胜利前进。

为深入讨论实践是检验真理的唯一标准问题，从 9 月 12 日到 9 月底，自治区党委连续 6 次召开有自治区党委常委、革委会副主任和各部委办主要负责人参加的学习讨论会。10 月份自治区党校办了第 21 期中级班和直属机关干部理论学习班，我在开学典礼上从 5 个方面具体谈了我对坚持实践是检验真理的唯一标准的重大现实意义和深远历史意义的认识。①

十一届三中全会以后，王铎更积极有力地推动真理标准问题大讨论在内蒙古自治区广泛深入地展开。

黄永辅，第二期高中级干部轮训班中级班学员，上海市轻工业局政治部副主任(以后任党委副书记、党委书记)。他说：我回上海宣传真理标准讨论的重要性。我不仅在局党委扩大会议上汇报了个人在中央党校的学习体会，而且对处级和大厂领导干部举办学习班，作了学习辅导报告，起到一定的推动作用。②

高红姝，也是第二期高中级干部轮训班中级班学员，结业回去后任安徽省团委副书记。她说：由于有了中央党校的一段学习，从思想上理论上对一些问题的认识有了提高。因此，对很多问题（包括当时的形势），理解起来快一点。比如，当时安徽农村试行包产到户，干部群众中就有不少议论，有反对，有不理解，认为是走资本主义道路，甚至有的说要顶住。虽然当时我不能讲得很透彻，但我一是拥护试行大包干，二是向人们宣传实践是检验真理的唯一标准，让实践来说话。③

康世昌，也是第二期高中级干部轮训班中级班学员，青海省西宁市委书记。他说：我回到工作岗位后，利用一切机会，结合理论学习和传达贯彻十一届三中全会精神，宣传了实践是检验真理的唯一标准，在各级干部中受到好评，都认为从理论上解决了一个重要问题。④

王维之，前面已详细地介绍了他在中央党校学习真理标准问题的情况。他说：回到松花江地区，首先向地委常委作了真理标准讨论精神的传达，然后向机关干部和县委书记会议分别作了辅导性发言。全区上下思想认识比较统一，一致赞成实践是检验真理的唯一标准。通过学习讨论，有力地促进了干部理论水平的提高和思想大解放，加速了落实解放干部的政策，焕发了大干经济工作的劲头。⑤

杜鲁公，陕西省渭南地委书记。他是 1980 年下半年才到中央党校学习的，是第五期高中级干部轮训班学员（从第四期开始已不分高级班和中级班了)。这期的学习期限是 1980 年 9 月到 1981 年 1 月。这时，尽管已是十一届三中全会以后一年多了，但有些干部的思想仍然处在僵化半僵化状态，很不解放。在有些地区，这种情况还比较严重。杜鲁公说，在他到中央党校之前，在一次地委常委会上，为农村实行“大包干”问题展开了激烈的争论，他主张积极试点推行，但一些人认为这是

---

① 学员回忆材料 21。
② 学员回忆材料 16。
③ 学员回忆材料 8。
④ 学员回忆材料 20。
⑤ 学员回忆材料 23。

"大倒退"，是"恢复私有制"，是"单干风的再起"，是"资本主义复辟"。他说，在中央党校，通过真理标准的讨论，认识提高了，学习回来后，抓紧开了几次地委常委会，专门进行真理标准的讨论，解决农村实行"大包干"的问题，又展开了一场激烈的争论，并向省委写了报告。这样，才使渭南地区的"大包干"逐步推行。①

下面介绍几位宣传干部班毕业学员回去后，在真理标准问题讨论中起作用的情况。

张江垠，是广西壮族自治区党委宣传部理论处处长。广西壮族自治区的领导同志虽然在 1978 年 10 月就公开表态支持真理标准问题讨论，但并没有在广西广泛组织讨论。张江垠自己在党校学习，却始终关注着广西的讨论开展情况，将有关资料信息抄写寄给区党委宣传部，建议广泛组织讨论。他于 1978 年 12 月回到广西以后，就到区党校县市宣传理论干部学习班讲课。他讲了自己在中央党校参加真理标准问题讨论的情况和自己的收获，向学员传达了胡耀邦在中央党校三部第一期结业典礼上的讲话。十一届三中全会以后，区党委决定开展真理标准讨论补课。张江垠积极参与，翻印了新华社编印的《实践是检验真理的唯一标准》（通俗讲话）的小册子两万本，② 分发各地。③

王文学，甘肃省委宣传部理论处副处长。他说，中央党校结业后，于 1978 年底回到工作单位，协助省委办了两期真理标准问题讨论学习班，一期为全省地、县委一把手班，另一期为省级各部、委、办、局主要负责人班。之后，又抓了全省真理标准问题讨论的补课，协助省委宣传部召开了全省真理标准问题讨论会。他还撰写了《围绕解决经济问题把真理标准讨论引向深入》的文稿，作为《甘肃日报》评论员文章，于 1979 年 12 月 16 日在该报头版头条发表。④

谢钟若，华南师范大学干部。从中央党校结业回去以后，分别向广州地区政治理论教员、华南师大科以上干部、广州政治干校学员，作了真理标准问题的辅导报告。到饶平地区工作时，向当地 1000 多干部作了《怎样理解实践是检验真理的唯一标准》的报告，受到好评。⑤

翟作君，上海华东师范大学政教系领导干部。他从中央党校结业回去以后，到校外不少单位作了真理标准问题辅导报告。他还参加了上海市的理论工作务虚会，他的发言出了两期简报。⑥

还有一些学员，在中央党校学习以后，深感真理标准问题讨论的重要和迫切需要，便主动向本地区、本单位领导写信，提出积极开展真理标准问题讨论补课的建

① 学员回忆材料 14。

② 这是新华社在十一届三中全会以后，请中国社会科学院哲学研究所同志撰写的，共 24 讲，近 4 万字。广西于 1979 年翻印。

③ 学员回忆材料 1。

④ 学员回忆材料 17。

⑤ 学员回忆材料 22。

⑥ 学员回忆材料 10。

议。这里，仅举江苏省轻工业局副局长、党组副书记安岳为例。安岳是高中级干部轮训班第三期中级班学员。他于 1979 年 8 月 26 日给江苏省委写信，讲了自己在中央党校学习的收获和深切感受。他说，“我的学习收获比较大。最重要的是在学习过程中解放了思想。所以能够和敢于解放思想，又归功于真理标准的讨论。”他从自己的体会出发，根据当时的形势和干部队伍的状况指出，“这场讨论太重要了”。他就如何搞好真理标准讨论补课，向江苏省委提出四条建议。他的这封信被理论动态组发现后，给予充分肯定，发表在《理论动态》第 163 期（1979 年 10 月15 日）。

从以上列举的一些学员的材料，足可以说明，这些干部在中央党校学习以后，回到各地区、各单位，成了真理标准问题讨论的自觉推动者和宣传员，说他们是“真理种子”，是毫不夸张的。在十一届三中全会前，中央党校办了高中级干部轮训班二期，共 1851 人，其中有中共中央委员 19 人，候补中央委员 36 人。宣传干部训练班 164 人。以上两种班次共 2015 人。这么一大批干部分布到全国各省、市、自治区，许多地、县和重要单位，中央和国家机关各部、委、局和军队的许多单位，对全国的真理标准问题的讨论，起的推动作用是不应低估的。还有一个情况要估计到，两期高级班中的 55 名中央委员和候补中央委员以及相当一部分人，是中央工作会议和十一届三中全会的参加者，他们在这些具有历史意义的会议上，肯定是起了积极作用的。

十一届三中全会以后，从 1979 年到 1981 年 1 月，中央党校又办了三期高中级干部轮训班，共 5637 人；宣传干部训练班和宣传工作领导干部学习班各一期，共 690 人；其他班次 189 人。以上合计 6516 人。这么大数量的领导干部的轮训和培训，对真理标准问题讨论的补课和拨乱反正，其作用同样是不应低估的。

中央党校在教学中组织学员进行的真理标准问题讨论，其主要特点是：层次高，有理论深度，针对性强，问题解决得比较彻底，对全国范围的大讨论，起了巨大的推动作用。

中央党校在教学中突出和贯穿真理标准问题，组织学员进行讨论的做法，对地方党校起了示范和带动的作用。全国省、市、自治区党校和各级地方党校，也积极地在教学中进行真理标准问题的教育，组织学员进行讨论，对推进真理标准问题的讨论，起了重要的作用。

第十三章

地方党校在真理标准问题讨论中的重要作用

在真理标准问题大讨论期间，中央党校和全国各级党校轮训培训干部的主要内容，就是进行实践是检验真理的唯一标准的教育，解决思想路线问题，推进拨乱反正。从真理标准问题讨论的角度说，就是推进这个讨论向广度和深度发展。

在前一章，讲了中央党校在教学中组织学员进行真理标准问题学习讨论的情况。在这一章，主要讲省级党校和地方各级党校在教学中组织学员进行这一讨论的情况。全国党校面广量大，情况也有很大差别。在这里不可能讲得很细，更不可能讲得很全面。只是根据我所了解到的情况，以若干党校为代表，略加阐述。

一、主动投入，在讨论中起带头和推动作用

在真理标准问题的讨论中，在实践标准与“两个凡是”的争论中，全国的地方党校，尤其是省、市、自治区一级党校，总的来说，是积极主动、富有成效的。一个主要的原因，是中央党校的带动和影响。

当时，在胡耀邦主持下的中央党校，思想比较解放，空气比较宽松活跃。这对地方党校无疑是一个示范和有力鼓舞。中央党校创办的《理论动态》，中央党校率先提出并开展真理标准问题讨论，中央党校在教学中组织学员进行真理标准问题的学习和讨论，地方党校的领导和教员都很赞赏，都自觉地仿照办理。因此，中央党校的教学计划，中央党校编的教材，都成了地方党校的重要依据和参考。那时，不断有地方党校的领导同志到中央党校访问取经。地方党校的同志通过各种途径，获取中央党校的信息。当时主持福建省委党校工作的副校长明祖凡回忆说：“真理标准讨论，我们主要是受到中央党校的影响。《理论动态》是我们非看不可的，大家抢着看，省委也是这样，威信高得很。”[①] 特别是，有一些地方党校的领导干部和教员，他们当时已在中央党校学习，更是注意吸取和借鉴中央党校的经验。在中央党校第二期轮训班学习的山东省委党校副校长陈鸿儒说：“除按教学计划学习了一些马列基本理论外，中央党校的教学实践和经验，也是我们学习的重要方面，特别是在教学中坚持实践是检验真理的唯一标准，贯彻理论联系实际的方针方面，对我们有启发，有提高。这个收获对我们的工作帮助很大。”[②]

真理标准问题的讨论，在各省、市、自治区的开展是很不平衡的。有些地方的领导同志在一段时间内对这个讨论的态度不是积极的，有的采取观望态度，有的甚至压制这个讨论。但是，党校的同志一般都能主动地投入这场讨论。下面介绍的几所党校的情况，很能说明问题。

中共宁夏回族自治区委党校

1978 年 8 月 6 日的《人民日报》，在第一版报道了宁夏自治区委党校组织学员学习讨论真理标准问题的情况。这篇报道说，宁夏党校举办县以上干部读书班，学

① 调查访谈材料 20。

② 调查访谈材料 17。

习马列著作和毛泽东著作，学习中央报刊发表的《实践是检验真理的唯一标准》、《马克思主义的一个最基本的原则》等重要文章。通过学习，学员们表示，在今后的工作中，一定要把实践放在第一的位置上，把深入实际，参加三大革命运动实践，作为做好工作、改造世界观的重要途径。一些从事理论研究工作的同志联系当前围绕“真理标准”问题展开的争论，面对现在还存在着反对实事求是、反对从实际出发这一根本原则的思潮，更加感到自己的责任重大。他们说，承认不承认、坚持不坚持实践是检验真理的唯一标准，这不是一个小问题，而是关系到捍卫马克思主义辩证唯物论的认识论的重大原则问题。如果听任那种思潮泛滥，真理就不能发展，马列主义、毛泽东思想就会被篡改，新时期的总任务也就不能完成。由顾建鹏、谷忠诚两位记者写的这个报道，是《人民日报》报道地方讨论真理标准问题的第二篇（第一篇是8月4日关于黑龙江省委讨论真理标准问题的报道）。这也是中央报纸第一次报道地方党校讨论真理标准问题的情况。

当时主持宁夏党校工作的李和春，对此事记忆犹新。据他说，自《光明日报》特约评论员文章发表后，就得到这篇文章是胡耀邦同志亲自审定的消息，学校就立即组织领导干部、教员和学员学习。学校当时举办三种形式的学习班，一种是县以上领导干部读书班，一种是理论教员读书班，还有公社书记读书班。在师生中开展“实践是检验真理的唯一标准”的讨论，这个情况被自治区领导、新华社记者得知了。记者到学校组织学员、干部、教师讨论，根据讨论整理了一则消息，给学校审阅，自治区有关领导同意后，才发稿。[①] 从1977年5月重新组建到1979年底，宁夏党校共培训干部1320人，其中县委常委以上干部357人，公社书记199人。

中共辽宁省委党校

从1978年办的第二期轮训班开始，就在教学中贯穿了真理标准问题讨论的内容。这期轮训班的对象是县以上领导干部。

粉碎“四人帮”以后，开展拨乱反正是一个逐步的艰难的过程。当时，辽宁省委党校同其他党校一样，根据党的十一大文件的精神，把教学要求定为“加深理解毛主席关于无产阶级专政下继续革命的理论”，“深入批判林彪、‘四人帮’的极左路线”。但是，随着真理标准问题讨论的展开，他们就主动地在教学中加进了这方面的内容。在哲学教学中，突出了对马克思主义认识论的学习，引导学员学习思考以下四个问题：

第一，弄清认识对实践的依赖关系，掌握实践是马克思主义认识论的第一和首要的基本观点；

第二，弄清实践是检验真理的唯一标准，认识实践标准是马克思主义的一个根本原则；

第三，弄清真理是具体的、发展的，深刻理解真理的相对性和绝对性的辩证关系；

---

① 调查访谈材料3。

第四，弄清我党的实事求是、群众路线的哲学基础，批判林彪、“四人帮”的唯心主义，认真总结经验，洗刷唯心精神。

这样，就把真理标准问题讨论的内容，纳入了哲学教学。而且，在读书和辅导中，着重引导学员以真理和真理标准为主要问题，进行学习和研究。

在政治经济学的教学中，引导学员以实践为标准，从总结社会主义经济建设的历史经验和教训，去认识社会主义经济规律的客观性。

在这期教学中，学员在以下三个问题上的认识有了明显的提高：

第一，实践为什么是检验真理的唯一标准？主要搞清楚了实践标准和马克思主义理论指导的关系，消除了那种认为强调实践标准就是对马列主义、毛泽东思想指导地位的贬低或否定的错误理解，提高了对实践标准和理论指导的关系的认识。

第二，坚持实践标准才能充分发扬实事求是的优良传统和作风。只有坚持实践标准，才是真正高举毛泽东思想伟大红旗，不坚持实践标准，是假高举，从而消除了那种认为坚持实践标准就是砍旗的错误理解。

第三，坚持实践标准才能在思想上和行动上真正做到反对主观主义和形而上学。①

这里需要说明的是，辽宁省委的主要领导人任仲夷与宁夏回族自治区党委书记霍士廉，对真理标准问题的讨论采取了积极支持的态度。任仲夷在辽宁的理论刊物《理论与实践》1978 年第 8、9 期合刊上发表了《理论上根本的拨乱反正》一文，肯定和阐发了实践标准。1978 年 10 月 12 日，《人民日报》报道了霍士廉在自治区地、县委书记会议上关于加深对实践是检验真理的唯一标准的理解的讲话。省委和自治区党委领导同志的态度，对两所党校的教学当然发生了积极影响。但这两所党校的领导同志和教员，确是自觉地主动地抓了真理标准问题的教育，并取得了较明显的效果。

中共福建省委党校

1994 年 4 月 20 日，我在福州市的一家医院里，拜访了当年的福建省委党校副校长、党委书记明祖凡（当时，他还是省委宣传部副部长、省社科院党委书记、省社联副主席，但他自己说“屁股坐在党校”）。当时，福建省委的主要负责人对真理标准问题的讨论，态度不是很积极的，但省委党校却是主动积极地投入了这场大讨论之中。1978 年 7 月，省委党校派了哲学教研室主任马鸣等三人到北京，参加中国社会科学院哲学所、《哲学研究》编辑部召开的理论与实践问题讨论会。临行前，明祖凡嘱咐他们，到北京以后，要先到中央党校去一下，了解一下情况。福建省委党校还仿照中央党校的《理论动态》，于 1978 年 3 月创办了内部刊物《理论与实践》，积极宣传了真理标准问题。这个刊物在第 13、14、15、16 期（1978 年 8 月 11、13、15、16 日），连续刊登北京的理论与实践问题讨论会的材料，在第 21、26 期（1978 年 10 月 3 日、11 月 1 日）分别刊登了省委党校学员讨论真理标准问题和

① 调查访谈材料 10。

龙岩地委党校学员讨论真理标准问题的材料。福建省委党校从1978年6月21日到9月27日（学习三个月）开办的第二期轮训班，一开始就重视进行真理标准问题的教育和讨论。在上述《理论与实践》第21期（1978年10月3日），内容就是“第二期轮训班学员讨论检验真理的标准问题”。这篇文章说：“我校第二期轮训班学员在认真看书学习，弄通马克思主义的过程中，学习了马克思《关于费尔巴哈的提纲》，毛主席《实践论》《矛盾论》《人的正确思想是从哪里来的?》等著作以及华主席、叶副主席和邓副主席在全军政治工作会议上的讲话，围绕着实践是检验真理的标准问题展开热烈讨论，联系实际狠批林彪、‘四人帮’鼓吹唯心论的罪行，进一步明确实事求是，一切从实际出发，理论与实践相结合是毛泽东思想的根本观点，划清了唯物论和唯心论两种认识路线的界限，总结第九、十、十一次路线斗争的经验教训，解放思想，为实现新时期总任务扫除思想障碍。”据这篇文稿反映，在学习中，同志们一致认为，当前，对实践是检验真理的唯一标准这个问题的讨论，非常重要，这是哲学上的一个带根本性的理论问题，是一个思想路线问题，是对马列主义、毛泽东思想的根本态度问题，是关系到党和国家的前途和命运的大问题。在学习过程中，同志们各抒己见，畅所欲言，澄清了许多糊涂思想，提高了马列主义、毛泽东思想水平，学习和讨论收到了显著的效果。《福建日报》在1978年10月4日第一版就此作了报道。明祖凡说：在真理标准讨论中，省委党校起了比较大的作用，几次会议都是以党校为主。主要是中央党校、耀邦同志，对全国起了很大的示范带头作用。①

中共上海市委党校

上海的情况比较特殊。上海是“四人帮”搞篡党夺权阴谋的一个主要的基地。在“文化大革命”中，上海的广大干部受到严重迫害，但思想上中极左思潮和路线的毒害也较深。粉碎“四人帮”以后，新组建的上海市委主要领导人执行“两个凡是”方针，对真理标准问题讨论采取消极的甚至严密控制压制的态度。

但是，上海市委党校的领导同志和许多教师，在真理标准问题讨论中，却能采取主动积极的态度。

据当时的校委委员、组织处长严家栋回忆，当时他分管学员工作（我访问时，严已经是常务副校长）。《实践是检验真理的唯一标准》文章发表后，在学员中就有反映。一些在“文化大革命”中受迫害的学员要求讨论。哲学教研室同志也要求讨论。但是，兼任党校副校长的市委宣传部领导人认为，要有中央文件才能讨论。严家栋和当时的副校长李佐长等人议论此事，认为学员可以讨论。事实上，哲学教研室的青年教师邱少全，在5月份就撰写了文章。

1978年7月，哲学教研室冯其舜从北京参加讨论会回上海后（即中国社会科学院哲学研究所、《哲学研究》编辑部召开的理论与实践讨论会），首先在哲学教研室传达了这个会议的精神，还向第一期轮训班学员作了传达（1978年4月5日开

① 调查访谈材料15。

学）。8 月 2 日，又在全校干部大会上作了传达。传达后，各教研室和学员学习小组都进行讨论。在此基础上，9 月 19 日，开了全校第一次理论讨论会，哲学教研室的五位同志作了专题发言，从不同角度、不同侧面阐述了真理标准问题。这个讨论会联系实际，解放思想，生动活泼。《文汇报》于 9 月 21 日在第一版作了报道。报道的大标题是：《市委党校热烈讨论坚持实践标准问题》。10 月 3 日，《人民日报》也作了报道。

10 月 21 日，上海市委党校又召开了第二次理论讨论会。各教研室同志在发言中，结合本学科的特点，列举大量事实，说明了坚持实践标准的重要性。哲学教研室的同志从哲学上两条认识路线的根本对立，论述了坚持实践标准对于坚持马克思主义认识路线的重要性。政治经济学教研室的同志在发言中，强调要坚持实践标准，努力按客观经济规律办事。实践是检验经济理论、经济政策的唯一标准。我们经济建设的理论、路线、政策是否正确，就要看它是否符合客观经济规律，是否有利于经济的发展。科学社会主义教研室的同志说，只有坚持实践标准，在革命实践中不断检验和发展革命理论，不断用符合新的历史条件的新结论来代替旧结论，才能使马克思主义理论始终具有强大的生命力，才能使它对革命实践发挥更大的指导作用。党史党建教研室的同志论述了坚持实践标准，对于恢复和发扬党的优良传统和作风的重要意义。大家在发言中，讨论了如何坚持实践标准，促进党校的教学工作和理论研究工作的问题。

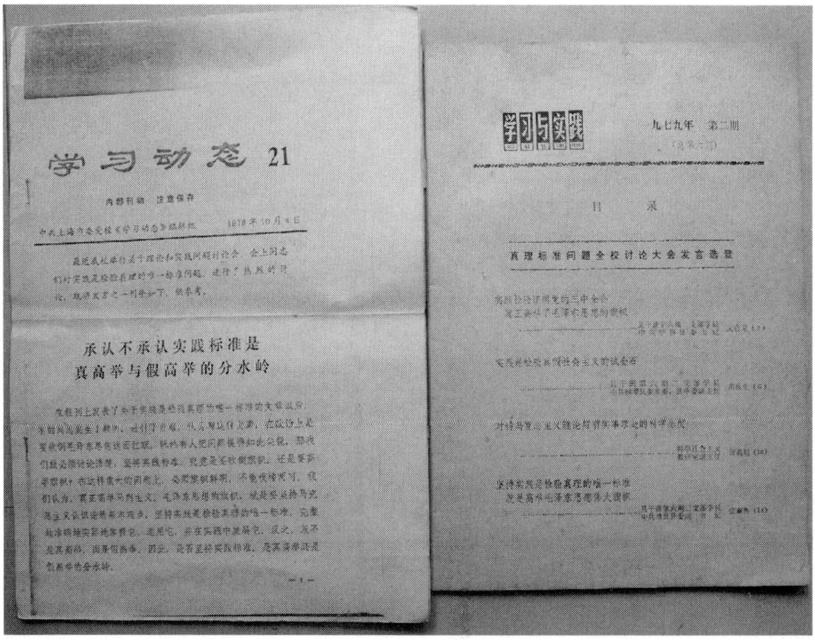

许多省级党校仿照中央党校的《理论动态》，创办了自己的内部刊物。这是上海市委党校和湖南省委党校的刊物

上海市委党校还办了类似中央党校《理论动态》的内部小刊物，叫做《学习动态》。在这一时期，连续刊载关于真理标准问题的文稿，《学习动态》第二十一期发表了哲学教研室高为学撰写的《承认不承认实践标准是真高举与假高举的分水岭》一文。这期《学习动态》是1978年10月4日刊出的，送到中央党校后，胡耀邦于10月24日阅看了此文，并写了如下评语："这篇东西解答了人们思想上要解答的问题。这个问题还要继续宣传，不要讲过头话。"由中央党校理论研究室副主任孟凡给上海市委党校的同志作了传达。《文汇报》于1978年10月5日发表了这篇文章（署名钟仑，标题也作了改动）。

上海市委党校常务副校长严家栋认为，真理标准讨论，上海起步慢，党校起步快。市委党校在真理标准讨论中的作用，一是率先开展讨论，二是写了文章，三是到外面作报告。[①]

在真理标准问题讨论中，许多党校主动积极地投入，在当地起了带头和推动作用。这种推动作用所及，还包括当地党委。上海市委主要负责人，对真理标准问题讨论迟迟不表态。上海市委党校的同志在为市委领导人代拟开学典礼讲话稿时，提出建议，希望讲一下真理标准问题，并写进了这方面的内容。上海市委就是通过这位领导人在党校开学典礼的讲话，对真理标准问题讨论表示了支持的态度。详细情况已在第七章讲了。

地方党校对真理标准问题的讨论和参与情况也是不平衡的。一部分党校主动投入，但也有一些地方党校，在十一届三中全会以前，没有认真展开讨论。如湖南省委党校，由于省委认为，关于真理标准讨论是一个学术问题，湖南主要是学习毛泽东著作，不一定正面组织讨论，党校按省委的意见，没有在全校布置讨论，但理论班还是讨论了一下。在十一届三中全会以后真理标准问题讨论补课中，湖南省委党校起了很好的作用。

二、培训大批干部，使讨论广泛深入展开

真理标准问题的讨论，是思想路线问题，也是一个政治问题。所谓政治问题，最主要的就是要推倒"两个凡是"，废除以阶级斗争为纲，制定出一条正确的政治路线，并使这条政治路线能得到切实的贯彻。因此，各级干部的思想转变和政治态度的转变是关键，只有各级领导干部理解掌握了实践标准，认清并抛开了"两个凡是"，才能真正解决问题。各级党校由于它的特定性质，就很自然地承担起通过轮训和培训的方式，对干部进行真理标准的教育，组织真理标准问题讨论的使命。

关于全国各级党校在教学中组织真理标准问题讨论的情况，没有综合性的材料，不可能做出系统全面的介绍，也只能根据我所掌握的若干党校的材料来说明。

下面，我将一些党校的总结材料摘抄出来，以见一斑。

---

① 调查访谈材料5。

中共云南省委党校

该校一份总结材料说：

根据《中共中央关于办好各级党校的决定》以及省委指示精神，我校从 1978 年 1 月开始，共举办了四期县以上干部轮训班（第四期 1980 年 1 月底结束）；与此同时，还举办了三期理论宣传干部训练班、一期政治经济学读书班、一期被错划成右派已经改正的省管以上干部读书班（学习期限有的是半年，有的是三个半月或两个半月）。以上各班共轮训了县以上的领导干部 1532 人（其中包括在“四人帮”横行时犯有各种不同性质的错误、但都属于人民内部矛盾的军队团以上领导干部 90 人，地方县以上干部 130 人），理论宣传干部 534 人，其他干部 315 人，以上班次合计为 2381 人。

首先抓住解放思想的“总开关”——真理标准问题的讨论。这个问题解决好了，以后的学习就能进行得比较顺利。我们选学《费尔巴哈和德国古典哲学的终结》第二章、《谈谈辩证法问题》、《实践论》、《矛盾论》等几篇基本著作以及党中央的有关文件，重点抓住物质与精神、实践与认识的关系和对立统一规律、共性与个性的关系等基本原理，联系实际，着重弄清为什么实践是检验真理的唯一标准以及讨论这个问题的重要意义，特别是引导大家历史地、科学地对待毛主席和毛泽东思想，划清真高举和假高举的界限。

有些同志原来认为真理标准的讨论是理论界的事，与己无关，或者认为是决策机关、高级干部的事，我们按照上级的决定办就行了。通过学习，联系多年来的实践经验，大家认识到哲学的基本问题，也是我们能否搞好工作的基本问题。实践是检验真理的唯一标准，这本来是一个普通常识，但由于林彪、“四人帮”完全颠倒物质与精神、实践与认识的关系，极端夸大精神的反作用，宣扬天才决定论、“语录标准”、“权力标准”等等，流毒很广，影响很深，致使我们这些年来不注重调查研究，不认真总结实践经验，习惯于照抄照搬，甚至连边疆民族地区的特点都不敢讲，不敢从实际出发，实事求是地执行政策。有的同志说：这些年“唯上”、“唯权”、“唯风”、“唯文件”、“唯语录”，就是不“唯实”，使思想陷入僵化、半僵化，工作受到很大损失。从认识上讲，就是因为对哲学的基本问题、实践是检验真理的唯一标准等这些马克思主义的常识并没有真正弄懂。深深体会到：“一个党，一个国家，如果思想僵化，就要亡党亡国。一个干部思想僵化，就要被群众抛弃。”“真理标准问题的讨论像一把钥匙，真是解放思想的总开关，也是搞好工作的总开关。”

《云南日报》于 1978 年 10 月 18 日，在第一版报道了党校第一期干部轮训班讨论真理标准问题的情况。

云南的一些同志对我说，以真理标准问题大讨论为标志的思想理论上的拨乱反正，从云南全省来看，虽然有所开展，但未能形成全省范围的热烈的大讨论，落后于全国的形势。相对于这样的大背景，云南省委党校组织学员学习和讨论真理标准问题，不但开展得较早（1978 年 8、9 月，就在第一期干部轮训班组织几次小组讨论），成效也比较明显，尤其是在十一届三中全会以后的真理标准问题讨论补课中，省委党校的讨论产生了很大的影响，带动了全省思想理论上的拨乱反正，推动了云南解决历史遗留问题和落实干部政策的进展，党校培训的学员成为贯彻十一届三中全会精神的骨干。

中共河南省委党校

在“文化大革命”中，河南也是重灾区，极左的一套东西流毒很深。河南省委党校较早地抓了真理标准问题的教育。

1978 年 8 月 28 日的《河南日报》，在第一版报道了河南省委党校县以上领导干部读书班和理论班学员讨论真理标准问题的情况。报道说，这些学员认真学习了《实践论》《人的正确思想是从哪里来的?》等著作，学习了全军政治工作会议上华、叶、邓的讲话，学习了《实践是检验真理的唯一标准》《马克思主义的一个最基本的原则》等文章，比较充分地认识了讨论真理标准问题的重要意义。在学习讨论中，实行解放思想，冲破禁区，各抒己见，畅所欲言，不抓辫子，不扣帽子，不打棍子，切实从思想认识上解决问题。大家列举大量事实说明，党的优良传统和作风遭到破坏，违背客观现实，不讲实事求是，不从实际出发的现象，是很严重的，使革命和建设事业受到了严重损失。

通过学习讨论，大家对实践是检验真理的唯一标准，不允许另有什么别的标准，认识明确了。大家认识到，马克思主义是指导我们思想的理论基础，是我们一切革命行动的指南。坚持实践标准和重视理论的指导作用是一致的。作为检验真理的标准，绝不能到主观意识领域中去寻找，从理论本身去寻找，只有客观实践才是检验真理的唯一标准。许多同志结合自己的亲身实践和体会，总结了正反两个方面的经验，生动地说明，正确的思想只能来源于社会实践，也只有通过实践，才能检验人们的思想是否正确地反映了客观。广大学员对于怎样才算是正确地看待马列主义、毛泽东思想，进行了认真的讨论。大家认为，有两种态度，一种是马克思主义的态度，就是实事求是，一切从实际出发，理论和实际相结合，把马克思主义看成是在实践中不断发展的学说。另一种态度是不实事求是，不从实际出发，不是理论与实践相结合，他们把马克思主义当做万年不变的僵死的教条，只是躺在马克思主义的书本上，脱离实际，并且把马克思主义的词句当做是保医百病的灵丹妙药，只要照抄照转照搬就行了。这种态度表面上好像是在捍卫马列主义、毛泽东思想，实际上是在破坏马列主义、毛泽东思想，是在抛弃马列主义、毛泽东思想的根本观点。我们一定要采取第一种态度。

从《河南日报》的报道可以看出，河南省委党校的真理标准问题讨论，在读书班和理论班都认真进行了，时间是在 1978 年的 8 月，是比较及时的。

中共上海市委党校

在第一节已介绍过上海市委党校带头开展真理标准问题讨论的情况，这里再介绍他们轮训干部中进行真理标准问题教育的情况。

上海市委党校于 1978 年 4 月 5 日开学，举办第一期干部轮训班。到 1979 年底，先后举办三期处级干部轮训班，一期局级干部读书班，共轮训了处级以上干部938人，另外还办了一期理论宣传干部训练班。他们对学员深入进行辩证唯物主义思想路线的教育，把端正思想路线贯彻在整个教学过程的始终。

开始时，许多学员对报刊上开展的关于真理标准问题的讨论和三中全会做出的全党工作重点转移的战略决策，都很不理解，甚至有某种反感情绪，认为“真理标准讨论砍了旗，解放思想乱了套，重点转移丢了纲”。特别是1979年春天社会上出现两种错误思潮的时候，学员中反应更为强烈，思想一度比较混乱。有的说，现在是“高举一句话，否定具体化”，“毛主席的旗帜一代还没有传到就丢掉了”；有的指责《人民日报》发表的有关解放思想的文章是“赫鲁晓夫的灰孙子写的”；有的干脆说，“现在要警惕出修正主义，有的地方就是在搞修正主义！”有的认为社会上的错误思潮和闹事现象，是解放思想“解放”出来的，是发扬民主“发扬”出来的，是理论务虚会“务”出来的。有的人甚至指名道姓地指责中央领导同志“讲话太轻率”、“否定党章宪法”。他们反对讨论真理标准问题，说什么“再讨论下去，就收不了场了，党校想把我们引向何方啊?”上海一些干部的这种思想和精神状态，在当时来说，很有代表性。如果这些干部的思想不转变，党的思想路线也就难以真正确立起来。

上海市委党校对学员采取积极引导的方针。先抓学员中支部委员和小组长的训练，使他们统一认识，端正态度，并向学员讲清真理标准问题讨论的背景和意义；然后进一步组织学员运用辩证唯物主义的基本观点，开展专题讨论。通过学习讨论，大家逐渐明确了：讨论真理标准问题，不是砍旗，而是为了维护旗帜；不是不利于高举，而是有利于高举；不是不利于安定团结，而是有利于安定团结；不是不利于四化，而是有利于四化。他们体会到，不开展真理标准问题的讨论，不冲破“两个凡是”的束缚，就不可能恢复实事求是的思想路线，就不可能从根本上拨乱反正，也就不可能有三中全会的胜利。①

以上较详细地介绍了云南、河南、上海三所省级党校开展真理标准问题讨论的情况。下面，仅依据省报的报道，简略介绍一些省级党校开展真理标准问题讨论轮训培训干部的情况。

《新华日报》1978年10月10日在第一版头条位置报道，江苏省委党校举办的1978年第一期县以上干部读书班，共243名学员，历时六个月。在学习过程中，认真讨论了实践是检验真理的唯一标准的问题。学员们用实践第一的观点，来分清理论、路线、思想的是非。通过学习讨论，解放了思想，打开了眼界，澄清了许多长期以来模糊不清的是非界限。

《南方日报》1978年10月21日在第一版报道，广东省委党校热烈讨论实践是检验真理的唯一标准问题。报道说，自从报刊上开展关于实践是检验真理标准问题的讨论以来，省委党校的同志十分关注。大家认为，这既是马克思主义的一个基本理论问题，又是现实生活中亟须解决的一个重大原则问题，其实质是对待马列主

① 《中央党校校刊》第4期，第32、38、39页。

义、毛泽东思想的态度问题。省委党校中心学习组结合校党委常委整风，多次学习和讨论这一问题，并组织教学干部展开讨论。理论班的哲学课本来已接近结束，校党委决定延长学习时间，专题学习真理标准问题。县委书记以上领导干部读书班把哲学列为主要课程，重点是学好和牢固树立实践第一的基本观点。校机关党总支也修改了机关干部、职工原来的学习计划，把真理标准问题作为一段时间内学习的主要内容。教务部门把报刊上发表的一些重要文章汇编成册，印发全校学员和干部。

《江西日报》1978 年 11 月 17 日报道，江西省委党校干部读书班，在开学典礼上就听了省委书记江渭清关于实践是检验真理的唯一标准问题的讲话。开学后，在认真读书的基础上，进行了深入的讨论。这些领导干部经过学习和讨论，普遍提高了对真理标准问题讨论的重大意义的认识，划清了唯物论和唯心论两条认识路线的界限，解放了思想，鼓舞了斗志，受到了一次生动深刻的辩证唯物主义认识论的再教育，受到了一次实事求是优良作风的再教育。

下面再介绍一些省级以下党校开展真理标准问题讨论、培训干部的情况。

黑龙江省各级党校

黑龙江贯彻《中共中央关于办好各级党校的决定》，到 1979 年底，恢复和新建的县以上党校达到 83 所。自 1977 年到 1979 年底，全省县以上党校共办班 1854 期，训练干部 154817 名。其中 1979 年办班 1111 期，训练干部 72032 名（省委党校办三期轮训班，一期理论班，共培训干部 1190 名）。

在教学中，为了更好地解放思想，研究新事物，解决新问题，各级党校普遍开展了实践是检验真理的唯一标准的讨论。学习过程中，把有关材料发给大家，自己学习讨论，然后教员有针对性地进行辅导。主要解决这么几个问题：(1) 与己无关思想。认为讨论真理标准是上边和理论家的事，与我们无关，特别是基层领导干部，这种思想更为普遍。(2) 感情通不过。有些同志错误地认为，这场讨论的矛头是对着毛主席的，一讲实践是检验真理的唯一标准，好像就要否定毛主席，感情上通不过。(3) 少数同志认为，前段出现的那股反对四项基本原则的右的思潮，是思想解放过了头造成的。通过学习，学员们认识到上述思想是极左路线没有肃清的表现，是实现四个现代化的严重阻碍。对什么是科学社会主义，什么是真高举，什么是假高举，我国社会主义历史阶段的主要矛盾等重大理论问题，从理论与实践相结合的高度上，加深了理解，大大地解放了思想。①

四川省乐山地委党校

从 1977 年复校到 1979 年底的两年多时间中，乐山地委党校办了十期学习班，轮训基层领导干部和宣传理论干部 3342 人。从 1978 年 5 月到 1979 年 10 月的六期轮训工作中，从学习马列主义、毛泽东思想的基本原理入手，以实践是检验真理的唯一标准为红线，贯穿整个教学过程的始终。在办学过程中，先后印发了胡耀邦的

---

① 《中央党校校刊》第 4 期，第 67、69 页。

《理论工作务虚会引言》以及《关于实践是检验真理的唯一标准问题的讲话》等材料，有力地促进了大家解放思想。通过学习，学员不仅弄清了语录标准、权力标准、帮派标准、风向标准的错误和危害，而且懂得了只有坚持实践标准，才能正确认识三中全会以来的大好形势；只有坚持实践标准，才能坚持四项基本原则；只有坚持实践标准，才能正确总结经验，发扬成绩，纠正错误，自觉贯彻落实党的方针政策；只有坚持实践标准，才能科学地对待革命领袖，真正维护革命领袖；只有坚持实践标准，才能真正从林彪、“四人帮”极左路线的精神枷锁中解放出来。学员们还懂得了，总结工作，不应以过去是否批判过为准，不应以某某领导说过没说过为准，不应以对自己个人是否有利、喜不喜欢为准，只能以实践的效果如何为准。①

山西省晋中地委党校

从 1977 年 5 月复校到 1979 年底，两年多时间，晋中地委党校共办训练班 17 期，训练干部 2940 人。对象主要是基层领导干部和地、县两级中层的党员干部。这些干部文化程度和理论水平低，受极左路线毒害深，思想长期处于僵化、半僵化状态。真理标准讨论刚开始的时候，有些同志很不理解，思想上有很大顾虑。通过学习讨论，大家在以下三个问题上划清了界限：一是明确了运用马列主义、毛泽东思想的基本原理，指导我国当前的现代化建设，以马列主义的立场、观点、方法研究新情况，解决新问题是真高举；不顾客观实际情况的发展变化，照抄照搬马克思主义的个别结论，把革命理论当做一成不变的教条是假高举。二是明确了维护马列主义、毛泽东思想科学体系是真高举；坚持“句句是真理”、“一句顶一万句”的现代迷信是假高举。三是明确了拥护三中全会的政治路线、思想路线，坚持实事求是，理论联系实际，一切从实际出发是真高举；打着“两个凡是”的旗号，空喊着“高举”是假高举。榆次县劳动局长说，开始对真理标准问题的讨论，怎么也想不通。在党校学习后，才从理论上弄通了这个问题。认识到，只有实践才是检验真理的唯一标准。理论标准，感情标准，唯书、唯上都是不对的，都是靠不住的。②

中共杭州市委党校

对杭州市委党校第一、二期全市企业管理研究的 425 名学员的分析，学习前后有明显的变化。不少同志原来认为真理标准讨论这个问题与企业关系不大，对企业里搞生产的同志来说，是“无关紧要的一课”，有的说是“文不对题”，有的甚至担心弄得不好，会导致“砍旗”、“降旗”，是“麻烦的一课”。通过学习和开展讨论后，大家普遍感到确实是从思想路线上补了很重要的一课，从理论上弄清了工矿企业应当以生产建设为中心，不应以阶级斗争为纲；弄清了《工业七十条》是马克思主义的文件，不是“资本主义复辟纲领”；弄清了检验真理标准问题的讨论是高举

① 《中央党校校刊》第 4 期，第 106、108、110、111 页。
② 《中央党校校刊》第 4 期，第 128—130 页。

毛泽东思想的旗帜，而绝不是什么“砍旗”。

通过学习讨论，解放了思想，开阔了视野。很多同志表示，回企业后，要用自己的切身感受，向全厂干部和工人群众现身说法，认真补好这一课。有些同志在学习中打算，回去后，要带动一班人的学习，推动一个地区、一个系统、一个厂的干部职工培训工作。例如，一个公司的领导干部通过讨论真理标准问题，明确工厂企业应以生产为中心这个指导思想之后，回去就组织企业管理调查组，搞调查研究，办了两期企业管理研究班，共培训 300 名管理人员，并在节约汽油、提高汽车修配率等问题上，初见成效。①

下面要专门讲一下中共湖南省委党校的情况。

我在本章第一节中讲到，湖南的真理标准问题讨论开展得晚，省委党校也是这样。湖南有它的特殊情况。而湖南的这种特殊性，也是一种代表性，代表了相当一部分地区和党校的情况。所以，在这里还要讲一下湖南省委党校开展真理标准问题讨论的情况，主要是补课的情况。

1979 年 4 月理论工作务虚会之后，湖南省委领导同志对真理标准问题讨论的态度明朗了，决定要进行补课。在真理标准问题讨论的补课中，省委党校在全省起了重要的作用。

从 1979 年 5、6 月开始，湖南省委党校各个班的教学就都贯彻真理标准问题的内容了。以哲学教研室为主，从 8 月开始，就在教学中更进一步贯彻。湖南省委党校的理论刊物《学习与研究》1979 年第 2 期（11 月 22 日出刊）的编者按作了这样的全面介绍：“根据中央和省委的精神，我校今年 8 月下旬以来，各个干训班的教学，都重视了真理标准问题的学习、讨论和补课。县干班、理干班和培训班安排了相当长一段时间的哲学学习，着重解决思想路线问题；经干班和人口理论班入学后，也用了几天时间，集中学习讨论了实践是检验真理的唯一标准。学校机关处以上干部专门集中了一段时间，结合我校实际进行补课；各处、室的干部职工，也普遍进行了学习和讨论。理干班、培训班分别召开了全班大会，县干班四个支部都召开了支部大会，进行讨论发言。在各个小组、支部和班的讨论会的基础上，于 10 月 19 日召开了全校学员和教职员都参加的讨论大会，有十多位同志在大会上作了发言。他们的发言，密切结合实际，解放思想，总结经验，畅谈了个人的学习体会，给大家的启发和帮助很大。”

湖南省委党校针对湖南干部的思想疑虑，在真理标准问题的学习和讨论中，着重抓了“举旗”、“砍旗”的问题。通过学习，使大家认识到，“朴素的感情不等于觉悟，感情也不能代替科学”。我们要为革命领袖争光，就要坚持实践是检验真理的唯一标准，不是从本本出发，而是坚持一切从实际出发；不是搞片言只语，而是坚持完整地、准确地学习和运用马列主义、毛泽东思想的科学体系，并在实践中不断创造新的经验，加以发展。只有这样，才是真正的高举，才是真正为革命领袖争光。

---

① 《中央党校校刊》第 4 期，第 135—136 页。

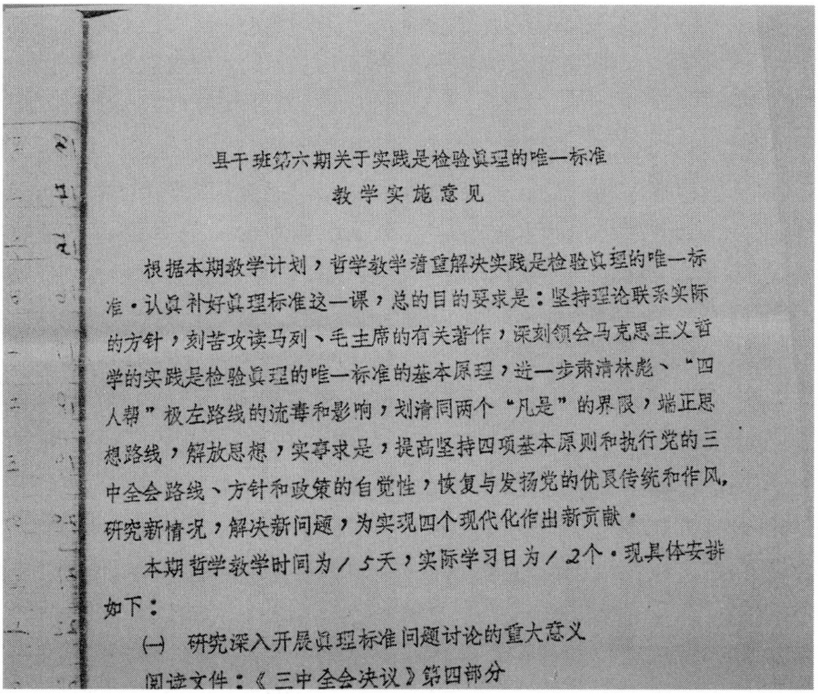

县干班第六期关于实践是检验真理的唯一标准

教学实施意见

根据本期教学计划，哲学教学着重解决实践是检验真理的唯一标准·认真补好真理标准这一课，总的目的要求是：坚持理论联系实际的方针，刻苦攻读马列、毛主席的有关著作，深刻领会马克思主义哲学的实践是检验真理的唯一标准的基本原理，进一步肃清林彪、“四人帮”极左路线的流毒和影响，划清同两个“凡是”的界限，端正思想路线，解放思想，实事求是，提高坚持四项基本原则和执行党的三中全会路线、方针和政策的自觉性，恢复与发扬党的优良传统和作风，研究新情况，解决新问题，为实现四个现代化作出新贡献·

本期哲学教学时间为15天，实际学习日为12个·现具体安排如下：

㈠ 研究深入开展真理标准问题讨论的重大意义

湖南省委党校在真理标准问题讨论补课中办的县干班教学计划

如何对待领袖，这个问题在湖南的干部和群众中反应特别强烈。一个流行的说法是：湖南是伟大领袖毛主席的家乡，又是英明领袖华主席工作多年的地方。因此，许多人对实践检验感情上接受不了。他们说，什么检验，就是检验毛主席，每检验一次，毛主席的威望就降低一次。在学习讨论中，湖南省委党校引导学员以实事求是的科学态度来评价革命领袖和他的学说，反对以宗教迷信的态度把领袖加以神化，认识到革命领袖是人不是神。通过学习讨论，较好地解决了领导干部的思想认识问题。县干班第六期一位学员，是一个矿党委副书记，原来对真理标准问题讨论这也担心，那也担心，甚至不同意在矿里开展这个讨论。学习以后，担心变成了放心，表示回去后，一定要认真补好真理标准讨论这一课，要补到实处。①

以上列举的各个党校，有省级党校，也有地市级党校，也包括了县级党校。从这些材料，可以知道全国各级党校的大体情况。

第一，各级党校都十分重视在教学中进行真理标准问题的教育，组织学员进行了认真热烈的讨论。这种讨论是全国范围的真理标准问题大讨论的一个重要组成部分。

第二，通过学习讨论，使大批学员（中层和基层干部）从理论上比较深刻地理解了真理标准问题，思想认识有了明显的提高，精神状态为之一变。他们对真理标准问题讨论从不理解、怀疑、反感、抵触，到自觉地以实践标准为思想武器，去辨

① 湖南省委党校《学习与实践》1979年第2期，第37页。调查访谈材料22、5。

别是非，总结经验，评价人物，研究问题，解决问题。

第三，这些学员回到工作岗位以后，都成了真理标准问题讨论的组织者和宣传员。

全国各地方党校在这一时期究竟培训了多少干部，也就是说，组织了多少干部学习和讨论真理标准问题，现在，还没有看到比较完整的统计数字，恐怕也不可能有。但可以肯定，这是一个很大的数字。前面已经讲到，黑龙江省县级以上 83 所党校，在 1979 年，共培训干部 72032 名。按人口说，黑龙江是一个中等省份。据此，黑龙江省培训的干部数可以作为全国各省、市、自治区的平均数看待。但考虑到黑龙江省委对党校工作抓得较紧，党校恢复发展较快。我们将黑龙江省培训干部的数字打一个折扣，即以 5 万计，那么，当时全国 29 个省市自治区，就是 145 万人。1980 年各地方党校培训的干部数肯定比 1979 年多，再加上 1978 年的培训数，在真理标准问题讨论期间，全国地方党校培训的干部总数，肯定在 300 万以上。这就是说，各级地方党校组织了数以百万计的中层干部和基层干部，比较系统地学习了马克思主义的认识论，进行了真理标准问题的讨论。真理标准问题是一个相当抽象的理论问题，而当时干部队伍中的思想僵化、半僵化状态又比较普遍，思想认识问题很多。地方各级党校将这样大批量的干部集中起来，进行系统培训，深入地进行真理标准问题的讨论，从而使他们在理论上较好地理解了真理标准问题，转变了思想，摆脱了“两个凡是”和个人迷信的束缚，实现了思想解放。一位现在已经进入中央高层的领导干部，在回忆当时在地方党校学习的收获时说，在党校解决了两个问题，一个是真理标准讨论，一个是工作重点转移。① 很明显，后者要以前者为基础。湖北宜城一位基层党委书记在襄阳地委党校学习后说，来校前有十个想不通，通过真理标准问题讨论的补课和唯物辩证法的学习，思想解放了，认识提高了，问题想通了，心情舒畅了，执行党的路线政策的自觉性提高了。② 这样的例子我在前面已讲了一些，其实是举不胜举。这些材料足以说明，这样大批量的干部，同样是党校培育的“真理种子”。他们对于真理标准问题讨论向广度深度发展，在全国广大地区，在面广量大的基层单位，真正解决问题，是起了巨大作用的。全国地方各级党校在真理标准问题讨论中的作用和贡献，是需要写上一笔的。

三、面向社会，积极宣传

全国各地方党校，尤其是省级党校，除了抓紧对在校学员进行真理标准问题教育外，还面向社会，做了许多工作，推进这个讨论。大致有以下几个方面。

第一，同有关单位一起，联合召开座谈会和讨论会。

中共青海省委党校与《青海日报》编辑部一起，于 1978 年 8 月 16 日联合召开了理论和实践关系问题座谈会，邀请西宁市的部分单位的理论工作者近一百人参

① 调查访谈材料 15。

② 《中央党校校刊》第 4 期，第 120 页。

加，其中包括西宁市委党校、各大专院校、大企业的同志，省委党校的教员和学员。这个座谈会就实践是检验真理的唯一标准，坚持实践标准与坚持马列主义、毛泽东思想指导的关系，对待马列主义、毛泽东思想的科学态度等问题，进行了讨论。8 月 24 日，《青海日报》以两个版面刊登了与会者的发言。这无疑是对西宁市和青海省真理标准问题讨论的一个有力推动。

中共河北省委党校与河北省委宣传部，于 1978 年 8 月 23 日至 25 日，联合召开理论与实践关系问题的讨论会，参加者有省直机关和石家庄地、市直属机关、省会高等院校的理论工作者一百余人。有七位同志在会上发了言。与会同志一致感到，解决检验真理的标准问题，意义重大。这不仅是带根本性的理论问题，尤其是带根本性的实践问题，是如何对待马列主义、毛泽东思想的问题。这个讨论会充分发扬民主，开得生动活泼，收到了很好的成效。《河北日报》在报道这个会议时，还发表了评论员文章《要重视真理标准问题的讨论》，要求“各条战线，每一个同志要重视对这个问题的讨论”。①

中共浙江省委党校与《浙江日报》编辑部一起，于 1978 年 10 月联合召开了关于真理标准问题座谈会。《浙江日报》于 1978 年 10 月 7 日刊登了这个座谈会的发言摘要。该报在“编者按”中说：最近一个时期，我省的一些党组织和广大党员、干部、理论工作者，正在围绕实践是检验真理的唯一标准问题展开热烈讨论。“编者按”在指出这场讨论的重要意义后提出，每一个党员、干部，特别是各级党组织，都应当高度重视、积极参加这场讨论，切不可等闲视之。

中共山东省委党校与山东省社会科学研究所一起，于 1978 年 10 月 12 日至 14 日，联合召开了理论同实践关系问题讨论会，邀请济南的大专院校和部分地区的哲学理论工作者、理论宣传工作者参加会议。会议重点讨论了坚持实践是检验真理的唯一标准的重大意义，和坚持实践是检验真理的唯一标准同马列主义、毛泽东思想对实践的巨大指导作用的关系问题。②

此外，各地党校同志还积极参加各种讨论会、座谈会，就真理标准问题发言。比如，《辽宁日报》于 1978 年 8 月 16 日召开座谈会，讨论检验真理的标准问题，参加会议的八位同志中，就有辽宁省委党校第一副校长苗宝太、沈阳市委党校副校长俞未平。③

第二，到各单位作学习辅导报告。

这是一种很普遍的做法。各单位要开展真理标准问题的讨论，由于这个问题的理论性比较强，是以理论形式提出的重大政治问题，大家对这个问题的背景、意义和主要内容，不大了解。因此，就理论工作者来讲，党校教员是主要邀请对象之一。据说，有的党校教员被邀到各单位作辅导报告，达 30 多次。这对推进真理标准问题的讨论，作用也是很大的。这方面的例子不必多举了。

---

① 《河北日报》1978 年 9 月 3 日。
② 《大众日报》1978 年 10 月 21 日第一版。
③ 《辽宁日报》1978 年 8 月 25 日第一版。

第三，撰写文章，编刊物。

编理论刊物，在当时的党校来说，还不大普遍。但不少省级党校参照中央党校的《理论动态》，办了自己的刊物，如上海市委党校的《学习动态》，福建省委党校的《理论与实践》，湖南省委党校的《学习与实践》，新疆维吾尔自治区党校的《实事求是》，河南省委党校的《学习论坛》，广东省委党校的《岭南学刊》，江西省委党校的《求实》，宁波市委党校的《学习与研究》，沈阳市委党校的《学习・探索》等等。这些刊物都及时刊登了关于真理标准问题的文章。如湖南省委党校的《学习与实践》1989 年第二期，主要内容是真理标准问题全校讨论大会发言选登，实际上是真理标准问题讨论专刊。这些刊物，除了发给校内学工人员外，还发到外单位，主要是有关领导干部，当然，数量比较少，但在当时来说，还是有影响的。

人民日报

RENMIN RIBAO　1978年11月16日　星期四

华主席会见日

希望中日

中共北京市委宣布

天安门事件完全是革命行动

对于一九七六年清明节因悼念敬爱的周总理、反对“四人帮”而受到迫害的同志要一律平反，恢复名誉

新华社北京十一月十五日电 中共北京市委在最近……扩大会议上宣布：一九七六年清明节广大群众到天安门广场沉痛悼念敬爱的周总理，愤怒声讨“四人帮”，完全是革命行动。

……会上宣布：一九七六年清明节，广大群众到天安门……悼念我们敬爱的周总理，完全是出于对周总理的无限爱戴、无限怀念和深切哀悼的心情；完全是出于对“四人帮”祸国殃民的滔天罪行深切痛恨，它反映了全国亿万人民的心愿。广大群众沉痛悼念敬爱的周总理，愤怒声讨“四人帮”，完全是革命行动。对于因悼念周总理、反对“四人帮”而受到迫害的同志要一律平反，恢复名誉。

“天安门事件”终于得到平反，这是实践标准推倒“两个凡是”的一个重大标志

撰写文章，是党校同志参加真理标准问题讨论的另一种主要的方式。

上海市委党校于 1978 年 9 月 19 日召开了第一次真理标准问题讨论会后，7 篇发言即加工成了 7 篇文章，在《文汇报》《解放日报》发表。其中，哲学教研室邱少全的两篇:《实践高于理论》《真理必须不断地接受实践的检验》，发表于《解放日报》9 月 21 日、10 月 3 日。朱伊倬、沈佩英合写的《真理不能作为检验真理的标准》一文，发表于《文汇报》1978 年 10 月 13 日，此文被收进了《哲学研究》编辑部编的《实践是检验真理的唯一标准讨论集》第二册。高为学撰写的《坚持实践标准才能真正高举毛主席伟大旗帜》一文，发表于 10 月 5 日的《文汇报》。据说，这是《文汇报》发表的上海作者论真理标准问题的第一篇文章。前面已经讲到，此文先以《承认不承认实践标准是真高举与假高举的分水岭》为题，在上海市委党校的内部刊物《学习动态》发表，胡耀邦阅后，写了肯定的评语。

哈尔滨市委党校的同志在 1978 年 8 月 5 日到 9 月 5 日，就在《哈尔滨日报》发表了《要全面正确地理解一分为二》《弄清真理标准问题才能真高举》《要正确理解检验真理的标准》《为什么说实践是检验真理的唯一标准?》等四篇文章。

安徽省委党校的金文水，在真理标准问题讨论期间，发表了多篇文章。1978 年 10 月 20 日的《安徽日报》，发表了他撰写的《任何革命理论都要经受实践的检验》一文。他撰写的《理论的权威从何而来?》一文，发表在 1978 年 10 月 9 日的《解放军报》；另一篇《坚持实践标准就是真高举》，发表在 1979 年 12 月 22 日的《光明日报》。这两篇文章都有相当的理论深度，针对性强，被分别收进有关真理标准问题讨论的文集。

全国各地方党校的同志在各种报刊上共发表了多少篇论述真理标准问题的文章，也没有一个完整的统计资料，以上只是略举数例。可以肯定的是，如果过细统计一下，一定是一个相当可观的数字。

以上所述，限于省级党校和地县级党校，铁道部党校和其他各部门、各单位党校的情况，大致也是这样，这里不一一列举叙述了。

中央党校和数量众多的地方党校、各部门党校，在教学中组织学员进行真理标准问题讨论，主要特点是：

1. 培训的干部数量大，涵盖面广。中央党校和各级党校培训的各级领导干部和宣传骨干的人数，上面已有统计和估计的数字。这里要指出的是，这些干部，包括了中央党政军群各部门各单位负责人，各省、市、自治区负责人，各地、县（包括地县级市）的负责人，广大基层行政单位和工厂、矿山、学校、医院等一切企事业单位。这些干部回到各自工作岗位以后，对这个大讨论的普及，作用极大。

2. 理论与实际密切结合，解决问题深透。这对提高这个大讨论的水平，作用也是很大的。

以上这些足以说明，中央党校和全国各地党校在轮训和培训干部中，进行真理标准问题的教育，组织学员进行讨论，这是全国规模的真理标准问题大讨论的一个重要组成部分，对这个大讨论局面的形成和发展，起了巨大的推动作用。

第十四章

真理标准问题讨论的补课

十一届三中全会对历时半年多的真理标准问题的讨论，给予充分肯定和高度的评价，推倒了“两个凡是”，确立了实事求是的思想路线。这表明，真理标准问题讨论取得了决定性的胜利。但是，这并不是说思想路线问题已经完全解决。正如邓小平所估计的那样：“在我们的干部特别是领导干部中间，解放思想这个问题并没有完全解决。不少同志的思想还很不解放，脑筋还没有开动起来，也可以说，还处在僵化或半僵化的状态。”[①] 怎样进一步打破思想僵化、半僵化状态呢？还是要进一步开展真理标准问题的讨论。这就是真理标准问题讨论的补课。

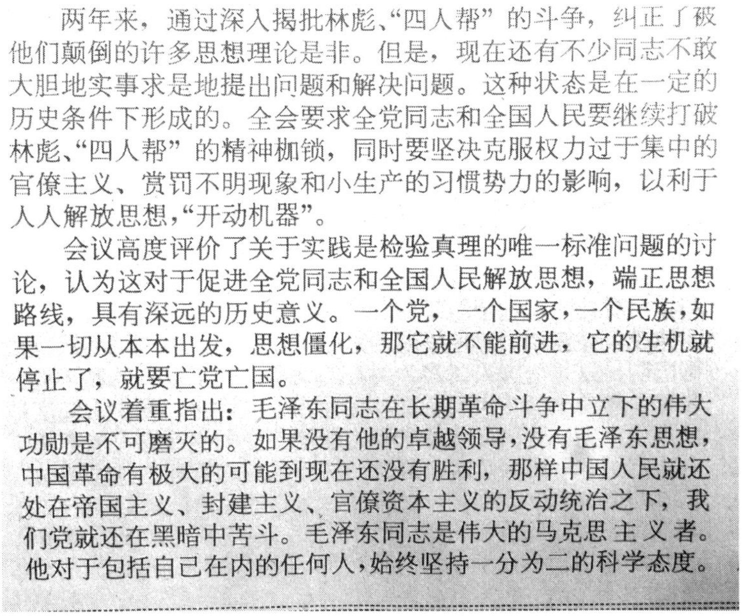

两年来，通过深入揭批林彪、“四人帮”的斗争，纠正了破他们颠倒的许多思想理论是非。但是，现在还有不少同志不敢大胆地实事求是地提出问题和解决问题。这种状态是在一定的历史条件下形成的。全会要求全党同志和全国人民要继续打破林彪、“四人帮”的精神枷锁，同时要坚决克服权力过于集中的官僚主义、赏罚不明现象和小生产的习惯势力的影响，以利于人人解放思想，“开动机器”。

会议高度评价了关于实践是检验真理的唯一标准问题的讨论，认为这对于促进全党同志和全国人民解放思想，端正思想路线，具有深远的历史意义。一个党，一个国家，一个民族，如果一切从本本出发，思想僵化，那它就不能前进，它的生机就停止了，就要亡党亡国。

会议着重指出：毛泽东同志在长期革命斗争中立下的伟大功勋是不可磨灭的。如果没有他的卓越领导，没有毛泽东思想，中国革命有极大的可能到现在还没有胜利，那样中国人民就还处在帝国主义、封建主义、官僚资本主义的反动统治之下，我们党就还在黑暗中苦斗。毛泽东同志是伟大的马克思主义者。他对于包括自已在内的任何人，始终坚持一分为二的科学态度。

十一届三中全会高度评价真理标准问题讨论，标志着这场讨论已经取得了决定性的胜利

一、十一届三中全会前讨论的不平衡发展

从1978年5月中旬开始，到1978年12月的十一届三中全会，半年多的时间里，在全国范围内，形成了真理标准问题大讨论的局面。

1978年的真理标准问题讨论，从全国范围看，带有以下三个明显的特点。

（一）突出的政治性

邓小平说，真理标准问题的讨论，是个思想路线问题，是个政治问题。

真理标准这个命题本身，是一个理论问题。真理标准问题的讨论，是要恢复和确立实事求是的思想路线。对于党的干部、广大共产党员和人民群众来说，这个讨论首先是一个思想教育问题，是要通过学习和讨论，破除迷信，摆脱教条主义的束

① 《邓小平文选》第二卷，人民出版社1983年版，第141页。

缚，树立和掌握科学的世界观、方法论。

从另一方面说，真理标准问题，更是一个重大的政治问题，是一场严重的政治斗争。这个讨论的直接导因，是华国锋、汪东兴提出的“两个凡是”。“两个凡是”本身就是一个政治方针。反对“两个凡是”，自然就是政治斗争。“两个凡是”的实质，就是要坚持毛泽东晚年的错误，就是要继续推行“以阶级斗争为纲”的路线。是继续“以阶级斗争为纲”，还是废止这个口号，实行以经济建设为中心的路线，这是当时中国最大的政治问题。另外，按照“两个凡是”，天安门事件就不能平反，邓小平和许多老一辈革命家就不能出来工作，一系列冤假错案也不能平反。这些，也是重大的政治问题。从真理标准问题讨论的实际情况看，坚持“两个凡是”的那些人，一开始就是从政治上提出问题的，就是作为重大的政治问题来抓的。他们指责《实践是检验真理的唯一标准》这篇文章是“砍旗”，说这篇文章“在政治上很坏很坏”，给人扣了一大堆政治帽子，是要置人于死地的。因此，真理标准问题的讨论，从政治上看，是举旗还是砍旗之争，是真高举还是假高举之争，是制定和实行什么样的政治路线之争，当然，也必然联系到由谁来掌握领导权这样的尖锐政治问题。

真理标准问题讨论的思想教育性质和政治斗争性质，始终是交织在一起的。但是，在1978年的讨论和争论中，政治斗争的性质显得很突出。邓小平的几次重要讲话，都是从政治上提出和阐明问题的。罗瑞卿的支持，也是政治性的。1978年8月开始，各省、市、自治区主要负责人公开表态支持真理标准问题讨论，无论从他们谈话的内容还是采取的方式来看，都是政治表态。十一届三中全会的公报，依据邓小平的阐述，把思想僵化、迷信盛行的危害，提高到亡党亡国的高度，更是突出了真理标准问题讨论的重大政治意义。

回过头来看，在当时的具体情况下，只有从政治上提出并解决问题，才能有效地解决思想认识问题。

（二）很强的自觉性

真理标准问题的讨论这件具有历史意义的大事，不是由哪一级组织提出和布置的，更不是由当时的党中央做出决定，动员大家开展的。这个讨论是由党的某些领导干部和理论工作者、新闻工作者，根据形势发展的需要，艰苦探索，大胆思考，而提炼和提出这个命题，并开展讨论的。

讨论开始以后，尤其是在1978年的5、6、7、8几个月，尽管压力很大，局势不太明朗，但是，我们的许多领导干部（包括不少高级干部），许多理论工作者和新闻工作者，无所畏惧，主动地积极地投入这个讨论。我们的理论工作者，不怕扣大帽子，撰写文章，召开理论讨论会，发表演讲。我们的新闻工作者，不顾“下不为例”的禁令，勇敢和机智地发表真理标准问题讨论的报道和文章。不少地方党委的宣传部门，违反当时中央宣传部主要负责人的旨意，坚决地投入和推动这个讨论。

上海市著名的哲学家周抗，他顶着巨大压力，宣讲真理标准问题的事迹，是很感人的。在1978年下半年，周抗应邀到上海市各单位作了60多场演讲。当时，上海市的主要领导人对真理标准问题的讨论持消极态度，控制相当严。下面的一些干部则反对得更厉害。有些人说周抗是属于刮反毛泽东思想之风的人。周抗遭到不少人的攻击和反对。一些好心的人劝他不要再讲了。但周抗却表示，“我还要讲，我一步不让，半步也不让！”他说，我认为当前迫切需要的是，大家来好好讨论这个实践标准问题，在讨论中大家互相启发，以期从林彪、“四人帮”一类的“句句照办”那种假“高举”的迷魂阵中清醒过来，迅速回到实事求是的思想路线上来，而绝不是相反。因此，今天我很自信，任何“凡是”论都是压不服我，也压不倒我的。[①] 这种坚持马列主义、毛泽东思想的高度自觉性和坚定性，是十分可贵的！像周抗这样顶着压力，自觉坚定地宣讲真理标准问题的同志，是很多的。

上海的哲学家周抗顶着巨大的压力，作了六十多场真理标准问题演讲。本书作者访问周抗时的合影（1994 年）

各省、市、自治区和各大军区主要负责人公开发表谈话，支持真理标准问题的讨论，更是一种革命自觉性的表现。当时，有些人说，关于真理标准问题的讨论，中央没有文件。这话虽不妥，但也不是没有一点道理。邓小平 1978 年 6 月 2 日在全军政治工作会议上的讲话，后来作为中共中央的文件发到全党了。因此说没有中央文件，是不妥的。但是，中央确实没有发过一个以真理标准问题讨论为主题的文件，转发邓小平讲话的那个文件也没有指出这个问题，而且，又是同华国锋、叶剑英的讲话一起发的。一个文件三篇讲话，邓小平的讲话是排在最后面的一篇。所以，说没有中央文件，也有些道理。何况党中央主要领导人中，在这个问题上有明显的不同声音。但是，就是在这种情况下，不少高级领导干部却能站出来以鲜明的态度支持真理标准问题的讨论。这确实是要有勇气有胆略的。这种勇气和胆略，来自坚持马列主义、毛泽东思想的高度自觉性，来自对人民利益、对党和国家前途命

① 《求是论集》，福建人民出版社 1983 年版，第 197—198 页。

运的高度关切。

（三）发展的不平衡性

不平衡性是事物发展的普遍规律。但在1978年下半年的真理标准问题讨论中，不平衡却表现得很突出。这种不平衡性，首先表现在地区之间，主要是各省、市、自治区之间。大致有以下三种情况。

1979年5月22日，《人民日报》转载《解放军报》的评论员文章，鲜明提出“补上真理标准问题一课”

第一种情况是抓得早，开展比较全面认真的，有十来个省和自治区。其中有黑龙江、新疆、辽宁、湖北、广东、宁夏、浙江等省区。中共黑龙江省委在1978年7月下旬即在常委扩大会议上讨论了真理标准问题，并做出决定，要求组织全省县团级以上干部进行学习讨论。省委宣传部于8月上旬就召开了地、市、县委宣传部长会议，部署开展真理标准问题讨论。中共辽宁省委在1978年8月就发出通知，要求各级党委认真组织真理标准问题的学习和讨论。依据省委的通知和部署，沈阳、旅大、鞍山、抚顺、本溪、丹东、锦州、营口、阜新、辽阳、铁岭、朝阳、昭乌达等市、地、盟委宣传部，沈阳铁路局、锦州铁路局宣传部（处），都召开了讨论会。沈阳、旅大、阜新、铁岭、朝阳等市地委举行了常委会或常委扩大会，专门讨论了真理标准问题。在这些党委的带动和领导下，真理标准问题讨论发展到了县和公社基层单位。①

广东省中山县讨论真理标准问题的情况，很值得在这里介绍一下。

中共中山县委的同志（中山县于1983年12月撤县建市），从报刊上论述真理标准问题的文章得到启发。他们从1978年9月开始组织讨论。10月初，县委常委召开了真理标准问题学习讨论会。参加者除县委常委外，还有县属的部、委、办和公社、镇党委的负责人，共60余人，开了两天。县委书记和常委带头发言，思想

① 《辽宁日报》1978年11月21日第一版。

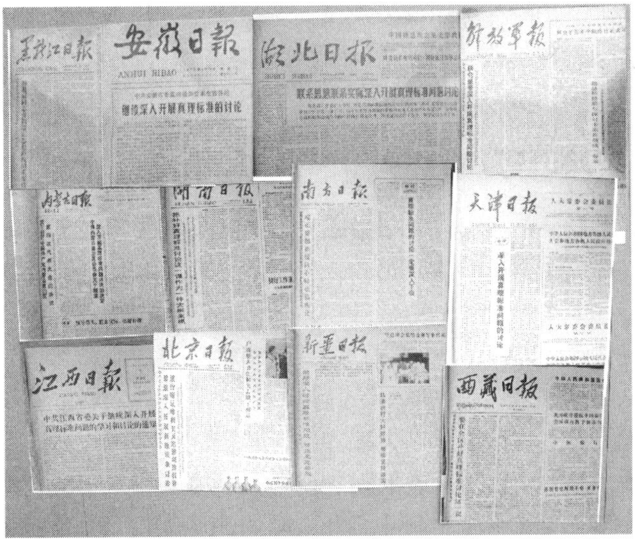

各级党委高度重视真理标准问题讨论的补课

很活跃，大家感到思想上得到很大启发。这个讨论很快推广到了县的直属机关和公社及一些生产大队。石岭镇党委书记回去后，仿照县委的办法开讨论会，在很短时间内，全镇开了 52 次讨论会。到 1979 年 2 月，全县共开各种讨论会 598 次，参加者有 57000 人（次）。与此同时，县委宣传部门还以编印宣传资料、上辅导课、广播等形式，对群众进行了实践标准的宣传教育。通过真理标准问题的讨论，中山的干部解放了思想，不但加快了平反冤假错案、落实干部政策的步伐，更重要的是，他们冲破了“以阶级斗争为纲”、“以粮为纲”的框框，比较自觉比较大胆地抓经济工作，从中山实际出发发展生产。从 1978 年底到 1979 年春，他们就顶住了某种压力，大胆否定了红极一时的“大寨经验”，把“老包”重新请了回来，搞了承包责任制（即后来的家庭联产承包责任制）。同时，他们为 60 多个被批判的所谓“暴发户”、“庄园主”、“黑旗手”平反，支持一部分人先富起来。中山县委领导的思想从“唯上”、“唯书”转向“唯实”以后，认真分析了中山的实际。中山县是大沙田地区，又是山区，土地多，自然条件好，多种经营门路广，又毗邻港澳，是个侨乡。这些特点，为中山发展粮食生产和多种经营，发展商品经济提供了很有利的条件。可是，过去长期以阶级斗争为纲，害怕人民富裕，搞单一的粮食生产。通过真理标准问题的讨论，他们落实了中央的农村经济政策，又调整了产业结构，既抓粮食，又抓多种经营，大力发展商品经济，扩大出口贸易，充分发挥侨乡的优势。中山的经济走出了自己的路子，后来成了著名的珠江三角洲“四小虎”之一，真理标准问题讨论是起点。用中山领导干部的话来说，就是“金钥匙打开了解放思想的大门”①。这个金钥匙，就是真理标准问题的讨论，就是实践标准。

以上说的是有一些省区，不但在县以上领导干部和宣传理论干部中，比较普遍

---

① 《南方日报》1979 年 9 月 5 日李耀祺文。《广东社会科学》1989 年第 1 期林洪、肖海鹏等人的文章。

也比较认真地进行了真理标准问题的讨论，还将这个讨论推广到了基层，在不少地方收到了比较明显的效果。这是1978年真理标准问题讨论的第一种情况。

第二种情况是，在县以上领导干部中开展了一些讨论，但不很普遍，抓得较晚，也不很有力。这样的省、市、区占多数。在这些地区，领导同志在有关会议上也讲了真理标准问题讨论的意义，提出了要求，召开了一些讨论会、座谈会，党报也发表了一些文章和报道。但总的情况是，讨论不够普遍，更不够深入。这里不举例具体讲了。

第三种情况是，领导没有组织讨论，甚至阻止和压制这个讨论。这样的省市有四五个，是少数。这些省市的讨论情况，用他们自己在十一届三中全会以后的话来说，是"在批判林彪、'四人帮'方面落后了一大截，关于真理标准问题的讨论也缺了一课"（北京），"起步迟，抓不紧，发展不平衡"（上海），"认识是不够的，思想不敏锐反应迟缓，没有认真组织大家讨论"（湖南）。[①] 这些话说得很委婉，但我们从中也可以体会其含义。有的省的同志说他们省委在很长一段时间里，对真理标准问题的讨论采取了同《红旗》杂志负责人相似的态度，不介入，不表态，不组织干部学习和讨论。实际上，有些省、市委领导同志，对真理标准问题讨论是持反对态度的，是进行了压制的。当然，在当时的形势下，要在一个省、一个直辖市范围内完全阻止这个讨论，是不可能的。实际上，在这样一些省、市，不少单位、许多理论工作者还是积极地投入了这个讨论。

以上是从全国角度看地区之间讨论的不平衡。具体地说，即使开展得比较好的省、区范围内，真理标准问题的讨论，发展也是很不平衡的。即使像黑龙江省哈尔滨市这样的地方，也存在这种情况。从哈尔滨市委领导来说，对真理标准问题讨论的态度是鲜明的，但由于对这场讨论的重要意义认识不够深刻，1978年抓了一下，但没有能很好地将这个讨论坚持下去，除了少数单位外，多数单位在1978年没有认真进行讨论。[②]

从另一个角度看，理论界讨论得比较普遍，也比较深入，县以上领导干部讨论也比较普遍，基层单位则普遍开展得较差，这也是一种不平衡。

估计1978年全国真理标准问题讨论的情况，要充分重视前面讲的第一个特点，即"突出的政治性"。在1978年，首先要解决的问题是，要不要推倒"两个凡是"。由此也决定了在1978年，真理标准问题的讨论要着重解决领导干部特别是高级领导干部的问题。从这个角度看，1978年的讨论是很成功的。当然，在思想认识上深入地解决问题，特别是将这个讨论推广到广大干部和群众中去，推广到基层，还需要做出巨大的努力。这就决定了，真理标准问题讨论要在全国范围内进行补课。

二、补课的部署和展开

邓小平1978年12月13日在中央工作会议闭幕会上的重要讲话中提出，解放思想是当前的一个重大政治问题。他在这篇题为《解放思想，实事求是，团结一致

① 以上见《人民日报》1979年6月23日、8月7日、9月13日。
② 《哈尔滨日报》1979年9月17日。

向前看》的讲话中明确要求，“不但中央、省委、地委、县委、公社党委，就是一个工厂、一个机关、一个学校、一个商店、一个生产队，也都要实事求是，都要解放思想，开动脑筋想问题、办事情”①。这个讲话把真理标准问题讨论的意义提到了新的高度，也提出了更广泛更深入进行这一讨论的要求，实际上就是要进行补课。

作为新任中共中央宣传部长的胡耀邦，1978 年 12 月 31 日在政协礼堂召开的第一次宣传干部大会上讲话，对于当前宣传工作的任务，共讲了 11 项具体任务，第 1 项是把三中全会精神传达好，第 2 项是开好理论务虚会，第 3 项就是继续讨论实践是检验真理的唯一标准问题。在此之前三天，即 12 月 28 日，胡耀邦在中央党校三部学员结业会上的讲话也提出，实践是检验真理的唯一标准这个讨论，起了很好的作用，“这个讨论还没有完，还要深入”②。胡耀邦的讲话，是依据十一届三中全会的精神和邓小平的讲话，对真理标准问题讨论的继续和深入，作了布置。

但是，在这个时候，还没有“补课”这个提法。事实上，真理标准问题讨论的补课也没有立即广泛展开。

十一届三中全会是在 1978 年 12 月召开的，《解放军报》最早提出真理标准问题讨论补课是在 1979 年 5 月 21 日，在一些省区实际进行补课教育是在 7 月。这就是说，真理标准的讨论补课是在十一届三中全会半年以后。对这半年的历史究竟怎么看，这是需要历史学家认真研究的课题。这里仅从真理标准问题讨论的角度略加涉猎。

十一届三中全会以后，我们的任务是如何贯彻全会的精神，实现全党工作着重点的转移，解决与全党工作重心转移有关的一系列重大而紧迫的问题。但是，当时却出现了复杂的形势。

一方面，在党内，许多干部的思想还没有摆脱“左”的束缚，思想还处在僵化和半僵化状态，还是自觉不自觉地以“两个凡是”的眼光看待问题，对三中全会精神不理解，想不通，甚至抱抵触、反对的态度。在广大干部和人民群众中，个人迷信盛行的状态依然存在，“左”的流毒和影响仍然广泛存在。这是贯彻十一届三中全会精神的主要障碍。

另一方面，当时的社会思潮出现了新的情况和问题。在我们党提倡解放思想，解决“天安门事件”等政治问题的过程中，一些人打着解放思想的幌子，散布怀疑、否定、反对共产党领导和社会主义道路的思想言论，对党的领导和社会主义产生怀疑，发表了不少言论，而那些思想僵化的人又将这些社会现象归咎于真理标准问题讨论，归咎于解放思想。有些人虽然思想很解放，但在这错综复杂的社会思潮和政治动向面前，头脑也不够清醒。针对上述情况，邓小平在 3 月 30 日对理论工作务虚会作了《坚持四项基本原则》的讲话。

贯彻十一届三中全会的精神，既遇到“左”的干扰，也遇到右的干扰，但主要

---

① 《邓小平文选》第二卷，人民出版社 1983 年版，第 143 页。

② 《中央党校校刊》第 1 期，第 18 页。

还是“左”的干扰。如何处理这二者的关系，对于领导者来说，是新情况，新问题。

在实践上，十一届三中全会以后，除了召开理论工作务虚会以外，一些领导干部几乎以主要精力抓反对“资产阶级自由化”，真理标准问题讨论处于停顿状态。坚持四项基本原则的教育与开展真理标准问题讨论、进一步解决思想路线问题的关系，二者如何兼顾，如何统一，没有讲清楚，处理得不够好。当时的实际情况是，集中进行一段坚持四项基本原则的教育以后，人们的思想认识很快得到统一。但是，在贯彻 1979 年 4 月中央工作会议确定的对整个国民经济实行“调整、改革、整顿、提高”的方针，消除经济工作中长期存在的“左”倾错误造成的影响的实际工作，由于认识不一致，却进展缓慢，贯彻很不得力。

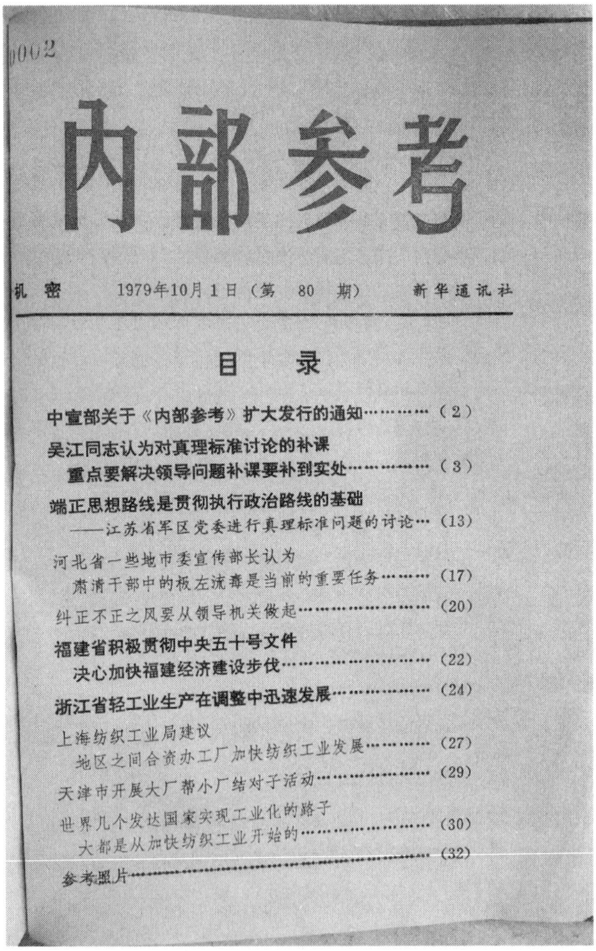
0002

内部参考

机密　1979年10月1日（第 80 期）　新华通讯社

目　录

新华社的《内部参考》刊登吴江关于真理标准问题讨论补课的讲话

上述这些情况清楚地表明，解决思想路线问题，仍然是一个关键。越来越多的领导干部意识到，需要进一步开展真理标准问题的讨论，需要进行这个讨论的补课。《山西日报》在一篇评论员文章中回顾山西的情况说：“三中全会以后，由于社会出现了‘左’、右两种错误思潮，特别是‘左’的错误思潮的干扰，讨论也没有搞好。当时，有些人企图把四项基本原则纳入极左路线的轨道，打着维护四项基本原则的旗号，攻击三中全会，攻击真理标准的讨论。在这种情况下，我省关于真理标准的讨论，在一段时间内没有很好开展起来。后来，随着反对两种错误思潮斗争的逐步胜利，这场讨论的重大意义，被愈来愈多的同志认识了。”① 安徽的情况也是这样：“三中全会以后，出现了一阵反复，有的同志思想动摇，使刚刚掀起的讨论热潮一度停了下来。”② 全国各地的情况有所不同，但大致上都是这样一个过程。从宏观指导来说，这是重要的教训。

最早明确提出真理标准问题讨论补课的，是 1979 年 5 月 21 日的《解放军报》。该报在《坚定不移地继续贯彻三中全会精神》的评论员文章中，指出了在贯彻三中全会精神过程中出现的一些思想认识问题。文章说，实践是检验真理的唯一标准问题的讨论，对解放思想起了很好的作用，但是，这个讨论在部队许多单位没有怎么进行。为什么我们要讨论真理标准问题？为什么检验真理的标准不能是别的只能是实践？为什么我们要解放思想，开动机器，如果思想僵化，从本本出发，党、国家、民族的生机就要停止？我们军队许多同志没有把它好好弄清楚。评论员文章提出：“我们军队的同志要抓紧补上实践是检验真理唯一标准这一课，要重新好好学习三中全会文件。”这里，明确提出了补课的要求。

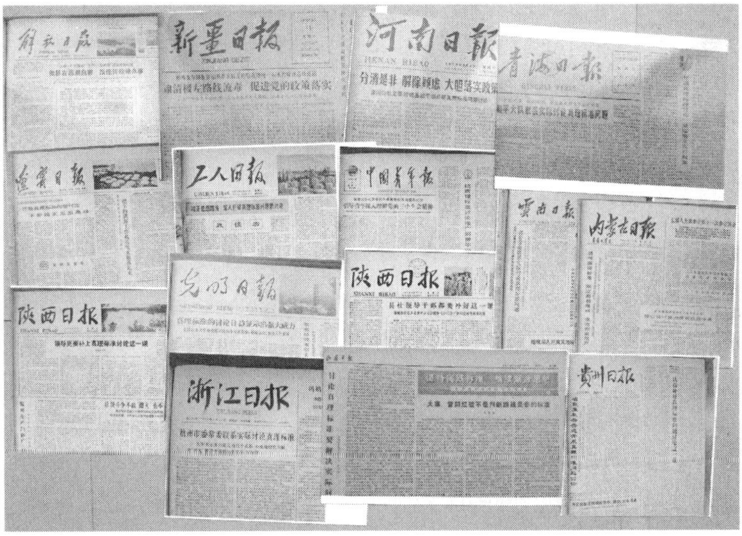

真理标准问题讨论的补课进行得普遍又深入

党中央机关报《人民日报》在 5 月 22 日第一版显著位置，刊登了这篇评论员文章，用的标题是《重新学习三中全会文件　补上真理标准问题一课》。这是《人民日报》第一次明确提出要补课。

---

① 《山西日报》1979 年 10 月 23 日评论员文章：《更加普遍深入地开展真理标准问题的学习和讨论》。

② 《安徽日报》1979 年 11 月 9 日第一版。

从1979年5月开始，各地负责同志纷纷发表讲话，分析形势，指出当前主要的问题，仍然是解放思想。

1979年5月中旬，中共中央党校副校长冯文彬对全校学员作了《排除干扰乘胜前进》的哲学辅导报告。他在这个报告中指出："当前贯彻三中全会方针政策的主要障碍，还是一部分干部中的思想僵化问题。"他说，"目前不少地方，关于分清两条思想路线的教育还很不普遍，很不深入。有的同志说：'思想解放总的形势是，中央开了头，有的地方开了点头，许多地方还没有开头。'因此，继续宣传辩证唯物主义的思想路线，从林彪、'四人帮'的精神枷锁中解放出来，敢于在新的长征中思考新问题，提出新问题，解决新问题，是完全必要的。"冯文彬的这个报告稿经修改后，发表于1979年6月5日出刊的《理论动态》第137期。《工人日报》于6月6日，《人民日报》于6月7日，都全文转载了这篇文章。

也是在5月，中共四川省委第一书记赵紫阳，在省委第二次全体委员会议上讲话指出：从党内尤其是从高中级干部的思想状况来看，坚持四项基本原则的问题，思想比较容易统一，而要继续解放思想，则仍然是比较大的问题，特别是要把马列主义、毛泽东思想同四个现代化的实际结合起来，研究新情况，解决新问题，更不够了。他说，现在党内思想僵化、半僵化的状况还是存在的，相当一部分同志心有余悸的问题还没有解决，要用很长时间、花很大力气才能解决。赵紫阳提出，要进一步学习、宣传、贯彻三中全会精神，把坚持四项基本原则同解放思想统一起来。

中共江西省委书记江渭清在5月间的省委工作会议上讲话，号召全省各级党组织坚持解放思想，开动机器，实事求是，团结一致向前看的方针，把党内党外的思想统一到三中全会精神上来。江西省委工作会议认为，只要遵照三中全会决议，坚持解放思想，坚持实践是检验真理的唯一标准的思想路线，坚持深入实际，调查研究，走群众路线，目前的一些困难和问题是完全可以解决的。

中共安徽省委第一书记万里，在5月间召开的省委工作会议上讲话分析了形势。他说，前一时期出现的右的错误思潮，在坚持四项基本原则教育后，"情况已经很快转变，我们绝不要被这些支流所迷惑"。他着重指出，又出现了一股否定三中全会的错误思潮，抓住社会上出现的一些支流现象，加以夸大，说党的路线"右"了，方针政策"偏"了。万里指出，要深入贯彻三中全会精神，就必须坚持一条正确的思想路线。他说，我们党内两条思想路线的斗争是一直存在的，有时是很尖锐的。在深入揭批林彪、"四人帮"的斗争中，又开展了一场震动各个领域的两条思想路线的大讨论。这就是关于真理标准问题的讨论。这场讨论，超过了建国以来思想战线上任何一次理论问题的讨论，是延安整风之后又一次具有深远意义的马克思主义教育运动和思想解放运动。万里针对安徽的实际情况提出，必须坚定不移地贯彻执行三中全会提出的解放思想，开动机器，实事求是，团结一致向前看的方针，我们要不断提高识别两条思想路线的能力，真理标准问题的讨论要继续深入，思想要继续解放。

中共广东省委第一书记习仲勋在6月上旬的广东省三级干部会议上讲话指出，要坚定不移地贯彻三中全会精神，要排除"左"的和右的干扰。"左"的思潮更容易迷惑人，因而对我们的危害更大，更需要引起大家的警惕。他明确提出，三中全会文件还要继续认真学习，许多地方还要补上关于真理标准问题讨论这一课，继续进行辩证唯物主义的思想路线教育。

6月中旬，中国社会科学院哲学研究所邀请哲学、经济学、法学理论工作者和新闻工作者30余人进行座谈。与会者认为，继续开展关于真理标准的讨论，特别是在基层单位开展真理标准的讨论，是一次马克思主义的思想路线的普及教育，对于正确贯彻党的十一届三中全会的精神，排除“左”和右的错误思潮的干扰，进一步发展大好形势，搞好党的工作着重点的转移，推进四个现代化的建设，都是非常有益的。

与此同时，中共北京市委党校举办了近900人的领导干部班，主要学习讨论真理标准问题。这些学员所在单位大多数没有认真组织过关于真理标准问题的讨论，因此，很多同志对这场讨论的重大意义认识不足，有些人思想上存在种种模糊观念，有些人甚至认为真理标准问题的讨论引起了思想混乱。经过在党校的学习，收到了很好的效果。学员们反映，这一课补得好。真理标准讨论像一把钥匙打开了思想解放的大门，提高了贯彻三中全会精神的自觉性。《北京日报》于1979年6月22日报道了市委党校学员的学习情况，并发表了《进一步推广关于真理标准问题的讨论》的评论员文章。文章说：“北京市前一阶段对真理标准问题的讨论还很不平衡，不少单位甚至还没有开展这一讨论，缺了重要的一课。这一课一定要补上，而且要补好。”文章说，市委党校的经验，值得全市各级党政机关、企业、农村、学校和各级党校、训练班学习。我们要结合各项实际工作，把关于真理标准问题的讨论推广到各级领导干部和基层群众中去，使更多的人接受一次马克思主义的思想路线的普及教育，把思想路线搞端正。

以上这些有关两条思想路线斗争和深入开展真理标准问题讨论的重要意见，《人民日报》都及时在显著位置加以刊登。不仅如此，在这一段时间内，《人民日报》在第一版和第二版刊登文章和报道，以醒目的标题，向人们作真理标准问题讨论补课的提示：

《重新学习三中全会文件　补好真理标准一课》（5月22日第一版）；

《把真理标准问题的讨论推广到基层去》（6月17日第一版）；

《认真补好真理标准问题讨论这一课》（6月23日第一版）；

《沈阳冶炼厂职工开展真理标准的讨论》（6月24日头版头条）；

《开展真理标准讨论很有必要大有好处》（6月25日头版头条）；

《认真开展真理标准讨论促进思想解放》（7月6日第一版）；

《基层联系实际讨论真理标准大有好处》（7月12日第二版）；

《开展真理标准讨论打开思想解放大门》（7月13日第一版）。

《人民日报》的这些醒目而重要的标题，不仅有效地提示人们开展真理标准问题讨论的补课，而且，这些提法本身，也在某种程度上成了规范性语言。我们看到，各省级党报为真理标准问题讨论撰写的评论和社论，其中不少是用类似的用语做题目。

从1979年7月开始，真理标准问题讨论补课就在多数省、市、自治区开展起来了。我们从各地报纸的动向来看一下基本情况。6月份，有北京、山西、上海、云南4个省市的党报（上海是《文汇报》），发表了动员补课的评论员文章。7月，就有吉林、黑龙江、辽宁、天津、河北、陕西、甘肃、青海、浙江、河南、湖北、广东等12个省市的党报发表评论员文章或社论，阐述开展真理标准问题讨论补课的必要性和重要意义，提出补课的要求。

1979年7月，邓小平明确表态，支持进行真理标准问题讨论补课。

1979年7月29日，邓小平接见海军党委常委扩大会议全体同志，并作了讲话。他说，就全国范围来说，就大的方面来说，通过实践是检验真理唯一标准同“两个凡是”的争论，已经比较明确地解决了我们的思想路线问题。“这个争论还没有完，海军现在考虑补课，这很重要。”邓小平明确肯定了真理标准问题讨论的补课，并且进一步阐明，“真理标准问题的讨论是基本建设，不解决思想路线问题，不解放思想，正确的政治路线就制定不出来，制定了也贯彻不下去。”这是邓小平关于真理标准问题讨论，特别是关于这个讨论补课所作的一次重要讲话。这个讲话对全国真理标准问题讨论的补课，是一个有力的推动。

1979年8月中旬，邓小平又到天津视察。当时，中共天津市委正在开常委扩大会议。邓小平听取了常委的汇报，并就贯彻三中全会的战略方针，加深理解党在新时期的政治路线、思想路线和组织路线，特别是深入开展检验真理标准的讨论等问题，作了重要讲话。根据邓小平重要讲话的精神，中共天津市委第一书记陈伟达提出，要坚持三中全会的政治路线，就必须坚持解放思想，开展真理标准问题的大讨论。我们必须下大功夫，从市委到基层单位，认真地补好这一课。特别是区、县、局以上的领导同志更要认真学好。

这里还要讲一下中央统战部和中央组织部以及新华社推进真理标准问题讨论补课的情况。

1979年8月，中央统战部召开了全国统战工作会议，会上暴露出来的糊涂观念和“左”的东西不少。中央统战部第一副部长刘澜涛邀请中央党校的吴江在会上讲一下真理标准问题。吴江是8月23日去讲的。9月6日，中央组织部长宋任穷又请吴江在全国组织工作会议上作了同样内容的讲话。后来，将这两次讲话的记录整理合并成一稿，题目为《关于实践是检验真理的唯一标准的问题》。此稿共17000多字，铅印后发给大家。

在这两次讲话中，吴江讲了真理标准问题讨论的背景和由来，这个讨论的焦点和重要意义，阐释了实践标准，讲了围绕实践标准争论而展开的两条思想路线斗争和政治斗争，讲了理论工作务虚会的情况。吴江着重讲了补课问题：为什么要补课？补课要解决什么问题？他强调，要弄清什么是毛泽东思想及怎样正确对待马列主义、毛泽东思想，弄清真高举与假高举。他指出，当前最大的阻力是“左”，解放思想，首先要从林彪、“四人帮”的极左思潮中解放出来。主要解决领导思想，补课要补到实处。这是一个动员进行真理标准问题讨论补课的讲话。

新华社的《内部参考》第80期（10月1日）以第一篇的地位，刊登了吴江这个讲话中补课部分的内容，题目为《吴江同志认为对真理标准讨论的补课重点要解决领导问题　补课要补到实处》，共有 6000 来字。从这一期开始，《内部参考》扩大发行到中央机关司局，地方地委（包括县委第一书记），军队师级及相应的领导干部。这两次讲话对补课无疑是一个推动。

因为有十一届三中全会的精神（充分肯定、高度评价了这一讨论），还有了前一段讨论取得成效的经验，真理标准问题讨论补课总的说开展比较顺利。但这绝不是说没有阻力。真理标准问题讨论的补课，也是冲破了阻力以后才展开的。

尽管十一届三中全会已开过半年了，但是干部中不少人的思想还处在僵化半僵化的状态，“两个凡是”的影响还存在。这种情况在群众中也存在。除了前一段存在的认为真理标准问题讨论就是“砍旗”这种错误观点和糊涂思想外，这时又提出了新的反对真理标准讨论的论点。有些人说什么真理标准问题的讨论是“致乱之源”，他们把当时的拨乱反正过程中出现的少数人闹事，不少人思想上彷徨、疑虑，社会秩序比较混乱等现象，都归咎于真理标准问题的讨论。上海市就有一位基层单位的宣传干部给市委领导同志写信，要求立即停止上海的真理标准问题的讨论，而且要求向中央建议，停止全国的讨论。不仅如此，有的高级领导干部也持这样的态度。他们说，还要补什么课，还嫌乱得不够啊。真理标准问题讨论的补课，是在排除这些干扰中展开的。

各地在开展真理标准问题讨论补课时，都针对存在的干扰因素和干部中的糊涂观念，阐明了进行补课的必要性和重要意义。《河南日报》在 1979 年 7 月 22 日的评论员文章《这场讨论是在斗争中发展的》中说：“党中央重申坚持四项基本原则之后，这股右的错误思潮是有些收敛了。但是，那股本来就存在的‘左’的错误思潮又突出起来了。有些同志思想僵化、半僵化，或出于朴素的阶级感情，对三中全会采取的某些方针、政策，产生了不同程度的怀疑和动摇。而极少数怀有恶意的人，否定或反对我们党粉碎‘四人帮’以后特别是三中全会以来所采取的一系列方针政策，说是什么‘右’了，‘修’了。这后一种人，主要是那些角刺人物（本书作者注：‘四人帮’提出造反派要‘头上有角，身上有刺’，意即敢于捣乱。粉碎‘四人帮’后，清查‘四人帮’帮派体系时，将这些人物称为‘角刺人物’）和跟着林彪、‘四人帮’犯了严重错误的人。他们唯恐天下不乱，暗地串联，散布流言蜚语，蛊惑人心，制造混乱，甚至有人猖狂反扑，有错不认错，认错又翻案，反要领导给他‘倒说清’。另一方面，他们又‘倒打一耙’，攻击关于真理标准问题的讨论是什么‘致乱之源’。……这种极左思潮，对于那些思想上僵化半僵化，或缺乏马克思主义理论修养，单凭朴素的阶级感情办事的同志来说，是有欺骗性的。因而它是当前的主要危险。我们要坚持实践是检验真理的唯一标准的讨论，就必须坚决批判‘左’的和右的错误思潮；而把这一讨论深入到基层干部和群众中去，深入到实际工作中去，再用这一马列主义、毛泽东思想的基本原理和马克思主义的思想路线把广大干部和群众武装起来，这是战胜这两种错误思潮，推动四化建设的强大动力。”上海市哲学社会科学联合会于 1979 年 6 月 29 日召开的座谈会指出，三中全会以后上海出现的两股错误思潮，特别是那股怀疑三中全会方针、政策正确性的

"左"的思潮，同真理标准问题讨论没有很好展开有着密切的关系。在一些干部中，所谓"三中全会损了旗，重点转移离了线，解放思想出了格，发扬民主闯了祸"的说法，一度颇有市场。这些同志虽然主观上也想把工作做好，但由于极左路线的流毒，影响了他们鉴别是非不是从实际出发，而是从"本本"出发，一看到党中央的方针、政策同过去的做法有所不同，是"本本"上所没有的，就认为是"丢纲离线"。要澄清和克服这些错误认识，把广大干部的思想统一到三中全会的精神上来，就一定要确立实践是检验真理的唯一标准这个马克思主义基本原理的权威，认真搞好真理标准的讨论。各地各单位都针对自己的不同情况做了宣传教育工作。

对于那些责难，一些领导同志作了严正的回答。中共上海市委副书记、宣传部长陈沂在社联座谈会上讲话中指出，上海市关于真理标准问题虽然也进行了一些讨论，但还很不够，还需要继续广泛深入地开展下去。继续讨论真理标准问题，不需要谁批准。凡是实践的需要，人民的需要，我们就应该大胆地去做。宣传真理、传播真理，需要有革命大无畏的精神。

党中央领导为了推动真理标准问题讨论的补课，采取了一些得力的措施。为了打开上海市真理标准问题讨论的局面，中央于 1979 年 6 月调陈沂去上海任市委副书记兼宣传部长。陈沂去上海前，胡耀邦找他谈话，指出上海关于真理标准问题没有讨论好，要他到上海后，同市委的同志一起研究加以改进。陈沂到了上海以后，同市委其他领导同志一起，很快就把上海市的真理标准问题讨论开展起来了。

1979 年 9 月 25 日至 28 日，党的十一届四中全会讨论通过了叶剑英在庆祝建国 30 周年大会上的讲话稿。这个讲话稿提出："我们要在全国范围内，在各条战线、各个行业，从领导机关至基层，普遍深入地开展关于真理标准问题的学习和讨论，进行辩证唯物主义思想路线的教育。尤其是主要负责干部要带头解放思想，旗帜鲜明。领导的责任就在于把广大干部和群众的思想进一步引导到实现四个现代化的政治路线上来。"这个讲话，是党的中央全会讨论通过的。叶剑英是代表中央讲话的，因此，应当看做是党中央对真理标准问题讨论补课所作的正式部署。

三、马克思主义思想路线教育的大普及

真理标准问题讨论补课由《解放军报》于 1979 年 5 月 21 日、《人民日报》于 5 月 22 日率先明确提出。到 1979 年 6 月间，即有一些省市的负责同志作全面部署，到 7、8、9 月，就在全国范围全面展开了。1979 年秋冬，真理标准问题讨论的补课达到了高潮。

这次真理标准问题讨论的补课，是 1978 年大讨论的继续，但不是简单的直接的继续，是在经过了一段曲折以后，在新的形势下的继续。

真理标准问题讨论的补课，从实质上说，是进一步贯彻十一届三中全会精神，是马克思主义思想路线的普及教育。同十一届三中全会以前的讨论情况相比较，真理标准问题讨论的补课有以下几个显著的特点。

（一）领导普遍重视

有的省委领导明确地提出，要把真理标准问题讨论的补课作为一件大事来抓。其实，这也是当时大多数省、市、自治区党委领导同志的认识和态度。

通过十一届三中全会和此前的中央工作会议，绝大多数高级领导干部进一步理解了真理标准问题讨论的有关情况和重要意义，取得了共识。回顾总结十一届三中全会以后几个月的工作实践和形势发展，尽管情况比较复杂，但大多数同志很快理出了头绪，认识到关键还是解放思想的问题，必须进一步搞好真理标准问题的讨论，要补好这一课。

为了进行真理标准问题讨论的补课，各省、市、自治区都召开了领导干部会，还召开了检查和交流性质的会议，一些省委还发了关于补课的文件，不少领导干部深入基层调查研究，进行指导。各地的党报密切配合，发表了大量的报道、评论和文章。

在 1978 年就对真理标准问题讨论抓得较紧较好的一些地区，十一届三中全会以后更自觉地继续展开讨论。十一届三中全会刚闭幕，《广州日报》就在第一版刊登了中共广州市委召开关于真理标准问题学习心得交流会的报道。会议指出，坚持实践是检验真理的唯一标准，才能使毛泽东思想在新的历史条件下得到具体的运用和发展。中共广州市委第一书记焦林义进一步阐述了开展真理标准问题讨论的重大意义，对怎样把这一学习深入下去，提出了要求。1979 年 3 月，中共广东省委党校举办了第一期县委书记以上领导干部读书班，参加学习的有广州市委和各地委的常委、革委会副主任，省直机关和地委各部、委、办、局负责同志，县委正副书记等 300 余人，深入学习三中全会文件，继续开展实践是检验真理的唯一标准问题的讨论。省委第一书记习仲勋在开学大会上讲了话。与此同时，广东一些省、地领导同志在《南方日报》发表文章，批判极左思潮，主张坚持实践是检验真理的唯一标准的原则。广东省较好地抵制了极左和右的错误思潮的干扰。1979 年 8 月下旬，中共广东省委就在中山县召开现场会，推广中山县在基层广泛开展真理标准问题讨论的经验，交流全省各地开展这一讨论的情况和经验，对进一步开展讨论作了部署。1979 年 9 月 13 日，中共广东省委又召开报告会，参加者有广州市委、海南区党委、各地委、海南黎族苗族自治州党委负责同志，省、市直属机关的负责人，省委第二书记杨尚昆主持报告会，省委第一书记习仲勋作报告。他说，我省对真理标准问题的讨论开展得不算迟，但不普遍、不深入。他要求全省各级党委、共产党员和革命干部，要带动群众重新学习三中全会文件，补好真理标准问题讨论这一课。稍后，中共广东省委第二书记、广州市委第一书记杨尚昆又在共青团广州市代表大会上讲话指出，所有部门都要重新学习实践是检验真理的唯一标准这个课题。由于省委领导的重视，抓得紧，广东各地的真理标准问题讨论补课，开展得比较普遍，比较深入，效果也显著。

在 1978 年真理标准问题讨论中开展较迟的地区，在补课中态度明显变化，普遍抓得较紧。

中共山西省委于 1979 年 8 月 23 日召开了常委扩大会议，讨论真理标准问题。

省委第一书记王谦说，山西省1978年的真理标准问题讨论取得了一定的成效，但由于省委对这个讨论的重大意义认识不足，耽搁了一些时间。他指出，这一段的实践证明，这一课非补上不行，而且一定要补好。他要求省、地、县各级领导干部，一定要带头积极参加真理标准问题的学习和讨论，把思想路线搞端正。他还要求把这场讨论深入到基层，解决实际问题。在端正思想路线的基础上，纠正农业学大寨中的一些错误做法，落实自留地、集市贸易、家庭副业等农村政策。8月下旬到9月上旬，王谦又到基层调查研究，同地、县、社、队的干部座谈，就继续开展真理标准问题的学习和讨论，落实政策，提出意见。9月20日和21日，山西省委又召开了学习和讨论真理标准问题的汇报会，各地、市委书记和宣传部长，省直各部、委的主要负责同志参加会议，雁北地委、忻县地委、吕梁地委、太原市委、省计委、教育局、太原铁路局等单位，向会议汇报了领导机关和基层单位讨论真理标准问题的情况、经验和问题。省委主要负责同志讲话指出，真理标准问题的学习和讨论正在全省范围内展开，但存在着不平衡、不深入、不广泛的问题，要求大家继续提高对这场讨论的认识，补课要补到实处，各条战线、各行各业，每一个工厂、生产队、学校、商店，都要进行学习和讨论。1979年10月23日，《山西日报》又发表《更加普遍深入地开展真理标准问题的学习和讨论》的评论员文章，要求各级领导进一步扫除障碍，推进这个讨论。

本书作者与中央党校理论研究室副主任孟凡合影。孟凡参加了《理论动态》的筹办，在真理标准问题讨论中做了许多工作，得到胡耀邦的赞扬

1979年8月中旬，中共天津市委就由宣传部和组织部联合召开会议，部署真理标准问题讨论的补课。参加这个会议的有各区、县、局党委和市委各部、委、办的宣传组织部门负责人，市委书记到会讲话。会议指出，1978年天津市的真理标准问题讨论抓得不紧，组织得不好，没有广泛开展起来，致使不少同志对这个讨论的重大意义认识不足，不少糊涂观念有待澄清，必须抓紧时间，广泛开展真理标准问题讨论，补好这一课。会议确定，8、9月份由全市各级党校、干部学校，层层举办宣传理论骨干培训班，培训骨干。在同一时间，中共天津市委召开了十天的常委扩大会议，根据邓小平对天津市委常委的讲话精神，特别讨论了深入开展真理标准问题讨论的问题。市委第一书记陈伟达在会上讲话指出，摆在面前的工作千头万绪，最根本的一条是继续解放思想，开展真理标准问题的大讨论。他指出，必须下大功夫，从市委到基层单位，认真地补好这一课，特别是区、县、局以上的领导同志，更要认真学好。9月，陈伟达又在农村工作会议讲话中，强调要搞好真理标准问题讨论补课。

军队对真理标准问题讨论补课抓得早，抓得紧，指导及时具体，搞得很好。中央的铁道、财贸、教育、卫生、公安以及工会、青年团等各方面，对这个补课也很重视。有关这方面的情况，《人民铁道报》1979年8月30日、9月9日、13日，《光明日报》1979年11月8日，《财贸战线》1979年8月14日，《健康报》1979年9月9日，《工人日报》1979年9月6日，《中国青年报》1979年8月4日、25日，《中国青年》杂志1979年第9期，《人民教育》杂志1979年第9期，都有报道，这里不一一叙说了。

1979年的真理标准问题讨论补课，各地各部门领导都比较重视，因此开展得比较普遍。这同1978年讨论中那种很不平衡的情况相比，是大不相同的。

（二）推广到广大基层

各地在部署真理标准问题讨论补课时，都强调领导干部要带头学习和讨论，同时又明确提出，要推广到基层，要在广大基层单位补好这一课。为此，各地报纸几乎都发表了社论和评论。略举数例如下：

《切实搞好基层真理标准的讨论补课》（黑龙江《奋斗》杂志评论员文章）；

《基层也应把真理标准问题讨论清楚》（《天津日报》评论员文章）；

《把真理标准问题的讨论深入到基层去》（《河北日报》评论员文章）；

《把真理标准问题讨论推广到基层去》（《陕西日报》特约评论员文章）；

《补课要向广度和深度再前进一大步》（《解放日报》评论员文章）；

《把真理标准问题的讨论深入到基层干部和群众中去》（《河南日报》评论员文章）；

《在基层开展真理标准的讨论很有必要》（《南方日报》评论员文章）。

中央和地方的报刊上，有大量关于在基层干部和群众中开展真理标准问题讨论的生动报道。

中共内蒙古自治区党委于1979年9月作出了《关于继续深入开展真理标准问题讨论的决定》，各级党委都认真地贯彻执行了这个决定，全自治区的讨论普遍而深入地开展了起来。各级领导班子都很重视自身的补课，提出了“四个带头”的口号，即带头学，带头讲，带头端正思想路线，带头解决实际问题。与此同时，内蒙古各级党委认真抓了广大干部和群众的真理标准学习和讨论。呼伦贝尔盟、伊克昭盟、锡林郭勒盟、呼和浩特铁路局、第二机床厂等许多单位的领导同志，都直接给群众作辅导报告。东胜、中后、乌拉特前旗、临河等县旗主要领导同志带领干部，深入到社队巡回辅导，了解情况，解决问题。不少盟市举办学习班、轮训班，训练干部和党员。哲里木盟委抓了科左中旗旗委、通辽县大林公社党委、通辽县钱家店公社四大队党支部三级党组织的试点，并召开电话会议向全盟推广他们的做法。昭乌达盟委分别在牧区、农村、厂矿抓了六个点。由于各级党委的认真组织，真理标准问题讨论补课在内蒙古广大基层逐步展开和深入。

1979 年 9 月上旬，中共安徽省委在滁县地区召开了关于真理标准问题的座谈会。省直各部、委、局党组和各地、市委立即召开党组会议、党委会议，传达座谈会精神。各地还召开了县委书记会议，学习和讨论真理标准问题。有些县召开了三级干部会议进行学习和讨论。多数县都认真地抓点，培训骨干，在“三秋”大忙以后将这个学习和讨论推广到基层。安徽省太湖县的讨论，反映了在基层开展真理标准问题讨论补课的情况。1979 年 9 月初，太湖县委召开常委扩大会，区和社的负责人也参加了。这个会紧密围绕联系产量责任制，开展实践是检验真理的唯一标准的讨论。1979 年春，该县有 840 个生产队划分了 2430 个作业组，实行联系产量的责任制，约占全县生产队总数的 20%。可是，事隔不久，社会上就刮起一股冷风，说什么联系产量责任制是“回潮”、“倒退”，是党的政策“偏了”、“右了”。在这种气候下，不少组散了伙。到 6 月底，全县只剩下 1230 个作业组了，减少了一半。但是，从实践结果看，实行这种责任制的效果是很好的。包工到组、联产计酬的生产队增产幅度都很大。太湖县委常委扩大会围绕两千多个作业组的“起落”，开展真理标准问题的讨论，批判了极左思想，大家开阔了眼界，振奋了精神，都说，真理标准问题的讨论，确实是解放思想，端正思想路线的金钥匙。这次会议之后不到一个月，散伙的作业组就恢复了起来，一些原来不打算搞的也决定要搞了。

中共上海市委于 1979 年 7 月 27 日到 8 月 4 日召开了宣传工作会议，市委、市革委会各部、委、办，各区、县、局，各大专院校和部分科研单位、市属大工厂的有关负责人 400 余人参加会议。会议要求在 1979 年下半年和 1980 年春天，在全市认真补好真理标准讨论这一课，用三中全会精神统一广大干部和群众的思想。9 月 3 日和 4 日，市委宣传部又召开了有 700 多人参加的经验交流会，要求把真理标准的讨论普及到每一个单位，把领导机关的讨论同基层单位的讨论结合起来。在市委的部署和推动下，上海市工交、郊区农村、各区和其他各条战线的真理标准讨论迅速开展，逐步普及深入到基层单位。工交战线各单位采用召开党委扩大会议、学习中心组会议、宣传工作会议、办学习班、短期集训班等形式，进行讨论。上钢一厂的干部围绕本厂 30 年里生产“三起两落”的事实，用实践是检验真理的唯一标准这个思想原则，分析了原因，弄清了是非，总结了经验教训。市农办党组召开了县委书记和农业各局、各院校党委书记会议，各单位都举办了党委常委学习班，进行真理标准问题讨论。宝山县委举办了大队长学习班，上海县委组织社、镇、局党委委员以上干部 500 多人，学习讨论了五天，都收到了很好的效果。

从各地讨论情况看，县一级的真理标准讨论普遍搞得比较好。县以下的基层单位，也相当普遍地开展起来了，有的地方也搞得相当深入。山东省定陶县城关公社，组织干部和群众开展真理标准讨论。南关大队第一生产队联系本队副业生产“上—下—上”，农业生产“高—低—高”的变化，批判极左路线，解放了思想。吉林省榆树县环城公社，组织干部和群众联系当地实际，讨论实践是检验真理的唯一标准。长期以来，一说富，就说是资本主义。是不是富了就会走资本主义道路？他们在学习讨论中采取“变不变，参观对比来分辨”的办法，把公社、大队、小队干部组织起来，先到经济较好的南门二队。大家看到，生产队一片兴旺，社员积极性也很高。但到东沟六队一看，是“袋里无钱，库里无粮，井里无水，炕上无席”，社员往外跑自找门路，集体经济靠不住。大家深有体会地说，只有富起来，才能使群众看到社会主义的优越性，坚定不移地走社会主义道路。像这样的事例，在广大基层多得很。这充分说明了真理标准问题讨论在基层普及和深入的情况。

（三）主题更加明确

真理标准问题讨论本身是一个思想路线问题，同时又是一个政治问题。对这个问题的认识，是逐步明确的。在全党取得共识，更是要经历一个过程。

前面已经讲了，周扬 1978 年 7 月 24 日在中国社会科学院哲学研究所、《哲学研究》编辑部联合召开的讨论会上讲话就指出，真理标准问题的讨论关系到我们的思想路线、政治路线，也关系到我们党和国家的前途。在 1978 年的讨论中，一些领导同志接受了周扬的提法，认为这个讨论“是一个思想路线问题”（廖志高），是“关系到我们党坚持什么样的思想政治路线的重大问题”（刘子厚），“是一个关系到我们党的思想路线和政治路线的现实问题”（王铎），但是，总的情况是，用这种提法的人不很多。当然，其他一些同志的讲话虽没有明确用这样的提法，但他们的讲话中有这样的含义。

1978 年 12 月 13 日，邓小平在《解放思想，实事求是，团结一致向前看》的讲话中明确肯定，真理标准问题的争论，“的确是个思想路线问题，是个政治问题，是个关系到党和国家的前途和命运的问题”。通过这个会议的讨论和邓小平的讲话，全党对这个问题取得了共识。

在 1978 年的讨论中，突出了问题的政治性。在 1979 年的补课中，由于“两个凡是”已被推倒，十一届三中全会已对真理标准问题讨论给予高度评价，党的思想路线已经恢复，从政治角度看，问题已经解决，因此，补课就突出了思想路线教育的性质。所谓真理标准问题讨论的补课，主要是在广大干部和群众中清除“两个凡是”的影响，确立马克思主义思想路线，是马克思主义思想路线的普及教育。在补课中，这个主题很明确。

在 1979 年真理标准问题补课中，明确提出了分清两条思想路线的要求。

1979 年 5 月 10 日，《理论动态》发表了《分清两条思想路线　坚持四项基本原则》的文章。这篇文章比较透彻地阐明，真理标准问题的讨论就是两条思想路线的大讨论。这篇在真理标准问题讨论一周年时撰写的文章，又作为《光明日报》特约评论员文章，于 1979 年 5 月 11 日公开发表，新华社全文转发，《人民日报》《解放军报》等中央和地方报刊普遍转载，这就使真理标准问题讨论补课的主题和要求更为明确了。在各地的补课中，都把两条对立的思想路线进行比较，深入地批判了以“两个凡是”为典型代表的唯心主义和形而上学的反马克思主义思想路线。

与此相联系，在真理标准问题讨论补课中，公开地点了“两个凡是”，各地普遍对“两个凡是”进行了批判评析。

引起真理标准问题争论的根源，就是“两个凡是”。实践标准就是针对“两个凡是”的。但是，在1978年的讨论中，没有公开地明确地批判“两个凡是”。邓小平几次讲话都批评了“两个凡是”，但当时这些讲话没有公开发表。

在1979年的补课中，就公开地批评了“两个凡是”。

地方报纸率先点了“两个凡是”。首先是《河南日报》，在7月22日的评论员文章中说：“有人坚持‘两个凡是’的观点，指责这个讨论是什么‘砍旗’、‘丢刀子’。”《人民日报》在1979年8月3日第一版，用转载这篇评论员文章的方式，点出了“两个凡是”。8月18日，《解放军报》发表了《端正思想路线，同心同德执行党的政治路线》的评论员文章。文章说：“假如不从思想路线上打碎林彪、‘四人帮’制造的种种精神枷锁，开展实践是检验真理的唯一标准的讨论，冲破‘两个凡是’的禁区，就谈不到解放思想。”

在补课中，哈尔滨市委于1979年9月5日到16日召开了真理标准问题学习讨论会，参加者有各区、局、直属企业主要负责人，市委常委、市革委会副主任一起参加讨论。在这个讨论会中，大家围绕着同“两个凡是”划清界限进行了热烈的讨论。与会者指出，有人打着拥护毛泽东同志的旗号，搞“两个凡是”，特别是十一届三中全会以后，有人以“高举”为名，坚持“两个凡是”，把真理标准问题的讨论攻击为“砍旗”，说三中全会所确定的路线是“右倾”，是“倒退”。这实际上是坚持林彪、“四人帮”的思想体系，妄图改变三中全会的路线。各地在真理标准问题讨论补课中，普遍地剖析了“两个凡是”的思潮。

公开点出“两个凡是”，把实践标准与“两个凡是”相对照，来阐明两条对立的思想路线，不仅使真理标准问题讨论的补课主题更明确，也更深入了。

（四）成效明显

普遍而深入的真理标准问题讨论补课，大大提高了广大干部（特别是领导干部）和群众的思想认识，有力地推动了思想解放，从而推动了三中全会精神和各项政策的贯彻落实。更主要的是，使思想路线的概念深入人心，实事求是，一切从实际出发，实践是检验真理的唯一标准，这些马克思主义思想路线的主要内容和语言，为广大干部和群众所理解和掌握，成为他们总结经验，分析新情况，观察问题，解决新问题的锐利武器。

先说一下湖南的情况。

粉碎“四人帮”以后，湖南的干部和群众常常自豪地说，湖南是毛主席的故乡，是华主席工作过的地方。他们的特殊感情比较容易接受“两个凡是”。在真理标准问题讨论开始以后，湖南的领导同志和许多干部群众，在很长的一段时间跟不上全国的形势。他们最担心的是，怕真理标准问题的讨论否定了毛主席。有的人发牢骚说，什么真理标准讨论，什么检验，就是要检验毛主席，每检验一次，毛主席的威望就降低一次。在1978年全国热烈讨论真理标准问题时，湖南还在大搞农业学大寨，在农村反资本主义。面对真理标准问题讨论迅速发展的形势，湖南省委的一些领导同志提出，湖南主要是正面学习毛泽东著作，不组织讨论。一个农业生产责任制，一个真理标准问题讨论，湖南不急于先搞，先看一看。十一届三中全会以后，湖南不少人对十一届三中全会的精神和拨乱反正的各项政策，觉得是“反常”。有的人抱着抵触甚至反对的态度。有的基层干部说，不按毛爹爹的指示办，我就懒得搞了。有的领导干部一方面对改正右派、给地主富农分子摘帽等措施想不通，认为解放思想不应该超过中央的文件，认为批“两个凡是”是把矛头对准华主席，另一方面又发牢骚，我们这些人是不是“凡是派”，我也搞不清，反映出一种抵触、彷徨、矛盾的复杂心态。从1979年8月开始，湖南省委认真抓真理标准问题讨论的补课。9月1日，中共湖南省委第一书记毛致用在全省地、市委宣传部长会议上讲话，对1978年没有在全省很好开展真理标准问题讨论作了自我批评。他针对湖南的实际情况指出，现在的主要问题，仍然是思想不够解放。要继续解放思想，端正思想路线，就要深入开展真理标准问题的讨论。他要求领导干部一定要带头补好真理标准问题讨论这一课。经过补课，干部和群众的思想认识和精神状态有了很大的变化。

中共湖南省委党校韶山分校举办区社宣传干部学习班，通过学习和讨论真理标准问题，绝大多数同志认识到，坚持真理标准与坚持马列主义、毛泽东思想是一致的。他们懂得了，马列主义、毛泽东思想之所以成为伟大的普遍真理，成为革命人民的行动指南，就在于它如实地反映了客观事物的普遍规律，来自实践，并为实践所反复检验，就在于它正确地总结了无产阶级和革命群众的斗争实践，使之上升到理论的高度，从而指导人们的革命实践。实践的观点是马克思主义认识论的核心。坚持实践是检验真理的唯一标准，就是坚持马列主义、毛泽东思想。许多学员说，过去常常把林彪、“四人帮”那些反马列主义、毛泽东思想的东西，那一套搞假社会主义的货色，错误地当做“真理”，弄得真假不分，是非不明。通过这样的学习讨论，较好地澄清了在这个问题上的糊涂认识。

中共湖南省委党校学员在真理标准问题讨论中遇到的第一个问题，就是如何看待革命领袖。他们没有回避这个问题，而是以实践标准来分析讨论这个问题，从而使大家较好地解决了这个问题。同志们回顾说，长期以来，林彪、“四人帮”一伙鼓吹现代迷信，流毒甚广，致使不少同志认为领袖的话“句句是真理”，上了书的就一定绝对正确，必须“句句照办”，否则就是“离经叛道”、“砍旗丢刀”。通过学习，大家认识到：（1）革命领袖是从群众斗争中产生的，是群众的一员，他的学说不是个人天才的产物，而是党和人民集体智慧的结晶。（2）认识来源于实践，革命领袖的理论同样也是客观实际的反映。（3）人民群众的实践活动是无限的，个人的认识是有限的，革命领袖对客观事物的认识也是有限的，不可能没有失误，不能认为句句是真理。（4）真理既是绝对的，又是相对的，革命领袖的学说也是随着实践的发展而发展的。他们认识到，对革命领袖及其学说，我们热爱；但是，不能把革命领袖当做神，不能把毛泽东思想奉为万古不变的教条。

山西省也有自己的特点。

山西长期以来推崇大寨经验，把大寨大队和大寨所在的昔阳县的经验绝对化，逐渐走到了极端，强调学大寨不掺假，不走样，实际上是要人家照搬。凡是照搬大寨、昔阳经验的，就认为是坚持毛主席革命路线，走社会主义道路；凡是没有照搬大寨、昔阳经验的，就被认为是反对毛主席树立的大寨红旗，就是违背毛主席的革命路线，就是走资本主义道路。人们将这一套称为山西的土的“两个凡是”。这样，大寨、昔阳的一套经验和做法，实际上就成了判断路线是非的标准。在 1978 年的真理标准问题讨论中，别人提出学先进只能学基本经验，不能照搬具体做法，他们对此十分不满，就说别人对大寨经验、对毛主席革命路线、对毛泽东思想是“抽象肯定，具体否定”。不仅如此，在山西，对于自留地、家庭副业、集市贸易等有利于促进生产力发展的中央农村经济政策，因为同大寨、昔阳的做法不完全一致，他们也就不认真贯彻落实。1978 年 8 月，中共山西运城地委党校的一位副校长，因为在课堂上讲了自留地、家庭副业、集市贸易等中央的农村政策，遭到了上级的追查，罪名是违反山西农村政策。一位青年工人柴贞学给《山西日报》写信，对运城违反中央政策取消集市贸易的做法，提出不同意见，有关领导干部竟说这封信是“恶毒攻击”，矛头指向大寨、昔阳，指向社会主义，将这位青年工人隔离批斗。由于《人民日报》的干预，才恢复了这位普通工人的人身自由。经过 1979 年的真理标准问题讨论补课，山西干部和群众从思想路线上总结了经验教训，认识并摆脱了极左的一套，使党的农村政策逐步得到落实。

山西日报

1979年10月19日

讨论真理标准要解决实际问题

坚持实践标准 继续解放思想

关于真理标准的讨论笔谈

大寨、昔阳经验不是判断路线是非的标准

农工商联合企业

山西否定了自己的“两个凡是”

特别值得一提的是，通过真理标准问题讨论补课，山西的同志自己扔掉了手中的那顶“反大寨”的帽子。

中共昔阳县委连续召开常委会，认真开展真理标准问题讨论，同时组织全县公社党委书记、革委会主任和县级机关的科长、局长以上干部学习讨论，帮助县委解放思想，端正思想路线。他们用实践标准对十多年来的学大寨情况进行回顾和总结，在落实自留地政策、家庭副业、集市贸易等九个问题上，纠正了“左”的做法。山西的同志通过真理标准问题讨论补课，解放了思想，放下了包袱。他们说，别的地方只顾虑砍毛主席的旗，我们还顾虑砍大寨红旗，别的地方只考虑革命领袖的“本本”，我们还有大寨的“一本经”。他们认识到，不管是大寨的做法也好，本本上的也好，都要用实践来检验。在 1979 年 3 月初召开的中共山西省委（扩大）会议上，批评了“大寨”的紧箍咒。《山西日报》也改变了连篇宣传大寨具体经验的做法，于 1979 年 10 月 19 日发表了《大寨、昔阳经验不是判断路线是非的标准》的文章（作者马原生），指出大寨、昔阳的经验不仅不是判断路线是非的标准，而且这些经验也必须接受实践的检验。以上这些，生动地反映了山西的干部和群众通过真理标准问题讨论补课，思想上确实发生了深刻的变化。

无论从广度还是深度来看，从 1979 年中普遍展开的真理标准问题讨论补课，是名副其实的马克思主义思想路线的普及教育。通过这个补课，使十一届三中全会确立的思想路线，在广大干部和群众思想中，扎下了根，其意义和作用，是很深远的。

1979 年秋冬，真理标准问题讨论的补课在全国范围展开，其广度和深度大大超过了 1978 年，形成了波澜壮阔的大讨论局面。

为了进一步排除干扰，统一思想，1980 年还需要继续进行补课。

胡耀邦 1979 年 12 月 13—14 日在全国地、县宣传工作座谈会的讲话中，提出了 1980 年宣传工作的八项任务。其中第四项是：“要结合我们的工作和实际情况，继续开展真理标准问题的讨论，深入进行辩证唯物主义思想路线的教育，进一步解放思想，真正把大家的思想统一到搞四化上来。要密切联系实际，继续大力宣传四项基本原则，宣传健全我们党和国家的民主制度，宣传我们国家的法制，努力排除‘左’和右的干扰，为巩固和发展我们整个国家安定团结的政治局面而努力奋斗。”

李先念 1979 年 12 月 20 日在全国计划会议上的讲话也指出：“要把我们的学习搞好，使学习真正有一个好的效果，必须坚持理论联系实际的原则。关于实践是检验真理的唯一标准的讨论，要同本地区、本部门、本单位的实际工作很好地结合起来，认真总结成功的经验，吸取失败的教训，以利于把各项工作做得更好，不要搞形式主义。”

在 1980 年上半年，我们的报纸也继续提出要进一步进行真理标准问题讨论的补课。《人民日报》于 1980 年 2 月 11 日发表短评说：“现在，这场讨论已经进行一年多了。由于各地发展情况不平衡，有些地方在补课。那些没有认真讨论的地方和单位，这样做确实很有必要。”《光明日报》于 1980 年 5 月召开座谈会，纪念真理标准问题讨论两周年，提出“真理标准讨论还要不断深入”。

总的情况是，在 1980 年上半年，全国各地还继续进行了一段时间的真理标准问题讨论的补课。

有一些地方，补课时间后移。比如西藏，真理标准问题的讨论起步晚，抓得很不力。1980 年 5 月，中央发出了对西藏工作的重要指示，中共中央总书记胡耀邦于 5 月 22 日到西藏视察指导工作以后，自治区党委召开了二届五次全委扩大会议。这次会议总结了没有很好抓真理标准讨论的经验教训，强调指出，要结合贯彻执行中央对西藏工作的重要指示，在全区补好关于真理标准问题讨论这一课。9 月 7 日，《西藏日报》又发表特约评论员文章《切实抓好关于真理标准问题讨论的补课》。文章指出："时至今日，有些地区和单位，对这件大事仍然没有引起足够的重视。"文章提出，领导干部除了自己搞好补课以外，还要领导好本地区、本部门、本单位的补课。西藏自治区的真理标准问题讨论补课，抓得较晚，自然结束得也就比较晚了。

还有个别地方，情况比较特殊。河北省张家口地区，由于地委主要负责人对真理标准问题讨论、对十一届三中全会的方针政策采取了阳奉阴违的态度，实际上一直没有展开讨论。直到 1981 年 7 月调整了领导班子以后，才开展这一讨论。他们在 1981 年冬和 1982 年春还继续讨论。[①] 1981 年 6 月 16 日，《人民日报》发表"记者来信"提出，"少数地区还得补好真理标准讨论课"。新华社记者的来信和《人民日报》发表这封来信，都是针对全国的情况而言的。

从全国情况来看，真理标准问题的讨论作为一次解放思想的大讨论，特别是作为马克思主义思想路线的普及教育，到 1980 年上半年，就告一段落了，但还不能说已经结束。

---

① 《人民日报》1981 年 11 月 16 日。

第十五章

真理标准问题讨论的深入和发展

在全国范围内进行真理标准问题讨论补课的同时，这个大讨论还以特殊的方式向纵深发展。这主要是指全党四千老干部讨论《历史问题决议（初稿）》，和明确提出清理“左”的思想。这一章分别讲这两件事。

一、四千老干部讨论《历史问题决议（初稿）》

1980 年 10 月中旬，党内四千老干部对《关于建国以来党的若干历史问题的决议（草案）》稿进行讨论。这么多的老干部历时一个月的讨论，实际上是真理标准问题讨论的继续和深入发展。

作这个《决议》的总的要求，就是要确立毛泽东的历史地位，正确地评价毛泽东思想，科学地确立毛泽东思想的指导地位；对建国三十年来历史上的大事，包括一些领导同志的功过是非，进行实事求是的分析，做出公正的评价；对过去的事情做个基本的总结，引导大家团结一致向前看。怎样评价新中国成立以来三十年的历史，特别是“文化大革命”？怎样对一些领导同志的功过是非，做出实事求是的分析、公正的评价、科学的总结？很明显，不可能从本本上去找依据，只能以实践为标准。恰恰在这一方面，这些老干部具有独特的优势。

《关于建国以来党的若干历史问题的决议》的起草工作，从 1980 年 3 月开始，在中共中央政治局、中央书记处领导下，由邓小平、胡耀邦主持。经过几个月的努力，起草组写出了一个“草案”。1980 年 10 月，在党内四千高级干部中对这个决议草案进行了为期一个月的讨论，又经 40 多位同志再审议，反复修改后，才提交于 1981 年 6 月召开的十一届六中全会讨论通过。

四千人的大讨论，具体说，中央机关约 1000 人，地方、省军级干部 3000 人。中央机关又分成三大块：中共中央直属机关；国家机关（包括全国人大、高检、高法和国务院）；军队（总政），共分成 35 个组。当时在中央党校学习的 1548 名学员同时参加讨论，实际参加讨论的总人数有 5600 多人。

四千老干部以实践为标准，敞开思想，畅所欲言，对党史和毛泽东的功过，进行了热烈而深入的讨论。这些老干部，许多人都是高级领导干部，阅历丰富，了解情况多，经过真理标准问题的讨论，他们渴望实事求是地叙说和评述党的历史，评述毛泽东，他们的发言坦诚而深刻。

四千老干部的讨论围绕《决议》草案，在摆事实的基础上，进行评析，涉及的问题比较多，但以对毛泽东的决策、思想、作风为重点，大家认为，建国后虽然在某些方面的基本建设取得可观的成就，但政治方面不断地搞运动，出了很大偏差，整了几百上千万人。1957 年，反右一下子整了 55 万，实际上远不止此数；1958 年，搞“大跃进”，实际上是大饥荒，死了几千万人。大家问：“文革”前 17 年有没有路线错误？回答是：有。大家强调，存在一条“左”倾路线。

在讨论中，大家摆出事实，剖析毛泽东的晚年错误。有的同志说，毛主席对民族资产阶级的消极作用估计过高，怕他们造反，这是一大病根。他在建国初期讲“人民民主专政”，还不一定是对民族资产阶级专政；而后来讲“无产阶级专政”就把矛头对着资产阶级，把知识分子也都归入资产阶级，甚至说党内也有资产阶级、走资派等等。其实，建国以来资产阶级代表人物参加政权只有名义，一直没有真正掌权，绝大多数人也并没有反对我们。他对资产阶级和阶级斗争估计过高，把革命的对象完全搞错了，才产生1957年的反右和十年“文革”。有的同志说，“毛泽东同志没有全面发展马克思主义，决不能夸大说是马列主义新阶段”，过去讲的发展，如“继续革命论”、“党内资产阶级论”等等，是不科学、甚至是反科学的理论体系。有的同志指出，毛泽东在哲学思想上强调斗争的绝对性，否定合二而一，攻其一点，不计其余；“左”比右好，长期反右不反“左”。

关于“文化大革命”，有的同志回顾历史说，“文革”以整人开始，以整人告终，排斥他所不放心的人。这场浩劫实际上在1956年11月一次中央会议上就种下了根。这次会上，周总理讲话，肯定近年工作冒了；陈云、富春、先念都讲了类似的话。在这之前刘少奇还组织人写了《要反对保守主义，也要反对急躁情绪》的人民日报社论。会上毛主席没有吭声。后来乘反右斗争胜利和自莫斯科参加第一次会议归来，他很得意，1958年1月，他召开了南宁会议，在会上就发作了，说你们1956年反冒进，就是反对我。你周恩来同志说了什么，陈云、富春、先念同志说了什么，少奇写了社论，你们把自己抛到了右派的边缘。谁晓得我身边有没有睡着的赫鲁晓夫？将来有一天他作秘密报告……会议的气氛十分紧张。有些人就把矛头指向这些同志。

有一位同志谈到“文革”前他两次亲耳听到毛主席讲话，一次说要“钓鱼”，即搞“阳谋”；一次说要搞“剥笋政策”，在党内一层层剥掉（异己分子）。他说：当时我听了很吃惊。无产阶级领袖怎么用这种语言呢！主席后来的思想走上唯意志论，认为个人意志可以创造一切，可改变客观经济规律，改变党和国家的根本大法，甚至改变历史发展的趋势，走上追求绝对权势和个人意志的王国、唯我主义的道路。毛主席实际上是犯了“左”倾机会主义错误。一个伟大的马克思主义者为什么变成机会主义者、专制主义者，必然性是什么？只有触及本质问题，才能解释。不能用骄傲情绪、主观上要反修防修来概括，否则群众不满意，我们这些正统派也不诚服。

有的同志批评说，王明是言必称希腊；毛主席是言必称秦始皇。孙冶方说，毛主席熟读的不是马列著作，而是二十四史。线装书看得太多，把封建社会帝王将相的权谋用到党内斗争上来了。还有的同志说，1950年中宣部起初拟订的“五一”口号中，最后两条原是“中华人民共和国万岁！中国共产党万岁！”后来加上“毛主席万岁！”有人说是毛泽东自己加上的，有人说不是，即使不是，也是经他审阅同意的。在“文革”前后，毛泽东还主动地要求全党对他本人“搞点个人崇拜”。问题更在于，这种口号诱导人们盲从领袖的绝对权威，后来异化为必须绝对遵从的“圣旨”。

有一位同志说，梁启超早年是维新派，后来成了保皇派，晚年又反袁世凯称帝，写了篇《异哉帝制》，声称“不惜以今日之我，向昨日之我宣战”，即否定其当保皇派的过去。毛主席晚年也是“以今日之我同昨日之我宣战！”可是他却是以今日之错误否定昨日之正确。

这次讨论可以说是党内高层干部的一次思想大解放。

参与这次讨论的老干部普遍反映，这是一次畅所欲言的、思想解放的民主讨论会。中直机关一位 70 岁的老同志说，“我入党以来，真正解放思想，这还是第一次。会上我们敢于比较深刻地批评我们党的领袖，也就是说，敢于摸老虎屁股，这是前所未有的，至少像我这样的人是没有的。这次所以敢于比较深刻地批评已故的和还健在的党主席，不是过去没有觉悟，没有看法，而是不敢讲。这不是偶发的，是酝酿已久的思想大解放。”

过去，这些老干部们许多话都是不敢说的，甚至是不敢听的，这次畅所欲言，想讲什么就讲什么，都说了出来。这确实是真理标准问题讨论的深入发展。

应当说，时在 1980 年，由于这些老干部刚从“文革”的噩梦中苏醒过来，创伤未愈，记忆犹新，所谈的内容都很真切。他们都是亲历其境，亲受其害，建国以来各次运动对党和国家、人民以及对自己的损害，有切肤之痛。有的言辞虽不免尖锐，或带有情绪，但都是经过理性的思考的（事前大都亲自撰写了发言稿，前引所有简报上发表的发言也都是经过发言者本人修改审定的）。他们在“文革”时期关在牛棚或监狱中就进行过深沉的反思。彭真说，他坐过 6 年国民党的牢；没有想到解放后，“文革”中，他竟又坐了 9 年半的牢。一个坚贞的革命党人坐敌人的监牢不足为怪；为什么革命成功后反而坐自己党的牢了呢？他说，他坐牢的时候就一直思考着这个“为什么”。终于恍然大悟：这是对过去党轻视民主、破坏法制的惩罚，否定民主和法制也就否定了自己！

作《历史问题决议》，需要考虑到各个方面，尤其是要考虑当时的政治情况，这些老干部在讨论中提出的见解和建议，不宜都写到《决议》中，但他们的意见，他们的见解，都是深刻的实践经验的反映和概括，虽然难免偏激片面，但对党的领导者、对高级干部们在更深的层次上分清思想是非、理论是非、路线是非，对如何切实推进党的建设，无疑是很有益的。[①]

二、从反对“两个凡是”到明确提出反“左”

拨乱反正是逐步推进的，人们的思想认识是逐步提高和加深的。提出实践标准，就是为了反对“两个凡是”。“两个凡是”就是要维护毛泽东晚年的“左”的一套，因此，反对“两个凡是”就是反“左”。但当时的文献上还是提要反对极右。随着真理标准问题讨论的深入，人们必然要鲜明地提出反“左”。这是拨乱反正的必然逻辑，更是真理标准问题讨论发展的必然趋势。下面简要回顾一下这个过程。

---

① 本书是依据本人亲身经历和掌握的第一手材料撰写的，但第九章和本章第一节是例外，是依据第二手材料撰写的。原因是，中央工作会议和四千高级干部讨论《历史问题决议》草案的档案，至今未开放。这一节是依据郭道晖《四千老干部对党史的一次民主评议》一文撰写的，该文发表在《炎黄春秋》2010 年第 4 期。特此说明。

粉碎“四人帮”以后，基调是批判林彪、“四人帮”路线的极右实质。1977 年 8 月召开的十一大的政治报告是这样说的：“十大以来，‘四人帮’反对十大路线，推行一条极右的反革命的修正主义路线。”我们要“大打一场深入揭批‘四人帮’反革命修正主义路线的极右实质及其在各方面表现的人民战争”。1978 年 2 月的第五届全国人大第一次会议，政府工作报告仍然提出要揭发批判“四人帮”的“反革命修正主义路线的极右实质及其在各方面的表现”。

粉碎“四人帮”以后，在拨乱反正中反“左”，经历了一个相当艰难的过程。

邓小平在粉碎“四人帮”以后的各次谈话，不论是讲教育科学问题、知识分子问题，还是讲其他问题，都贯穿了反“左”的思想，实际上都是纠正“左”的错误，但他在相当长的时间内不明提“左”。1978 年 12 月 13 日，邓小平在中央工作会议闭幕会上作了《解放思想、实事求是、团结一致向前看》的著名讲话，后来实际上成为十一届三中全会的主题报告。在这个讲话中，他着重提出要解决思想僵化、半僵化的问题，但也没有明确点出“左”的问题。陈云等其他老一辈革命家基本上也是这样。十一届三中全会果断地终止阶级斗争为纲的路线，决定把党的工作着重点转移到现代化建设上，这是从根本上纠正长期“左”倾的错误，但三中全会长达八千多字的《公报》也没有提到“左”。1979 年 3 月 30 日，邓小平在《坚持四项基本原则》的重要讲话中，使用了林彪、“四人帮”散布的“极左思潮”的提法。直到 1980 年 8 月，邓小平在答意大利记者问的时候，才公开说毛泽东晚年有些不健康的思想，“主要是一些‘左’的思想”。[①] 这时，离粉碎“四人帮”已经快四年了。

经过真理标准问题讨论，推倒了“两个凡是”，使人们认识到，伟大人物也可能犯错误。这是思想上一个很大的进步。思想的逻辑和实践的发展，都要求前进一步，明确过去错误的性质，需要明确指出“左”的问题。但是，要从多年的反右转到以反“左”为主，改变十一大“揭批极右”的提法，明确提出反“左”，并不那么容易。

党内一部分领导干部和一些理论工作者，早就觉察到“左”的问题。在揭批“四人帮”的斗争中，他们以不同方式提出反“左”的要求。

反“左”，1979 年 1 月召开的理论工作务虚会，是一个标志。

在理论工作务虚会上，许多同志发言中摆出大量事实指出，三大改造完成以后，在我国社会主义革命和社会主义建设中存在着一条“左”的路线。有二十来位与会者发言批“左”。

有的人指出，所谓社会主义历史阶段的基本路线，是完全不适合于我国社会主义建设新时期基本情况的阶级斗争扩大化的路线，是一条“左”倾错误路线。有的人指出，“文化大革命”的路线是极左的“怀疑一切，打倒一切”，《5·16 通知》通篇充满极左的词句。有人指出，“多年来我们党警惕了抹煞阶级斗争的右倾危险，但是忽略了阶级斗争扩大化的‘左’倾危险。这种‘左’倾，和那种右倾，都是对

① 《邓小平文选》第二卷，人民出版社 1983 年版，第 345 页。

马克思主义根本原理的修正，都会导致亡党亡国的结局。在社会主义时期，和民主革命时期一样，'左'倾机会主义给革命事业带来的损害，一点也不会比右倾机会主义少些"。这种分析已经相当有深度。有的同志指出，对马克思主义学说三个组成部分中的一系列基本理论的偏离，表现于实际生活，就形成了一条"左"的路线。理论上的偏离与路线上的"左"是分不开的。从反右派到反右倾到"文化大革命"，这三次大的运动，使这条路线越来越"左"。

不少发言者从各方面剖析了"左"的思想和实践的错误。

经济学家许涤新说了这样一段话："三大改造后，对于如何搞社会主义，毛泽东同志和党内许多领导人的思想是不一致的。看来，毛主席他老人家在三大改造后认为在他的坚强意志下，中国是可以很快进入共产主义的，于是就来了个'大跃进'，大炼钢铁，吃饭不要钱，等等。但是国民经济却因此出现了极大的困难。看来，毛主席在'大跃进'失败之后，就认为许多老党员、老干部，不能适应他的很快进入共产主义的思想，认为这些老家伙是修正主义，因此，反右倾，搞'四清'，特别是'文化大革命'接踵而来。……是不是可以说，十年'文化大革命'的破坏，是主席他老人家唯意志论发展下来的结果？既然唯意志论成了主导思想，那么还有什么客观规律呢？他老人家是不考虑客观规律的。他心目中的平均主义就是共产主义。为了急于消灭三大差别，竟然要知识分子丢掉知识，丢掉科学文化。毛主席在哲学、政治、军事、诗词等方面有伟大的成就、功绩，就是不懂经济。"①

国际问题专家宦乡，从国际共运论战谈到国内的"左"，直接批评"九评"，②他是第一个触动这个禁区的人。"九评"是指20世纪60年代中央为反击苏共对中共的攻击，由特别组织的中央反修领导小组撰写的第九篇论战文章，在当时的国际共运中有相当的影响。"九评"发表后，国内也就进入了"四清"和"文化大革命"。"九评"在思想上乃至国际背景上毫无疑问是"文化大革命"促成因素之一。"反修"由外而内，反到自己头上来了。下面是宦乡的发言摘录：

20年国内"左"倾思想的发展，同一定的国际条件也有关，特别表现在国际共运的论战中。当然，别人干涉我们的内政，或者企图损害我们的主权，进行反击是对的，可是当时的论战却大大加强国内"左"倾思想的发展。尤其是因为苏联批评我们的"大跃进"，我们就更发誓要比苏联更早进入共产主义，并且毫无根据地怀疑有些中央领导人暗中与苏联通气，因此加强了国内反右斗争。"九评"所提出的观点，有的已经"左"得不能再"左"了，尤其是《南斯拉夫是社会主义国家

---

① 吴江：《1979年理论工作务虚会追记》，《炎黄春秋》2001年第11期；《吴江文稿》上卷，中央编译出版社2009年版，第231—232页。

② "九评"，指一篇权威性的评论文章。1964年，中共与苏共矛盾激化。苏共给全体党员发出一封公开信，指责中共。中共中央借此写了多篇文章批判苏共，文章的副标题是："一评苏共中央的公开信"、"二评……"、"三评……"，共写了九篇文章，"九评"即第九篇，也是最后一篇（因苏共中央总书记赫鲁晓夫下台而终止），是分量最重的一篇（九评的正题就是《关于赫鲁晓夫的假共产主义及其在世界历史上的教训》）。这就是历史上的中苏论战，也叫国际共产主义运动总路线论战，简称国际共运论战。

吗?》和《关于赫鲁晓夫的假共产主义及其在世界历史上的教训》这两评，前一评是根本错了，斯大林说南斯拉夫不是社会主义国家而是修正主义的典型，赫鲁晓夫把它平反了，并亲自登门道歉，而我们却出来维护斯大林的无理判决，轻点说也是干涉别国内政。现在虽然已平反，但其错误观点及其影响尚待清理。这篇文章(《九评》)的文风特别坏，东拉西扯歪曲利用人家的片断材料，无限上纲。“九评”对国际国内都有比较大的影响。对国内来说，从“九评”可以看到提出“走资派”的由来和发展，可以看到我们是如何从批判苏联的“奖金挂帅”和南斯拉夫的“市场经济”中发展我们的“政治挂帅”、忽视经济规律、忽视发展生产力的，也可以看到我们是如何从支持赫鲁晓夫批判斯大林搞个人迷信而又转到提倡个人迷信的，林彪、康生、“四人帮”利用这一点大售其奸。而“两个凡是”实际就是去鼓励继续搞个人迷信。[①]

有的同志提出，对二十年来的左倾错误路线等项问题，我们也可以而且应当在内部进行讨论、研究，以便逐步达到统一的认识。

在理论工作务虚会上，发言者评“左”，大多直指毛泽东的名字，而不像此前那样，往往把“左”归结为林彪、“四人帮”的极左。这表明了拨乱反正的深入发展。

理论工作务虚会有多方面的贡献，提出反“左”，对“左”的剖析，是其重要贡献之一。

理论工作务虚会以后，不断有人发表文章评析“左”，新闻媒体也越来越多地提出“左”的问题，发表清“左”的文章。这样，就在舆论上逐渐形成了一种清“左”的氛围。

提出反“左”，有两个会议是标志。一个是十一届四中全会，另一个是中央工作会议。

1979 年 9 月 29 日，叶剑英代表党中央作国庆三十周年讲话，这个经党的十一届四中全会讨论通过的文献，明确讲了毛泽东的“左”的错误，林彪、“四人帮”的极左路线，并对这条极左路线作了剖析。

在明确了毛泽东的“左”的错误，指出林彪、“四人帮”推行的是极左路线，应当批判他们的极左以后，又出现了以反“左”为主，还是以反右为主的争论。提出反对资产阶级自由化后，有人借此大讲反右为主。

长期的“左”说明，“左”既是一种思想倾向，也是一种政治主张，又是一种政治力量。所以，纠正“左”的错误，肃清“左”的影响，很不容易。

1980 年 12 月，党中央召开的中央工作会议，更明确地提出反“左”。

在这个会上，陈云发言说：

必须指出，开国以来经济建设方面的主要错误是“左”的错误。1957 年以前一般情况比较好些，1958 年以后“左”的错误就严重起来了。这是主体方面的

---

① 吴江：《1979 年理论工作务虚会追记》，《炎黄春秋》2001 年第 11 期；《吴江文稿》上卷，中央编译出版社 2009 年版，第 232—233 页。

错误。

代价是重大的。错误的主要来源是“左”的指导思想。在“左”的错误领导下，也不可能总结经验。①

陈云明确指出：开国以来经济建设方面的错误是“左”而不是右；这种“左”的错误不是局部的而是主体方面的错误；“左”的错误付出的代价是重大的；实践上“左”的错误来源于“左”的指导思想。这些分析是精辟的。陈云的判断得到与会者的一致赞同。这次中央工作会议是反“左”的一个里程碑式的标志。

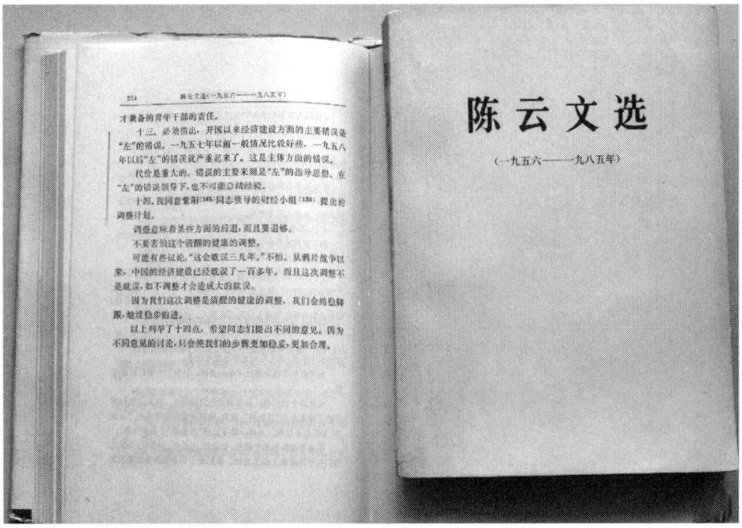

陈云明确指出，开国以来经济建设的主要错误是“左”的错误

胡耀邦抓住这个机遇，大力推进反“左”。他在 1981 年 1 月 29 日、30 日，用两个半天在全军政治工作会议上讲话。在这个讲话中说：

“中央说，我们现在的经济形势，是建国以来少有的很好的形势，这是事实；又讲潜藏着危险，这也是事实。据我看，主要的还不是一百多亿财政赤字。一百多亿财政赤字，我们今年努一把力，是可以克服的，或者基本上可以克服。主要的危险是什么呢？是我们经济建设、经济工作中‘左’的指导思想还没有完全克服。主要危险在这个地方。五中全会就讲了，基本建设必须压缩，压了一年，压下来一千多个，上了多少呢？上了六千个。滥发奖金，乱加开支，到处浪费，浪费惊人。什么东西作怪呢？就是‘左’的思想作怪。许多盲目的无政府状态，就是这种‘左’的思想的产物。所以，讲潜藏着危险，主要是指导思想上‘左’的东西还没有完全纠正过来。这个东西，不是说中央没有，中央也有，但是当着我们认识到它的错误的时候，我们就下决心改过来。中央下了决心要改，但是我们许多同志意识不到，不坚决。区别就在这个地方。中央在前年以前，因为情况掌握得不够，也有‘左’的东西；但是中央下决心纠正的时候，不少的同志，包括

① 《陈云文选（一九五六——一九八五年）》，人民出版社 1986 年版，第 254 页。

中央部门和地方有些同志，不坚决，有的同志甚至有抵触。所以，严肃地提出这个问题，严肃地指出这个问题，并且在全党大声疾呼，就是要动员全党、全军、全国各族人民，大家来克服经济工作中的‘左’的思想，动员全党、全国各族人民起来监督这个事情。只要我们的同志都了解了这个情况，既看到我们面临着建国以来少有的很好的形势，又看到潜藏着危险，就避免了认识的片面性，取得了认识的全面性。”

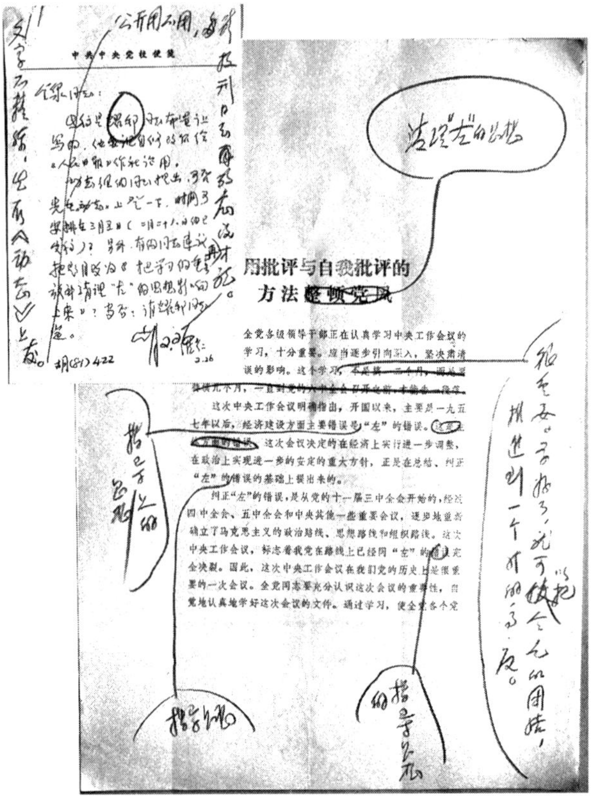
中共中央党校便笺

胡(81)422

用批评与自我批评的方法整顿党风

全党各级领导干部正在认真学习中央工作会议的学习，十分重要。应当逐步引向深入，坚决肃清[illegible]误的影响。这个学习，[illegible]

这次中央工作会议明确指出，开国以来，主要是一九五七年以后，经济建设方面主要错误是“左”的错误。[illegible]这次会议决定的在经济上实行进一步调整，在政治上实现进一步的安定的重大方针，正是在总结、纠正“左”的错误的基础上提出来的。

纠正“左”的错误，是从党的十一届三中全会开始的，经过四中全会、五中全会和中央其他一些重要会议，逐步地重新确立了马克思主义的政治路线、思想路线和组织路线。这次中央工作会议，标志着我党在路线上已经同“左”的错误完全决裂。因此，这次中央工作会议在我们党的历史上是很重要的一次会议。全党同志要充分认识这次会议的重要性，自觉地认真地学好这次会议的文件。通过学习，使全党各个党

胡耀邦指导理论动态组为《人民日报》撰写反“左”社论

他进一步指出：

“这十几、二十年来，我们大家经常在‘左’的指导思想下生活，‘左’的东西，一般说来，只有多少之分，深浅之分，觉悟迟早之分，没有有无之分。我们搞了许多政治运动，你对我提过许多意见，我对你作过斗争，或者是开始你斗了我，后来我斗了你。这里面的情况非常复杂，有些是奉命办事，不得不办，也确有某些人是本人自己要负责的。所以，我们现在干部中间，由于历史上的原因造成的疙瘩是很多的。对于那些犯了严重错误没有检讨，反而以为自己一贯正确的，当然还要继续批评。你这个态度不对，你犯了错误，为什么你现在还以为自己一贯正确呢？这个当然不好，党要帮助他，教育他，批评他。批评也是帮助、教育。但是，只要不是跟随林彪、江青一伙造反起家的人，帮

派思想严重的人，打砸抢分子，对于犯过错误的同志，哪怕是犯过比较严重错误的同志，作过检讨了，态度端正了，就应该像中央一贯讲的，还是要讲团结，还是应该谅解。没有这一条，我们不得安宁。这个问题现在相当大。两种情况都有。态度极不端正的有，态度端正了而团结问题还没有解决的也有。为什么毛泽东同志、恩来同志、少奇同志几十年来经常讲，我们的干部要有无产阶级的伟大胸怀？我们的共产党员没有无产阶级的伟大胸怀，团结工作是搞不好的。所以，我的意见，我们在进行党性教育的时候，不单单要教育党员懂得党的原则，党课还要有这么一课，就是我们的党员，特别是我们的高级干部，都要具备无产阶级的宽广的胸怀。”

胡耀邦的讲话旗帜鲜明，分量也很重。他指出：经济形势中还隐藏着危险，经济建设、经济工作中“左”的指导思想还没有完全克服，主要危险在这个地方；要动员全党、全军、全国各族人民，大家来克服经济工作中的“左”的思想；在我们的干部队伍中，“左”的东西，一般说来，只有多少之分，深浅之分，觉悟迟早之分，没有有无之分。

胡耀邦的这篇讲话，经整理后，印发到全党，作为学习中央工作会议精神的辅导读物。

时至 1981 年 3 月，胡耀邦着重提出清理“左”的思想，条件已经基本具备，也是抓住了贯彻中央工作会议精神的机遇。

怎样来克服“左”的思想呢？必须大声疾呼。胡耀邦决定由《人民日报》发表社论。

1981 年 2 月 21 日，是星期六，那时还是一周六天工作制，我下班回家后，约六点多钟，接到理论研究室主任吴江打来的电话。他说，（冯）文彬同志来电话，耀邦同志要我们为《人民日报》写一篇社论，题目是《用批评与自我批评的方法整顿党风》，着重讲清理“左”的思想。这篇文章就由你来写，要尽快写出来。我记得很清楚，那时，家里还没有安装电话机，是在楼道里接的电话。因为当时我对拨乱反正的形势有所了解，对“左”的问题也思考较多，所以，很快就动笔撰写，2 月 24 日上午就写出了初稿。我将初稿送吴江审阅。吴作了一点修改，很快将稿退给我。我即送印刷厂排清样。26 日，秘书陈维仁将文稿报送耀邦，并给耀邦身边的秘书梁金泉写了一张便条：

金泉同志：

此稿是耀邦同志布置让写的。他要亲自修改后给《人民日报》作社论用。动态组的同志提出，可否先在“动态”上登一下，时间可安排在三月五日（二月二十八日的已定稿）？另外，有的同志建议把题目改为《把学习的重点放到清理“左”的思想影响上来》？当否？请耀邦同志定。

维仁

2.26

陈写的这段话表明，胡耀邦在布置写作任务时就说，他要“亲自修改”。

在文稿上，胡耀邦写了如下一段批语：

文字不精练，先在《动态》上发，公开用不用，请报刊同志考虑后才（再）说。

胡

2.26

耀邦在26日当天就审阅修改退回。耀邦先用红铅笔修改了一次，后又用灰铅笔修改了一次。他的修改主要是将文稿原题《用批评与自我批评的方法搞好党风》，改为：《用批评与自我批评的方法清理“左”的思想》。在文章内容上，胡耀邦删去了一段比较尖锐的话，对有些提法改得缓和些。陈维仁和耀邦写的日期都是2月26日。这说明，耀邦接到文稿后立即就阅看处理了，由此可见他对这篇文稿的重视程度。这篇文稿从21日下达任务，到26日定稿，只用了短短的四五天时间，也说明胡耀邦和理论动态组的工作效率是比较高的。

《理论动态》第263期（1981年3月5日）刊登了这篇文章。

1981年3月10日，《人民日报》在头版头条位置作为社论，发表了这篇文章，通栏大标题是：《用批评与自我批评的方法清理“左”的思想》。这是以《人民日报》社论的庄重形式，鲜明提出反“左”。这时，粉碎“四人帮”已经三年多了。

这篇社论说：

应当看到，“左”的思想和错误，不只是突出地表现在经济方面，而且影响到各个方面，表现在各条战线的工作上，是全局性的问题。二十多年来，“左”的思想和错误影响全党。由于经常在“左”的指导思想下工作和生活，一般说来，我们每个同志尤其是领导干部，“左”的东西只有多少之分，深浅之分，觉悟迟早之分，而没有有无之分。现在大家都很关心党风问题。对待马克思主义的态度，对待三中全会以来的路线、方针、政策的态度，是党风上第一个重要的问题。多年来，我们的党风不正，最主要的问题就是，“左”的指导思想使我们党的路线偏离了马克思主义的轨道，也就是偏离了毛泽东同志过去历来强调的正确思想的轨道。三中全会以来，有的同志对于党的路线不理解，甚至抵触，问题的症结就在这里。很明显，如果这个问题不解决，或者解决得不好，就不可能正确地估价当前的形势，透彻地理解在经济上实行进一步调整，在政治上实现进一步安定的必要性。对于领导干部来说，如果不从思想上正本清源，拨乱反正，去掉“左”的东西，全党的团结只能是表面的。一遇适宜的气候，就会旧病复发，重犯过去的错误。

人民日报

RENMIN RIBAO

童非在巴黎体操大奖赛中又获三块金牌

社论 用批评与自我批评的方法清理"左"的思想

理论动态 263

用批评与自我批评的方法

清理"左"的思想

带领群众搞好经济调整和安定团结

陕西河南人口自然增长率下降

铁路春运效率高秩序好

两个月运客1.21亿人次

1981 年 3 月 10 日，《人民日报》在头版头条位置发表反“左”社论

这篇社论进一步指出：

回顾我们党的历史，建党不久，就出现了盲动主义，以后又出现王明路线，“左”的错误前后八九年，损失严重。从遵义会议到党的七大，在毛泽东同志领导下，全面清理了“左”倾路线，总结历史经验，极大地提高了全党的思想，达到了空前的团结。随后，我们接连取得了抗日战争、解放战争的伟大胜利，建立了中华人民共和国，又取得了社会主义改造的伟大胜利。但是，一九五七年后，“左”的东西又逐渐滋长发展。十年“文化大革命”达到了顶点。二十来年的“左”，其范围之广，破坏之大，流毒之深，都是空前的。我们每一个同志，都身历其境，身受其苦。事实说明，“左”的东西在我们这个国家里，有着深刻的社会根源和历史根源。中国革命主要是在克服了“左”的错误后才取得胜利的。我们的四个现代化建设，也只有在认真清理纠正了“左”的错误后，才能走上健康发展的轨道。

如何清理“左”的思想，纠正“左”的错误？社论说：

克服“左”的错误，搞好党风，最好的办法，就是在这次学习中结合本部门、本单位和每个同志的实际，大家都来清理一下自己的思想，自觉地进行自我批评，同时开展同志式的互相批评，互相帮助。一句话，就是恢复正常的批评与自我批评。

社论进一步阐明：

马克思说，无产阶级革命需要“经常自己批判自己”。就是说，无产阶级要在革命中不断总结经验教训，改正自己的缺点错误。我们党在革命过程中，逐渐形成了批评与自我批评的好传统。在党的生活中，上下左右之间，大家开诚布公，既作自我批评，也相互进行帮助，通过这种办法，总结经验，增强团结，使我们党的肌体经常保持健壮旺盛的状态。正如毛泽东同志所总结的那样，“我们有批评与自我批评这个马克思列宁主义的武器。我们能够去掉不良作风，保持优良作风。”①

批评与自我批评，对于共产党人来说，就像人需要天天洗脸一样，不可缺少。可是，近二十年来，这个好传统被损坏了。没有正常的批评与自我批评，这是我们党的政治生活极不正常的重要表现和原因之一。粉碎“四人帮”以后，我们本来有了彻底改变这种党内生活极不正常状态的条件，但是，事实上没有立即能够实现这种改变。三中全会以后有了好转。现在，我们党的中央核心的政治生活是健全的，民主的，正常的批评与自我批评已经得到恢复。我们希望在这次学习中央工作会议文件，清理“左”的思想和错误的过程中，把批评与自我批评的好传统在全党各个组织恢复起来，尤其是在党的高中级领导机关恢复起来。这本身就是端正党风的一个重要方面。

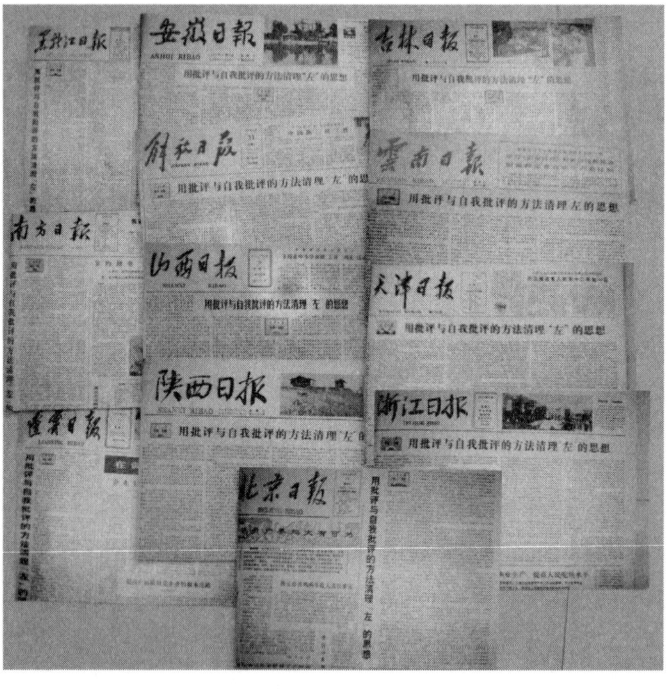

各地报纸均在显著地位转载《人民日报》反“左”社论

① 《毛泽东选集》第四卷，人民出版社 1991 年版，第 1377 页。

这篇社论提出：

开展批评与自我批评，我们历来讲是与人为善，治病救人。这次用批评与自我批评的方法清理“左”的思想和错误，总的要求是，实事求是，分清是非，团结同志，教育大家。要在认真领会中央工作会议文件精神的基础上，回顾党的历史和个人的经历，摆事实，讲道理，互相帮助，弄清楚“左”的表现和产生“左”的错误的根源和危害，有些什么经验教训，今后怎样防止再犯“左”的错误等等问题，从而提高思想，统一认识。

新华社全文转发了这篇社论。第二天，全国各省、市、自治区的报纸，都在第一版与《人民日报》相似的版面，转载这篇社论。

以《人民日报》社论的形式提出清理“左”的思想，影响非同一般。《人民日报》的社论发表以后，北京和各地报刊组织发表了一系列剖析“左”的文章，形成了较浓的清“左”氛围，清“左”的势头很好。

但是，当时有一些人的注意力还集中在反对资产阶级自由化的斗争上，他们主要的兴趣和精力在反右。有的人则是一贯搞“左”的一套，认为主要应当反右，对反“左”很抵触。他们对《人民日报》社论感到突然，难以接受。

有一位同志就到邓小平那里去议论这篇文章，实际是告状，指责这篇文章有严重的片面性，全篇只说防“左”，有二十几处，却一处反右也不讲。他认为应该提有“左”反“左”，有右反右。3月26日，邓小平找了《人民日报》总编辑胡绩伟等几位同志谈这篇社论。他认为“这篇社论没有大错”，作为领导思想来讲，“左”右都不好，但重点克服“左”，但他也表示同意有“左”反“左”，有右反右的提法，并讲了为什么要反右的道理。他还提出，文章大的问题没有，但要弥补一下，不必再写社论，可以用文章形式。在中央工作的另两位同志（其中一位听了邓小平的谈话），就要将邓小平的这个谈话作为通报往下发。他们还写了一段文字，批评《人民日报》的这篇社论，实际上是批评胡耀邦，同时冲淡反“左”。胡绩伟得知这个情况后，于4月4日给这两位同志写信，认为这样做不妥，并说，小平同志还有着重讲反“左”的谈话，要发小平同志的讲话，应当将这几次讲话一起发，才全面。胡绩伟明确提出，要维护耀邦同志（1980年底的中央政治局会议已作了决定，建议即将召开的十一届六中全会选举胡耀邦为中央委员会主席）。那两位同志表示，“完全同意”胡绩伟的意见。这个通报才没有发出。为此事，胡绩伟还约我们去，作了通报。4月7日下午，理论研究室副主任孟凡和我两人一起去人民日报社。我们到胡绩伟办公室后，他向我们讲了事情的大致经过，并将他写给那两位同志的信（原件）给我们看。信是打印的，信上有那两位同志写的答复和表态的话，“完全同意”四个字我的印象较深。胡绩伟在一篇文章中讲了此事，并公布了那封信的底稿。底稿上没有维护耀邦的话，而在正式打印的信上，有这样的话。当时我还想，胡绩伟将问题挑明了，迫使对方不得不表态，这个办法好。

《人民日报》社论发表以后，我观察清“左”的形势发展，发现思想障碍很多。一个主要的思想障碍就是，长期以来，人们认为“左”只是方法问题，右是立场问题。我就写了一篇《评“左”比右好》的文稿。

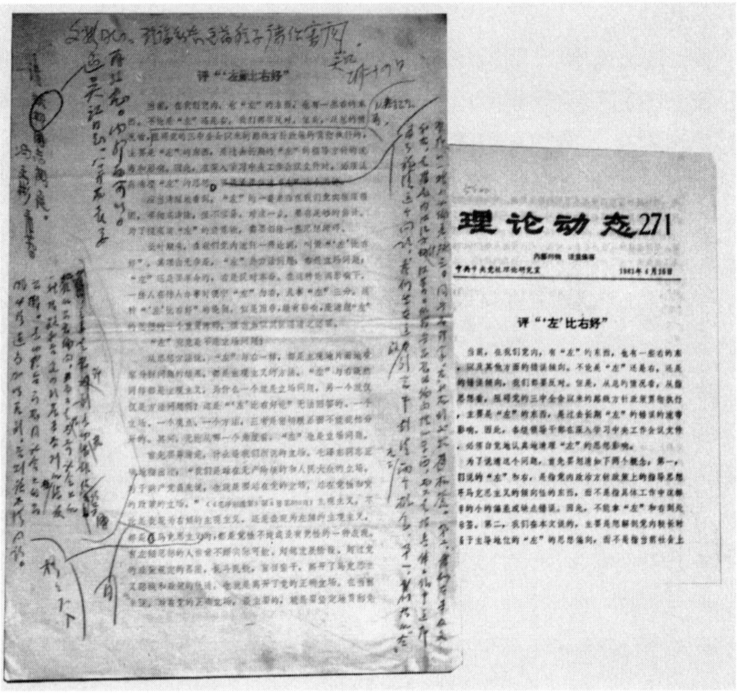

胡耀邦对《评“左”比右好》的文稿作了重要的补充

鉴于前述情况，这篇文稿一开头就说：

“当前，在我们党内，有‘左’的东西，也有右的东西以及其他方面的错误倾向。不论是‘左’还是右，还是别的错误倾向，我们都要反对。但是，从总的情况看，从指导思想看，阻碍党的三中全会以来的路线方针政策贯彻执行的，主要是‘左’的东西，是过去长期‘左’的错误的流毒和影响。因此，各级领导干部在深入学习中央工作会议文件时，必须自觉地认真地清理‘左’的思想影响。”

这篇文稿于 3 月 18 日写出，经过理论动态组讨论，又作了修改，即送吴江。他只改了几个字，于 3 月 24 日送冯文彬。冯没有修改即于 3 月 29 日转送胡耀邦。耀邦用了很大功夫对这篇文稿修改。他加写了如下一大段，作为文章的第二段：

为了说清这个问题，我们先在这段引言中划清如下两个概念：第一，我们指的“左”和右，是指党内政治方针、政策上的指导思想偏向性的东西，而不是指具体工作中这样那样的一种小的偏差、缺点。因此不能拿“左”和右到处贴标签。第二，我们在本文讲的，主要是想解剖党内较长期占领导地位的思想偏向而不是指当前社会上的一种怀疑和否定四项基本原则的极错误思潮。党内指导思想同社会上的思潮必须适当加以区别，否则，谈不清问题。

这段话，有针对性地谈了耀邦对反倾向问题的看法。对文稿本身，他只作了几处文字修改。

这篇文章发表在 1981 年 4 月 15 日出刊的《理论动态》第 271 期。此文进一步揭示了“左”的实质和危害性。

《人民日报》于5月27日将《评“左”比右好》一文作为本报特约评论员文章发表。新华社将此文转发全国，北京和各地的许多报纸转载。这篇文章进一步阐述了清“左”的问题，也弥补了前文的缺憾，体现了邓小平提出的“弥补一下”的要求。

胡耀邦倡导的清理“左”的思想的学习，对清除多年来“左”的影响是一次有力的推动。

清除长期存在的“左”，是十分艰巨的任务，也要作长期的努力。1992年初，邓小平在南方谈话中指出，中国要警惕右，但主要是防止“左”。这个谈话，是更有力的反“左”。时至今日，清除“左”的影响，仍然是摆在我们面前的艰巨任务。

在会计司胡同25号胡宅聚谈，2013年5月29日。
右侧右起：胡德华、胡德平、刘湖，左侧中坐者为本书作者

三、大讨论的结尾

从1978年11月的中央工作会议用实践标准重新评价天安门事件等重大政治历史问题，进行平反，到十一届三中全会以后进行全面拨乱反正，到1981年6月十一届六中全会做出《历史问题决议》，这是合乎逻辑的发展过程。这个发展过程同真理标准问题的讨论和补课的过程，是相互交织的，不可分开的，也可以说是同一过程的不同侧面。

十一届六中全会作出的《关于建国以来党的若干历史问题的决议》，标志着党在指导思想上拨乱反正的基本完成，也标志着真理标准问题讨论取得了完全的胜利。从上述情况考虑，应当把1981年6月十一届六中全会做出《历史问题决议》，看作是真理标准问题大讨论的结束。所谓结束，这是从历史阶段来说的，并不是说各地的讨论完全停止。实际上，有一些地方的讨论还在继续进行。

第十六章

大讨论总览

我在前面各章，已从纵的和横的方面，对真理标准问题讨论这一重要历史事件，作了较为详尽的记述。这里，需要综合起来作些论述，作为这一研究的总括，也作为本书的结尾。

一、真理标准问题讨论的发展阶段

已经有一些研究者对这一问题提出了自己的看法。比如，《改革开放的历程》一书的作者认为："关于真理标准问题的讨论，有一个发展过程。从实际情况看，大致可以分为两个阶段。从1976年10月粉碎'四人帮'到1977年底是第一阶段，主要内容是坚持'两个凡是'还是坚持实事求是的争论。从1977年底至1978年11月召开中共中央工作会议，是第二阶段。"[①] 从真理标准讨论这一历史事件的全过程来看，这样划分阶段，首先是起点太早，终点也太早，没有涵盖这一历史事件的全过程；其次是阶段划分也不符合历史实际。思想上的拨乱反正，早就开始了，可以说，从粉碎"四人帮"以后就开始了，但有一个发展过程，两条思想路线的对立和斗争有一个发展过程。真理标准问题的争论，根源是"两个凡是"。"两个凡是"是在1977年2月7日的两报一刊社论《学好文件抓住纲》一文中，才明确提出的。经过了一段时间，才明确提出实践标准，思想上的拨乱反正才发展到真理标准问题的讨论和争论。这个讨论和争论是1978年5月正式展开的。从历史发展来看，1977年底没有什么事可以作为历史发展阶段的标志。至于这个讨论作为一个重要历史事件，十一届三中全会以后的理论工作务虚会、真理标准问题讨论的补课，都是十分重要的发展，不能将这些排除在这一历史事件之外。因此，《改革开放的历程》一书对这个大讨论的过程的判断，从起点到终点、到阶段的划分，都是欠妥的。

还有一种看法，认为这场讨论经历了一个波浪式的发展过程。具体说，经历了三个阶段。第一阶段，从1978年5月到1978年12月。哲学界一马当先，经济学、史学、文艺、教育、法学、自然科学等各界人士都热烈地参加了讨论。1978年6月2日邓小平在全军政治工作会议讲话以后，许多大军区和各省、市、自治区的负责同志带头宣讲，这场讨论就由理论界发展到实际工作部门。1978年12月十一届三中全会高度评价了这场讨论。第二阶段，从1979年1月到6月。由于极左思潮的影响，讨论受到阻碍和干扰。第三阶段，从1979年7月到1980年2月，进行真理标准问题讨论的补课，是这场讨论的第二次高潮。[②] 这三个阶段的概括比上述的两阶段的概括，要全面得多，但也有值得商榷之处。第一，没有将1978年5月以前的酝酿和准备阶段包括进去。第二，将1978年6月2日以前说成是理论界的讨论，6月2日以后说成是实际工作部门的讨论，是不准确的。这场讨论一开始就是政治性的，最早争论的一方是以汪东兴为代表的坚持"两个凡是"的那些人，他们不是理论界；6月2日以后，各省、市、自治区党委负责人和各大军区负责人参与

---

① 王洪模等：《改革开放的历程》，河南人民出版社1989年版，第64—65页。

② 《重庆师范学院学报》1980年第3期，第94—95页。

讨论，也不宜说成是由理论界发展到“实际工作部门”。第三，指出 1979 年上半年讨论受到阻碍和干扰是很重要的，但理论工作务虚会（1979 年 1 月到 4 月初）也是这场讨论的很重要的发展。第四，真理标准问题讨论的补课并不是到 1980 年 2 月为止，这场讨论的下限还应延长。

从上面所引的两种分阶段的意见可以看出，这个问题需要进一步研究。这里，我提出自己的看法。

本人认为，真理标准问题讨论这一历史事件可以分为以下四个阶段：（一）即酝酿和准备阶段，（二）全面展开并取得成功的阶段，（三）进一步分清是非的阶段，（四）补课和结尾阶段。

吴江在《我所经历的实践标准讨论》一文中说：真理标准的讨论分为三个阶段：“一、1978 年 5 月由光明日报特约评论员文章引起的争论（吴江在另一文中说，这一阶段到‘十一届三中全会对这一讨论作出肯定的评价’）；二、1979 年 1 月由党中央召开的理论工作务虚会；三、1979 年 7 月进行的真理标准讨论补课。”①我的看法同吴江对这个讨论阶段的划分是一致的。下面分别加以论述。

（一）酝酿和准备阶段

1977 年 4 月 10 日，邓小平给中共中央写信，提出“用准确的、完整的毛泽东思想来指导我们全党全军和全国人民”，反对“两个凡是”。这是全党解放思想的先导。而从“准确、完整”到提出实践标准，开展真理标准问题的讨论，则还有一个发展过程。

真理标准问题讨论的酝酿，应以 1977 年 12 月 2 日中央党校党委开会落实党中央提出的要求，即研究党史，总结第九次、第十次、第十一次路线斗争的经验，胡耀邦提出以实践作为检验真理、辨别路线是非的标准，作为标志。

所谓总结第九次、第十次、第十一次路线斗争的经验，实质就是要总结和评价“文化大革命”。“两个凡是”是全盘肯定“文化大革命”的，提出用实践标准来总结，同“两个凡是”是直接对立的。这就意味着要展开一场争论，而且是全党性的争论。中央党校本身就具有这样的特点，这样的分量。

1977 年 12 月 2 日中央党校的党委会决定成立一个起草小组，依据会议精神，起草文件。原来指定吴江为组长，组建时由金春明任组长。这个小组立即开始工作。几经周折，写出了一个初稿，经胡耀邦审阅后，作为“征集意见稿”铅印。

1978 年 4 月，中央党校八百学员讨论《关于研究第九次、第十次、第十一次路线斗争的若干问题》（征集意见稿），是真理标准问题讨论的重要酝酿。这个讨论的结果，一方面，是使涵盖全党的八百多名高中级干部思想上开始理解和树立实践标准，另一方面，是使中央党校的同志决定撰写论述真理标准问题的文章。中央党校八百学员的讨论，是真理标准问题大讨论的前奏。

南京大学哲学系教师胡福明，1977 年 8 月至 10 月撰写《实践是检验真理的标准》文稿、1978 年 1 月《光明日报》编辑部将这个文稿第一次印出小样以及随后的不断修改，也是真理标准问题讨论酝酿和准备的一部分。但是，作为这一历史事

---

① 《吴江文稿》上卷，中央编译出版社 2009 年版，第 205 页。

件酝酿阶段的开始，还是以 1977 年 12 月初中央党校的党委会为标志为宜。

《人民日报》于 1978 年 3 月 26 日发表《标准只有一个》的“思想评论”文章。中国社会科学院哲学研究所邢贲思大约从 1978 年 4 月开始，接受《人民日报》理论部的委托，撰写论述真理标准问题的文章，同样是真理标准问题讨论酝酿和准备的一部分。

1978 年 4 月开始，由中央党校理论研究室将自己撰写的文稿与《光明日报》提供的文稿合在一起，重新撰写成《实践是检验真理的唯一标准》一文，1978 年 5 月 6 日胡耀邦审阅定稿。这标志着真理标准问题讨论酝酿和准备工作的完成。当然，在 5 月 11 日《光明日报》公开发表此文前，杨西光和中央党校理论研究室副主任孟凡与新华社、人民日报社、解放军报社的负责同志联系，商定了协调行动的办法，这也是重要的准备工作。

以上情况说明，真理标准问题讨论确有一个酝酿和准备的阶段。

（二）全面展开并取得成功的阶段

这一阶段从 1978 年 5 月 10 日《理论动态》第 60 期发表《实践是检验真理的唯一标准》一文，5 月 11 日《光明日报》作为特约评论员文章公开发表开始，到 1978 年 12 月 24 日十一届三中全会《公报》发表，充分肯定、高度评价真理标准问题讨论为止。这是真理标准问题讨论的主要阶段。依据讨论的发展情况，这一阶段又可分为三个小的段落。

（1）从这个讨论开始（5 月）到 1978 年 8 月，是实践标准同“两个凡是”激烈较量的阶段。

《实践是检验真理的唯一标准》发表以后，即遭到提出和坚持“两个凡是”的那些人的激烈反对和攻击。他们利用手中掌握的权力，下禁令，设禁区，粗暴地阻挠和压制这个讨论。邓小平讲了话，《解放军报》发表了特约评论员文章，他们也不罢休。而不少党政领导干部，则采取观望态度。在这一阶段，局势确实不那么明朗。

真理标准问题讨论已经载入史册

(2) 从 1978 年 8 月 4 日新华社和《人民日报》公开报道中共黑龙江省委表态支持真理标准问题讨论，到 11 月中央工作会议召开之前，是这个讨论发展为大讨论的阶段。

十一届三中全会前的中央工作会议，是 11 月 10 日开幕的。从 1978 年 8 月 14 日到 11 月 8 日，有 20 个省、市、自治区的主要负责人公开发表谈话或文章，支持真理标准问题讨论。这是具有重大意义的事态发展。这表明，大多数省、市、自治区党委支持真理标准问题讨论，不赞同“两个凡是”的方针。在此期间，各地召开了许多有关真理标准问题的座谈会、讨论会，理论工作者撰写了许多论述真理标准、批判“两个凡是”的文章，报纸刊登了许多真理标准问题讨论的报道。以上情况表明，已经形成了大讨论的局面。

(3) 从 1978 年 11 月 10 日到 12 月 24 日，即中央工作会议和十一届三中全会，高度评价了实践是检验真理的唯一标准问题的讨论，推倒了“两个凡是”的方针。

在这两个重要会议上，以实践标准为武器，审议了“文化大革命”中和在此以前的一些重大政治历史问题，纠正了错误，而且，与会者热烈地讨论了真理标准问题，尖锐而严肃地批评了“两个凡是”的方针。提出和推行“两个凡是”的主要人物华国锋、汪东兴作了检讨。在十一届三中全会的公报中对真理标准问题的讨论作了高度评价。这表明，党的实事求是的思想路线已经得到恢复和确立，“两个凡是”已经被推倒。

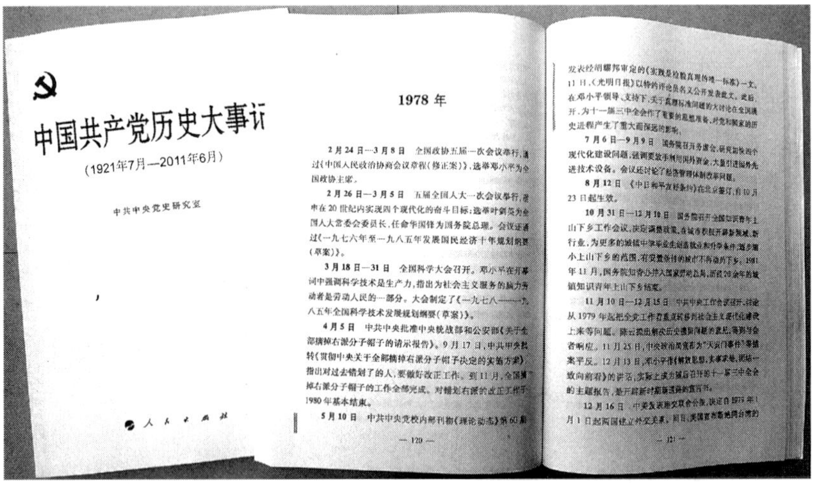

真理标准问题讨论已经载入史册

(三) 进一步分清是非的阶段 (或叫理论工作务虚会阶段)

这一阶段从十一届三中全会闭幕到理论工作务虚会结束，时间大致从 1979 年 1 月到 5 月。这一阶段的主要内容就是北京的理论工作务虚会和一些省、市、自治区的理论工作务虚会。理论工作务虚会是对“两个凡是”的总清算。通过理论工作务虚会，从思想上理论上进一步分清了实践标准与“两个凡是”的界限，进一步分清了两条对立的思想路线的界限，进一步搞清楚了什么是真高举，什么是假高举。理论工作务虚会也是思想上理论上拨乱反正的重要一步，并对其进行了有力推动。

这一阶段的另一个重要情况是，真理标准问题的讨论因受到干扰，在面上处于停滞状态。

（四）补课和结尾阶段

这是真理标准问题讨论大普及的阶段。这个阶段从 1979 年 5 月开始，到 1981 年 6 月党的十一届六中全会作出《历史问题决议》，指导思想的拨乱反正任务基本完成为止。

真理标准问题讨论的补课，是指 1978 年没有展开讨论或没有认真开展这一讨论的地区和单位，要补上这一课。实际上，也指开展过讨论的地区和单位，要更深入地进行这一讨论，是这个大讨论的一个重要发展阶段。这一阶段按照发展情况，可以分为两个小的段落。

（1）全面开展真理标准问题讨论补课的阶段。

这一阶段从 1979 年 5 月提出补课的要求开始，到 1980 年上半年为止。

在十一届三中全会前后到理论工作务虚会这一段时间，社会上开始出现一股全盘否定毛泽东和毛泽东思想，怀疑和否定共产党的领导和社会主义的思潮。这股思潮的一个显著特点是打着解放思想的旗号。邓小平于 1979 年 3 月 30 日作了《坚持四项基本原则》的重要讲话。随后，在党内党外广泛进行了坚持四项基本原则的教育。在这种形势下，一些具有极左思想的人、坚持“两个凡是”立场的人，便乘机以坚持四项基本原则来否定解放思想，说什么真理标准问题讨论是“致乱之源”，解放思想过头了，理论工作务虚会右了等等。在这种干扰下，真理标准问题讨论一度陷于停顿。这是解放思想过程中的一个曲折。但这段时间不长。从 1979 年 5 月开始，就提出了真理标准问题讨论要补课。到 7、8 月，就形成全国范围的真理标准问题讨论补课的局面，到秋冬，掀起了高潮，1980 年继续进行（主要是上半年）。这大半年时间，是真理标准问题讨论真正普遍而深入展开的一段，也是马克思主义思想路线教育真正普及的一段。

（2）结尾阶段。

这一段从 1980 年上半年党中央抓起草《建国以来党的若干历史问题的决议》开始（以 1980 年 3 月 19 日邓小平同中央负责同志谈话，提出起草决议的三条指导原则为标志），到 1981 年 6 月党的十一届六中全会通过这个决议为止。

在这一段，一方面，全国范围的真理标准问题讨论补课还在继续进行，个别地方延续到 1981 年冬和 1982 年春，但从总的情况看，多数地区在 1980 年上半年已完成。另一方面，从党中央和党内高层领导来说，逐渐将精力集中到研究《历史问题决议》的起草工作上，包括党内四千高级领导干部历时一个月的讨论，实际上，就是用实践标准分析总结评价建国以来的历史，以及对我国社会主义现代化建设道路的总结概括。这一种研究和讨论到《历史问题决议》通过就告完成。

1981 年初开始清理“左”的思想，也是这一段的重要内容。

1981 年 6 月《历史问题决议》通过并公布以后，在全党和全国范围内普遍地进行了对这个决议的学习和讨论。从一定的角度看，这种学习和讨论也是真理标准问题讨论的深化和延伸。但是，作为一个历史标志来说，真理标准问题讨论的结束，以 1981 年 6 月通过《历史问题决议》为宜。

从 1977 年 12 月开始酝酿和准备，1978 年 5 月开展，到 1981 年 6 月结束，真理标准问题的讨论前后经历了三年半之久。

二、真理标准问题大讨论局面的形成

真理标准问题一经提出，就立即引起强烈的反响，得到广泛的响应与支持，到 1978 年秋天，就形成了大讨论的局面。这样一个大规模的思想解放运动的出现，当然不是偶然的。

从客观形势来说，这个大讨论是拨乱反正、解决历史遗留问题的需要；是总结经验、探索中国式现代化道路的需要；是推倒“两个凡是”，打碎精神枷锁，解放思想的需要。一句话，在粉碎“四人帮”以后，广大的干部和人民群众，迫切需要纠正“左”的错误，集中力量建设四个现代化。中国历史的发展已经具备了结束过去、开辟新阶段的基本条件。人民的需要，历史的发展趋势，是出现真理标准问题大讨论的最基本原因。我们首先要看到这种历史必然性。

这场大讨论的形成，也不是自发的，而是有领导的，是几方面的合力互动的结果。

（一）胡耀邦是真理标准问题大讨论的发动者和组织者

胡耀邦根据党中央和叶剑英提出的研究党史的要求，在中央党校创造性地提出，“应当以实践标准作为检验真理、辨别路线是非的标准”，来总结“第九次、第十次、第十一次路线斗争”的经验，实质是总结评价“文化大革命”，并组织班子写出了指导性的文件，又组织在中央党校学习的八百名高中级干部和理论干部进行了讨论。他审定了《实践是检验真理的唯一标准》这篇文章，并决定在《理论动态》发表，作为特约评论员文章在《光明日报》公开发表。以后，他又顶住了压力，组织了一系列重要文章，来推动这个讨论。他还指定中央党校理论研究室的同志收集真理标准问题讨论的情况，及时掌握动态。有关情况我在前面已经讲了，这里不再赘述。

1989 年 4 月耀邦逝世以后，我在接受《人民日报》记者采访时说过：“耀邦同志思想深刻，他是一位杰出的马克思主义思想家、理论家。”[①] 我想，发动和组织领导这场具有历史意义的真理标准问题大讨论这一件事，就足以支持这个论断了。

（二）邓小平是真理标准问题大讨论最有力的支持者

1978 年 6 月 2 日，在提出和推行“两个凡是”的人企图扼杀这场刚开始

① 《人民日报》1989 年 4 月 23 日。

的讨论时，邓小平就在全军政治工作会议发表讲话，给予支持。以后，邓小平多次发表讲话和谈话，支持真理标准问题的讨论，从多方面深刻地阐述了这场讨论。他亲自告诫反对者，要他们不要设禁区、下禁令。他找胡耀邦谈话，肯定《实践是检验真理的唯一标准》这篇文章，认为争得好。他到东北三省、到海军党委、到天津，阐述这个问题，推动这个讨论。在十一届三中全会前召开的中央工作会议闭幕会上，他作了《解放思想，实事求是，团结一致向前看》的讲话，对历时半年多的真理标准问题讨论作了深刻的总结，精辟阐明了党的思想路线的极端重要性，对进一步展开讨论提出了要求。邓小平的一系列讲话和谈话，他的行动，是对真理标准问题讨论强有力的支持，也是正确的引导。

（三）罗瑞卿、谭震林等老一辈革命家在关键时刻对这场大讨论给予坚决的支持，起了关键性作用

正是在罗瑞卿的明确支持和直接参与下，《马克思主义的一个最基本的原则》这篇正面回答“凡是派”攻击的重要文章，才得以作为《解放军报》特约评论员文章，公开发表。这篇文章的公开发表和广泛转载，是对真理标准问题讨论的强有力支持和推动。

谭震林应《红旗》杂志之约，撰写纪念毛泽东的文章，他坚持在文章中写了实践是检验真理的唯一标准的内容，最终迫使《红旗》终止了所谓“不卷入”的方针，使坚持“两个凡是”的人失去了最后一块阵地。

（四）广大干部特别是省一级和大军区一级主要领导干部的支持和参与，起了举足轻重的作用

1978 年 8 月开始，省一级和大军区一级主要领导干部纷纷发表讲话和谈话，支持实践标准，参与讨论，批评“两个凡是”。这些居于“诸侯”地位的高级领导干部公开表态支持真理标准问题讨论，在政治上使“两个凡是”陷于孤立，改变了当时中国的政治形势，其作用举足轻重。这些高级领导干部都是在重要的会议上发表讲话，阐述真理标准问题讨论的重大意义，批评“两个凡是”的思潮，提出推进这个讨论的要求，并做出部署的。这些，都是作为省、市、自治区党委和大军区党委的精神，向下传达贯彻的，从而有力地推动了省、地、县级和部队军、师、团级的讨论，使这个讨论一级一级地展开。他们的讲话和有关活动作为新闻在报纸上刊登、在电台广播以后，又有力地推动了这个讨论的发展。

（五）广大理论工作者和新闻工作者密切合作、共同努力，作出了重大贡献

同过去历次思想解放运动由知识分子起先锋作用一样，这次真理标准问题讨论是由理论工作者和新闻工作者密切合作，首先撰写文章，提出问题，并在报纸公开发表。在整个讨论过程中，理论工作者撰写发表的文章达几百篇，开了大量的讨论会、座谈会，作了难以数计的讲演和辅导报告。而我们的新闻工作者则采取各种方式，坚定而机智地在报纸上发表文章和报道，形成强有力的舆论。新华通讯社、《人民日报》、《光明日报》、《解放军报》，以及北京与地方的许多报纸、广播电台，在真理标准问题讨论中，态度鲜明，起了很重要的作用。理论工作者和新闻工作者的共同努力，提高了这个讨论的水平，有力地推动了讨论的发展。

（六）中央党校和地方党校对干部的轮训和培训，起了重要作用

在这一时期，中央党校和地方各级党校在干部培训中，都突出了真理标准问题，使进党校学习的大批高中级干部、理论宣传干部和基层干部，都比较深刻地懂得了实践是检验真理的唯一标准这个基本观点，认识了“两个凡是”的错误实质，搞清楚了什么是真高举、什么是假高举这些重大而普遍的思想认识问题。中央党校和地方党校在这一时期培训的干部数以百万计。这些干部回到各地以后，就成为本地区、本部门、本单位真理标准问题讨论的组织者、推动者和辅导员。

真理标准问题涉及一系列哲学原理，只有通过党校比较系统的学习讨论，才能有比较深入的理解。中央党校和地方党校通过对干部的培训，使相当一部分干部特别是领导干部，比较准确深刻地理解了真理标准问题。这是真理标准问题大讨论的一个重要方面。同时，这也是为全国的大讨论培训骨干。

全国范围的真理标准问题大讨论，就是以上这几个方面的力量的合力促成的。有些论著论述真理标准问题大讨论，只看到报刊上的文章，这样论述问题，是很不全面的。

实践是检验真理的唯一标准，这是马克思主义认识论的一个基本观点。这个理论观点的提出和阐述，竟在中国大地上掀起了一场真正的大讨论。这个理论观点竟发挥出如此大的教育作用和威力。从理论工作的角度看，也是很值得深思一下的。大家都知道马克思的一句名言：“理论在一个国家实现的程度，总是决定于理论满足这个国家的需要的程度。”① 通过这场大讨论，使实践是检验真理的唯一标准这一理论观点，在中国得到充分的实现。其原因，就在于这一理论观点充分满足了当时历史的迫切需要。总结这一经验，我们可以得到重要的启示。这就是，不论是理论创造，还是理论宣传，都要着眼于满足国家的需要，也就是广大人民的需要。理论工作者要敏锐地去发现这种需要，勇敢地面对这种需要，努力去满足这种需要。这就是理论要敢于接触实际，敢于回答新问题，敢于提出新见解，而不是泛泛而论，不是老生常谈，更不是绕开问题走。在真理标准问题讨论过程中，我们的理论工作者是体现了这些品格的，我们的理论工作是体现了这种精神的。这也是真理标准问题讨论能够迅速打开局面的一个重要条件。在真理标准问题讨论中形成的理论工作的这种品格和精神，应当成为一种优良传统，在新的实践中保持和发扬。真理标准问题的讨论充分证实了理论工作的价值。理论工作确是大有可为的。问题在于，要有正确的方针和方法，要有上面讲的那种品格。

---

① 《马克思恩格斯选集》第二版第一卷，人民出版社 1972 年版，第 10 页。

三、真理标准问题大讨论的特点和历史地位

首先由周扬提出和阐明，得到大家赞同的一个重要论断，就是把真理标准问题的讨论作为中国近代历史上的一次思想解放运动，把这一次思想解放运动与五四运动、延安整风并列为三次思想解放运动。在这一节，将从历史的角度，对这次思想解放运动略加评述。

真理标准问题讨论作为一次思想解放运动和马克思主义教育运动，同 1919 年的五四运动和 1942 年的延安整风运动相比较，至少有以下两个明显的特点。

（一）讨论的广泛性

人们把这次讨论称为“大讨论”，称为马克思主义思想路线的“普及教育”，首先是指这个讨论的广度，指它的广泛性。

1919 年的五四运动作为一次思想启蒙运动，在社会上产生了广泛的影响，但主要是在青年学生和知识分子之中，逐步波及一些大中城市的社会其他各界。1942 年的延安整风，作为一次马克思主义教育运动，主要是在党内，开始是党的高层，后来逐渐扩展到中层，在党的基层则没有展开（其影响及于全党）。那时，我们党的组织也还比较小。真理标准问题讨论作为一次思想解放运动，其规模远远超过了以上两次。这次讨论从北京开始，迅速扩展到全国范围，包括边远地区，从党的高层、中层发展到广大的基层，到广大的人民群众，从知识分子推广到干部、工人、农民、解放军，到社会各界。从广泛性看，从讨论的热烈程度看，是真正的大讨论。这方面的情况前面已讲了很多，这里不再细说了。

（二）是非的鲜明性

实践标准的对立面就是“两个凡是”。邓小平从一开始就将这个讨论称为争论。事实也确实是这样。吴冷西的电话，汪东兴的几次讲话，还有其他一些人的讲话，直到中央工作会议上胡绳在东北组的发言，都是明确地反对实践标准，都是反对《实践是检验真理的唯一标准》这篇文章。这些都是争论的具体表现。但是，有一个很奇特的现象，在公开发表的几百篇讨论真理标准问题的文章中，竟找不出一篇反对实践标准，支持“两个凡是”的文章。那些对真理标准问题讨论持反对态度的报刊，也没有发表一篇文章来阐述他们的观点，来表明他们的立场和态度（只是“不卷入”，即保持沉默）。从表面上看，可以说，这次大讨论是绝对的“一边倒”。有人说这是无对手的争论。这确实是这次大讨论的又一个明显的特点。所以出现这样的情况，同这次讨论的特殊背景和特殊性质直接有关。

在真理标准问题讨论过程中，不少人都指出，实践是检验真理的唯一标准，这是马克思主义的常识，本来不应该在这个问题上发生争论。但是，这个常识问题却同某些人的政治立场甚至利益直接相连。如果按照这个常识办事，就要承认并纠正毛泽东晚年的错误，就要否定“文化大革命”，就要触及同这些严重错误密切相联系、并从这些错误中得益的人。但在当时个人迷信还盛行的具体情况下，还不宜直接指出毛泽东的错误。人们就选择了一个常识性的是非很鲜明的哲学命题，即实践是检验真理的唯一标准，来反对“两个凡是”。这确是很高明很巧妙的，闪烁着智慧之光。这样，既从根本上否定了“两个凡是”，又使提出“两个凡是”的人说不出反对的道理。他们只好在内部、在非正式的场合发泄不满，给人乱扣政治帽子，不择手段地加以阻挠压制，却无法写一篇像样的文章来参加争论。《红旗》杂志社曾经想写一篇《重温〈实践论〉》的大文章来反对，费了九牛二虎之力也没有能够成功。这就是出现上面说的“一边倒”的现象的原因。

真理标准问题大讨论的重大作用，十一届三中全会公报，邓小平的多次阐述，党的文献，都已经讲得很多，也很深刻，这里没有必要赘述。我想从历史的角度谈一点看法。

1995 年 2 月 14 日的《人民日报》理论版，发表了周张、刘肖鲁二人撰写的回顾广东十多年来改革经验的长篇文章。这篇文章说：“随着改革的深入，广东先后经历了四次比较大的思想解放。第一次是 70 年代末期开展的实践是检验真理的唯一标准的大讨论，认识到了极左路线在各方面的表现及其危害，要不唯上、不唯书、只唯实。第二次是 1984 年贯彻中共中央关于经济体制改革的决定，弄通了什么是商品经济，为什么说发展商品经济是不可逾越的阶段。第三次是 1987 年学习贯彻十三大提出的社会主义初级阶段理论，认识到一切都要从社会主义的初级阶段出发，不能超越这个阶段去看问题和办事情。第四次是学习 1992 年的邓小平同志视察南方的重要谈话和党的十四大报告，对建立社会主义市场经济体制的问题有了更系统的认识。”从广东同志十多年来思想解放的发展过程可以看出，真理标准问题讨论是起点，而且，一以贯之地起着基础性作用。在真理标准问题讨论过程中，人们一再指出，这个讨论是基本建设，具有深远的意义。广东十多年的快速发展，雄辩地证明了这个论断的正确性。全国这十多年的快速发展，更雄辩地证明了这一点，今后长时期的实践，必将进一步证明这一点。

真理标准问题大讨论取得了巨大的成功，也创造和积累了极为丰富的经验。无论从党的领导的角度、党的建设的角度、思想理论工作的角度看，还是从新闻报刊的角度、学术理论研究的角度看，都可以从这场大讨论中总结和汲取重要的有长远意义的经验，主要应当从这场大讨论的成功中总结和汲取经验，也应当从这场大讨论过程中发生的某些曲折中总结和汲取经验。

四、真理标准问题大讨论的历史作用和深远影响

真理标准问题讨论从开始到现在，已经整整三十年了。离开历史事件越远，对它的意义和影响看得越清楚。三十年后再来看这场大讨论，我们的感受更深了，因此，在本书再版时（按：2008 年），加写了这一节。

十一届三中全会的《公报》关于真理标准问题讨论有如下一段话：“全会高度

评价了实践是检验真理的唯一标准问题的讨论，认为这对于促进全党和全国人民解放思想，端正思想路线，具有深远的历史意义。一个党，一个国家，一个民族，如果一切从本本出发，思想僵化，那它就不能前进，它的生机就停止了，就要亡党亡国。”《公报》将这场大讨论，将思想路线，同党和国家的命运联系起来，提到了应有的高度。

当时，提出实践标准，有着明确的目的性，就是要用来解决面临的重大现实问题。通过大讨论，人们掌握了实践标准，就很自然地用来解决实际问题。真理标准问题讨论最大的现实意义是，通过这场大讨论，使广大领导干部、共产党员和人民群众摆脱了“两个凡是”的束缚，破除了个人迷信，使“实事求是”、“实践是检验真理的唯一标准”的观点广泛传播，深入人心，成为人们观察事物，判断是非的有效思想武器。同时，提出和坚持“两个凡是”的人也作了自我批评。这表明，已经推倒了“两个凡是”。在这样的思想和政治基础上，十一届三中全会作出了把全党工作的着重点转移到社会主义现代化建设上来的战略决策（这也表明，已经抛弃了以阶级斗争为纲），实现了历史的伟大转折。

经过真理标准问题讨论，经过十二大，实事求是的思想路线在实际上、在党章上得到重新确立和发展。从那时以来，又经过了十三大、十四大、十五大、十六大、十七大，党章几经修改，但这条思想路线的文字表述，一个字也没有改。三十年来，在改革开放这场新的伟大革命中，我们坚持这条思想路线，不断解放思想，研究新情况，解决新问题，使中国特色的社会主义事业健康发展。

我们掌握和运用实践标准，解决了一个又一个重大的现实问题。

首先是，用实践标准来检验“文化大革命”。

实际上，这种检验在大讨论起动时就开始了。早在 1978 年 4 月中央党校八百学员讨论总结“三次路线斗争”时，就有领导干部提出：进行“文化大革命”是否有必要？什么是修正主义、什么是社会主义？应怎样估计我党的基本情况？我们党内是否存在着一条反马克思主义的修正主义路线和刘少奇反党集团？等等。这些，都是以实践标准对“文化大革命”的检验。

随着讨论的深入，人们对“文化大革命”的怀疑逐渐增长。到 1978 年 11 月中央工作会议时，与会者就用实践标准为武器，认真地提出了“文化大革命”中的一些重大问题。

1978 年 11 月 12 日，陈云在中央工作会议东北组发言提出：为薄一波等 61 人所谓叛徒集团案平反；为陶铸等平反；解决彭德怀的问题；中央应肯定“天安门事件”；应当揭露康生的问题。与会者认真讨论了十年“文革”中发生的一些重大政治事件，在中央工作会议期间，就宣布为“天安门事件”平反。十一届三中全会根据中央工作会议的讨论，纠正了对彭德怀、陶铸、薄一波、杨尚昆等同志所作的错误结论，实际是平反。全会决定撤销中央发出的有关“反击右倾翻案风”的文件。全会认定，1967 年 1 月发生在上海的所谓“一月风暴”，夺上海的党政大权，完全是反革命事件，根本不是什么革命。十一届三中全会还决定对康生、谢富治进行审查。这是以实践标准对“文化大革命”进行的初步的但却是极为重要的检验。

在此同时，依据实践标准，大规模进行平反冤假错案，落实干部政策、知识分子政策等各方面的政策，解决了历史遗留问题，在新的基础上形成了安定团结的政治局面。

从 1980 年 3 月开始，中央着手起草《关于建国以来党的若干历史问题的决议》，随后在全党四千老干部中进行讨论，征求意见，这是以实践为标准，对“文化大革命”的全面检验。1981 年 6 月，党的十一届六中全会通过了《历史问题决议》。这个《决议》从理论和实践两个方面彻底否定了“文化大革命”。

另一方面，是用实践标准检验社会主义。

在真理标准问题大讨论的基础上，人们很自然地要用实践标准检验搞了多年的社会主义。邓小平提出，“不解放思想不行，甚至于包括什么叫社会主义这个问题也要解放思想。经济长期处于停滞状态总不能叫社会主义。人民生活长期停止在很低的水平总不能叫社会主义。”① 邓小平抓住经济发展和人民生活两个关键问题，对我们的社会主义作了检验。

邓小平又从多方面破除对社会主义的老观念、老框框。他指出，贫穷不是社会主义，发展太慢也不是社会主义，平均主义不是社会主义，两极分化不是社会主义，没有民主就没有社会主义，僵化封闭不可能建设社会主义，照搬别国模式搞不成社会主义，“一大二公三纯”的所有制不能发展社会主义，计划与市场都是手段，社会主义也可以搞市场经济，等等。这一系列的论断，归结起来，就是对社会主义传统模式的否定。邓小平在十二大的开幕词中提出，“照抄照搬别国经验、别国模式，从来不能得到成功。这方面我们有过不少教训，把马克思主义的普遍真理同我国的具体实际结合起来，走自己的路，建设有中国特色的社会主义，这就是我们总结长期历史经验得出的基本结论。”② 这是在什么是社会主义的问题上最大的思想解放。建设有中国特色的社会主义，基本的含义有两条，一是，中国必须坚持走社会主义道路；二是，中国要建设不同于传统模式的社会主义，应建设生产力发展较快、能较快改善人民生活的社会主义。对于中国特色的社会主义，人们往往强调从中国的实际出发，这当然是很重要的，但这种认识远没有到位。建设中国特色的社会主义，最主要的，是要探索一种新的社会主义模式，开辟一条中国特色的社会主义道路。这就不是简单地从中国实际出发的问题。这种新的社会主义模式不是头脑中固有的，也不是天上掉下来的，而只能是在大胆借鉴人类文明成果的基础上，从中国的实际出发，探索创新的结果。这就需要改革，需要开放。建设中国特色社会主义，这是一个具有深刻革命意义的命题。这个基本结论的提出，使人们对社会主义的认识进入了新境界，思想获得了解放，而且不断推进。在改革开放中，仍然要坚持实践标准，而不应抽象议论什么是社会主义、什么是资本主义，不应抽象议论“姓社姓资”。

---

① 《邓小平文选》第三卷，人民出版社 1993 年版，第 2—3 页。

② 《邓小平文选》第三卷，人民出版社 1993 年版，第 372 页。

贵州日报

GUIZHOU RIBAO

「定产到组，超产奖励」行之有效

编者按

「定产到组」姓「社」不姓「资」

中国的改革发端于农村，从一开始就出现“姓资姓社”的争论。这是 1978 年 11 月 11 日的《贵州日报》

在改革开放实践中，实践标准本身也在发展。1992 年初，邓小平在南方谈话中提出：对于改革开放，“判断的标准，应该主要看是否有利于发展社会主义社会的生产力，是否有利于增强社会主义国家的综合国力，是否有利于提高人民的生活水平。”[①] “三个有利于”标准是实践标准的展开和深化。

三十年来，我们以实践标准和“三个有利于”标准不断检验改革开放。我们依据实践标准和“三个有利于”标准，理直气壮地肯定了农村的家庭联产承包责任制，肯定了经济特区，肯定一切有利于解放生产力、发展生产力的举措，同样，我们依据实践标准和“三个有利于”标准，排除了种种干扰，特别是“左”的干扰，不怕各种吓人的“大帽子”。我们的总结论是：改革开放是发展中国特色社会主义，振兴中华的必由之路。

三十年改革开放的历史告诉我们，正是真理标准问题这场大讨论，实现了思想的大解放，重新认识社会主义，揭开了历史的新篇章，改变了中国社会主义的历史命运。

---

① 《邓小平文选》第三卷，人民出版社 1993 年版，第 372 页。

结束语

牢记“实践是检验真理的唯一标准”

新改建的中央党校大礼堂，巍峨壮观。跨进礼堂大门，首先映入眼帘的，是前厅正面墙上“实践是检验真理的唯一标准”十二个大字。这十二个大字，是依照邓小平 1988 年 5 月 11 日题写的手迹，放大精制而成的，红底金黄色，凝重而大气，成为中央党校一个新的亮点，引人注目，发人深思。

中央党校大礼堂。各地来学习的领导干部在邓小平题字前留影

中央党校礼堂广场前的巨石碑墙上，镌刻着毛泽东手书的“实事求是”四个大字。大家知道，这是毛泽东在延安时为中央党校题写的校训。

现在，中央党校大礼堂又有了邓小平题写的“实践是检验真理的唯一标准”十二个大字。这两个题词有着内在的联系，有着深刻的内涵。

毛泽东对“实事求是”作了精辟的阐释。他说，“实事”，就是客观存在的事物，“求”，就是我们去研究它，“是”，就是事物的内部联系，即规律性。实事求是，出之于古籍，毛泽东创造性地赋予它唯物主义认识论的内涵，成了我们党的思想路线。

“实践是检验真理的唯一标准”这句话，出之于中央党校。这句话简练、精确、通俗、鲜明地表述了唯物主义认识论的基本观点，是真理标准问题大讨论的基本语言。所谓真理标准问题讨论，其实就是向广大干部和群众宣讲这句话，讨论这句话。十一届三中全会的《公报》就将这场讨论称之为“关于实践是检验真理的唯一标准问题的讨论”。在那场大讨论中，我们就是依靠这句话推倒了“两个凡是”(1977 年 2 月 7 日《人民日报》、《红旗》杂志、《解放军报》“两报一刊”社论提出：“凡是毛主席作出的决策，我们都坚决维护，凡是毛主席的指示，我们都始终不渝地遵循”，后被称之为“两个凡是”)，解放了大家的思想。通过真理标准问题的讨论，实践是检验真理的唯一标准这一基本观点，已经为广大干部和群众所掌握，成为他们观察事物、判断是非的根本标准和锐利思想武器。这是这场大讨论在思想建设上的最大收获。

通过真理标准问题讨论，重新确立了党的思想路线。重新确立，并不是简单地恢复实事求是这四个字，而是有了重要的发展，这就是，将实践标准概括进了思想路线。

什么叫思想路线？概括地说，思想路线就是认识问题、研究问题、解决问题的基本方法。

我们认识的目的就是要得到正确的思想，避免主观性、片面性、随意性，能及时发现和纠正错误的思想。这里的思想是广义的，包括理论，也包括路线、方针、政策、法律、法规、制度、方法、计划、方案、鉴定、评价，等等。

人们要得到正确思想是不容易的。毛泽东的哲学论文《人的正确思想是从哪里来的?》，就是专论这个问题的。毛泽东阐明，人的正确思想的获得，要经过认识的两个阶段。第一个阶段，就是对客观事物进行深入的调查研究，进行去粗取精，去伪存真，由此及彼，由表及里的分析，然后进行综合概括，形成思想观点，产生感性认识到理性认识的飞跃。这是认识的第一阶段。这个阶段得到的思想认识，当然体现了实事求是，至少主观上是力求这样的。但是，这一认识阶段获得的认识成果，还不能最终断定是不是正确的思想。因为或者由于掌握客观事实不全面、不准确，或者由于分析综合不周密、不深入，或者由于主观偏见，在这一认识阶段获得的思想发生片面性或错误，是常有的事。因此，还需要进入认识的第二个阶段，将第一个认识阶段获得的思想放到实践中去检验，鉴别其是否正确、是否全面，加以补充修正。这时，人们的认识又会产生一个飞跃。经过这样两个认识阶段，人们才能得到正确的思想。

实事求是，从“实事”出发“求是”，求取新的规律性认识，不可能一次完成，而是要经历认识的两个阶段，经历实践、认识，再实践、再认识的过程。这既是坚持实事求是的过程，又是坚持实践标准、用实践检验真理的过程，二者是内在地统一的。掌握和坚持了实事求是和实践标准，就等于坚持和掌握了党的思想路线。

中国共产党的认识史，特别是建国以来的认识史证明，认识的两个阶段都很重要，第二阶段往往更为重要。正如毛泽东所说，认识的第二次飞跃，比起前一次飞跃来，意义更加伟大。

上世纪五十年代中期到七十年代末，二十多年“左”的错误，有一系列“左”的错误理论观点（包括路线方针政策），而且，长期得不到纠正。从认识论的角度看，这既是认识的第一阶段出了问题，更是认识的第二阶段出了问题，未能坚持实践是检验真理的唯一标准这个基本观点。在这一相当长的时期中，尽管生产力发展迟缓，经济陷入危机，人民生活长期贫穷，出现非正常死亡，冤假错案很多等一系列严酷事实，特别是“文化大革命”那样长时间的全局性的严重的灾难，在不断检验着“左”的理论和路线方针政策，一再发出警示。但是，由于认识的主体存在这样那样的问题，失去了认识的自觉和能力，又没有纠错的机制，因而不能正常进入认识的第二阶段，不能运用实践标准检验已有的认识，致使错误思想长期不能纠正。经过了实践是检验真理的唯一标准的大讨论，经过了拨乱反正，才纠正了十年

“文革”及其以前的“左”的错误。我们回顾上世纪五十年代中期以来党的认识史，对比十一届三中全会前后的情况，就可以清楚地理解认识的第二阶段的极端重要性，清楚地认识到将实践标准作为思想路线内容的极端重要性和深远意义。

1982年十二大修改的党章规定：“党的思想路线是一切从实际出发，理论联系实际，实事求是，在实践中检验真理和发展真理。”经过了十三大、十四大、十五大、十六大、十七大，二十多年来，党章几经修改，但思想路线的文字表述却一字未改。这条思想路线（包括它的文字表述）经受了历史的考验，证明是正确的。思想路线的最后一句，就是要求坚持实践是检验真理的唯一标准。理解和把握党的思想路线，首先是要把握好实事求是，这是思想路线的核心内容。我们可以将党的思想路线概括地称之为实事求是的思想路线。一切从实际出发，理论联系实际，是实事求是的要求，是为了更好地达到实事求是。理解和把握党的思想路线，还要坚持实践是检验真理的唯一标准。要敢于和善于运用实践标准，检验已取得的认识成果，包括理论和路线、方针、政策等等，这是全面坚持党的思想路线的必然要求。明确这一点，很重要。阐释党的思想路线，不能离开党章。

创新是我们事业发展的强大动力。现在大家对创新有高度的共识。但是，创新，特别是理论创新，一定要全面坚持党的思想路线，遵循认识的客观规律，既要重视认识的第一个阶段，更要重视认识的第二个阶段，自觉地勇敢地拿起实践标准，严格检验初步取得的创新成果。越是致力于理论创新，越要牢记实践标准，越要重视实践检验。

历史经验告诉我们，坚持实践是检验真理的唯一标准，又是很不容易的。这不但要有很高的思想理论水平，特别是要有在实践检验基础上自我纠错的勇气，还要有健全的机制，主要是要有完善的健全的民主制度。

现在，中央党校不但有了“实事求是”的题词，又有了“实践是检验真理的唯一标准”的题词。这是巩固真理标准问题大讨论的成果，坚持党的思想路线的重要举措。深刻理解和掌握这两个题词，实际上将是来中央党校学习的同志们首先要学习的课程，也是贯彻始终的课程。

（注：这个结束语原是本人撰写的一篇文章，载《学习时报》第325期，2006年3月6日）

附录一：

1978 年全国各地召开的关于真理标准问题的座谈会、讨论会

（据报刊报道）

1.《哲学研究》编辑部召开真理标准座谈会　1978 年 7 月 7 日《光明日报》

2. 中国科学院理论组和自然辩证法研究会联合召开第二次理论讨论会　1978 年 7 月 10 日《人民日报》

3. 湖北省哲学学会开展真理标准问题的讨论　1978 年 7 月 15 日《长江日报》

4. 浙江省社会科学研究所召开关于真理标准问题的讨论会　1978 年 7 月 16 日《浙江日报》

5. 黑龙江省社联哲学学会举行理论讨论会　1978 年 7 月 19 日《黑龙江日报》

6. 中国社会科学院哲学研究所、《哲学研究》编辑部召开理论和实践问题讨论会　1978 年 7 月 31 日《人民日报》

7. 广东省哲学学会和《学术研究》编辑部联合组织座谈会　1978 年 8 月 5 日《南方日报》

8. 四川省科学大会部分代表在理论和实践关系问题座谈会上的发言　1978 年 8 月 9 日《四川日报》

9. 中国人民大学哲学系讨论真理标准问题　1978 年 8 月 11 日《光明日报》

10. 青海省委党校和《青海日报》编辑部举办理论与实践问题座谈会　1978 年 8 月 24 日《青海日报》

11.《辽宁日报》编辑部召开座谈会讨论检验真理的标准问题　1978 年 8 月 25 日《辽宁日报》

12. 云南省委宣传部召开理论和实践问题讨论会　1978 年 8 月 25 日《云南日报》

13. 河南省委党校读书班、理论班学员讨论检验真理的标准问题　1978 年 8 月 28 日《河南日报》

14. 吉林省经济学会举行座谈会讨论理论与实践的关系问题　1978 年 8 月 29 日《吉林日报》

15. 四川省社会科学院召开关于真理标准问题的讨论会　1978 年 8 月 31 日《四川日报》

16. 武汉市委宣传部主持召开理论与实践关系问题的讨论会　1978 年 9 月 1 日《长江日报》

17. 安徽省社联举行扩大会议讨论真理的标准问题　1978 年 9 月 6 日《安徽日报》

18. 山西吕梁地委宣传部举行理论座谈会　1978 年 9 月 6 日《人民日报》

19. 重庆市委宣传部召开真理标准问题讨论会　1978 年 9 月 11 日《重庆日报》

20. 江苏省社联举行理论与实践关系问题的报告会　1978 年 9 月 16 日《新华日报》

21. 复旦大学党委举办党员干部读书班讨论理论与实践关系问题　1978 年 9 月 16 日《文汇报》

22. 上海市委党校热烈讨论坚持实践标准问题　1978 年 9 月 21 日《文汇报》

23. 解放军政治学院召开理论讨论会　1978 年 9 月 24 日《人民日报》

24. 中国社会科学院经济研究所和《经济研究》编辑部继续召开座谈会　1978 年 9 月 2 日《人民日报》

25. 上海市社联召开理论和实践关系问题座谈会　1978 年 9 月 24 日《解放日报》

26. 复旦大学召开部分教授讲师座谈会　1978 年 9 月 25 日《解放日报》

27. 上海师大举行关于检验真理标准问题的大型座谈会　1978 年 9 月 26 日《解放日报》

28. 南京大学哲学系和经济系举办真理标准问题讨论会　1978 年 9 月 30 日《新华日报》

29. 广东省社联召开真理标准问题讨论会　1978 年 10 月 3 日《光明日报》

30. 福建省哲学学会举行检验真理的标准问题讨论会　1978 年 10 月 3 日《福建日报》

31. 上海市社联继续举行理论与实践问题座谈会　1978 年 10 月 3 日《文汇报》

32. 福建省委党校学员讨论检验真理的标准问题　1978 年 10 月 4 日《福建日报》

33. 浙江省委党校和《浙江日报》编辑部召开真理标准问题座谈会　1978 年 10 月 7 日《浙江日报》

34. 江苏省委党校第一期读书班讨论真理标准问题　1978 年 10 月 10 日《新华日报》

35. 西藏自治区党委宣传部举行真理标准问题座谈会　1978 年 10 月 10 日《西藏日报》

36. 武汉部队召开宣传理论干部讨论会研究真理标准问题　1978 年 10 月 11 日《解放军报》

37. 陕西省委宣传部、省理论研究室召开会议讨论真理标准问题　1978 年 10 月 16 日《陕西日报》

38. 《北京日报》编辑部召开真理标准问题座谈会　1978 年 10 月 18 日《北京日报》

39. 云南省委党校学员热烈讨论检验真理的标准问题　1978 年 10 月 18 日《云南日报》

40. 上海市文联座谈坚持实践标准同文艺创作的关系问题　1978 年 10 月 18 日《文汇报》

41. 云南一些地区和单位讨论检验真理的标准问题　1978 年 10 月 19 日《云南日报》

42. 山西省社会科学研究所举行真理标准问题讨论会　1978 年 10 月 19 日《山西日报》

43. 福州市委宣传部召开关于理论与实践问题讨论会　1978 年 10 月 20 日《福建日报》

44. 广东省委党校热烈讨论实践是检验真理的标准问题　1978 年 10 月 21 日《南方日报》

45. 山东省委党校和社会科学研究所召开理论与实践关系问题讨论会　1978 年 10 月 21 日《大众日报》

46. 江西省一些单位开展真理标准问题的讨论　1978 年 10 月 25 日《江西日报》

47. 西南师院政治系讨论真理的标准问题　1978 年第 1 期《西南师院学报》

48. 《甘肃日报》编辑部召开理论座谈会　1978 年 10 月 26 日《甘肃日报》

49. 厦门大学经济系、经济研究所召开座谈会　1978 年第 3 期《中国经济问题》

50. 哈尔滨市委召开关于真理标准问题的讨论会　1978 年 10 月 28 日《哈尔滨日报》

51. 中国人民大学马列主义发展史研究所召开真理标准问题讨论会　1978 年 10 月 29 日《光明日报》

52. 上海市电影界人士讨论检验真理的标准问题　1978 年 10 月 29 日《文汇报》

53. 天津市总工会召开工人理论骨干座谈会　1978 年 10 月 30 日《工人日报》

54. 长春市委召开宣传理论干部会议　1978 年 10 月 30 日《长春日报》

55. 重庆市委召开宣传部门负责同志会议　1978 年 11 月 2 日《四川日报》

56. 上海市高校党委书记讨论真理标准问题　1978 年 11 月 3 日《文汇报》

57. 陕西省委文教部召开西安地区高校党委书记讨论会　1978 年 11 月 6 日《陕西日报》

58. 拉萨市委连续召开部分理论工作者和直属县以上干部座谈会　1978 年 11 月 7 日《西藏日报》

59. 江西大学举行真理标准问题讨论会　1978 年 11 月 8 日《江西日报》

60. 南京大学中层以上干部讨论理论同实践关系的几点认识　1978 年第 4 期《南京大学学报》

61. 兰州市委召开理论问题座谈会　1978 年 11 月 9 日《甘肃日报》

62. 呼和浩特市委宣传部召开理论讨论会　1978 年 11 月 10 日《内蒙古日报》

63. 北京市总工会召开部分工人理论骨干座谈会　1978 年 11 月 13 日《工人日报》

64. 吉林省委党校讨论真理标准问题　1978 年 11 月 13 日《吉林日报》

65. 江西省委党校干部读书班讨论真理标准问题　1978 年 11 月 17 日《江西日报》

66. 江苏省社会科学研究所和社联召开真理标准问题讨论会　1978 年 11 月 20 日《新华日报》

67. 昆明市委宣传部召开真理标准问题讨论会　1978 年 11 月 26 日《云南日报》

68. 南京师院举行关于真理标准问题讨论会　1978 年第 4 期《南京师院学报》

以上所列 68 个座谈会、讨论会，除中央单位外，包括了湖北、浙江、黑龙江、广东、四川、青海、辽宁、云南、河南、吉林、安徽、山西、江苏、上海、福建、西藏、陕西、北京、山东、江西、甘肃、天津、内蒙古，共 23 个省、市、自治区。这些座谈会、讨论会以理论界为主，涉及各个方面。

（沈宝祥收集整理）

附录二：

真理标准问题讨论期间北京和各地出版社出版的书籍介评

（1978 年 7 月—1980 年 6 月）

1. **《马克思主义的一个最基本的原则》**

人民日报出版社 1978 年 7 月出版，收入《实践是检验真理的唯一标准》《关于真理的标准问题》《马克思主义的一个最基本的原则》3 篇文章。

2. **《实践是检验真理的唯一标准》**

人民出版社 1978 年 7 月出版，收入《实践是检验真理的唯一标准》《马克思主义的一个最基本的原则》《关于真理的标准问题》3 篇文章。以此书为起点，各地用《实践是检验真理的唯一标准》同一名称出版的书籍，我看到的有 18 本。

以上两本是我看到的全国最早出版的真理标准问题讨论的书籍。

3. **《实践是检验真理的唯一标准》**

新疆人民出版社 1978 年 8 月出版，是中共新疆维吾尔自治区党委宣传部汇编的，共收 7 篇文章，包括《哲学与宗教》一文，并附中国社会科学院哲学研究所、《哲学研究》编辑部召开讨论会的报道。

4. **《实践是检验真理的唯一标准》**

黑龙江人民出版社 1978 年 8 月出版，共收入 8 篇文章，最后一篇是《理论动态》1978 年 6 月 30 日（第 70 期）的文章《历史潮流滚滚向前》（《人民日报》1978 年同日发表，署名岳平）。这本书中还收入《红旗》杂志 1978 年第 7 期的社论《实现新时期总任务的强大思想武器》。当时，《红旗》的主要负责人还在推行“不卷入”真理标准问题讨论的方针，此书编者肯定是不知道这个情况。

5. **《马克思主义的一个最基本的原则》**

浙江人民出版社 1978 年 8 月出版，也是 3 篇文章，与人民日报出版社出版的那本内容一样。

6. **《实践是检验真理的唯一标准》**

湖北人民出版社 1978 年 9 月出版，收进 3 篇文章。

7. **《实践是检验真理的唯一标准》**

内蒙古人民出版社 1978 年 9 月出版，收进 3 篇文章。

8. **《实践是检验真理的唯一标准》**

南京军区政治部宣传部 1978 年 9 月编印，共收 8 篇文章。此书“编者的话”说：最近，军区政治部发出通知，要求团以上各级领导干部，要继续学好马列、毛泽东同志的哲学著作，认真开展真理标准问题的讨论，为此，汇编了这本书，供学习讨论参考。

9. **《坚持实事求是的原则》**

人民日报出版社 1978 年 10 月出版，共收 7 篇文章，这是该出版社出版的关于真理标准问题讨论的第二本书。

10. **《坚持马克思主义的科学态度》**

人民出版社 1978 年 10 月出版，共收入 13 篇文章，这是该出版社选编出版的有关真理标准问题讨论的第二本书。

11. **《实践是检验真理的唯一标准》**

江西人民出版社 1978 年 10 月出版，共收 6 篇文章，包括《一切主观世界的东西都要经受实践检验》一文。

12. **《实践是检验真理的唯一标准》**

河北人民出版社 1978 年 10 月出版，本书汇集了 1978 年 5 月以来报刊上发表的有关文章 19 篇，全书 180 页。

13. **《实践是检验真理的唯一标准》**

安徽人民出版社 1978 年 10 月出版，共收 11 篇文章。

14. **《实践是检验真理的唯一标准》**

河南人民出版社 1978 年 10 月出版，共收 13 篇文章。

15. **《实践是检验真理的唯一标准》**

四川人民出版社 1978 年 11 月出版，共收 9 篇文章。

16. **《实践是检验真理的唯一标准》**

山东人民出版社 1978 年 11 月出版，共收 12 篇文章。

17. **《实践是检验真理的唯一标准》**

云南人民出版社 1978 年 11 月出版，共收 3 篇文章。

18. **《实践是检验真理的唯一标准论文集》**

上海人民出版社 1978 年 11 月出版，共收 15 篇文章。

19. **《实践是检验真理的唯一标准》**

甘肃人民出版社 1978 年 12 月出版，共收 23 篇文章，其中有 12 篇是各省、市、自治区和各大军区负责人关于真理标准问题的表态讲话。

20. **《谈谈实践是检验真理的唯一标准》**

湖北人民出版社 1978 年 12 月出版。由《武汉大学学报》编辑部哲学组编写，全书 31000 字，共四讲：(1) 检验真理标准这场争论的中心问题是什么？(2) 这场争论的实质是什么？(3) 这场争论有什么现实意义？(4) 坚持实践是检验真理的唯一标准。

21. **《理论和实践问题讲话》**

中央人民广播电台理论组组织人民日报社、中央党校、中国人民大学、中国社会科学院等单位同志编写的广播稿，共十三讲，全面通俗地讲述了真理标准问题。中央人民广播电台 1978 年 11 月在“学习”节目中播出。后经作者修改，湖南人民出版社于 1979 年 2 月以《理论和实践问题讲话》的书名出版，共 76000 字。山西人民出版社同时以《理论和实践（讲座）》的书名出版。

22. **《实践是检验真理的唯一标准》**

湖南人民出版社 1979 年 2 月出版，共收 25 篇文章，276 页。

23. **《实践是检验真理的唯一标准》**

广东人民出版社 1979 年 3 月出版，共收 21 篇文章。

24. **《谈谈实践第一的观点》**

河北人民出版社 1979 年 9 月出版，作者毅耘，全书共三讲。

25. **《实践是检验真理的唯一标准问题解答》**

甘肃人民出版社 1979 年 3 月出版，王进编写，共 56 个问题，57000 字。1980 年 4 月又出了修订本，问题增加到 61 个，字数增加到 70000 字。

26. **《实践与科学》**

北京出版社 1979 年 5 月出版，由中国社会科学院哲学研究所自然辩证法研究室柳树滋、邱仁宗、赵功民、梁成瑞同志选编，共收入 13 篇文章。本书从自然科学的角度，论证了实践是检验真理的唯一标准这个马克思主义认识论的基本原则。

27. **《实践是检验真理的唯一标准问题讨论集》**（第一集）

中国社会科学出版社 1979 年 5 月出版，《哲学研究》编辑部编。“编者的话”说：“本讨论集收编的是 1978 年全国报刊上关于实践是检验真理的唯一标准问题的一些报道和文章，有个别是未公开发表的讲话材料。这个讨论集分两集出版。各集的文章一般按发表时间先后编排。”第一集除《实践是检验真理的唯一标准》等文章外，主要是各省、市、自治区党委负责人和各大军区负责人表态性的讲话。

28. **《实践是检验真理的唯一标准问题讨论集》**（第二集）

中国社会科学出版社 1979 年 10 月出版，共收 65 篇文章。书后的《一九七八年关于实践是检验真理的唯一标准问题讨论的部分文章和报道索引》，共收 360 多篇文章篇名。

29. **《实践是检验真理的唯一标准》**（通俗讲话）

新华出版社 1979 年 7 月出版，由中国社会科学院哲学研究所编写。这是应新华社之约而写的广播稿。广播后，经修改加工，正式出版。全书共 24 讲，4 万字。各地出版社重印或出版此书的有好几家，据我看到的有：贵州人民出版社、四川人民出版社、山东人民出版社、江苏人民出版社、福建人民出版社、中共广西壮族自治区党委宣传部教育处。

30. **《认真补好真理标准讨论这一课》**

湖南人民出版社 1979 年 9 月出版。全书共收 20 篇文章，239 页，约 15 万字。

31. **《认识与实践》**

福建人民出版社 1979 年 10 月出版，姚安泽编著。本书共 90 页，通俗地介绍了马克思主义认识论的基本知识，着重阐明实践的观点是马克思主义认识论的首要的、根本的观点，实践是认识的基础、源泉、动力和目的，实践是检验真理的唯一标准，批判了林彪、“四人帮”的反动谬论。

32. **《浅谈真理标准问题》**

天津人民出版社 1979 年 8 月出版，作者顾肇基，全书共十章，约有 55000 字，通俗地讲述了真理标准问题。

33.**《谈谈实践第一的观点》**

河北人民出版社1979年9月出版，作者毅耘，全书共三章，约46000字。

34.**《马克思主义认识论基础知识》**

广东人民出版社1979年10月出版，全书170页，系统地阐述了实践和认识、物质和精神的辩证关系。

35.**《真理标准浅谈》**

辽宁人民出版社1979年11月出版，中共辽宁省委党校哲学教研室编写，主编张铁。本书是为了配合真理标准问题讨论补课，把这个讨论推向基层、推向群众而编写的，共25000字。

36.**《马克思主义真理观》**

1980年1月出版，作者李步楼、李权树，全书共6章，约56000字。这是广东人民出版社、广西人民出版社、湖南人民出版社、湖北人民出版社四家联合组织编写的“政治理论基础知识丛书”之一。

37.**《哲学和启蒙》**

人民出版社1980年2月出版，邢贲思著，本书是作者的论文集，共收26篇文章。作者是最早撰写论述真理标准问题文章的学者之一。在真理标准问题讨论过程中，作者发表了多篇文章，大都选编在本书。

38.**《认识与实践》**

1980年5月出版，也是由广东人民出版社等四家出版社联合出版的同类书籍，作者杨春贵，全书共六章，约53000字，作者从认识与实践的关系的角度，阐述了实践是检验真理的唯一标准问题。

39.**《科学与实践》**

陕西人民出版社1980年6月出版，西北大学自然辩证法研究会编辑。全书共收17篇文章，是西北大学开展实践是检验真理的唯一标准讨论中，部分学者的发言稿基础上形成的。这些文章从数学、基本粒子、地震、成矿理论、地史学、黄河河源探查、医学等自然科学学科的发展和科学实践的角度，论证阐明了实践是检验真理的唯一标准。

（沈宝祥收集编注）

附录三：

中央和地方报刊关于真理标准问题讨论补课的社论、评论篇目辑览

中央报刊

《解放军报》

1979 年 5 月 21 日评论员文章：《坚定不移地继续贯彻三中全会精神》

1979 年 7 月 9 日评论员文章：《切实补好这一课》

1979 年 7 月 12 日评论员文章：《认真补课端正思想路线》

1979 年 8 月 18 日评论员文章：《端正思想路线，同心同德执行党的政治路线》

1979 年 9 月 10 日评论员文章：《补课要补到实处》

1979 年 9 月 24 日评论员文章：《敞开思想讨论》

《人民日报》

1979 年 5 月 22 日：《重新学习三中全会文件　补上真理标准问题一课》（转载《解放军报》评论员文章，改了题目）

1979 年 10 月 3 日评论员文章：《端正对马克思主义的态度》

1980 年 2 月 11 日短评：《永远坚持正确的思想路线》

《光明日报》

1979 年 5 月 11 日特约评论员文章：《分清两条思想路线　坚持四项基本原则》

1980 年 5 月 29 日特约评论员文章：《更加自觉地坚持党的思想路线》

《红旗》杂志

1979 年第 7 期特约评论员文章：《深入开展真理标准问题的讨论》

1979 年第 9 期评论员文章：《认真补好真理标准讨论这一课》

《工人日报》

1979 年 8 月 7 日评论员文章：《把真理标准问题的讨论深入到工人群众中去》

1979 年 9 月 6 日特约评论员文章：《继续开展真理标准问题讨论，进行唯物主义思想路线的教育》

《财贸战线》

1979 年 8 月 14 日本报评论员文章：《财贸部门要重视真理标准问题的讨论》

《中国青年报》

1979 年 8 月 4 日社论：《把真理标准讨论推广到青年中去》

《中国青年》

1979 年第 9 期本刊评论员文章：《补好真理标准讨论这一课》

《人民教育》

1979 年第 9 期本刊评论员文章：《认真开展真理标准的讨论　端正教育工作的思想路线》

《哲学研究》

1979年第8期特约评论员文章：《让全党全国人民掌握认识论的武器——把真理标准的讨论推广到基层》

地方报刊

《北京日报》

1979年6月23日评论员文章：《进一步推广关于真理标准问题的讨论》

1979年7月19日评论员文章：《抓好端正思想路线这一环节》

1979年9月21日特约评论员文章：《搞好真理标准讨论补课　进一步端正思想路线》

1979年9月27日社论：《最根本的拨乱反正》

《吉林日报》

1979年7月4日评论员文章：《把真理标准问题的讨论推广开来》

1979年9月22日评论员文章：《抓住“四真四假”问题深入开展真理标准讨论》

《长春日报》

1979年7月17日社论：《把真理标准问题的讨论深入下去》

1979年9月6日社论：《领导干部带头搞好真理标准问题的讨论》

《黑龙江日报》

1979年7月12日特约评论员文章：《把真理标准问题的讨论推广和深入下去》

1979年9月5日评论员文章：《领导干部要带头补课》

1979年9月19日述评：《真理标准讨论这一课非补不可》

1979年9月22日特约评论员文章：《关键在于领导干部的思想解放》

1979年10月7日社论：《把思想路线解决好》

《哈尔滨日报》

1979年9月11日特约评论员文章：《要认真补好真理标准讨论这一课》

1979年9月17日评论员文章：《领导干部要带头补好课》

《奋斗》杂志（黑龙江）

1979年第12期本刊评论员文章：《切实搞好基层真理标准的讨论补课》

《辽宁日报》

1979年7月4日特约评论员文章：《只有继续解放思想，才能继续前进》

1979年9月5日短评：《要联系实际》

《沈阳日报》

1979年7月10日评论员文章：《把真理标准问题讨论深入下去》

1979年8月22日评论员文章：《把真理标准的讨论推广到基层和群众中去》

《旅大日报》

1979年8月11日社论：《把真理标准讨论深入下去》

《理论与实践》杂志（辽宁）

1979 年第 6 期本刊评论员文章：《应该把真理标准问题的讨论和宣传继续下去》

1979 年 7 月 5 日社论：《深入开展真理标准问题的讨论》

1979 年 7 月 15 日评论员文章：《基层也应把真理标准问题讨论清楚》

1979 年 9 月 6 日评论员文章：《解放思想　开动机器》

1979 年 9 月 23 日评论员文章：《朝着思想解放的路迅跑》

《河北日报》

1979 年 7 月 23 日评论员文章：《把真理标准问题的讨论深入到基层》

1979 年 8 月 18 日评论员文章：《开展真理标准讨论　端正思想路线》

1979 年 9 月 11 日社论：《领导同志要带头端正思想路线》

1979 年 9 月 23 日评论员文章：《扫除思想障碍，把真理标准的讨论引向深入》

《山西日报》

1979 年 6 月 29 日评论员文章：《把关于真理标准问题的讨论继续深入地开展下去》

1979 年 9 月 1 日社论：《抓好补课，搞活经济》

1979 年 9 月 21 日评论员文章：《补课要认真》

1979 年 10 月 23 日评论员文章：《更加普遍深入地开展真理标准问题的学习和讨论》

《内蒙古日报》

1979 年 8 月 7 日评论员文章：《把真理标准的讨论普遍深入地开展起来》

1979 年 9 月 28 日社论：《领导带头，联系实际，搞好补课》

1979 年 11 月 22 日社论：《补课要落实到行动上》

《包头日报》

1979 年 9 月 1 日评论员文章：《上好解放思想的必修课》

《陕西日报》

1979 年 7 月 26 日评论员文章：《把真理标准问题讨论推广到基层》

1979 年 9 月 7 日评论员文章：《领导更要补好真理标准讨论这一课》

1979 年 9 月 16 日社论：《坚持辩证唯物主义的思想路线》

1979 年 11 月 13 日特约评论员文章：《思想路线教育一定要落到实处》

《西安日报》

1979 年 7 月 10 日评论员文章：《深入开展真理标准问题的讨论》

《甘肃日报》

1979 年 7 月 12 日评论员文章：《一定要补上真理标准问题讨论这一课》

1979 年 10 月 12 日评论员文章：《真理标准讨论补课要联系实际解决问题》

《宁夏日报》

1979 年 8 月 23 日评论员文章：《认真补好真理标准问题讨论这一课》

1979 年 11 月 14 日评论员文章：《搞好真理标准补课的关键在于领导带头》

《青海日报》

1979年7月30日评论员文章:《必须认真补好这一课》

1979年10月11日社论:《面向实际搞好补课》

1979年10月19日特约评论员文章:《基层干部也很需要补好真理标准这一课》

《文汇报》(上海)

1979年6月30日评论员文章:《把真理标准问题的讨论深入下去》

1979年9月12日评论员文章:《真理标准问题讨论补课要落到实处》

《解放日报》(上海)

1979年7月4日评论员文章:《进一步搞好真理标准的讨论》

1979年7月30日评论员文章:《端正思想路线是个根本建设》

1979年8月6日评论员文章:《一定要补好这一课》

1979年9月15日评论员文章:《补课要向广度和深度再前进一大步》

《大众日报》(山东)

1979年8月2日特约评论员文章:《继续深入开展真理标准问题的讨论》

1979年8月9日特约评论员文章:《一定要把思想路线搞对头》

1979年8月31日评论:《领导干部要带头补好这一课》

1979年9月17日评论员文章:《打掉"怕"字切实领导好这场讨论》

1979年10月5日评论员文章:《把真理标准问题的讨论引向深入》

《济南日报》

1979年8月22日评论员文章:《要补好真理标准讨论这一课》

《安徽日报》

1979年8月9日特约评论员文章:《理论与实际相结合的好方法》

1979年9月8日评论员文章:《务必十分重视真理标准问题的讨论》

《新华日报》(江苏)

1979年9月19日叶育红文章:《带头补好这一课》

《浙江日报》

1979年7月11日郑志芳文章:《一场具有重大意义的大讨论》

1979年9月27日评论员文章:《面向实际,把真理标准讨论引向深入》

《福建日报》

1979年8月8日特约评论员文章:《理论与实际相结合的好方法》

1979年9月2日评论员文章:《深入讨论真理标准,进一步解放思想》

《江西日报》

1979年7月5日评论员文章:《继续深入开展真理标准问题的讨论》

《河南日报》

1979年7月22日评论员文章:《把真理标准问题的讨论深入到基层干部和群众中去》

1979年9月1日评论员文章:《领导带头,搞好补课》

《湖北日报》

1979 年 7 月 12 日评论员文章:《这一课补得好》

1979 年 8 月 12 日评论员文章:《领导机关和领导干部尤其要补好这一课》

1979 年 9 月 21 日评论员文章:《紧密联系实际深入开展真理标准讨论》

1979 年 11 月 21 日评论员文章:《真理标准讨论要落到解决实际问题上》

《长江日报》(武汉)

1979 年 7 月 31 日评论员文章:《各级领导首先要重视起来——评深入开展真理标准的讨论》

1979 年 9 月 3 日评论员文章:《端正思想路线　加快转移步伐》

《湖南日报》

1979 年 7 月 23 日短评:《进一步广泛深入地开展真理标准问题的讨论》

1979 年 8 月 5 日评论员文章:《坚持唯物主义的思想路线》

1979 年 9 月 13 日常述青文章:《要实实在在补课》

1979 年 11 月 9 日评论员文章:《真理标准的讨论要紧密联系四化实际》

《新湘评论》杂志

1979 年第 10 期本刊评论员文章:《真理标准讨论补课要真正解决思想路线问题》

《长沙日报》

1979 年 9 月 14 日评论员文章:《一定要认真补好这一课》

《南方日报》(广东)

1979 年 7 月 20 日评论员文章:《在基层开展真理标准的讨论很有必要》

1979 年 9 月 5 日社论:《真理标准问题的讨论一定要深入下去》

1979 年 9 月 28 日评论员文章:《一项根本性的思想理论建设》

《海南日报》

1979 年 9 月 2 日评论员文章:《补好真理标准问题讨论这一课》

《广州日报》

1979 年 9 月 10 日社论:《端正思想路线是执行党的政治路线的根本保证》

1979 年 9 月 24 日评论员文章:《解放思想　立志改革》

《四川日报》

1979 年 8 月 6 日评论员文章:《一定要把思想路线搞端正》

1979 年 9 月 15 日社论:《紧密联系实际，深入讨论真理标准》

1979 年 11 月 13 日特约评论员文章:《真理标准的学习和讨论要落到四化建设的实处》

《重庆日报》

1979 年 7 月 14 日评论员文章:《深入开展真理标准问题的学习讨论》

1979 年 8 月 29 日评论员文章:《领导干部要带头参加真理标准问题的讨论》

1979 年 9 月 21 日思想评论:《“补课”不能走过场》

《成都日报》

1979 年 8 月 21 日评论员文章:《普遍深入开展真理标准的学习讨论，端正思

想路线》

1979 年 8 月 30 日特约评论员文章：《解放思想同心同德搞四化》

《贵州日报》

1979 年 9 月 7 日社论：《认真补好真理标准问题讨论这一课》

《云南日报》

1979 年 6 月 14 日特约评论员文章：《实践是检验真理唯一标准的观点是治疗心有余悸的良方》

1979 年 8 月 3 日评论员文章：《一定要补好真理标准的讨论这一课》

1979 年 8 月 4 日特约评论员文章：《总结这半年经验，坚定贯彻政策的决心》

1979 年 8 月 14 日编辑部文章：《上下左右都要补课》

1979 年 9 月 17 日社论：《继续深入开展真理标准讨论，端正思想路线》

1979 年 10 月 8 日短评：《要把自己摆进去》

1979 年 11 月 5 日短评：《真理标准讨论必须联系落实政策的实际》

《西藏日报》

1980 年 9 月 7 日特约评论员文章：《切实抓好关于真理标准问题讨论的补课》

《思想解放》杂志（广西）

1979 年第 10 期评论员文章：《做解放思想的促进派》

《新疆日报》

1979 年 9 月 18 日汪锋讲话：《继续深入讨论真理标准问题端正思想路线》

以上 56 家中央和地方报刊，共发表关于真理标准问题讨论补课的社论、评论（个别是署名文章和讲话）128 篇，其中中央报刊 19 篇，地方报刊 109 篇。

1979 年共 125 篇，按月统计的数字如下：

五月 2 篇

六月 5 篇

七月 26 篇

八月 26 篇

九月 48 篇

十月 10 篇

十一月 7 篇

十二月 1 篇

这个统计说明：①从 1979 年 5 月开始，报刊明确提出了进行真理标准问题讨论补课的要求；②从 7 月开始，报刊比较普遍地提出了补课的要求，9 月，文章数急剧上升，说明补课从 7 月普遍展开，秋冬达到高潮；③地方报刊包括了全国 29 个省、市、自治区。

（沈宝祥收集整理）

1978年5月展开的真理标准问题讨论，是由《实践是检验真理的唯一标准》文章的发表而引发的。这篇文章是如何撰写和定稿的，这是人们关心、感兴趣的一个问题。现将这篇文章的完成稿、胡耀邦第一次审阅稿、第二次审阅稿（即最后定稿）在此公布

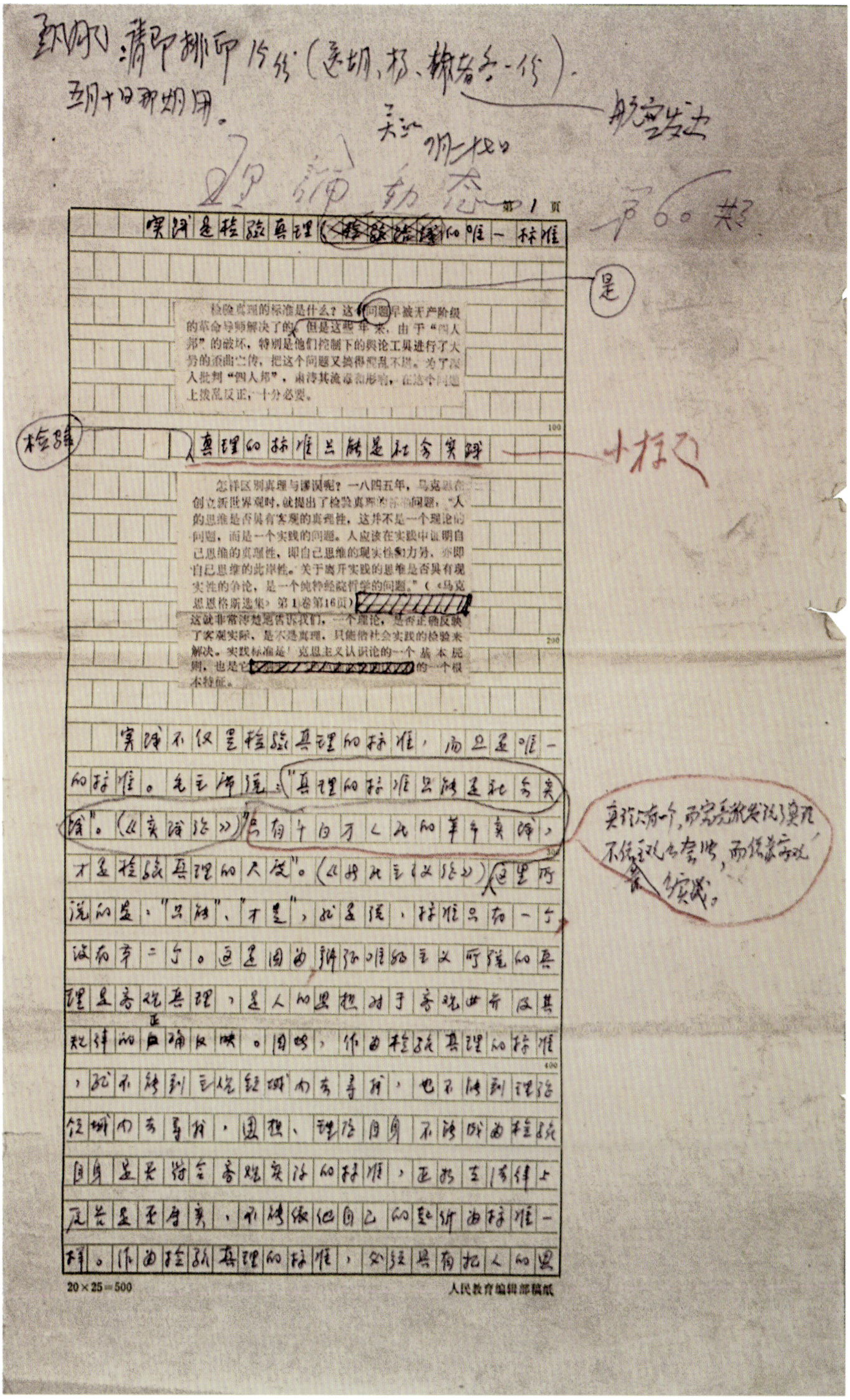

这九张照片是《实践是检验真理的唯一标准》的完成稿。

（一）此文稿由中央党校原理论研究室研究组组长孙长江改写完成，时间是：1978年4月27日。

（二）此文经吴江多次修改。吴江的笔迹有红、蓝铅笔，蓝水钢笔。

（三）此文稿经吴江修改后即排印清样送胡耀邦审阅。我将此稿称之为“完成稿”。

想和客观世界联系起来的特性，只到也无法检验。~~实践就是~~人们的社会实践是改造客观世界的活动，是主观见之于客观的东西。~~一方面，它是在一定思想的指导下进行的有意识、有目的的活动，另方面，它的活动的对象和结果又都是客观存在的。这就是说，~~实践具有把思想和客观世界联系起来的特性。因此，正是实践，也只有实践才能够完成检验真理的任务：[illegible]科学史上的无数事实，充分地说明了这个问题：

实践

实践

量的变化

门德列捷夫根据原子~~[illegible]~~，制定了元素周期表，有人赞同，有人怀疑，争论不休。尔后，根据元素周期表发现了几种新元素，它们的化学特性刚好符合元素周期表（予测），这样元素周期表就被证实才是真理。[illegible]哥白尼的太阳系学说在三百年里一直是一种假说，[illegible]而当勒维烈从这个太阳系学说所提供的数据，不仅推算出一定还存在一个尚未知道的行星，而且还推算出这个行星在太空中的位置的时候，当加勒于一八四六年确实发现了海王星这颗行星的时候，哥白尼的学说才被证实了，成了真理。

太阳系

LL 马克思主义之所以成为真理，正是千百万群众长期实践证实的结果。毛主席说："马克思列宁主义之所以被称为真理，也不但在于马克思、恩格斯、列宁、斯大林等人科学地构成这些学说的时候，而且在于为尔后革命的阶级斗争和民族斗争的实践所证实的时候。[illegible]（《实践论》）马克思主义原是工人运动中的一个派别，开始并不出名，反动派围攻它，资产阶级学者反对它，其他的社会主义流派攻击它，但是，长期的革命实践证实了马克思主义是真理，终于成为国际共产主义运动的指导思想。

LL 检验路线之正确与否，情形也是这样：

国际共产主义运动和各国革命的路线是否正确，同样必须由社会实践来检验。二十世纪初，国际共产主义运动和俄国工人运动中，就发生了列宁的马克思主义路线与第二国际修正主义路线的激烈斗争。那时第二国际的头面人物是考茨基，列宁主义者是少数，斗争持续了很长一个时间，俄国十月革命和各国无产阶级革命的实践证明列宁主义是真理，宣告了第二国际修正主义路线的破产。

毛泽东思想是马克思列宁主义普遍真理与中国革命具体实践相结合的产物。毛主席的革命路线与“左”、右倾机会主义路线进行了长期的斗争。在一个时期内，毛主席的革命路线没有占主导地位。长期的革命斗争，成功的经验和失败的教训，从正反两个方面证明毛主席的革命路线是正确的；而“左”、右倾机会主义路线都是错误的。[illegible]

标准是什么呢？只有一个：就是千百万人民的社会实践。

一、理论与实践的统一，是马克思主义的一个最基本的原则

小标

有的同志担心，坚持实践是检验真理的唯一标准，会削弱理论的意义。这种担心是多余的。凡是科学的理论，都不会害怕实践的检验。相反，只有坚持实践是检验真理的唯一标准，才能够把假科学、伪理论现出原形，从而捍卫真正的科学与理论。这一点，在“四人帮”垄断一个时期的宣传大权、把理论问题搞得异常混乱的情况下，尤有特别重要的意义。

①

“四人帮”出于篡党夺权的反革命需要，大肆鼓吹种种唯心论的先验论疯狂反对实践是检验真理的标准。例如，他们炮制“天才论”，捏造文艺、教育等各条战线的“黑线专政”论，伪造老干部是民主派、民主派必然变成走资派的“规律”，胡诌社会主义生产关系“是产生新的资产阶级分子的经济基础”的谬论，虚构儒法斗争继续到现在的无稽之谈，等等，所有这些，都被他们奉为神圣不可侵犯的所谓“理论”，谁反对它，就是反对马列主义、毛泽东思想。但是，这些五花八门的谬论，根本经不起革命实践的检验，一个个都象肥皂泡那样很快破灭了。这个事实雄辩地说明了，[illegible]他们自吹自擂证明不了真理，大规模的宣传证明不了真理，强大的权力证明不了真理。他们以马列主义、毛泽东思想的“权威”自居，实践证明他们是反马克思主义，反毛泽东思想的政治骗子。

[illegible]

实际连同“四人帮”另立的[illegible]“真理标准”

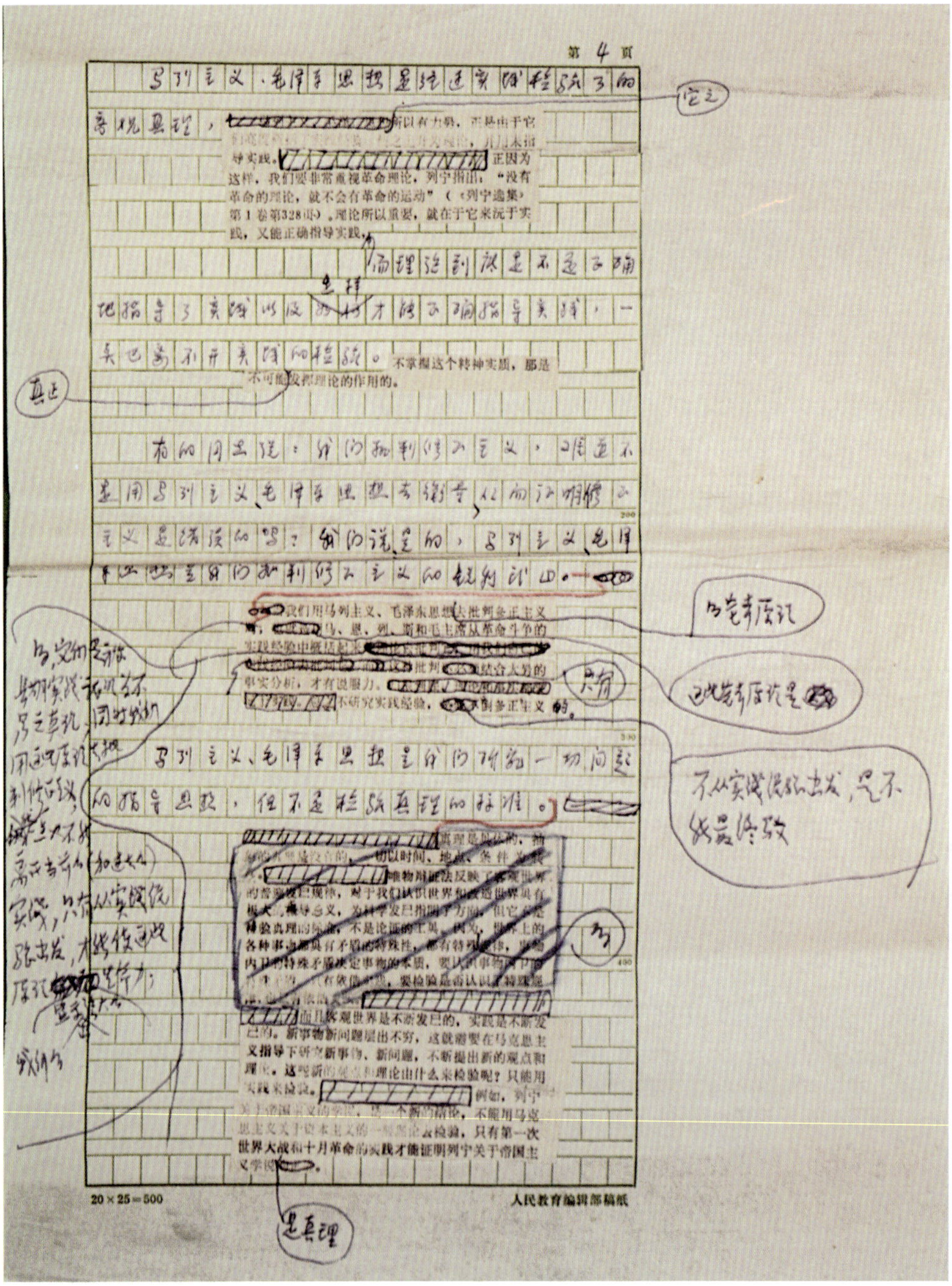

马列主义、毛泽东思想是经过实践检验了的客观真理，[redacted]所以有力量，正是由于它[illegible]并用来指导实践。[redacted]正因为这样，我们要非常重视革命理论，列宁指出："没有革命的理论，就不会有革命的运动"（《列宁选集》第1卷第328页）。理论所以重要，就在于它来源于实践，又能正确指导实践，而理论到底是不是正确地指导了实践，以及怎样才能正确指导实践，一点也离不开实践的检验。不掌握这个精神实质，那是不可能发挥理论的作用的。

有的同志说：我们批判修正主义，难道不是用马列主义毛泽东思想当标准，从而证明修正主义是错误的吗？我们说是的，马列主义、毛泽东思想是我们批判修正主义的锐利武器。[redacted]我们用马列主义、毛泽东思想去批判修正主义时，[redacted]马、恩、列、斯和毛主席从革命斗争的实践经验中概括起来[redacted]批判[redacted]结合大量的事实分析，才有说服力。[redacted]不研究实践经验，[redacted]批判修正主义的。

马列主义、毛泽东思想是我们研究一切问题的指导思想，但不是检验真理的标准。[redacted]真理是具体的，抽象的真理是没有的，一切以时间、地点、条件为转移。[redacted]唯物辩证法反映了客观世界的普遍规律，对于我们认识世界和改造世界具有极大的指导意义，为科学发展指明了方向。但它不是检验真理的标准，不是论证的工具。因为，世界上的各种事物都具有不同的特殊性，都有特殊的规律，事物内部的特殊矛盾决定事物的本质，要认识事物内部的矛盾，只有依靠实践，要检验是否认识了特殊规律，也只有依靠实践。[redacted]而且客观世界是不断发展的，实践是不断发展的。新事物新问题层出不穷，这就需要在马克思主义指导下研究新事物、新问题，不断提出新的观点和理论。这些新的观点和理论由什么来检验呢？只能用实践来检验。[redacted]例如，列宁关于帝国主义的学说，是一个新的结论，不能用马克思主义关于资本主义的一般原理去检验，只有第一次世界大战和十月革命的实践才能证明列宁关于帝国主义学说[redacted]。

（批注：它之；真正；怎样；马克来原话；只有；不从实践经验出发，是不能最终驳；多；是真理）

毛主席说："理论与实践的统一，是马克思主义的一个最基本的原则"。（《毛泽东选集》第二卷第297页）坚持实践是检验真理的唯一标准，就是坚持马克思主义，坚持辩证唯物主义。

一、革命导师们坚持实践检验真理的榜样

马克思主义导师们不仅提出了实践是检验真理的唯一标准~~[illegible]~~，而且亲自作出了用实践去检验一切理论包括自己所提出的理论的光辉榜样。马克思和恩格斯对待他们所共同创造的著名的马克思主义的科学文献《共产党宣言》的态度，就是许多事例中的一个生动的事例。一八四八年《宣言》发表后，在四十五年中马克思和恩格斯一直在用实践来检验它。《宣言》的七篇序言，详细地记载了这方面事实。

首先，马克思恩格斯指出："不管最近二十五年来的情况发生了多大的变化，这个《宣言》中所发挥的一般基本原理整个说来直到现在还是完全正确的。"同时，他们又指出，"这些基本原理的实际运用，"随时随地都要以当时的历史条件为转移"。~~所以第二章末尾提出的那些革命措施根本没有什么特殊意义。这一段在今天许多方面都会有不同的写法了。"（《马克思恩格斯选集》第一卷第228页）~~马克思和恩格斯根据实践检验的结果，曾对《宣言》个别论点作了修改。例如，

《宣言》第一章的第一句是："到目前为止的一切社会的历史都是阶级斗争的历史。"恩格斯在一八八八年的《宣言》英文版上加了一条注释："确切地说，这是指有文字记载的历史。"（《马克思恩格斯选集》第1卷第251页）[illegible]

小标记

包括改[illegible]历史事实的[illegible]

人们对于社会的史前史有了进一步的认识，特别是摩尔根的调查研究~~[……]~~证明，在阶级社会以前，有一个很长的无阶级社会；阶级是社会发巳到一定历史阶段的产物，并非从来就有的。可见，说"一切社会的历史都是阶级斗争的历史"并不确切，恩格斯根据这种新获得的史料，作了这个说明，修改了《宣言》的旧提法。

《宣言》还说，无产阶级要用暴力革命夺取政权，以推翻资产阶级。

还有一个纲领，规定

一八七二年，两位革命导师在他们共同署名的最后一篇序言中，明确指出：

"由于最近二十五年来大工业有了巨大发展而工人阶级的政党组织也跟着发展起来，由于首先有了二月革命的实际经验而后来尤其是有了无产阶级第一次掌握政权达两个月之久的巴黎公社的实际经验，

~~[……]~~所以这个纲领现在有些地方已经过时了，特别是公社已经证明：'工人阶级不能简单地掌握现成的国家机口，并运用它来达到自己的目的'。"（《马克思恩格斯》第1卷第229页）

列宁对马克思和恩格斯的这个说明十分重视，他认为这是对《共产党宣言》的一个"重要的修改"。（《列宁选集》第3卷第208页）。

毛主席一贯严格要求不断用革命实践来检验自己提出的理论和路线。一九五五年毛主席主编辑《中国农村的社会主义高潮》一书的时候，写了一百零四篇按语。当时没有预料到一九五六年以后国际国内可能发生的阶级斗争的新情况。因此，一九五八年重印一部分按语的时候，毛主席特别写了一个说明，指出这些按语"其中有一些现在还没有丧失它们的意义。其中说：一九五五年是社会主义与资本主义决战取得基本胜利的一年，这样说不妥当。应当说：一九五五年是在生产关系的所有制方面取得基本胜利的一年，在生产关系的其他方面以及上层

建筑的某些方面的思想提出了修改，列宁曾说过有些原则已经过时，有些原则有完全过时，还有待于今后的努力。《毛泽东选集》不断地修改更新，这种 [illegible] 革命导师这种 [illegible] 尊重实践的严肃的科学态度，给我们很大的教育。他们并不认为自己提出的理论是可以不受实践检验的，并不认为自己已经作出的结论不管实际情况怎样都不能改变。这是革命导师这种坚持实践是检验真理的唯一标准的辩证唯物主义立场，才使马克思主义不断发展，而永葆其青春。

任何理论都要不断接受实践的检验

我们不仅承认实践是真理的标准，而且要从发展的观点看待实践的标准。

实践是不断发展的，因此作为检验真理的标准，它既具有绝对的意义，又具有相对的意义。就一切思想和理论都必须由实践来检验这一点讲，它是绝对的、无条件的；就实践本身在发展的一定阶段上都有其局限性，不能完全地证实或驳倒一切思想和理论这一点讲，它是相对的、有条件的。但是，今天的实践回答不了的，将来的实践终究会回答它。这又是绝对的。列宁说：“

“当然，在这里不要忘记：实践标准实质上决不能完全地证实或驳倒人类的任何表象。这个标准也是这样的‘不确定’，以便不至于使人的知识变成‘绝对’，同时它又是这样的确定，以便同唯心主义和不可知论的一切变种进行无情的斗争。”（《列宁选集》第2卷 第142页）

它已经完成了它的绝对真理的 [illegible] “顶峰”，

[illegible] 一切

个别情况作出个别结论，实践 [illegible]

小标题

他们处处实事求是，实践来检验他们的 [illegible] [illegible]

我这里 [illegible]

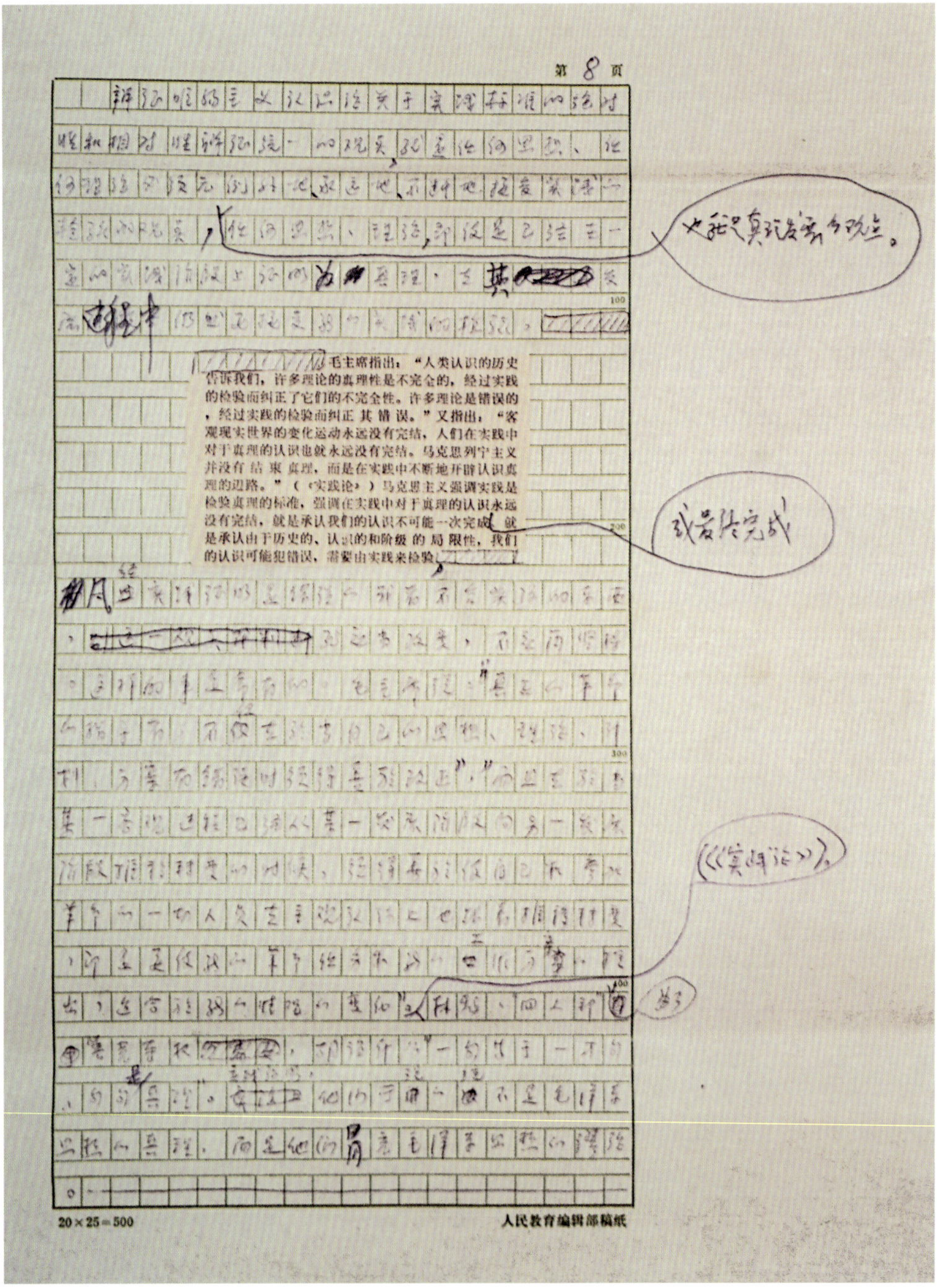
第 8 页

毛主席指出：“人类认识的历史告诉我们，许多理论的真理性是不完全的，经过实践的检验而纠正了它们的不完全性。许多理论是错误的，经过实践的检验而纠正其错误。”又指出：“客观现实世界的变化运动永远没有完结，人们在实践中对于真理的认识也就永远没有完结。马克思列宁主义并没有结束真理，而是在实践中不断地开辟认识真理的道路。”（《实践论》）马克思主义强调实践是检验真理的标准，强调在实践中对于真理的认识永远没有完结，就是承认我们的认识不可能一次完成，就是承认由于历史的、认识的和阶级的局限性，我们的认识可能犯错误，需要由实践来检验。

《实践论》

20×25=500　　人民教育编辑部稿纸

现在，“四人帮”及其资产阶级帮派体系已被摧毁，但是，“四人帮”加在人们身上的精神枷锁，还[illegible]有[illegible]。[illegible]命队伍中[illegible]毛主席在第二次国内革命时期，曾经批评过的“圣经上载了的才是对的”这种倾向依然存在。至今，无论在理论上或实际工作中，都还存在着亟待冲破的“四人帮”设置的一些“禁区”。[illegible]

[illegible]去研究[illegible]这是推反马克思主义的。在马列主义、毛泽东[illegible]的“禁区”。科学无禁区。凡是有“禁区”的地方，就没有科学，就没有实践标准，就没有马列主义、毛泽东思想，只有蒙昧主义。

[illegible] 研究 [illegible]

进行 [illegible]

（[illegible] 供稿，作者 [illegible]）

改成

甚至

研究

这里的十二张照片，是《实践是检验真理的唯一标准》一文第一次送胡耀邦审阅的稿。

（一）文稿第1页页首写有：送耀邦同志审阅。准备五月十日“动态”用稿。这是当时理论动态组搞行政秘书工作的刘立中（已故）的笔迹。

（二）这个送审稿上没有写日期，据当时情况推断，是在4月29或30日送胡耀邦，胡耀邦于5月2日退回。

（三）胡耀邦审阅后用铅笔在他名字上划了一个圈，在文稿第3页改了一个标点，第10页改了一个字。

（四）吴江在胡耀邦退回的文稿上又作了修改，用的是红铅笔和蓝水钢笔。

（五）吴江写的日期是四月三日，是笔误，应为五月三日。

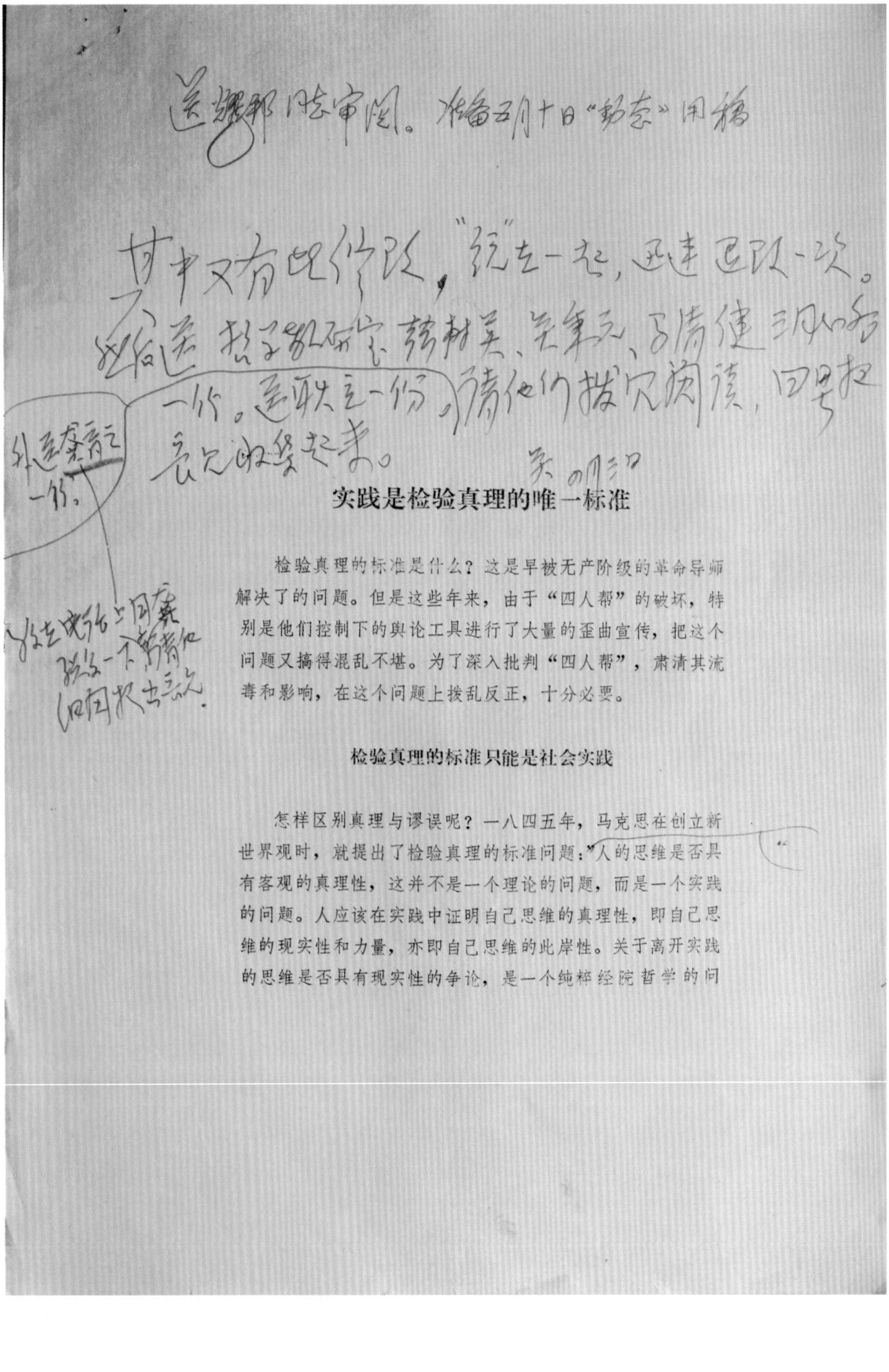

送耀邦同志审阅。准备五月十日“动态”用稿

实践是检验真理的唯一标准

检验真理的标准是什么？这是早被无产阶级的革命导师解决了的问题。但是这些年来，由于“四人帮”的破坏，特别是他们控制下的舆论工具进行了大量的歪曲宣传，把这个问题又搞得混乱不堪。为了深入批判“四人帮”，肃清其流毒和影响，在这个问题上拨乱反正，十分必要。

检验真理的标准只能是社会实践

怎样区别真理与谬误呢？一八四五年，马克思在创立新世界观时，就提出了检验真理的标准问题：“人的思维是否具有客观的真理性，这并不是一个理论的问题，而是一个实践的问题。人应该在实践中证明自己思维的真理性，即自己思维的现实性和力量，亦即自己思维的此岸性。关于离开实践的思维是否具有现实性的争论，是一个纯粹经院哲学的问题。”（《马克思恩格斯选集》第1卷第16页）这就非常清楚地告诉我们，一个理论，是否正确反映了客观实际，是不是真理，只能靠社会实践的检验来解决。实践标准是马克思主义认识论的一个基本原则，也是它的一个根本特征。

实践不仅是检验真理的标准，而且是唯一的标准。毛主席说："真理只有一个，而究竟谁发现了真理，不依靠主观的夸张，而依靠客观的实践。只有千百万人民的革命实践，才是检验真理的尺度。”（《新民主主义论》）“真理的标准只能是社会实践。”（《实践论》）这里所说的是："只能"、"才是"，就是说，标准只有一个，没有第二个。这是因为，辩证唯物主义所说的真理是客观真理，是人的思想对于客观世界及其规律的正确反映。因此，作为检验真理的标准，就不能到主观领域内去寻找，也不能到理论领域内去寻找，思想、理论自身不能成为检验自身是否符合客观实际的标准，正如在法律上原告是否属实，不能依他自己的起诉为标准一样。作为检验真理的标准，必须具有把人的思想和客观世界联系起来的特性，否则就无法检验。人的社会实践是改造客观世界的活动，是主观见之于客观的东西。实践具有把思想和客观实际联系起来的特性。因此，正是实践，也只有实践才能够完成检验真理的任务。科学史上的无数事实，充分地说明了这个问题：

门德列捷夫根据原子量的变化，制定了元素周期表，有人赞同，有人怀疑，争论不休。尔后，根据元素周期表发现了几种元素，它们的化学特性刚好符合元素周期表的子[redacted]。这样元素周期表就被证实了是真理。哥白尼的太阳系学说在三百年里一直是一种假说，而当勒维烈从这个太阳系学说所提供的数据，不仅推算出一定还存在一个尚未知道的行星，而且还推算出这个行星在太空中的位置的时候，当加勒于一八四六年确实发现了海王星这颗行星的时候，哥白尼的太阳系学说才被证实了，成了真理。

马克思主义之所以成为真理，正是千百万群众长期实践证实的结果。毛主席说："马克思列宁主义之所以被称为真理，也不但在于马克思、恩格斯、列宁、斯大林等人科学地构成这些学说的时候，而且在于为尔后革命的阶级斗争和民族斗争的实践所证实的时候。"（《实践论》）马克思主义原是工人运动中的一个派别，开始并不出名，反动派围攻它，资产阶级学者反对它，其他的社会主义流派攻击它，但是，长期的革命实践证明了马克思主义是真理，终于成为国际共产主义运动的指导思想。

检验路线之正确与否，情形也是这样：国际共产主义运动和各国革命的路线是否正确，同样必须由社会实践来检验。二十世纪初，国际共产主义运动和俄国工人运动中，都发生了列宁的马克思主义路线与第二国际修正主义路线的激烈斗争，那时第二国际的头面人物是考茨基，列宁主义者是少数，斗争持续了很长一个时间，俄国十月革命和各国无产阶级革命的实践证明列宁主义是真理，宣告了第二国际修正主义路线的破产。

毛泽东思想是马克思列宁主义普遍真理与中国革命具体实践相结合的产物。毛主席的革命路线与“左”、右倾机会主义路线进行了长期的斗争。在一个时期内，毛主席的革命路线没有占主导地位。长期的革命斗争，成功的经验和失败的教训，从正反两个方面证明毛主席的革命路线是正确的；而“左”、右倾机会主义路线是错误的。标准是什么呢？只有一个：就是千百万人民的社会实践。

理论与实践的统一，是马克思主义的一个最基本的原则

有的同志担心，坚持实践是检验真理的唯一标准，会削弱理论的意义。这种担心是多余的。凡是科学的理论，都不会害怕实践的检验。相反，只有坚持实践是检验真理的唯一标准，才能够使伪科学、伪理论现出原形，从而捍卫真正的科学与理论。这一点，在“四人帮”曾经篡夺一个时期的宣传大权、把理论问题搞得非常混乱的情况下，具有特别重要的意义。

“四人帮”出于篡党夺权的反革命需要，大肆鼓吹种种唯心论的先验论，疯狂反对实践是检验真理的标准。例如，他们炮制“天才论”，捏造文艺、教育等各条战线的“黑线专政”论，伪造老干部是民主派、民主派必然变成走资派的

“规律”，胡诌社会主义生产关系“是产生新的资产阶级分子的经济基础”的谬论，虚构儒法斗争继续到现在的无稽之谈，等等，所有这些，都曾经被奉为神圣不可侵犯的所谓“理论”，谁反对它，就是反对马列主义，反对毛泽东思想。但是，这些五花八门的谬论，根本经不起革命实践的检验，它们连同“四人帮”另立的“真理标准”一个个都象肥皂泡那样很快破灭了。这个事实雄辩地说明了，他们自吹自擂证明不了真理，大规模的宣传证明不了真理，强大的权力证明不了真理。他们以马列主义、毛泽东思想的“权威”自居，实践证明他们是反马克思主义，反毛泽东思想的政治骗子。

马列主义、毛泽东思想是经过实践检验了的客观真理，它之所以有力量，正是由于它们高度概括了实践经验，使之上升为理论，并用来指导实践。正因为这样，我们要非常重视革命理论，列宁指出：“没有革命的理论，就不会有革命的运动”（《列宁选集》第1卷第328页）。理论所以重要，就是在于它来源于实践，又能正确指导实践，而理论到底是不是正确地指导了实践以及怎样才能正确地指导实践，一点也离不开实践的检验。不掌握这个精神实质，那是不可能真正发挥理论的作用的。

有的同志说：我们批判修正主义，难道不是用马列主义、毛泽东思想去衡量，从而证明修正主义是错误的吗？我们说：是的，马列主义、毛泽东思想是我们批判修正主义的锐利武器。我们用马列主义、毛泽东思想的基本原理去批判修正

，也是我们论证的根据

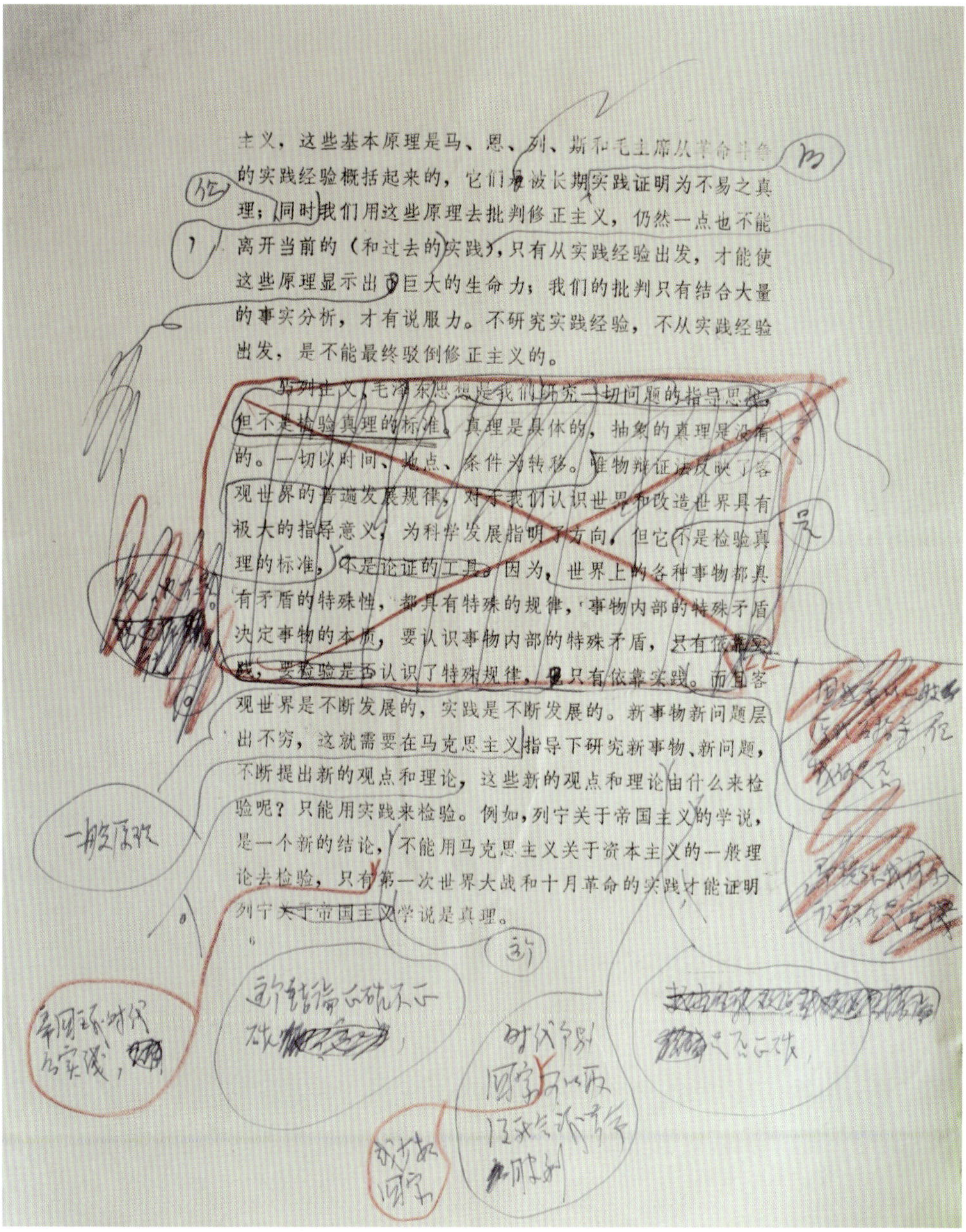

主义，这些基本原理是马、恩、列、斯和毛主席从革命斗争的实践经验概括起来的，它们又被长期实践证明为不易之真理；同时我们用这些原理去批判修正主义，仍然一点也不能离开当前的（和过去的实践），只有从实践经验出发，才能使这些原理显示出巨大的生命力；我们的批判只有结合大量的事实分析，才有说服力。不研究实践经验，不从实践经验出发，是不能最终驳倒修正主义的。

马列主义、毛泽东思想是我们研究一切问题的指导思想，但不是检验真理的标准。真理是具体的，抽象的真理是没有的。一切以时间、地点、条件为转移。唯物辩证法反映了客观世界的普遍发展规律，对于我们认识世界和改造世界具有极大的指导意义，为科学发展指明了方向。但它不是检验真理的标准，不是论证的工具。因为，世界上的各种事物都具有矛盾的特殊性，都具有特殊的规律，事物内部的特殊矛盾决定事物的本质，要认识事物内部的特殊矛盾，只有依靠实践，要检验是否认识了特殊规律，也只有依靠实践。而且客观世界是不断发展的，实践是不断发展的。新事物新问题层出不穷，这就需要在马克思主义指导下研究新事物、新问题，不断提出新的观点和理论，这些新的观点和理论由什么来检验呢？只能用实践来检验。例如，列宁关于帝国主义的学说，是一个新的结论，不能用马克思主义关于资本主义的一般理论去检验，只有第一次世界大战和十月革命的实践才能证明列宁关于帝国主义学说是真理。

6

毛主席说：理论与实践的统一，是马克思主义的一个最基本的原则”、（《毛泽东选集》五卷第297页）坚持实践是检验真理的唯一标准，就是坚持马克思主义，坚持辩证唯物主义。

革命导师是坚持实践检验真理的榜样

马克思主义导师们不仅提出了实践是检验真理的唯一标准，而且亲自作出了用实践去检验一切理论包括自己所提出的理论的光辉榜样。马克思和恩格斯对待他们所共同创造的著名的马克思主义科学文献《共产党宣言》的态度，就是许多事例当中的一个生动的例子。一八四八年《宣言》发表后，在四十五年中马克思和恩格斯一直在用实践来检验它。《宣言》的七篇序言，详细地记载了这个事实。首先，马克思恩格斯指出：“不管最近二十五年来的情况发生了多大的变化，这个《宣言》中所发挥的一般基本原理整个说来到现在还是完全正确的。”同时，他们又指出，“这些基本原理的实际运用，随时随地都要以当时的历史条件为转移”。（《马克思恩格斯选集》第一卷第228页），马克思和恩格斯根据新实践的不断检验，包括新的历史事实的发现，曾对《宣言》的各别论点作了修改。例如，《宣言》第一章的第一句是：“到目前为止的一切社会的历史都是阶级斗争的历史”。恩格斯在一八八八年的《宣言》英文版上加了一条注释：“确切地说，这是指有文字记载的历史。“（《马克思恩格斯选集》第1卷第251页）

《宣言》发表以后人们对于社会的史前史有了进一步的认识，特别是摩尔根的调查研究证明：在阶级社会以前，有一个很长的无阶级社会；阶级是社会发展到一定历史阶段的产物，并非从来就有的。可见，说“一切社会的历史都是阶级斗争的历史”并不确切。恩格斯根据这种新发现得出的新结论，作了这个说明，修改了《宣言》的旧提法。《宣言》还有一个说法，说到无产阶级要用暴力革命夺取政权，以推翻资产阶级。一八七二年，两位革命导师在他们共同签名的最后一篇序言中，明确指出：“由于最近二十五年来大工业已有很大发展而工人阶级的政党组织也跟着发展起来，由于首先有了二月革命的实际经验而后来尤其有了无产阶级第一次掌握政权这两个月之久的巴黎公社的实际经验，所以这个纲领现在有些地方已经过时了，特别是公社已经证明：‘工人阶级不能简单地掌握现成的国家机器，并运用它来达到自己的目的’。”（《马克思恩格斯》第1卷第229页）列宁对马克思和恩格斯的这个说明十分重视，他认为这是对《共产党宣言》的一个“重要的修改”。（《列宁选集》第三卷第208页）。

毛主席一贯严格要求不断用革命实践来检验自己提出的理论和路线。一九五五年毛主席在编辑《中国农村的社会主义高潮》一书的时候，写了一百零四篇按语。当时没有预料到一九五六年以后国际国内所发生的阶级斗争的新情况。因此，一九五八年在重印一部分按语的时候，毛主席特别写了一个说明，指出这些按语“其中有些现在还没有丧失它们的意义。其中说：一九五五年是社会主义与资本主义决战取得基本胜利的一年，这样说不妥当。应当说：一九五五年是在生产关系的所有制方面取得基本胜利的一年，在生产关系的其他方面以及上层建筑的某些方面即思想战线方面，则或者还没有基本胜利，或者还没有完全胜利，还有待于尔后的努力。”（《毛泽东选集》第五卷第225页）革命导师这种尊重实践的严肃的科学态度，给我们极大的教育。他们并不认为自己提出的理论是已经完成了的绝对真理或“顶峰”，可以不受实践检验的；并不认为只要是他们作出的结论不管实际情况如何都不能改变；更不要说那些根据个别情况作出的个别论断了。他们处处时时以实践来检验自己的理论、论断、指示，坚持真理，修正错误，尊重实践，尊重群众，毫无偏见。他们从不容许别人把他们的言论当作“圣经”、教条来崇拜。实践之树是长青的。正是革命导师的这种坚持实践是检验真理的唯一标准的辩证唯物主义立场，才保证了马克思主义的不断发展，而永葆其青春。

任何理论都要不断接受实践的检验

我们不仅承认实践是真理的标准，而且要从发展的观点看待实践的标准。实践是不断发展的，因此作为检验真理的标准，它既具有绝对的意义，又具有相对的意义。就一切思想和理论都必须由实践来检验这一点讲，它是绝对的、无条件的；

就实践在它发展的一定阶段上都有其局限性、不能无条件地完全证实或完全驳倒一切思想和理论这一点来讲，它是相对的、有条件的；但是，今天的实践回答不了的以后的实践终究会回答它，就这点来讲，它又是绝对的。列宁说："当然，在这里不要忘记：实践标准实质上决不能完全地证实或驳倒人类的任何表象。这个标准也是这样的'不定确'，以便不至于使人的知识变成'绝对'，同时它又是这样的确定，以便同唯心主义和不可知论的一切变种进行无情的斗争。。"（《列宁选集》第2卷第142页）

辩证唯物主义认识论关于实践标准的绝对性和相对性辩证统一的观点，就是任何思想、任何理论必须无例外地、永远地、不继地接受实践的检验的观点，也就是真理发展的观点。任何思想、理论，即使是已经在一定的实践阶段上证明为真理，在其发展过程中仍然要接受新的实践的检验。毛主席指出："人类认识的历史告诉我们，许多理论的真理性是不完全的，经过实践的检验而纠正了它们的不完全性。许多理论是错误的，经过实践的检验而纠正其错误。"又指出："客观世界的变化运动永远没有完结，人们在实践中对真理的认识也就永远没有完结。马克思列宁主义并没有结束真理，而是在实践中不断地开辟认识真理的道路。"（《实践论》）马克思主义强调实践是检验真理的标准，强调在实践中对于真理的认识永远没有完结，就是承认我们的认识不可能一次完成或最终完成。就是承认由于历史的、认识的和阶级的局限性，我们的认识可能犯错误，需要由实践来检验，凡经实践证明是错误的或者不符合实际的东西，就应当改变，不应再坚持。事实上这种改变是常有的。毛主席说："真正的革命的指导者，不但在于当自己的思想、理论、计划、方案有错误时须得善于改正"，"而且在于当某一客观过程已经从某一发展阶段向另一发展阶段推移转变的时候，须得善于使自己和参加革命的一切人员在主观认识上也跟着推移转变，即是要使新的革命任务和新的工作方案的提出，适合于新的情况的变化"。（《实论》）。林彪、"四人帮"为了篡党夺权，胡诌什么"一句等于一万句、句句是真理"。实践证明，他们所说的绝不是毛泽东思想的真理，而是他们冒充毛泽东思想的谬论。

现在，"四人帮"及其资产阶级帮派体系已被摧毁，但是，"四人帮"加在人们身上的精神枷锁，还远没有完全粉碎，毛主席在第二次国内革命时期曾经批评过的"圣经上载了的才是对的"这种倾向依然存在。至今，无论在理论上或实际工作中，都还存在着亟待冲破的"四人帮"设置的一些"禁区"。科学无禁区。凡是有"禁区"的地方，就没有科学，就没有实践标准，就没有马列主义毛泽东思想，只有蒙昧主义。

党的十一大和五届人大，确定了全党和全国人民在社会主义革命和社会主义建设的发展时期的总任务。社会主义对于我们来说，有许多地方还是必然王国。我们要完成这个伟大的任务，面临着许多新的问题，需要我们去认识、去研究。躺在马列主义毛泽东思想的现成条文上，甚至拿现成的公式去限制、宰割、裁剪无限丰富、飞速发展的革命实践，这种态度是错误的。我们要有共产党人的责任心和胆略，勇于研究生动的实际生活，研究现实的确切事实，研究新的实践中提出的新问题。只有这样才能够逐步地由必然王国向自由王国前进，顺利地进行新的伟大的长征。

（《光明日报》社供稿，作者胡福明同志，本刊作了些修改）

1978年5月6日下午，胡耀邦在北京东城富强胡同6号家中召开理论动态组会议。就在这个会上，胡耀邦再次审阅了《实践是检验真理的唯一标准》文稿，他说这个稿可以了，并提出两点修改意见。我迅速将胡耀邦的修改意见记录下来。这就是《实践是检验真理的唯一标准》文稿的最后定稿。这里公布的照片是文稿中胡耀邦提出修改的二页。

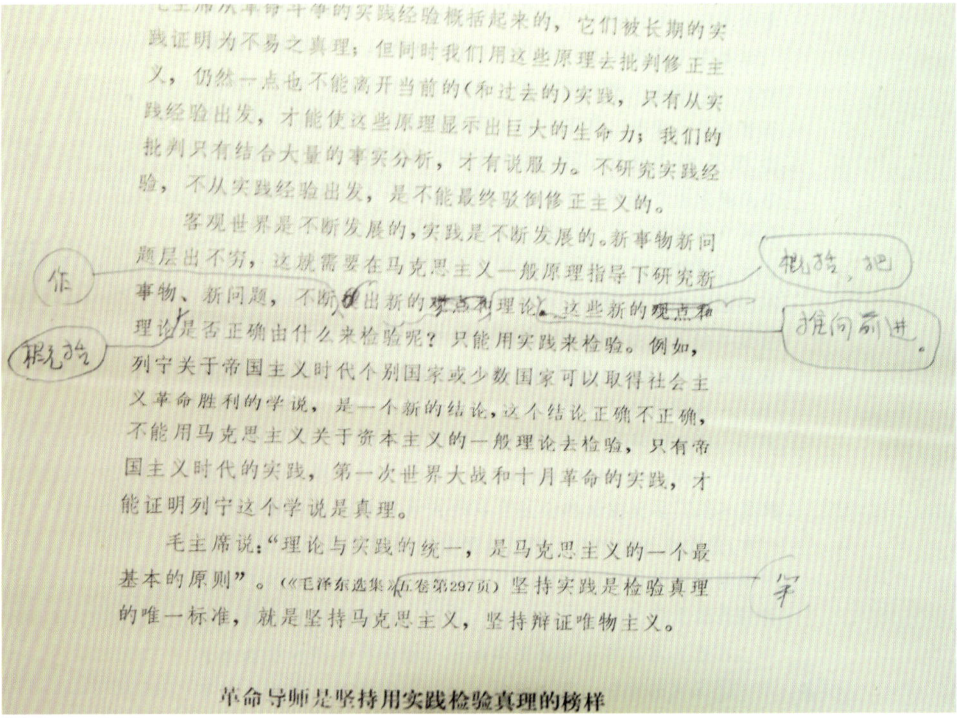

毛主席从革命斗争的实践经验概括起来的，它们被长期的实践证明为不易之真理；但同时我们用这些原理去批判修正主义，仍然一点也不能离开当前的（和过去的）实践，只有从实践经验出发，才能使这些原理显示出巨大的生命力；我们的批判只有结合大量的事实分析，才有说服力。不研究实践经验，不从实践经验出发，是不能最终驳倒修正主义的。

客观世界是不断发展的，实践是不断发展的。新事物新问题层出不穷，这就需要在马克思主义一般原理指导下研究新事物、新问题，不断提出新的观点和理论。这些新的观点和理论是否正确由什么来检验呢？只能用实践来检验。例如，列宁关于帝国主义时代个别国家或少数国家可以取得社会主义革命胜利的学说，是一个新的结论，这个结论正确不正确，不能用马克思主义关于资本主义的一般理论去检验，只有帝国主义时代的实践，第一次世界大战和十月革命的实践，才能证明列宁这个学说是真理。

毛主席说："理论与实践的统一，是马克思主义的一个最基本的原则"。（《毛泽东选集》五卷第297页）坚持实践是检验真理的唯一标准，就是坚持马克思主义，坚持辩证唯物主义。

革命导师是坚持用实践检验真理的榜样

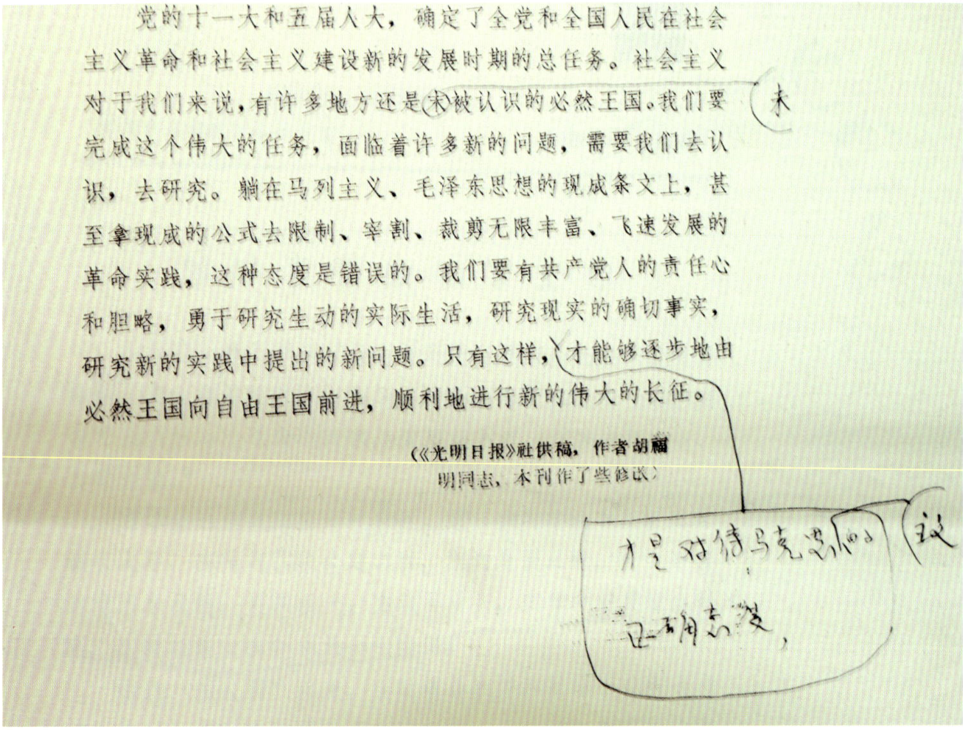

党的十一大和五届人大，确定了全党和全国人民在社会主义革命和社会主义建设新的发展时期的总任务。社会主义对于我们来说，有许多地方还是未被认识的必然王国。我们要完成这个伟大的任务，面临着许多新的问题，需要我们去认识，去研究。躺在马列主义、毛泽东思想的现成条文上，甚至拿现成的公式去限制、宰割、裁剪无限丰富、飞速发展的革命实践，这种态度是错误的。我们要有共产党人的责任心和胆略，勇于研究生动的实际生活，研究现实的确切事实，研究新的实践中提出的新问题。只有这样，才能够逐步地由必然王国向自由王国前进，顺利地进行新的伟大的长征。

（《光明日报》社供稿，作者胡福明同志，本刊作了些修改）

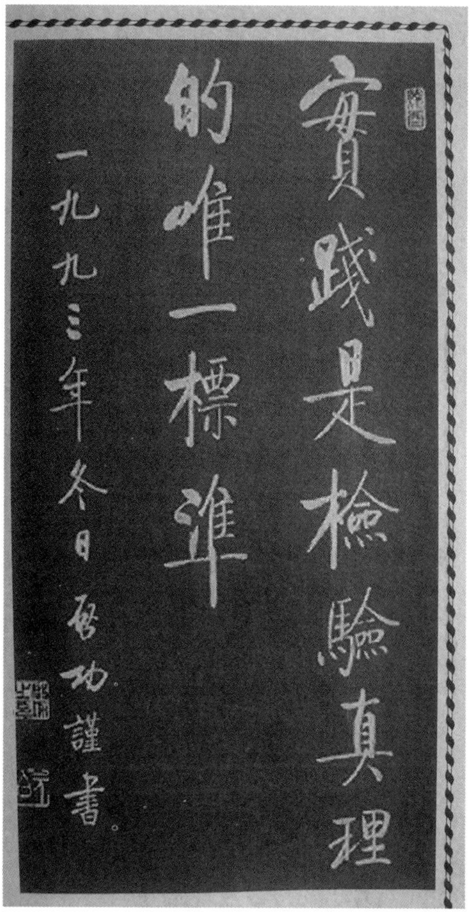

中国书法家协会主席启功题写
（录自1998年2月20日《人民日报》）

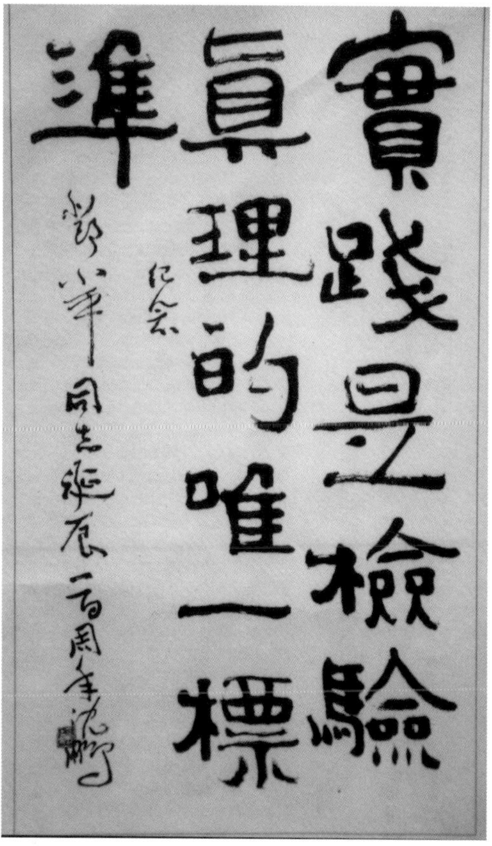

中国书法家协会主席沈鹏题写
（录自2004年8月14日《人民日报》）